Alexa Mohl
Wem die Liebe fehlt

Buch

Der erste Fall der Psychologin Katharina Lennert

Ein Mann meldet seine Mutter zur Therapie an. Depression lautet die Diagnose. Widerstrebend willigt die psychologische Beraterin Katharina Lennert ein. Und bevor sie die alte Dame kennenlernt, erfährt sie: In deren Villa ist eine junge Frau zu Tode gekommen. Die Polizei hat den Fall nicht aufklären können. War es Mord?
Im Laufe der Sitzungen spürt Katharina einen Rattenkönig von versprochener und verweigerter Liebe, Eifersucht, Leid und Abhängigkeit auf. Auch sie selber läuft Gefahr, sich in dieses verhängnisvolle Netz von Emotionen zu verstricken.

Autorin

Alexa Mohl lebt und arbeitet als Dozentin und psychologische Beraterin in Hannover. Sie studierte Psychologie und Soziologie, lehrte an Hochschulen und Universitäten und als Trainerin in der Weiterbildung von Wirtschaft und Verwaltung. Seit 1990 bildet sie Therapeuten, Lehrer, Führungskräfte und an ihrer Weiterentwicklung Interessierte in Neurolinguistichem Programmieren (NLP) aus. Alexa Mohl ist Autorin vieler erfolgreicher Bücher, unter anderen des Junfermann-Bestsellers „Der Zauberlehrling“.

Alexa Mohl
Wem die Liebe fehlt

Umschlaggestaltung: Gudrun Huerkamp
Druck: Breitschuh & Kock, Kiel
Dr. Alexa Mohl Verlag, Hannover
www.alexa-mohl.de

ISBN 978-3-942238-00-7

1.

Hier ist lange nicht aufgeräumt worden! Auf Tischen, Stühlen und Polstern liegen dicke Staubschichten. Welke Blätter und tote Motten haben sich in Spinnweben verfangen. Es riecht muffig. Ich werde saubermachen, nehme ich mir vor. Christian Wulff wird sich freuen, wenn er kommt. Aber er hat umgeräumt! Meine alte Kommode finde ich nicht an ihrem Platz. Wahrscheinlich hat er sie in die obere Wohnung hinaufgetragen. Auf dem Weg dorthin treffe ich ihn. Keinen Blick gönnt er mir! Wortlos will er an mir vorbei, aber ich halte ihn auf. „Du hast, ohne mich zu fragen, die Möbel umgestellt“, sage ich. „Wenn du so weitermachst, werden wir Streit bekommen. Oder wir lassen uns gleich scheiden.“ Seine Reaktion auf meine Worte erlebe ich nicht mehr. Mit drei Schritten bin ich oben und entdecke dort tatsächlich meine alte Kommode. Aber ich höre auch etwas: Gelächter hinter der Tür zum vorderen Raum. Wer hält sich denn da auf, frage ich mich, öffne die Tür und sehe Kinder spielen. „Wie kommt ihr denn hierher?“, will ich wissen. „Max hat gesagt, ich darf“, antwortet ein kleines Mädchen und versteckt sich hinter ihrem größeren Bruder. Der erklärt mir fröhlich, sie seien hier eingezogen, weil sie von draußen gesehen hätten, dass hier niemand wohne. Ich schicke sie fort und wache auf.

Das schräge Dachfenster über meinem Bett ist beschlagen, das erste Anzeichen, dass es Herbst wird. Ich denke an meinen Traum. Seltsam, dass er mich mit dem niedersächsischen Ministerpräsidenten verheiratet hat. Was will er damit sagen? Ein Mann, der Macht ausübt, deute ich, der mich aber nicht wahrnimmt, wie der Traum erzählt. Da erscheint es sinnvoll, sich scheiden zu lassen. Ich sollte mein Leben aufräumen. Und was machen die fremden Kinder in meinem Haus? Ach ja, Martin meinte gestern, wir könnten doch die obere Wohnung vermieten, statt sie einfach leer stehen zu lassen. Der Traum ist ziemlich durchsichtig. Lass‘ dich darauf nicht ein, sagt er mir. Und das nehme ich mir vor, mich darauf nicht einzulassen. Vielleicht sollte ich auch den Ministerpräsidenten hinauswerfen.

Aufstehen!, befehle ich mir. Aber vielleicht stelle ich mich erst einmal vor. Mein Name ist Katharina Lennert. Ich bin Psychotherapeutin, seit Jahren liiert mit Martin Wolf, Kriminalhauptkommissar in Hannover und von der Persönlichkeitsstruktur eben jenes traumgesponnenen Ministerpräsidenten. Er ordnet gern an und geht in der Regel seinen Weg, allerdings nicht immer an mir vorbei, wie der Traum mich glauben lassen will.

Aber auch ich gehe gerne meinen Weg. Dabei hasse ich es, über Dinge zu stolpern, die mir andere in den Weg gelegt haben. Martin legt mir gerne etwas in den Weg. Nein, so kann man das nicht sagen. Richtig ist, er lässt seine Sachen gerne liegen. Auf dem Gang ins Badezimmer verfängt sich einer meiner Füße in seiner Schlafanzughose, die mitten im Flur liegt. Im Badezimmer finde ich ein Handtuch auf dem Boden. Handtücher hängt Martin in der Regel so über den Halter, dass sie wieder herunterrutschen. Der Spiegel ist voller Wasserspritzer. Aber immerhin ist es still. Er hat das Haus schon verlassen. Ich kann allein frühstücken, ohne dass eine Zeitung den Blick auf meinen Lebenspartner verstellt und mir stattdessen und zum Ärger meiner empfindlichen Ohren Kau- und Schlürfgeräusche bietet. Aber ich sollte am Anfang eines Berichts mit meinen Äußerungen etwas vorsichtiger sein. Wahr ist: Ich ärgere mich nicht immer über Martin. Aber mein Traum hat eine aufsässige Gemütsverfassung heraufbeschworen. Vielleicht kennen Sie das auch: Eine bestimmte Missstimmung, wenn die Sie erst einmal gefangen hält, finden Sie ganz sicher irgendjemanden, dem

Sie die Ursache für diesen Zustand zuschreiben können. Dem können Sie dann auch Ihre ärgerlichen Gedanken anhängen wie einem Weihnachtsbaum Lametta. Nur dass nach einer solchen künstlerischen Gestaltung Sie selber glänzend dastehen.

Mein Beruf erfordert einen stabilen Gemütszustand. Ich brauche Seelenruhe und offene, zum Eintreten einladende innere Räume. Mindestens ausgeglichen muss meine Stimmung morgens sein. Wenn irgendwelche Schmerzen mein Bewusstsein belagern oder seelische Dornen meine Aufmerksamkeit reizen, kann ich mich nicht vollkommen auf einen anderen Menschen einstellen. Das zu können ist aber wichtig. Wenn jemand kommt und meine Unterstützung bei Beziehungskonflikten oder Trauerarbeit sucht, hat er am Anfang alle Fühler ausgefahren, um herauszufinden, ob er mir vertrauen kann. Fände er mich mit dem Unterdrücken von eigenem Kopfweh oder schlechter Laune beschäftigt, würde er die Türen zu den Kammern seines Seelenlebens verriegeln und mich zu seinen Ängsten und Verletzungen erst gar nicht einlassen. Er würde vielleicht Klagen über Missgeschicke vorbringen, die sich an der Oberfläche seines Bewusstseins zeigen, würde mitteilen, was er darüber denkt oder sich zusammengereimt hat. Was sich aber bislang seiner eigenen Wahrnehmung entzogen hat, weil es bei Tageslicht besehen möglicherweise nicht zu verkraften wäre, das würde sich sofort noch tiefer verkriechen, wenn es mich, die Therapeutin, mit eigenen Übeln beschäftigt fände.

Aber ich kann mich in neunundneunzig von hundert Fällen darauf verlassen, dass sie sich einstellt, ich meine die Verfassung, die ich für meine Arbeit brauche. Sie legt sich wie ein Mantel um mich, wenn ich die Praxis betrete. Allerdings bemühe ich mich auch um sie. Ich bereite mich auf meine Klienten vor. Ich lese meine Aufzeichnungen der letzten Sitzung durch, vergegenwärtige mir ihren Verlauf mit allem, was ich wahrgenommen habe. Für mich ist der Klient schon da, bevor er kommt. Tritt er ein, findet er mich so wieder, wie er mich verlassen hat.

Heute jedoch kommt zur ersten Sitzung jemand, den ich noch nicht kenne. Ein Mann mit dem Namen Kobler hat mich in der letzten Woche angerufen. Ich soll seine Mutter unterstützen. Dass Leute von Angehörigen oder Freunden angemeldet werden, schätze ich gar nicht. Häufig sind sie für die Arbeit nicht so motiviert, wie es für den Erfolg nötig ist. Klienten sollen sich selber anmelden, darauf bestehe ich. Aber dieser Mann hat sich nicht abweisen lassen. Heute Morgen kommt er zum Gespräch.

2

Pünktlich um neun klingelt es. Rasch schließe ich die Tür zum Balkon meines Beratungszimmers, schnuppere, ob genügend frische Luft im Raum ist, bevor ich ihm öffne, und gehe durch den Flur zur Haustür. Groß, blass und rotblond gelockt steht er vor mir, schließt einen Knopf seines Jacketts und ergreift meine ihm dargebotene Hand, bevor er auf meine Aufforderung hin an mir vorbei eintritt und den von mir gewiesenen Weg durch den Flur in den Beratungsraum nimmt. Dort lässt er sich von meiner Geste geleitet in dem kleinen zweisitzigen Sofa nieder, während ich das Telefon umstelle und danach meinen Platz ihm gegenüber einnehme.

Ich schaue ihn an, schweigend, um ihm Gelegenheit zu geben, von sich aus das Wort zu ergreifen, wenn er möchte, bin aber auf dem Sprung, meinerseits das Gespräch zu eröffnen. Auch er schaut mich an, zögert jedoch den kleinen Moment, der mich wissen lässt, ich sollte das erste Wort sprechen. „Sie haben mich in der letzten Woche angerufen und um Unterstützung für

Ihre Mutter gebeten“, sage ich. „Genau“, antwortete er und zögert wieder, obwohl ich annehme, dass er sich vor einem Gespräch mit Fremden genau überlegt, wie er seine Äußerungen formulieren will. Aber er muss sich erst einmal Platz verschaffen. Er öffnet den eben vor meiner Haustür geschlossenen Knopf seines Jacketts wieder, richtet sich auf und weitet seinen Brustkorb, räkelt seine Schultern, begleitet von einem tieferen Atemzug, schlägt seine Beine übereinander und sucht eine Position, die sich für eine Hab-Acht-Haltung eignet. Dafür findet er aber keine geeignete Unterlage. Das Sofa ist für bequeme Entspannung gebaut. Er müsste sich tiefer als ihm lieb ist nach hinten sinken lassen und seine Füße nebeneinander stellen. Also verzichtet er darauf, sich zurückzulehnen, schlägt seine Beine wieder übereinander und kommt mit seinem Oberkörper nach vorne.

Jetzt wird er gesprächig. Seine Mutter werde seit einiger Zeit immer schwermütiger, berichtet er. Alle Versuche, ihr zu helfen, seien gescheitert. Er wisse nicht mehr, was er tun könne, um sie zu unterstützen. Ich sei die letzte Möglichkeit, die er sehe. Er habe von mir gehört und wende sich deshalb an mich. Was er alles versucht habe, möchte ich wissen. Alles, wiederholt er nochmals, beispielsweise ihr vorgeschlagen, bei ihr zu wohnen. Das habe sie nicht gewollt. Zu ihm nach Hamburg wolle sie auch nicht ziehen. Alte Freunde und Freundinnen seien ebenfalls abgewiesen worden. Irgendwelchen Gruppen anschließen wolle sie sich schon gar nicht. Sie brauche keine Gesellschaft, die sei ihr viel zu anstrengend, sie wolle lieber allein sein. Hin und wieder mit ihm zu verreisen sei ihm auch abgeschlagen worden. Zu Feiertagen und zum Geburtstag dürfe er einen Besuch machen. Aber lange bei sich haben wolle sie ihn nicht. Während er berichtet, sehe ich seine Züge weicher werden, traurig, denke ich. Dass seine Mutter seine Fürsorge abwehrt, nimmt sein Gemüt gefangen.

Diesen unkontrollierten Augenblick nutzt sein Körper, die angespannte Haltung aufzugeben und sich seiner Unterlage anzuvertrauen. Mein Gegenüber lehnt sich zurück und setzt seine Füße nebeneinander. „Ich liebe meine Mutter“, höre ich. „Ich möchte nicht, dass sie auch am Ende ihres Lebens einsam ist.“ Ich habe das „auch“ gehört und wiederhole es mit fragender Stimme, um ihn zum Weiterreden zu veranlassen.

Er merkt, dass er auf dieses kleine Wort hin veranlasst sein könnte, mehr zu sagen, als er sich vorgenommen hat. Mit einer kurzen Augenbewegung erfasst er mich und schaut dann geradeaus vor sich hin. Seine Schultern spannt er dabei erneut leicht an. Er scheint wieder besser aufpassen zu wollen, verlässt die bequeme, seiner Unterlage hingegebene Haltung und richtet sich auf. Dass seine Mutter einsam gewesen sei, diesen Eindruck habe er eigentlich immer gehabt. Nie habe sie sich irgendjemandem anvertraut. Seinem Vater schon gar nicht, und ihm, ihrem Sohn, auch nicht. Zwar habe er immer versucht, mit ihr zu reden, aber an sie heran komme man nicht. Das sei schon immer schwierig gewesen und eigentlich immer schwieriger geworden, hänge wahrscheinlich mit der Familie zusammen. Auch ihre eigene Mutter habe unter Depressionen gelitten.

Dann habe sie überhaupt keine sozialen Kontakte, frage ich nach. Nein, nein, wehrt er ab, so dürfe man das nicht verstehen. Soziale Verpflichtungen habe sie immer erfüllt, für Haushalt und Familie gesorgt. Da gebe es nichts zu bemängeln. Auch ihren Beruf habe sie verantwortungsvoll ausgeübt, bis zuletzt. Aber seit einiger Zeit sei sie nachlässig geworden, achte nicht mehr auf ihr Aussehen, ernähre sich gedankenlos und ziehe sich eben immer mehr zurück, gehe überhaupt nicht mehr aus dem Haus. Er könne da gar nichts machen. Auf ihn höre sie nicht. Aber es gehe doch nicht an, dass sie verwahrlose. Er bemerkt, dass ich den Grad ihrer Verwahrlosung nachfragen will und kommt mir zuvor. Na ja, wirklich verwahrlost sei sie nicht, er fürchte aber, es könnte schlimmer werden. Schließlich sei er doch für seine Mutter verantwortlich. Außer ihm gebe es niemanden mehr, der für sie sorgen könne. Er aber habe jetzt alles versucht, sie zu unterstützen, was nicht angenommen worden sei. Deshalb sehe er in mir eine letzte Chance. Seine Mutter brauche jemanden, der sie bewegen könne, sich die schwierigen Dinge von der Seele zu reden und wieder Anteil am Leben zu nehmen.

Ob er mit seiner Mutter über diese Idee gesprochen habe, will ich wissen. Er bestätigt. Wie sie reagiert habe, frage ich weiter. Zunächst auch ablehnend; er solle sie in Ruhe lassen, habe sie gesagt. Aber ihre Abwehr sei nicht so heftig gewesen, wie er sie von anderen Angeboten her kenne. Er habe den Eindruck gehabt, sie sei auch neugierig geworden. Ob ich Informationen, die ich über ihr Leben erhielte, weitergeben dürfe, habe sie gefragt. Er habe das verneint. Das stimme doch, will er jetzt von mir wissen. Ich sei so etwas wie ein Beichtvater und dürfe anderen nichts mitteilen, bestätige ich ihm. Bei diesen Worten sehe ich eine Reaktion. Er atmet erleichtert ein und aus. Aber ich weiß nicht, ob diese Erleichterung sich darauf bezieht, seiner Mutter die richtige Auskunft gegeben zu haben, oder auf etwas anderes.

„Sie gehen also davon aus, dass Ihre Mutter mich aufsuchen wird?“, frage ich. „Nein, so nicht“, höre ich von ihm. „Sie!“ Dabei schaut er mich an. „Sie sollen meine Mutter aufsuchen!“ Ich bin perplex. „Das ist aber höchst ungewöhnlich“, wende ich ein. „Ich habe zwar schon Klienten im Krankenhaus besucht und dort mit ihnen gearbeitet. Aber meine Aufgabe besteht nicht darin, meine Klienten bei sich zu Hause zu beraten.“ Nun wird er unruhig. Er habe seine Mutter so weit, dass sie in Gespräche mit mir eingewilligt habe. Aber sie sei nicht bereit, dafür das Haus zu verlassen. Ich müsse schon zu ihr kommen. Er werde das entsprechend bezahlen, versichert er mir. Geld spiele keine Rolle.

Ich bin empört und nahe daran, meine Empörung zu zeigen. Dieser Mensch, der da vor mir sitzt, glaubt doch tatsächlich, mir die Bereitschaft zu außergewöhnlichen Abmachungen mit Geld entlocken zu können! Ich spüre, dass ich tiefer atmen muss, um meinen sprungbereiten Adrenalinspiegel aufzuhalten. Mein Leben lang habe ich geglaubt, dass seelische Unterstützung etwas ist, was Menschen aus menschlichen Gründen für Menschen tun müssten! Nicht für Geld! Während meines Berufslebens habe ich mir oft gewünscht, irgendeine soziale Institution würde mich anstellen und bezahlen, so dass ich frei wäre, mit Klienten so zu arbeiten, wie es für sie nötig wäre, ohne diesen Handel zwischen uns. Dafür hätte ich allerdings einen vorgeschriebenen Ausbildungsweg nehmen müssen und darüber hinaus meine Arbeit institutionellen oder sonst welchen sachfremden Rücksichten unterwerfen, was ich auch nicht gewollt hätte. Dass mein Besucher mich mit Geld ködern will, bringt diesen Teil in mir, der gegen Geld und Handel in zwischenmenschlichen Beziehungen allergisch reagiert, gegen ihn auf. Mit Nachdruck lässt dessen innere Stimme mich wissen: so etwas will ich nicht! Und sie warnt mich sogleich, gut aufzupassen. Wenn es schon so anfange, was könne dann noch auf mich zukommen und mich zwingen, normale Spielregeln außer Acht zu lassen. Lass die Finger davon, rät sie mir.

Aber noch ein anderer Teil von mir hat unbemerkt von meiner Aufmerksamkeit das Gespräch verfolgt. Der meldet sich jetzt und lässt mich wissen, er finde es spannend, mal wieder etwas Außergewöhnliches zu tun. Den Wunsch meines Gegenübers hält er für eine Herausforderung. Würde es mir gelingen, unter erschwerten Bedingungen eine vertrauensvolle Beziehung aufzubauen. Würde ich einen Menschen erreichen können, der eigentlich nichts mehr mit anderen zu tun haben will, den nur ein bisschen Neugier bewogen hat, sich auf eine Beratung einzulassen? Okay, denke ich und sage es auch: „Ich probiere es. Aber das mit dem Probieren meine ich ernst. Ich werde einen Besuch bei Ihrer Mutter machen und danach entscheiden, ob ich den Auftrag übernehme. Und es wird der Auftrag Ihrer Mutter sein, den ich übernehmen werde, wenn sie ihn mir denn erteilt."

Er hat geschafft, was er wollte und erlaubt seinem Körper, sich wieder der Unterlage anzuvertrauen, und seinen Füßen, sich bequem nebeneinander zu stellen. Während ich beobachte, wie er sich entspannt, kommt in mir zu meiner Verwunderung die Idee auf, seine Entspannung verdanke sich nicht dem Ziel, das er erreicht zu haben glaubt. Irgendwie scheint er einer Gefahrensituation entronnen zu sein. Merkwürdig, welche unerklärlichen Intuitionen ich manchmal habe. Aber diese Idee ver.-schwindet ebenso schnell aus meiner Aufmerksamkeit, wie sie aufgetaucht ist. Ich bin bereits damit beschäftigt, mir ein Bild von meinem ersten Treffen mit seiner Mutter zu machen und möchte mehr über sie wissen.

„Sie geben mir vielleicht noch ein paar Informationen", bitte ich ihn, ergreife meinen Stift und ziehe meine Schreibunterlage zu mir heran. „Wie alt ist Ihre Mutter?", will ich als erstes wissen. „Siebenundsechzig", höre ich. „Schulbildung?", frage ich weiter und bekomme eine ganze Reihe von Aussagen auf einmal. „Abitur, Studium der Germanistik, Geschichte und Philosophie, Arbeit als Studienrätin an der Sophienschule bis zu ihrer Pensionierung." Auch Angaben, die ich gar nicht erfragt habe, folgen: „Mein Vater war Rechtsanwalt. Er ist 1983 verunglückt. Sie wohnt in einem der schönen Häuser in der Ostfeldstraße hier in Kirchrode", erfahre ich zudem. „Ist das die

Jugendstilvilla?“, frage ich und bekomme Bestätigung. „Das ist gar nicht weit von hier“, denke ich, während mein inneres Auge auf einem imaginären Stadtplan die Straßen von meiner Praxis bis zu der angegebenen Adresse verfolgt. „Genau“, höre ich von meinem Gegenüber, was mich zudem wissen lässt, dass ich meinen letzten Gedanken ausgesprochen habe. Ich lege meine Notizen und den Stift ab, ergreife jedoch beides wieder, weil mir klar wird, dass ich noch einen Termin brauche. „Wann wäre der richtige Zeitpunkt?“, frage ich. „Donnerstags um zehn Uhr wäre ihr recht“, höre ich.

Also hat er mit ihr schon einen Termin ausgemacht, schießt in meine Gedanken. „Heißt das, sie erwartet mich dann?“, frage ich, während ich in meinen Terminplaner schaue und feststelle, dass der Donnerstagvormittag von Beratungsterminen frei ist. „Ja“, höre ich von meinem Gegenüber und spüre einen Hauch von Ärger. Werde ich hier irgendwie verschoben?, taucht in meinen Gedanken auf, gefolgt von einer Beschwichtigung. Vielleicht habe ich ja auch nicht alles richtig verstanden. Mit den Worten „also gut“, erhebe ich mich, um das Ende des Gesprächs anzukündigen. Ich geleite meinen Gesprächspartner durch den Flur zum Eingang, sorge dafür, dass die Tür leise schließt, und kehre zurück.

Während unserer Verabschiedung wurden keine weiteren Worte gewechselt. Dennoch ist das Gespräch nicht abgeschlossen. In mir haben Stimmen unbemerkt weitergeredet. Ich nehme sie erst wahr, als ich wieder in meinem Beratungszimmer ankomme, mich an meinen Schreibtisch setze, die Ellbogen auf die Platte stütze, die Hände flach zusammenlege und vor Kinn und Mund hebe, so wie man früher gebetet hat. Mindestens eine innere Stimme habe ich während des Gesprächs ignoriert. Diese beschwert sich jetzt ziemlich schrill, auf was ich mich denn da eingelassen habe. An dieser Sache ist alles komisch! Da drängt ein Mann seine Mutter und mich, zwei Menschen, die beide nicht wollen, in eine Beratungssituation. „Unmöglich!“, höre ich empört in meinen Ohren gellen und weiß nicht recht, gilt die lauthals ausgedrückte Kritik mir, die sich das hat gefallen lassen, oder ihm, der sich erfrecht hat, mich zu manipulieren.

Wie hat er das eigentlich gemacht? Das versuche ich nachträglich herauszufinden. Er hat sich beim ersten Anruf nicht abweisen lassen, indem er mir versicherte, ich könnte ja immer noch nein sagen. So hat er einen ersten Fuß in meine Tür geschoben. Heute hat er mich überredet, einem ersten Treffen mit seiner Mutter zuzustimmen. Erst dann hat er mir eröffnet, ich müsste sie in ihrem Hause aufsuchen. Da ich ihm vorher schon zwei Schritte entgegengekommen war, konnte ich nicht mehr zurück. „Mist!“ Ich fange an, mit mir zu schimpfen. Dabei ist dieser Bursche mir unsympathisch, blasse Haut und rotblonde Locken und immer auf Hab-Acht! Der empörte Teil in mir ist nahe daran, zu Beschimpfungen überzugehen, und präsentiert mir Bilder, um meine Abneigung zu steigern. Damit schießt er jedoch über sein Ziel hinaus. Ich erlaube meiner Phantasie nicht, mich derart gegen einen anderen Menschen aufzubringen und blende die Bilder aus. Okay, er ist mir unsympathisch! Das gestatte ich mir zu wissen und beruhige mich. Mit ihm habe ich in Zukunft nichts mehr zu tun. Bei diesem Gedanken wird mir die Absicht der schimpfenden inneren Stimme klar. Sie will mich bewegen, zu diesem Mann Abstand zu halten. Ich habe einen Termin mit seiner Mutter, mache ich mir klar. An diesem Treffen wird sich entscheiden, ob ich einen Auftrag übernehme. Und es wird ihr Auftrag sein, den ich übernehme, nicht seiner.

Mit dieser inneren Versicherung schließe ich das Nachdenken über das Gespräch ab und wende mich dem nächsten Termin zu. Ich ziehe die Schublade meines Schreibtisches auf und angele mir aus der Hängekartei die Unterlagen meines nächsten

Klienten heraus, lese durch, was ich während und nach der letzten Sitzung notiert habe, so dass ich auf ihn eingestellt bin, wenn er gleich kommt.

3

Die Spätsommersonne hat den Hochnebel am Mittag schon aufgelöst. Auf meinem Heimweg durch die Lange-Hop-Straße schaue ich in die Kronen der Bäume, ob das Laub sich schon verfärbt. Aber außer ein paar gelben Birkenblättern, die der Wind aus den Vorgärten auf die Bürgersteige geweht hat, sehe ich keine Anzeichen des nahenden Herbstes. Heute werde ich wieder meine aktuelle Lieblingssuppe kochen. Das habe ich mir vorgenommen und steuere den Supermarkt an. Ich brauche noch Tomaten und Parmesan. Beim Überqueren des Großen Hillen folgen meine Augen dem Verlauf dieser Straße in die Richtung, die ich Donnerstag zu meiner neuen Klientin einschlagen werde. Nein, wird mir klar. Ich werde zu diesem Besuch nicht von meiner Praxis aus aufbrechen, sondern von zu Hause aus.

Dieses erste Treffen wird anders sein, als ich es gewohnt bin. Viele neue Eindrücke mehr als sonst muss ich verarbeiten. Wenn ich einen neuen Klienten empfange, stelle ich mich auf diese erste Begegnung sorgfältig ein. Ich erwarte in ihm oder ihr einen Menschen zu treffen, so wie ich es von der berühmten Familientherapeutin Virginia Satir gelernt habe. Ein einzigartiges und wertvolles Wesen, wie ich selber es bin, erwarte ich kennenzulernen. Und neugierig bin ich, neugierig darauf, welche Form das Wunder des Lebens gerade in diesem Menschen gewählt hat, neugierig auch darauf, welchen Auftrag ich bekomme und ob ich ihm werde entsprechen können. Allein diese Gedanken lasse ich zu. Ich dulde keine Bilder in meinem

Kopf. Die Wirklichkeit könnte anders aussehen und Enttäuschung hervorrufen. Wie ich das anstelle, mir den Wert meines neuen Gegenübers in meinem Kopf aufzubauen, ob als Bild, als Gedanke oder Gefühl, das weiß ich gar nicht genau. Ich glaube, es ist ein Gefühl, in das ich eine unausgemalte menschliche Gestalt einhülle. Außer dieser Vorstellung ist nichts in meinem Sinn. Mehr brauche ich nicht. Alles andere ist mir vertraut. Ich kenne die Räumlichkeiten und ihre Atmosphäre. Ich kenne den Weg in den Beratungsraum, sehe die Bilder, die ihn zu gehen ausmachen, fühle die Schritte, die ich nehme. Ich weiß, wie ich mich setzen und wie ich mich dem anderen zuwenden werde. Ich weiß, wie ich ihn ansehen, wie ich mich dabei fühlen und wie ich sprechen werde. Das alles wird diesmal anders sein.

Zu Hause angekommen lege ich die Tüte mit meinen Einkäufen auf der Arbeitsplatte im Küchenbereich ab. Viel Zeit bleibt mir nicht, meine Suppe zu kochen. Aber ich habe nicht nur Appetit auf sie, ich habe Hunger. Also beginne ich sofort, nachdem ich meine Hände gewaschen und mir die Schürze umgebunden habe. Eine Schürze ist wichtig bei der Zubereitung einer Tomatensuppe. Als erstes fülle ich den Wasserkocher und stelle ihn an. Dann wandern meine Tomaten in einen Topf, in dem ich vorhabe, sie zu überbrühen und ihnen dann die Haut abzuziehen. Danach hole ich den großen Topf aus dem Unterschrank, gebe Öl hinein, so dass der Boden bedeckt ist. Zwei große Zwiebeln angele ich aus ihrem Korb, entferne die Außenschalen, schneide sie in kleine Stücke und gebe sie in den Topf. Dazu kommen vier dicke geschälte Knoblauchzehen. Den Topf stelle ich auf den Herd. Inzwischen hat das Wasser gekocht und ist von mir über die Tomaten gegossen worden. Denen lasse ich darin noch ein bisschen Zeit, damit ich die Haut leicht abziehen kann. Dann stelle ich die Platte an, auf der mein Topf steht, und lasse Zwiebeln und Knoblauch andünsten. Da hinein kommen zuerst und zischend der Inhalt von zwei kleinen Dosen geschälter Tomaten, danach die grob geschnittenen frischen Tomaten, Lorbeerblätter, eine zerbröselte Chili-Schote, Kräuter der Provence und Salz. Das alles kann jetzt köcheln, während ich mich mit einem Glas Wasser und dem in der Post vorgefundenen SPIEGEL an den Tisch im Essbereich setze und anfange zu blättern.

Aber ich habe auf das, was der SPIEGEL in dieser Woche verbreitet, offensichtlich keine Lust. In meinem Kopf wollen andere Gedanken ihre Arbeit fortsetzen, die sich durch SPIEGEL-Lektüre nicht beiseite schieben lassen. Als ich merke, dass meine Augen über die Zeilen gleiten, ohne den Inhalt der Worte zu erfassen, gebe ich auf und wende meine Aufmerksamkeit den inneren Reden zu, die schon die ganze Zeit in meine Wahrnehmung dringen wollen. Die Begegnung am Donnerstag wird anders sein, mit diesen Worten nehme ich den Faden meiner Überlegungen wieder auf und gönne meinen Nackenmuskeln Entspannung, indem ich meinen Kopf in die geöffneten Hände lege und die Ellbogen auf den Tisch stütze. Ich kann mich auf diese Frau zwar genauso einstellen, wie ich mich auf meine anderen Klienten einstelle. Aber ich bin eben nicht in meiner Praxis. Ich werde an einem Ort sein, den ich nicht kenne. Das wird sich ganz anders anfühlen. Ich könnte den Weg dorthin morgen schon mal erkunden, fällt mir ein, dann ist wenigstens dieser Teil der Erfahrung nicht mehr fremd. Ich kann mir auch das Haus von außen ansehen und vertraut machen. Aber dann weiß ich immer noch nicht, wie die Räumlichkeiten drinnen aussehen. Fremde Bilder werden zu verarbeiten sein. Ich weiß nicht, wer mir öffnen wird, kenne den Weg nicht, der im Hause zu dem Raum führt, in dem das Gespräch stattfinden wird, ich weiß nicht, wie ihn zu gehen sich anfühlt, wie meine Schritte klingen werden, kenne die Atmosphäre in den Räumen nicht, auch ihre Helligkeit nicht und muss mich auf eine andere Sitzgelegenheit einstellen, als ich sie gewohnt bin. Die Lichtverhältnisse, werden sie mir erlauben, die Frau genau zu sehen, mit der ich sprechen werde, oder bleibt sie im Schatten? Ich brauche eine bestimmte Sitzhaltung, um mich jemandem zuwenden und genug Licht, um die feinen mimischen Veränderungen während des Gesprächs verfolgen zu können. Dieses Mal werde ich nicht in der Lage sein, darauf Einfluss zu nehmen.

Und wie ist das eigentlich mit der Rollenverteilung, wenn ich „bestellt“ werde? Diese Frage setzt meinen Adrenalinspiegel in Bewegung, denn das Wort „bestellt“ hört sich in meinem Kopf abfällig an. Es degradiert mich, macht mich zum Dienstpersonal. Schon höre ich in meinen inneren Ohren Stimmen von Autoritäten, die Untergebene in ihre Schranken weisen, lasse Filme an meinen inneren Augen vorbeiziehen mit Haltungen und Gesten, die andere herabwürdigen können, selbst wenn sie von freundlich ausgesprochenen Worten begleitet werden. Wer überhaupt müsste die ersten Worte sprechen? Als Hausherrin müsste sie das tun. Und was sage ich dann? Aber es ist ja noch gar nicht ausgemacht, ob wir etwas miteinander zu tun haben werden. Es ist ein Vorgespräch. Bei diesem Gedanken werde ich ruhiger. Ja, es ist ein Vorgespräch, ein Gespräch, an dem sie für sich und ich für mich entscheide, ob es zu einem Beratungsauftrag kommt. Ich brauche mir also gar nichts zu überlegen. Ich gehe da am Donnerstag hin und rede mit ihr, ob wir das, was ihr Sohn in die Wege geleitet hat, machen sollen. Dieser Gedanke beschwingt mich regelrecht. In meiner Phantasie höre ich mich die Worte sagen: „Ich glaube, unter diesen Umständen sollten wir auf ein Gespräch verzichten“, fühle, wie ich mich erhebe, den Weg zurück aus dem Haus nehme, auf die Straße trete und mich frei fühle nach dem Motto: Diese Stunde gehört mir, Hurra!

Was aber ...? Meine Gedanken sind noch nicht so optimistisch, wie ich mir gerade vormachen möchte. Sie wollen weitere Eventualitäten durchgehen. Was aber, wenn solche Worte nicht von mir kommen, sondern von ihr? Was ist, wenn sie solche Worte ausspricht, was, wenn sie mir die Tür weist? Was mache ich, wenn sie äußert, es sei eine Zumutung, hier bei ihr aufzukreuzen, ohne eingeladen zu sein, und sie beraten zu wollen. Was ihr Sohn mit mir besprochen habe, interessiere sie keinen Deut. Ich solle machen, dass ich verschwinde. Verdammt! Mit diesem inneren Fluch lasse ich mich auf den Gedanken ein. Ich weiß doch wirklich nur von ihm, dass sie mich erwartet. Der kann mir sonst was erzählt haben. Ich muss sicherstellen, dass ich auch wirklich erwartet werde, sonst wäre das peinlich. Peinlich ist gar nicht das richtige Wort für eine solche Geschmacklosigkeit. Ich muss unbedingt vorher anrufen und herausfinden, ob die alte Dame meinen Besuch wirklich will! Damit schließe ich diesen Gedanken ab, verwerfe die Schlussfolgerung aber sofort wieder. Denn was könnte man daraus erkennen? Sie wird nicht dumm sein, sie hat studiert, ist Studienrätin gewesen, kennt sich in Literatur aus. Wenn ich sie vor meinem Besuch anrufe, lasse ich sie damit wissen, dass ich ihrem Sohn misstraue, oder schlimmer noch, dass ich jemand bin, der sich von irgendeinem x-beliebigen Menschen für einen Angehörigen bestellen lässt, sich dann aber doch nicht traut. Das kann ich wirklich nicht machen!

Was ich aber machen könnte, ist ... - so laufen meine Gedanken weiter -, ich könnte so tun, als hätte ich die Zeit nicht richtig notiert, und wollte lediglich sicherzustellen, dass ich zur richtigen Zeit erscheine. „Entschuldigen Sie bitte“, könnte ich sagen, „Ihr Sohn hat ein Treffen zwischen uns arrangiert, ich habe leider versäumt, die genaue Zeit zu notieren...“ Ja, das könnte ich machen, denke ich, kann mich aber später entscheiden, ob ich das wirklich tun will, jetzt müssen die Tomaten durchs Sieb.

Ich stelle die Platte aus, nehme einen für die Menge der Suppe passenden Topf aus dem Unterschrank, stelle ihn mit dem Sieb darauf neben den Topf mit den Tomaten, fülle sie mit einer großen Kelle in das Sieb, rühre mit einem Quirl, fülle nach, bis der Topf leer ist und das Sieb halb voll mit den Suppenbestandteilen von dickerer Konsistenz. Die gebe ich in einen kleineren Topf, um sie zu pürieren und sie danach durch das Sieb zu rühren. Während dieser Prozedur schiebe ich meinen Suppentopf auf die noch heiße Stelle des Ceranfeldes, um die Suppe warmzuhalten. Das einzig Unangenehme bei der Zubereitung meiner Tomatensuppe ist die Menge an Töpfen, die ich hinterher säubern muss. Aber für diese Suppe mache ich auch das.

4

Ich habe gerade das Sieb als letzten Teil von meinem Abwasch auf das Abtropfbrett gestellt, als ich ein Stampfen auf der Steintreppe draußen vernehme, dann das Geräusch eines Schlüssels, wie er ins Schlüsselloch gesteckt und umgedreht wird, die Tür sich öffnet und mit einem dumpfen Wumm zufliegt. Diesen Geräuschen folgt ein Klatschen, mit dem eine Tasche in der Ecke neben der Kommode landet. Dann gehen Schritte durch den Flur zur Garderobe, werden rauschend Kleidungsstücke ausgezogen und aufgehängt. Danach kommen die Schritte zurück. Der Verursacher dieser Hörereignisse erscheint in der Tür zum Essraum. Mein Partner nutzt seine Mittagspause, um zu Hause die Zeitung weiterzulesen. Vielleicht hatte er auch eine Intuition von Tomatensuppe. Auf dem Weg, mich zu begrüßen, hebt er schon mal den Deckel, um sich zu vergewissern, ob er seinem Geruchssinn vertrauen darf und die auch von ihm geschätzte Suppe richtig wahrgenommen hat. Erst danach landet das übliche Küsschen auf meiner Wange und ein Hallo in meinen Ohren.

Da es etwas gibt, worauf er sich freut, ist er sogar hilfsbereit und holt Geschirr aus dem Schrank, um den Tisch zu decken, statt als erstes nach seiner Zeitung zu fahnden. Ich hole mir derweil die von ihm schon auf den Tisch gestellten tiefen Teller zurück, fülle sie mit der köstlichen roten Suppe, nehme dann den Parmesan aus seiner Verpackung, die Reibe vom Haken und garniere die Mitte der Suppe mit einer guten Menge dieses köstlich duftenden Käses. Danach trage ich die Teller zurück auf den Tisch. Inzwischen hat Martin Gläser und Wasser geholt, sich selbst eine Scheibe Brot abgeschnitten und mit Butter bestrichen. Wir können beginnen. Allerdings fehlen noch Servietten. Die sind beim Essen von Tomatensuppe so wichtig wie die Schürze bei der Zubereitung. Aber vielleicht ist es gar nicht so, dass man gerade mit Tomatensuppe besonders kleckert. Bei Tomatensuppe sieht man es nur besonders deutlich.

Hmm, höre ich, nachdem Martin den ersten Löffel in den Mund geschoben hat. Und Hmm macht es auch in meinem Gaumen, nachdem ich den ersten Löffel genommen habe. Sie ist heiß, meine Suppe, man muss sie langsam essen. „Wieso bist du überhaupt hier?“, fällt mir jetzt ein zu fragen, denn es kommt nur selten vor, dass ich meinen Partner mittags zu Hause sehe. „Wir hatten in der Nähe zu tun“, bekomme ich zu hören. „Und wo hast du die anderen gelassen?“, will ich weiter wissen. „Die sind Pizza essen gegangen“, ist die Antwort. „Und was hast du anzugeben?“, fragt er mich. Diese behördendeutsche Ausdrucksweise irritiert mich, seit wir zusammenleben. Er meint damit: Was hast du erlebt? Aber ich habe ihm auch nie gesagt, dass ich über diese Ausdrucksweise stolpere. Auch jetzt rede ich darüber nicht, sondern beantworte seine Frage mit den Worten: „Nichts Besonderes.“

Aber Martin achtet ebenso aufmerksam auf Körpersprache, wie ich es gewohnt bin. Er muss irgendetwas in meiner Mimik entdeckt haben, was sich von anderen Tagen unterscheidet. „Aber du hast doch was?“, insistiert er. Ich bin verwirrt, weiß nicht, ob diese Verwirrung sich auf seine Ausdrucksweise bezieht, die mich immer irritiert, oder auf meinen Auftrag von heute morgen, von dem ich ihm nicht berichten will, mit dem ich aber noch immer beschäftigt bin. Ich entschließe mich, ihm ganz allgemein mitzuteilen: „Ich habe heute morgen etwas angenommen, was ich nicht hätte machen sollen.“ Kaum sind diese Worte aus meinem Munde, wird mir klar, es war falsch, das so auszudrücken. Er wird sofort nachfragen, um Genaueres zu ermitteln. Das würde ich auch machen. „Und was ist das?“, kommt prompt von seiner Seite. Jetzt muss ich ihm sagen, dass ich ihm keine weiteren Fragen beantworten will. Aber ein anderer Teil von mir hat etwas anderes beschlossen. Ich höre mich sagen: „Ein Mann hat mich für seine Mutter bestellt.“ Natürlich fragt er jetzt weiter: „Und warum hättest du das nicht annehmen sollen?“ Ich fange an, mich darüber zu ärgern. Jetzt muss ich ihm etwas auseinandersetzen, mit dem ich selber noch nicht ganz im Reinen bin. „Da ist noch etwas“, teile ich mit, „noch etwas Ungewöhnliches. Sie soll nicht zu mir kommen, sondern ich soll zu ihr gehen.“

Martin scheint das nicht ungewöhnlich zu finden, oder er tut nur so, um mehr zu erfahren. Meine freiwilligen Auskünfte sind ihm immer zu sparsam. Er ist neugierig, und ich muss aufpassen, dass er nichts aus mir herausholt, was nicht in seine Ohren darf. „Und was ist daran verkehrt?“, will er wissen. „Daran ist nichts verkehrt“, fauche ich, „sondern das ist verkehrt.“ Ich habe das Wort „das“ betont. Einmal um mich klar auszudrükken und dann, um ihm deutlich zu machen, dass ich dieses Gespräch nicht schätze und es gleich Äußerungen geben wird, die unangenehm werden können. Er aber guckt mich bloß mit gespannter Neugier an. „Wieso?“, kommt von seinen Lippen. „Weil es einen Rollenwechsel bedeutet“, kläre ich ihn auf, „oder zumindest eine Rollenverschiebung.“

„Ach“, kommt jetzt in wegwerfender Tonlage von ihm. „Damit kommst du doch klar. Wo musst du denn hin?“ – „In eine alte Villa in Kirchrode“, antworte ich und nehme mir jetzt vor, ihm zu sagen, dass ich seine Fragen nicht mehr beantworten will. „Die Jugendstilvilla in der Ostfeldstraße?“ Ich starre ihn einen Moment sprachlos an. „Wie kommst du denn darauf?“, will ich wissen. „Ich frag ja nur“, tut er ganz unschuldig: „Also in die Jugendstilvilla in der Ostfeldstraße!“, wiederholt er nochmals. „Stimmt“, gebe ich zu und denke, es müsse einen Grund geben, gerade nach diesem Haus zu fragen. In Kirchrode, gerade auch in der Ostfeldstraße, gibt es Dutzende alter Villen. „Wie kommst du gerade auf dieses Haus?“, frage ich jetzt. „Gibt es einen Grund, meinen Auftrag da zu vermuten?“ Martin hebt den Kopf und schaut mich an. „Eigentlich nicht“, sagt er, „aber dieses Haus geht mir aus anderen Gründen im Kopf herum.“ Jetzt bin ich es, die neugierig wird. „Und was veranlasst dich, dich mit diesem Haus zu beschäftigen?“, will ich wissen und erfahre: „In dem Haus ist vor einem Jahr eine junge Frau ermordet worden. Diesen Fall haben wir nicht richtig aufklären können.“

5

Mehr als den Satz: „In dem Haus ist vor einem Jahr eine junge Frau ermordet worden“, habe ich von Martin nicht erfahren. Seine Mittagspause war zu Ende. Die Kollegen warteten auf ihn. Er ist weg, und ich sitze am Tisch vor meinem Teller mit den roten Rändern von der Tomatensuppe und starre in die

Luft. Das also auch noch! Jetzt wird auch noch ein Kriminalfall daraus! Diese Worte stehen vor meinen inneren Augen wie mit schwarzen Lettern auf ein riesengroßes Plakat geschrieben. Alle anderen Gedanken hat Martins Äußerung gelähmt. Aber nicht nur die Gedanken stocken, sondern auch meine Bewegungen sind erstarrt. Ich bin wie betäubt und kann mich nicht rühren. Jetzt wird auch noch ein Kriminalfall daraus! Lange verharren Denken und Bewegen wie irgendwo eingerastet, bis sich meine Betäubung langsam löst und in Wut übergeht, Wut, die mein Körper loswerden will wie ungenießbares Essen. Meine Aversion gegen die Beratung der alten Dame beginnt mich zu würgen. Ich möchte schreien, toben, irgendetwas werfen, etwas zerschlagen, an irgendetwas rütteln.

Es dauert eine Weile, bis diese Zorneswogen verebben und auslaufen. Irgendwann spüre ich mich tief Atem holen und wieder zu mir kommen. In dem Haus ist vor einem Jahr eine junge Frau ermordet worden. Es ist also schon ein Jahr her! Und es ist nicht eine Tochter, die ermordet wurde, oder eine Freundin, oder irgendeine Verwandte, die in irgendeiner Beziehung zu der alten Dame stünde, sondern schlicht eine junge Frau. Wahrscheinlich gibt es überhaupt keine Beziehung zwischen dieser jungen Frau und den Menschen, mit denen ich es zu tun habe. Warum also rege ich mich auf? Eine junge Frau ist ermordet worden.

Seltsam, dass zu solchen Gedanken immer Bilder auftauchen. Ich sehe in meinem inneren Wahrnehmungsraum eine junge Frau nackt auf dem Boden. Sie liegt auf dem Bauch ein Bein gestreckt, das andere angezogen, einen Arm an der Seite, den anderen über dem Kopf angewinkelt. Das ist meine Schlafhaltung, wird mir klar. Sie aber ist tot. Da ich nicht weiß, wie sie zu Tode gekommen ist, entdecke ich keine Verletzungen an ihrem Körper. Ich sehe nur einen schönen Körper am Boden liegen, weiß und anmutig wie eine Schlafende. Aber sie ist tot! Ich komme näher an sie heran, studiere die Hügel und Täler ihres Körpers wie die eines Aktmodells, spüre den erotischen Hauch, mit dem der Blick über die Linien elfenbeinfarbener Haut gleitet, die wie Seide schimmernd die Glieder umhüllt. Aber sie ist tot! Ihr Kopf liegt halb auf ihrem Gesicht. Ich kann die Linie von ihrer Stirn ausgehend nachzeichnen, Augenlid mit Wimpern, dann der Schwung der Wange, Kinn und Hals, alles makellos. Lange dunkle Haare fließen über Ohr und Schulter. Sie ist tot! Plötzlich, man könnte erschrecken, Leute im Raum, Leute in Mänteln mit Taschen und Instrumenten. Manche gehen geschäftig hin und her, spähen in Ecken und bücken sich, andere stehen um die am Boden Liegende herum und starren mit ratlosen Gesichtern auf sie. Ein seltsamer Kontrast: Eine nackte Schöne inmitten banalen alltäglichen Treibens. Das ist wie ein Zauber. Man darf sie nicht berühren. Aber sie ist tot! Ich muss mich mit Gewalt aus den Erscheinungen reißen, die mir meine Phantasie ohne meine Erlaubnis vorgaukelt. Ich weiß nichts über die Tote, was ich in Bilder übersetzen könnte. Ich weiß auch nichts über die Umstände, unter denen sie zu Tode gekommen ist. Ich weiß überhaupt nichts und ich will auch nichts wissen. Die alte Dame, zu der ich am Donnerstag gehe, hat mit Sicherheit mit den Ereignissen gar nichts zu tun. Sie sind nur in ihrem Haus geschehen. Auch ihr Sohn hat davon nichts berichtet. Die Ermordete ist für meine Arbeit ohne Bedeutung. Das einzige Feld, auf dem ich ihr begegnen könnte, wären die Erfahrungen der alten Dame. Und die dürften kein Problem sein. Mit belastenden Erfahrungen von Menschen umzugehen ist mein Beruf.

Auch meine anfänglichen Bedenken gegen den Rollenwechsel sind verflogen. Am Donnerstag 9.30 Uhr starte ich zu Fuß und mit einem guten Gefühl von meinem Haus in der Marienbader Straße, laufe die Sudetenstraße entlang und wende mich dann nach links in die Brabeckstraße. Die erste rechts, die von der Brabeckstraße abgeht, ist schon die Ostfeldstraße. Es ist immer noch nicht Herbst, obwohl schon Anfang Oktober. Aber es hat in den letzten Wochen viel geregnet. Die Bäume sind gut mit Wasser versorgt und halten ihr Blätterkleid unverfärbt am Leibe. Der Himmel sieht nach einem schönen Tag aus, schimmert blau durch dünne Wolken. Die Sonne wird sie wegwischen, sobald sie hoch genug gestiegen ist.

6

Als ich vor der Haustür stehe und meine Hand hebe, um zu läuten, fühle ich mein Herz doch etwas schneller klopfen als gewohnt. Auch mein Atem muss durch eine enger gewordene Passage in meiner oberen Brust. Das Geläut der Klingel ist kaum verklungen, da höre ich drinnen schon eine Tür gehen. Man hat also auf dieses Signal gewartet. Schritte nähern sich der Haustür, und ohne dass noch ein Ton aus der Sprechanlage kommt, eine Verriegelung gelöst oder ein Schlüssel umgedreht wird, öffnet sich die Tür vor mir. Im Rahmen steht eine ältere, freundlich lächelnde Dame. Mit fragender Stimme nennt sie meinen Namen, drückt nach meiner Bestätigung ihre Freude aus, mich zu sehen und heißt mich willkommen. Nachdem ich durch die Tür getreten bin, weist sie mir den Weg durch eine kleine Halle zu einer geöffneten Tür, betritt vor mir einen hellen, sogleich anheimelnden Raum, mit Wänden voller Bücherregale und einem Schreibtisch, dem man ansieht, dass daran gearbeitet wird. Auf einem großen weißen Berberteppich gibt es eine gemütliche Sitzgruppe, ein kleines Sofa, ein Sessel, ein Glastisch, darauf eine Karaffe mit Wasser und zwei Gläsern. Wo ich sitzen möchte, werde ich gefragt. Ich wähle das Sofa. Durch die Fenster dahinter fällt das Licht direkt auf den Sessel, in dem meine Gastgeberin Platz nimmt. Ich kann sie gut sehen.

Das Sofa, in dem ich mich niedergelassen habe, erlaubt mir überdies, gerade noch so aufrecht zu sitzen, wie aufmerksame Gesprächsführung es erfordert. Soweit ist also erst mal alles in Ordnung.

Und ich bin freudig überrascht. Obwohl ich mir verbiete, von meinen neuen Klienten Bilder zu entwerfen, merke ich jetzt: Die Worte ihres Sohnes haben mich unbewusst verleitet, eine verschlossene herabgestimmte alte Frau mit unordentlich herumhängenden dünnen grauen Haaren zu erwarten. Dem entspricht Frau Kobler in keiner Weise. Im Gegenteil. Eine volle, mit unsichtbaren Nadeln gebändigte weiße Haarkrone auf dem Kopf, schaut sie mir aufgeschlossen und ich möchte fast sagen fröhlich ins Gesicht. Und sie ergreift das Wort, um mir mitzuteilen, sie freue sich, dass dieses Treffen zustande gekommen sei. Dass eine Therapeutin so ohne Weiteres zu bewegen sei, einen Besuch zu machen, habe sie nicht geglaubt.

„Ungewöhnlich ist das in der Tat“, lasse ich sie wissen. „Normalerweise kommen meine Klienten zu mir. Aber Ihr Sohn hat es geschafft, mich zu überzeugen, dass ich Ihretwegen eine Ausnahme machen müsse.“ Sie ergreift die Wasserkaraffe, erhebt sie und schaut mich fragend an. Sie will von mir ein Signal erhalten, dass sie mir einschenken darf. Während sie mein Glas und dann ihres füllt, höre ich sie sagen: „Ja, mein Sohn ist sehr zielstrebig, man kann schon sagen, penetrant, wenn er etwas erreichen will. Es ist nicht leicht, ihm etwas entgegenzusetzen. Aber als seine Mutter weiß ich natürlich, wie ich ihn auflaufen lassen kann.“ Was sie sagt, macht mich hellhörig. Ich verbuche ihre Worte als erste Information über den Charakter ihrer Beziehung zu ihm. „Und wie machen Sie das?“, frage ich. „Ich gehe einfach nicht auf das ein, was er mir aufdrängen will, sondern wiederhole immer nur einen Satz, nämlich ‚Ich will nicht‘, wie eine Schallplatte mit Sprung. Das erspart es mir, böse zu werden oder mit ihm zu streiten. Ich bleibe ruhig und wiederhole nur den einen Satz ‚Ich will nicht'."

Ich muss lachen. Das Manöver, das Frau Kobler beschreibt, ist mir aus der Verhaltenspsychologie bekannt. Es wird in Selbstbehauptungstrainings vermittelt, um Leute zu befähigen, Nein zu sagen, wenn aufdringliche Zeitgenossen ihnen zusetzen. „Haben Sie das gelernt, oder ist es Ihnen selber eingefallen?", will ich wissen. „Die Methode, mit der Sie Ihren Sohn ausmanövrieren, kenne ich nämlich auch." Sie lacht und gesteht: „Ja, ich habe es gelernt. Früher habe ich Kommunikationskurse an der Volkshochschule besucht und mir gemerkt, was ich davon brauchen konnte."

„Das heißt, Sie können kommunizieren, aber Sie wollen nicht." Das war der Satz, der uns zu dem Thema bringt, um das es gehen soll. Sie hat den Satz gehört, und ihr Gesicht wird ernst. „Sagen wir mal so...", antwortet sie, „ich kann kommunizieren, ich will es auch, aber ich mag nicht." Sie schweigt eine Weile, bevor sie fortfährt. „Es ist schon ein Problem. Mein Sohn hat das ganz richtig wahrgenommen." Wieder macht sie eine Pause, bevor sie fortfährt: „Ich war schon immer eher zurückhaltend. In Gesellschaft zu gehen, fand ich noch nie angenehm. Partys habe ich gehasst." Sie schaut mich an. „Aber ich habe ja meine Arbeit gehabt, ein Lehrerkollegium und eine Menge Schüler. Die haben mir an sozialen Beziehungen vollauf genügt. Daneben hat es auch Freunde gegeben, oder sagen wir mal, Menschen, mit denen ich neben der Schule hin und wieder gerne zusammen war." Sie schweigt wieder und atmet hörbar ein und aus. „Die Schule ist jetzt natürlich vorbei." Diese Worte kommen von ihren Lippen, als achte sie gar nicht auf sie, weil Gefühle sie gefangen nehmen. „In letzter Zeit merke ich aber, dass ich mich immer weniger aufraffen kann, Umstände in Kauf zu nehmen, nur um Gesellschaft zu haben." Sie bemerkt ihre Gefühle, ich sehe eine leichte Bewegung von Abwehr, bevor sie fortfährt: „Es war auch immer so, dass andere zu mir gekommen sind. Ich musste nie viel tun, um Gesellschaft zu haben.“ Wieder macht sie eine Pause, denkt nach und senkt den Kopf: „Aber irgendwann kommen die Leute nicht mehr von selber. Ich müsste von meiner Seite aus etwas tun.“ Sie hebt ihren Kopf wieder, schaut mich an und sagt: „Aber dazu habe ich inzwischen keine Lust mehr.“

„Wozu haben Sie denn Lust?“, frage ich. „Ja, wozu habe ich Lust?“, wiederholt sie. „Ich lese gern“, sagt sie dann und schaut auf ihre Bücherwände. „Und manchmal schreibe ich.“ Bei diesen Worten verliert ihre Mimik deutlich an Spannung. Sie schaut auf den Berberteppich neben ihren Füßen und sieht dabei verloren aus. „Das macht Ihnen nicht so viel Freude“, bemerke ich. „Stimmt“, bestätigt sie, schaut jetzt schweigend auf ihre Hände und fährt fort: „Nicht mehr!“ Sie beugt sich vor, ergreift ihr Glas Wasser und trinkt. „Und was hat dazu geführt, dass Ihnen das keine Freude mehr macht?“, will ich wissen, nachdem sie das Glas abgestellt und sich wieder zurückgelehnt hat. Sie denkt nach. An ihren Augenbewegungen erkenne ich, dass sie mehrere Erklärungsmöglichkeiten durchgeht und überprüft, was sie dafür verantwortlich machen könnte. „So genau weiß ich das eigentlich nicht“, kommt von ihren Lippen. „Es kann sein, weil ich keinen Verlag für meine Kurzgeschichten gefunden habe“, bietet sie mir als Begründung an. Deren Gültigkeit will ich sogleich überprüfen. „Wenn Sie einen Verlag für Ihre Kurzgeschichten gefunden hätten, würden Sie immer noch gerne schreiben? Ist das richtig?“ Sie zögert auf meine Frage, und beginnt dann langsam Wort für Wort zu sprechen, während sie über eine Antwort nachdenkt. „Das kann ich mir nicht vorstellen.“ Sie bietet mir also eine vorläufige Antwort an, eine Aussage, die alles offen lässt. „Was können Sie sich nicht vorstellen“, möchte ich genau wissen, „dass Sie einen

Verlag gefunden haben könnten, oder dass Sie dann noch gerne schreiben würden?" Sie ist immer noch beim gedanklichen Ausprobieren alternativer Antwortmöglichkeiten und lässt mich wissen: „Beides nicht!" Ich brauche aber eine Feststellung als Plattform weiterer Erkundung und frage noch einmal nach: „Also auch, wenn Sie ihre Arbeiten veröffentlichen könnten, würde Ihnen das Schreiben keine Freude mehr machen?" Auch diese Frage wird nicht klar beantwortet: „Ich glaube, ja", kommt von ihr und veranlasst mich, diese Äußerung nicht weiter zu überprüfen.

„Wann haben Sie gemerkt, dass Schreiben Ihnen keine Freude mehr macht?" Diese Frage könnte mehr Informationen zum Vorschein holen. Ich sehe sie nachdenken, habe den Eindruck, sie weiß die Antwort, überlegt aber, ob sie mich wissen lassen soll, was ihr auf meine Frage hin bewusst geworden ist. Vielleicht bin ich mit meinen Fragen zu schnell und laufe Gefahr, sogleich auf einen schmerzhaften Kern zu stoßen. Manchmal geht das im Handumdrehen. Eine tragfähige Beziehung hat sich noch gar nicht aufbauen können und schon sind wir beim Thema. Ich überlege, ob ich besser wieder ablenken und ihr Zeit geben soll, bis sie von sich aus bereit ist, auf das Thema zu kommen. Sie hat bemerkt, dass ihr Zögern mir nicht entgangen ist. Sie hebt den Kopf, um etwas mitzuteilen, aber ich komme ihr zuvor. „Sie können meine Fragen auch ohne Antwort lassen", teile ich ihr mit, „wenn Sie über das, was dadurch bewusst wird, nicht sprechen wollen."

Ihr Gesicht entspannt sich, während ich das sage. „Nein", widerspricht sie meiner Vermutung, „das ist es nicht. Ich habe gerade darüber nachgedacht, wie schnell Sie mit ihren Fragen beim Thema sind. Ich will sie Ihnen durchaus beantworten. Warum sonst wären Sie hier! Ich habe vor einem Jahr aufgehört zu schreiben. Ich weiß nicht, ob Sie wissen, dass eine junge

Frau hier in meinem Haus gewohnt hat.“ Sie macht eine Pause, während der ich an ihren Augenbewegungen Erinnerungsbilder und Gedanken erkennen kann, die durch ihren Kopf wandern, bevor die Gefühle auftauchen, die sie ausgelöst haben. „Sie ...“, fährt sie dann zögernd fort, als ob sie sich nicht entschließen könnte, noch weitere Worte von ihren Lippen zu lassen. „Sie kam hier zu Tode“, lässt sie mich ein Wort nach dem anderen widerstrebend wissen und: „Das hat mich fürchterlich getroffen. Davon habe ich mich nicht wieder richtig erholt.“

Jetzt schaut sie mich an, um meine Reaktion zu erfahren. „Ich weiß“, sage ich ihr und lasse mir Zeit, um zu erfühlen, ob es richtig wäre, weiterzufragen, oder ob ich ihr Zeit lassen sollte, von allein weiterzusprechen. Da sie mich erwartungsvoll anschaut, fasse ich Mut: „Was genau war es, was Sie so fürchterlich getroffen hat?“, frage ich. „Dass da jemand, mit dem man abends noch ein Glas Wein getrunken hat, am nächsten Morgen tot ist“, antwortet sie mir mit leiser Stimme. Das ist eine zu einfache Antwort, denke ich. Nahezu jeder würde eine solche Antwort geben, weil jeder Mensch über einen unverhofften Tod erschreckt, sei es der Tod von Angehörigen, Nachbarn oder auch nur entfernt Bekannten. Um was für einen Verlust es bei ihr geht, möchte ich wissen. Der plötzliche Tod ihrer Mieterin, was hat er für sie bedeutet. Das versuche ich zu erfahren, indem ich die Frage formuliere: „Wie nahe hat diese Frau Ihnen gestanden?“

Sie scheint zufrieden darüber zu sein, dass ich diese Frage gestellt habe, und schickt sich an, genauer Auskunft zu geben. „Ich habe sie in einem Seminar kennengelernt. Es ging um Familienstellen, “ lässt sie mich als erstes wissen und denkt weiter nach. „Sie hat sich irgendwie an mich gehängt, als brauchte sie jemanden ...“, sie stockt, „jemanden Älteres“, präzisiert sie ihre Beschreibung. „Sie ist mit mir in den Pausen essen gegangen und Kaffee trinken und wollte sich auch über das Seminar hinaus mit mir verabreden." Sie stockt: „Darauf sind Sie eingegangen?", frage ich weiter. „Ja", höre ich, „sie hat mich zu Hause besucht und von sich erzählt. Sie arbeitete im Büro bei einem Steuerberater in Kleefeld. Aus irgendwelchen Gründen schaffte sie es nicht, sich von einem Mann zu trennen, mit dem sie zusammenlebte. Sie hatte irgendwie Angst vor ihm, dass er ihr nachstellen und sie wieder zurückholen würde. Sie suchte Schutz. Und da ich unten im Haus leerstehende Räume habe, ist sie bei mir eingezogen. Hierher würde er sich nicht trauen, glaubte sie. Und so war es auch."

„Sie wollten sie also gerne bei sich wohnen haben", frage ich und erfahre Einspruch: „Nein so war es nicht!", teilt sie mir mit. „Sie war es, die mich fragte, ob sie bei mir einziehen könnte." Sie macht eine Pause. „Ich wollte das eigentlich nicht so gerne. Ich hatte noch nie fremde Leute im Haus und wusste nicht, was es bedeutet, wenn da unten jemand wohnt, und ob ich damit zurechtkommen würde. Aber wir haben es dann doch probiert und festgestellt, dass es durchaus gut ging." Aha, denke ich mir, sie hat eigentlich nicht gewollt, dann muss der Grund, der sie dennoch veranlasst hat, dem zuzustimmen, gewichtig sein. „Was hat Sie denn veranlasst, trotz Ihrer Bedenken zuzustimmen?", will ich jetzt von ihr wissen. „Ich glaube", antwortet sie mir wieder vage, „ich glaube, ich habe mir vorgestellt, es könnte gut sein, jemandem im Haus zu haben, der da ist, wenn ich nicht da bin."

Das ist kein guter Grund, das wird mir sofort klar. „Aber Sie verreisen doch gar nicht!", wende ich ein. „Stimmt", antwortet sie und holt Luft. „Ich glaube", bietet sie mir daraufhin an, „ich glaube, ich hatte mir auch versprochen, gelegentlich Gesellschaft zu haben." Dass auch diese Auskunft nicht ausreicht, scheint sie selber zu spüren, denn sie fährt langsam fort: „Und zwar umstandslos Gesellschaft zu haben. Man hat Lust, gemeinsam Kaffee zu trinken und macht das und geht dann wieder seiner Arbeit nach.“ Sie fühlt, auch diese Erklärung kann nicht zufriedenstellen und redet zögerlich weiter: „Oder ein Glas Wein zu trinken und sich zu unterhalten.“ Danach bricht sie ab. Sie weiß und ich weiß, das war es nicht. Eine Unterhaltung mit einer jungen Büroangestellten, die auf der Flucht vor einem Liebhaber bei ihr unterkriecht, kann sie nicht gereizt haben. Um etwas ganz anderes muss es da gegangen sein. Also wiederhole ich nochmals ihre Aussage, um sie prüfen zu lassen, ob sie wirklich nicht mehr sagen will: „Sie haben sich also gedacht, Sie würden durch Ihre Mieterin hin und wieder ohne große Umstände Kontakt zu einem Menschen haben.“ Das Resultat dieser Frage ist: Sie will nicht mehr sagen. „Ja“, bekomme ich zu hören, „so war es erst mal.“ Aha, denke ich mir, sie bietet mir doch noch etwas zum Nachhaken an. Wenn jemand „erst mal“ sagt, sagt er gleichzeitig, dass es dann anders wurde. Also gebe ich ihr Gelegenheit, das näher zu erläutern: „Und dann?“

„Dann hat es doch Umstände gemacht“, lässt sie mich wissen. Ich schweige, um sie entscheiden zu lassen, ob sie mir die Umstände mitteilen will. Auch sie schweigt, schaut auf ihre Hände und denkt nach. „Ja“, beginnt sie dann. „Am Anfang war es richtig schön. Wir haben ziemlich viel miteinander gemacht, zusammen eingekauft und gekocht, Filme angeschaut, Gespräche geführt, im Garten aufgeräumt, sogar Ausflüge unternommen. Es war fast so, als ob ich eine Tochter bekommen hätte.“ Während sie das berichtet, hellt sich ihre Miene kurz auf und erstarrt dann wieder. „Aber dann hat sie sich wieder verliebt und sich von einem Tag auf den anderen nicht mehr blicken lassen.“ Während ich diesen Satz höre, bemerke ich: Sie gibt sich Mühe, mich nicht das ganze Ausmaß ihrer emotionalen Reaktion spüren zu lassen. Sie redet schnell weiter:

„Statt dessen waren da unten jetzt zwei Leute. Ihren Freund hat sie mir nicht einmal vorgestellt. Da ist mir erst bewusst geworden, was ich gemacht hatte, indem ich sie aufnahm. Und mir wurde klar: Ich wollte keine fremden Menschen in meinem Hause. Aber jetzt wohnte sie da; und ich konnte sie doch nicht einfach wieder hinauswerfen. Also habe ich darauf gehofft, dass sie irgendwann mit ihrem Freund würde zusammenziehen wollen und hier wieder ausziehen. Aber dazu kam es nicht. Mit dem Freund ging es wieder auseinander. Sie hatte dann einen anderen. Den habe ich überhaupt nie zu Gesicht bekommen. Und dann war sie tot."

„Und das hat Sie erschüttert?" Ich sehe sie kämpfen. Bewegungen in ihrer Mimik zeigen mir, diese Erschütterung ging tief, tiefer vielleicht, als ihr selber bewusst ist, auf jeden Fall tiefer, als sie mich im Augenblick wissen lassen will. „Ja", antwortet sie, beugt sich wieder vor, ergreift das Glas mit Wasser, erkennt, es ist bereits ausgetrunken, ergreift daraufhin die Karaffe und schenkt nach. Nicht, dass ihre Hand dabei zittert, aber alle Muskeln, die sie bei diesem Manöver anspannt, sind überaktiviert. Sie setzt alle Kräfte ein, um kein Zittern aufkommen zu lassen. Ihre Bewegungen wirken dadurch steif. „Mit der Folge, dass es Ihnen keine Freude mehr macht, zu schreiben." Dieser Satz von mir bleibt im Raum stehen, als ob er in der Luft geschrieben stünde. Sie möchte an ihm vorbei schauen, ihn übersehen. Aber er lässt sich nicht übersehen. Er ist bereits verklungen, aber er klingt nach. „Ja", antwortet sie. Und auch dieses Wort bleibt stehen, gesellt sich zu meiner Frage und klingt nach. „Könnte das ein Thema sein, mit dem wir unsere Arbeit beginnen könnten?", frage ich und richte mich darauf ein, zu warten, bis sie meinen Vorschlag gründlich geprüft hat.

7

Aber sic hat den Sinn meiner Worte nicht verstanden. „Wie meinen Sie das?“, fragt sie und schaut mich verständnislos an. Sie hat also keine Vorstellung, wie eine therapeutische Arbeit abläuft. Möglicherweise erwartet sie von mir nur so etwas wie ein freundschaftliches Gespräch, wie sie es auch mit einer guten Freundin führen könnte, nur dass ich die Gewähr biete, ihr ein zuverlässiges Ohr zu leihen und dann zu schweigen. Ich muss ihr also erklären, was ich unter beratender oder therapeutischer Arbeit verstehe: „Das meine ich so“, beginne ich meine Darstellung. „Es gibt ein Verfahren, mit dem man den Verlust eines Menschen überwinden kann. Im Wesentlichen besteht das darin, mit dem Erinnerungsbild eines verlorenen wichtigen Menschen, das Trauer oder Verzweiflung oder ein Gefühl der Leere auslöst, ein anderes Gefühl zu verknüpfen. Man könnte mit diesem Erinnerungsbild beispielsweise das Erleben verbinden, damit versöhnt zu sein, dass es diesen Menschen nicht mehr gibt. So etwas können wir gemeinsam machen, wenn Sie das wollen.“

Sie wird lebendig. „So etwas geht?“, will sie wissen. „Ja“, bestätige ich. „Darin besteht meine wesentliche Arbeit, Menschen zu unterstützen, mit den Dingen des Lebens die Gefühle zu verbinden, die sie befähigen, in einem guten Zustand zu sein und angemessen handeln zu können.“ Sie schaut mich mit offenen Lippen an. „Das ist ja toll!“, sagt sie unzensiert, denn das Wörtchen „toll“ gehört wahrscheinlich nicht zum akzeptierten Wortschatz einer studierten Germanistin. „Und wie lange dauert so etwas?“, will sie jetzt wissen. „In der Regel nicht lange“, antworte ich. Das kommt darauf an, wie alt die Muster sind, die wir verändern müssen. Wenn Sie Ihre Trauerreaktion schon in der frühen Kindheit gelernt haben, kann es lange dauern, sie zu verändern“, berichte ich. „Dann wird es lange dauern“, höre ich sie erwidern. „Ich bin in meinem Leben eigentlich nie richtig froh gewesen.“

„Aber wir können es doch versuchen“, rede ich weiter, obwohl ich nicht sicher bin, ob ich gehört werde. Sie starrt vor sich hin, die Augen zuerst geradeaus, dann auf den Teppich zu ihren Füßen gerichtet und versinkt in Erinnerungen. Trotzdem spreche ich weiter, im Vertrauen darauf, dass sie meine Worte schon aufnehmen wird. „Wir können das nächste Mal mit der Arbeit beginnen. Sie machen die Erfahrung, ob meine Art der Beratung Ihnen überhaupt zusagt, und vor allem, ob sie Ihnen etwas bringt. Danach können Sie entscheiden, ob wir weitermachen sollen.“

Nach diesen Worten schweige ich und warte. Mein Gegenüber ist immer noch eingetaucht in Erinnerungen und streift durch alte Gefühlslandschaften. Niemand spricht. Stille wird im Raum hörbar. Nach einer Weile sehe ich sie leicht zusammenzucken, aus ihrer Trance zurückkommen, mich erkennen, staunen, und sich dann orientieren. „Ich war in Gedanken und habe nicht mitbekommen, was Sie gesagt haben“, teilt sie mir mit. Ich richte mich auf, nehme mein Glas und trinke, um ihr die Möglichkeit zu geben, sich zu sammeln: „Ich habe Ihnen vorgeschlagen, beim nächsten Treffen eine Veränderungsarbeit zu probieren. Sie können dann überprüfen, ob sie Ihnen zusagt und Ihnen etwas bringt. Sind Sie damit einverstanden?“

„Ja, gerne“, lässt sie mich wissen und will mehr erfahren: „Wie ist das“, fragt sie, „wenn ich nicht so funktioniere, wie Sie sich erhoffen, kommen Sie dann nicht wieder?“ Oh, denke ich, das ist aber ein voller Erfolg. Sie hat beim ersten Treffen schon Angst, ich könnte sie verlassen. „Nein“, beschwichtige ich. „Sie bestimmen unsere Arbeit. Ich komme so lange wie es Ihnen sinnvoll erscheint.“ Meine Versicherung wirkt beruhigend. Wir können zum Abschlussgespräch übergehen. Aber ich habe noch eine Frage, die schon beim ersten Anblick dieser Frau aufgetaucht ist und seitdem in meinem Hinterkopf wartet. „Darf ich Sie auch noch etwas fragen?“ Sie hebt den Kopf, sieht erstaunt aus und gibt mir die Erlaubnis: „Ja, bitte.“ - „Was hat Sie veranlasst“, beginne ich und breche ab, um meiner Frage etwas voranzuschicken: „Es gibt nichts, was Sie zwingen würde, das Haus nicht zu verlassen. Was hat Sie veranlasst, auf meinem Besuch zu bestehen, statt zu mir zu kommen?“

Sie hat meine Frage gehört und schickt sich an, darüber nachzudenken. Ich bin erstaunt, wie lange sie dafür braucht, länger, als ich erwartet habe. Ich kann den Prozess ihres Nachdenkens an ihren Augenbewegungen verfolgen. Leider geben sie nicht an, was jemand denkt, sondern nur, wie er denkt, ob er sich erinnert oder Vorstellungen konstruiert, Bilder im Sinn hat, innere Selbstgespräche führt oder in Gefühlen steckt. Mein Gegenüber ist zunächst durch Erinnerungen gegangen und hat dabei Gefühle aufgerufen, bevor interne Kommentare und dann konstruierte Vorstellungen auftauchen. Dann sehe ich eine mimische Reaktion, so als wolle jemand einen Gedanken loswerden, um etwas anderes durchzugehen.

„Wahrscheinlich wird meine Antwort Sie nicht zufriedenstellen.“ Dies scheint das Resultat ihres langen Nachdenkens zu sein. „Ich wollte einfach nicht.“ In der Tat: Diese Aussage stellt mich nicht zufrieden, und sie weiß es. Deshalb redet sie weiter. „Ich wollte keine Therapie.“ Dies ist keine Antwort auf die Frage, die ich gestellt habe. Sie sucht nach Gründen für ihren Unwillen, sich beraten zu lassen, aber sie forscht nicht danach, was sie bewogen haben könnte, auf meinem Besuch zu bestehen. „Ich weiß, dass man mit meinen Problemen Hilfe suchen und finden kann“, bietet sie mir jetzt an und fährt fort: „Vielleicht war es einfach nicht schlimm genug.“

Das ist eine Rationalisierung. Wahrscheinlich ist sie mit den Grundlagen der Psychologie und Psychotherapie vertraut und weiß: Das Ausmaß einer Belastung spielt eine entscheidende Rolle bei dem Entschluss, sich helfen zu lassen. Aber das ist immer noch nicht das, wonach ich gefragt habe, halte ich fest, bin aber bereit, mich auf ihr Thema einzulassen, denn da kommen wichtige persönliche Informationen: „Ich habe auch immer gedacht, in meinem Alter bringt das nicht mehr so viel“, äußert sie und zögert wie vor dem Sprung über einen gefährlich breiten Graben. „Oder es könnte mir zu anstrengend sein“, höre ich, warte in der Hoffnung, etwas noch Wichtigeres könne auftauchen: „Oder es lohnt sich nicht mehr“, dringt in meine Ohren. Dabei hat ihre Stimme sich verändert. Das klingt nach einem früh erworbenen Glaubenssatz, der nicht wenigen Menschen das Leben vergällt: „Um mich lohnt es sich nicht!“, höre ich in meinem eigenen Kopf. „Und jetzt sind Sie bereit für die Anstrengung?“, will ich von ihr wissen. „Ja“, sagt sie, sieht mich an und lächelt. „Unser Gespräch gefällt mir. Ich finde es sogar spannend.“ Auch ich lächle. „Darüber freue ich mich“, lasse ich sie wissen.

8

Als ich Frau Kobler verlassen habe und auf dem Weg nach Hause bin, ist der Himmel blau und meine Welt wieder in Ordnung. Meine Arbeit hat sich genauso angefühlt, wie wenn ich sie in meiner Praxis durchgeführt hätte. Kein Rollenwechsel und keine der Wahrnehmung, dem Spiegeln und Führen des therapeutischen Gesprächs abträglichen Bedingungen. Ich bin sicher, meine neue Klientin hätte sich bereit erklärt, von nun an auch in meine Praxis zu kommen. Aber ich habe diesen Wunsch gar nicht gehabt.

Nicht in Ordnung ist, dass ihr Sohn hinter mir her ist. Er ruft kurz nach siebzehn Uhr an. Ob eine beratende Beziehung zustande gekommen sei, will er erfahren. Diese Frage bestätige ich und hole Luft, um ihn wissen zu lassen, diesen Auftrag habe mir seine Mutter erteilt und an sie würden auch die Rechnungen gehen. Dazu lässt er mich aber nicht kommen. Wie das Gespräch verlaufen sei, will er erfahren. Diese Frage geht an die Grenze. Ich zögere, um mir klar zu werden, ob ich sie beantworten oder mit freundlichen Worten zurückweisen will. „Gut“, erkläre ich und fasse den Entschluss, kein Wort mehr zu sagen, als ich höre: „Worüber haben Sie gesprochen?“ - „Herr Kobler“, beeile ich mich jetzt zu sagen, weil ich fürchte, meinen Rederaum verteidigen zu müssen, „Herr Kobler, ich bin nicht befugt und auch nicht willens, Ihnen Auskünfte über meine Gespräche mit Ihrer Mutter zu geben. Sie wissen das, und dabei sollten wir es belassen.“ Aber ich habe den Hörer nach diesen Worten nicht gleich aufgelegt. Auf halbem Wege fällt mir ein, dass ich ihm noch mitteilen will, es gebe von nun an ein Übereinkommen zwischen seiner Mutter und mir. Die alte Vereinbarung zwischen ihm und mir sei damit ablöst. Deshalb hebe ich den Hörer wieder an mein Ohr und vernehme, dass er sich aufs Bitten verlegt hat. Er fühle sich verantwortlich für seine Mutter und brauche Hinweise, wie er sich jetzt ihr gegenüber verhalten solle. „Das alles können Sie Ihre Mutter doch selber fragen“, entgegne ich, „dazu brauchen Sie mich nicht.“ Ich höre ihn schwer atmen, fühle mich gedrängt, ihn zu beruhigen und sage: „Es ist alles in Ordnung, Herr Kobler, und was ich Ihnen noch sagen wollte, Ihre Mutter hat mir den Auftrag erteilt, das heißt auch, dass die Rechnungen an sie gehen werden. Falls es aber irgendetwas geben wird, was Sie wissen müssen, werde ich Ihnen das sofort mitteilen. Auf Wiederhören.“

Aber meine Gedanken wollen sich von dem Mann noch nicht verabschieden. Nachdem ich den Hörer aufgelegt habe, fahnden sie ohne meine Billigung weiter danach, was der wohl Wichtiges habe wissen wollen. Der kann sie doch wirklich selber fragen, wenn es für ihn etwas von Bedeutung gibt, mache ich mir klar, um sie zum Schweigen zu bringen, aber ohne Erfolg. Einwände kommen auf: Der wolle wahrscheinlich etwas herausfinden, wovon er wisse, es von seiner Mutter nicht in Erfahrung bringen zu können. Irgendein Teil in mir ist unruhig geworden, forscht nach Gründen, will mich daran beteiligen und sich nicht wieder beruhigen lassen, bis er etwas gefunden hat, an dem er sich festbeißen kann. Aber ich weiß, dass ich durch Spekulieren nicht weiterkommen werde und ziehe einen Strich unter dieses Telefonat.

Die Ruhe, die ich haben will, wird mir heute Abend jedoch gründlich vorenthalten. Da ist noch jemand, der mehr wissen möchte. Martin kündigt sein Heimkommen durch die üblichen Geräusche an: Trampeln auf der Treppe draußen, Schlüsseldrehen, ein dumpfes Wumm, mit dem er die Tür wieder zuwirft, ein klatschendes Geräusch, mit dem seine Tasche neben der Kommode landet, ein Rauschen vom Ablegen seines Anoraks an der Garderobe und Schritte im Flur. Er hat mich durch die Tür in meinem Arbeitszimmer am Schreibtisch sitzen gesehen und betritt den Raum. Ich wende mich um, um sein Küsschen auf die Wange in Empfang zu nehmen, sehe ihn sich in den Sessel setzen, sich räkelnd ausbreiten und die Beine von sich strecken.

„Wie war‘s heute bei dir“, will er wissen. „Wie immer!“, antworte ich, rolle mit meinem Schreibtischstuhl ein bisschen näher, um nicht kontaktunwillig zu wirken. „Du warst doch heute bei der Kobler“, stellt er mit auffordernder Tonlage fest. „Stimmt“, teile ich ihm einsilbig mit und schließe danach meinen Mund wieder. „Und was hast du anzugeben?“ Wieder diese Ausdrucksweise, die ich hasse! Für einen Moment schießt ein

Schwall Ärger in meine Magengegend. Ich könnte ihn herauslassen, aber ich will nicht. „Schätzchen“, sage ich, und dieses Wort klingt gar nicht zärtlich. „Du weißt, dass ich dir nichts aus Beratungsgesprächen erzähle, warum also fragst du?“ Schätzchen bleibt ruhig, obwohl meine Stimme leicht gereizt klang. „Ich will ja gar nichts Konkretes wissen“, spielt er seine Neugierde herunter. „Nur, wie es so war.“ – „Lüg‘ doch nicht so frech!“, halte ich ihm vor. „Du willst immer alles wissen. Aber du erfährst nichts. Im Übrigen gibt es wirklich nichts Besonders zu berichten. Die Sitzung ist gut gelaufen. Willst du auch was essen?“

Mit dieser Frage erhebe ich mich, um in die Küche zu gehen. Er folgt mir, macht aber einen Umweg ins Wohnzimmer, um nach seiner Zeitung zu suchen. „Hast du meine Zeitung gesehen?“, fragt er, während ich den Kühlschrank inspiziere auf der Suche nach etwas, worauf ich Lust haben könnte. „Wahrscheinlich im Badezimmer!“, rufe ich ihm zu, als ich kalten Braten und Schinken entdecke. Die stehen schon zusammen mit Brot und Butter auf dem Tisch, als er mit einem unordentlichen Haufen Papier in den Händen aus dem Badezimmer zurückkehrt, sich damit an den Tisch setzt und die Teile heraussucht, die er heute morgen nicht gelesen hat. Die anderen landen einfach auf dem Fußboden.

Während ich beginne, mir ein Brot zu streichen, schaut er über den Rand seiner Zeitung, ob eine feengleiche Hand ihm vielleicht sein Bier hingestellt haben könnte, sieht mich selbstgemachten Traubensaft trinken und fragt: „Krieg‘ ich davon auch was?“ Aha, denke ich mir, Monsieur möchte umsorgt werden, während unbewusste Impulse mich schon aufgescheucht haben, um ein weiteres Glas für ihn zu holen und ihm einzuschenken. „Vielleicht könntest nur zur Abwechslung du mir mal etwas berichten, was für meine Arbeit wichtig sein könnte“, leite ich meine Absicht ein, von ihm Einzelheiten über den unabgeschlossenen Fall zu hören. „Was habt ihr denn damals herausgefunden?“

„Das war nicht mein Fall“, lässt Martin mich als erstes hören, ohne von seiner Zeitung abzulassen. „Den hat der Drechsel bearbeitet. Du kennst den ja, der ist fleißig, aber nicht kreativ. Eigentlich hat der nix herausgefunden. Der große Unbekannte. Krieg‘ ich auch ein Schinkenbrot?“ Er scheint einen Handel zwischen uns anbahnen zu wollen: Verpflegung gegen Information. Ich nehme ein Brot und schicke mich an, es zu bestreichen. „Nicht so viel Butter“, weist er mich nach einem Blick auf mein Messer an und richtet seine Augen wieder in die Zeitung. Er scheint die Zeit zum Lesen nutzen zu wollen, bevor das gewünschte Nahrungsmittel über den Tisch wandert. Erst als er eine freie Hand braucht, um sein Brot entgegenzunehmen, legt er die Zeitung beiseite.

„Der große Unbekannte?“, nehme ich den Faden auf. Martin nimmt einen großen Bissen, kaut, schluckt und holt kurz Luft zum Antworten: „Ja, den hat es wirklich gegeben. Die Wenzel ...“. Er zögert, weil er meinen fragenden Blick gesehen hat und erläutert: „Das ist die junge Frau, die ermordet wurde. Die Wenzel muss tatsächlich einen mysteriösen Freund gehabt haben, den haben sowohl Nachbarn wie auch die Kobler übereinstimmend beschrieben, aber niemand hat ihn gekannt.“ Martin nimmt den nächsten Bissen, kaut und redet mit vollem Mund weiter: „Der ist nach dem Mord untergetaucht. Die Fahndung nach dem blieb ergebnislos.“ Erst jetzt schluckt er zufrieden, greift nach dem Glas und trinkt. „Mensch, hat der Zucker!“, kommt anerkennend von seinen Lippen. Damit hat er Recht. Mein Traubensaft ist ungewöhnlich süß. Niemand würde auf die Idee kommen, dass so etwas in Hannover an der Südwand eines Einfamilienhauses wächst.

„Hat es keine weiteren Verdächtigen gegeben?“, will ich wissen. „Doch“, bekomme ich zu hören, während Martin den letzten Bissen in den Mund schiebt, seine Finger gegeneinander reibt, um Fettspuren auf größere Flächen zu verteilen, und wieder nach der Zeitung greift. „Und?“, fordere ich ihn zum Sprechen auf. „Ihren vorherigen Freund!“ Martin hat seine Augen wieder seiner Lektüre zugewandt, um mich zu zwingen, jedes Wort aus ihm heraus zu angeln. „Und?“, wiederhole ich. „Der hatte ein hieb- und stichfestes Alibi.“ Damit scheint er es wieder bewenden lassen zu wollen. „Sonst war niemand verdächtig?“, lege ich nach. Jetzt schiebt er längere Pausen zwischen meine Fragen und seine Antworten ein. „Doch“, schickt er mir rüber und wendet eine Seite um, bevor er weiterspricht: „Jede Menge. Die Dame hat häufig ihre Partner gewechselt.“ Drei Großbuchstaben: H, W und G schwirren durch meine Gedächtnisbahnen. Diese Buchstabenabfolge habe ich schon mal gehört. Aha, von meiner Mutter, fällt mir jetzt ein, häufig wechselnde Geschlechtspartner. Junge Mädchen, denen man früher HWG nachsagte, waren verrufen. One-night-stands nennt man das heute, und One-night-stands scheinen heute völlig normal zu sein.

Während dieser Überlegungen sehe ich vor meinem inneren Auge junge Männer durch die Pforte wandern, die in den Vorgarten der Villa Kobler führt. Aber ich sehe sie immer nur durch diese Pforte treten, dann lösen sie sich in Luft auf und verschwinden wieder. Aha, wird mir klar, ich weiß nicht, wie man in die Wohnung der jungen Frau gelangt. Müssen ihre Besucher durch die Haustür der Villa eintreten, oder gibt es einen eigenen Eingang. „Wo ist eigentlich der Eingang zu den Räumen, in der die Wenzel gewohnt hat?“, will ich jetzt von Martin wissen. Der guckt mich erstaunt an und äußert: „Du weißt ja tatsächlich nichts! Also, wenn du vor dem Haus stehst, links an der Seite, wo die hohe Ligusterhecke ist, gibt es einen separaten

Eingang." Jetzt kann ich meinen inneren Film etwas länger gestalten und die jungen Herren mit eindeutiger Absicht um die Hausecke verschwinden lassen. Okay, stelle ich befriedigt fest. Bei solchen Lebensverhältnissen ist es schwierig, Bekanntschaften zu identifizieren, mache ich mir klar. „Sie kann also irgendjemanden zufällig kennengelernt und abgeschleppt haben, ohne dass irgendjemand anderes das beobachtet hätte."

Diese Worte habe ich zwar für mich selbst formuliert, aber laut ausgesprochen und Martin damit an meinen Überlegungen teilnehmen lassen. Der widerspricht jedoch meiner Annahme sogleich. „So unbeobachtet geht das in der Regel nicht zu. In der Szene, wo die jungen Leute sich treffen, gibt es immer Bekannte, und wenn es der Barkeeper ist, und Freundinnen, die so etwas auch machen, oder Freunde, mit denen man ausgeht, um jemand Neues aufzutun, oder einfach Leute, mit denen man geredet hat. Außerdem gibt es überhaupt keinen Grund, eine One-night-stand-Bekanntschaft umzubringen, außer man ist nicht ganz normal und bringt überhaupt gerne Frauen um. Zu der Zeit ist aber niemand sonst umgebracht worden."

Martin scheint das Liebesleben der Wenzel nicht für den geeigneten Zusammenhang zu halten, in dem man nach ihrem Mörder fahnden sollte. „Wer wäre denn für dich noch verdächtig gewesen", kommt von meinen Lippen, ohne dass ich den Entschluss zu dieser Frage gefasst hätte. „Na, die Kobler selber", höre ich und verschlucke mich beinahe. „Wie bitte?" Ich fühle den Raum meiner Einbildungskraft grau werden, so unfassbar ist es für mich, zu dem Gehörten eine Szene zu konstruieren. Diese Frau als Mörderin. Martin hat meine Fassungslosigkeit mitbekommen, und ohne dass ich protestiert habe, geht er in Verteidigungsposition: „Wieso nicht", faucht er mich an. „Ich hätte die mehr unter die Lupe genommen als der

Drechsel. Aber sie soll krank gewesen sein damals und nicht die Kraft gehabt haben, jemanden so zu würgen."

„Erwürgt worden ist das Mädchen?", frage ich entsetzt. „Ja, liest du denn keine Zeitung?", fragt Martin zurück, während er seine Zeitung zusammenfaltet und auf dem Stuhl neben sich ablegt. „Nein, erwürgt worden ist sie nicht, nur gewürgt worden. Gestorben ist sie an Genickbruch", fährt er fort. „Der Mörder hat ihren Kopf über die Bettkante geschlagen. Es könnte allerdings auch ein Unfall gewesen sein", schränkt er ein. „Sie kann ausgerutscht sein. Auf dem Boden war Wein verschüttet." Er macht eine Pause: „Aber auf jeden Fall hat es vorher einen Kampf gegeben", äußert er mit entschieden klingender Stimme und schaut mich an: „Aber du liest ja keine Zeitung." Recht hat er, ich komme selten dazu, die Zeitung zu lesen. Ich lese den SPIEGEL und Le Monde International, um mich nicht ganz vom Verständnis dieser Welt abzuschneiden. Dazu zwinge ich mich. Aber die Einzelheiten des tagtäglichen Geschehens aufzunehmen, dazu habe ich keine geistige Kapazität. Die meisten Meldungen fallen durch mein Gedächtnis hindurch. Um wichtige Ereignisse nicht zu verpassen, gucke ich jeden Tag die Tagesschau. Zumindest fast jeden Tag. Da kann es schon passieren, dass ich auch einen Mordfall in Kirchrode nicht mitbekomme, wenn mich niemand darauf anspricht.

Während mir meine Lesegewohnheiten durch den Kopf gehen, habe ich Martins weitere Worte nicht mitbekommen. Erst als er sagt: „Und den Sohn haben die auch nicht richtig unter die Lupe genommen", bin ich wieder mit voller Aufmerksamkeit zur Stelle. „Wieso könnte der Sohn verdächtig sein?" Ich sehe ihn vor mir, blasse Haut, rotblond gelockt und fühle wieder die leichte Aversion, die ich mir jetzt wahrzunehmen erlauben darf, da ich mit ihm nichts mehr zu tun haben werde. „Frage lieber, wieso die ihn nicht verdächtigt haben", gibt Martin zurück.

„Und warum haben sie ihn nicht verdächtigt?“, frage ich gehorsam. „Weil er schwul sein soll und kein Interesse an Frauen hat. Außerdem war er zur Tatzeit in Hamburg.“ Martin steht auf. Er möchte das Gespräch beenden, wird aber von einem entsetzten Ausruf aus meinem Mund aufgehalten: „Der und schwul?“ Eine innere Kamera schickt sich an, mir Filme vorzuführen, in denen mein Wissen und meine Erfahrungen über dieses Thema gesammelt sind, um sie mit den Erinnerungen zu vergleichen, die ich von Kobler junior habe. Aber ich will nicht hinschauen und auch nicht hinhören, weil ich bei solchen Themen nie hinhören oder hinschauen will. Was andere Menschen in ihrem Liebesleben machen, interessiert mich nur, wenn es in wissenschaftliche Begriffe gefasst ist und auch nur insofern es um beratende Unterstützung geht. Schon gar keine Lust habe ich, mich mit mir fremden sexuellen Vorlieben zu beschäftigen. Diese Ignoranz hat natürlich dazu geführt, dass ich nicht gerade fit bin, die Signale solcher Vorlieben zu erkennen. Darin bin ich auch nicht ausgebildet worden. Meine Fähigkeiten in Feinwahrnehmung hat man dahingehend geschult, die subjektive Innenwelt von Menschen zu erforschen, nicht die Stigmata zu entdecken, die andere Menschen ihnen anheften. „Ja, hast du das nicht gemerkt?“, kommt jetzt von Martin in einem Ton, der meine Wahrnehmungsgabe überhaupt infrage stellen soll. „Nein, das habe ich tatsächlich nicht gemerkt.“

Ich weiß nicht, ob ich diesen letzten Satz überhaupt ausgesprochen oder nur gedacht habe. Ob er ihn gehört hat oder nicht, Martin jedenfalls verschwindet, seine Zeitungen halb zusammengelegt auf dem Stuhl, halb zerstreut auf dem Boden, in sein Arbeitszimmer im ersten Stock und lässt mich mit meinen Gedanken und einem Gefühlswust im Esszimmer zurück. Normalerweise würde ich jetzt aufräumen und dann überlegen, ob ich noch etwas für den morgigen Tag vorzubereiten habe. Aber ich bleibe regungslos am Tisch sitzen. Wenn ich sie auch nicht verarbeiten kann, die Informationen, die ich von Martin erhalten habe, so muss ich sie doch erst einmal sorgfältig ablegen, damit ich sie später wiederfinden kann.

Aber meine Gedanken führen mir wieder einmal vor, dass sie über ein Eigenleben verfügen und mich nicht zu fragen brauchen, ob ich mit ihrer Tätigkeit einverstanden bin. Was bedeutet das, wenn der wirklich schwul ist?, geht ohne meine Erlaubnis durch meinen Kopf. Mein psychoanalytisches Wissen über das Zustandekommen dieser sexuellen Vorliebe stellt sich ein: Bei Männern hat Homosexualität irgendetwas mit einer mangelhaften Abnabelung von der Mutter zu tun, ist also Resultat eines problematischen Ausgangs des Ödipuskomplexes. Ich muss das noch einmal genau nachlesen. Eine übermäßige Anhänglichkeit an seine Mutter habe ich bei Kobler junior durchaus wahrgenommen. Sowohl seine Mitteilungen als auch ihre Äußerungen bestätigen das. Er ist hinter ihr her. Er wollte mit ihr zusammenleben, mit ihr zusammen verreisen oder sie wenigstens häufiger und länger besuchen. Sie wehrt ihn ab. Das liegt aber alles noch im Rahmen von Normalität, sage ich mir. Wie oft beklagen Ehefrauen sich über das Ausmaß, in dem Männer ihre Mütter in ihr Leben hineinregieren lassen. Aber hier ist es genau anders herum. Er will in ihr Leben hineinregieren, mindestens einen Platz darin haben. Sie ist es, die ihn draußen hält. Stattdessen lässt sie eine junge Frau in ihr Haus einziehen. Meine Gedanken sind an einem Punkt angelangt, wo ich die Luft anhalte und einen Aha-Effekt erwarte. Der bleibt jedoch aus. Aber ich frage mich, ob sich im Hause Kobler ein Eifersuchtsdrama abgespielt haben könnte.

Auch in der Beziehung zwischen meiner neuen Klientin und der jungen Wenzel sehe ich Fragezeichen. Die Kobler ist „bürgerlich“, wenn man Herkunft, Erziehung und Ausbildung auf einen Begriff bringen möchte. Sie ist in den Jahren nach dem

Zweiten Weltkrieg aufgewachsen. Sexuelle Erfahrungen vor der Ehe zu sammeln, war damals in bürgerlichen Verhältnissen ein ungeheuerlicher Frevel. Jungen Mädchen heftete man bereits das Stigma des Gefährdetseins an, wenn sie überhaupt sexuelle Interessen sich regen fühlten und diese vor neugierigen Ohren oder Späherblicken nicht peinlichst verbargen. Mit Verachtung wurden sie bedroht, falls sie von ihrem Kampf gegen die hormonellen Überschwemmungen auch nur die Spur eines einschlägigen Interesses am anderen Geschlecht zeigten. Durch die Köpfe der jungen Männer geisterte noch die Unterscheidung zwischen Eva und Maria. Mit Eva durften sie ins Bett gehen, sie aber nicht heiraten. Für die Ehe suchten sie nach Maria. Und wenn eine Frau damals einen standesgemäßen Ehemann wollte, musste sie sich als Maria aufführen, durfte also keine sexuelle Neugierde zeigen. Psychodynamisch wirkt sich das fatal aus: Gesetzen, die von außen auferlegt werden, kann man einen Platz in seinem Inneren nur dann garantieren, wenn man auch die Verachtung gegen deren Übertretung in sich hinein nimmt. Diese Verachtung trifft aber dann nicht nur die eigene Person, sondern auch alle anderen, die sich eine Übertretung erlauben, weil nicht sein kann, dass andere dürfen, was man sich selber versagt.

Also müsste Frau Kobler, schließe ich aus meinen Überlegungen, Vorurteile gegen One-night-stands gehegt haben. Eigentlich müsste die junge Wenzel in ihren Augen unpassend gewesen sein. Wie konnte sie eine Frau mit einem so freizügigen Liebesleben überhaupt in ihr Haus lassen? Ihr konnte doch nicht entgangen sein, dass ihre Mieterin Liebhaber hereinließ. Zudem muss sie deren Treiben gehört haben. Ungezügeltes Liebesleben geht nun mal nicht so geräuschlos vor sich wie eheliche Pflichterfüllung im ehelichen Schlafzimmer. Ich musste einmal zwei Leute in erotischer Ekstase anhören, die es im Nebenzimmer meines Hotels miteinander trieben. Beim

Orgasmus schrie die Frau. Na ja, vielleicht schreien nicht alle Frauen. Aber laut geht es nach meinen Erfahrungen schon zu, auch wenn man versucht, sich zusammenzunehmen und keinen Mucks von sich zu geben.

9

Für den nächsten Tag habe ich mir vorgenommen, mich über den „Mordfall von Kirchrode“ zu informieren, damit ich soviel wie jeder Normalbürger darüber weiß, und Martin sich nicht mehr über meine Unerfahrenheit in den Lebensbereichen aufregen kann, die seine Welt ausmachen. Aber wie komme ich an eine Zeitung von vor einem Jahr? Letzten Oktober soll das gewesen sein. Meine Phantasie nimmt schon mal vorweg, dass ich entweder zum Madsack-Gebäude in Bemerode oder zum Anzeigerhochhaus in der Stadtmitte fahre, mich im Archiv der HAZ, der Neuen Presse oder gar der Bild-Zeitung an einem großen Tisch niederlasse und einen dicken, Zeitungsformat großen Band, in dem die Oktoberexemplare des letzten Jahres gebunden sind, entgegennehme und zu blättern beginne, bis ich irgendwo auf den Mordfall von Kirchrode stoße. Der Bericht darüber müsste in großer Aufmachung auf der ersten Seite zu finden sein. Mordfälle gibt es doch relativ selten. Martin und seine Leute sind eher mit Schlägereien und Diebstählen befasst. Aber es könnte sinnvoll sein, schon mal bei Madsack anzurufen und nachzufragen, wo ich denn hin müsste.

Da fällt mir ein, ich kenne jemanden, der vor Jahren bei Madsack gearbeitet hat. Und dieser Mensch hat mich vor ein paar Wochen angerufen. Ich weiß nicht mehr, was er wollte, aber ich weiß, ich habe mir auf irgendeinem Zettel seine neue Nummer notiert. Informationen bei mir bekannten Menschen abzurufen ist mir lieber, als irgendjemanden in einer Institution zu befragen. Dabei müsste ich möglicherweise einstudierte freundliche Verbindlichkeit ertragen. Also mache ich mich auf die Suche. In meinem Arbeitszimmer gibt es ein Körbchen, in dem ich Zettel sammle, von denen ich erstens vermute, dass ich die darauf eingetragenen Notizen irgendwann noch einmal brauchen werde, zweitens nicht weiß, wo ich sie sonst aufbewahren könnte, oder drittens zu faul bin, um sie anständig abzulegen. Dieses Körbchen nehme ich mir vor, finde schnell, was ich suche, rufe an und habe meinen Bekannten höchstpersönlich am Apparat, keine Sekretärin, die mich abwimmeln möchte. Stattdessen freudig überraschter Klang in der Stimme am anderen Ende, freundlicher Austausch von „Wie geht es dir“ mit beipflichtenden und unterstützenden Kommentaren, wie schön! Zudem bin ich mit meiner Frage an der richtigen Adresse. Allerdings wird mir weder das Madsack-Gebäude in Bemerode, noch das Anzeigerhochhaus in der Stadtmitte empfohlen, sondern das Internet. Darin soll ich www.HAZ.de und dann Online-Archiv aufrufen.

Katharina Lennert und das Internet, das sind zwei verschiedene Paar Schuhe. Nicht etwa, dass ich keinen Internet-Zugang hätte. Allerdings kann ich mit der modernen Kommunikationstechnik nicht besonders gut umgehen, weil ich mich damit nur befasse, wenn es absolut erforderlich ist. Ich brauche diese Ausstattung von Berufs wegen, leider! Ich verdiene mein Geld eben nicht nur mit Beratung, sondern führe auch Ausbildungen und Firmenseminare durch. Mit einem solchen Beruf muss man eine Domain im Netz haben und eine Email-Adresse sowieso. Über diesen Zwang habe ich mich schon immer geärgert, und dieser Ärger steigert sich manchmal bis zu Wutausbrüchen, wenn aus irgendwelchen unerfindlichen Gründen die Technik nicht macht, was sie soll und ich Leute bezahlen muss, um sie wieder in Ordnung zu bringen. Wozu das alles? Manche Leute, auch solche, die ich schätze, weisen auf den Zugang zu Wissen hin, den man sich auf diese Weise verschaffen kann, und zwar schnell. Damit haben sie sicher recht. Ich aber bin noch nie mit einem Verlangen nach Wissen ins Internet gegangen. Alles, was ich in beruflich wissen muss, finde ich in meinen Bücherregalen, von Sigmund Freud bis Fred Gallo alles Wichtige, mehrere Handbücher der Psychotherapie und sogar zwei Wörterbücher der Psychologie. Auch was ich in Philosophie, Literatur, Kunst und Geschichte nachschlagen möchte, steht alles in Handbüchern oder Lexika versammelt und griffbereit; natürlich auch eine Ausgabe vom großen Meyer.

Da ich Unliebsames vermute, wenn so jemand wie ich ins Internet gehen will, möchte ich die weitere Suche am liebsten aufschieben, bis ich denke, dafür die Nerven zu haben. Aber ich will's jetzt auch wissen. Immerhin kenne ich die ersten Schritte, die mich ins Internet führen. Also www.HAZ.de eingeben, und dann, was hat er gesagt? Online-Archiv. Nach dieser Eingabe tauchen viele Absätze auf, in denen ich fett gedruckt überall Online-Archiv finde, unter den ersten auch einen, der mich unentgeltlich auf die Ausgaben der Hannoverschen Allgemeinen Zeitung der letzten fünf Jahre zu führen verspricht. Der will jetzt ein Suchwort haben. Ich tippe „Mord“ ein und warte. Das war schon mal nichts. Wieso, frage ich mich, doch kein Mord in Kirchrode?, erinnere mich dann, dass Martin gesagt hat, es sei nicht sicher, ob es ein Mord gewesen sei, es hätte auch ein Unfall sein können. Also tippe ich jetzt „Tod“ ein. Da kommt viel und tatsächlich auch: „Unerklärlicher Todesfall in Kirchrode. Hannover. Eine 26-jährige Frau wurde am Morgen des 16. Oktober in Kirchrode tot aufgefunden. Wie die Polizei mitteilte, war die 26-Jährige durch einen Sturz in ihrer Wohnung ums Leben gekommen, bei dem sie sich das Genick brach. Spuren deuten auf einen vorher stattgefundenen Kampf hin. Die bisherigen Ermittlungen der Polizei lassen jedoch keine eindeutigen Erkenntnisse zu, ob die 26-Jährige gewaltsam oder durch Unfall zu Tode kam."

Das war's. Mehr finde ich nicht. Aber ich bin begeistert. Doch nicht so schlecht, das Internet. Im Gegenteil: Toll!, brummt es anerkennend in meiner Brust. Das hat mir mehrere Telefonate und eine Fahrt nach Bemerode oder in die Stadt erspart! Was die da alles reinstellen! Da kann man ja prinzipiell tatsächlich auf alle Informationen zugreifen, die irgendwelche Leute gesammelt und zur Verfügung gestellt haben. Vielleicht doch so etwas wie eine Revolution, wie ich schon öfter gehört oder gelesen, aber nicht geglaubt habe. Jetzt wird mir klar, das ist ähnlich wie die Erfindung der Buchdruckerkunst. Davor gab es Zugang zu Wissen nur für ganz wenige gebildete Leute. Danach konnten prinzipiell alle, die Lesen gelernt hatten, in Bibliotheken gehen. Und jetzt können sich prinzipiell alle alles Wissen in ihre Wohnstuben holen.

Ja, aber Wissen ist eines, dämpft eine innere Stimme meine Begeisterung. Wissen ist schon immer aufgestapelt worden. Dadurch, dass es jetzt für alle verfügbar ist, ändert sich noch nicht viel. Denn was da gestapelt im Internet herumliegt, sind ja nur Informationen. Herumliegendes Wissen bewirkt aber noch gar nichts. Selbst wenn man dieses Wissen schon in die Köpfe von Menschen geschaufelt hätte, gäbe es noch keinen Unterschied. Wissen muss verarbeitet werden, um etwas Sinnvolles daraus zu machen, etwas Greifbares aufzubauen, es praktisch zu verwerten. Wissen bedeutet auch noch nicht Erkennen im Sinne von Verstehen. Es verhilft uns in dieser Form auch noch nicht dazu, das Wertvolle anzustreben, das Richtige zu tun und das Schöne zu lieben. Wissen ist eine Voraussetzung, aber noch nicht das, was Menschen menschlich macht.

10

Was sich im Herbst in einer Woche verändern kann, darüber staune ich immer wieder. In ein paar Nächten hat es frühen Frost gegeben, und die Natur wechselt ihr Kleid. Sie trägt jetzt bunt. Ahorn und Pappeln haben sich knallgelb angezogen, bevor sie sich ganz ausziehen werden. Einige Ahornkronen leuchten rötlich gefärbt. Auch die Kirschbäume und der wilde Wein an den Mauern bevorzugen rote Roben. Vorherrschend ist zwar immer noch Grün. Aber darein mischt sich welkes Braun. Einige Bäume zeigen schon das Filigran ihrer unbelaubten Zweige. Blätter fallen, trudeln zuweilen hin und her, als stiegen sie unsichtbare Stufen hinunter. Unten lassen sie sich vom Wind in Ecken und Nischen zu dicken Haufen zusammentreiben. Ich habe schon Straßenkehrmaschinen gehört, die dafür sorgen, Bürgersteige und Fahrbahnränder vom Natur-Müll schnell wieder zu befreien. Außerdem wird es morgens, wenn ich aufstehe, gerade erst hell, und wenn ich aus dem Haus gehe, ist es kalt. Nordostwind im Oktober ist selten, aber in den letzten Tagen hat die Luftströmung diese Alternative gewählt.

Von Frau Kobler werde ich beim zweiten Treffen wie lieber Besuch erwartet. Der Raum, in den sie mich wieder führt, ist geheizt. In einem Kamin, den ich das letzte Mal übersehen habe, brennt ein kleines, aber eifriges Feuer. Behaglich scheint sie es uns machen zu wollen. Auf dem Glastisch warten diesmal nicht Wasserkaraffe und Gläser. Ich entdecke vielmehr ein Teeservice darauf und eine Schale mit Keksen. Hmm! Ich stutze. Das Bild einer zwischen ihren Instruktionen Kekse knabbernden Therapeutin, das beim Anblick der Schale in mir hochkommt, belustigt mich einerseits, löst aber auch Bedenken aus. Das ist ungewöhnlich, denke ich mir, und könnte möglicherweise unserer Aufgabe abträglich sein. Doch da gibt es noch einen dritten Impuls, der sich in meine widersprüchlichen inneren Regungen einmischt und auszugleichen versucht. „Wer hat eigentlich bestimmt?“, diese Frage kommt in mir hoch, „Wer hat eigentlich bestimmt, dass Beratung in nüchterner Atmosphäre stattzufinden hat?“ Eine solche Frage ist berechtigt, denke ich. Es kommt doch wohl auf die Resultate an! Allerdings ordne ich diese Einschätzung in die Kategorie vorläufiger Urteile ein. Ich werde demnächst nochmals und sorgfältig darüber nachdenken.

Vorläufig bleibe ich bei gewohnten Verhaltensweisen. Ich lasse mich zwar verführen, das einleitende Unterhaltungsgespräch über den hereinbrechenden Herbst mit seinen leuchtenden Farben, aber auch bedauerlichen Temperaturen mit Tee und Keksen zu verbinden, und über die Frage, ob man die Kübelpflanzen schon jetzt reinholen muss, oder ob es doch noch wieder milder wird, zu plaudern. Danach jedoch, ich habe meine Schreibunterlage zum Notizenmachen schon vor mir, füllt meine Sinne, mein Denken und Forschen aus, was ich meine Arbeit nenne. Und daneben hat nichts Weiteres Platz.

Ich erinnere Frau Kobler an unser Vorhaben, ihre Gefühle zu verändern, die sich mit ihren Erinnerungen an die junge Frau Wenzel verbinden. „Ja, Susanne“, sagt sie und macht sich bereit, den Plauderton zu wechseln. Sie lehnt sich in ihren Sessel zurück, schlägt die Beine übereinander und schaut mich erwartungsvoll an. „Wie würden Sie die Gefühle beschreiben“, beginne ich das Interview, „die Gefühle, die sich mit Susanne verbinden, wenn Sie daran denken, dass sie nicht mehr da ist?“ Frau Kobler hat mich angesehen, solange ich die Frage formuliert habe, lehnt jetzt ihren Kopf zurück und wendet ihren Blick nach innen, um nach der Antwort zu forschen. „Ich würde sagen, es ist Bedauern“, erwidert sie. Das Wort Bedauern betont sie dabei so, als höre sie ihm hinterher, um zu überprüfen, ob das wirklich so ist, wie sie sagt. Aber sie hat die Qualität ihrer emotionalen Reaktion nicht getroffen, vermute ich. Da ist nicht nur Bedauern. Ich warte, bis sie ihre Prüfung abgeschlossen hat und sich korrigiert: „Nein, es ist schon so etwas wie Entsetzen." Das sagt sie leise und langsam, wie wenn sie noch nachdächte. „Wenn ich an sie denke", fährt sie fort und senkt dabei ihre Stimmlage, „ist da auch so etwas wie ein Nichtwahrhabenwollen. Es kann eigentlich nicht sein, dass sie tot ist."

„Es fühlt sich an wie ein Verlust", nehme ich ihre Aussage auf. „Ein wichtiger Mensch ist für immer fort. Und Sie wehren sich dagegen, das zu glauben." Während ich ihre Mitteilung sinngemäß wiederhole, hat sie weiterhin nach innen geschaut und geprüft, ob meine Rede mit ihren Gefühlen zusammenstimmt. „Genau so", bestätigt sie und starrt in sich hinein. „Wenn Sie an Susanne denken", fahre ich fort, „dann haben Sie doch sicher ein Bild von ihr vor Augen?" Sie bestätigt mir das. „Wie sieht dieses Bild aus?", will ich wissen. „Wie mein Erinnerungsbild von Susanne aussieht?", fragt sie nach, und ich höre ein unausgesprochenes „Was soll das?" in ihrem Ton. „Ja", bestätige ich und füge hinzu: „Das Aussehen unserer inneren Bilder hängt mit den Gefühlen zusammen, die wir daran heften. Wenn wir unsere Gefühle verändern wollen, müssen wir das Aussehen der Bilder verändern, die das zeigen, worauf sich unsere Gefühle beziehen. Deshalb frage ich Sie jetzt, wie Ihr Erinnerungsbild von Susanne aussieht."

„Ach so", antwortet sie. „Es sieht so aus, wie ich sie erlebt habe", setzt sie hinzu und schaut mich an. „Dieses Bild, bitte ich Sie, halten Sie fest. Ich werde genaue Fragen stellen, die sich alle auf sein Aussehen beziehen. Also: Sind sie mit auf dem Bild, oder sehen Sie nur Susanne darauf?", will ich wissen und erfahre, sie schaut nur auf ein Bild mit Susanne. „Wenn Sie dieses Bild vor Augen haben und schätzen sollten, in welcher Entfernung Sie Susanne darauf sehen, was würden Sie sagen?"

Sie schaut wieder nach innen und antwortet. „Zwei bis drei Meter." - „Füllt das Bild, das Sie sehen, die ganze Fläche aus, oder ist es ein Ausschnitt mit Rand oder ein Foto mit Rahmen?", erfrage ich als nächstes und erfahre: „Das ist hier im Garten im Sommer." - „Können Sie den ganzen Garten sehen und darin Susanne?", will ich wissen. „Sie sitzt am Gartentisch", höre ich und erfahre zudem, Susanne sitze auf dem Bild, vom Betrachter aus gesehen rechts, das Bild sei farbig, hell und scharf. Aber Susanne bewege sich. Frau Kobler sieht also einen Film. Damit habe ich die wichtigsten Informationen für eine visuelle Veränderung. Ich bitte Frau Kobler, dieses Bild vorläufig beiseite zu legen. Wir werden uns zunächst mit einer ganz anderen Frage beschäftigen.

11

„Ich habe Sie das letzte Mal schon gefragt, wie nahe Susanne Ihnen gestanden hat. Ich würde gerne genauer erfahren, was sie Ihnen bedeutet hat. Dazu möchte ich Sie bitten, an alle schönen Erfahrungen zu denken, die Sie zusammen mit Susanne gemacht haben. Denken Sie nicht an problematische Erlebnisse. Die sind jetzt unwichtig. Und während Sie die schönen Erfahrungen mit Susanne durchgehen, möchte ich Sie bitten, darüber nachzudenken, was Ihnen an diesen schönen Erfahrungen wichtig war, also die Werte herauszufinden, die Sie in dieser Beziehung erlebt haben. Es könnte Ihnen beispielsweise um Zuneigung gegangen sein, oder um Spontaneität. Sie könnten herausfinden, dass Abwechslung oder Lebendigkeit Ihnen wichtig war. Finden Sie heraus, was Sie am Zusammensein mit Susanne in den guten Erlebnissen geschätzt haben, was Ihnen wichtig war."

Ich lehne mich zurück mit der Vermutung, länger warten zu müssen, bis Frau Kobler bewusst wird, welche Werte sie in ihrer Beziehung zu ihrer Mieterin hat erleben können, Werte, die ihr den Verlust der jungen Frau jetzt schmerzhaft machen. Aber sie bietet mir ohne viel Überlegung sogleich an: „Dass es da jemanden gab, den ich ohne große Umstände ansprechen konnte." Ich erinnere mich, diese Äußerung schon einmal von ihr gehört zu haben. Und meine Erfahrungen lassen mich wissen, so etwas zu verlieren kann traurig machen, löst aber keinen unüberwindbaren Schmerz aus. „Gehen Sie doch einfach nochmals alle Erinnerungen an Susanne durch", fordere ich sie auf, „und lassen Sie sich Zeit, die Empfindungen wieder lebendig werden zu lassen, die diese Erinnerungen begleiten."

Sie scheint meine Erlaubnis, sich Zeit zu lassen, gebraucht zu haben. Denn jetzt sehe ich sie sich vollständig nach innen wenden, mich verlassen und in die Räume eindringen, die sie mit Susanne geteilt hat. Ihre Gesichtsmuskulatur entspannt sich, die Haut wird glatter und nimmt ein wenig mehr Farbe an, sie atmet ruhiger und tiefer. Ich sehe ihren linken Zeigefinger zucken, bevor sie mich an ihrer inneren Entdeckungsreise teilnehmen lässt: „Da kam so ein bisschen was von einem Wir-Gefühl auf", höre ich. „Wir haben uns den Garten schön gemacht. Ich habe ihr zum Beispiel Blumen vor die Fenster gepflanzt, wo früher keine waren, damit sie einen schöneren Ausblick hat. Wir haben zusammen die Wassertriebe der Jasmin-Büsche geschnitten. Wir haben ganz oft im Garten zu Mittag gegessen, Kaffee getrunken oder auch Prosecco. Sie hat geraucht. Dazu haben wir uns immer in den Garten oder auf die Terrasse gesetzt. Dann hat sie erzählt, von sich, von Zuhause, von ihren Plänen. Sie interessierte sich für Yoga. Sie stellte sich vor, selber einmal so etwas zu unterrichten. Wir haben auch darüber gesprochen, gemeinsame Reisen zu unternehmen. Aber dazu ist es nie gekommen. Einmal habe ich sie gefragt, es war

September, ob sie mich in die Südheide begleiten wollte, um Pilze zu sammeln. Aber für den Tag hatte sie schon Pläne gemacht, die sie nicht ändern wollte." Sie bricht ab, will verhindern, dass ihre Züge allzu weich werden, fährt dann fort: „Sie musste ihre Wäsche machen", schweigt wieder und setzt nach einer Weile, die lang erscheint, weil sie sich mit Traurigkeit füllt, hinzu: „Das hat mich enttäuscht."

„Das war aber schon, nachdem sie ihren Freund hatte", will ich von ihr wissen, auch, um sie nicht weiter in ihr Verzagen sinken zu lassen. Diese Rückmeldung hilft ihr, ihren Auftrag wieder zu erinnern, nämlich die Werte herauszufinden, die sie mit Susanne hat leben können. „Ich kann das nur ganz schwer beschreiben, worum es mir in unserer Beziehung ging", teilt sie mir mit. „Wir hatten ja kaum eine Beziehung. Es waren ja nur zwei oder drei Monate. Danach habe ich von ihr kaum noch etwas gesehen." Ich spüre, Frau Kobler möchte an ihren Erinnerungen nicht arbeiten. Sie scheint sie so lassen zu wollen, wie sie sie erlebt hat. Aber das hieße auch, ihr nicht helfen zu können. Also bemühe ich mich weiter: „Aber was war in der Zeit, als Susanne noch keinen Freund hatte, da haben Sie doch viel miteinander gemacht. Was hat Ihnen das gegeben?" Jetzt fühlt sie sich in Bewegung gesetzt: „Es hat Spaß gemacht, mit ihr zu reden", gibt sie zu und kehrt dann zu Berichten zurück: „Sie hat mir viel von sich erzählt, aus ihrer Kindheit, ihrer Beziehung zu ihren Eltern, zu ihren Geschwistern, wie sie so gelebt haben. Das war für mich schon interessant, weil das so anders war, als ich es erlebt habe. Bei denen hielt die Familie zusammen. Einer trat für den anderen ein, wenn der Schwierigkeiten hatte, und zwar unter allen Umständen."

Frau Kobler verläuft sich erneut in ihren Erinnerungen. Also lenke ich ihre Aufmerksamkeit wieder zurück: „Aber sie hatte Schwierigkeiten, sich aus einer Partnerschaft zu lösen. Um sich daraus zu befreien, dazu hat Susanne Sie gebraucht." Damit habe ich mein Gegenüber wieder auf dem gewünschten Weg: „Ja", bestätigt sie meine Aussage. „Irgendwie hatte ich das Gefühl, sie brauchte mich, um ein Stück im Leben voranzukommen. Sie hatte sich vorher schon weitergebildet. Sie war auf der Suche. Sie wollte nicht bleiben, wo sie stand. Vielleicht hat sie auch gedacht, ich könnte sie fördern, dafür sorgen, dass sie vorankommt." Wieder bricht sie ab, schweigt und verliert sich in Erinnerungen, von denen sie nichts mitteilt. Wie einen todmüden Menschen, der nicht mehr laufen mag oder kann, muss ich sie weiterlocken. „Also schon ein bisschen so, wie wenn sie eine Tochter gewesen wäre", biete ich ihr zum Nachdenken an und habe einen Treffer gemacht: „Ja, genau", sagt sie und wird lebendiger. „Ich hab mir viele Gedanken um sie gemacht, habe ihr Bücher hingelegt und gute Filme mit ihr angeschaut, um dann darüber zu reden." Aber ihre Lebendigkeit verliert sich wieder in den Worten: „Anfangs hat sie das mitgemacht. Als sie dann ihren Freund hatte, war es damit vorbei."

„Aber in dieser kurzen Zeit, den Sommermonaten, war sie doch so etwas wie Ihre Tochter?", frage ich. „Ja", bestätigt sie. „In diesen Monaten schon. Da gab es Vertrauen und Offenheit." - „Auch das war Ihnen wichtig?" möchte ich wissen, um keine falschen Resultate zu gewinnen. „Natürlich", bestätigt Frau Kobler mir. „Und so etwas wie ein Wir-Gefühl haben Sie beide entwickelt", will ich nochmals bestätigt haben. Jetzt wird sie wieder lebendig und fährt von allein fort: „Ja, und wichtig war auch, dass sie es war, die auf mich zukam. Ich habe nie von mir aus auf Menschen zugehen können."

Das ist eine wichtige Information, ein Tor in die inneren Räume eines Menschen. „Was hat Sie daran gehindert?", frage ich, um das Tor zu durchschreiten. Aber sie lässt mich erst mal nicht hinein, sondern wiederholt: „Ja, was hat mich daran gehindert?"

Sie wiederholt diese Worte nicht, um mich abzuwehren, sondern, um sich selbst mit dieser Frage bei der Hand zu nehmen und sich auf unbekannte Wege vorzuwagen. „Ja, was hat mich daran gehindert?“, fragt sie nochmals. „Ich weiß nicht. Es war einfach so, ich bin nie von mir aus auf andere Menschen zugegangen“, wiederholt sie. „Was hat mich daran gehindert?“ Ich spüre, sie möchte diese Frage selber gerne beantwortet haben. Sie kommt ins Grübeln, und ich warte. Aber da will sich keine Idee einstellen.

Ich vermute, irgendeine Angst hat sie abgehalten und frage: „Was hätte geschehen können, wenn Sie von sich aus auf andere Menschen zugegangen wären?“ Das räumt zumindest den ersten Stein aus dem Weg: „Sie hätten mich zurückweisen können“, kommt spontan von ihren Lippen. Aber dieser Stein scheint mir nicht bedeutsam, also frage ich weiter: „Und was wäre so schlimm daran, mal einen Korb zu bekommen?“ Meine Formulierung sollte sie weiterführen auf der Suche nach inneren Blockaden. Aber sie bleibt bei diesem Stein, lässt mich jedoch wissen, dass er größer ist, als ich bislang vermutet habe: „Doch“, höre ich. „Das wäre schlimm gewesen.“ Ich bleibe hartnäckig: „Was hätte es für Sie bedeutet, wenn Sie auf jemanden zugegangen wären, Ihre Zuneigung gezeigt hätten und zu einer Freundschaft oder irgendeiner anderen Beziehung eingeladen hätten?“

Sie hat gehört, glaubt dem Gehörten aber noch nicht. „Was das für mich bedeutet hätte?“, will sie sich vergewissern. Ich bestätige ihre Frage. Sie schweigt. Ich sehe aber, die Antwort ist da. Sie will sie mir nur nicht mitteilen. Nein! Sie will sie selber nicht zur Kenntnis nehmen. „Was das für mich bedeutet hätte?“ Wieder nimmt sie meine Frage auf ihre eigenen Lippen, wie um sich Mut zu machen, die Antwort darauf zu treffen und aushalten zu können. „Ich bin es nicht wert“, kommt jetzt von ihren Lippen. Fünf Wörter laden einen Raum energetisch auf. Man kann die Stille vibrieren hören oder vielmehr fühlen. Ich weiß nicht, wie ich die Atmosphäre beschreiben soll, die sich auftut, wenn ein solcher Satz gesagt wird. Ein Satz, dem man einen jahrhundertealten Schmerz anfühlt, den Schmerz aller lebenden Wesen, die nicht geliebt wurden. Ich kenne ihn selber, diesen Satz, und höre an den Lauten, mit denen Frau Kobler ihn ausspricht, dass sie ihn fühlt wie ich ihn kenne. „Ich bin es nicht wert."

12

Die Züge ihres Gesichts haben sich verändert. Sie sind weich geworden. Sie hat den Kopf gesenkt, schaut auf den Boden rechts zu ihren Füßen. Aber ich sehe, sie will nicht weinen. Ich sehe sie sich zusammenreißen, mich anschauen und warten. Was ich jetzt sage, wird dem Gesagten erlauben, zu sein und gewusst zu werden, also spreche ich behutsam, so dass sie es korrigieren kann, wenn es nicht genau das trifft, was ihre Wirklichkeit ausmacht. „Verstehe ich richtig, wenn ich sage, an Ihrer Beziehung zu Susanne war Ihnen wichtig, dass Susanne dadurch, dass sie auf Sie zugegangen ist, Sie gleichzeitig hat wissen und fühlen lassen, dass Sie die Freundschaft einer jungen Frau wert sind?"

Frau Kobler denkt nach. Aber es sind nicht Gedanken, die sie bewegt, um die Antwort auf meine Frage zu finden. Sie überprüft meine Frage in ihren Gefühlen. Sie bewegt sie in ihrer inneren Wirklichkeit. Sie prüft, wie es sich anfühlt, diesen Satz für die Wahrheit zu nehmen, die Freundschaft dieser jungen Frau wert zu sein, vielleicht auch, überhaupt Freundschaft wert zu sein. Es dauert eine Weile, bis in ihren Gefühlen Sicherheit aufkommt, die sie jetzt zum Ausdruck bringt, indem sie den Kopf hebt, mir gerade in die Augen schaut und nur ein Wort sagt: „Ja!“

Es war nur ein kurzes Wort. Aber es gibt unzählige Möglichkeiten, auch ein kurzes Wort auszusprechen, in seinem Klang ganze Universen mitschwingen zu lassen. Wie Frau Kobler dieses „Ja“ ausgesprochen hat, lässt mich wissen, es war nicht nur eine einfache Bestätigung meiner Frage. Meine Frage hatte sie suchen und in Tiefenschichten einen wichtigen Bestandteil der eigenen Lebenswirklichkeit finden lassen. In einem kurzen Impuls spüre ich einen Drang, ihr zu sagen, dass ich die Bedeutung dieser Aussage verstanden habe. Aber ich fasse das nicht in Worte, sondern verharre dabei, die Bedeutung des Geschehens in diesem Augenblick in meinen Gefühlen zu bewegen, was sie wahrnehmen lassen kann, dass ich weiß und es gerade dadurch achte, dass ich es nicht in Worte bringe.

Meine Worte benutze ich dagegen für das, was auf der Ebene unseres aktiven Tuns die nächste Aufgabe ist: Ich fasse zusammen, was wir bis jetzt erarbeitet haben. „Die Werte, die Sie in Ihrer Beziehung zu Susanne haben erleben können, sind also ganz schön wichtig gewesen. Ich habe mir notiert: Sie war für Sie wie eine Tochter, es gab Vertrauen und Offenheit, so etwas wie ein Wir-Gefühl und: Dass Susanne auf Sie zugekommen ist, vermittelte Ihnen so etwas wie ein Gefühl von Wertsein.“ Frau Kobler bestätigt meine Aufzählung. „Gibt es noch etwas, was Ihnen in der Beziehung zu Susanne wichtig war?“, frage ich, weil ich nichts Wichtiges vergessen will. Ich sehe mein Gegenüber nochmals Erinnerungen durchgehen. „Nein“, sagt sie, schüttelt dabei unbewusst den Kopf und schaut mich an.

„Jetzt müssen wir kreativ tätig werden“, teile ich ihr mit, beuge mich vor, um von meinem Tee zu trinken. Ich möchte erreichen, dass auch Frau Kobler sich aus den inneren Räumen, die wir gerade erforscht haben, löst und sich wieder im Hier und Jetzt aufhält. In der Tat greift auch sie nach ihrer Tasse, allerdings etwas zögerlicher als ich. „Kreativ?“, fragt sie. „Ja“, bestätige ich. „Wir müssen, das heißt, Sie müssen die Werte symbolisch darstellen.“ Ihr Gesicht hat immer noch den Ausdruck von Nichtverstehen. „Geben Sie mir ein Beispiel“, bittet sie. „Also“, komme ich ihrer Bitte nach: „Liebe wird beispielsweise gerne als Herz dargestellt, oder als rote Rose, Treue als zwei verschlungene Ringe, Reinheit als eine Lotosblüte usw. Das sind symbolische Darstellungen.“ Diese Beispiele reichen aus. „Ich verstehe“, sagt sie mir, aber ich muss ihr noch mehr erklären. „Wichtig ist, dass Sie Ihre eigenen Symbole für die Werte finden. Denn es geht um Sie.“ Auch das hat sie verstanden, nickt und scheint schon bei der Arbeit zu sein.

„Was wäre ein passendes Symbol dafür, dass Susanne für Sie in dieser Zeit wie eine Tochter gewesen ist?“ Ich sehe mein Gegenüber lächeln. Sie hat das Symbol bereits gefunden. „Eine kleine Hand in einer großen Hand“, lässt sie mich wissen, und ich notiere ihre Auskunft. „Wie stellen Sie Vertrauen und Offenheit symbolisch dar?“, will ich als nächstes wissen. „Vertrauen und Offenheit“, wiederholt sie und setzt eine interne Suche in Gang. Ich sehe an ihren Augenbewegungen, wie sie alle Hirnregionen durchforscht und mit dem Fund „eine geöffnete Blüte“ zu mir zurückkommt. „Was steht symbolisch für das Wir-Gefühl?“, ist meine nächste Frage, die eine kurze Wendung nach innen und dann die Auskunft hervortreibt: „Das ist bei der kleinen Hand in der großen Hand mit drin“, lässt sie mich wissen. Das müssen wir also nicht gesondert symbolisieren. „Jetzt brauchen wir aber noch ein Symbol für das Gefühl von Wertsein.“ Auf diese Aufforderung hin taucht Frau Kobler erneut in ihre inneren Regionen ein. Ich sehe sie sich nach innen wenden, langsamer als bei den anderen Werten, tastend, vorsichtig, so als könnte es gefährlich sein, sich auf eine solche Suche zu begeben, als könnte man Entsetzlichem begegnen, möglicherweise versinken oder abstürzen, aber dann einen Schatz finden. So sieht sie nämlich aus, als sie mit der Nachricht zurückkommt: „Eine schimmernde Perle."

„Eine schimmernde Perle!", rufe ich erfreut aus und sehe ihre Freude sich vertiefen. „Dann möchte ich Sie jetzt bitten, die kleine Hand in der großen Hand, die geöffnete Blüte und die schimmernde Perle auf einer Karte abgebildet zu sehen. Die Bilder auf dieser Karte werden für Sie die Werte ‚Wie eine Tochter', ‚Vertrauen und Offenheit', und ‚das Gefühl von Wertsein' bedeuten, die Ihre Erlebnisse mit Susanne enthalten."

„Habe ich", höre ich von Frau Kobler. „Schön!", erwidere ich und fahre fort: „Und jetzt möchte ich, dass Sie eine weitere Karte mit diesen Werten entwerfen. Welches Aussehen der gleichen Wertesymbole lässt Sie wissen, dass es dabei um dieselben Werte geht, wie Sie sie in Zukunft und mit anderen Menschen leben werden? Die Symbole auf dieser Karte könnten vielleicht etwas verschwommen oder unklar sein, weil Sie ja noch nicht wissen, wen Sie in Zukunft treffen werden und an wem Sie Gefallen finden. Diese Karte wird aber genauso aussehen wie die Wertekarte, die Ihre Erlebnisse mit Susanne enthalten, nur, dass Sie an irgendetwas erkennen, dass sie dieselben Werte darstellt, wie Sie sie in Zukunft mit anderen Menschen erleben werden."

Ich stelle mich darauf ein, dass Frau Kobler vielleicht weitere Erklärungen benötigt, um meinen Auftrag auszuführen. Aber ich sehe sie nach meinen Worten sogleich nach innen gehen, kurz im visuellen Bereich arbeiten und mit den Worten „Habe ich" zurückkommen. „Wunderbar!", kommentiere ich diese Auskunft, „das geht ja schnell! Jetzt haben wir nur noch die folgende Aufgabe. Ich möchte Sie bitten, diese Karte mit den

Werten, wie Sie sie in Zukunft werden leben können, zu vervielfältigen. Machen Sie ein ganzes Kartenspiel daraus. Und während Sie sie vervielfältigen, stellt sich heraus, dass jede Karte ein bisschen anders ist, aber jede stellt dieselben Werte dar, wie Sie sie in Zukunft werden leben können."

Auch diese Aufgabe scheint für Frau Kobler leicht zu sein. Nach einer kurzen Wendung ihrer Aufmerksamkeit nach innen schauen ihre Augen mich wieder direkt an. Sie ist fertig damit und erwartet meine nächste Anweisung. „Wenn Sie in Ihrer Vorstellung dieses Kartenspiel jetzt in der Hand halten, möchte ich Sie bitten, vor sich Ihren Weg in die Zukunft zu sehen, das Kartenspiel zu nehmen und es in Ihre Zukunft zu werfen, so dass Sie das sichere Gefühl bekommen, dass Sie diese Werte in Zukunft erleben werden. Sie wissen nicht, mit wem, Sie wissen nicht, wann. Einige Karten können in der Nähe herunterfallen, andere in größerer Entfernung. Aber Sie wissen, in Ihrer Zukunft warten Erfahrungen auf Sie, die diese Werte enthalten."

Ich habe während meines Sprechens die minimale Bewegung des rechten Arms gesehen, mit dem Frau Kobler in ihrer Vorstellung die Karten geworfen hat. Und ich sehe jetzt das, was wir in der Beratungsarbeit eine gute Physiologie nennen. Die mimische Muskulatur ist leicht entspannt, die Haut gut durchblutet. Die Augen scheinen etwas größer zu sein als zuvor und auch feuchter. Ich kann Glanzpunkte erkennen. Ich weiß, die weitere Arbeit wird leichter sein, weil die Voraussetzung geschaffen ist. Mein Gegenüber hat wieder Vertrauen, in ihrer Zukunft ihr wichtige Dinge zu erleben.

Auf dieser Grundlage kann ich nach einer bereits bestehenden Erfahrung forschen, in der Frau Kobler einen Verlust bewältigt hat. „Wir sind noch nicht fertig", erkläre ich ihr. „Wir müssen Ihr Erinnerungsbild von Susanne noch verändern." Sie geht wieder in eine Erwartungshaltung. Ihr Körper ist mir leicht zugeneigt und in einer Spannung, sofort zu ergreifen, was von mir kommt. „Ich möchte Sie bitten, an einen Menschen zu denken, der auch nicht mehr in Ihrem Leben ist. Er muss nicht gestorben sein. Es kann so sein, dass er einfach nicht mehr da ist, einen Menschen, an den Sie aber mit guten Gefühlen zurückdenken, mit dessen Nicht-mehr-da-Sein Sie versöhnt sind."

13

Ich habe einen leichten Abschluss des Gesprächs erwartet, vor mir sehe ich jedoch einen inneren Zusammenbruch. Die Züge meines Gegenübers verändern sich abrupt, der Muskeltonus erschlafft. Tränen dringen über den unteren Rand der Augen. Ich bin erschrocken. „Oh!", kommt von meinen Lippen. „Da ist eine Erinnerung an jemanden aufgetaucht, mit dessen Fortsein Sie nicht versöhnt sind." Frau Kobler schweigt, holt stockend Luft, nickt, lehnt sich zurück, tastet mit der rechten Hand nach ihrer Hosentasche und zieht ein Taschentuch hervor. Als erstes putzt sie ihre Nase, faltet das Tuch, trocknet die Hautpartie unter ihren Augen, prüft es noch einmal und legt es zusammen, bevor sie es wieder in ihrer Hosentasche verschwinden lässt. Sie holt Luft und entschließt sich dann, mich an ihrer Erfahrung teilhaben zu lassen. „Ich habe an meine Mutter gedacht", lässt sie mich wissen. „Die ist gestorben, da war ich sechzehn." Mehr von ihren inneren Vorgängen lässt sie mich nicht wissen. Ich sehe nur ihre Augen nach unten gerichtet und Bewegungen, die auf schmerzliche Gefühle und Hörerinnerungen schließen lassen. „Ich habe nie ein ernstes Gespräch mit ihr führen können", kommt jetzt nahezu tonlos von ihren Lippen. „Für sie war ich immer nur ein Kind. Es gab Ermahnungen und Tadel, aber nie einen Austausch. Und darüber könnte ich heute immer noch heulen." Wieder rollen Tränen.

Blitzschnell schießen Ahnungen durch meinen Kopf. Was sie mir gerade berichtet, hört sich nach den grundlegenden Erfahrungen an, in denen sie ihre Trauerreaktion ausgebildet hat. Ihre Mutter ist von ihr gegangen, ohne ihr Erinnerungen von Wertschätzung zu hinterlassen. Um Susanne trauert Frau Kobler in der gleichen Weise wie um ihre Mutter, nämlich als einer Frau, die Wertschätzung versprochen, dann aber nicht gehalten hat, weil sie sich plötzlich von ihr ab- und einem anderen Menschen zuwandte. Aber das sind Vermutungen. Die wirklichen Hintergründe in dieser Sitzung erforschen zu wollen, würde zu viel Zeit benötigen und würde Frau Kobler emotional überfordern. Das muss aufgeschoben werden. „Ich glaube, da ist ein Erleben in Ihnen hochgekommen", nehme ich die Vermittlung dieser Überlegungen für mein Gegenüber auf, „ein Erleben, das die Wurzel Ihrer Gefühle auch für Susanne darstellen könnte. Das jetzt aufzuarbeiten, wäre aber für eine Sitzung zu viel. Wäre es in Ordnung, dieses Thema auf eine nächste Sitzung zu verschieben? Dann können wir uns mit unserer ganzen Aufmerksamkeit diesen Erfahrungen widmen." Ich habe eine Pause gemacht, die Frau Kobler benutzt, um nochmals feuchte Partien unter ihren Augen zu trocken. „Ja", stimmt sie mir zu und steckt ihr Taschentuch wieder ein.

„Dann haben wir immer noch die Aufgabe", fahre ich fort, „die Aufgabe, jemanden zu finden, der auch nicht mehr in Ihrem Leben ist, mit dessen Fortsein Sie aber wirklich versöhnt sind, an den Sie mit guten Gefühlen denken." Frau Kobler bleibt ruhig, während sie die Suche erneut aufnimmt. Ich sehe an der Fixierung ihres nach innen gewendeten Blicks, dass sie jemanden ins Auge gefasst hat. Und da kommt auch schon die Mitteilung: „Es hat eine Lehrerin gegeben, die ich sehr geschätzt habe. Sie hat sich um mich gekümmert, nachdem meine Mutter gestorben war. Inzwischen ist sie auch tot. An sie denke ich mit ein bisschen Bedauern darüber, dass wir uns nahe gekommen sind, diese Beziehung aber nicht aufrechterhalten haben, als sie die Schule wechselte und nach Wiesbaden ging. Ich habe sie ein paar Mal besucht, aber dann wurden auch die Briefe immer seltener."

Gut sieht ihre Physiologie nicht aus, als Frau Kobler mir von dieser Beziehung berichtet. Sie hat ja auch gesagt, da gebe es noch ein bisschen Bedauern über das Auseinandergehen. Vielleicht ist aber gerade das passend für die Erinnerung an Susanne: Ein Bedauern, dass es so kurz war, aber zumindest kein Schmerz mehr. „Ist es für Sie in Ordnung, in derselben Weise, wie Sie an diese ehemalige Lehrerin denken, in Zukunft an Susanne zu denken?", frage ich und bekomme sofort Zustimmung. „Aber da ist doch auch noch ein Bedauern", wende ich ein. „Ja", gibt sie zu, „aber kein schmerzhaftes. Es ist so was wie ein ‚Schade, dass wir das nicht aufrechterhalten haben'. Das fühlt sich nicht schlecht an." Ihre Äußerung vermittelt mir den Eindruck, sie will genau dieses Gefühl auch für die Erinnerung an Susanne. Ich bin noch nicht zufrieden, beruhige mich aber, da ich später nochmals testen kann und fahre fort: „Wenn Sie an diese ehemalige Lehrerin denken, wie taucht diese Frau in Ihrer Erinnerung auf? Lassen Sie mich wissen, wenn Sie ihr Bild haben." Ich sehe Frau Kobler nicken und beginne die Merkmale des Bildes zu erfragen.

„Wenn Sie das Bild betrachten, sehen Sie nur ihre Lehrerin, oder sind Sie mit auf dem Bild drauf?", will ich als erstes wissen und erfahre, es handele sich um ein Foto der Lehrerin. Sie sehe es in 50 cm Entfernung, wie sie selber es in der Hand halte, und zwar links von sich aus gesehen, das Foto sei schwarzweiß, habe einen klaren Rahmen, sei mittelhell und scharf. „Wenn Sie auf dieses Foto schauen, wie fühlen Sie sich dabei?“, will ich jetzt nochmals wissen. „Welche Gefühle verknüpfen sich mit der Erinnerung an diese Frau, wenn Sie dieses Foto im Sinn haben?“ Jetzt ist die Physiologie von Frau Kobler gut. Genau das, was ich sehe, bestätigt sie mir. „Ich habe sie geschätzt und gemocht“, teilt sie mir mit. „Ist es für Sie in Ordnung, mit diesen Gefühlen auch an Susanne zurückzudenken?“, prüfe ich ein zweites Mal und bekomme ein stimmiges, sogar freudiges Ja. „Dann möchte ich Sie jetzt bitten, an einen der schönen Augenblicke zu denken, die Sie mit Susanne erlebt haben.“ Ich sehe Frau Kobler nach innen gehen und suchen. Dann kommt ein Nicken. „Und jetzt ein Foto von Susanne zu machen.“ Ich warte wieder auf das Nicken. „Und jetzt das fertige Foto in die Hand zu nehmen. Dieses Foto werden wir jetzt so ausstatten, dass es wie das Foto Ihrer ehemaligen Lehrerin aussieht. Sie halten es so in der Hand, dass Sie es von sich aus links sehen. Es ist ein Schwarzweiß-Foto, hat einen klaren Rahmen, ist von mittlerer Helligkeit und scharf.“ Ich habe langsam gesprochen, nach jeder Anweisung gewartet, bis ein Nicken kam. Nachdem sie die Anweisung, das Foto scharf zu sehen, aufgenommen hat, kommt Frau Kobler aus ihrem inneren Arbeitsraum zurück zu mir, schaut mich an und sieht gut aus. Aber ich will einen richtigen Test machen. „Wenn Sie jetzt an Susanne denken und versuchen, die alten Gefühle wieder aufzurufen, wie leicht gelingt Ihnen das?“

Ich sehe sie sich wieder nach innen wenden und mehrere Erinnerungen durchgehen. Bei den ersten Erinnerungen bleibt ihr Aussehen gut. Dann sehe ich so etwas wie einen Schrecken durch ihre Züge gleiten. Frau Kobler kommt mit Anzeichen von Verwirrung aus ihrer Vorstellung wieder zurück und schaut mich unsicher an. „Da ist etwas aufgetaucht, womit Sie nicht gerechnet haben“, teile ich ihr meine Beobachtung mit. Sie bestätigt meine Äußerung, geht nochmals zu einer Erinnerung zurück und reißt sich dann von ihr los. Sie beugt sich vor und greift nach ihrer Tasse. „Es war eine Erinnerung, die nichts mit Susanne zu tun hat. Ich weiß auch nicht, warum die plötzlich aufgetaucht ist“, teilt sie mir mit, während sie ihre Tasse zum Munde führt. „Mögen Sie beschreiben, was für eine Erinnerung das war?“, frage ich nach. „Das würde zu weit führen“, antwortet sie ausweichend. Ich will nicht in etwas dringen, was sie nicht von sich aus mitteilen möchte und denke nach, wie wir jetzt fortfahren können. „Lassen Sie mich das letzte doch nochmals versuchen“, bietet sie mir an. Das ist eine gute Idee, schießt mir durch den Kopf. Ich komme ihr sogleich nach: „Holen Sie sich noch einmal das Erinnerungsbild von Susanne, wie Sie es vor sich in der Hand halten.“ Ich sehe sie meiner Aufforderung folgen, nach innen gehen und nicken. „Wenn Sie jetzt an Susanne denken“, fahre ich fort, „und versuchen, die alten Gefühle wieder aufzurufen, wie leicht gelingt Ihnen das?“ Wieder sehe ich ihre Physiologie stabil bleiben. Aber es ist nicht die, die ich bei ihrer Erinnerung an ihre Lehrerin gesehen habe. Vielmehr habe ich den Eindruck, als halte sie sich an dem Foto in ihrer Vorstellung fest. Mit den Worten „Ich wollte mich daran erinnern, dass ich traurig gewesen bin“, kommt sie zurück, und fährt fort: „Aber da ist jetzt nur noch ein Bedauern.“ Ich höre diese Worte, nicke und bedanke mich für ihre Bemühungen. Aber ich glaube ihr nicht.

14

Beim ersten Test meiner Arbeit mit Frau Kobler ist eine Erinnerung aufgetaucht, die sie mir nicht mitteilen wollte. Auf dem Nachhauseweg lässt mir diese Beobachtung keine Ruhe. Beim zweiten Testversuch hat sie die Erinnerung ausgeblendet. Nein, anders, beim zweiten Testversuch ist sie gar nicht in die Erinnerung an ihre Zeit mit Susanne zurückgegangen. Sie hat sich am Anblick des Fotos festgehalten und damit der problematischen Erinnerung den Weg zu ihrem Bewusstsein versperrt. Was mag vorgefallen sein zwischen Susanne und Frau Kobler? Was will sie mich nicht wissen lassen, grüble ich, während meine Augen über die unter meinen Füßen nach hinten laufenden Gehwegplatten gleiten, als könnte ich die Antwort auf meine Frage auf dem Bürgersteig finden. Was könnte es gegeben haben, was sie mich nicht wissen lassen will? Was würde ich selber in einer zweiten vertrauensvollen Sitzung mit einer Therapeutin nicht oder noch nicht mitteilen wollen? Angst oder Scham - das fällt mir jetzt ein - Angst oder Scham sind häufige Motive für die Zurückhaltung von Informationen.

Wofür würde ich mich schämen? Mit dieser Frage setze ich meine Nachforschungen fort. Bei Scham geht es häufig um Erotik, überlege ich als erstes. Hatte Frau Kobler eine Liebesbeziehung mit Susanne? Eine solche Affäre würde ihren Schmerz über den Verlust von Susanne erklären. Auch Eifersucht könnte im Spiel gewesen sein. Frau Kobler könnte eifersüchtig geworden sein, als Susanne sich von ihr abwendete und sich auf ihren neuen Freund konzentrierte. Sie könnte Susannes Verhalten als Verrat empfunden haben. Möglicherweise hat es sogar eine lesbische Beziehung gegeben? Na ja, vielleicht keine lesbische, die beiden waren im Alter zu weit auseinander. Aber immerhin könnte Susanne einen erotischen Reiz ausgeübt haben. Sie soll sehr hübsch gewesen sein. Woher weiß ich das?, frage ich mich. Hat jemand mir das gesagt? Oder habe ich es mir nur vorgestellt? Ich kann mich nicht erinnern. Wahrscheinlich habe ich eine Schlussfolgerung gezogen: Eine Frau, die viele Männerbekanntschaften hat, muss hübsch sein. Nein, muss sie nicht, halte ich dagegen. Anziehend kann jemand auch ohne ein hübsches Gesicht sein. Ich weiß es also nicht. Ich werde Martin fragen.

Nein, das geht nicht, wird mir sogleich klar. Ich kann Martin nicht fragen, er käme sofort auf die Idee, ich könnte da ein Eifersuchtsdrama vermuten und würde mich nerven. Okay, wende ich mich mit meinen Gedanken zu Frau Kobler zurück, wenn Scham sie bewogen hat, mir Informationen vorzuenthalten, ist es möglicherweise so etwas wie eine erotische Anziehung gewesen. Könnte es noch was anderes gewesen sein?, denke ich nach. Was sonst noch könnte Scham auslösen? Wenn man deutlich zurückgewiesen wird, fällt mir ein, wenn man bloßgestellt oder herablassend behandelt wird. Gibt's noch was? Ich grübele, durchforste meine eigenen Erfahrungen, in denen Scham aufgetaucht ist, Scham, die mich gehindert hätte, andere Menschen etwas wissen zu lassen. Dabei fällt mir ein, dass ich einmal heftig in einen Mann verliebt war, aber den Mut nicht hatte, ihn das auch nur ahnen zu lassen. Ich wähnte ihn in liebevollen Händen und meinte, meine Entsagung sei moralisch motiviert. Aber die vermuteten liebevollen Hände hielten ihn nicht lange, so dass ich meine Zurückhaltung bald bereute, mich aber trotzdem nicht traute, meine Gefühle zu zeigen. Bis mir klar wurde, nicht Moral hatte mich gezügelt sondern Angst - Angst, mich mit meinen Gefühlen bloßzustellen. Mehr jedoch als diese Erinnerung will nicht auftauchen.

Okay, forsche ich weiter, vielleicht war es nicht Scham, was Frau Kobler bewogen hat, mich an ihren inneren Vorgängen nicht teilhaben zu lassen. Vielleicht war es etwas anderes. Ich erinnere mich an den Moment eines Erschreckens, kurz nachdem ich sie gebeten hatte, an Susanne zurückzudenken. Es könnte auch Angst gewesen sein. Was könnte in der Erinnerung aufgetaucht sein und einen solchen Affekt ausgelöst haben? Vielleicht war es der Augenblick, in dem sie die tote Susanne gefunden hat? Aber das hätte sie mir sagen können. Es muss etwas anderes gewesen sein, das den Schrecken ausgelöst hat, etwas, was sie mir nicht sagen kann. Was könnte sie befürchten, versuche ich jetzt herauszufinden, was könnte sie befürchten, wenn sie es mir sagte? Dass ich sie nicht mehr achte? Nein, eine solche Befürchtung würde eher zu Scham passen. Was könnte sie getan haben, oder was könnte sie erlebt haben? Es muss etwas Erschreckendes sein und darüber hinaus etwas Gefährliches. Sie glaubt, ich darf es nicht wissen ... Sie darf es mich nicht wissen lassen ... Sie muss es verheimlichen ... Da ist etwas vorgefallen, was sie verheimlicht, was sie verheimlichen muss, sogar vor mir verheimlichen muss.

Verdammt!!! Ich habe wieder einmal den ganzen Rückweg von der Ostfeldstraße in die Marienbader Straße gegrübelt, nichts vom Weg gesehen, nichts von den Verkehrsgeräuschen gehört, nicht einmal meine Schritte gefühlt. Ich war völlig in Gedanken versunken. Jetzt bin ich aufgewacht und ärgere mich über mich selber. Statt die Ergebnisse meiner Arbeit so stehen zu lassen, wie sie sich ergeben haben, und mich darauf zu verlassen, dass das, was bearbeitet werden muss, auch auftauchen wird, nämlich zu seiner Zeit, will ich immer alles gleich wissen! Warum eigentlich? Ich bin doch kein Kriminalist! Aber Beratungsarbeit ist ähnlich. Für psychologische Beratung braucht man auch so etwas wie kriminalistischen Scharfsinn. Ich muss mit allen Sinnen in die Lebenswelt des anderen einsteigen und darin den Schlüssel finden, der mir hilft, ihn von seinem Problem zu seinem Ziel zu geleiten. Aber du musst den Schlüssel in der Welt des anderen finden, nicht in deiner Welt, wird jetzt eine kritische innere Stimme laut. Erinnere dich daran, Katharina, mit welchem Nachdruck du das in deinen Seminaren immer wieder predigst! Und selber hältst du dich nicht daran! Doch, widerspreche ich, meistens halte ich mich daran. Ja, aber diesmal offensichtlich nicht, höre ich die kritische Stimme weiterreden. Richtig, gebe ich zu, aber das liegt daran, dass bei Frau Kobler etwas aufgetaucht ist, was ihr bewusst ist, und was sie mich nicht wissen lassen will. Normalerweise will das Unbewusste meine Klienten selber nicht wissen lassen, worum es geht. Bei Frau Kobler ist das anders: Sie weiß etwas. Sie verheimlicht es mir, und zwar bewusst!

Zu Hause angekommen, finde ich zu meiner Überraschung Martin vor. Er sitzt am großen Tisch im Essbereich, die Zeitung vor sich ausgebreitet. „Wieso bist du denn hier?“, begrüße ich ihn überrascht. „Störe ich dich?“, kommt statt einer Erklärung für seine Anwesenheit zurück. Aber auf diese Frage will er anscheinend keine Antwort. Er hat kaum aufgeblickt, schon steckt er seine Nase zurück in die Zeitung. Wahrscheinlich war er wieder irgendwo in der Nähe beschäftigt und hofft auf ein schmackhafteres Mittagsmahl, als italienische, türkische oder sonst welche Imbissstuben anbieten können. Auf dem Weg zur Garderobe und zurück überlege ich, was ich denn zu essen machen könnte. Meines Wissens gibt es im Kühlschrank nur Dinge, die man auf bestrichene Brote legen könnte. Allenfalls trocknen im Gemüsefach noch Salatherzen, Radieschen und Frühlingszwiebeln vor sich hin. Auf dem Weg in den Küchenbereich springt mir der rote Abfalleimer ins Auge. Der steht da schon ein ganzes Jahr im Weg, weil Martin keine Zeit findet, den zur Einbauküche passenden Mülleimer einzubauen.

Das ist überhaupt eine unglaubliche Geschichte! Als wir in dieses Haus einzogen, leisteten wir uns eine Einbauküche. Möbel, Maschinen und Geräte wurden geliefert und von einem von der Firma gestellten Handwerker montiert. Einzig der Mülleimer fehlte am Tage der Montage. Aber man versprach mir, man wolle mich anrufen, sobald er geliefert würde, und einen Termin vereinbaren, zu dem er nachträglich eingebaut werden könne. Bezahlt hätte ich alles.

Der Anruf der Firma wegen des Mülleimers kam, als ich nicht zu Hause war. Martin nahm ihn entgegen. Und Martin teilte dem Anrufer mit, den Mülleimer brauchten sie nicht zu liefern. Wir würden ihn selber abholen und auch einbauen. Ich musste die Luft anhalten, um freundlich bleiben zu können, als Martin mir fröhlich erzählte, was er entschieden hatte. Auch mein Hinweis, ich hätte Lieferung und Einbau bereits bezahlt, beeindruckte Martin in keiner Weise. Das mache gar nichts, hörte ich von ihm, er werde den Eimer holen und ihn auch einbauen. Eine Woche ging über dies Versprechen hin, und nichts geschah, was auch nicht anders zu erwarten ist, wenn Martin Versprechungen macht. Also holte ich den Eimer ab und stellte ihn für den Einbau bereit. Abholen kann ich solche Sachen, aber einbauen kann ich sie nicht. Für den Einbau bin ich abhängig von Martins handwerklichem Geschick. Der sah sich den Eimer an und befand ihn als zu klein. Also ließ er ihn stehen. Und da steht er heute noch.

Lange habe ich gehofft, irgendwann würde er selber den im Weg herumstehenden roten Mülleimer lästig finden und sich an sein Versprechen erinnern. Zu sagen wagte ich schon lange nichts mehr. Mein Repertoire an Ansprachen, die keinen Wutausbruch hervorrufen, war allzu schnell ausgeschöpft. Ich habe gebeten, hingewiesen, erinnert, meine Hilfe und Belohnung angeboten. Anfangs kamen wechselnde Reaktionen: Er versprach den Einbau für irgendwann später, wenn er mehr Zeit hätte als gerade jetzt, befand dann aber den Eimer erneut als zu klein und entschied, den könne man nicht einbauen. Später wurde ich in Martins Wahrnehmung zu einem unbarmherzigen Verfolger. Er fühlte sich von mir gehetzt, ausgenutzt, lediglich gebraucht, um Dienstleistungen zu erbringen. Einmal erwischte einer meiner Erinnerungsversuche ihn in einem Augenblick tatenloser Anspannung. Er schrie mir die Frage ins Gesicht, ob ich ihn kaputtmachen wolle.

So steht`s mit uns. Seit wir in diesem Haus wohnen, tut Martin nichts mehr, um die Renovierung abzuschließen, und ich bin ihm dafür böse. Die verbliebenen Baustellen kann ich inzwischen nicht mehr sehen. Ich könnte Handwerker bestellen. Diese kosten zwar Geld. Aber schließlich bezahle ich die Rechnungen. Doch Martin will keine Handwerker. Die machten nur Pfusch, sagt er. Er will es selber machen, und ich soll darauf warten, dass er es macht. Aber er hat keine Zeit, schiebt selbst kleine Arbeiten immer weiter vor sich her. So sieht sie aus: die Falle, in der ich mich gefangen fühle.

Einmal habe ich versucht, aus dieser Falle auszubrechen. Kurz nach unserem Einzug bestellte ich eine Firma, um den letzten Müll aus dem Garten fortschaffen zu lassen. Martin kam unverhofft dazu und gerade noch rechtzeitig, um die Männer daran zu hindern, brauchbare Gerätschaften mitzunehmen. Seit diesem Ereignis muss ich damit rechnen, dass Martin seine Wutanfälle auch gegen mich richtet. Ich verabscheue Martins Wutanfälle. Darüber hinaus halte ich Streit nicht lange aus. Aber jeder meiner Wünsche nach einem Fortschritt der Renovierungsarbeiten, und sei er noch so klein, scheitert an Martins Wunsch, es selber machen zu wollen, wofür er dann keine Zeit hat.

15

Also verbanne ich den roten Mülleimer aus meinem Blickfeld und schicke meine ärgerlichen Gedanken in eine Warteschleife unterhalb meiner Bewusstseinsebene. Das Innenleben meines Kühlschranks lenkt mich ab und erlaubt meinen Gefühlen eine versöhnlichere Note. Ich trage Butter, Schinken, kalten Braten und saure Gürkchen auf den Tisch. Martin hat unterdessen die Zeitung in neue Falten gelegt und auf dem Stuhl neben sich deponiert, ist aufgestanden und trägt Brot, Brettchen und Besteck auf den Tisch. „Was für'n Tee soll ich machen?", werde ich gefragt. Ich bestelle Fencheltee, sehe ihn den Wasserkocher anstellen und in der Schublade die Schachteln nach den gewünschten Beuteln durchsuchen. „Keine mehr da", lässt er mich wissen und wartet auf eine neue Bestellung. „Dann nimm Pfefferminz", sage ich und trage das Brot vom Esstisch zurück in den Küchenbereich, um Scheiben davon abzuschneiden. Die wandern in einem Körbchen zurück auf den Tisch. Unterdessen stehen dort auch Tassen und Honig bereit. Wir können beginnen.

„Wie war's heute bei dir?", frage ich, obwohl ich spüre, dass ich mich sehr konzentrieren muss, um ihm zuhören zu können. Aber Martin will mich nicht mit Einzelheiten behelligen. Sie sind auf seiner Dienststelle mit irgendwelchen Computerfahndungen befasst. Er weiß, dass ich von solchen Dingen nichts verstehe und verschont mich damit. Stattdessen berichtet er, zwei seiner Mitarbeiter hätten Streit, Konkurrenzprobleme, wie er meint, und beharkten sich gegenseitig. Er versuche zu schlichten, habe aber noch keinen Erfolg. Wie es bei mir gehe, möchte er daraufhin wissen. Ich sei bei der Vorbereitung eines Seminars, teile ich ihm mit. Das bin ich tatsächlich. Aber es ist noch lange hin, bis es stattfindet. Ich bereite mich gerne rechtzeitig vor, um nicht in Bedrängnis zu geraten, wenn kurz vor Beginn irgendetwas dazwischenkommt. Aber das ist nicht das, was Martin wissen möchte. „Warst du nicht inzwischen mal wieder bei der Kobler?", fragt er nach. „War ich", antworte ich. „Und?", fragt er weiter. „Nichts Besonderes!", beende ich dieses Gespräch. Aber Martin will dieses Gespräch nicht beenden. Ich sehe ihn seine Tasse heben und auf halbem Wege zum Mund in der Luft stehenlassen, seine Augen starr vor sich hinblicken, seine Kaubewegungen sich verlangsamen und den Mund schließen. So verweilt er einen Augenblick, um mir dann zu sagen: „Die Akten im Fall Susanne Wenzel sind übrigens noch nicht geschlossen. Der Drechsel ist immer noch dran. Und er scheint jetzt endlich die Kobler selbst im Visier zu haben.“

Martins Worte verstören mich. Ich weiß nicht, ob er mir das von außen ansehen kann. Martin ist wachsam. Wenn er etwas sagt, achtet er auf die nonverbalen Reaktionen des Angesprochenen. Außerdem habe ich bemerkt, dass er vor seiner Mitteilung Überlegungen anstellte. Leider hat mich seine Äußerung so überrascht, dass ich mich nicht vergewissern konnte, ob er gezielt auf meine Reaktion geachtet hat. Als ich ihn wieder ansehe, hat er die Augen bereits niedergeschlagen und führt erneut sein Schinkenbrot zum Mund.

Könnte Frau Kobler Susanne wirklich ermordet haben? Vor meinen inneren Augen taucht das Erschrecken wieder auf, das sie beim Testen der Wirkung meiner Intervention gezeigt hat. Da hat es etwas gegeben, etwas, das fähig war, Schrecken auszulösen. Vielleicht war es weder Scham noch Angst, was sie abgehalten hat, mir den Grund ihres Erschreckens mitzuteilen. Vielleicht wäre es das Eingeständnis einer Schuld gewesen. Aber gibt es das: Jemand bringt einen Menschen um und trauert dann? Ja, warum soll es das nicht geben? Natürlich gibt es das! Gerade bei Eifersucht als Tatmotiv bringt jemand einen geliebten Menschen um und trauert dann. Trotzdem will ich das nicht glauben. Frau Kobler bringt niemanden um. Davon bin ich überzeugt. Selbst wenn sie über die Maßen eifersüchtig gewesen wäre, dieser Affekt kann sie nicht zum Mord getrieben haben. Außerdem meldet sich jetzt mein Gewissen. Ich kann mich doch nicht von Martin beeinflussen lassen, meine Klientin des Mordes zu verdächtigen. Scheißkerl, schimpfe ich innerlich. Hat der mir doch mit voller Absicht einen bösen Gedanken in den Kopf gesetzt!

Aber vielleicht hat sie es nicht gewollt. Vielleicht hat es einen Kampf gegeben, einen Kampf, in dem sie Susanne gewürgt hat. Und Susanne ist in diesem Kampf unglücklich gefallen, so unglücklich, dass sie sich das Genick brach. Vielleicht war es gar kein Mord. Vielleicht war es bloß ein Unfall. Und sie fühlt sich schuldig, weil sie irgendwie beteiligt war. Quatsch! Ich rufe mich innerlich zur Ordnung. Sie war krank, als Susanne starb! Sie kann es überhaupt nicht gewesen sein. Sie kann auch nicht daran beteiligt gewesen sein! Aber welche Erinnerung hat dann den Schrecken ausgelöst? Hör endlich auf!, herrsche ich mich jetzt an. Wahrscheinlich hat der Schrecken sich darauf bezogen, sie tot aufgefunden zu haben. Schluss jetzt!

Ich muss irgendetwas tun, um meine Einstellung zu Frau Kobler wieder so herzustellen, wie es sich für eine Beraterin gehört. Im Augenblick gibt es zwei Seelen in meiner Brust. Eine, die sie schätzt und unterstützen will und eine andere, die, von Martin aufgehetzt, herausfinden will, ob sie schuldig ist. Wie gehe ich damit um? Ganz offensichtlich stören sich die beiden. Wenn ich darüber nachdenke, dass sie möglicherweise einen Mord begangen hat, bekomme ich ein schlechtes Gewissen. Und wenn ich an mein nächstes Treffen mit ihr denke, befürchte ich, die Empathie nicht mehr aufbringen zu können, die für eine wirkungsvolle Unterstützung die absolute Voraussetzung darstellt. Für eine solche Konfliktstruktur gibt es aber ein passendes Verfahren. Beide inneren Seelen brauchen eine Wertschätzung, weil sie beide etwas Positives erreichen wollen, auch wenn sie sich in meinem Innern streiten. Aber sie müssen sich nicht in den Haaren liegen. Sie können eine Vereinbarung treffen: Wenn ich bei Frau Kobler bin, ist der unterstützende Seelenteil dran. Er führt Regie. Der Teil, der Interesse hat, zu erfahren, ob und wenn ja, inwieweit sie schuldig ist, kann sich von meiner Zeit nehmen, wenn ich irgendwelchen Beschäftigungen im Haushalt nachgehe und sowieso die Gedanken laufen lassen kann. Okay, denke ich belustigt: Morgens beraten und unterstützen und beim Abwasch Kriminalistik. Ich frage beide, ob ihnen ihre positive Absicht so wichtig ist, dass sie bereit wären, den anderen nicht zu stören, wenn der seinerseits ihn nicht stört, und bekomme Bereitschaft signalisiert. Diese tut sich auch sogleich kund: Meine Befürchtung hinsichtlich meiner Beratungsarbeit mit Frau Kobler verschwindet ganz einfach.

16

Wieder sitze ich ihr gegenüber und spüre nichts als Neugier auf unsere gemeinsame Arbeit. Frau Kobler muss sich auf diesen Termin gefreut haben, oder einfach auf unser Gespräch gefreut haben. Dabei kann das, was wir vorhaben, sie eigentlich gar nicht mit Freude erfüllen. Die Erinnerung an ihre Mutter muss schmerzhaft sein. „Sie erinnern sich daran, was wir uns für heute vorgenommen haben?“, eröffne ich das Arbeitsgespräch. Frau Kobler nickt. „Ja, meine Mutter“, lässt sie mich hören. „Das ist alles so lange her und quält mich immer noch. Dabei habe ich mich schon so oft bemüht, über all das hinwegzukommen.“ Sie atmet tief durch und setzt sich in ihrem Sessel bereit für meine Fragen.

Als ihr Blick mich trifft, stelle ich die erste Frage: „Was haben Sie denn schon versucht, um darüber hinwegzukommen?“, möchte ich wissen. Offensichtlich hat sie eine andere Frage erwartet. Ich sehe eine leichte Bewegung zwischen ihren Augenbrauen, bevor sie ihre Erinnerungen abruft. „Ich habe psychologische Ratgeber gelesen und die Übungen ausprobiert, die man darin finden kann. Das meiste weiß ich gar nicht mehr, aber irgendwann habe ich beispielsweise mit meiner toten Mutter geredet.“ Aha, wird mir klar. Das machen Transaktionsanalytiker, soviel ich weiß. „Und wie haben Sie dieses Gespräch geführt?“, will ich von ihr erfahren. „Abends im Bett“, bekomme ich als Auskunft. „Ich habe sie mir einfach vorgestellt, und als sie in meiner Phantasie auftauchte, habe ich sie gefragt, warum sie sich mir niemals geöffnet hat. Da begann sie fürchterlich zu weinen und sagte, sie habe das nicht gekonnt. Und plötzlich war mir klar: das stimmte. Für sie wäre es so etwas wie eine Erniedrigung gewesen. Sie konnte doch vor ihrem Kind ihr eigenes Elend nicht zugeben!“ Die Züge in Frau Koblers Gesicht werden weich. „Ja, und das war‘s“, sagt sie und kommt aus ihrer Erinnerung zu mir zurück.

„Erzählen Sie mir doch noch ein bisschen mehr von Ihrer Mutter, so dass ich sie mir vorstellen kann“, bitte ich und sehe sie wieder tief Luft holen, nach innen gehen und zu ihren Erinnerungen zurückkehren. Sie lässt sich Zeit mit der Auswahl der Informationen, die sie mir mitteilen will. „Ich glaube, auch sie war ihr ganzes Leben unglücklich“, beginnt sie. „Sie kam aus gutem Hause, Tochter eines Barons, und hat für die damaligen Verhältnisse ziemlich spät geheiratet, erst mit fünfundzwanzig. Vielleicht war sie schon in Torschlusspanik und hat deshalb einen Mann genommen, den sie nicht geliebt haben konnte. Er war zwanzig Jahre älter als sie, sah zwar gut aus, war aber krankhaft geizig und herrschsüchtig. Es gibt ein Hochzeitsbild meiner Eltern, beide mit ernstem Gesicht, er in Frack und Zylinder, sie in Weiß an seinem Arm, aber zwei Schritte hinter ihm, so als würde er sie mit sich fortzerren und sie ihm nur widerstrebend folgen.“ Sie scheint sich das Foto etwas länger anzusehen und schweigt. „Es gibt kein fröhliches Foto von meiner Mutter“, sagt sie mit tonloser Stimme, starrt auf den Teppich rechts neben ihren Füßen, während ihr linker Zeigefinger mir von Zeit zu Zeit durch kaum wahrnehmbare Zuckungen andeutet, dass sich in ihr etwas bewegt. Wahrscheinlich geht sie die Fotos von ihrer Mutter durch, um zu überprüfen, ob sich vielleicht nicht doch auf einem ein fröhliches Gesicht entdecken lässt. „Vier Kinder hat sie gehabt“, hebt sie wieder zu sprechen an. „Zuerst ein Mädchen, meine älteste Schwester und dann zwei Jungs. Ich war Nachzügler, mich sollte es gar nicht geben. Ich bin nur aus Versehen da.“

„Sind Sie sicher, dass Sie nicht mehr geplant waren?“, frage ich und bekomme ohne Zögern „Ganz sicher“ zur Antwort. „Wie können Sie das so genau wissen?“, hake ich nach und erfahre: „Weil sie es meiner Tante gesagt und ich es gehört habe. Und selbst wenn ich es nicht gehört hätte, es wäre meiner Beobachtung nicht entgangen.“ - „Und Ihr Vater?“, will ich wissen, „hat der Ihnen Liebe vermittelt?“ Frau Kobler lächelt. „Mein Vater war der krasseste Egoist, der mir im Leben begegnet ist. Der hat als Rechtsanwalt viel Geld verdient, aber seine Familie kürzer gehalten als Arbeiter oder kleine Angestellte. In unserem Hause gab es zwei Vorratskammern, eine stets verschlossen, die war für meinen Vater, und eine mit nix drin außer Kartoffeln und dem, was meine Mutter aus dem Garten hatte, das war unsere. Nur an hohen Feiertagen, Weihnachten, Ostern und Pfingsten, durften wir teilhaben an Vaters Vorräten.“ Sie hat während dieser Worte gelächelt und lächelt immer noch, nachdem sie sie ausgesprochen hat. „Und Ihre Mutter hat das hingenommen?“, frage ich ungläubig. „Ja“, bekomme ich zur Antwort. „Sie hat es nicht nur hingenommen. Sie hat es sogar kaschiert. Niemand Fremdes durfte das wissen. Das wäre ganz unvorstellbar gewesen, wenn davon etwas nach außen gedrungen wäre. Obwohl, die Leute müssen das trotzdem gemerkt haben, nicht, dass wir nicht genug zu essen hatten, aber an unseren Kleidern. Meine Mutter hat zwar genäht und gestrickt wie ein Weltmeister. Aber dass wir nichts Neues bekamen, sondern nur von den älteren Geschwistern oder der Verwandtschaft Geerbtes, war anderen Leuten schon klar. ‚So ein geflicktes Hemderl hast du noch?‘, hat mich mal eine Kinderschwester gefragt, als ich im Erholungsheim meinen Rucksack packte. Ich habe geschwiegen und mich geschämt." Frau Kobler richtet ihre Augen von ihren Händen auf einen Punkt zwischen ihr und mir. Aber sie sieht den kleinen Tisch nicht, der dort steht. Sie hat noch das geflickte Hemd vor ihren Augen und fühlt die Scham nochmals.

„Welche Erinnerung an Ihre Mutter löst am meisten Traurigkeit aus?", frage ich, um eine Szene in die Vorstellung zu bringen, an der wir arbeiten können. Die Antwort kommt prompt. „Am meisten verletzt hat mich eine Begegnung mit meiner Mutter, als mein Vater eine seiner längeren Reisen angekündigt hatte. Auf diese jährlichen Reisen haben wir uns immer gefreut. Dann gab es eine andere Atmosphäre in der Familie. Wir haben ganz anders miteinander geredet und gespielt. Ich glaube sogar, wir haben uns ganz anders bewegt. Und wir haben gelacht und gesungen, wenn mein Vater nicht da war. Ich weiß genau, dass seine Abwesenheit auch für meine Mutter eine Entlastung bedeutet hat. Sie hatte einen leichteren Schritt. Ich habe oft auf dem Boden oder einem Teppich gesessen und habe nur die vorübergehenden Füße beobachtet. Sie werden es nicht glauben, aber bei meiner Mutter konnte man am Gang feststellen, wie sie gestimmt war." Ich muss lachen: „Aber natürlich glaube ich Ihnen", erwidere ich. „Ich habe gelernt, an körperlichen Signalen die Gemütsverfassung von Menschen zu erkennen."

Einen Moment lang fasst sie mich ins Auge, bevor sie zu der Erinnerung an ihre Mutter zurückkehrt. „Es war also kurz vor so einer Reise. Ich saß im Flur und spielte mit Murmeln, als sie vorüberkam und ich sie fragte, wie lange der Vater denn diesmal wegbleibe. Aber statt einer Antwort bekam ich eine moralische Anweisung um die Ohren gehauen: ‚Man liebt seinen Vater!' Ich höre diese Worte noch heute: Ein kurzes im Vorübergehen hingeworfenes nüchternes erzieherisches Gebot. Ich konnte überhaupt nicht begreifen, wie sie mir da begegnete. Sie log, nein, sie heuchelte, nein, auch nicht, sie forderte von mir zu heucheln, ach, ich weiß es nicht genau. Viel schlimmer war, dass sie mich dadurch kalt zurückwies. Ich hatte ihr ein verstecktes Bündnisangebot gemacht: Ich weiß und du weißt, dass ich es weiß, dass wir uns beide wünschen, er wäre nicht da. Aber sie wies mich zurück in die Schranken. In diesem Augenblick war es aus zwischen mir und meiner Mutter, völlig aus und für immer. Da gab es nichts mehr." Die Stimme von Frau Kobler ist während dieser letzten Worte leiser geworden. Die letzten beiden Worte flüstert sie vor sich hin.

17

Ich lasse ihr Zeit, aus ihren Erinnerungen wieder hierher zurückzukommen. Als sie den Kopf hebt, frage ich: „Sind Sie bereit, an dieser Erfahrung so zu arbeiten, dass Sie sie hinterher ganz anders erleben als jetzt?" Sie lächelt: „Wenn Sie das hinkriegen", antwortet sie ungläubig. „Okay, wenn wir das hinkriegen." Dieser Satz eignet sich gut als Übergang zur Arbeit: „Welche Schlussfolgerungen haben Sie aus dieser Erfahrung gezogen", frage ich, „Schlussfolgerungen über Sie selbst, über Ihre Beziehung zur Ihrer Mutter oder über das Leben überhaupt?" Frau Kobler holt Luft, wendet ihren Blick von mir ab und geht nach innen. „Schlussfolgerungen", wiederholt sie. Ich sehe ihre Augen sich im inneren Blickfeld bewegen. Sie ist auf der Suche. „Ich werde nicht geliebt." Mit diesen Worten kommt sie kurz zurück und taucht wieder in ihr Innenleben ein. Diesmal dauert es länger, bis sie mit einer weiteren Mitteilung kommt: „Ich kann von mir aus keine Beziehungen hinkriegen", lässt sie mich wissen und versinkt nochmals. Dass sie eine noch schwerwiegendere Überzeugung entdeckt hat, sehe ich an der

Veränderung ihrer Physiologie. „Ich bin es nicht wert“, sagt sie und schaut mich an. Ihre Augen schwimmen.

Als sie das spürt, greift sie in ihre Tasche, bemerkt, dass darin keine Taschentücher sind, entdeckt sie auf dem Tisch und greift danach. Bevor sie eine aus der Packung ziehen kann, laufen die Tränen. Ich lasse ihr Zeit, sie zu trocknen. Dann fordere ich sie auf: „Nehmen Sie einen Schluck Tee und bleiben Sie mit Ihrer Aufmerksamkeit in der Gegenwart. Wir haben jetzt alle wichtigen Informationen und müssen in diese Erinnerung nicht mehr hineingehen. Wir werden sie im weiteren Verlauf von außen und mit Abstand betrachten. Dabei werden Sie immer wissen, diese Erinnerung gehört der Vergangenheit an. Wir sitzen hier in unseren Sesseln beim Tee und betrachten die Szene, so als ob sie dort drüben auf einer imaginären Bühne abliefe.“

Während meiner Worte hat sich das Aussehen von Frau Kobler aufgehellt. Sie sieht bereit aus, fortzufahren. „Wie haben sich dieses Erlebnis und die Überzeugungen, die Sie daraus abgeleitet haben, auf Ihr weiteres Leben ausgewirkt?“, will ich wissen. Um diese Frage zu beantworten, muss sie nicht lange nachdenken. „Ich habe mich immer darum bemüht, alles so zu machen, damit andere mich mochten. Ich bin aber nie von mir aus auf andere zugegangen. Ich hatte immer Angst, dass sie mich zurückweisen könnten.“ Sie schweigt und kehrt wieder zu Erinnerungen zurück. „Ich war, bevor ich meinen Mann kennenlernte“, teilt sie mir davon mit, „ich war fürchterlich verliebt in einen jungen Arzt. Aber ich habe mich nicht getraut, ihn meine Liebe ahnen zu lassen.“ Sie senkt ihren Blick: „Hinterher hat es mir leid getan. Denn er hat eine geheiratet, die gar nicht zu ihm passte. Er war unglücklich und ich auch.“ Wieder schweigt sie und denkt nach: „Es war immer so, dass andere auf mich zugekommen sind. Aber das waren immer Leute, die mich nicht geliebt haben.“ Wieder hält sie inne: „Vielleicht haben sie mich geliebt, aber nicht so geliebt, wie ich mir das gewünscht habe." Sie lacht. „Geheiratet habe ich einen Mann, ähnlich wie mein Vater, attraktiv und intelligent, zwar nicht krankhaft geizig, aber lieblos. Er war ehrgeizig und auf äußeres Ansehen aus. Aber wir waren nicht lange verheiratet."

Ich halte Frau Kobler auf, als ich sie wieder in Erinnerungen eintauchen sehe: „Wenn Sie an diese Auswirkungen in Ihrem Leben denken, dass Sie nicht gewagt haben, die Liebe zu erobern, die Sie gebraucht haben, sondern mit dem Gefühl, dass Sie es nicht wert sind, durchs Leben gegangen sind und es anderen recht gemacht haben, glauben Sie, dass Ihre Mutter, wenn sie geahnt hätte, dass das die Folgen dieser Erfahrung sein würden, glauben Sie, sie hätte das gewollt?" Frau Kobler antwortet prompt: „Nein das glaube ich gar nicht. Sie hat mich schon zur Bescheidenheit und Zurückhaltung erzogen. Aber sie hat mich nicht abhängig gewollt. Sie wollte, dass ich selbständig werde. Sie selbst hat studieren wollen und es nicht gedurft. Ich bin sicher, sie wollte, dass ich ein ganz anderes Leben habe als sie, sie wollte, dass ich studiere. Daran gibt es keinen Zweifel."

„Was hätte Ihre Mutter gebraucht, um in der Situation, die Sie geschildert haben, anders reagieren zu können?", frage ich und stelle mich auf eine langwierige Suche. „Was hätte meine Mutter gebraucht, um anders reagieren zu können", wiederholt Frau Kobler. „Was hätte sie gebraucht?", kommt nochmals von ihren Lippen, während ihre Augenbewegungen mir ihre innere Suche nach einer Antwort andeuten. Aber diesmal muss ich mich ihrer inneren Arbeit nicht durch Beobachtung ihres Gefühlszustands und der Augenbewegungen vergewissern. Sie lässt mich an dieser Arbeit inhaltlich teilnehmen. „Sie hat unter ihrem Stand geheiratet", höre ich Frau Kobler sagen, „und noch dazu einen Mann, der sie nicht geliebt hat, der sie vielmehr elend hat leben lassen." Sie macht eine Pause und sucht weiter. „Sie musste irgendwie ihre Selbstachtung hochhalten. Deshalb war ihr der äußere Anschein so wichtig. Niemand durfte es wissen.“ Frau Kobler kommt in Fahrt. „Wir mussten heile Familie spielen. Deshalb waren Maximen ihr auch so wichtig. Nach diesen Maximen mussten wir uns verhalten. Sie war streng in unserer Erziehung. Es hat kein Pardon gegeben. Wir mussten nicht nur nach außen hin so tun, als ob wir liebende Eltern gehabt hätten. Wir durften weder durch Worte noch durch Gesten zum Ausdruck bringen, dass irgendetwas nicht in Ordnung war.“ Frau Kobler hält wieder inne, um vorauszudenken. „Wenn sie Selbstachtung gehabt hätte, hätte sie nicht starr an Maximen festhalten müssen“, schlussfolgert sie. „Dann hätte sie auch ihre Kinder in ihren Bedürfnissen wahrnehmen und ernst nehmen können. Ich glaube“, mit diesem Ergebnis kommt Frau Kobler von ihrer inneren Suche zurück, „ich glaube, meine Mutter hätte Selbstachtung gebraucht, um anders reagieren zu können.“

„Ja“, rufe ich begeistert aus, voller Überzeugung, das müsse es sein, und stelle sogleich die nächste Frage: „Wann haben Sie diese Selbstachtung, die Ihrer Mutter gefehlt hat, wann haben Sie diese Selbstachtung in sich gespürt und aus dieser Selbstachtung heraus gehandelt?“ Frau Kobler geht wieder nach innen, und ich lese ihre Suche an ihren Augenmustern ab. Diese Suche dauert. Sie dauert lange. Ich sitze ihr gegenüber und warte auf das Aussehen ihres Gesichts, das mich erkennen lässt, sie hat gefunden, was sie sucht. Aber diese Züge tauchen nicht auf. Frau Kobler kommt zurück und lässt mich wissen: „Ich habe keine Erinnerung gefunden, ich glaube, ich habe diese Selbstachtung selber nie gespürt.“

18

Habe ich doch gewusst, dass es so einfach nicht sein würde, schießt es durch meinen Sinn, während mir gleichzeitig klar wird, ich muss weiter ausholen, um die gewünschte Eigenschaft zu erarbeiten. „Sie haben aber eine Vorstellung, wie Ihre Mutter damals auf Ihre Frage hätte reagieren müssen. Was hätten Sie sich denn gewünscht?“ Frau Kobler weiß die Antwort sofort: „Sie hätte sich einen Moment lang zu mir auf den Fußboden hocken müssen, mich liebevoll ansehen, über mein Gesicht streicheln und mir zuflüstern sollen: ‚Vier Wochen haben wir für uns‘!“ Das wäre das gewünschte Verhalten, wird mir klar. Ob ich die Vorstellung davon vielleicht freihändig hervorrufen kann, frage ich mich und versuche es. „Gehen Sie nochmals zurück zu der Erinnerung und stellen Sie sich vor, dass Ihre Mutter genau das tut.“

Frau Kobler folgt meiner Anweisung und geht wieder nach innen. An ihrem Gesichtsausdruck sehe ich schon, es gelingt ihr nicht. „Das kann sie nicht!“ Mit diesen Worten kommt sie zurück. „Kennen Sie jemanden, der das könnte?“, will ich jetzt wissen. Frau Kobler denkt nur kurz nach. „Die Mutter einer meiner früheren Schüler könnte das.“ Und sie liefert die Erklärung dafür, dass diese Frau ihr sofort einfällt. „Ich war immer erstaunt, wie sie mit ihren Kindern umging. Sie war für mich so etwas wie die Liebe selbst.“

„Was hat diese Frau, was Ihre Mutter nicht hatte?“, forsche ich weiter und erfahre: „Ich glaube, sie hat selbst eine liebevolle Kindheit gehabt.“ Das ist es, wird mir klar. Das ist es immer. Immer geht es um Liebe, um die Liebe, mit der wir auf dieser Welt empfangen werden. Wenn sie gefehlt hat, wird das Leben schwierig. Wer diese Liebe nicht erfahren hat, kann sie auch nicht weitergeben. Er gibt seine Probleme weiter. Eine Generation gibt ihre Probleme an die nächste weiter. Um das aufzulösen, muss man diese Wiederholung der immer gleichen Schwierigkeiten durchbrechen, und sei es nur durch die Vorstellung, die Vorstellung, dass sie dagewesen ist, die Liebe, die gefehlt hat, und sie fühlen, als sei sie dagewesen. „Also hätte Ihre Mutter eine liebevolle Kindheit haben müssen, um so reagieren zu können, wie Sie es sich wünschen.“ Frau Kobler bestätigt diese Aussage durch ein schweigendes Nicken.

Jetzt kann ich auf einem bekannten, oft beschrittenen Pfad weitergehen. „Können Sie sich vorstellen, wie es gewesen wäre, wenn Ihre Mutter diese Kindheit gehabt hätte?“, frage ich Frau Kobler. „Einfach so?“, fragt sie zurück. „Nein, nicht einfach so“, erkläre ich, „sondern ganz genau und in allen Einzelheiten. Sie stellen sich als erstes Ihre Mutter als Kind vor.“ Frau Kobler geht nach innen. „Haben Sie's?“, will ich wissen. Sie nickt. „Und jetzt stellen Sie sich irgendeine Person vor, von der Sie selbst gar nicht viel wissen, das können Vater oder Mutter Ihrer Mutter sein, oder vielleicht eine Hausangestellte, irgendjemand.“ Ich warte, bis sie wieder nickt. „Diese Person sehen Sie jetzt in einer liebevollen Beziehung zu Ihrer Mutter als Kind. Sie sehen, wie Ihre Mutter in der Liebe dieser Person aufwächst. Sie sehen, welche Fähigkeiten sie entwickelt durch die Liebe dieser Person. Sie sehen, was für eine junge Frau Ihre Mutter wird durch die Liebe dieses Menschen. Sie sehen, wie es für sie ist, zu heiraten und Kinder zu bekommen und jetzt gehen Sie in die Szene, in der Sie als Kind Ihre Mutter fragen: ‚wie lange bleibt er denn weg?‘ und achten darauf, wie Ihre Mutter reagiert.“ Ich lasse ihr Zeit, diese Vorstellungen zu entwickeln, bevor ich ihre Aufmerksamkeit auf das Kind lenke: „Und nehmen Sie auch wahr, wie das jetzt für die Kleine ist, eine solche Mutter zu haben, die so reagiert. Wie fühlt sie sich?“

Ich achte auf die Veränderung in ihrem inneren Zustand, während ich Frau Kobler in diese Phantasie schicke. Und obwohl ich nicht genau feststellen kann, wie Frau Kobler sich die Veränderungen vorgestellt hat, schicke ich sie jetzt in die Kleine hinein, um zu erleben, wie es sich anfühlt, mit dieser Mutter zusammen zu sein, die so ganz anders reagiert. Nach dieser Anweisung kommt das Aussehen, auf das ich gewartet habe. Frau Kobler erlebt, wie ihre Mutter ihr gegenüber hätte sein können, wenn sie selber in ihrer eigenen Kindheit Liebe erfahren hätte und darin zu lieben gelernt hätte. Ich lasse sie eine Weile in dieser Phantasie, weil es das reale Erleben davon ist, was hätte sein können, das wirklich zu Veränderungen führt.

Während ich darauf warte, dass Frau Kobler diese Arbeit abschließt und mir die nächsten Schritte vergegenwärtige, kommt sie aus ihrer Phantasie zurück und lächelt. „Das ist ja ungeheuerlich", lässt sie mich in einer Satzmelodie wissen, in der ich schon das nachfolgende „aber" erahnen kann. Genau dieses Wort kommt. „Aber wenn meine Mutter in Liebe aufgewachsen wäre", sagt sie, „dann hätte sie niemals meinen Vater geheiratet. Und wenn sie ihn geheiratet hätte, hätte sie sich wieder scheiden lassen und zwar, bevor ich auf die Welt gekommen wäre." Sie hat recht. Ich stimme ihren Überlegungen zu und lasse sie das auch wissen. Aber ich mache ihr klar: „Darauf kommt es nicht an. Wichtig ist, dass Sie wissen, Ihre Mutter konnte Ihnen nicht geben, was sie selbst nicht besaß. Wichtig ist, dass Sie wissen, Ihre Mutter hätte Sie geliebt, wenn sie selber Liebe erfahren hätte. Praktisch wichtig ist, dass Sie gespürt haben, wie es gewesen wäre, wenn Sie es erfahren hätten."

Um die Wirkung der Arbeit zu prüfen, frage ich Frau Kobler, wie sie jetzt über sich und über Ihre Beziehungen denkt. „Sind Sie immer noch überzeugt, nicht geliebt zu werden?", frage ich. Frau Kobler zieht ihre Lippen in die Breite. Dann legt sie ihren

Kopf in den Nacken, schaut nach oben, als ob ihre Erinnerungen an der Decke geschrieben stünden. „Nein“, sagt sie und hält inne. „Im Gegenteil!“ Nochmals hält sie inne. „Es hat viele gegeben, die mich wollten. Aber ich musste ja einen nehmen, damit ich darum kämpfen konnte.“ Sie sagt das vor sich hin, als kämen diese Worte von allein, ohne Kontrolle, von ihren Lippen. „Und können Sie von sich aus Beziehungen zu anderen Menschen herstellen?“, will ich als nächstes wissen. „Ich denke schon“, bekomme ich als Antwort. „Und wie ist es mit dem Wertsein?“, will ich als letztes wissen. „Was soll damit sein?“, fragt sie zurück. Einen Moment lang bin ich erstaunt, überlege, ob ich meine Frage näher erklären soll oder einfach das Gespräch beenden. Ich entscheide mich, einen Schluck Tee zu nehmen und über den nächsten Termin zu verhandeln.

Ich beuge mich zur Seite, um meinen Terminplaner aus meiner Tasche zu nehmen und sehe aus den Augenwinkeln Frau Kobler noch mit Gedanken beschäftigt. „Über irgendetwas denken Sie noch nach“, teile ich ihr meine Beobachtung mit. „Ja“, antwortet sie. „Irgendetwas stimmt nicht an dem, was wir gemacht haben. Meine Mutter muss durchaus Liebe kennengelernt haben, in ihrer Kindheit, meine ich.“ Sie schaut mich an und sagt mit einer Entschiedenheit, die sich anhört, als wolle sie eine endlich gefundene Wahrheit in die Welt setzen, so dass niemand mehr behaupten könne, es habe sie nicht gegeben. „Sie hat auch geliebt!“, ruft sie aus. „Sie hat ihre Söhne geliebt. Ihre Töchter hat sie nicht geliebt!“

19

Über die letzte Äußerung von Frau Kobler war ich erschrocken. Ich fürchtete, die ganze Bemühung dieser Sitzung könne durch diese Entdeckung verloren gegangen sein. Aber sie war es nicht. Das habe ich durch einen erneuten Test sichergestellt. Ihr war immer noch bewusst, dass es viele Menschen gegeben hatte, die sie geliebt und gewollt hatten. Sie konnte sich immer noch vorstellen, von sich aus Beziehungen zu anderen Menschen herzustellen. Und ihr Gefühl von Wertsein erwies sich auch als stabil. Die Entdeckung, ihre Mutter habe ihre Söhne lieben, ihre Töchter dagegen nicht lieben können, hat unsere Arbeit nicht zunichte gemacht. Im Gegenteil, diese Erinnerung konnte erst auftauchen, nachdem die Überzeugung, nicht geliebt zu werden, sich aufgelöst hatte. Problemlösungsprozesse sind nicht selten mit dem Schälen von Zwiebeln verglichen worden. Wenn eine Schicht abgetragen ist, taucht darunter die nächste auf. Mir war klar, als nächstes würden Frau Koblers problematische Beziehungen zu Männern Thema sein.

Wenn ich mich nicht sogleich auf einen nächsten Klienten einstellen muss, hänge ich dem Erlebnis einer Sitzung noch lange hinterher. Statt Problemstellung, Interventionen und Ergebnisse kurz zu notieren und die Papiere in die Hängekartei zu befördern, gehe ich das Erlebte noch ein paar Mal durch, fasse das Gehörte in Bilder und lasse Filme vor meinen inneren Augen ablaufen. Einen besonderen Eindruck haben Frau Koblers Schilderungen der zwei Speisekammern in ihrem Elternhaus bei mir hinterlassen. Da gab es einen Vater, der seinen Kindern Nahrung vorenthielt. Unglaublich! Und niemand hat davon erfahren. Dieser Satz hakt sich in meinen Gedankenbahnen fest, als wolle er mich zwingen, seine ganze Ungeheuerlichkeit auszuloten. Möglich gemacht hat das eigentlich die Mutter. Wäre ihr das Ansehen der Familie nicht so wichtig gewesen, dann hätte sie sich wehren können. Aber damals waren andere Zeiten. Bilder vom Nationalsozialismus tauchen vor meinen inneren Augen auf. Oder war es schon die Nachkriegszeit? Hätte sie sich wehren können? Welcher Richter hätte ihr geglaubt, was sie selber jahrelang selbst kaschiert hatte, und sie geschieden?

Ihr Ehemann genoss hohes Ansehen. Sie hatte vier Kinder und selber keinen Beruf. Sie, die ehemalige Baroness, hätte ungelernte Arbeit tun müssen, wäre sie geschieden worden. Ihre Kinder hätten vielleicht nicht studieren können. Hätte sie wirklich anders handeln können, wenn sie Liebe erfahren und Selbstvertrauen aufgebaut hätte? Ich merke, ich kann diese Frage nicht beantworten, denke, sie hätte sich vielleicht nicht scheiden lassen. Aber eines wäre anders gewesen: Wäre sie in einem liebevollen Elternhaus aufgewachsen, dann hätte sie ihren eigenen Kindern nicht die Wahrnehmung der Wirklichkeit verstellen und die eigene Beziehung zu ihnen gefährden müssen.

Wieder stelle ich vor meiner Haustür fest, dass ich nichts vom Wege wahrgenommen habe, keinen Himmel, die Straße vor mir nicht, das Pflaster, über das ich gelaufen bin, die Helligkeit des Tages nicht, die Temperatur und die Luftfeuchtigkeit nicht, keine Farben, keine Töne, keine Gerüche und auch keinen Menschen. Und es müssen mir Menschen entgegengekommen sein, Autos, Fahrräder müssen an mir vorbeigefahren sein. Statt dessen habe ich imaginäre Speisekammern mit Vorräten ausgestattet, eine mit Kartoffeln, Zwiebeln, Salz, Zucker, Mehl und Eingemachtem aus dem Garten, die andere mit Schinken, Würsten, Konserven, Gläsern und Wein. Wenn ich geheiratet hätte, fällt mir dazu ein, hätte ich so leben wollen wie eine Tante, die ich als Kind in den Ferien auf ihrem Bauernhof besuchen durfte. Sie konnte noch fast alles selber machen. Da wurde im Sommer eine Einmachschlacht geschlagen, da wurden reihenweise die Gläser mit Marmeladen, Konfitüren und Kompott gefüllt. Sie züchtete sogar Bienen. Ich erinnere mich an die Honigwaben, die ich auslutschen durfte. Im Herbst kamen Äpfel auf die Stiegen, Kartoffeln, Karotten und Rote Beete in die Mieten. Grünkohl, Rosenkohl und Porree standen bis weit in den Dezember auf dem Acker.

Aber dann, so spinne ich den Gedanken weiter, hätte ich auf dem Lande bleiben und wie meine Tante irgendeinen Ökobauern heiraten müssen, mich ihm unterordnen, Kinder in die Welt setzen und meine Hände statt meinen Geist rühren müssen. Stattdessen habe ich Psychologie studiert, mehrere praktische Ausbildungen durchlaufen und berate Menschen in Lebenskrisen. Statt des Bauern lümmelt ein Kriminalhauptkommissar sich auf meinem Sofa herum, und obwohl er in meinem Hause lebt und nicht ich in seinem, versucht er, zu bestimmen, als wäre er der Herr im Hause. Eigentlich belastet es mich nicht sonderlich, dass da einer regieren will. Mit Martins Entscheidungen im Hause kann ich gut leben, außer der Tatsache, dass sich die Renovierung so lange hinzieht. Seine Einmischung in meine beruflichen Belange kann ich abwehren. Das belastet mich nicht. Etwas anderes belastet mich: Dass ihm meine Bedürfnisse nichts gelten, das belastet mich. Es hat nie Gespräche zwischen uns gegeben, in denen wir geklärt hätten, was uns beiden wichtig ist: Was möchtest du, was möchte ich, und was könnte uns beiden gerecht werden. Nein, so kann man mit Martin nicht verhandeln. Martin hat für alles immer eine Lösung parat. Und weil eine Lösung von Martin nicht einfach e i n e Lösung ist, sondern immer d i e Lösung, müssen sich alle danach richten.

Bei diesen Gedanken merke ich schon wieder, wie mein Adrenalinspiegel hochschießt. Martin gibt nie auf. Als hinge die Bedeutung seiner Persönlichkeit daran, als würde er vernichtet, wenn er mit seinen Vorstellungen nicht durchkommt. Ich kann das einfach nicht begreifen. Es ist überhaupt nicht rational. Aber wenn es nicht rational ist, dann ist es ein Problem. Probleme sind nie rational. Mir ist klar, wir haben ein heftiges Problem, und ich weiß nicht, wie ich damit umgehen soll. Eigentlich ist es ein Skandal. Bei anderen Menschen bin ich immer in der Lage, Probleme zu erkennen, ihre Struktur zu erfassen und sogleich zu wissen, was man tun kann. Nur mit meinen eigenen kann ich nicht umgehen. Aber ich bin ja auch keine Paarberaterin. Dieses Fach ist mir ein Buch mit sieben Siegeln. Nein, das stimmt natürlich nicht. Ich verstehe durchaus und weiß auch, wie man vorgehen muss. Aber ich gerate sofort in Verwirrung, wenn ich nicht bloß die Informationen von einem Klienten aufnehmen und verarbeiten muss, sondern von zweien, die da vor mir sitzen. Ich krieg‘ das einfach nicht hin.

Wie schnell man doch denken kann, denke ich, denn während dieser Gedanken habe ich die Haustür aufgeschlossen, bin durch den Flur gegangen, habe meine Jacke ausgezogen und aufgehängt, bin in mein Arbeitszimmer getreten, habe meine Tasche abgestellt und mich auf meinen Schreibtischstuhl gesetzt. Das Telefon klingelt. Das muss Martin sein, vermute ich, denn wer sonst könnte mich kurz vor Mittag bei mir zu Hause anrufen. Aber es ist nicht Martin. „Kobler“, höre ich, und es ist nicht Elisabeth Kobler, die da anruft, es ist ihr Sohn.

Nachdem er seinen Namen gesagt hat, hole ich tief Luft. Das hört er natürlich. Bevor ich dazu komme, ihm mitzuteilen, dass es zwischen uns nichts zu bereden gebe, lässt er mich wissen, er rufe nicht an, um von mir etwas über seine Mutter zu erfahren. Danach macht er eine Pause, um mich diese Information verarbeiten zu lassen, denn er weiß, dass ich jetzt wissen will, aus welchem Grunde er denn dann anrufe. „Ich brauche Sie für mich!“ Das war eine gute Inszenierung. Auf meine Frage hin dröhnt seine Aussage wie ein Kanonenschuss in den Äther. Ich brauche eine Zeitlang, um wieder zu mir zu kommen, nachdem unzählige Hypothesen, was er denn von mir wollen könne, durch mein Gehirn geblitzt sind. „Habe ich Sie richtig verstanden, dass Sie zu mir in die Beratung kommen wollen?“, frage ich. „Genau das!“, höre ich. Es ist seltsam - dieser Gedanke kommt mir dazwischen -, die Technik ist so gut, dass man die feinsten Nuancen in der Sprache wahrnehmen kann, auch die Gefühle, die sich darüber mitteilen. Ich jedenfalls bin im Augenblick sicher, dass dieses „Genau das!“ triumphierend geklungen hat. Ich spüre den Impuls: Ich will nicht, gerate aber in Verwirrung, weil ich in diesem Augenblick nicht weiß, wie ich meine Ablehnung in freundliche, den anderen nicht verletzende Worte kleiden kann, oder wie ich begründen könnte, dass ich keine Störungen für meine Arbeit mit seiner Mutter will. Wie auf lange Bänder geschrieben, tanzen die Gedanken, von Bodenturnerinnen geschwungen, durch meinen Sinn, aber so schnell, dass ich sie gerade eben erfassen, aber nicht aussprechen kann. Stattdessen sagen meine Lippen ohne meine Erlaubnis: „Sie wollen also einen Termin?“

Damit habe ich ihn als Klienten angenommen, spüre ein Unbehagen sich blitzartig unter meinem Zwerchfell ausbreiten, will meine Rede stoppen, komme aber nicht dazu, weil ich schon wieder höre: „Ginge es schon in der nächsten Woche?“ Statt mich zu sammeln, mir klar zu machen, dass ich mich von diesem Menschen nicht zu etwas treiben lassen will, was ich nicht machen will, neige ich mich zur Seite, greife in meine Tasche, entnehme ihr meinen Terminplaner und suche in der nächsten Woche nach einem Loch in meinen Beratungsterminen. Es gibt tatsächlich einen freien Termin, Mittwoch am späten Nachmittag, bevor ich am Donnerstagmorgen wieder zu Frau Kobler wandere. Das ist sehr ungünstig, lässt mich eine innere Stimme wissen. Möglicherweise hast du am Donnerstag gar nicht verarbeitet, was du am Mittwoch von ihm gehört hast und schleppst dann Vorurteile oder unangenehme Gefühle mit zu Frau Kobler. Aber es ist der einzige Termin in der nächsten Woche. Dann geht es eben nächste Woche nicht, will die Stimme mich veranlassen. Aber meine Lippen haben schon gesagt, dass das gehe. Und ehe ich zu mir kommen kann, habe ich am

Mittwoch in der nächsten Woche einen neuen Termin und einen neuen Klienten, einen, den ich nicht will.

„Mist!“, brülle ich, nachdem ich den Hörer aufgelegt habe. „Mein Gott, was machst du schon wieder!“ Manchmal bin ich so wütend auf mich, dass ich mich prügeln könnte. Wie kann so etwas passieren, will ich jetzt von mir wissen. Warum war ich nicht in der Lage, diesen Menschen abzuweisen. Ich muss mir das nicht antun! Warum mache ich das? Nicht das erste Mal passiert mir so etwas. Auf solche Situationen habe ich mich schon oft vorbereitet. Das einfachste ist, solchen Leuten, die einen überfallen, auf eine ganz freundliche Art zu sagen: Ich habe gehört, was Sie sich wünschen, will aber in Ruhe darüber nachdenken, bevor ich Sie meine Entscheidung wissen lasse, mich dann freundlich verabschieden und den Hörer auflegen. Warum kriege ich das, verdammt noch mal, nicht hin? Es ist, als ob etwas Mächtiges in mir schon beschlossen hätte, was ich tun solle. Und ich grolle, murre, protestiere und tobe wie eine wütend mit den Füßen um sich tretende Dreijährige, die nicht will, was sie soll und die der Vater lachend in gehörigem Abstand hält, so dass die wütenden Tritte ins Leere gehen.

20

An diesem Tag macht mir nichts mehr Spaß. Die Dinge des Lebens, ja die Naturgewalten selbst haben sich gegen mich verschworen. Mein Mittagessen, das ich mir warm machen wollte, brennt an. Statt selbstgemachtem Rotkohl mit Lendenbraten und Kartoffelbrei zu genießen, habe ich mit revoltierendem Magen eine stinkende Pfanne von heißem schwarzem Matsch zu befreien. Dass ich mir den Kobler aufgeladen habe, will sich nur mühselig unter die Ebene meines Bewusstseins zurückdrängen lassen. Auf dem Weg in die Praxis, vor und nach der Arbeit mit meinen Klienten, springt der Gedanke immer wieder hoch und fordert neue Energien, um ihn wieder in den Untergrund zu befördern, wo er nur so lange knurrend ausharrt, bis sich die Tür hinter meinem letzten Klienten dieses Tages schließt. Ich drehe mich um, und da ist er wieder, frisch ausgeruht, kraftstrotzend und tatendurstig. Den werde ich so schnell nicht mehr los. Ich muss etwas gegen ihn unternehmen, oder der Ärger frisst mich bis zum nächsten Mittwoch auf.

Bevor ich mir etwas ausdenken kann, um meinen inneren Gleichmut wiederzugewinnen, muss ich noch eine kalte Dusche in Kauf nehmen. Auf dem Nachhauseweg hat auch der Himmel beschlossen, mich zu verfolgen. Zuerst stürmt es nur, viel zu früh in diesem Jahr. November haben wir noch nicht. Aber dann gießt es. Der Weg von meiner Praxis nach Hause ist nicht lang. Nur habe ich keinen Schirm dabei. Also pladdert der Regen mir ins Gesicht, aufs Haupt und auf die Schultern. Nur die Kapuze meines Anoraks kann mich schützen, zumindest vorläufig. Nass werde ich sowieso, denke ich, also laufe ich erst gar nicht. Es brächte sowieso nichts. So kann ich in aller Gemütsruhe verfolgen, wie es sich anfühlt, wenn das Wasser die Haut auf den Schultern erreicht. Zuerst wird es kalt, dann spüre ich die Nässe. Anders ist es auf dem Kopf, da tropft es, rinnt durch den Stoff in die Haare, bahnt sich seinen Weg zum Hals und in den Nacken und läuft dann unter den Klamotten in den Rücken. Irgendwann renne ich doch, weil irgendeine Stimme mich davor warnt, kalt zu werden. Nur wenn ich renne, bleibe ich warm und muss nicht um meine Gesundheit bangen.

Als ich den Schlüssel aus meiner Tasche nehme, spüre ich, meine Hände sind klamm geworden und stellen sich beim Aufschließen der Haustür ungeschickt an. Aber dann bin ich drinnen, werfe den Anorak ab, stürme ins Badezimmer, um die nassen Sachen loszuwerden und meine Haare trocken zu rubbeln.

Ein heißes Bad wäre jetzt schön. Aber auch ich scheine mit mir in Streit zu liegen und versage mir diesen Genuss, warum, weiß ich nicht. Allerdings scheint es erlaubt zu sein, mir trockene Kleider anzuziehen und in der Küche etwas Heißes zu trinken zu machen. Aus dem Küchenfenster sehe ich, es hat inzwischen aufgehört zu regnen. Aber der Sturm jagt immer noch Wolkenfetzen über den Himmel. Aus einem geschützten Raum heraus schaue ich dem Tumult am Firmament gerne zu. Außerdem hat der Beschluss, etwas gegen meinen Ärger über meinen neuen Klienten zu unternehmen, mich aus meiner Opferrolle befreit. Ich weiß zwar noch nicht, was ich tun werde. Aber mir wird schon noch etwas einfallen.

Ich überlege gerade, ob ich sofort nach Ideen gegen den Kobler-Ärger forschen soll, oder ob ich vorher noch irgendetwas anderes erledigen muss, da vernehme ich die vertrauten Geräusche, mit denen Martin nach Hause zu kommen pflegt. Dumpfe Tritte auf der Treppe, den Schlüssel im Schloss, Wumm, die Tür ist zu, Schritte im Flur, klatschend landet seine Tasche in der Nische zwischen Treppe und Kommode, vier Schritte zur Garderobe, rauschend legt er die Jacke ab, kommt zurück und erscheint in der Tür zum Essbereich. Aus unerfindlichen Gründen vermutet er mich in der Küche. Nein, nicht aus unerfindlichen Gründen, hier brennt ein Licht unter einem Oberschrank. Das muss er gesehen haben. Ich stehe immer noch unbeweglich am Fenster und beobachte den Sturm, wie er draußen an den Birken in Nachbars Garten reißt und zerrt, empfange hier drinnen das Küsschen auf die Wange und spüre, er stellt sich hinter mich, umfasst mich mit seinen Armen, legt seine Wange an meine, wiegt mich und schaut mit mir hinaus.

Die Schwingungen, in die er meinen Körper versetzt, stehen irgendwie im absoluten Gegensatz zu meinen eigenen Schwingungen. Dieses Wiegen will etwas mit mir machen, was ich nicht mit mir machen lassen will. Ich fühle alle Gedanken, die ich heute gedacht habe und noch zu Ende denken muss, zurückweichen und sich auflösen. Das kommt mir jetzt völlig ungelegen. Ich habe meine Arbeit noch nicht getan, und er will mich zum Spielen bringen, wahrscheinlich sogar zu Liebesspielen. Ich spüre seinen Körper in meinem Rücken und den festen Ring von kräftigen Muskeln, die sich um meinen Leib spannen. Seine Wange liegt warm an meiner. Ich höre seinen Atem und fühle dessen Rhythmus sich meinem eigenen Atmen anpassen. Irgendeine Stimme in mir sagt, nun lass schon los, das Leben besteht nicht nur aus Pflichten. Gleichzeitig fühle ich ein von innen kommendes Sträuben, als ob es darum ginge, mich nicht zu unterwerfen. Ich muss den Kopf oben behalten, sonst bin ich verloren. Das ist natürlich völliger Unsinn, aber es fühlt sich nun mal so an, dass ich aufrecht stehen bleiben muss und dass etwas geschehen würde, wenn ich einer Schwäche nachgäbe, was ich ewig bereuen würde. Ich will niemanden etwas mit mir machen lassen, von dem ich nicht weiß, wie es ausgeht. Nein, es kommt gar nicht darauf an, wie es ausgeht. Ich will einfach nicht, dass irgendjemand etwas mit mir macht. Ich will einfach nicht.

In meinem Körper fühlt es sich so an, als wolle einer meiner Füße aufstampfen, als ich merke, es geht auch darum, Martin zurückzuweisen. Das will ich auch nicht. Eindeutig wirbt er im Augenblick liebevoll um mich. Aber ich brauche gar nicht mehr darüber nachzudenken, ob es eine behutsame, nicht verletzende Weise gäbe, in der ich mich seiner Umarmung entwinden könnte. Er hat es schon gemerkt, gibt mich frei und tritt einen Schritt zurück. Plötzlich stehe ich allein da, ohne die Wärme im Rücken und schwankend vom plötzlichen Loslassen. Ein kurzes, kaum wahrnehmbares schmerzhaftes Gefühl von Alleingelassenwerden geht durch mich hindurch, als ich ihn mit völlig normaler Stimme sprechen höre: „Was hast du anzugeben heute?“

Da haben wir es wieder!, denke ich enttäuscht, er will Informationen. Er will etwas über Frau Kobler erfahren, denn er weiß, dass ich heute bei ihr war. „Wenn du Frau Kobler meinst, gibt es nichts zu berichten, was einen Kriminalisten interessieren könnte“, lasse ich ihn wissen und wundere mich darüber, wie meine Stimme klingt. Für Ironie gibt es doch nun wahrlich keinen Anlass. Ich sehe Martin mir einen überraschten Blick zuwerfen und antworten: „Nein, das habe ich nicht gemeint. Ich hatte nur den Eindruck, dass es etwas gibt, was dich bedrückt und wollte dir die Möglichkeit geben, das auszusprechen.“ Das sagt er mit einer Stimme, die Scham in mir auslöst. Aber auch eine Spur Zorn kommt auf. „Hast du noch mehr in petto, um mich ins Unrecht zu setzen?“, frage ich und merke, dass ein Weinen in mir hochsteigt. Ich fühle mich einsam mitten in einem Gespräch mit Martin. Wie kommt das bloß? Verdammt! Ich wende mich um und schaue wieder hinaus in den draußen tobenden Sturm. Von meinem Rücken wird er ja wohl nicht ablesen können, wie elend ich mich fühle. Ich will nicht, dass er meine Schwäche bemerkt. Ich will nicht getröstet werden. Das käme einer erneuten..., ja was gleich? Ich weiß nicht, was das ist, finde das Wort nicht, das mich wissen ließe, was das bedeutete, brauche es aber auch nicht zu finden, denn Martin will nicht mehr hinter mich treten und mich in die Arme nehmen. Er will gar nichts mehr von mir. Mit den Worten: „Du hast kein Vertrauen zu mir!“, geht er und sucht seine Zeitung.

21

Am Abend kommt meine Philosophiegruppe zusammen und ich bin noch nicht vorbereitet. Wir beschäftigen uns seit einiger

Zeit mit Arthur Schopenhauer, tun uns aber schwer mit dessen Texten. Für heute Abend habe ich ein neues Mitglied geworben und versprochen, in aller Kürze die wichtigsten Ergebnisse unserer bisherigen Lektüre und Diskussionen vorzutragen. Damit habe ich mich noch gar nicht befasst. Aber wenn ich philosophische Texte lese, unterstreiche ich, was mir wichtig erscheint, und tippe diese Aussagen mit eigenen Worten in meinen Computer ein. So kann ich die wichtigsten Gedanken wiedererinnern, auch wenn schon einige Zeit verstrichen ist. Von Zeit zu Zeit fasse ich meine Aufzeichnungen nochmals zusammen und habe dann das Wichtigste meiner Lektüre zur Verfügung.

Martin hat sich in sein Arbeitszimmer im ersten Stock zurückgezogen und lässt keine Anzeichen erkennen, die den Wunsch nach einem gemeinsamen Abendessen andeuten. Also mache ich mir lediglich ein Käsebrot auf die Hand und setze mich mit einem frisch aufgebrühten Pfefferminztee an meinen Computer. In der „Philosophie" benannten Datei finde ich am Ende eine bereits sehr knapp über fünf Seiten zusammengefasste Darstellung meiner bisherigen Lektüreergebnisse. Die drucke ich mir aus, fische mir einen gelben Marker aus der Schublade und unterstreiche das, was mir zum Verständnis absolut notwendig erscheint. Damit habe ich ein Konzentrat von Schopenhauers Gedanken. Allerdings wird das einem völligen Neuling unverständlich sein. Egal, denke ich mir, der kann ja Fragen stellen und mich damit wissen lassen, in welcher Form er diese Informationen braucht.

Ich habe gerade die markierten Passagen noch einmal durchgelesen und bin mit den Zetteln, meinem Buch und Notizblock ins Wohnzimmer geeilt, da klingelt es bereits. Ulrike steht vor der Tür. Ich kenne Ulrike schon lange. Sie veranstaltet regelmäßig einen politischen Diskussionskreis, so wie ich zum Philosophiekreis einlade. Inzwischen bin ich mit ihr befreundet und kann sie deshalb nach einer kurzen Begrüßung bitten, mir zu helfen, Gläser, Getränke, Obst und ein paar Kekse ins Wohnzimmer zu tragen. Das alles steht gerade auf dem Tisch, als es nochmals klingelt. Jetzt stehen drei Leute vor der Tür, zwei bekannte Gesichter und der Neuling. Sie haben schon Kontakt aufgenommen und kommen schwatzend und lachend herein.

Obwohl unsere Kommunikation schon auf vollen Touren läuft, beginne ich den offiziellen Abend mit einer Vorstellungsrunde. Jeder teilt kurz mit, wer er ist, was er beruflich macht und warum er Zeit und Mühe aufwendet, sich mit Philosophie zu beschäftigen. Eine Pharmareferentin, ein Informatiker, eine Architektin, nämlich Ulrike, eine Psychologin, nämlich ich, und ein Jurist, das neue Mitglied, sind aus sehr unterschiedlichen Gründen zusammengekommen, um Arthur Schopenhauer zu studieren. Ulrike geht es im wesentlichen um Bildung im weitesten Sinne, die Pharmareferentin liebt den Austausch von Gedanken, der Informatiker will damit seine grauen Zellen trainieren, ich schätze die Beschäftigung mit wichtigen Lebensfragen, wer wir sind, wo wir herkommen und wo wir hingehen. Zu meiner Überraschung ist der Jurist spirituell interessiert. Irgendwo hat er gelesen, Schopenhauer habe indische Weisheiten in sein System einbezogen.

„‚Die Welt als Wille und Vorstellung‘ hat Schopenhauer sein Hauptwerk genannt“, so beginne ich meine Einleitung. „Bislang haben wir uns überwiegend mit dem ersten Buch befasst, ‚die Welt als Vorstellung‘“, trage ich vor, da bin ich schon mit der ersten Frage konfrontiert: „Wie Vorstellung, keine Realität?“, will der Jurist wissen, und schon muss ich die zurechtgelegten Gedanken unterbrechen. „Doch“, sichere ich dem Fragesteller zu, „Realität schon, aber nicht in dem Sinne einer von unserer Wahrnehmung unabhängigen Realität. Was die Welt an sich, also jenseits unserer Wahrnehmung ist, können wir nicht wissen. Damit befasst er sich später im zweiten Band."

Damit scheint der Neue erst einmal zufrieden zu sein. Ich kann fortfahren, Näheres über die Welt als unsere Vorstellung mitzuteilen, dass wir davon ausgehen, dass es ein erkennendes Subjekt und erkennbare Objekte gibt. Objekte erscheinen im Raum und folgen in der Zeit aufeinander; und sie wirken aufeinander. Das alles hört sich der Neue ohne weitere Fragen an, wahrscheinlich weil das unsere ganz normale Auffassung von der Welt ist.

Auch unser eigener Körper ist zunächst eine bloße Vorstellung und gehört zur Welt der Objekte. Aber unser Körper ist auch der Ausgangspunkt für unsere Erkenntnis, denn es ist der Körper, der die ersten Daten für die Erkenntnis liefert. Die Dinge in der Welt wirken nämlich auf unseren Körper, sie reizen unsere Sinneszellen, beispielsweise in unseren Augen und auch die in unseren Fingerspitzen. Diese Empfindungen sind zunächst bloße Informationen. Aber unser Verstand schließt von den Sinnesdaten zurück auf deren Ursachen in der Welt der Dinge. Somit bringt der Verstand aus den Daten die Anschauung hervor.

Der Neue scheint sich gut konzentrieren zu können. Meiner Darstellung der Rolle unserer körperlichen Wahrnehmungsorgane und unseres Verstandes ist er aufmerksam gefolgt, um mir jetzt eine eigene Schlussfolgerung zu präsentieren: „Dann haben ja auch Tiere Verstand!" – „Genau!" kann ich ihm bestätigen. „Nach Schopenhauer haben auch Tiere Verstand!" Auch die weiteren Gedanken, die das erste Buch ausmachen, kann ich offensichtlich so vortragen, dass unser Neuer dem mit nur wenigen Fragen folgen kann.

Mit dem zweiten Buch wird es jedoch schwieriger. Damit haben wir beim letzten Treffen gerade begonnen. Die ersten Gedanken sind noch leicht verständlich, nämlich: Menschen erfahren den eigenen Körper nicht nur äußerlich als Objekt in ihrer Vorstellung, sie erfahren den eigenen Körper auch innerlich als vom Willen getrieben.

An diesem Punkt geht die Diskussion los. Wir versuchen herauszufinden, wie Schopenhauer den menschlichen Willen versteht. Sicherlich nicht so, wie wir unseren Willen wahrnehmen, nämlich als etwas, was wir als freie Individuen wollen, planen und in Angriff nehmen. Wir spielen beim Wollen nach Schopenhauer überhaupt keine Rolle. Wille ist nach Schopenhauer die Kraft, die uns durch uns hindurch zum Handeln zwingt. Wir sind also gar nicht frei.

„Aber wir fühlen uns doch frei!“ Dieser Ausruf kommt von Ulrike, und alle anderen, mich eingeschlossen, stimmen dem zu. Nach Schopenhauer frei ist aber nur der durch uns hindurch wirkende Wille. Seine Freiheit ist es, die uns fühlen lässt, wir wären frei, zu tun, was wir wollen. Im Nachhinein jedoch können wir immer feststellen, dass all unser Tun der Notwendigkeit unterworfen war; und wir können die Gründe anführen, die uns zu diesem Tun getrieben haben. Damit dürfte Schopenhauer Sigmund Freud und die Psychoanalyse vorweggenommen haben, nach der das „Unbewusste“ unser Handeln bestimmt, und zwar in einem weit größeren Ausmaß, als wir normalerweise glauben.

Ulrike bleibt länger als die anderen. Sie würde gerne noch etwas mit mir besprechen, sagt sie, um zu erklären, dass sie nicht zusammen mit den anderen zur Garderobe ihren Mantel holen geht, sondern in der Wohnzimmertür stehen bleibt, während ich die anderen verabschiede. Als ich aber die Tür geschlossen habe und sie frage, was sie auf dem Herzen habe, antwortet sie lächelnd: „Nichts. Ich wollte einfach nur noch ein bisschen mit dir plaudern“, und fragt mich, ob es mir recht sei. „Du kommst wie gerufen“, antworte ich. „Gerade jetzt könnte ich ein Ohr für ein offenes Gespräch brauchen.“ - „Das habe ich irgendwie gefühlt“, sagt sie, „deshalb bin ich geblieben.“ Frauen sind doch die aufmerksameren Beobachter, geht mir durch den Sinn. Ulrike muss von irgendwelchen unbewussten Signalen abgelesen haben, wie es mir geht. Na ja, laufen meine Gedanken weiter, Martin kann das auch. Aber mit Martin kann ich nicht reden. Mit Ulrike kann ich reden.

„Was ist los?“, fragt sie ohne Umschweife, nachdem wir uns wieder gesetzt haben. „Mit Martin wird es immer schwieriger“, teile ich mit, „aber ich denke manchmal, dass es an mir liegt, zumindest auch an mir liegt.“ Sie schaut mich aufmerksam an. „Was liegt an dir?“, will sie wissen. „Dass ich nicht geliebt werde“, antworte ich, denke, das müsste ich näher erklären, komme aber nicht dazu, weil ich eine weitere Frage höre: „Wie weißt du das?“ Die kann ich beantworten, weiß Gott, denke ich, sage: „Er ignoriert meine Bedürfnisse!“, glaube, damit müsse alles Wesentliche gesagt sein, wie kann jemand zu lieben behaupten und die Bedürfnisse dessen, den er zu lieben vorgibt, ignorieren, höre aber zu meinem Erstaunen eine genaue Nachfrage: „Welche Bedürfnisse?“ Stimmt, wird mir klar, ich habe zwar das Gefühl, dass Martin meine Bedürfnisse überhaupt ignoriert, aber in unserem Konflikt geht es um das Haus. Was hat sie gefragt? Ach ja, welche Bedürfnisse Martin ignoriert: „Die Renovierungen abzuschließen“, antworte ich und setze hinzu: „Er ignoriert meine Bedürfnisse nicht nur, er bastelt mir aus meinen Bedürfnissen einen Käfig, in den er mich einsperrt.“

Ulrikes Informationswünsche gehen weiter. „Wie sieht der Käfig aus?“, will sie wissen. „Er will alles selber machen“, erkläre ich, „hat dafür aber keine Zeit, und ich darf keine Handwerker beauftragen." Wenn das kein Gefängnis ist, denke ich. Ulrike scheint das anders zu sehen. „Warum tust du nicht, was du für richtig hältst?", fragt sie. Die Frage hört sich einfach an und suggeriert, dass auch die Antwort einfach sein müsste. Ist sie aber nicht. „Wenn ich das mache, gibt es höllischen Krach", erkläre ich Ulrike. Und ich fürchte Krach mit Martin. Ich kann in einer Atmosphäre von Uneinigkeit und Streit nicht leben. Das will auch Ulrike erfragen: „Und wie reagierst du darauf?", kommt von ihrer Seite. „Ich werde immer wütender auf ihn und kann seine Zärtlichkeiten nicht mehr annehmen." Genau das ist es, versichere ich mir.

„Was willst du denn?", fragt Ulrike weiter. Ja, was will ich, wiederhole ich für mich und ziehe mit dieser Frage die zentrale Konstellation zwischen Martin und mir ans Licht: „Ich will, dass er für mich sorgt, er aber will herrschen ... Hoppla", denke ich und habe das „Hoppla" ausgesprochen. „Hoppla was?", will Ulrike jetzt wissen. „Mir wird gerade klar, ja was wird mir gerade klar..." – mir schwirrt der Kopf – „das ist lustig", lasse ich Ulrike wissen. „Ich habe gerade eine Klientin mit der gleichen Problematik. Sie kann ihren Sohn nicht lieben, und der versucht zu dominieren." Ich muss lachen, auch Ulrike lacht. „Da sollst du anderen aus etwas heraushelfen, in dem du selber bis zur Halskrause drin steckst. Schopenhauer würde sagen, du kannst dir zwar einbilden, einen freien Willen zu haben, musst aber in deinem Handeln erleben, dass ein freier Wille dich hat." Ja, denke ich, Freud würde etwas Ähnliches sagen: Mein bewusstes Ich gaukelt mir zwar vor, Herr in meinem Hause zu sein, muss aber ganz schnell den Kopf einziehen, wenn der Chef auftaucht. „Aber jenseits dessen, was Schopenhauer oder Freud sagen würden", wende ich mich wieder an Ulrike, „jenseits dessen fühlt sich so etwas scheußlich an, was könnte man tun?" Ulrike lacht immer noch. „Können wir denn etwas tun?", fragt sie. „Also hör mal“, erwidere ich nahezu aufgebracht, „wenn ich nichts tun könnte, könnte ich beruflich einpacken!“ - „Hmm!“ macht Ulrike, als erwäge sie, ob sie einen weiteren Gedanken in die Welt und in meine Ohren setzen soll und entscheidet sich doch, es zu tun: „Vielleicht ist auch das, was du tust, nur scheinbar frei gewählt, und im Nachhinein können wir ganz andere Gründe für dein Tun herausfinden.“

22

Was sich gleich bleibt, bemerken wir nicht. Einen neuen Geruch nehmen wir sofort wahr. Wenn es jedoch weiter duftet oder müffelt, riechen wir es nach einer Weile nicht mehr. Auf diese Weise scheinen auch ganze Tage unserer Aufmerksamkeit zu entgehen, wenn sie gleichförmig ablaufen. Jedenfalls war es so mit der Woche nach dem Anruf von Kobler junior. Sie ist vorübergegangen, ohne dass ich sie bemerkt hätte, und ich habe mich noch nicht darum bemüht, meine Einstellung diesem Herrn gegenüber zu verändern. Das muss ich aber, denn morgen kommt er.

Ich habe eine ganze Reihe von Arbeiten gelernt, mit denen man innere Einstellungen verändern kann. In meinen Ausbildungen vermittle ich ein halbes Dutzend unterschiedlicher „Glaubenssatzarbeiten“, wie wir diese Interventionen nennen. Davon könnte ich eine machen. Während ich diese Vorgehensweisen vor meinen inneren Augen Revue passieren lasse, blitzt eine andere Idee dazwischen. Eine Kollegin hat mir eine neue Methode vorgestellt. Sie hetzt von einer Weiterbildungsveranstaltung zur nächsten, weil sie immer noch denkt, es könnte etwas geben, was sie nicht kann. Damit hat sie natürlich recht, obwohl ihr Repertoire längst die Palette der Störungen abdeckt, die auftreten können. Von dieser Kollegin habe ich gehört, man könne sich bei unangenehmen Klienten mit ganz bestimmten Affirmationen, also inneren Versicherungen, weiterhelfen. Statt den Gedanken, „Ich mag dich nicht“, ins Unterstübchen zu drängen, was Gesprächspartner in irgendeiner Weise doch bemerken, solle man Sätze wie „Ich liebe dich“, „Ich möchte dich knutschen“ oder „Ich möchte Sex mit dir“ im Hinterhalt platzieren, was zumindest eine positive Ausstrahlung garantiere. Dieser Gedankenblitz ruft jedoch statt der Heiterkeit, mit der ich solche Möglichkeiten kennenlernte, einen unangenehmen Gefühlstumult hervor. Schimpfwörter schießen aus irgendeiner Gehirnecke gegen die Psychorichtung, von der meine Kollegin solche Ideen hat, und eine wütende Stimme lässt mich wissen, dass reine Affirmationen so gut wie gar nicht funktionieren. Den körperlich spürbaren Attacken der Vorstellung, so etwas bei Kobler junior anzuwenden, kann ich nichts entgegenhalten. Kaum zu glauben, wie viele Organe sich gegen einen Gedanken sträuben können.

Um von dieser Idee und den Gefühlen, die sie auslöst, wegzukommen, verlasse ich meinen Schreibtischstuhl und gehe mir einen Salbeitee aufbrühen. In Zeiten, in denen die Leute sich reihenweise mit Erkältungen und Grippe ins Bett legen, ist Salbeitee nicht nur schmackhaft, sondern sehr zu empfehlen. Ich bin in einem Seminar einer Infektion, die schon meinen Hals in Mitleidenschaft gezogen hatte, mit Salbeitee wieder entronnen. Während des Gangs in die Küche mustere ich meine Beratungserfahrungen durch, auf der Suche nach einem Klienten, der mir unsympathisch gewesen ist. Trotz angestrengten Nachforschens fällt mir aber keiner ein. Wie kommt das nur? Aha, meine professionelle Einstellung wird dafür verantwortlich sein. Also habe ich solche Erfahrungen nicht. Doch! Ich gieße gerade heißes Wasser über die frischen Salbeiblätter, als mir einfällt, dass ich einmal nach einer abgeschlossenen Beratung gemerkt habe, dass dieser Klient jemand war, mit dem ich eigentlich nichts hätte zu tun haben wollen. Das habe ich aber nur gemerkt, weil dieser Mann meine Ablehnung einer Einladung zum Essen nicht akzeptieren wollte. In der Absicht, nach Abschluss unserer Arbeit in guter Erinnerung zu bleiben, stimmte ich dann doch zu. Erst als ich ihm im Restaurant gegenüber saß und als normaler Mensch seinen Reden zuhören musste, deren schrille Arroganz mir in die Ohren gellte, verabschiedete sich meine professionelle Einstellung und machte ziemlich plötzlich einer heftigen Abneigung Platz und einem noch größeren Staunen darüber, wie gründlich sich diese emotionale Reaktion zuvor hatte verbergen können.

Aber stopp mal, laufen meine Gedanken, einmal losgelassen, weiter: Verbergen? Nein, nicht verbergen. Meine Einstellung hat meine ganz persönliche Wahrnehmung dieses Menschen nicht verborgen, sie hat sie bloß aufgeschoben, bis eine Situation auftrat, in der ich dieser Person einfach nur als Mensch gegenüberstand. Weil ich einen solchen Kontakt aber meistens nicht erlebe, haben ungute Gefühle überhaupt keine Veranlassung, sich zu entwickeln. Bei diesem Gedanken fällt mir ein, dass einer der Väter meiner Methoden in einem Seminar auf seine provokante Art einmal gefragt hat: „Was halten Sie denn davon, unangenehme Gefühle, beispielsweise Ärger, aufzuschieben?“ Das ist es, sage ich mir. Ich werde meine Abneigung Kobler junior gegenüber aufschieben. Sie soll ihren Platz bekommen, aber nicht während unserer Beratungsarbeit, sondern danach, nein, nicht danach, dann muss ich mich wieder mit Gewalt davon befreien, wenn er nochmals kommt. Ich werde meine Abneigung gegen diesen Herrn so lange aufschieben, bis ich mit Sicherheit davon ausgehen kann, ihn nie mehr wiederzusehen. Und wie kriege ich das jetzt hin? Ganz einfach: Ich erinnere mich an den Klienten, bei dem ich meine Aversion aufgeschoben habe, lasse das Erinnerungsbild auftauchen und statte mein Bild von Kobler junior mit den gleichen Merkmalen aus, prüfe in meiner Vorstellung, wie ich emotional reagieren werde, wenn er morgen kommt, bin zufrieden, stelle mir aber vorsichtshalber noch die Frage, ob das klappen wird, spüre Freude aufkommen und kann seinem Erscheinen morgen gelassen entgegensehen.

In der Tat hält meine wohlwollende Einstellung bis zum nächsten Tag. Nein, mit solchen Worten kann man das nicht sagen. Es ist vielmehr so: Nach dieser Arbeit mit mir selber erlebe ich die verbleibenden Stunden wie gewohnt, rege mich über Martin nur in den Grenzen praktischer Vernunft auf, beende meinen Tag, schlafe die Nacht ruhig durch, wache am nächsten Morgen fröhlich auf, spaziere nach dem Frühstück in meine Praxis, mache meine Arbeit, stopfe mir in der Mittagspause eine Pizza hinein, setze am Nachmittag meine Arbeit fort und warte jetzt auf das Läuten meines neuen Klienten. Es wird vier Uhr, und er ist noch nicht da. Ich habe schon alles bereitgestellt: ein frisches Glas, eine neue Flasche Wasser, Notizpapier und Stift. Es ist fünf nach vier. Ich schließe die Balkontür, um es nicht zu kalt werden zu lassen. Frische Luft ist genug da. Er aber ist immer noch nicht zur Stelle. Also wandere ich an ein Fenster, von wo aus ich meine Klienten ankommen sehen kann. Ich kann zwar den Verlauf der Straße nicht weit überblicken, aber immerhin zwanzig Meter, wenn Passanten auf der Seite kommen, auf der das Haus liegt, in dem sich meine Praxis befindet. Und meistens kommen meine Klienten auf dieser Seite an. Von Kobler junior ist aber weit und breit nichts zu sehen. Das ist ungünstig.

Ich spüre meine Grundstimmung sich regen. Nebenbei, das macht sie immer, wenn Klienten mich warten lassen. Normalerweise ruft das keine Besorgnis hervor, weil ich weiß, dass diese atmosphärische Störung sofort verschwindet, wenn ich meinen Besuch kommen sehe. Aber bei Kobler junior bin ich nicht sicher. Er ist immer noch nicht da. Ich wandere durch die Praxisräume und komme mir dumm vor. Er muss doch wissen, welche Gefühlslage man erzeugt, wenn man jemanden warten lässt! Ihm traue ich zu, dass er sich bewusst so verhält. Oder er gehört zu denen, die wir In-Time-Typen nennen. Das sind Menschen, die kein Gefühl für die ablaufende Zeit haben, wenn sie in Aktion sind, die deshalb in der Regel die Dauer von Tätigkeiten nicht abschätzen können und regelmäßig zu spät kommen. Das machen sie nicht bewusst. Sie sind einfach so konstruiert. Allerdings finden solche Leute auch überhaupt nichts dabei, zu spät zu kommen. Für sie ist das normal. Mit diesen Gedanken bin ich wieder an das Fenster getreten, von wo aus ich Kobler junior ankommen sehen kann. Und richtig, da kommt er die Straße herauf, ohne irgendeine Eile bemerken zu lassen. Also doch ein In-Time-Typ. Aber seine Bewegungen sehen nicht gerade fließend aus. Irgendetwas scheint sein Streben in meine Richtung zu hemmen. Aha, denke ich, eine Seele in seiner Brust will zu mir, die andere nicht.

23

Nachdem es geklingelt hat, zögere ich eine kleine Weile. Er soll nicht denken, dass ich hinter der Tür auf ihn warte. Dann lasse ich ihn ein. Kein Lächeln, während ich ihn willkommen heiße und hereinbitte. Sein Blick streift mich nur. Er scheint in seiner Vorstellung dem Hier und Jetzt voraus, schon in ein Gespräch mit mir verwickelt zu sein. Dann sitzt er mir gegenüber, wie das erste Mal, ohne Vertrauen, es sich bequem machen und sich zurücklehnen zu dürfen, und ist immer noch nicht in der Gegenwart angekommen. Zwischen inneren Prozessen, die ich noch nicht erahnen kann, wirft er mir nur einen kleinen sich meiner vergewissernden Blick zu. Also warte ich eine Weile schweigend, um ihm die Möglichkeit zu geben, sich zu orientieren. Richtig, er schließt seine inneren Prozesse ab und stellt sich auf mich ein. Aber er sagt nichts. Er wartet auf einleitende Worte von mir.

Diese bin ich durchaus bereit, zu sprechen. „Sie sind heute zu mir gekommen, um Unterstützung für sich selber zu suchen“, beginne ich das Gespräch. „Ja, genau“, antwortet er und holt tiefer Luft. „Ich habe mitgekriegt, welche Auswirkungen Ihre Beratung auf meine Mutter gehabt hat. Das ist schon erstaunlich. Und da habe ich mir gedacht, das könnte ich auch für mich nutzen, wenn Sie einverstanden sind.“ Bei den letzten Worten schaut er auf, um meine Reaktion nicht nur zu hören, sondern auch zu sehen. „Was möchten Sie denn für sich erreichen, wobei ich Sie unterstützen kann?“, frage ich. Jetzt lehnt er sich zurück und legt das rechte Bein über das linke. Ganz entspannen will er sich nicht. „Ja, was möchte ich erreichen?“, wiederholt er und denkt nach, in welche Worte er seine Ziele fassen soll. „Sie haben bei meiner Mutter erreicht, dass sie nicht mehr trauert. Sie schreibt wieder. So was möchte ich auch.“ Er schweigt und findet plötzlich meine volle Sympathie. Ich spüre seine Trauer. Und jetzt sehe ich auch Züge in seinem Gesicht, die Trauer ausdrücken. „Was löst diese Trauer in Ihnen aus?“, forsche ich weiter. „Meine Mutter“, antwortet er und lächelt dabei. „Ich weiß, dass sie mich liebt, ...“ Er lässt das letzte Wort, das er ausgesprochen hat, in der Luft hängen, macht eine Pause und redet dann weiter: „So wie sie eben liebt. Ich habe mich aber nie geliebt gefühlt. Aber ich kann auch nicht von ihr lassen. Sie ist doch meine Mutter.“

Abhängigkeit auflösen! Diese Interventionsidee schießt mir sofort durch den Sinn. Aber ich zügle vorschnelle Entscheidungen. „Wie lange kennen Sie das schon?“, will ich wissen. „Es war immer so“, flüstert er vor sich hin, schaut mich nicht an, sondern richtet seine Augen in die unterste Reihe meines Bücherregals, das rechts neben dem kleinen Sofa steht, in dem er sitzt. „Immer?“, frage ich, „heißt das, solange Sie sich erinnern können?“ Er senkt seinen Blick noch weiter nach unten, als studiere er das Muster in meinem Teppich. „Ja, genau“, höre ich. „Sie sagen, Sie wissen, dass Ihre Mutter Sie liebt“, fahre ich fort. „Wie wissen Sie das? Welche Erfahrungen haben Sie gemacht, aus denen Sie das schließen?“ Jetzt hebt er seinen Kopf, blickt nach der anderen Seite, schaut ganz kurz mich an und antwortet: „Ich habe das immer ihren Worten entnommen. Sie hat einfach so mit mir darüber geredet.“ Er macht eine Pause, schaut nochmals seitlich nach links und fährt fort: „Ich habe sie auch mit anderen in der Verwandtschaft darüber reden gehört.“ Wieder lässt er sich kurz Zeit, um neue Erinnerungen aufzurufen und lässt mich dann wissen: „Sie hat ja auch alles getan, was eine Mutter für ihr Kind tut.“

Ich wiederhole seine Mitteilung, um mich selber zu vergewissern, ihn verstanden zu haben und ihn meine inneren Prozesse wissen zu lassen: „Sie hat alles getan, was eine Mutter für ihr Kind tut. Und sie hat über ihre Liebe geredet.“ Danach mache ich eine Pause. „Aber Sie haben ihr nicht geglaubt.“ Einen winzigen Augenblick bemerke ich Verwirrung in ihm, bevor ich ihn sprechen höre: „Nein, so würde ich das nicht sagen“, rückt er meine Aussage zurecht. „Ich glaube, dass meine Mutter denkt, was sie sagt ...“ Er will weiterreden, aber ich komme ihm mit einer weiteren Selbstvergewisserung zuvor: „Sie haben also ihren Worten geglaubt.“ – „Ja, das habe ich“, bestätigt er meine letzte Aussage und sucht nach Formulierungen, wahrscheinlich, wie er begründen könnte, dass er sich trotzdem nicht geliebt gefühlt hat. „Was war es denn“, helfe ich ihm auf die Sprünge. „Was war es denn, was an der Liebe Ihrer Mutter Ihrem Gefühl nach nicht gestimmt hat?“ Diese Frage hilft ihm tatsächlich bei der Suche nach einer stimmigen Begründung. Denn die Antwort kommt sogleich: „Sie hat sich nicht so verhalten, wie ich glaube, dass eine Mutter sich verhält, wenn sie ihr Kind liebt."

Ich weiß, Kindern gegenüber kann man seine wirklichen Gefühle nicht verbergen. Sie hören nicht auf Worte. Sie hören darauf, wie die Worte klingen. Sie nehmen auch Taten nicht unbesehen für das, worauf sie verweisen sollen. Sie erspüren den wahren Grund, aus dem heraus sie getan werden. Kinder und das Unbewusste kann man nicht so leicht betrügen. „Wie ver.-hält sich denn eine Mutter, die ihr Kind liebt?", will ich von meinem Gegenüber wissen und erhalte prompt seine Antwort: „Sie kuschelt, herzt und knuddelt es." Eine leichte Röte steigt bei diesen Worten in die obere Partie seiner Wangen. Er räuspert sich, bevor er eine Erklärung für dieses Wissen nachschiebt: „Ich habe es bei der Mutter eines meiner Freunde gesehen. Bei denen hat es Kissenschlachten gegeben, Raufereien und ..." Er stockt, schaut kurz nach unten, bevor er seine Augen wieder hebt und fortfährt: „Auch Umarmungen und Küsse." Seine Züge werden weich, während er weiterredet: „Meine Mutter hat mich nur angefasst, wenn es an meinem Anzug etwas zu richten gab. Bei meinem Freund war es genau anders herum." Ein kurzes Lächeln gleitet über die untere Hälfte seines Gesichts. „Der hat sich immer dagegen gewehrt, dass seine Mutter ihm auf den Pelz gerückt ist. Der mochte das nicht, zumindest ab einem bestimmten Alter."

„Und so etwas, was Ihr Freund mit seiner Mutter erlebt hat, hätten Sie sich gewünscht", will ich jetzt von ihm wissen. „Na ja", lenkt er ab. „Das wäre vielleicht zu viel verlangt. Meine Mutter ist nicht so temperamentvoll wie seine. Aber ich hätte das Wissen, dass meine Mutter mich liebt, nicht so sehr von ihren Lippen hören wollen." Er fängt sich bei diesen Worten. Sein Blick und seine Stimme werden klar, als er sagt: „Ich hätte es gerne von ihren Augen abgelesen oder aus spontanen Gesten entnommen. Aber genau die gab es nicht.“ Er schaut mich an wie jemand, der weiß, jetzt hat er einen wichtigen Zusammenhang seines Lebens erkannt und ihm, indem er ihn ausgesprochen hat, eine klare und feste Form gegeben, von der jetzt auszugehen ist.

Was Kobler junior mir da berichtet, ruft die Erinnerung an eines der nicht seltenen Dramen hervor, die in Familien gespielt werden. Mütter führen ihre Liebe auf der Zunge, nicht nur, um ihren Kindern deren Vorhandensein zu versichern. Sie machen sich darüber auch selber glauben, dass sie lieben. Aber solche Mütter wollen ihren Kindern nichts vorenthalten, was sie geben könnten. Sie geben, was sie geben können. Und wenn sie keine Liebe geben, ist Liebe etwas, was sie nicht haben. Sie selber haben sie nicht bekommen am Anfang ihres Lebens. Deshalb besitzen sie sie nicht, können über sie nicht verfügen, können sie sich selber nicht geben und auch ihren Kindern nicht. In ihnen ist einfach keine Liebe, in die sie sich selbst und ihre Kinder einhüllen könnten.

Alles passt haargenau zu dem, was ich von seiner Mutter weiß. Genau dies ist ihr Problem gewesen. Daran haben wir gearbeitet. Ich könnte genau die gleiche Intervention bei ihrem Sohn anwenden, denke ich. Aber vielleicht lasse ich mich besser von dem leiten, was er selber als Ziel formuliert. „Wenn jetzt ein Wunder geschähe, mit dem alles sich ändern und verwandeln könnte, ganz so wie Sie es sich wünschen, was wäre das?“, frage ich. „Was das wäre?“, fragt er zurück. „Ja“, bekräftige ich. „Was wäre anders und wie wäre es?“

Ich sehe ihn auf meine nochmalige Erklärung hin nach innen gehen und nachdenken. Aber seine Augenmuster deuten nicht darauf hin, dass er auf dem Wege ist, sein eigenes Ziel zu suchen. Ich sehe ihn überwiegend Erinnerungen durchgehen, und seine Mimik lässt eher auf Problemzustand als auf Zielzustand schließen. Aber manchmal kann man sich auch täuschen. Augenbewegungen können so minimal sein, dass sie auch einem geschulten Beobachter entgehen. Trotzdem wundere ich mich weiter, weil ich jetzt mimische Signale wahrnehme, die darauf hindeuten, dass jemand ein mentales Treiben abbricht und sich neu zu orientieren versucht. Ich will gerade eingreifen, um zu erfahren, worüber er nachdenkt, damit ich ihn dann nochmals auf die richtige Schiene setzen kann, als ich ihn sagen höre. „Was wäre anders, wenn das eintritt, was ich mir wünsche?“ Er hat sich also selber wieder auf das richtige Gleis begeben, indem er sinngemäß meine Frage wiederholt und daraufhin ohne große Anstrengungen seine Antwort findet: „Ich würde meine Mutter schätzen, so wie ich sie immer geschätzt habe, aber ich hätte Abstand zu ihr.“

Das ist eine Zielformulierung, wie ich sie mir wünsche. Aber ich will sie in Einzelheiten: „Wie wäre das mit dem Abstand genau?“, frage ich und erfahre: „Ich würde sie besuchen kommen, wenn sie das wünscht...“ Er hält inne, lässt das Wörtchen „und“ fallen und denkt weiter nach. Dann nimmt er sein „und“ nochmals auf und fährt fort: „Und ansonsten mein Leben leben.“ Damit scheint er zufrieden zu sein. Aber ich bin es nicht: „Und wie sieht das aus, wenn Sie Ihr Leben leben?“, will ich wissen. Er kehrt mit geöffneten Lippen und einer fragenden Mimik zu seinen Vorstellungen zurück, als ob es nicht zu seinen normalen Beschäftigungen gehörte, solche Überlegungen anzustellen. „Meine Arbeit tun ...“, kommt als erstes stockend von seinen Lippen. „Mich mehr um meinen Freundeskreis kümmern“, schiebt er dann nach. „Urlaub machen ...!“ Jetzt ist er in Fluss, kehrt aber zu allgemeinen Formulierungen zurück: „Halt das, was man so normalerweise im Leben macht.“

Ich bin dennoch zufrieden, weil ich jetzt weiß, meine erste Idee war richtig. Also doch „Abhängigkeit auflösen"! Ich erlebe nicht selten, dass mein erster Gedanke, wie ein Problem zu bearbeiten sei, der auftaucht, bevor ich alle relevanten Informationen eingeholt habe, dass dieser erste Gedanke sich später als der richtige erweist. „Sie möchten also erreichen, Ihr eigenes Leben zu leben und mehr Abstand zu Ihrer Mutter zu finden", formuliere ich nochmals das Ziel, das mein Gegenüber entwickelt hat. Daraufhin erhalte ich ein „Genau!" als Antwort. „Aber Sie wollen weiterhin eine gute emotionale Beziehung zu Ihrer Mutter haben und sie schätzen, so haben Sie das formuliert?" Wieder höre ich ein „Genau!" von seinen Lippen. „Wie würden Sie denn Ihre jetzige Beziehung zu Ihrer Mutter charakterisieren?", will ich daraufhin wissen, denn es kommt darauf an, das existierende Gefühl genau zu bestimmen. „Ich kann es nicht lassen ..." Diese Worte kommen zögernd und werden wiederholt: „Ich kann es nicht lassen, um ihre Zuwendung zu ... zu ... zu ..." Er stockt, scheint ein Wort im Sinn zu haben, was passt, ihm aber nicht passt, das er deshalb zurückhalten will, um ein neues, weniger anstößiges zu finden, das sich aber nicht zurückhalten lässt, „... ja, buhlen könnte man sagen", entschließt er sich jetzt doch auszusprechen.

„Sie wollen also dieses Buhlen, wie Sie es nennen, sein lassen können?", nehme ich seine Worte auf. Wieder kommt mir daraufhin ein „Genau!" entgegen. „Dann möchte ich Sie jetzt bitten, sich gefühlsmäßig zu vergegenwärtigen, wie sich das für Sie anfühlt, wenn Sie sich gedrängt fühlen, zu buhlen", weise ich ihn an. „Vielleicht erinnern Sie sich an eine Situation, die dafür typisch ist, in der Sie mit Ihrer Mutter zusammen sind und diesen Drang fühlen, um ihre Zuwendung zu buhlen." Ich sehe ihn kurz auf der Suche, dann die Augen schließen und nicken. „Achten Sie darauf, wie sich das anfühlt." Ich mache eine Pause, um ihm Zeit zu geben, das Gefühl aufkommen zu lassen. „Und wenn Sie das Gefühl fühlen“, fahre ich fort, nachdem ich wieder ein leichtes Nicken gesehen habe, „achten Sie darauf, womit man das vergleichen kann.“

„Es ist, wie wenn ich sie einfangen wollte.“ Mit diesen Worten kommt er zurück. Er hat sie klar und mit Bestimmtheit ausgesprochen. Ich aber will mehr wissen: „Womit einfangen?“, frage ich, um in seinem Sinn etwas auftauchen zu lassen, was man sehen oder fühlen kann. Und prompt habe ich die Antwort: „Mit einem Lasso!“ Ich bin begeistert. Damit kann man gut arbeiten. „Super! Sie haben das Lasso in den Händen?“, frage ich. „Ja genau“, antwortet er und fügt hinzu: „Ich habe es um ihre Brust geworfen. Aber sie ist wie ein störrisches Fohlen. Sie streift es immer wieder ab.“ Dieses Bild scheint Vergnügen auszulösen. Er lacht. Ich muss jetzt aber etwas anderes herausfinden, nämlich, was dadurch sichergestellt wird. „Ich möchte Sie bitten, für einen kleinen Moment – und ich betone, nur für einen kleinen Moment – das Lasso aus den Händen zu tun, nur um zu fühlen, was das auslöst.“ Prompt ist die vergnügliche Mimik verflogen. „Ich soll das Lasso loslassen?“, will er wissen. „Ja“, bestätige ich und setze nochmals hinzu, „nur für einen Moment, solange, bis Sie genau wissen, was das emotional auslöst, wenn Sie diese Beziehung zu ihrer Mutter aufgeben.“

Ich sehe den Gefühlseinbruch in seiner Mimik, bevor er das wahrnehmen, wiedererkennen und in Worte fassen kann. Er braucht lange, bevor er das richtige Wort findet, das Wort, das es genau ausdrückt, was ein Verzicht auf das Buhlen um die Liebe seiner Mutter für ihn bedeutet. Er hat es gefunden. Ich sehe ihn nicken, für sich selber bestätigen, das ist es, bevor er mich an seinem Erkennen teilnehmen lässt: „Ich fühle mich wie vernichtet.“ Er hat diese Worte leise ausgesprochen. Aber sie dröhnen wie Hammerschläge in meinen Ohren, weil in dem winzigen Augenblick, der dem Hören des Wortlautes folgt, dem Augenblick, in dem Bedeutung aufblitzt, mein eigenes Erinnern dasteht. Ich kenne das unfassbare Entsetzen, in Todesangst verlassen zu werden, und muss jetzt nicht nur ihn, sondern auch mich schützen. „Dann nehmen Sie das Lasso schnell wieder auf!"

Ich sehe ihn sich wieder sammeln, tiefer atmen und sich kurz aufrichten. Danach schaut er mich an, als ob er fragen wolle: „Und wie geht es weiter?" Dieser Blick trifft mich in einem Augenblick von Ratlosigkeit. Als ich mich für diese Vorgehensweise entschied, habe ich nicht vorausgesehen, dass es um so etwas wie „Existenzangst" gehen würde. Mir wird klar, dass ich das Problem mit diesem Format nicht werde lösen können. Aber bevor ich abbreche, will ich erst noch dingfest machen, wie man die Bedeutung seiner Bindung an seine Mutter positiv begreifen kann. „Wenn Sie sich durch Abstand von Ihrer Mutter wie vernichtet fühlen, was stellen Sie dann durch Ihre Bindung an sie sicher? Wie kann man das formulieren?"

Auf diese Frage erwarte ich als Antwort, dass es um so etwas wie Existenzberechtigung gehe, ein Gefühl, ein Recht zu haben, hier zu sein, zu existieren. Und genau das höre ich von ihm, nicht in einem ganzen Satz formuliert, sondern als tastende Suche nach dem richtigen Wort, das es genau trifft, was er fühlt: „Willkommen zu sein", ist das erste Wort, das er probiert, ob es sich richtig anfühlt, dann: „Gewollt zu sein, so wie ich bin. Nein", verbessert er sich, „sein zu dürfen und geliebt zu werden, wie ich bin; als der, der ich bin, in der Liebe eines anderen gemeint zu sein. Ich glaube, willkommen zu sein, drückt es am besten aus. Oder nein, doch besser: das Recht zu haben, hier zu sein." Mit der nächsten Frage wird deutlich werden, dass ich in einer Sackgasse stecke, überlege ich. Aber versuchen kann ich es ja.

„Überprüfen Sie mal, ob es für Sie in Ordnung ist, wenn Sie dieses Recht, hier zu sein, auf irgendeine andere Art sicherstellen“, fordere ich ihn auf. „Wie könnte man das denn machen?“, will er daraufhin wissen. „Man könnte es sich selbst erlauben“, schlage ich ihm daraufhin vor. „Okay, das könnte ich“, stimmt er mir zu. „Aber ich glaube nicht, dass ich es fühlen könnte.“ Diese Antwort habe ich erwartet. Aber ich habe noch eine andere Idee: „Man könnte auf Gott vertrauen, der einen in die Welt gestellt hat.“ Aber von diesem Gedanken erwarte ich eigentlich auch die Wirkung nicht, die erzielt werden muss. „Könnte man“, höre ich ihn sagen. „Aber ich glaube an keinen Gott.“ Das war es also auch nicht. Bleibt noch die Möglichkeit, die im Format vorgesehen ist: „Sie könnten sich vorstellen, dass Sie sich weiterentwickeln und zu diesem zukünftigen Selbst die gleiche Verbindung herstellen, wie Sie sie jetzt zu Ihrer Mutter haben.“

Auf diese Worte sehe ich Erstaunen in seiner Mimik und bin selber erstaunt. Diese Idee scheint ihn zu faszinieren. Mal sehen, wie weit ich damit komme. Wenn es nicht funktioniert, kann ich das nächste Mal auf andere Weise arbeiten. „Okay“, habe ich ihn sagen gehört und fahre fort: „Dann probieren Sie, in Ihrer Vorstellung ein Bild sich entwickeln zu lassen, das Sie zeigt, wie Sie in naher Zukunft sein werden. Dieses zukünftige Selbst ist Ihnen einige Schritte voraus. Es hat die Probleme, die Sie heute haben, gelöst.“ Er geht nach innen. Ich warte, bis ein Nicken kommt, das anzeigt, er hat ausgeführt, worum ich gebeten habe. „Stellen Sie sich vor“, fahre ich fort, „stellen Sie sich vor, dass dieses zukünftige Selbst Sie in der Gegenwart liebt und Sie unterstützen möchte, Ihre Bindung an Ihre Mutter so zu verändern, dass Sie den Abstand von ihr bekommen, den Sie sich wünschen.“ Ich sehe ihn arbeiten und warte wieder auf das Zeichen, mit dem er mir signalisiert, dass er auf weitere Anweisungen wartet. „Werfen Sie Ihrem zukünftigen Selbst das Lasso um, oder richten Sie die Bindung irgendwie anders ein, so wie es für Sie richtig ist. Achten Sie dann darauf, wie es sich anfühlt, wenn Sie mit diesem zukünftigen Selbst so verbunden sind, wie vorher mit Ihrer Mutter. Achten Sie auch darauf, ob es sich so anfühlt, wie es sich anfühlt, willkommen zu sein in dieser Welt und ein Recht zu haben, hier zu sein. Und achten Sie auch darauf, wie das ist, mit jemandem verbunden zu sein, auf den man sich wirklich verlassen kann. Sie selbst."

24

Dieser Mann ist gut für Überraschungen, denke ich, nachdem er fort ist. Ich hätte nicht vermutet, dass meine Vorgehensweise Erfolg haben würde. Nach meinen Erfahrungen können Menschen, die als ungewünschte Kinder auf die Welt kommen und ein Leben lang das Gefühl mit sich herumschleppen, nicht geliebt zu werden, nicht willkommen zu sein, unwichtig zu sein, nicht zu zählen, nach meinen Erfahrungen können Menschen eine solche Prägung nicht auf Anhieb überwinden, und schon gar nicht mit Hilfe eines Verfahrens, das keine Fähigkeiten mobilisiert. Vielleicht hat er mir etwas vorgespielt. Es kommt vor, dass Leute ihrem Therapeuten gefällig sein wollen und ihm unbewusst etwas vormachen. Aber Kobler junior gehört eigentlich nicht zu den gefälligen Menschen. Auch während der Sitzung hat er nicht so ausgesehen, als wolle er mich aus reiner Gefälligkeit täuschen. Aber vielleicht ist er gar nicht der Mensch, den niemand gewollt hat und der gar keine Liebe erfahren hat. Mit Sicherheit hatte die Familie Kobler früher Personal. In bürgerlichen Kreisen erfahren Kinder, was sie an menschlicher Zuwendung brauchen, gar nicht so selten von Hausangestellten. Darüber hinaus weiß ich nichts von seinem Vater. Vielleicht hat sein Vater ihn geliebt. Auch ganz andere

Menschen können sich früher um den Kleinen gekümmert haben.

Aber wir haben keinen Folgetermin vereinbart, das fällt mir jetzt ein. Über eine mögliche Fortsetzung der Arbeit habe ich kein Wort verloren. Hoppla! Welcher innere Zwerg hat das schon wieder gedeichselt?, beginne ich mich aufzuregen. Aber auch er hat nicht gefragt? Was heißt das?, versuche ich zu ergründen, ohne auf eine gedankliche Antwort zu stoßen. Stattdessen macht sich ein noch nicht identifizierbares Gefühl in mir breit. Das muss gar nichts bedeuten, höre ich eine interne Beschwichtigung. Vielen neuen Klienten schlage ich vor, erst einmal zu überprüfen, ob unsere Arbeit die gewünschte Wirkung erkennen lässt und sich wieder zu melden, wenn sie eine Fortsetzung wünschen. Dessen ungeachtet breitet sich das noch nicht identifizierbare Gefühl weiter aus und nimmt eine immer deutlichere negative Färbung an, obwohl ich doch daran gearbeitet habe, Kobler junior in meine professionelle Einstellung aufzunehmen. Hat also doch nichts gebracht, schießt es durch meinen Sinn, bleibt aber nicht unwidersprochen: Stimmt überhaupt nicht, redet jemand dagegen. Auch wenn ein ganz anderer Klient heute dort gesessen hätte, ein Klient, mit dem ich dieselben Erfahrungen gemacht hätte wie mit Kobler junior, ich würde genauso wie jetzt darüber nachdenken und dieselben Gefühle haben.

Aber es war eben dieser Mann, der dort gesessen hat, höre ich einwenden, und kein anderer. Beim Abschlussgespräch tauchte die alte gereizte Atmosphäre zwischen uns wieder auf. Er kam nochmals auf seine Mutter zurück, wiederholte, dass sie seit der ersten Arbeit mit mir wieder schreibe. Daraufhin hat irgendein vorwitziger Teil in mir ohne meine Erlaubnis gefragt, warum er, als er das erste Mal hier war, warum er mir nichts von der jungen Frau im Haus seiner Mutter erzählt habe. Ich sehe ihn stutzig werden in meiner Erinnerung, schreibe das seiner Überraschung zu. Wahrscheinlich hatte er sich bislang zusammengerissen, um über Angelegenheiten, die meine Arbeit mit seiner Mutter betreffen, nicht mit mir zu reden. Und nun fange ich damit an! Als erstes sehe ich eine unwillige Kopfbewegung, die mir andeutet, dass er über diese Dame nun wahrlich nicht reden wolle. Dann lässt er mich wissen, sie sei „eine billige Nutte" gewesen. Er habe überhaupt nicht verstanden, dass seine Mutter zu so jemandem Kontakt habe. Dabei atmete er so schwer, als brauchte er ein Ventil für heftige negative Affekte. Er habe seiner Mutter dringend abgeraten, sie aufzunehmen. Aber sie musste ihr natürlich helfen. Nach diesem Satz beruhigte er sich wieder. Er sei nur ein paar Mal mit ihr zusammengetroffen, habe sie aber sogleich durchschaut, bekomme ich noch zu hören. Dann ließ er sich verabschieden und hinausführen.

Auf dem Nachhauseweg wollen meine Gedanken weiter Kobler junior und meine Beratungserfahrung mit ihm durchgehen, als eine Erinnerung ihnen in die Quere kommt und sie beiseite schiebt. Mir fällt ein, ich habe einen „einsamen" Abend vor mir. Es ist Mittwoch und mittwochs veranstaltet Martin mit Freunden so etwas, was sie etwas antiquiert einen „Herrenabend" nennen. Zu diesen Abenden werden auch die „Frauen" manchmal eingeladen, obwohl ich häufig den Eindruck habe, dass wir nicht wirklich willkommen sind. Ich vermute, dass die Herren bei Anwesenheit ihrer Damen die Gespräche nicht so führen können, wie sie es gewohnt sind, wie ja auch wir Frauen uns anders unterhalten, wenn wir nicht unter uns sind. Das zeigt sich schon in der Auswahl der Themen. Frauen reden über persönliche Angelegenheiten, tauschen private Einzelheiten aus, nehmen Anteil an relativ unbedeutenden alltäglichen Dingen, um Gemeinsamkeiten herzustellen und Bindungen zu knüpfen. Männer reden nicht über persönliche Dinge und Probleme. Das weibliche Interesse an privaten Details schätzen sie als Klatsch ein. Sie reden über technische Probleme, über Geschäftliches, Fußball oder Politik, was für Frauen zumeist kein echtes Gespräch darstellt. Nein, ich gehe nicht mit auf den sogenannten „Herrenabend“, zumal Martin auch keine anderen weiblichen Gäste angekündigt hat. Ich bleibe zu Hause, zünde mir meinen Kaminofen an und nehme mir Schopenhauer vor.

25

Wieder stehe ich vor ihrer Haustür. Wie ein willkommener, nein, mit Freude erwarteter Besuch fühle ich mich, als ich in das Gesicht von Frau Kobler schaue. Ein paar Glanzpunkte mehr als gewöhnlich finde ich in ihren Augen. Während sie mir den Mantel abnimmt und mich in das mollig warme Zimmer mit brennendem Kamin führt, tauche ich in eine irgendwie feierliche Atmosphäre ein. „Quatsch! mit drei Ausrufezeichen!“, geht mir ärgerlich durch den Sinn. „Du spinnst doch!“, rufe ich mich selber zur Ordnung. Es scheint doch nicht einfach zu sein, unter ganz anderen als den normalen Bedingungen meine professionelle Einstellung aufrechtzuerhalten. Ich werde darüber nachdenken, wie ich mich davor bewahren kann, mich von einer Klientin persönlich einwickeln zu lassen.

Diese hier macht mir meinen Vorsatz aber sogleich zunichte. „Darf ich eine Bitte äußern?“, fragt sie beim Einschenken des Tees, ohne mich dabei anzusehen. Ich kann nur ihre Haare, ein Stück Stirn, die Wimpernkränze und die Nasenspitze zwischen den Ansätzen ihrer Wangen sehen. „Ja, gerne“, antworte ich, obwohl die Vorausfrage auf etwas von außergewöhnlicher Bedeutung hinweist. Ich merke meinen Adrenalinspiegel in Sprungbereitschaft. „Könnten wir uns nicht beim Vornamen nennen und Du sagen?“ Sie hält bei diesen Worten immer noch den Kopf gesenkt. Ich vermute, ihr steigt Röte in die Wangen, spüre im selben Augenblick meine eigene Gesichtshaut heiß werden und in meinem Kopf einiges sich verwirren. Als erstes Gefühle: Schreck, Freude und eine Hab-Acht-Stimmung blitzen auf und schießen zusammen. Dann Schlangen von Gedanken, das gehe nicht, formale und wie auch inhaltliche Distanz sei vonnöten, um erfolgreich zu arbeiten. Gar nicht wahr, drängelt sich dazwischen: Manchmal kommen auch ehemalige Schüler zu mir. Mit denen ist die Arbeit auch erfolgreich. Am Anfang meiner Karriere habe ich nur im Freundeskreis gearbeitet. Natürlich ging das. „Ich bin ein bisschen überrascht", lasse ich Frau Kobler wissen, denn so zu tun, als ob mich das kalt ließe, wäre unsinnig. Sie würde meine innere Bewegung doch bemerken. „Wieso überrascht?", fragt sie zurück und fährt fort: „Wenn Menschen so persönliche Dinge miteinander verhandeln, die man nicht mal sich selber, geschweige denn einen anderen wissen lässt, das geht doch gar nicht, wenn da nicht auch freundschaftliche oder zumindest vertraute Gefühle aufkommen." Sie schaut mich erwartungsvoll an.

„Das ist richtig", antworte ich langsam, um Zeit zum Nachdenken zu gewinnen. Was muss ich jetzt sagen? Das Übliche, in der Ausbildung Gelernte und in der Regel Befolgte, schießt mir durch den Sinn: „Eine Beratungsbeziehung besteht in wechselseitiger Achtung und beiderseitigem Vertrauen." Sie hört meine Worte und wird lebhaft. „Genau", ruft sie aus und fährt fort: „Und die Achtung ist höher und das Vertrauen tiefer, als man es in der Regel Freunden entgegenbringt. Trotz aller Freundschaft gibt es immer irgendwelche Vorbehalte. Auch guten Freunden sagt man nicht alles." Sie schaut auf mich mit einem Blick, der Bestätigung fordert. „Das ist wahrscheinlich richtig", antworte ich und überprüfe blitzartig, wie viel von mir ich anderen Menschen mitteile, die ich meine Freunde nenne. Nein, wird mir klar, denen sage ich zumindest nichts von dem, was ich an mir selber nicht ausstehen kann, wofür ich mich schäme. In der Regel sage ich ihnen auch nicht, wenn sie Verhaltensweisen zeigen, die ich ablehne. Sie sind halt nicht auf der Welt, um meinen Erwartungen zu entsprechen.

„Trotzdem ist Freundschaft mehr als eine Beratungsbeziehung“, fahre ich fort. „Freunde wollen über Achtung und Vertrauen hinaus noch anderes voneinander. Sie wollen mehr teilen als nur Wissen voneinander, mehr für einander tun als nur einander helfen und unterstützen. Sie wollen auch ein Stück gemeinsames Leben. Etwas zusammen genießen, etwas zusammen erleben, sich austauschen über mehr als das, was im Leben schwierig ist. Und ...“ Ich zögere, denn es gibt noch einen wichtigen Unterschied, den ich nennen muss. „Freundschaft wird nicht mit Geld bezahlt, sondern mit Freundschaft.“

Der Eifer aus Frau Koblers Gesicht ist durch diese Worte nicht gewichen. Darüber wird sie auch selber nachgedacht haben, vermute ich. „Ich glaube“, antwortet sie. „Ich glaube, wir müssen auch jetzt nicht entscheiden, ob wir Freundinnen werden wollen. Ein Wechsel in der Form der Anrede ist doch auch möglich, ohne gleich Freundschaft zu schließen. Oder stört das den Beratungsverlauf?“ Jetzt hat sie mich festgenagelt. Wenn man etwas erreichen will, scheint ein sicheres Manöver zu sein, zuerst etwas ganz Unmögliches zu fordern, oder es lediglich anzusprechen, wie sie es gemacht hat. Damit ist es in der Welt, und die Abwehr im Kopf des anderen heftet sich daran. Dann aber geht es plötzlich gar nicht mehr darum, sondern um etwas Geringes, etwas Mögliches, leicht zu Erbringendes. Dem kann man jetzt die Zustimmung nicht mehr verwehren. Niemand will gerne einen kleinen Wunsch versagen. „Nein, den Beratungsverlauf stört das nicht“, lasse ich sie wissen. „Wir werden uns nur am Anfang des Öfteren versprechen, bevor wir uns daran gewöhnen.“ Sie lacht mich an. „Sie wissen wahrscheinlich, dass ich Elisabeth heiße“, sagt sie. „Ich weiß, dass du Elisabeth heißt“, entgegne ich und muss auch lachen, „und du weißt, dass ich Katharina heiße.“ Wir lachen beide etwas verlegen und widmen uns ausgiebiger als üblich unserem Tee.

26

„Mal sehen, wie es sich per Du arbeiten lässt“, beginne ich den professionellen Teil unseres Treffens. „Hatten wir uns eigentlich etwas Bestimmtes vorgenommen?“ Elisabeth stellt ihre Tasse ab und denkt kurz nach. „Ich glaube nicht“, höre ich von ihr. Bei der Durchsicht meiner Aufzeichnungen habe auch ich keinen Hinweis auf ein Vorhaben bemerkt. In meinem Hinterkopf gibt es jedoch seit meinem ersten Zusammentreffen mit ihrem Sohn die Frage, wie sie wohl mit den männlichen Mitgliedern ihrer Familie zurechtgekommen ist. Die Beziehung zu ihrer Mutter haben wir bearbeitet. Wie aber denkt sie an ihren Vater zurück? Dessen Verhalten muss Verletzungen hinterlassen haben. Wie sie die verarbeitet hat, möchte ich wissen. Aber ich will nicht meine Hypothesen testen, sondern das angehen, was für sie wichtig ist. Deshalb frage ich: „Haben Sie ...“, beginne ich, merke, dass ich mich versprochen habe und korrigiere mich: „Hast du einen Wunsch, was du zum Thema machen möchtest, oder gibt es ein Ziel, das du in dieser Sitzung erreichen möchtest?“

Sie setzt sich mit merklichem Behagen in ihrem Sessel zurecht. Ich sehe ihre Schultern die typischen Bewegungen ausführen, mit denen Menschen sich in gute Gefühle hinein kuscheln. Sie wiegt sich. „Ich könnte mir vorstellen ...“, beginnt sie lautes Nachdenken, „ich könnte mir vorstellen, dass es gut wäre, oder zumindest nützlich wäre, meinen Vater vorzunehmen.“ Sie wirft mir einen kurzen Blick zu, setzt sich aufrechter hin und kehrt zu ihren inneren Vorstellungen zurück. „Lange Zeit habe ich gedacht, nicht meine Mutter sondern er sei mein Problem. Ich habe nie aus anderen Familien gehört, dass es solche Verhältnisse gegeben hat, außer in Arbeiterfamilien, wenn der Vater Alkoholiker war." Sie schweigt und hängt mit ihrem Blick an inneren Bildern.

„Wenn du bedenkst, dass aus bürgerlichen Familien nicht so viel nach außen dringt, wirst du das vielleicht anders einschätzen", wende ich ein, um ihre Erfahrungen schon ein wenig zu relativieren. „Stimmt", kommt mit Erstaunen von ihren Lippen. „Meine Mutter hat alles getan, um unsere Verhältnisse zu verbergen. Vielleicht ist unsere Familie gar kein Sonderfall gewesen?" Bei diesen Worten hat sie mich angeschaut, als erwarte sie weitere Hinweise, ihre neue Beurteilung zu untermauern. „Da bin ich sogar ziemlich sicher", bestätige ich. Blitzartig hat sich eine Erinnerung eingestellt, die ich sogleich mitteilen kann, weil ich über sie schon ausgiebig nachgedacht habe. „Eine andere Klientin", beginne ich, „hat mir von einem vierzigjährigen Abiturtreffen berichtet. An diesem Klassentreffen haben die Frauen – sie waren Schülerinnen eines Mädchengymnasiums – sich das erste Mal voreinander geöffnet und von den Verhältnissen zu Hause berichtet. Bei mehr als der Hälfte kamen Geheimnisse wie Betrug, Gewalttätigkeit, Trunksucht, Verlassen bis hin zu sexuellen Übergriffen zum Vorschein. Diese Frauen kannten einander so gut, wie nur Menschen sich kennen können, die einen großen Teil ihrer Jugend gemeinsam verbracht haben. Aber ihre wirklichen Lebensumstände hatten sie einander nicht wissen lassen. Auch die besten Freundinnen wussten nichts über gewalttätige oder missbrauchende Väter."

„Das ist unglaublich!", höre ich von Elisabeth. Sie hat sich bei meiner Erzählung vornübergebeugt, die Ellbogen auf ihre Knie, das Kinn auf ihre Fäuste gestützt und starrt an mir vorbei durchs Fenster. Das heißt, sie sieht nicht wirklich hinaus. Sie sieht in sich hinein. Wahrscheinlich macht sie sich Bilder von meinen Berichten und stellt Vergleiche an mit dem, was sie früher erlebt hat. Dass ich richtig vermutet habe, bestätigen mir die Worte, die sie jetzt vorbringt. „Das alles hat es bei uns nicht gegeben. Gewalttätig war er nicht, betrogen hat er meine Mutter auch nicht, obwohl ich vermute, dass er Huren besucht hat.“ Sie stockt. „Was veranlasst Sie...“, - wieder habe ich mich versprochen. „Was veranlasst dich, das zu glauben?“, frage ich. „Irgendwann ist ihm seine goldene Taschenuhr abhanden gekommen“, antwortet sie. Darüber habe ich meine Eltern sprechen und meine Mutter sagen hören: ‚Die hast du dir doch von deiner Hure klauen lassen‘“! Elisabeth verzieht ihren Mund. „Dann hatte er wohl doch eine Geliebte“, wende ich ein. „Warum?“, fragt sie. „Wenn deine Mutter ‚deine‘ Hure gesagt hat, dann ist es bestimmt nicht irgendeine Hure gewesen, sondern eine ganz bestimmte Frau. Und diese dürfte eine Geliebte gewesen sein.“

„Ah ja“, sagt sie, lehnt sich zurück und denkt nach. „Hat er sie also auch betrogen. Aber ich glaube nicht, dass das meine Mutter sehr gestört hat, außer, das wäre bekannt geworden. Und damit war er wohl doch vorsichtig.“ Diese Sätze kommen in Abständen von ihren Lippen, während sie weiter vor sich hin starrt und ein paar Mal den Kopf leicht schüttelt. „Es ist unglaublich!“ Das scheint das verallgemeinerte Ergebnis dessen zu sein, was ihr durch den Sinn gegangen ist. „Ja, das ist es wirklich“, stimme ich ihr zu. „Aber ich weiß nicht, ob das immer so ist. Die Väter, von denen mir meine Klientin berichtet hat, kamen alle aus dem Krieg, hatten alles verloren, mussten wieder bei Null anfangen. Auch dein Vater hat sicher Einbußen in seinem Lebensentwurf hinnehmen müssen.“

Ich sehe sie meinen Gedanken prüfen und mit einer nahezu unmerklichen Kinnbewegung verwerfen. „Mein Vater war aber nicht im Krieg“, lässt sie mich wissen, schaut mich dabei jedoch nicht an. „Er war dienstuntauglich. Ich weiß nicht einmal, weshalb. Ich habe nie gefragt, auch meine Mutter nicht. Dabei war er Nazi.“ Sie schaut weiterhin an mir vorbei, obwohl sie auf das hört, was ich sage: „Das waren doch damals fast alle, auch wenn sie es danach nicht gewesen sein wollten“, wende ich ein und bekomme prompt Widerspruch: „Nein, mein Vater war überzeugter Nazi“, sagt sie. „Darüber hat er zwar nicht geredet. Aber über die Juden hat er geredet. Er hat tatsächlich alles geglaubt, was es an antijüdischen Vorurteilen gab, dass die Juden eine Gefahr für das Volk seien, dass sie die Leute aussaugen würden und so weiter. Ich habe nur einmal gewagt, ihm zu widersprechen. Das war nicht sehr klug.“

„Und wie hat er reagiert?“, will ich wissen. „Väterlich!“, antwortet sie. „‚Mein Kind‘, hat er gesagt, ‚das kannst du alles nicht wissen, werde du erst mal erwachsen, dann wirst du das mit anderen Augen sehen‘. Und damit war das Gespräch beendet.“ Sie kramt weiter in ihren Erinnerungen. „Mein Vater“, fährt sie fort, „mein Vater hatte sehr wirkungsvolle Vorgehensweisen, ein Gespräch zu beenden. Wenn man sich mit irgendetwas an ihn wandte, worauf er nicht eingehen wollte, fragte er einfach: ‚Fehlt es dir an Arbeit‘? Mit seinen Angestellten hat er das auch gemacht.“ Elisabeth bläst durch die Nase. Dabei hebt sich ihr Kopf und senkt sich wieder ebenso leicht, wie ein Lächeln auftaucht und wieder verschwindet.

„Mehr hast du mit deinem Vater nicht geredet“, möchte ich wissen. „Nein“, antwortet sie. „Es hat nur wenig Berührungen mit meinem Vater gegeben, außer bei den Malzeiten. Wenn er zu Hause war, hielt er sich in seinem Arbeitszimmer auf. Da heraus kam er selten. Wir waren froh, wenn wir nicht zur Berichterstattung über irgendetwas hereingerufen wurden. Es war schon schlimm genug, dass er sich zu unserem Lehrer aufwarf.

Meine Brüder mussten bei ihm Griechisch lernen und ich Latein. Mein Vater hat ein Leben lang damit angegeben, dass er den Anfang der Ilias auswendig konnte. Meine Brüder kriegten immer das Griechischbuch auf den Kopf gehauen, wenn sie zur Prüfung ihrer Lektionen bei ihm drin waren. Ich kam besser weg, weil ich meine unregelmäßigen Verben gelernt hatte, bevor ich zu ihm hinein musste.

Seltsamerweise habe ich diesen Raum geliebt." Mit Verwunderung sehe ich das Gesicht von Elisabeth sich aufhellen. „Es war schummrig da drinnen wie in einer Höhle. Nur ein paar warme Lichtkreise unter Lampenschirmen. Dicke Samtvorhänge hielten das Tageslicht draußen. Die Wände waren voller Bücher, alle in hohen Mahagoni-Regalen. Es gab ein fahrbares Treppchen, auf das musste man steigen, wenn man Bücher aus den obersten Borden nehmen wollte. Ein riesiger dicker dunkelroter Buchara-Teppich lag auf den Boden, auf den habe ich mich manchmal gelegt und die Stuckornamente an der Decke studiert. Er hatte einen dieser schönen alten Schreibtische, unter denen man sich so gut verstecken konnte, und einen Schaukelstuhl mit einem Fell darin. Und es roch nach Tabak. Wenn er abzuschließen vergaß, habe ich mich da hinein geschlichen. Ich habe mich von meinem Vater übrigens nicht einschüchtern lassen und ihm oft von seiner Schokolade und den Pralinen geklaut, bin auch an seine Liköre gegangen. Löffelweise habe ich ihm Kaviar aus seiner Vorratskammer gemopst. Meine Mutter hätte das auch gekonnt. Er hat das nie gemerkt, wenn man vorsichtig zu Werke ging. Aber meine Mutter hat sich nicht getraut. Ich schon."

„An deinem Vater hat dir also auch einiges gefallen?", mische ich mich in ihre Erinnerungen ein. „Ich weiß nicht recht", kommt daraufhin zögernd von ihr. „Ich fand schon schlimm, wie er meine Mutter behandelte und mit der Familie umging.

Für ihn war das aber völlig normal. Der hat uns doch tatsächlich mal erzählt, die Frau stünde unter dem Mann, weil Gott Eva aus der Rippe von Adam gemacht habe. Obwohl er eigentlich nicht dumm war - immerhin hatte er Jura studiert und auch promoviert -, vertrat er ganz ernsthaft die Meinung, Frau und Kinder seien für den Mann da. Und so hat er uns auch behandelt.“ Nach diesen Worten richtet sie ihre Augen nach unten, so als wolle sie Gefühle aufrufen, zeigt aber weiterhin entspannte Züge. „Aber irgendwie habe ich gerochen“, fährt sie nach einer Weile fort, „dass man sich gegen ihn wehren konnte. Er war schon schlimm, aber ich glaube, nur weil man ihn gewähren ließ. Wenn meiner Mutter ihr Image nicht so wichtig gewesen wäre, hätte sie etwas tun können.“

„Du hast gesagt“, wendet sie sich jetzt an mich, „du hast gesagt, Menschen können an ihre Kinder nur weitergeben, was sie selber erfahren haben. Wenn mein Vater nicht für uns sorgte, dann sicher nur, weil er es nicht konnte. Entweder hat er Fürsorge selber nicht erfahren oder er ist zu sehr verwöhnt worden. Ich weiß das nicht. Die Großeltern von seiner Seite habe ich nie kennengelernt. Die waren schon tot, bevor ich geboren wurde. Ich jedenfalls habe unter meinem Vater nicht sehr gelitten, glaube ich zumindest.“ Sie denkt weiter nach und will fortfahren, als ich ihr mit einer Frage dazwischen komme: „Wie denkst du denn über Männer überhaupt?“ Sie schaut mich überrascht an. „Über Männer überhaupt?“, fragt sie. „Ja“, antworte ich. „Gibt es nach deinen Erfahrungen mit Männern so etwas wie eine allgemeine Einschätzung – mit Ausnahmen natürlich.“ Sie guckt mich immer noch erstaunt an. „Was ich von Männern halte?“, will sie wissen. „Genau das!“, bestätige ich. „Nichts halte ich von ihnen“, krieg ich daraufhin wie um die Ohren gehauen, als verstünde sich das von selbst.

„Also haben deine Erfahrungen mit deinem Vater Prägungen hinterlassen, die deine Erfahrungen mit Männern belastet haben“, biete ich zum Nachdenken an. Statt einer Antwort schiebt Elisabeth die Schnute vor. Sie scheint mit meiner Äußerung nichts anfangen zu können. „Möglich“, räumt sie ein. „Aber ich denke eher, dass meine Mutter für meine Einschätzung von Männern verantwortlich gewesen ist. Sie scheint von Männern überhaupt nichts gehalten zu haben. So sehr ich sie schätze, sie war puritanisch, lustfeindlich, gnadenlos konsequent und lieblos. Mein Vater war auch lieblos, aber immerhin genussfähig. Ich glaube, das habe ich an ihm gemocht. Außerdem lebe ich irgendwie wie er. Jedenfalls scheint mir das manchmal so. Ich liebe Bücher, Schokolade und Liköre. Und am liebsten lege ich mich zum Lesen auf die Chaiselongue, genau wie er. Und manchmal ertappe ich mich bei Haltungen und Bewegungen, die ich von meinem Vater kenne. Witzig, nicht?“ Sie schaut mich Zustimmung heischend an.

„Dann gibt es also nichts zu bearbeiten, was deine Erinnerungen an den Vater angeht“, will ich jetzt das Gespräch abschließen. Aber irgendein Teil in mir veranlasst mich, eine weitere Frage anzuhängen: „Wie denkst du denn an deinen Vater zurück?“, kommt von meinen Lippen. Wieder sehe ich Mundbewegungen, aber keine Schnute. Sie presst die Lippen zusammen, wägt in ihren Gedanken etwas hin und her, bevor sie laut werden lässt: „Na ja, ich glaube, ich verachte ihn!“ Wumm! Sie hat die Worte leise ausgesprochen, aber sie knallen in die Atmosphäre des Raumes, als hätte sie gebrüllt. Ich starre sie an. Das hätte ich jetzt nicht erwartet.

27

Sie muss meinen überraschten Blick aufgefangen haben. Ich sehe sie mich unverwandt anblicken, höre sie aber nichts sagen. „Würdest du denn gerne mit anderen Gefühlen an ihn zurückdenken?“, frage ich. Sie braucht eine Weile, bevor sie sich meiner Frage zuwendet. „Ich hätte gerne“, beginnt sie nachzudenken und hält inne, „vielleicht nur wenig“, fährt sie zögernd fort und hält wieder inne, „aber auch zärtliche Gefühle. Er ist immerhin mein Vater. Er hat mich in die Welt gesetzt. Ich verdanke ihm mein Leben.“ Irgendetwas von dem, was sie gesagt hat, kommt bei mir nicht richtig an. „Zärtliche Gefühle ...“, wiederhole ich, um dabei herauszufinden, was mir komisch vorkommt. Eigentlich habe ich zärtliche Gefühle für ihren Vater wahrgenommen. Sie mag ihn. Sie hat sich in der Atmosphäre, in der er gearbeitet hat, wohlgefühlt. Sie hat viele seiner Vorlieben übernommen? „Was hindert dich daran, dir zärtliche Gefühle für deinen Vater zu gestatten?“, will ich von ihr wissen.

Die Frage muss genau getroffen haben, denn ohne jede Überlegung kommt die Antwort: „Ich kann ihm nicht verzeihen, dass er uns hat hungern lassen!“ Wieder starre ich sie an. „Hungern lassen?“, frage ich. „Ja“, antwortet sie, „hungern lassen. Ich habe das beim letzten Mal nicht so deutlich aussprechen mögen. Aber es war wirklich so, wir hatten ganz oft nicht genug zu essen. Wenn er verreiste, beispielsweise, ließ er so wenig Haushaltsgeld zurück, dass meine Mutter bei aller Sparsamkeit damit nicht hin kam. Das heißt, sie kam hin, aber um hinzukommen, mussten wir hungern. Das heißt, ich habe eigentlich nie gehungert, oder vielmehr, den Hunger nicht gespürt. Irgendwie konnte ich den verdrängen. Aber meine Brüder haben gehungert. Meine Mutter musste die Brotscheiben abzählen. Ich sehe sie das heute noch tun, mit dem großen Messer auf den

Brotleibern die Rillen einritzen, um zu planen, wie sie hinkommt. Es gab regelmäßig fürchterliche Szenen zwischen meinen Eltern, immer dann, wenn meine Mutter Haushaltsgeld brauchte. Er brüllte, beschimpfte sie, dass sie immer dicker würde, also habe sie doch genug! Sie weinte nur." Elisabeth schaut mich bei diesen Worten direkt an. Ich merke, sie will die Erinnerungen nicht voll lebendig werden lassen.

„Okay, ich verstehe", schließe ich meine Fragen ab. „Du kannst ihm nicht verzeihen, dass er euch hungern ließ. Und du möchtest ihm verzeihen können." Während ich das sage, sehe ich sie ihre Augenbrauen zusammenziehen. „Eigentlich kann ich ihm nicht verzeihen", erwidert sie, „und ich weiß auch nicht, ob ich will." Das ist typisch. Was Menschen als böse erlebt haben, können sie nicht verzeihen. Es muss bestraft werden, sonst geht der Sinn guten Handelns verloren. Und wenn man keine Macht zu wirklicher Bestrafung hat, dann muss man durch Verachtung strafen, um das Böse in Schach zu halten. „Das sollst du auch nicht einfach so", biete ich ihr an. „Wir werden zuerst erarbeiten, wie er hätte handeln können, wenn er die entsprechenden Fähigkeiten gehabt hätte." Ihr Blick hellt sich auf. „Ach so", sagt sie. „Ich soll mir wieder ausdenken, wie mein Vater gewesen wäre, wenn er beispielsweise richtig geliebt worden wäre."

Sie würde eine gute Schülerin abgeben, wird mir mit diesen Worten klar. Sie hat bei der Arbeit an der Beziehung zu ihrer Mutter sofort das Prinzip verstanden, nach dem man wirkungsvolle emotionale Veränderungen erreichen kann. Deshalb müsste ich die nächste Frage gar nicht stellen. Sie weiß sie: „Was hätte dein Vater gebraucht, um ein fürsorglicher Vater sein zu können?" Eigentlich erwarte ich jetzt, dass sie spontan sagen kann, was gefehlt hat. Aber ich sehe sie auf die Suche gehen. Und sie sucht sorgfältig, so sorgfältig, dass ich mich nahezu ausgeschlossen fühle. „Kannst du mich teilhaben lassen an deinen Überlegungen?“, frage ich nach einer Weile. „Ich überlege, was für eine Liebe ihm gefehlt hat“, antwortet sie mir. Er hat uns ja irgendwie gehalten, wie ...“, sie zögert, „ja, ich sag‘s mal so, wie Vieh, bei dem man nach dem ökonomischen Prinzip kalkuliert, wie wenig muss ich aufbringen, um sie am Leben zu erhalten. Was gefehlt hat, war nicht nur Liebe, sondern auch so etwas wie die Anerkennung, oder das Bewusstsein, dass wir gleichwertige Wesen waren.“

„Genau“, stimme ich zu, „du möchtest herausfinden, was die Beziehung charakterisiert, die dein Vater zu seiner Familie gehabt hat.“ Ich sehe sie nicken. „Damit machst du es dir aber schwerer als nötig.“ Sie schaut mich fragend an. „Wirklich wichtig ist“, fahre ich fort, „wirklich wichtig ist, herauszufinden, was gefehlt hat. Dazu brauchst du dir nur vorzustellen, worüber ein Vater verfügt, der für seine Familie sorgt, eine Fähigkeit, die dein Vater nicht gehabt hat. „Liebe!“, platzt sie jetzt heraus. „Richtig“, bestätige ich. „Und jetzt möchte ich dich bitten, dir zu überlegen, wann in deinem Leben du genau diese Liebe gespürt hast, die deinem Vater gefehlt hat.“

Ich sehe sie nach innen gehen und nachdenken. Richtig, sie denkt nach, statt in ihre Erinnerungen zurückzugehen, was sie sollte. „Irgendwie hakt’s“, lasse ich sie meine Beobachtung wissen. „Ja“, sagt sie und schaut mich kurz an. „Ich glaube..., ich weiß nicht recht ..., ich hatte ja nur einen Sohn ..., ich weiß nicht recht ...“ Sie bricht ab und schaut mich an. „Du zweifelst im Moment daran, ob du die Liebe kennst, nach der du suchst!“, biete ich ihr an. „Genau“, gibt sie jetzt zu. „Ich habe mein Kind geliebt. Ich habe alles getan, was eine Mutter für ihr Kind tut. Aber ich kenne eine Frau, besonders eine, die hat ihr Kind anders geliebt. Sie war vernarrt in ihre Tochter. Vielleicht hätte ich auch anders lieben können, wenn ich eine Tochter gehabt hätte. Das weiß ich nicht. Vielleicht hat sie ihre Tochter auch zu sehr geliebt. Das weiß ich auch nicht. Aber als ich das gemerkt habe, kam mir der Verdacht, dass ich eigentlich nur aus Pflicht geliebt habe. Versteh' mich bitte nicht falsch. Ich liebe meinen Sohn. Aber das ist kein inniges Gefühl von Verbundenheit. Eigentlich möchte ich – zumindest seit er erwachsen ist - nicht so viel mit ihm zu tun haben. Aber das kann auch daher kommen, dass er immer versucht, mich zu etwas zu drängen, was ich nicht will. Kinder, oder überhaupt Familie bedeuten für mich, dass ich nicht sein kann, wie ich bin und nicht machen kann, was ich will, sondern eine Rolle spielen muss und Pflichten zu erfüllen habe."

„Vielleicht haben Sie ...", schon wieder habe ich mich versprochen. „Vielleicht hast du die spezielle Liebe, nach der du suchst, nämlich Fürsorge und ein inniges Gefühl von Verbundenheit mit einem anderen Wesen, nicht in deiner Beziehung zu deinem Sohn erlebt. Vielleicht hast du für ihn so gut gesorgt, dass du seine Bedürftigkeit gar nicht wahrgenommen hast. Denk einfach noch mal nach. Vielleicht hat es im Schulzusammenhang irgendwann einmal eine Erfahrung gegeben, dass du die Bedürftigkeit eines anderen Kindes wahrgenommen und dich spontan darum gekümmert hast." Mit diesen Worten habe ich sie vorsichtig an den Klippen ihrer Probleme mit ihrem Sohn vorbei gelotst und ihre Suche auf eine andere Schiene gesetzt. Sie hat mein Angebot angenommen und durchforstet nun andere Erinnerungen. „Nein, Schule nicht." Mit diesen Worten taucht sie wieder auf. „Etwas ganz anderes. Ich war mal mit einer Freundin zusammen in den Ferien. Die hatte neben ihrem kleinen Sohn noch die kleine Tochter einer anderen Freundin bei sich. Unsere Kinder hatten also Kameraden zum Spielen. Da ist folgendes passiert. Die Kleine, sie muss vier oder fünf gewesen sein, die Kinder gingen alle noch nicht in die Schule, die Kleine hatte irgendwann eine Zecke in der Beuge zwischen Bauch und Schenkel. Die hatte sie nur gesehen, weh getan hat es nicht. Aber sie schrie wie am Spieß. Sie schrie nicht vor Schmerz, sondern aus Angst. Das war irgend so etwas wie Existenzangst. Da sitzt ein fremdes Tier an mir und hat sich an mir festgebissen. Diese Angst in ihr habe ich gefühlt und – ich weiß nicht mehr, wie ich das gemacht habe - jedenfalls konnte ich das Kind beruhigen und die Zecke mit Kopf herausholen und dafür sorgen, dass das Kind innerlich zur Ruhe kam." Sie schweigt und denkt nach. „Ist das eine solche Liebe?" Wieder macht sie eine Pause. „Meine Freundin jedenfalls hat das nicht gekonnt. Die hatte gar nicht mitbekommen, wie bedrohlich das für das Kind war."

„Du hast die Not des Kindes gespürt und sofort ohne einen anderen Gedanken für das Kind gesorgt, nicht aus Pflichtgefühl sondern spontan. Genau das brauchen wir!" Sie schaut mich bei diesen Worten froh und erwartungsvoll an. „Geh noch mal zurück zu dieser Situation und nimm nochmals alles wahr, was dazugehört, was du siehst, was du hörst und vor allen Dingen, was du fühlst, wenn du das Kind schreien hörst, und achte darauf, wie es dich dazu bringt, genau das Richtige zu tun. Vergegenwärtige dir noch einmal den Augenblick, in dem du das Gefühl wahrnimmst, spüre dieses Gefühl ganz intensiv und lass mich wissen, wenn du es hast." Ich warte auf ihr Nicken. „Und dann sieh deinen Vater vor dir ... und achte darauf, wie sich deine Wahrnehmung seiner Person verändert. Wie nimmst du deinen Vater wahr, wenn dieses Gefühl in dir ist?" Ich warte wieder eine Weile, bis ich das Nicken sehe. „Und wenn du das gemacht hast, finde eine Möglichkeit, dieses Gefühl deinem Vater zu geben, so dass du dir vorstellen kannst, wie dieses Gefühl das Verhalten deines Vaters verändert."

Ich sehe an ihren Zügen, dass sie mir gefolgt ist. Sie schaut mit offenen Augen, geöffneten Lippen und einem zum glücklichen Lächeln bereiten leicht in die Breite gezogenen Mund unbeweglich geradeaus. Dann breitet sich das Lächeln aus, und ohne den Blick abzuwenden, lässt sie mich wissen: „Er nimmt mich auf den Arm. Mein Gott“, sie stockt. „Ich habe noch nie gefühlt, wie es sich anfühlt, wenn er meinen Körper berührt ... mein Körper fühlt sich ganz anders an ...“

28

Das habe ich erwartet. Das habe ich deshalb erwartet, weil ich es selber erlebt habe und auch aus den Schilderungen anderer Frauen kenne. Wie wir uns in unserem Körper fühlen, hängt davon ab, wie dieser Körper am Anfang unseres Lebens berührt, gehalten, geherzt und gekost wurde, und das nicht nur von der Mutter. Ich selber erinnere genau ein über alle Maßen hinausgehendes Staunen bei der endlich gelingenden Vorstellung, mich als Kind in den Armen meines Vaters zu fühlen, endlich aufgehoben, endlich geborgen, endlich geliebt. Genau das muss Elisabeth jetzt empfinden. Und ich lasse ihr Zeit, es bis in alle Nuancen zu erkunden und auszukosten.

Als sie zu mir zurückkommt, muss ich ihr nochmals Zeit geben, ihr Erleben mitzuteilen. Sie stottert, sucht nach den passenden Worten. Trotz aller Bildung und Belesenheit hat sie die Wörter nicht gespeichert, die dieses Erleben beschreiben. Vielleicht ist es auch nicht oft beschrieben worden. Ich wage eine riskante Hypothese: Menschen, die sich an ein solches Erleben erinnern können, schreiben keine Bücher. Das tun nur Menschen, die es nicht erlebt haben, und sie tun es, weil sie es nicht erlebt haben. Ich weiß nicht, ob ich damit Recht habe. Aber Elisabeth gibt mir recht, in diesem Augenblick sieht sie es auch so; und wir fühlen uns wie zwei Forscherinnen in den tiefen Geheimnissen des menschlichen Seelenlebens. Aber diese Einbildung hält nicht lange. Denn unsere Arbeit ist nicht abgeschlossen. Ich bitte sie, nochmals zu der Vorstellung des liebevollen Vaters zurückzugehen, in die Atmosphäre dieser Zärtlichkeit einzutauchen und dann ein weiteres Manöver auszuführen: „Geh in deinen Vater hinein und schau auf das Kind in deinen Armen und erlebe als dein Vater, wie es ist, das eigene Kind zu lieben."

Von dieser inneren Erfahrung kommt sie mit einem strahlenden Gesichtsausdruck zurück und will es sich bequem machen, tief durchatmen, die Arme ausbreiten und sich entspannen. Aber wir sind immer noch nicht fertig! Der wichtigste Teil kommt erst. „Gibt es in deinem Leben einen Augenblick, in dem du einem anderen Menschen vergeben hast?", frage ich. „Meistens ist das eine Erfahrung folgender Art", setze ich hinzu. „jemand hat einen verletzt. Man ist böse. Man grollt. Und dann kommt irgendein Augenblick, in dem man versteht, warum der andere so gehandelt hat, er konnte zum Beispiel nicht anders, oder mich zu verletzen war gar nicht seine Absicht, und der Groll ist weg, wie fortgeblasen." Elisabeth setzt sich wieder zurecht, geht nach innen zu ihren Erinnerungen, um zu suchen. Es dauert eine Weile, bis sie zurückkommt, mit der Mitteilung: „Mich hat mal der Vater eines Schülers, den ich nicht weiter kannte, auf einer Elternversammlung vor den anderen Eltern wirklich unverschämt behandelt. Ich war wild empört und überlegte schon, ob ich gegen ihn vorgehen sollte, um Genugtuung zu bekommen. Da sagte mir die Direktorin, er verhalte sich immer so, er könne nicht anders, weil er krank sei. In dem Moment fiel aller Zorn von mir ab. Ist das so eine Erfahrung?"

„Exakt!", erwidere ich. „Dann möchte ich dich bitten, zu dem Punkt deiner Erinnerung zurückzugehen, an dem du die Information bekommst, dass dieser Mann krank ist, und dein Zorn sich auflöst. Und wenn du genau in dem Zustand bist, in dem dein Zorn sich auflöst, schau auf deinen Vater, mit dem Wissen, wie er sich seiner Familie gegenüber verhalten hat, und mach dir dann klar, wie du ihn jetzt erlebst, wie du jetzt über ihn denkst. Was ist jetzt anders?“ Sie hat mir aufmerksam zugehört. Sie hat verstanden, um was ich sie bitte. Sie geht zurück zu ihrer Erinnerung, taucht in den inneren Zustand ein, der Menschen befähigt, anderen zu vergeben, wie immer der geartet ist – wahrscheinlich ist es so etwas wie Großmut – und hält inne. Ich sehe die Züge ihres Gesichts. Ich könnte jetzt viele banale Worte benutzen, um zu beschreiben, wie es aussieht. Aber ich sage es lieber anders: Sie schaut mit einem taghellen Blick auf die Gestalten in ihrer inneren Welt und sagt: „Ich denke genau das, was ich vorher gedacht habe, dass er anders hätte sein können, wenn frühe Erfahrungen ihn in seinen Gefühlen nicht eingeschränkt hätten. Aber jetzt kann ich es auch fühlen. Jetzt ist es so, dass ich auf ihn zugehen und ‚Väterchen‘ sagen möchte.“

29

Immer wieder gibt es Augenblicke in meinem Berufsleben, in denen meine Arbeit mich selber vom Hocker reißt, um es flapsig auszudrücken. Die Gefühle, die ich in mir wahrnehme, während ich nach dieser Beratungssitzung auf dem Weg nach Hause bin, kann ich sowieso nicht beschreiben, ohne sentimental zu werden. Stellen Sie sich das mal vor! Kennen Sie das Gefühl von Depression, dieses Trauern, diese Bitterkeit? Sie fühlen sich freudlos innen drin, gedrückt, mutlos, niedergeschlagen, trostlos, verzagt, verzweifelt, wund geschlagen. Und dagegen können Sie nichts tun. Der Schmerz steckt in allen Gliedern, die Qual im Bauch, das Unglück in der Brust, die Marter im Kopf, wie wenn Sie vergiftet wären. Irgendwann können Sie nichts mehr unterscheiden. Sie spüren nur noch die Schwere im Körper und Trostlosigkeit im Gemüt. Es ist schon richtig, wie diejenigen, die darunter leiden, es beschreiben: Tot zu sein wäre eine bessere Alternative. Und bedenken Sie, das ist nicht nur ein momentaner Zustand, der wieder vergeht, oder ein zeitweiliges Leiden, auf dessen Ende Sie immerhin hoffen könnten. Es ist einfach so wie es ist! Das ist Ihr Leben! Den Anfang kennen Sie nicht. Es war schon immer so. Und ein Ende gibt es nicht. Sie fangen an, sich darin einzurichten. Immerhin gibt es Momente, die nicht ganz freudlos sind. Manchmal können Sie sich auch leichter fühlen. Aber solche Augenblicke machen gar nichts wett. Auch wenn Sie hin und wieder erleben, dass es Ihnen gut geht, haben Sie immer noch das Gefühl, besser als die paar Momente ausgeglichenen Gemüts, immer noch besser wäre es, tot zu sein. Das Leben macht einfach keinen Spaß. Alles ist trostlos. Warum sollen Sie sich eigentlich abquälen?

Und dann die Erfahrung einer solchen Stunde. Sie fühlen Ihren kleinen Körper zum ersten Mal in den Armen eines Menschen, nach dessen Liebe sie immer verlangt haben – ohne es zu wissen natürlich. Können Sie sich vorstellen, welche Sensationen durch ihren Körper fließen? Können Sie sich ausmalen, welche Bewegungen Ihr Gemüt aufwühlen? Wagen Sie zu träumen – für wahr halten können Sie das zunächst sowieso nicht – wagen Sie zu träumen: Das erste Mal Zärtlichkeit zu empfinden – liebkoste Haut, geherzter Körper! Zum ersten Mal strömt auch ein Gefühl zärtlichen Liebens durch Ihr Gemüt! Dann ist alles anders. Wenn Sie sich umsehen, leuchten alle Farben, wenn Sie lauschen, klingt die Welt in Ihre Ohren, Ihre Finger berühren die Dinge wie heilige Gegenstände, Sie saugen den Duft ein, der allem entströmt, und schmecken das lebendige Leben!

Auf meinem Nachhauseweg leuchten allerdings keine Farben. Da wird Novemberwetter aufgeführt, wie es sich gehört, kalt, nass und grau. Kleine Sturmböen fegen Laub durch die Straßen und schieben ein Frösteln in die Knochen der Spaziergänger.

Generalprobe für den nächsten Orkan auf der Bühne Norddeutschlands, denke ich. Mal sehen, welche Windstärken dieses Jahr gebraucht werden, um die Nordsee die Deiche hinaufzutreiben. Ich knöpfe meine Daunenjacke bis oben zu, ziehe die Kapuze über den Kopf und beschleunige meinen Schritt in Richtung warmer Stube, die in der Marienbader Straße auf mich wartet.

Ich weiß, wie sich ein Leben ohne die Liebe der Eltern anfühlt. Ich weiß auch, was ein Mensch macht, wenn er sein Leben ohne die Liebe beginnen musste: Wem die Liebe fehlt, sucht nach ihr, zumeist ein Leben lang, ohne sie zu finden. Denn die Liebe der Eltern gibt es nur am Anfang des Lebens und dann nie mehr. Er sucht dennoch; und er sucht auf die verhängnisvollste Weise, die es nur geben kann. Er sucht, ohne es zu wissen, Partner nach dem Bild derer, die nicht geliebt haben, um es noch einmal zu versuchen, um noch einmal das Drama durchzuspielen, in der Hoffnung, diesmal zu gewinnen. Aber er kann nicht gewinnen, selbst wenn er – und das ist in der Regel nicht der Fall – einen liebevollen Menschen findet. Dieser ist nicht Vater und nicht Mutter. Und er ist nicht Kind. Auch von diesem Menschen wird er nicht erfahren, was er sucht, was er braucht, ohne das er keinen jungen Tag begrüßen kann. Und weil er die Liebe nicht kennengelernt hat, kann er sie auch nicht weitergeben an seine Kinder. Das ist der Teufelskreis.

Wenn man in den Geschichten des Lebens blättert, den gelebten, den aufgeschriebenen, aufgeführten oder auch verfilmten, dann dreht sich alles mit viel Getöse um eine andere Liebe. Niemand merkt, dass die Natur dieses Theater nur aufführen lässt, um den Bestand der Art zu sichern. Der hormonelle Cocktail prickelt in den Seelen der Verliebten wie Champagner. Wer seinen Durst durch solche Schlucke aus dem Sektkelch des Lebens nicht löschen darf, der leidet, aber er leidet nicht lange, weil auch der Rausch, wenn er denn ausgekostet werden durfte, nicht lange währt. Ich habe mich immer über Anna Karenina geärgert. Wie konnte sie glauben, dass das Leben mit der Liebe eines Mann zu füllen und ohne sie unerfüllt sei! Warum tut sie nichts, habe ich mich beim Lesen gefragt. Ein Leben kann doch nicht darin bestehen, einen Mann zu lieben und mit ihm in die Oper zu gehen! Aber vielleicht wollte Tolstoi gerade das fühlbar machen. Um diese Liebe geht es nicht wirklich. Die andere ist es, die aus den Strukturen und Abläufen des Daseins das wogende Leben erschafft, in das einzutauchen die Wonnen von Glückseligkeit bereithält, die wir am Anfang in den Armen der uns Liebenden erfahren, die uns nähren und befähigen, das Empfangene wieder zu verströmen, an andere weiterzugeben, um das Rad der Liebe weiterzudrehen. Wenn ein Leben darin besteht, Liebe zu suchen, geht es um diese Liebe.

30

Und wie ist das mit mir? Nicht, dass es von Anfang an vergeblich gewesen wäre mit Martin. Wir hatten viele gute Jahre. Aber irgendwann hat es nachgelassen. Wo eigentlich die Leidenschaft in Zärtlichkeit münden sollte, gab es keinen Übergang, sondern einen Krebsgang. Geschehen ist eigentlich nichts. Außer einer kleinen Emanzipation! Ich habe mich nach dem Studium lange herumgetrieben und promoviert in der Hoffnung auf einen Uni-Job und dem Glauben an einen Zusammenhang zwischen Leistung und Chancen. Aber um die Chancen hätte ich mich ganz anders kümmern müssen. Statt Mentoren zu suchen, jobbte ich mal hier, mal dort, ein paar Jahre für einen Verlag, ein paar weitere Jahre an einer Schule und hielt mich mit Lehraufträgen über Wasser, bis ich Martin kennenlernte, der einen Managementtrainer kannte, der eine Partnerin suchte. Dann ging es aufwärts, mit den Aufträgen und auch mit dem Einkommen. Martin plante für mich ein Institut mit vielen Trainern. Ich wäre Chefin geworden und Martin hätte gesagt, wo es lang ginge. Aber ich mochte diese Rolle nicht und fühlte mich inzwischen stark genug, sie abzulehnen. Danach war nie mehr die Rede davon, dass wir heiraten wollten, obwohl er mit mir in das neue Haus umzog. Natürlich, es gab darin wieder viele Entscheidungen, die Martin fällte, teilweise in Übereinstimmung mit mir, in der Regel gegen meinen Willen.

Wir hätten lernen sollen, mit Interessenkonflikten umzugehen. Ich lehre solche Verfahren, kann aber Martin für kooperative Lösungen nicht gewinnen. Er lässt sich einfach nicht darauf ein. Bei konträren Einschätzungen und Bedürfnissen habe ich keine Chance, gehört zu werden, wie die Mülleimergeschichte beweist. Allerdings kann ich mich inzwischen gegen Übergriffe in meinen beruflichen Bereich wehren. Ich lasse ihn einfach nichts wissen. Dann kann er meine Nerven nicht mürbe reiten. Aber auf diese Weise schmilzt zusammen, was wir teilen. Wenn es überhaupt noch ein Fleckchen Grundlage gibt, worauf wir beide gemeinsam stehen, ich weiß nicht, ob auch nur einer unserer Füße darauf Platz fände. So kann man nur schwer Gleichgewicht halten, und aufrecht stehen wir schon lange nicht mehr. Anstandshalber sollten wir Schluss machen. So denke ich schon seit geraumer Zeit. Es gibt jedoch einen Teil in mir, der Angst hat, Angst davor, einsam zu sein.

Ich bin zu Hause angekommen, nehme die Steinstufen bis zur oberen Plattform, fische meine Schlüssel aus der Brusttasche meiner Daunenjacke, schließe auf, betrete den Flur und erfasse mit dem ersten Blick im Dämmerlicht Martins Tasche in der Nische zwischen Treppe und Kommode. Was macht der denn um diese Zeit schon wieder hier, geht mir durch den Sinn, während ich durch den Flur zur Garderobe gehe, um meine Jacke auszuziehen und aufzuhängen. Auf dem Rückweg luge ich durch die Scheiben der Glastüren, um ihn im Wohnzimmer und Zeitung lesend zu entdecken. Dort ist er aber nicht. Also trete ich in den Bereich unserer Wohnung, in dem Küche und Esszimmer ineinander übergehen. Auch am Esstisch ist Martin nicht zu entdecken. „Hallo, wo bist du?“, rufe ich zurück in den Flur, um auch in anderen Bereichen des Hauses gehört zu werden. „Hiehier“, singt eine Stimme mit zwei Tönen in der Küche hinter mir. Martin steht dort und verteilt Nahrung aus Plastikgehäusen auf zwei Teller. Chinesisch duftende Gerüche steigen in meine Nase. Martin hat für uns beide zu essen mitgebracht, in guter Absicht, denke ich, obwohl meine Nase und ein sensibler Bereich in der Gegend oberhalb meines Magens die Absicht nicht so toll finden.

„Wieso bist du denn hier?“ Dieser Satz will schon von meinen Lippe abheben, um von mir zu ihm zu fliegen. Aber ich kann ihn gerade noch zurückhalten. „Wie kommt‘s denn, dass du hier bist?“, frage ich, merke, diese Worte haben immer noch nicht den Klang, mit dem ich sie in Martins Ohren schicken möchte. Ich hätte ja auch so etwas wie „Wie schön, dass du da bist“ sagen können. Aber der Satz ist heraus und hängt in der Welt. Wenn ich den jetzt zurücknehmen will, verstärke ich nur die Wirkung, die ich nicht gewollt habe. Also belasse ich es dabei.

„Die anderen sind beim Chinesen essen gegangen. Ich habe gedacht, da das hier in der Nähe ist, könnte ich dir eine Freude machen“, erklärt Martin seine Anwesenheit. „Wie wusstest du denn, dass ich jetzt am Mittag zu Hause sein würde?“, frage ich nach. Martin unterbricht seine Bemühung, den Inhalt der Plastikbehälter auf die Teller zu befördern, um mich anzuschauen. Mit dem Löffel in der Faust seine Rede begleitend, klärt er mich auf: „Ich weiß, es ist Donnerstag, und Donnerstag morgens bist du bei der Kobler, und von der Kobler gehst du nicht in die Praxis zurück, sondern nach Hause. Reicht dir das zur Erklärung der Störung?“ Er wendet sich wieder von mir ab und den Tellern zu. „Wie kommst du darauf, dass ich deine Anwesenheit als Störung empfinde?“, will ich jetzt wissen. Seine Worte haben Emotionen hervorgelockt, die sich schon wieder nach ich-bin-schuld anfühlen. Und solche Gefühle will ich jetzt nicht haben. „Freudig begrüßt hast du mich doch wohl nicht gerade, oder?“, kommt in gewollt nüchternem Ton von Martin zurück und ruft weitere sich ärgerlich anfühlende Erregungen in mir hervor. Aber ich will jetzt keinen Streit und versuche einzulenken: „Das mag so gewirkt haben, ich war in Gedanken und völlig überrascht, dich hier vorzufinden, deshalb habe ich gefragt.“ Diese Erklärung müsste er annehmen können. Macht er aber nicht. Schon am Klang des ersten Wortes kann ich das erkennen: „Du“, sagt er, und es klingt vorwurfsvoll. „Du bist aber häufig in Gedanken und dann überrascht, mich vorzufinden, und fragst dich dann vielleicht, wieso ich überhaupt noch in deinem Leben bin.“

Das war ein Generalangriff! Will ich den parieren oder mich dünne machen und den Stier ins Leere laufen lassen? Das frage ich mich. Aber der Zeitpunkt für eine Auseinandersetzung über unsere Partnerschaft ist schlecht gewählt. Er muss gleich wieder weg, und ich habe heute Nachmittag weitere Klienten und brauche einen guten Zustand für meine Arbeit. „Können wir unsere Beziehungskrise nicht aufschieben und uns zu einem günstigeren Zeitpunkt streiten?“, frage ich ihn und füge hinzu: „Ich würde lieber essen, was du mitgebracht hast, solange es warm ist.“ Dabei schaue ich ihn aus den Augenwinkeln an und treffe auf einen wachen Blick, der auch von den Augenwinkeln ausgeht und aufmerksam meine Züge mustert. Ich weiß nicht, wie ein Dritter uns wahrgenommen hätte: Zwei Leute in kriegerischer Haltung, die sich dummerweise dabei in die Augen sehen, sich erkennen, fühlen, dass sie sich lieben, zu lachen anfangen und sich dann in den Armen liegen. Dann stellt sich heraus, Martin hat vom Chinesen etwas mitgebracht, was ich mag. Weiß der Teufel, wann er sich das gemerkt hat. Für Überraschungen ist er ja wirklich manchmal gut. Außerdem hat er die Teller vorher angewärmt.

Viel Zeit haben wir nicht zur Verfügung, uns an den Tisch zu setzen, unser Mahl zu verspeisen und dabei friedlich zu plaudern. Wir sind noch nicht fertig, da guckt Martin auf die Uhr. „Ich muss los“, lässt er mich wissen und beeilt sich mit den letzten Bissen. Ob ich ihn entschuldige, will er wissen und erhebt sich bereits von seinem Stuhl. „Übrigens“, höre ich, während er den Stuhl wieder näher an den Tisch heran schiebt, „wusstest du, dass die Wenzel schwanger war?“ Mit diesen Worten will er hinaus in den Flur. Aber ich halte ihn auf. „Was schließt du denn daraus?“, will ich wissen. Martin stoppt unter der Tür. „Nichts direkt“, erwidert er, zögert, denkt nach, bricht ab, wiederholt, „nichts direkt“, wendet sich um und eilt zur Garderobe. Ich höre ihn seine Jacke ergreifen, sehe ihn nach seiner Tasche in der Nische zwischen Treppe und Kommode greifen, weiter eilen und die Haustür öffnen. Mit einem dumpfen Wumm ist sie wieder zu, und Martins Schritte ver.-hallen auf der Treppe draußen.

Susanne schwanger? Was bedeutet das? Was kann das bedeuten? Ich gerate ins Grübeln. Irgendeiner ihrer Liebhaber wäre, vielleicht ungewünscht, Vater ihres Kindes geworden. Könnte das auf einen Täter hinweisen? Wie fühlt sich ein Mann, wenn eine Frau, zu der er keine emotionale Beziehung hat, oder nicht mehr hat, wenn diese Frau ihm eröffnet, sie bekomme ein Kind von ihm? Ich habe keine Ahnung, geschweige denn Erfahrungen. Früher haben anständige Männer sich durch eine solche Eröffnung in die Ehe zwingen lassen. Und nicht wenige Frauen haben es so eingerichtet. Danach konnten sie sehr zuverlässig verhüten. Na ja, früher war in dieser Hinsicht sowieso alles anders. Heute gibt es nicht wenige Frauen, die gar nicht heiraten wollen, wenn sie ein Kind bekommen. Aber für einen Mann bedeutet das immerhin, zahlen zu müssen, bis dieses Kind die Ausbildung beendet hat, möglicherweise obendrein Krach mit der eigentlichen oder derzeitigen Geliebten oder auch Ehefrau. Aber eine Lebenskatastrophe ist ein uneheliches Kind heute nicht mehr, weder für den Mann, noch für die Frau. Mit einer Schwangerschaft hätte Susanne niemanden erpressen können. Das heißt auch, niemand hätte sich gewaltsam gegen eine solche Erpressung wehren müssen.

Welche Bedeutung könnte diese Schwangerschaft sonst noch haben? Oder besser: Für wen könnte diese Schwangerschaft sonst noch eine Bedeutung haben? Für Elisabeth? Sie hat Susanne gemocht, eine Zeitlang sogar wie eine Tochter gemocht. Welchen Einfluss hätte das Wissen um diese Schwangerschaft auf Elisabeth gehabt? Dazu will mir überhaupt nichts einfallen. Also probiere ich den Gedanken an mir selber aus: Ich habe eine junge Frau so sehr in mein Herz geschlossen, dass ich einwillige, dass sie bei mir lebt. Und nun erfahre ich, sie bekommt ein Kind. Was fühle ich? Ganz eindeutig fühle ich Freude. Das wird spannend, vermute ich. Miterleben könnte ich, wie das ist, schwanger zu sein, wie ein Kind sich im Leib entwickelt. Ich kann die Hand auf einen schwangeren Bauch legen und es fühlen. Dann Geburtsvorbereitungen, ach, all die aufregenden und wie ich glaube erhebenden Zustände in der Erwartung, dass da neues Leben entsteht. Es ist ein Wunder, wie das Leben funktioniert!

Man braucht sich bloß vorzustellen, wie eine solche Nachricht sich auswirkt, und schon fühlt man ihre Auswirkung. Elisabeth, wenn sie eine solche Nachricht erhielte, sie würde sich freuen.

Allerdings ... meine Gedanken stocken. Der Zeitpunkt, wird mir klar, der Zeitpunkt spielt eine Rolle. Wenn diese Nachricht sie in der ersten Phase ihrer Beziehung erreicht hätte, dann hätte sie sich ganz sicher gefreut, aber danach? Danach war sie von Susanne enttäuscht. Wie hätte sie in dieser Phase auf die Nachricht reagiert? Ein Mensch, von dem man enttäuscht ist, eröffnet einem, er bekomme ein Kind. Ich habe keine Vorstellung, wie man unter solchen Voraussetzungen darauf reagiert. Außerdem weiß ich nicht, in welchem Monat Susanne schwanger war. Ich weiß auch nicht, ob Elisabeth überhaupt davon wusste. Es ist müßig, über Reaktionen nachzudenken, wenn man gar nicht weiß, ob es einen Reiz gegeben hat. Ich werde sie fragen, nehme ich mir vor, und prompt schießt ein Verdacht mir in den Sinn: Hat Martin mich dazu veranlassen wollen? Ach Quatsch, schimpfe ich mit mir, muss ich denn immer hinter Martins Verhaltensweisen Absichten vermuten!?

31

Inzwischen haben wir Ende November. In den Nächten hat sich Schnee in den Regen gemischt. Schnee gibt es selten in unseren Breitengraden. Und wenn er sich schon mal ins norddeutsche Flachland verirrt, dann bleibt er nicht lange liegen. Meist schmilzt schon ein Großteil der Flocken, bevor sie auf die Erde fallen, oder sie lösen sich auf den Straßen und Gehwegen sofort auf. Weiße Weihnacht ist ein Traum, den norddeutsche Kinder zumeist vergeblich träumen. Um sich von einer Welt in weißer Unschuld betören zu lassen, muss man weiter nach Süden und hinauf. Die norddeutsche Tiefebene ist im Winter der Ort für Schmuddelwetter, grau in grau, nass und kalt. Auch heute tropft der Schnee von Tannen und Sträuchern. Er hat keine Decke über den Boden breiten können, nur hier und da ein paar weiße Tupfer gesetzt. Die verwandeln die Welt nicht!

Verwandlung geht von den Düften aus, die mich in Elisabeths Arbeitszimmer erwarten. Sie muss bereits Plätzchen gebacken haben. Zimtaroma und Nelkenduft hängen in der Luft. Richtig, Zimtsterne, Lebkuchen und anderes Kleingebäck warten in einer kleinen Schale auf dem Glastisch. Auch der Tee duftet. Ich muss mich zurückhalten, darf mich nicht sofort feierlich fühlen und hinschmelzen wie draußen der Schmuddelschnee. Ich entdecke wieder den freudebereiten Ausdruck in Elisabeths Gesicht und hätte durchaus Lust, dieses Treffen einfach nur zu genießen, statt nach Zielen zu fragen und sie die Wege dorthin zu führen. Möglicherweise geht es ihr genauso. Aber es gibt einen professionellen Aufpasser in mir, der besteht auf anständiger Arbeit, und deshalb muss jetzt auch gearbeitet werden.

Nachdem wir uns über traditionelle Herstellung von Zimtsternen ausgetauscht haben – denn auch ich backe Plätzchen -, frage ich, was sie in der heutigen Sitzung erreichen möchte. „Gar nichts“, antwortet Elisabeth und lacht. „Ich habe einfach nur Lust, mit dir zu plaudern.“ Hab ich’s mir doch gedacht, geht mir durch den Kopf. Trotzdem will ich die Stunde retten. „Wir müssen ja nicht wie üblich vorgehen“, lasse ich sie wissen. „Wir können Veränderungen durchgehen und schauen, ob es Wünsche gibt, bereits Erreichtes noch zu steigern.“ Sie sieht mich zustimmungsbereit an, während ich fortfahre. „Die Psychologie, nach der ich arbeite, hebt nicht nur Einschränkungen und Probleme auf, sie lässt sich auch einsetzen, um bereits vorhandene Fähigkeiten weiterzuentwickeln.“ Die Zustimmungsbereitschaft auf Elisabeths Gesicht ist in ein vergnügliches Lächeln übergegangen. „Prima“, äußert sie. „Und worüber reden wir?“, will sie danach wissen. „Ich denke, wir fangen mit Susanne an“, schlage ich vor. „An deiner Beziehung zu ihr haben wir zuerst gearbeitet.“

Mein Vorschlag begeistert sie nicht, das erkenne ich am zurückgehenden Muskeltonus in ihren Zügen. Dennoch stimmt sie zu. „Na gut“, höre ich, schenke kurz einem Impuls Aufmerksamkeit, vielleicht doch ein anderes Thema zu wählen, ver.-werfe diesen Gedanken und hole mir wieder Susanne in meinen Fokus: „Erzähle mir doch einfach nochmals deine Erfahrungen mit Susanne, so wie du sie jetzt abgespeichert hast. Dabei können wir darauf achten, was sich geändert hat, wenn du an sie denkst.“

Nach dieser Aufforderung geht Elisabeth ihre Erinnerungen mit großer Sorgfalt durch. Ich sehe nicht nur Augenbewegungen, mit denen sie die Hirnregionen aktiviert, in denen ihre Erfahrungen zu finden sein müssen, ich sehe komplette Kopfbewegungen, mit denen sie die Suche unterstützt. „Ich denke jetzt anders an sie zurück“, leitet sie ihren Bericht ein. „Was mir neulich noch mal durch den Kopf gegangen ist ...“, fährt sie fort, korrigiert sich aber: „Mir ist neulich klar geworden, ... ja, wie soll ich das sagen, ... ich habe einfach noch mal darüber nachgedacht, wie es überhaupt dazu gekommen ist, dass ich sie in mein Haus aufgenommen habe...“. Sie macht eine Pause. Ihr scheint unangenehm zu sein, mir das, was sie schon im Sinn hat, mitzuteilen. „Eigentlich hat sie mich ausgetrickst.“ Jetzt ist es draußen, vielleicht noch nicht formvollendet. Aber der Probegedanke steht.

„Sie hat mich becirct“, bringt sie vor, prüft, wie es sich anhört und fährt fort, „nicht direkt, aber indirekt. Sie hat Andeutungen gemacht, Andeutungen, sie könnte sich hier bei mir heimatlich fühlen, zu mir hätte sie Vertrauen, von mir könnte sie lernen, und wie liebevoll die Atmosphäre hier in meinem Hause sei, alles schön und gepflegt, der Blick in den Garten, die Abgeschlossenheit und mehr solcher Äußerungen, die mich glauben ließen, es gehe ihr darum, bei mir zu sein, nicht irgendwo zu sein, sondern bei mir. Also ich weiß nicht, wie ich es sagen soll. Ich habe sie auch mehrmals gefragt, weil ich jeden Irrtum ausschließen wollte. Aber ich täusche mich nicht: Sie hat mir wirklich so etwas wie eine Hoffnung auf eine persönliche Beziehung gemacht. Es gehe ihr nicht so sehr darum, eine angenehme und vor ihrem Freund sichere Bleibe zu finden, sondern“, sie hält nochmals inne, um zu prüfen, ob sie mir ihren Gedanken wirklich anvertrauen will: „Es gehe um mich! Ich persönlich sei für sie ganz wichtig.“

Elisabeth spürt nochmals den Worten hinterher, die sie eben ausgesprochen hat und lässt mich dann das Resultat wissen: „Genau!“, sagt sie, „so war‘s. Und dann hat sie mich von einem Tag auf den anderen sitzen lassen, das heißt, sie kam einfach nicht mehr herein, um guten Tag zu sagen und mit mir zu reden oder Tee zu trinken, oder einen Prosecco im Garten. Sie war da, wenn sie nicht im Büro war, aber sie war nicht allein da. Wer da noch war, wusste ich zuerst nicht. Ihr Besuch wurde mir nicht vorgestellt. Ich sah sie mehrere Wochen nur kommen und gehen.“ Ich bin erstaunt. „Mehrere Wochen?“, frage ich. „Ja, mehrere Wochen“, bestätigt Elisabeth. „Sie blieb einfach weg. Irgendwann traf ich sie dann auf der Straße, und sie redete mit mir, als ob nichts sei, wir hätten uns ja lange nicht gesehen, und zwar deshalb, weil sie sich verliebt habe. Wie ihr Verhalten auf mich wirken würde, oder ob es überhaupt eine Auswirkung haben könne, schien für sie keine Frage zu sein. Eine solche Frage kam in ihrer Welt nicht vor.“

„Und was hat das in dir ausgelöst?“, will ich wissen. Elisabeth holt Luft. „Zuerst konnte ich das gar nicht glauben“, beginnt sie und schaut nach unten. „War ich doch noch einmal in meinem Leben, und das in meinem Alter, in eine Beziehung hinein geschliddert mit der Hoffnung auf Bedeutung für einen anderen Menschen.“ Sie schweigt zwei Atemzüge lang, bevor sie fortfährt. „In der Hoffnung auf Zuwendung.“ Wieder Schweigen, dann: „In der Hoffnung auf Austausch, und nicht mehr allein zu sein.“ Sie hebt ihren Blick wieder und schaut mich an. „Ich war ..., ja, wie soll ich sagen? ... ich war so etwas wie entsetzt, als mir klar wurde, dass ich mit ihr noch einmal eine solche Erfahrung machen sollte.“ Sie schnaubt. „Sie muss intuitiv erfasst haben, wie sie mich herumkriegt.“ Sie schnaubt nochmals: „Und ich fühlte mich ausgetrickst und betrogen. Eins war jedenfalls klar geworden“, diese Worte hören sich an wie ein Resümee: „Sie hatte eine angenehme und günstige Bleibe gesucht und sonst gar nichts.“

„Und wie hast du reagiert, als dir das klar wurde?“, will ich nochmals wissen. „Ich hätte sie umbringen können“, antwortet Elisabeth. „Du sagst, du hättest - hast du?“ In mir zuckt es zusammen und bleibt im Krampf stecken. Wie kann ich eine solche Frage stellen! Mein Schrecken über meine eigenen Worte wischt einen Augenblick lang mein Gehirn leer. Von draußen jedoch höre ich ein einfaches „Nein“ und eine Fortsetzung: „Aber ich wollte sie wieder loswerden.“ Elisabeth hat nicht bemerkt, wie erschrocken ich über mich selber war. Sie ist einfach bei sich geblieben. „Ich konnte sie nicht mehr ertragen“, fährt sie fort. „Wenn ich Geräusche aus ihrer Wohnung hörte, kriegte ich Zustände. Das war ja auch unmöglich“, schiebt sie als Erklärung nach. „Ich hatte ihr, das heißt ihr persönlich zugesagt, dass sie in den Räumen unten im Haus wohnen könne, und jetzt lebte da noch ein Mann, den ich nicht kannte. Und du musst wissen“ - mit diesen Worten wendet sie sich mir direkt zu -, „die Räume unten kann man nicht von meinem Wohnbereich abtrennen. Sie brauchte doch die Schlüssel zum Trockenraum. Wer immer da unten war, konnte auch in meine Räume gelangen. Das war mir unerträglich. Ich hatte mir schon überlegt, wie ich ihr meinen Entschluss mitteilen wollte, dass sie wieder ausziehen solle. Aber bevor ich mit ihr darüber sprechen konnte, war sie tot."

„Und wie ist es jetzt?" Elisabeths Bericht hat sie atemlos gemacht. Sie holt tief Luft. „Empört bin ich immer noch, merke ich", antwortet sie. „Das kommt, wenn man sich an so was erinnert. Aber das ist Vergangenheit, ... vorbei, ... passé, ... einfach eine Erfahrung, die ich gemacht habe, ... schon eine von den wichtigeren Erfahrungen, aber ebenso vorbei wie andere auch." Bei diesen Worten ist sie ruhiger geworden. „Keine Trauer mehr?", möchte ich noch wissen. „Nein, vielleicht ein Bedauern, nein, auch so nicht, es ist so, wie wenn eine Bekannte von einer anderen Bekannten erzählte, der etwas zugestoßen sei, was man als Mensch bedauert, so ist es." Mit dieser Beschreibung ist sie zufrieden. Aber ich möchte noch etwas wissen: „Kein Entsetzen, wenn du daran denkst, wie du sie gefunden hast?" Ihre Augen wandern links zur Seite. Geräuscherinnerungen, schießt mir durch den Sinn und verschwindet wieder. „Ja doch", höre ich Elisabeth sagen, „aber auch so, wie ich einen Unfall mit einem Toten erinnere, den ich miterlebt habe. Da war auch Entsetzen, und die Bilder habe ich lange nicht aus dem Kopf gekriegt. Aber irgendwann verblassen die, man kriegt Abstand."

Die letzten Worte scheinen sich auf Susanne zu beziehen. Sie hat Abstand gefunden. Aber sie hat noch andere Veränderungen festgestellt: „Bevor wir gearbeitet haben", lässt sie mich wissen und schaut dabei geradeaus vor sich hin, „war sie irgendwie drin in meinem Leben, präsent, aber das fühlte sich an wie ein Loch oder eine Betäubung. Jetzt ist sie einfach eine Erinnerung." Mit diesen Worten kehrt ihr Blick zu mir zurück.

„Eines würde ich gerne zum Abschluss noch fragen", diese Worte hänge ich an. „Wusstest du, dass Susanne schwanger war?“ Die Antwort bekomme ich prompt, nonverbal. Sie zieht die Augenbrauen leicht zusammen und starrt mich unverwandt an. „Nein“, höre ich dann aus ihren Mund. „In welchem Monat denn?“, will sie wissen. „Das weiß ich leider auch nicht“, antworte ich und schweige dann. Die Pause, die sich ergibt, scheint Elisabeth als Aufforderung zu Mitteilungen zu verstehen. „Ich frage deshalb“, erklärt sie und schaut dabei starr geradeaus, „weil mein Sohn mich das einmal gefragt hat, was ich denn mache, wenn sie schwanger würde. Ich könnte doch keine schwangere Frau auf die Straße setzen.“ Ich bin überrascht: „Dein Sohn hat das gefragt?“ In Elisabeths Körper kommt wieder Bewegung. „Ja“, bestätigt sie, „der hat Susanne nicht gemocht, von Anfang an nicht. Und als Susanne ihren Freund mitbrachte, und er merkte, wie sehr mir das zusetzte, hat er mich gedrängt, sie wieder rauszuwerfen. Ganz wütend war er, als sie dann wieder einen anderen hatte.“

32

Emotionale Reaktionen haben eine Logik. Uneingelöste Versprechen führen zu Enttäuschung, Spott ruft Kränkung hervor, Verlust löst Trauer aus, Demütigung Wut. Susannes Tod hatte in Elisabeth zunächst Trauer hervorgerufen und sie erstarren lassen. Sie konnte nicht mehr schreiben. Daran habe ich mit ihr gearbeitet und erreicht, dass ihre Erfahrungen mit Susanne nur noch Erinnerungen waren, Erinnerungen unter vielen anderen Erinnerungen, verknüpft mit leichtem Bedauern, dass sie nicht mehr waren, als sie waren. Aber diese Veränderung hat auch eine andere Seite ihrer Beziehung zu Susanne wieder bewusst gemacht, eine Seite, die sie vergessen oder nach dem Tod von Susanne verdrängt haben musste.

Susanne hatte Elisabeth enttäuscht. Sie hatte große Hoffnungen geweckt, endlich geliebt zu werden, nach einer Kindheit ohne die Liebe der Eltern, nach einer Ehe ohne die Liebe des Mannes, nach einer problematischen Beziehung zum eigenen Sohn endlich geliebt zu werden, geliebt zu werden von einer Frau, die eine Tochter hätte sein können. Aber dann erwies sich auch Susanne als ein Mensch, von dem Elisabeth nichts zu erwarten hatte. Von einem Tag auf den anderen hatte sie sich abgewendet, so abrupt abgewendet, dass Elisabeth sich nichts mehr vormachen konnte: In Susannes Leben hatte sie überhaupt keine Bedeutung, außer ein schönes und günstiges Zuhause zur Verfügung stellen zu können.

Elisabeth war enttäuscht. Aber wie tief enttäuscht war sie? War Enttäuschung überhaupt das richtige Wort, um ihre emotionale Reaktion zu benennen? Wenn man so geködert und dann einfach stehen gelassen wird, ist man dann enttäuscht? Wenn man sein Leben lang vergeblich nach Liebe gesucht hat und noch einmal erleben muss, einfach stehen gelassen zu werden, ist man dann nur enttäuscht? Nein! Susannes Verhalten muss anders erlebt worden sein, nicht als Enttäuschung, sondern als Betrug, oder gar als Demütigung. Hat Elisabeth sich überhaupt klarmachen können, welche Gefühle Susannes Verhalten ausgelöst hat? Sie muss durch eine Hölle gegangen sein. Selbst ihr Sohn, mit dem sie nun wahrlich auf keinem guten Fuße stand, selbst ihr Sohn hat etwas gemerkt. Wie schwer war ihre Verletzung? Wie schwer ist eine Frau, die im Leben – denn das hat sich ja alles vor unserer Arbeit abgespielt – wie schwer ist eine Frau, die im Leben nach Liebe gesucht hat, vergeblich gesucht hat, wie tief ist eine solche Frau nach einer solchen Erfahrung verletzt? Susanne muss so etwas wie eine letzte Hoffnung gewesen sein, eine letzte Hoffnung, Liebe zu finden. Die Zeit, in denen Menschen Partner suchen und finden, war längst vorbei.

Wenn es Martins Fall gewesen wäre, er hätte den möglicherweise Schuldigen nicht unter den Männerbekanntschaften von Susanne gesucht. Er hätte zuallererst Elisabeth und ihren Sohn verdächtigt. Er hat mir zwar nicht gesagt, worauf er einen solchen Verdacht stützt. Aber ich weiß, dass Martin so etwas hat, was man einen Riecher nennt. Wahrscheinlich sind das Intuitionen. Ich habe auch manchmal Intuitionen. Bei solchen Eingebungen kann ich weder äußere Auslöser noch Gedankenketten ausmachen, die dazu geführt hätten, aber sie erweisen sich als richtig. Könnte es sein, dass Elisabeth für Susannes Tod verantwortlich ist? Ich weiß immer noch nicht, wie Susanne zu Tode kam, aber das weiß ja auch die Polizei nicht. Sie könnte ermordet worden sein. Jemand könnte ihren Kopf über diese Kannte geschlagen haben. Sie könnte aber auch unglücklich gefallen sein.

Hat es eine handgreifliche Auseinandersetzung zwischen Elisabeth und Susanne gegeben? Elisabeths anfängliche Zuneigung war in Enttäuschung umgeschlagen. Ihre Erkenntnis, dass Susanne sie bloß ausnutzen wollte, hatte Wut ausgelöst. „Ich hätte sie umbringen können", hat sie gesagt. Sicher war nicht nur Wut auf Susanne ausgebrochen. In solchen Augenblicken können alle anderen Erfahrungen, nicht geliebt, sondern nur ausgenutzt worden zu sein, wieder hochschießen, Erinnerungen, die unverarbeitet in die Tiefe der Seele gesperrt worden waren.

Ich sehe Elisabeth auf der Treppe stehen, die in die unteren Räume ihres Hauses führen. Sie sieht so aus, als hätte sie einen Entschluss gefasst, geradeaus schauend und eine Hand mitten auf der Brust. Sie hat sich vorgenommen, Susanne zu sagen, sie möge wieder ausziehen. Sie geht hinunter und klopft an eine Tür. „Ich komme", tönt es von drinnen. Die Tür wird aufgeschlossen und geöffnet. Eine dunkelhaarige junge Frau erscheint im Rahmen und bleibt mit einem Ausdruck von „Was willst du denn hier?“ stehen. „Darf ich hereinkommen, ich würde gerne mit dir sprechen“, bringt Elisabeth vor. „Es ist `n bisschen spät“, klingt es kühl, laut und mit wenig Modulation in ihre Ohren zurück. Aber die junge Frau tritt einen Schritt zur Seite, um Elisabeth eintreten zu lassen. Dann sitzen beide einander gegenüber. Elisabeth hat die ersten Worte, die sie sagen wollte, in der Beklemmung der Situation vergessen. Sie sucht verstört nach einer passenden verbindlichen Formulierung, findet aber keine freundliche Verpackung, sondern sagt nackt und klar: „Ich möchte, dass du wieder ausziehst.“

Über die brutale Nüchternheit dieser Aufforderung erschreckt sie selber. So hatte sie wirklich nicht vorgehen wollen. Aber es ist die Wahrheit, und es ist zu spät: Sie ist draußen. Susanne starrt sie an. „Ja, wie?“, kommt teils ungläubig, teil aggressiv von ihren Lippen. Dann lacht sie unkontrolliert. Elisabeth schweigt. Keine der Begründungen, die sie sorgfältig formuliert und im Gedächtnis abgespeichert hat, damit sie ihr ohne Nachdenken zur Verfügung stehen, will sich aufgreifen lassen. Sie spürt mit Erschauern, wie plötzlich die Atmosphäre zwischen zwei Menschen gefrieren kann. Es ist wirklich aus, wird ihr klar.

„Und warum bitte?“ Susanne scheint Elisabeths Aufforderung immer noch für einen Witz zu halten. Sie lacht ihr ins Gesicht. Elisabeths Mimik und Körperhaltung bleiben unbeweglich. „Es tut mir leid, aber es ist besser so“, sagt sie leise. Susanne holt mit offenem Mund Luft: „Du kannst mich doch nicht einfach ohne Grund rauswerfen!“, stößt sie hervor und lässt danach ihren Mund wieder offenstehen. Elisabeth senkt kurz den Kopf, schaut auf ihre im Schoß liegenden Hände und sagt den Blick wieder hebend: „Ich habe dir erlaubt, hier zu wohnen, wohlgemerkt dir allein, und keiner zweiten Person.“ Kaum sind die Worte heraus, erwidert Susanne: „Du kannst mir nicht verbieten, Besuch zu haben!“ Elisabeth lächelt. „Ich will dir nicht verbieten, Besuch zu haben, ich will, dass du mein Haus verlässt.“

„Du kannst mich nicht einfach rausschmeißen.“ Susannes Stimme klingt nach sich formierender Abwehr. Elisabeth steht auf und wendet sich zur Seite. „Ich möchte, dass du gehst.“ Ihre Worte klingen leise, aber bestimmt und unverrückbar. Auch Susanne steht auf. „Ich gehe nicht, das werden wir doch mal sehen“, schreit sie. Elisabeth sieht ihr Gesicht vor sich. „Das kann nicht wahr sein!“, geht durch ihren Sinn, denkt sie, aber in dem übergroßen Staunen, das von ihr Besitz ergreift, hat sie gar nicht mitbekommen, dass sie diesen Satz ausgesprochen hat. Sie wird sich dessen erst gewahr, als sie von Susanne hört: „Was kann nicht wahr sein, du dumme Kuh?“

Wie viele Gedanken gleichzeitig durch ein Gehirn blitzen können, ist kaum zu glauben. Während eines Unfalls soll einem Menschen sein ganzes Leben vor seinen inneren Augen abrollen. Ähnlich läuft im Bruchteil einer Sekunde in Elisabeths Sinn alles ab, was sie mit Susanne erlebt hat. Ihre Besuche, ihre vertrauten Gespräche, ihre Übereinkunft, zusammenleben zu wollen, Susannes Blicke, die ihr liebevoll erschienen waren, ihre einschmeichelnden Worte, kleine Berührungen beim gemeinsamen Kochen, ihre mit einem Proseccoglas erhobenen Hände, dann steht sie am Fenster, sieht sie nur noch kommen und gehen und jetzt als Antwort auf all das: ein unverschämtes Lachen: „Was kann nicht wahr sein, du dumme Kuh?“ Im Bruchteil dieser Sekunde, in dem sie auf die Erinnerungen schaut, merkt sie den Zorn nicht, der in ihr hochschießt, eine unglaubliche Menge von unglaublicher Intensität. Die ohnmächtige Wut der Betrogenen, von der ganzen Welt Betrogenen schießt in ihren Kopf. Sie geht auf das unverschämte Lachen los, um es zu ersticken. Aber das Lachen wehrt sich und schlägt um sich. Dann steht eine Stille im Raum, eine lautlose Stille. Plötzlich wird Elisabeths Bewusstsein klar. Sie schaut, sieht Susanne, die über das Bett und seine Kante gefallen ist und reglos daliegt.

Langsam tauche ich aus meiner Phantasie wieder auf. So könnte es gewesen sein. Ja, so könnte ich es vermuten, wenn ich sie nicht kennengelernt hätte. Eine solche Szene hätte sich zwischen den beiden abspielen können. Aber eine solche Szene hätte Elisabeth mir nicht verbergen können. Ich habe sie gefragt, was sie empfindet, wenn sie die Erinnerung wachruft, die Erinnerung an den Augenblick, in dem sie Susanne tot auffindet. Da sind keine Bilder einer solchen Szene aufgetaucht, im Gegenteil: Da waren Geräuscherinnerungen. Ich erinnere mich, dass ihre Augenmuster mir Hörerinnerungen signalisiert haben. Und danach sprach sie von einem Unfall, den sie miterlebt hatte, bei dem es einen Toten gab. An die tote Susanne erinnere sie sich jetzt ebenso wie an diesen Unfall, hat sie gesagt. Sie wisse noch, damals habe es Entsetzen ausgelöst, die Bilder konnte sie lange nicht aus dem Kopf bekommen. Aber dann seien sie doch verblasst. Nein, Elisabeth kann keinen Anteil an Susannes Tod haben.

33

Nein, Elisabeth kann keinen Anteil an Susannes Tod haben. Aber wenn nicht Elisabeth, wer dann? Vielleicht doch einer der Männer von Susanne? Sie war schwanger. Martin muss mir das mitgeteilt haben, damit ich darüber nachdenke. Aber Martin vermutet einen Täter nicht unter den Männerbekanntschaften von Susanne. Er vermutet den Täter im Hause von Elisabeth. Aber da ist nur noch Kobler junior, der bislang nicht verdächtigt wurde, weil er schwul sein soll. Aber vielleicht ist er gar nicht schwul. Er hat verächtlich über Susanne gesprochen. Das muss nicht daher rühren, dass er keine Frauen mag oder keine sexuell aktiven Frauen mag. Dafür könnte es andere Gründe geben: Vielleicht hat er sie begehrt und wurde abgewiesen. Abgewiesene Männer müssen ihr Selbstwertgefühl wieder aufrichten, und die beste Möglichkeit für die Wiederaufwertung eines zurückgewiesenen eigenen Egos ist immer noch die Abwertung des anderen. Ich glaube, er hat Schlampe gesagt oder sogar Nutte. Ich weiß das gar nicht mehr. Aber so ein Wort war es.

Aber nein, geht ja gar nicht, denke ich weiter. Wenn Susanne Kobler junior abgewiesen hat, wie kann er dann der Vater ihres Kindes sein? Irgendwie passt das nicht zusammen. Was muss geschehen sein, wenn einer der Vater des Kindes einer Frau ist und die Frau verachtet? Sie könnte ihn vernascht haben. Sie könnte ihn erst vernascht und dann zurückgewiesen haben. Aber kein normaler Mann bringt eine Frau um, weil sie ihn vernascht hat und dann fallen lässt. Jede normale Psyche müsste eine solche Kränkung ohne Mordimpulse aushalten können. Vielleicht war es ganz anders. Vielleicht hat sie ihn mit der Schwangerschaft erpresst, und für ihn war ganz unerträglich, dass sie ein Kind von ihm bekam. Das ist alles völlig ungereimt. Oder vielleicht doch nicht. Eigentlich weiß ich gar nichts. Ich weiß beispielsweise auch nicht, ob die Koblers vielleicht reich sind und Susanne gehofft hat, ein paar Schäfchen ins Trockene zu bringen. Vielleicht ist es auch um etwas ganz anderes gegangen. Vielleicht hat sie gedroht, ihn bei seiner Mutter anzuschwärzen. In dieser Hinsicht ist er empfindlich. Er kämpft um die Liebe seiner Mutter. Vielleicht hat Susanne das erraten und ihm daraus irgendeinen Strick gedreht.

Wieder sehe ich die Treppe ins Souterrain des Hauses von Elisabeth in meinem inneren Wahrnehmungsraum. Es ist dunkel und schwierig, die Gestalt auf der Treppe zu erkennen. Aber es ist eine männliche Gestalt. Sie geht leise die Steinstufen hinunter, tastet sich durch mehrere andere Räume und bleibt vor einer Tür stehen. Ein Klopfen ertönt. Dann Stille. Nach einer kurzen Weile Schließgeräusche. Grelles Licht flutet in die Dunkelheit und umreißt messerscharf die dunkel bleibende männliche Gestalt. Klar erkennbar jedoch die junge dunkelhaarige schöne Frau. Meine Phantasie malt mir ein Gesicht wie die junge Ava Gardner. Sie schaut schweigend auf den Mann, tritt dann einen Schritt zur Seite, um ihn einzulassen. Da war kein Erstaunen in ihrem Blick. Sie ist nicht überrascht, ihn zu sehen. Vielleicht hat sie sogar auf ihn gewartet. Ich sehe die beiden Gestalten drinnen stehen und Worte miteinander wechseln. Aber ich höre diese Worte nicht. Ich weiß nicht, worum es geht. Aber ich sehe an Gesten und Mimik, dass dies kein freundschaftliches Treffen ist. Es ist eine Auseinandersetzung, eine Auseinandersetzung, die heftiger wird. Köpfe recken sich vor, Münder öffnen sich weit, es müssen laute Worte sein, die aus ihnen dringen, Gesten werden ungestümer, bedrohlicher. Er würgt sie. Sie stößt ihn zurück, er dringt auf sie ein, sie weicht zurück, rutscht aus und fällt ... über die Kante.

Ja, so könnte es gewesen sein. Aber ich habe überhaupt keine Anhaltspunkte, die begründen könnten, dass es so gewesen ist, außer ... einen Moment lang stockt mir der Atem. Die Erinnerung an die Hörgeräusche, die ich bei Elisabeth wahrgenommen habe, als ich sie nach ihrer emotionalen Reaktion beim Auffinden der toten Susanne fragte. Die Antwort auf diese Frage war mit der Erinnerung an Geräusche verbunden. Elisabeth muss den Kampf, in dem Susanne zu Tode kam, gehört haben. Und sie hat darüber nicht gesprochen. Welchen Grund hatte sie, das zu verschweigen? Welchen Grund hat sie, das zu verschweigen? Welchen Grund hat sie, das zu verschweigen. Meine Gedanken laufen im Kreis wie eine Schallplatte mit

Sprung. Unfug, denke ich, diese Geräuscherinnerungen müssen gar nichts bedeuten. ...

34

Kobler junior will heute zum zweiten Mal kommen. Am Telefon hat er nicht gesagt, was ihn dazu bewegt. Damit habe ich nicht gerechnet, wird mir klar. Unsere Bemühung wird nicht erfolgreich gewesen sein, erfinde ich zur Erklärung. Er hat keine Veränderung in seiner Beziehung zu Elisabeth wahrgenommen und will das Thema nochmals bearbeiten. Oder er will etwas ganz anderes. Aber was anderes könnte er wollen? „Hör auf!“, befehle ich meiner Phantasie, „ich werde gleich erfahren, was er will.“ Während ich die Unterlagen von Kobler junior aus der Hängekartei fische und die Aufzeichnungen unseres letzten Treffens entziffere, klingelt es schon. Diesmal ist er pünktlich, denke ich, während ich durch den Flur zur Haustür eile, um ihm zu öffnen. Blass und rotblond gelockt steht er vor mir und schließt wieder den Knopf seines Jacketts, den er gleich drinnen wieder öffnen wird. Aber diesmal schaut er mich an und lächelt, bevor er eintritt.

Auch andere Dinge haben sich verändert. Ich vermisse seine Hab-Acht-Haltung, in die er seinen Körper hinein zwingt, um von seinem Innenleben nichts ohne Kontrolle nach außen dringen zu lassen. Kaum hat er den Knopf seines Jacketts wieder geöffnet, vertraut er seinen Körper sogleich den Polstern des Sofas an und macht es sich bequem.

Diesmal eröffnet er das Gespräch. Er sei sehr überrascht, wie schnell sich nach einer Beratung Veränderungen ergäben, erklärt er. Das hätte er nicht gedacht. Bevor er sich tiefer in Plaudertöne einsingen kann, will ich von ihm wissen, was denn jetzt anders sei. „Die Beziehung zu meiner Mutter“, antwortet er, ohne sich in seinem Wohlbehagen gestört zu fühlen. „Und was ist daran anders?“, frage ich weiter und kann dabei immer noch keine ernsthafte Haltung erzeugen. „Sie ist anders“, höre ich in der gleichen Tonlage. Dabei betont er das Wort „sie“. Ich lasse nicht locker: „Und was ist anders an ihr?“, will ich wissen. Jetzt sehe ich Regungen in seinen Zügen und Augenmuster, die mir zeigen, er präsentiert mir keine bereits vorbereiteten Äußerungen, sondern Resultate eines aktuellen Denkprozesses: „Sie ist mehr zugewandt“, vernehme ich. „Sie hört mir zu und wehrt nicht gleich alles ab, was ich sage.“ Nach diesen Informationen über Verhaltensänderungen seiner Mutter nimmt er emotionale Prüfungen vor. „Überhaupt ist die Atmosphäre anders“, höre ich. Dabei spricht er langsamer, sinnt nach, bevor er weiterredet, als prüfe er das, was ihm auf der Zunge liegt, ob er es aussprechen solle. „Ja, schon liebevoller“, sagt er dann. „Eigentlich habe ich gedacht“, fährt er lebhafter fort, „eigentlich habe ich gedacht, sie bliebe so, wie sie halt immer gewesen ist, zu mir gewesen ist, aber mir würde das nichts mehr ausmachen.“ Er macht eine Pause, bevor er hinzufügt: „Aber es ist ganz anders gekommen.“ Danach schaut er mich an.

Was Kobler junior berichtet, ist nicht selten das Resultat, wenn jemand an seiner Beziehung zu einem anderen Menschen arbeitet. Manchmal ist es tatsächlich so, als ob der andere Partner auf eine magische Weise dabei gewesen wäre und mitgelernt hätte. Diesen Zusammenhang versuche ich Kobler junior verständlich zu machen. „Eine Beziehung“, erkläre ich, „eine Beziehung ist ein System, in dem Partner ihre Verhaltens- und Reaktionsweisen bewusst, aber auch unbewusst aufeinander einstellen. Wenn man ein Element in einer solchen Beziehung ändert, verändert sich notwendigerweise das ganze System, und man hat nicht selten den Eindruck, dass auch und gerade der andere sich ändere. Das tut er auch. Wenn ich beispielsweise Druck auf jemanden ausübe, erzeuge ich Gegendruck. Wenn ich dann keinen Druck mehr ausübe, verschwindet auch der Gegendruck."

Mein Gegenüber hat verstanden. Nur ich selber bin mir nicht im Klaren, ob die von Kobler junior wahrgenommene Veränderung seiner Mutter auf eine eigene Veränderung zurückzuführen ist, oder ob er vielleicht die Resultate meiner Arbeit mit Elisabeth bemerkt hat. Es erscheint mir viel wahrscheinlicher, dass der Frieden, den sie mit ihren Eltern geschlossen hat, sich auch auf ihre Beziehung zu ihrem Sohn auswirkt. Ich glaube nicht, dass meine Arbeit mit ihm so erfolgreich war. Möglicherweise bin ich jedoch zu kritisch. Aber diese Fragen muss ich jetzt nicht klären. Es könnten ja auch beide Beratungen zusammen die Wirkung hervorgebracht haben, die er wahrgenommen hat.

Während mir diese Gedanken durch den Kopf gehen, spüre ich innerlich, dass mir mein Gegenüber immer noch nicht angenehm ist. Allerdings weiß ich nicht, was an ihm mir unangenehm ist. Meine Bemühung um meine professionelle Einstellung hat also nicht gewirkt, will es in mir weiter nachdenken, als ich ihn sich zum Sprechen bereit machen sehe. „Ja", lässt er sich vernehmen, „weil das so gut geklappt hat, hätte ich noch einen weiteren Wunsch." - „Ach ja, etwas Neues", denke ich, fühle eine aufkommende Zufriedenheit meine Skepsis zurückdrängeln und höre mich die Frage stellen: „Was möchten Sie erreichen?" Diese Frage löst ein langgezogenes „Jaaaa ...", aus, gefolgt von einem Stocken: „Also", setzt Kobler junior von Neuem an und bricht wieder ab. Es geht wohl um etwas, was ihm peinlich ist, will mir inzwischen klar werden, als ich höre. „Es gibt da eine Frau, mit der ich schon lange zusammenarbeite. Wir sind ein Superteam und ich möchte, dass das so bleibt. Aber sie will weg."

„Und Sie wollen sie halten", vervollständige ich die Mitteilung meines Gegenübers und ernte ein „Genau" aus seinem Munde. „Hoppla!", denke ich, das geht nicht, er will das Verhalten von anderen ändern - und setze an, ihm mitzuteilen, dass wir nur uns selber ändern können, andere aber nicht. Stattdessen stelle ich die Frage: „Gäbe es denn etwas, was Sie tun könnten, damit sie bleibt?", und erhalte die Antwort: „Ja." Aha, war doch wieder ein unbewusster Teil in mir klüger als ich. „Und was ist das?" Jetzt habe ich mich mit diesem Teil verbündet und ziehe mit ihm am gleichen Strang. „Ich müsste sie heiraten", höre ich als Antwort darauf. Wieder denke ich „Hoppla!", jetzt sind wir doch in der Sackgasse. „Und das wollen Sie nicht?", frage ich.

Er stockt, sucht in seinem Sofa eine Position, die zu seinem derzeitigen Zustand passt, presst die Lippen zusammen, druckst und sagt dann: „Schon, aber damit ist es nicht getan." Mehr will er von sich aus nichts preisgeben. Also frage ich: „Was fehlt noch?" Wieder dauert es, bevor er sich zu einer Antwort entschließen kann. „Na, ich müsste sie lieben." Ach du meine Güte!, kommentiert irgendein unbeherrschter Teil in mir diese Auskunft. Ich aber frage brav: „Das tun Sie nicht?", und höre die Antwort: „Nicht so, wie es sein müsste." - „Sehr sparsam", denke ich und ermittle weiter: „Wie müsste es denn Ihrer Meinung nach sein?" Wieder druckst er: „Na ja", bevor er mich wissen lässt: „Man müsste auch verliebt sein." Lange mache ich dieses Häppchen-Interview nicht mehr mit, denkt es in meinem Kopf. Aber meine Geduld ist noch in Form: „Und das sind Sie nicht?", will ich wissen. „Nicht wirklich", vernehme ich daraufhin. „Und ich soll etwas tun, damit Sie sich in die Dame verlieben können?" Das frage ich zum Abschluss, denn das muss es sein. „Ja, geht denn das nicht?", will er mit einer über die Maßen staunenden Stimme wissen. „Doch“, gebe ich zu. „Aber das habe ich noch nie gemacht.“ Meine Antwort scheint ihn nicht zu irritieren. „Dann machen Sie es halt jetzt!“, bestimmt er.

Wieder bemerke ich, dass mir dieser Mann nicht passt. Der ist unverschämt, lässt ein Teil in mir mich unaufgefordert wissen. Der bestellt die Veränderung mentaler Muster bei mir mit der gleichen Geste wie seinen Drink bei einem Kellner. So behandelt fühle ich mich auch. Das empört mich. Bei meinen Dienstleistungen für Menschen habe ich ein Wörtchen mitzureden, schießt mir durch den Sinn, zusammen mit einem probeweisen Vorgriff auf die nächste Minute: Was wir machen, bestimme ich!, höre ich mich intern sagen, und ich entscheide, dass wir das nicht machen! Entweder lieben Sie eine Frau und heiraten sie aus eben diesem Grunde, oder sie heiraten sie nicht! Ich bin auf dem Punkt, diese Proberede jetzt über meine Lippen zu schubsen, als mich ein entsetzter innerer Aufruf „Katharina!“ zurückhält. Ich weiß nicht, wie schnell manchmal Denken passiert. Im Augenblick müssen da oben unter meiner Schädeldecke Unmengen von Nervenzellen feuern, die mich wissen lassen: Wenn ich sein mentales Muster ändere, wird er sie lieben. Und es ist verdammt noch mal sinnvoller, zu wissen, mit wem man zusammenleben will und sich dann zu verlieben, als sich zu verlieben und dann festzustellen, dass man miteinander nicht viel anstellen kann.

„Ruhe da oben!“, befehle ich meinen inneren Stimmen und erfahre Gehorsam. Aber Gefühle lassen sich nicht so schnell abstellen wie Stimmen. Das merke ich in dem Augenblick, als ich den nächsten Satz formuliere: „Wie steht es denn überhaupt mit Ihren Beziehungen zu Frauen?“ Ich habe wahrlich keinerlei Veranlassung, so etwas zu fragen. Aber glücklicherweise weiß er das nicht und reagiert: „Mein Gott, wie soll‘s stehen?“, fragt er zurück. „Würden Sie sagen, Sie hätten seit Ihrer Pubertät die üblichen Beziehungen, die Männer zu Frauen haben?“ Katharina, was soll das?, will mich eine reaktivierte innere Stimme aufhalten. Aber es ist zu spät. Die Antwort ist schon da: „Also, man könnte eher sagen, dass ich zurückhaltender war als andere.“ – „Sie haben sich nicht so sehr wie andere Männer um Frauen bemüht“, wiederhole ich seine Äußerung sinngemäß. „So könnte man es sagen“, bestätigt er. „Und manche Frauen können Sie gar nicht ausstehen!“, entschlüpft erneut meinen Lippen. Ich weiß nicht, welcher kleine Teufel mich da reitet. Aber der will etwas herausfinden und macht einfach weiter. „Wie meinen Sie das?“, werde ich jedoch zurückgefragt.

„Frauen wie Susanne beispielsweise können Sie nicht ausstehen, ist das richtig?“ Diese Frage kommt wieder ohne meine Erlaubnis von meinen Lippen. Ich muss jetzt ernsthaft darauf achten, wie ich die Kurve zu einer legitimen Informationssammlung kriege, nehme ich mich in die Pflicht und warte auf einen Punkt, an dem ich die Weiche stellen kann, als ich eine überraschende Beobachtung mache. Auf meine Frage nach Susanne sehe ich einige Züge in der oberen Gesichtshälfte sich zusammenziehen, so dass sein Blick düster erscheint, so düster, dass er eine Schreckreaktion bei mir auslöst: „Das ist richtig“, lässt er mich mit zusammengezogenen Brauen wissen, „aber nicht wegen der Art und Weise, wie sie als Frauen sind, sondern wegen der Art, wie sie andere Menschen ausnützen. Diese Frau, um die es mir geht“, redet er schnell weiter, während seine Augenbrauen ihren angestammten Platz wieder einnehmen und sein Gesicht glatter wird, „diese Frau ist absolut in Ordnung.“

„Okay“, sage ich und nehme die Kurve, die sich mir jetzt anbietet. „Welche Gefühle möchten Sie für diese Frau empfinden?“ Auch mein Gegenüber scheint froh darüber zu sein, dass das Verhör jetzt vorbei ist. „Liebe“, sagt er ganz schlicht und schaut mich mit mir ehrlich erscheinenden Augen an. Dieser Blick lässt schmelzen, was sich in mir gegen ihn immer wieder einnehmen will. „Gibt es eine andere Person in Ihrem Leben, die Sie so geliebt haben, wie sie diese Frau lieben möchten“, frage ich weiter, um die Schritte der einfachen Vorgehensweise zu verfolgen, die bei solchen Zielen angezeigt ist, und höre wieder ein „Ja“. „Dann möchte ich Sie bitten, zurückzugehen in die Zeit, in der Sie diesen Menschen lieben und sich an diese Liebe zu erinnern, als wäre es jetzt. Und wenn diese Liebe in ihnen wieder auftaucht, achten Sie darauf: Wie denken Sie an diese Person?“ Diese Anweisung löst Unverständnis aus: „Wie ich an diese Person denke?“, will er wissen. „Genau“, gebe ich zurück, „wenn Sie an sie denken, müssen Sie ein Bild von ihr im Sinn haben. Beschreiben Sie mir dieses Bild.“

Ich höre und notiere, stelle weitere Fragen, um alle Informationen zu erhalten, die ich brauche. Danach prüfe ich nochmals, ob sein Ziel keine problematischen Folgen nach sich zieht: „Wäre es für Sie in Ordnung, dieses Gefühl, das Sie für diese Person empfinden, auf die Frau zu übertragen, mit der Sie zusammenbleiben wollen.“ Er geht nach innen und testet. Ich sehe außen Züge, die mir einen guten Zustand signalisieren. Er sitzt bei dieser Prüfung völlig entspannt und zentriert vor mir, nickt und schaut mich dann an. „Es gäbe keine negativen Folgen, wenn Sie diese Frau so liebten wie die Beispielperson“, will ich weiter wissen. Er geht nochmals nach innen und prüft, schüttelt unbewusst mit dem Kopf und kommt mit einem eindeutigen und stimmigen Nein zurück. „Dann holen Sie sich ein Bild dieser Frau vor Ihre inneren Augen“, weise ich ihn an, „und lassen Sie es so aussehen wie das Bild der Beispielperson.“ Ich nenne ihm die Einzelheiten, nach denen er das Bild einrichten soll. Mit freudigem Blick und einem ganzen Kranz von Lachfältchen um die Augen kommt er nach dieser Arbeit zu mir zurück.

35

Meine guten Gefühle Kobler junior gegenüber verfliegen jedoch sehr rasch wieder. Die plötzliche Verdüsterung seiner Mimik auf die Frage nach seiner Einstellung zu Susanne hat sich in meinen Gehirnwindungen festgesetzt und verätzt die Gedankengänge. Auch scheint er mir allzu schnell über die Frage hinweggegangen zu sein, so als wolle er sich schleunigst aus der Schusslinie bringen. Zu diesen Beobachtungen gesellt sich jetzt die Überlegung: Es gibt eine Frau in seinem Leben. Könnte Susanne ihm nicht doch in irgendeiner Weise in die Quere gekommen sein? Bei dieser anderen Frau scheint er mit lediglich geheuchelter Liebe nicht zum Ziele zu kommen. Zumindest glaubt er das. Und sie scheint ihm die Anstrengung wert zu sein, eine weitere Beratung bei mir auf sich zu nehmen. Mit einem solchen Ziel ist in der Tat noch niemand zu mir gekommen. Liebe hält man immer noch für einen Schicksalsschlag, obwohl die Schulmedizin inzwischen klar erkannt und auch veröffentlicht hat, dass da lediglich Hormone am Werk sind. Wir wissen natürlich schon länger, dass dieser Liebe auch mentale Muster zugrunde liegen, die man herstellen und abändern kann.

Wieder taucht das Phantasiebild in mir auf, mit dem der innere Film beginnt, der mir schon ein paar Mal vorgespielt hat, wie Susanne zu Tode gekommen sein könnte: Die Treppe in die unteren Räume des Hauses von Elisabeth und auf der Treppe eine dunkle Gestalt. Bevor sich dieses Bild jedoch in Bewegung setzt, schreite ich ein. Ich will nicht schon wieder eine Phantasie loslaufen lassen, ohne vorher die Fakten geklärt zu haben.

Ich rufe die Filmproduzenten unter meiner Schädeldecke zur Ordnung und stelle mir die Frage: Was weiß ich wirklich?

Susanne ist zu Tode gekommen, das ist eine Tatsache. Aber niemand weiß, war es ein Mord oder war es ein Unfall. Jemand muss jedoch vorher bei ihr gewesen sein. Man hat Würgemale gefunden. Daran ist sie allerdings nicht gestorben. Sie ist nur gewürgt worden. Diese Worte höre ich Martins Stimme sagen, mit einer Betonung auf „ge"-würgt, nicht „er"-würgt. Dafür braucht man Kraft, soviel Kraft, wie Elisabeth nicht hatte. Elisabeth war krank. Zu Tode kam Susanne durch einen Genickbruch, hervorgerufen durch einen Sturz, bei dem ihr Kopf über die Bettkante schlug. Dieser Sturz kann durch einen Stoß verursacht worden sein. Susanne kann aber auch ausgerutscht sein. Auf dem Boden fand man Wein verschüttet, und Rutschspuren von Susannes Schuh. Was die heute alles nachweisen können!

Was weiß ich von Susanne, forsche ich weiter. Sie hatte viele Männerbekanntschaften. Vor einem Liebhaber ist sie zu Elisabeth geflohen. Danach hatte sie einen sogenannten festen Freund und dann einen anderen, den man nicht hat ausfindig machen können. Daneben hat es aber auch viele Einmal-Bekanntschaften gegeben, One-night-stands, wie das heute so schön heißt. Sie hat auch Elisabeths Sohn gekannt, der sie jedoch nicht mochte. Einer dieser Männer muss sie geschwängert haben. Niemand weiß, wer. Und ich weiß nicht, in welchem Monat sie schwanger war. Was weiß ich noch von Susanne? Ich weiß nicht mal, wie sie aussah, wird mir klar. Ich stelle mir eine Ava-Gardner-Schönheit im Kleinformat vor, wenn ich meine inneren Filme besetze. Susanne eroberte sich gezielt eine Bleibe zuerst im Herzen, dann im Haus von Elisabeth. Sie war eine Frau, die, ... wie nennt man das, wenn sich jemand geschickt und mit ein bisschen Mogelei holt, was er haben will? Berechnend. Sie war berechnend. Nein! Das weiß ich nicht, korrigiere ich mich. Ich weiß nur: Susanne hat sich so verhalten, dass Elisabeth geglaubt hat, ihr sei an ihr persönlich gelegen. Das kann durchaus wahr gewesen sein. Susanne kann Elisabeth sehr wohl gemocht haben – nur nicht für lange. Gefühle und Interessen ändern sich. Am Anfang war Elisabeth ihr wichtig. Nachdem Susanne sich wieder verliebt hatte, war Elisabeth ihr nicht mehr wichtig.

Mit ihrem Einzug in das Haus von Elisabeth geriet Susanne zwischen die Linien auf einem emotionalen Schlachtfeld, auf dem ein Sohn um die Liebe seiner Mutter kämpfte. Wie war das noch mal, bevor Kobler junior mich erstmals anrief, versuche ich zu rekonstruieren. Elisabeth hatte keine besonders gute Beziehung zu ihrem Sohn. Sie glaubte, sie liebe ihn, sie sagte es oft, aber ihr wesentliches Bestreben ging dahin, sich von ihrem Sohn nicht einengen zu lassen. Dabei gab sie nur weiter, was sie selber erfahren hatte: von der eigenen Mutter ungewünscht, immer auf der Suche nach fürsorglicher Liebe, mit einem Vater, den sie als Herrscher erlebte, und einem Ehemann, den sie nach der Persönlichkeitsstruktur des Vaters wählte, liebesunfähig, aber materiell und sozial versorgend. Eigentlich mochte sie wohl überhaupt keine Männer. Aber sie erlebt sich als liebevoll, weil sie ihre Liebesbedürftigkeit mit Liebe verwechselt.

Ihr Sohn jedoch fühlt, dass sie ihn nicht liebt, und er leidet darunter. Er kämpft um ihre Zuneigung, und ist krankhaft eifersüchtig. Nein, Einspruch! Von einer krankhaften Eifersucht des Sohnes hat niemand gesprochen. Die habe ich jetzt hinzugedichtet. Gehört habe ich nur, dass er Susanne nicht mochte. Und es kann andere Gründe als Eifersucht geben, wenn man bestimmte Menschen nicht mag. Was weiß ich noch mit Sicherheit, frage ich mich weiter. Dass er glaubt, für seine Mutter sorgen zu müssen. Das sei seine Sohnespflicht. Dabei entgehen ihm seine eigenen Dominanzgelüste. Er selber nimmt sie als Fürsorge wahr, seine Mutter erlebt sie als Herrschaftsversuche und wehrt sie ab.

Auf diesem Schlachtfeld erscheint jetzt eine junge Frau. Von Elisabeth weiß ich, Susanne suggeriert Schutzbedürftigkeit und Liebe, aber sie enttäuscht die Gefühle, die sie hervorruft, ganz schnell, nämlich sobald jemand anderes auf der Bühne erscheint. So jedenfalls hat Elisabeth Susanne erlebt, war verletzt, dann wütend und wollte sie wieder loswerden.

Wenn Susanne nun dasselbe mit Kobler junior gemacht hat ..., spinne ich weiter, ... ‚der ja offensichtlich nicht schwul ist ..., - weiß ich das eigentlich? - ... und sich ihn gekrallt hat, wie sie die Mutter gekrallt hat, ... zum Schutz vor dem verfolgenden Liebhaber, ... und sich ein Kind machen ließ, ... was keiner wusste, ... ihn dann fallen ließ, ... wie sie Elisabeth fallen ließ, ... um sich in den nächsten zu verlieben, ... sich dann aber besann, ... und ihn zurückhaben wollte, ...als das Kind unterwegs war, ... bösartig wurde, als er sie abwies, ... ihn erpressen wollte, ... gedroht hat, es seiner Mutter zu sagen, ... oder besser der Frau, die ihm wichtig ist.

Wieder taucht die Treppe ins Souterrain des Hauses von Elisabeth in meinem inneren Wahrnehmungsraum auf. Wieder ist es dunkel und schwierig, die Gestalt auf der Treppe zu erkennen. Aber es ist wieder eine männliche Gestalt. Sie geht leise die Steinstufen hinunter, tastet sich durch mehrere andere Räume und bleibt vor einer Tür stehen. Dann das Klopfen, Stille und danach Schließgeräusche: Wieder flutet grelles Licht in die Dunkelheit und umreißt messerscharf die männliche Gestalt. Klar erkennbar die junge dunkelhaarige schöne Frau mit dem Ava-Gardner-Gesicht. Sie schaut schweigend auf den Mann, tritt dann einen Schritt zur Seite, um ihn einzulassen. Sie hat ihn erwartet. Ich sehe die beiden Gestalten drinnen stehen und Worte miteinander wechseln. Aber wieder höre ich diese Worte nicht. Ich weiß immer noch nicht, worum es geht. Nur Mimik und Gesten lassen mich wissen, dass da eine heftige Auseinandersetzung beginnt, zunächst Münder sich öffnen, um zu schreien und dann Handgreiflichkeiten. Er greift nach ihrem Arm. Sie reißt sich los. Er dringt auf sie ein, sie rutscht aus. Er greift nach ihrem Hals, würgt sie, zieht sie hoch und schlägt sie ... über die Kante.

Als ich aus dieser Phantasie in die Gegenwart zurückkomme, habe ich das sichere Gefühl, dass er sie umgebracht hat. Was soll ich jetzt machen? Als Ersatz für eine verbale Antwort tauchen Gesichter in meinem inneren Blickfeld auf, zuerst Elisabeth. Soll ich ihr sagen, was ich denke? Dann Kobler junior. Aber der verschwindet schnell wieder, um dem Bild von Martin Platz zu machen. Muss ich mit Martin reden? Aber bevor die da oben sich zu einer Antwort durchringen können, taucht aus einer anderen Ecke meines inneren Wahrnehmungsraums ein anderer Gedanke auf: Aber er war doch gar nicht da, erinnert er mich. Er war in Hamburg! Gerade will ich aufatmen, glücklich, jetzt überhaupt nichts tun zu müssen, sondern mich den normalen Dingen des Alltags zuwenden zu dürfen, als mir eine weitere Stimme dazwischenkommt und mir zuraunt: Von Hamburg nach Hannover ist es nicht weit. In anderthalb Stunden ist man hier und in der gleichen Zeit wieder zurück. Und bevor ich einwenden kann, dass niemand ihn gesehen habe, kommt sie dem zuvor mit der Feststellung: Es muss ihn ja niemand gesehen haben. Auch die anderen Liebhaber von Susanne sind von niemandem so gut wahrgenommen worden, dass man sie hätte beschreiben können, außer dem ersten.

Vor meinem inneren Auge taucht die Ostfeldstraße auf und die Villa von Elisabeth. Das Grundstück ist wirklich schwer einzusehen: Bäume auf ihrer Straßenseite. Der Garten hinter einer hohen Buchenhecke verborgen. Wenn ihm auf der Straße niemand begegnet ist, hat ihn keiner erkennen können. Geparkt hat er wahrscheinlich in einer Nebenstraße, und zum Hause seiner Mutter hatte er mit Sicherheit einen Schlüssel. Sie musste ihm wahrscheinlich nicht einmal aufmachen. Sie hat geschlafen, außerdem war sie krank, und unten im Haus gibt es eine Verbindung zu den Räumen, in denen Susanne wohnte.

Nein, sie hat nicht geschlafen, sie hat ihn gehört. Jetzt wird alles klar. Elisabeth weiß, wer bei Susanne war, als sie zu Tode kam. Sie muss es wissen, sonst hätte sie die Erinnerungen ausgesprochen, die auf meine Fragen auftauchten. Sie weiß, dass es ihr Sohn war. Sie muss nicht nur den Kampf gehört haben, sie muss auch ihren Sohn gesehen haben.

36

Ich sollte mit Martin reden, denke ich. Irgendetwas jedoch hindert mich daran. Aber ich will jetzt nicht klären, ob mein Schweigegebot oder etwas anderes mich davon abhält. Ich bin wütend auf ihn. Er hat schon wieder seit Tagen versprochen, eine weitere Baustelle unten im Haus zu schließen. Aber er tut nichts. Ich kann diese Baustellen inzwischen nicht mehr sehen, würde gerne einen Handwerker bestellen, um den Kellerausgang zu fliesen, was Martin mir mit Drohgebärden verbietet. Warum tust du nicht einfach, was du für richtig hältst, hat Ulrike mich gefragt. Die Antwort ist: Ich fürchte Streit mit Martin. Ich halte diese von Rauchschwaden durchzogene brenzlige Atmosphäre von Streit mit Martin einfach nicht aus. Ich brauche nur daran zu denken, schon bildet sich in der Magengegend so etwas wie komprimierte Luft, die gähnend ausgeatmet werden muss und dabei einen Kieferkrampf auslösen möchte, wenn ich das zuließe. Also weg damit in die Tiefgarage meiner Psyche, Tür zu und abgesperrt, zweimal den Schlüssel umgedreht und die Riegel davor!

Jetzt kann er kommen mit seinem Stampfen auf der Steintreppe draußen und aufschließen. Genau das höre ich in diesem Augenblick: Wumm!, zu die Tür und klatsch!, die Tasche landet in der Nische zwischen Treppe und Kommode, rauschendes Ausziehen seines Mantels. Da steht das Schätzchen schon in der Tür und schaut mich treuherzig an, als ob überhaupt nichts sei. Auf meiner Wange landet ein Küsschen, in meinen Ohren die Frage, ob ich nicht auch Hunger habe. Ohne auf Antwort zu warten, geht er im Küchenbereich auf die Suche nach Essbarem. Topfdeckel werden lärmend angehoben, bieten der Nase zwar Gerüche an, den Augen aber das Bild von Leere, was meinem Schätzchen klarmacht: Die Töpfe und Pfannen von gestern sind nicht abgeräumt worden. Diese Erkenntnis scheint ihn nicht zu stören. Auch, dass ich mich nicht bewege, irritiert ihn nicht. Er ist zur Inspektion des Kühlschranks vorgedrungen. Und die macht er gründlich: kein Tunnelblick, sondern Adlerauge. Martin schleppt Käse, Schinken und die gute Salami an. Butter, Brot und Tomaten werden auf den Tisch gehäuft, Brettchen und Besteck, Gläser abgestellt, um von meinen Händen an sinnvolle Plätze verschoben zu werden.

Noch habe ich kein Wort gesprochen, absolut keine Lust, überhaupt zu reden. Ich weiß nicht, wie man einen solchen Zustand nennen soll, festgefahren? Im Schlamm festgefahren! Wenn ich heraus wollte, würden die Räder durchdrehen. Also versuche ich es erst gar nicht, sondern gucke mir das Geschehen auf dem Tisch an, den Martin für unser Abendessen bereitet. Als letztes kommt er mit einer Flasche Prosecco in der Hand an, zieht demonstrativ den Korken und schenkt mir ein, dann sich selber, ergreift sein Glas und guckt mir in die Augen. Verdammter

Mist!, geht mir durch den Sinn. Ich fluche sonst nie, ich weiß, das gehört sich nicht, und ich will mich auch mir gegenüber so verhalten, wie es sich gehört. Aber ich sehe in die Augen von diesem Mistkerl und sehe das Lachen sich hinter seiner Iris verbergen, bereit, mich gleich anzuspringen. Also gut, denke ich, fühle meine Gesichtszüge gegen meinen Willen sich entspannen, in ein Lachen übergehen, hebe mein Glas und stoße mit ihm an.

Jetzt kommt auch Bewegung in meinen Körper. Während ich vorher wie im Rumpf eingerostet dagesessen und nur mechanisch meine Arme zur Verteilung der Dinge bewegt habe, die Martin auf dem Tisch abgestellt hat, richte ich mich jetzt in meinem Stuhl auf und zur Teilnahme am Abendbrot ein. Aber irgendein Teil in mir schottet mich immer noch gegen Martin ab, ich sehe ihn sich bewegen, sich Brot und Butter nehmen, unter Schinken, Wurst und Käse auswählen, die Bissen zum Munde führen, ich sehe ihn trinken und reden, aber ich höre nicht hin. Nein, das ist falsch, natürlich höre ich hin. Die Wörter, die Martin redet, erreichen auch mein Ohr, sie dringen ein, werden wohl auch in den Gehörbahnen meines Gehirns verarbeitet, aber sie erreichen nicht den Ort, an dem sich mir ihr Sinn erschließt. Da wandern einfach Wörter, mit denen Martin mit mir in Kontakt sein möchte, durch mein Gehirn, ohne irgendetwas in mir auszulösen. Ich verfolge das Geschehen schon eine Weile, fange an, mich zu wundern, was da vorgeht, als ich plötzlich aus meiner Erstarrung herausgerissen werde. „Bist du taub?“, höre ich und sehe Martins Augen auf mich gerichtet mitten im Kauprozess eines Schinkenbrotbissens innehaltend.

Ich wende die Augen von ihm, hole Luft, schaue ihn wieder an und höre mich sagen: „Ich bin irgendwie total kaputt. Ich bräuchte Urlaub.“ Diese Antwort scheint ihn zufrieden zu stellen. Jedenfalls kaut er weiter, brummt zustimmende Töne zu mir herüber und schlägt vor: „Lass uns doch ein Wochenende in den Harz fahren.“ Vor meinen inneren Augen taucht Andreasberg auf, Andreasberg im Schnee. Dort haben wir schon einmal Ferien gemacht und sind Langlaufski gefahren. Dort habe ich das erste Mal in meinem Leben auf Skiern gestanden, obwohl ich das überhaupt nicht vorgehabt hatte. Martin hatte mich wieder einmal ausgetrickst. In den Sportladen hatte er mich gelockt, indem er behauptete, irgendwelche Socken zu brauchen. Die kaufte er dann auch. Mich aber veranlasste er, doch mal in Skischuhe zu steigen, um zu fühlen, wie sich das anfühlt, und auf den passenden Skiern zu stehen. Ich wollte dem Einhalt gebieten mit dem Bedenken, wir könnten doch den Verkäufer nicht all die Sachen für mich anschleppen lassen ohne irgendeine Kaufabsicht. Aber Martin orderte auch noch die passende Kleidung, die ich probieren musste, um dann die Worte von sich zu geben: „Das nehmen wir!“ Wahrscheinlich habe ich nur den Mund aufgerissen, ohne irgendeinen Ton von mir geben zu können, das weiß ich nicht mehr. Was ich aber noch weiß, ist, dass Martin kein Geld und nichts dabei hatte und ich den Kram bezahlt habe. Wie eine Marionette verließ ich den Laden - bepackt mit großen Tüten, Martin schleppte die Skier -, um ihn auf der Straße zu beschimpfen. Martin hat sich tot gelacht. So kamen wir nach Andreasberg.

„Dann könntest du mal die Kobler und ihren Sohn vergessen!“ Das war wieder Martin, der diesen Gedanken in den Raum stellt. Kriegt der also genau mit, was in mir vorgeht, mache ich mir klar. Wie macht der das eigentlich? Ich erzähle dem nichts und gar nichts. Aber er könnte mir was erzählen, fällt mir in diesem Moment ein. Und das will ich ganz nebenbei erfragen. Also nehme ich einen Bissen vom Käsebrot, hebe mein Proseccoglas und frage, bevor ich trinke: „In welchem Monat war die Wenzel eigentlich schwanger?“ Martin scheint die Frage ganz natürlich zu finden und antwortet bereitwillig: „Ganz frisch." Ich schlucke runter, was ich im Mund habe und frage nach, bevor ich das Glas wieder absetze: „Was heißt das, ganz frisch?" Auch Martin will sich im Moment gut erzogen betragen, schluckt runter, bevor er antwortet: „So frisch, dass sie selbst es wahrscheinlich nicht wusste, im ersten Monat. Auch der Hausarzt wusste nichts. Sie war also nicht da." In mir geht etwas los, ich meine, unter meiner Schädeldecke fällt ein Kartenhaus zusammen, laufen Gedanken eilig los, um neue Zusammenhänge herzustellen. Ich muss mich schütteln, um zu verhindern, dass mich das in seinen Bann zieht. Martin hat recht. Ich sollte wirklich damit aufhören und nehme mir das jetzt fest vor, als ich ihn fragen höre: „Gibt es noch etwas, was du wissen möchtest?"

Ich muss ihn völlig blöd angesehen haben, bevor ich mich fangen kann und frage: „Was möchtest du", und ich betone dieses „du", „was möchtest du eigentlich bei diesem Fall herausfinden? Das ist doch gar nicht dein Fall, und dein Kollege beschäftigt sich doch gar nicht mehr damit?" Martin lächelt. „Du kennst mich doch", sagt er mit einem Blick, der schelmisch auf mich wirken soll. „Ich kann viele Baustellen ertragen aber keine unabgeschlossenen Fälle." Jetzt macht der noch Witze über den zentralen Konflikt in unserer Beziehung. Aber da ich zum Streiten viel zu müde bin, lasse ich mich nicht in die Falle locken sondern bleibe beim Thema. „Was genau willst du herausfinden?"

„Ich möchte beispielsweise wissen, wer sie gewürgt hat", antwortet Martin und streicht sein Messer am Brot ab. „Wer könnte das denn gewesen sein?", will ich wissen und erhalte die Antwort: „Einer von den Liebhabern." Da ich aber weiß, dass Martin einen möglichen Täter nicht unter den Männerbekanntschaften von Susanne sucht, frage ich weiter: „Und wer noch?" Martin kratzt Butter auf sein Brot. „Ihr Sohn", ist von ihm zu hören, während sein Blick zwischen Käse und Wurst hin und her wandert. „Der war nicht da!“, antworte ich, obwohl ich vermute, dass er hätte da sein können. „Der war wohl da!“, kommt von Martin zurück und verblüfft mich. „Du hast mir doch gesagt, der sei in Hamburg gewesen, wie kommst du jetzt dazu, davon auszugehen, dass er da gewesen wäre?“ Martin hat sich für Käse entschieden, löst mit den Fingern eine Scheibe, legt sie auf sein Brot und sagt: „Fingerabdrücke!“ Wie, Fingerabdrücke?, saust im Frageton durch meine Gehirnwindungen, und genau das will ich jetzt von Martin wissen.

Der ist inzwischen zum Verspeisen seines Käsebrots übergegangen, veranlasst mich durch starres Angucken, die Antwort nach dem Runterschlucken seines Bissens zu erwarten und lässt mich wissen: „Wir haben in den Räumen der Wenzel seine Fingerabdrücke gefunden, deshalb muss er da gewesen sein.“ Ich verstehe jetzt gar nichts mehr. „Aber man hat ihn doch laufen lassen“, wende ich ein. „Stimmt“, kommt von Martin. „Und warum?“, will ich wissen. „Der konnte seine Fingerabdrücke erklären“, höre ich. „Und wie hat er das gemacht?“ Martin kaut, schluckt die Hälfte und redet mit halbvollem Mund weiter: „Er hatte unmittelbar vor dem Tod der Wenzel seine Mutter besucht und war an dem Abend, bevor das mit der Wenzel passierte, wieder zurück nach Hamburg gefahren. Er sagte, er hätte sich von der Wenzel verabschiedet. Deshalb die Fingerabdrücke.“

„Du glaubst also, er hat sie umgebracht“, will ich jetzt von Martin wissen. Der aber antwortet ausweichend: „Das habe ich nicht gesagt.“ Verflixt noch mal, denke ich und frage: „Was glaubst du denn?“ Martin bleibt ruhig. „Ich glaube eher, dass sie damit zu tun hat.“ Wieder verblüfft er mich. „Elisabeth?“, frage ich ungläubig. „Ihr duzt euch?“, fragt Martin zurück. Darauf gehe ich nicht ein. „Sie war krank!“, wende ich ein, und zwar nachdrücklich. Auf diesen Einwand kommt keine verbale

Antwort. Martin kaut gerade wieder und lässt mich mit einer wegwerfenden Handbewegung wissen, dass er von diesem Einwand nichts hält. „Und sie hat kein Motiv", schiebe ich hinterher. „Weshalb sollte sie Susanne umbringen?" Martin ist mit seinem Brot fertig und stützt seine Hände auf den Tisch, um sich zu erheben. „Da könntest du recht haben", sagt er, steht auf und verschwindet im Wohnzimmer. „Deine Zeitung liegt im Badezimmer", rufe ich hinter ihm her und höre ihn den Weg zu dem von mir gewiesenen Ort einschlagen.

„Ich weiß es besser als du!" Diesen triumphierenden Gedanken kann ich nicht überhören. Allzu geräuschvoll tönt er durch meine Gehirngänge. Auch das dazu passende Gefühl will sich nicht verbergen. Aber ich sage es ihm nicht! Ich weiß, dass es nicht so gewesen sein kann, wie Martin mir eben mitgeteilt hat, beziehungsweise, wie Kobler junior die Polizei hat glauben lassen. Er hat sich garantiert nicht von Susanne verabschiedet. Er konnte sie nicht leiden und wollte nicht, dass sie bei seiner Mutter wohnt. So jemand geht keinen Abschiedsbesuch machen. Wenn die Polizei seine Fingerabdrücke in ihren Räumen gefunden hat, dann muss er nachts wiedergekommen sein und sie umgebracht haben. Aber das Baby kann damit nicht zu tun haben. Dieser Gedanken baut sich in meinen Sinnen auf wie ein Zeigefinger. Da muss ganz neu nachgedacht werden! Aber das kann ich jetzt nicht machen. Dazu bin ich viel zu müde.

37

Da muss ganz neu nachgedacht werden! Der Zeigefinger hat sich tatsächlich in meinem Gehirn eingerichtet und begleitet mich als unübersehbare Forderung in den nächsten Tag. Ich muss die alte Konstruktion wieder auseinanderzunehmen und die Teile neu zusammenzusetzen. Noch denke ich nicht systematisch darüber nach. Kann ich auch nicht, schließlich habe ich einen Beruf, dem ich nachgehen muss. Und in diesem Beruf muss ich meinen Kopf frei haben, um mich in andere hineinversetzen zu können. Gerade habe ich eine Klientin mit einer Eifersuchtsproblematik in Beratung. So etwas beruht auch auf einer falschen Konstruktion. Die Vorstellungskraft bringt Bilder hervor, vielleicht sogar Filme, die den Liebespartner im Liebesspiel mit einem anderen Partner zeigen. Solche Phantasien sind nicht selten. Viele Leute haben sie. Gerade in unserer Welt mit den sich ständig neu bildenden und wieder auflösenden Paarbeziehungen ist es durchaus sinnvoll, seinen Lebensentwurf nicht auf den Glauben an eine ewig andauernde Liebesbeziehung zu gründen. Problematisch wird es aber, wenn man den Gedanken an die Wahrscheinlichkeit einer endlichen Liebe in eine Vorstellung von der möglichen Untreue des Partners verwandelt und diese Vorstellung ohne hinreichende äußere Anzeichen für die Wirklichkeit nimmt. Seltsam ist nur, wie viele eifersüchtige Menschen ihren aggressiven Affekt nicht gegen den Partner richten, sondern gegen den wirklichen oder vermeintlichen Nebenbuhler. Der wird mit Hass verfolgt. Meine Klientin verdächtigt im Prinzip alle Frauen, mit denen ihr Mann zu tun hat, und hasst sie, obwohl sie „rational" weiß, wie unsinnig das ist. Aber Probleme sind eben nie rational, sonst wären sie keine Probleme.

Auf dem Weg von meiner Praxis nach Hause wundere ich mich auch über die Launen des Wetters in diesem Jahr. Es ist wieder milder geworden, man möchte meinen, der Winter sei schon vorüber. Auch Vögel scheinen dieser Ansicht zu sein. Ich sehe auf der Straße eine Amsel sich mit viel Lärm auf eine andere stürzen. Hey, denke ich, nun mal langsam! Es wird erst Winter. Für Brautkämpfe ist weiß Gott nicht die Zeit. Ich muss lachen. Vielleicht gibt es ja auch neurotische Amseln mit Eifersuchtswahn, die Nebenbuhler bekämpfen, wann immer einer sich zeigt. Eifersucht! denke ich, und mit einem Male geht so etwas wie ein Stromstoß durch mich hindurch. Wie blind war ich eigentlich?

Natürlich ist Eifersucht die Problematik, um die es bei Susanne geht. Allerdings nicht um wahnhafte Eifersucht, sondern um reale. Susanne hat Liebesgefühle hervorgerufen. Und dann hat sie sich abgewendet und jemand anderem zugewendet. So ist sie einem sie verfolgenden Liebhaber entkommen, indem sie zu Elisabeth flüchtete und eine neue Liebe entfachte. Auch diese ließ sie schnell fallen, um sich wieder einem neuen Mann zuzuwenden. Im Hause von Elisabeth ging es aber nicht um eine einfache Fortsetzung dieser Kette. Susanne geriet bei ihrer Flucht zu Elisabeth in einen familiären Zusammenhang, der schon seit Generationen ein Schauplatz von Liebesverlangen und Versagen war. Der derzeit Letzte in diesem Generationenkonflikt, Kobler junior, verfolgte ein sehnsüchtiges Leben lang seine Mutter, und war immer abgewehrt worden. Jetzt musste er erleben, wie sie sich einer jungen Frau zuwandte.

Elisabeth liebte Susanne, und er schaute zu. Jahrelang hatte er seine Mutter bestürmt, zu ihm zu ziehen oder selber bei ihr wohnen zu dürfen. Und jetzt wohnte da diese Frau! Wieder und wieder hatte er darum gekämpft, wenigstens Urlaub mit ihr zusammen machen zu dürfen. Jetzt machte sie Ausflüge mit dieser von ihm verachteten Person! Er sieht sie beide zusammensitzen, Prosecco trinken, vertraut miteinander tuscheln, lachen, scherzen. Er sieht sie gemeinsam tätig sein, kochen, essen, genießen, im Garten arbeiten und sich etwas zurufen. Er sieht sie ... vielleicht ... einander berühren, nicht intim, aber vertraut, als ob sie irgendwie zusammengehörten und das Berühren selbstverständlich wäre. Er muss sie gehasst haben. Er muss Susanne gehasst haben. Er muss dieses Gefühl dumpfen Entsetzens erlebt haben, wenn Ungeheuerliches uns zustößt, wie wenn ein Meteorit neben uns einschlüge oder ein Todesurteil uns träfe. Alles in uns, jede Zelle, wehrt sich! Das kann nicht sein, so etwas kann nicht sein! Das, was ihm, dem Sohn, von Natur aus zusteht und zu Unrecht verweigert wird, das kriegt die da!

Noch benommen von diesen Gedanken höre ich ein leises „aber" in meinen Gehirnwindungen. Er muss auch das Ende dieser Liebesbeziehung erlebt haben. Er muss die Abwendung Susannes und Elisabeths Enttäuschung erlebt haben. Das muss seinen Hass gemildert haben. Muss es das wirklich?, fragt sich's da. Nein gar nicht, laufen meine Gedanken weiter. Dass Susanne sich abwendet, hat nicht zur Folge, dass seine Mutter sich ihm zuwendet. Im Gegenteil! Er sieht sie leiden, an verschmähter Liebe leiden, an verschmähter Liebe zu dieser Frau! Ihr Verlangen nach dieser Schlampe findet kein Ende mit deren Betrug. Eingebrannt, für immer eingebrannt in das begehrte Herz ist eine andere. An deren Verlust leidet sie und hätte doch als Mutter an ihres Sohnes Verlust leiden sollen. Seine Nähe zu verlieren hätte sie überwältigen sollen. Seinetwegen hätte sie den Tod wünschen und in die Depression versinken sollen. Aber an ihm leidet sie nicht. Ganz im Gegenteil. Ihn will sie nicht! Ihn wehrt sie ab! Ihn schiebt sie weg! Die andere will sie, hat sie gewollt und leidet nun. Das ist der Grund, weshalb Susanne sterben musste.

Wieder taucht die Treppe ins Souterrain des Hauses von Elisabeth in meinem inneren Wahrnehmungsraum auf. Wieder ist es dunkel und schwierig, die Gestalt auf der Treppe zu erkennen. Aber ich weiß es längst, wer diese männliche Gestalt ist. Kobler junior geht leise die Steinstufen hinunter, tastet sich durch mehrere andere Räume und bleibt vor einer Tür stehen. Klopfen durchdringt die Stille, dann Schließgeräusche, die Tür öffnet sich. Wieder flutet grelles Licht in die Dunkelheit und umreißt messerscharf die männliche Gestalt. Klar erkennbar die junge dunkelhaarige schöne Frau mit dem Ava-Gardner-Gesicht. Sie schaut überrascht auf den Mann vor ihr, erkennt ihn und tritt dann zögernd einen Schritt zurück. „Was wollen Sie?", höre ich sie fragen. „Ich will, dass Sie verschwinden!", antwortet er. „Sie haben mir gar nichts zu sagen!", erwidert sie. „Und jetzt verlassen Sie meine Wohnung!" Er tritt auf sie zu: „Sie werden hier ausziehen, ist das klar!" Seine Stimme klingt heftig. „Werde ich nicht!", hält sie dagegen, tritt aber zurück. „Sie werden!" Er greift nach ihrem Arm. Sie schreit auf und reißt sich los. Er dringt auf sie ein, sie rutscht aus. Er greift nach ihrem Hals, würgt sie, zieht sie hoch und schlägt sie ... über die Kante.

38

Diese Szene ist mir in die Knochen gefahren. Der Schlüssel zum Verständnis der Geschehnisse im Hause Kobler ist Eifersucht; nachdem mir das klar ist, richtet sich mein Erregungspegel auf einem höheren Niveau ein. Ich fühle mich gereizt. Ich weiß, ich brauche Urlaub, um meine vibrierenden Nerven wieder zu entspannen. Auch Gartenarbeit könnte mich beruhigen. Ich könnte im Augenblick durchaus etwas im Garten tun. Das Wetter ließe das zu. Ich könnte Büsche und den Wein zurückschneiden. Das brauchte ich dann im Februar nicht zu machen. Aber irgendwie kann ich mich zu größeren Aktionen draußen nicht entschließen.

Dabei gäbe es gerade jetzt eine günstige Gelegenheit, mir die Geschichte aus dem Kopf zu schlagen. Beim letzten Treffen mit Elisabeth haben wir keinen neuen Termin gemacht. Der darauf folgende Donnerstag war schon seit langem besetzt. Stattdessen haben wir ein persönliches Treffen verabredet, einen Spaziergang im Tiergarten von Kirchrode und danach Einkehr im

Queens Hotel. Dieses Treffen ist jedoch nicht zustande gekommen. Elisabeth musste wegen einer heftigen Erkältung absagen. Sie wollte sich aber melden, wenn es ihr wieder besser ginge und dann einen neuen Termin vereinbaren. Das ist bislang nicht geschehen. Ich könnte mich also entspannen. Aber die da oben unter meiner Schädeldecke involvierten Kobolde wollen nicht. Kaum sind alle praktischen Aufgaben oder Klientenprobleme, die Gedankenarbeit erfordern, erledigt, schon taucht die Geschichte Kobler wieder auf und spult sich in meiner vor Müdigkeit taumelnden Phantasie immer wieder von Neuem ab: Susanne erobert Elisabeth, geht eine vertraute Beziehung zu ihr ein und erregt die Eifersucht ihres Sohnes, der schon sein Leben lang um die Mutter gebuhlt hat, jetzt aber wahrnimmt, dass sie Susanne liebt. Er hasst Susanne, und dieser Hass bricht irgendwann durch. Susanne muss sterben.

„Und wie ist das mit mir?" Plötzlich steht dieser Gedanke gestochen scharf vor meinem inneren Auge. Und wie ist das jetzt mit mir? Elisabeth will meine Freundschaft. Er weiß das! Er sucht zwar meine Unterstützung bei seinen Problemen. Aber er muss mich hassen! Seine Mutter will eine persönliche Beziehung zu mir! Das kann ihm nicht entgangen sein, so aufmerksam, wie er sie beobachtet. Ich bin das nächste Eifersuchtsobjekt! Vielleicht ist er auch nur deshalb mit seinem Liebesproblem zu mir gekommen, um herauszufinden, wie ich zu seiner Mutter stehe? Es ging ihm gar nicht darum, diese Partnerin lieben zu lernen. Es ging vielleicht nur darum, den Zugang zu mir aufrechtzuerhalten.

Wir haben einen weiteren Termin vereinbart. Am Mittwochnachmittag um 16.00 Uhr will er wiederkommen. Ich weiß überhaupt nicht warum. Es gibt keine Veranlassung für einen weiteren Termin. Ich erinnere ein Gefühl von Verwunderung, als er am Ende unserer Arbeit nach einem weiteren Termin fragte. Aber ich habe meinem Erstaunen keinen Ausdruck gegeben. Ich habe einfach meinen Terminkalender genommen, nachgeschaut und einen weiteren Termin gemacht. Mein Gott, denke ich und spüre meinen Adrenalinspiegel weiter steigen und sich auf hohem Niveau einrichten. Dabei wird der Körper wach, fähig, sofort zu reagieren, sobald auch nur die leiseste Veränderung im Gesichtsfeld oder Hörbereich Gefahr signalisiert. Aber weder in meinem Gesichtsfeld noch im Hörbereich sind Veränderungen zu registrieren. Da sehe und höre ich überhaupt nichts, weil eine Phantasie mich überfallen hat. Er steht vor mir, die Hände erhoben und greift nach meinem Hals. Ich spüre sie.

Gott sei dank bin ich noch in der Lage, Phantasie und Wirklichkeit zu unterscheiden. Ich weiß, dass ich allein in meinem Arbeitszimmer am Schreibtisch sitze. Ich kann die Augen aufmachen und durch das Laub meines Benjaminis hinaus in den Garten schauen. Ich kann die Ohren öffnen und die Stille hören und durch die Stille hindurch das leise Rauschen des Verkehrs auf der B65. Aber mein Körpergefühl entspricht dem nicht. Mein Körper hat sich auf Gefahr eingerichtet, grellwach und sprungbereit. Und er ist es, der die Zügel meiner Gedankenpferde in der Hand hält, mich wieder auf Kobler junior lenkt. Was will der von mir? Ich springe in die Zukunft, stehe am Fenster in meiner Praxis und sehe ihn kommen, diesen Menschen, blass und rotblond gelockt, den ich gleich beim ersten Sehen nicht gemocht habe - vielleicht habe ich da schon die Gefahr geahnt – sehe ihn vor mir stehen, seinen Jackettknopf schließen, den er gleich wieder öffnen wird, an mir vorbeischauen und vorbeigehen, sich auf dem Sofa niederlassen – in Hab-Acht-Position – und mich, sein Opfer ins Auge fassen.

Nein, das ist Quatsch, sage ich mir. Der kommt nicht mit dem bewussten Vorsatz, mich umzubringen. So kann das nicht sein bei Eifersucht. Der kommt, um mir mitzuteilen, dass seine Mutter mich jetzt nicht mehr brauche und ich deshalb keinen neuen Termin mehr machen müsse. Ich höre mich ihm mitteilen, dass seine Mutter mich davon in Kenntnis setzen wird, woraufhin er lauter wird und verlangt, ich solle sie jetzt doch bitte in Ruhe lassen. Ich widerspreche dem, sehe ihn zornig werden, sich erheben, mit ausgestreckten Händen auf mich zukommen und. ...

Wieder weise ich mich nachdrücklich darauf hin, dass ich allein in meinem Arbeitszimmer am Schreibtisch sitze und vor mich hin starre. Ich zwinge mich, auf die Dinge im Raum zu schauen und zu verbalisieren, was ich sehe, das Telefon, die Uhr, die Schreibtischlampe, meinen Becher mit Kaffee, den Tischkalender, den Benjamini. Gerade eben fährt ein größeres Auto, ein Kleintransporter, durch die Marienbader Straße, aber mein Körper ist immer noch auf Gefahr eingerichtet, grellwach und sprungbereit. Kobler junior teilt mir mit, dass seine Mutter mich jetzt nicht mehr brauche und ich deshalb keinen neuen Termin machen müsse. Ich widerspreche dem, obwohl ich die Worte, die ich dazu benutze, nicht höre, weil ich sehe, dass er zornig wird, sich erhebt und mit ausgestreckten Händen ...

Ich springe auf und schaue mich um nach irgend etwas, womit ich mich verteidigen könnte, stelle fest, das Treffen mit Kobler junior wird sich nicht hier abspielen, sondern in meiner Praxis, und in meiner Praxis gibt es etwas, womit ich mich verteidigen könnte, nämlich zwei afrikanische Figuren aus hartem Holz. Da durchzuckt mich ein neuer Gedanke: Damit könnte auch er mich erledigen. Er könnte nach ihnen greifen und mich damit erschlagen. Ich muss sie wegschaffen. In meinem Beratungsraum darf nichts herumstehen, womit man Menschen töten könnte, nein, nicht nur im Beratungsraum, in der ganzen Praxis darf es nichts geben, womit man töten könnte. Das muss alles weg! Das muss ich wegschaffen! Und ich muss es gleich tun, ich darf es nicht aufschieben. Ich erhebe mich eilig aus meinem Stuhl, stehe mit Herzschlägen, die bis in den Hals klopfen, mitten im Raum, als mir klar wird: Ich muss jetzt nicht in meine Praxis stürmen, um Mordwaffen wegzuschaffen. Ich muss zu Ulrike, um mir helfen zu lassen, weil ich durchgeknallt bin.

39

Am Telefon habe ich ihr gesagt, dass es mir schlecht geht und dass ich Hilfe brauche. Sie hatte sofort Zeit. Gott sei Dank, es gibt Menschen, die auf Anhieb verstehen, auf die man sich verlassen kann. Dass sie wirklich verstanden hat, sehe ich bei ihrer Begrüßung. „Komm rein“, sagt sie mit ernstem Gesicht, führt mich in ihr Arbeitszimmer und weist mir einen bequemen Stuhl an, in dem man aufrecht sitzen kann. „Meine Nerven spielen verrückt“, teile ich ihr mit, „und ich kann mich nicht mehr allein beruhigen. Ich brauche jemanden, dem ich erzählen kann, was mir momentan so zusetzt.“

Sie muss nichts sagen, ihre Augen fordern mich zum Reden auf. „Es geht um die Geschichte, die ich dir schon angedeutet habe“, beginne ich, „um eine Klientin, in deren Haus vor einem Jahr eine junge Frau ermordet wurde.“ Ich will fortfahren, da kommt mir ein erstaunter Ausruf dazwischen. „Ermordet?“, fragt Ulrike ungläubig. „Ja“, antworte ich. „Ich bin überzeugt, dass sie ermordet wurde, aber das ist nicht alles.“ Meine Rede nimmt Geschwindigkeit auf, die Worte drängeln, um so schnell wie möglich ins Freie zu gelangen. „Viel schlimmer ist“, sprudeln sie von meinen Lippen, „viel schlimmer ist, dass sich inzwischen in meinem Kopf festgesetzt hat, dass der Mann, den ich für den Täter halte, dass der auch mich umbringen könnte.“ Ich möchte durchstarten, sehe aber, Ulrike versteht nicht. Also kann ich nicht einfach weiterreden. „Ich weiß, das muss ich dir erklären. Der Fall ist kompliziert“, hole ich aus. „In der Familie hat sich seit ein paar Generationen in der mütterlichen Linie ein Liebesdrama abgespielt. Du kennst das als Drama des begabten Kindes, das Alice Miller beschrieben hat“, erinnere ich sie: „ungeliebtes Kind, immer auf der Suche nach Liebe, lernt selber nicht zu lieben und gibt das Problem an die eigenen Kinder weiter. Jetzt sind beide, Mutter und Sohn“, fahre ich fort, „bei mir in Beratung. Sie liebt ihren Sohn nicht, obwohl der seit jeher um ihre Liebe buhlt, stattdessen holt sie eine junge Frau in ihr Haus und führt ihrem Sohn mit dieser Frau vor, was sie ihm immer versagt hat. Also Eifersuchtsproblematik: Er hasst diese Frau und bringt sie um.“

Ich sehe, Ulrike versteht immer noch nicht und setzt an, Fragen zu stellen: „Was hat das mit dir zu tun?“, höre ich. „Folgendes“, erkläre ich. „Ich bin das nächste Eifersuchtsobjekt! Die Beziehung zur Mutter ... ich meine die Beziehung zwischen seiner Mutter und mir hat einen persönlichen Charakter angenommen. Er weiß das. Er wird mich ebenso hassen, wie er die junge Frau in ihrem Hause gehasst hat ...“ Ich will weiterreden, aber Ulrike hält mich davon ab, unterbricht mich: „Moment mal, da gibt es Unterschiede!“ Ich schaue sie an und wundere mich. Ich weiß, da gibt es keine Unterschiede, ich bin das nächste Eifersuchtsobjekt, das liegt auf der Hand. Es war doch dumm, denke ich, dumm von mir, zu glauben, ich würde hier Unterstützung bekommen. Sie versteht eben doch nicht. Wie soll sie auch! Sie hat Architektur studiert, nicht Psychologie. Wieder werde ich unterbrochen. „Du hast Angst“, sagt Ulrike. „Ja genau“, bestätige ich. Offensichtlich versteht sie doch. „Du glaubst, du könntest das nächste Opfer sein?“ - „Genau“, bestätige ich erneut, höre sie fortfahren: „das nächste Opfer, auf das er eifersüchtig ist“, sage „Ja“, höre weitere Worte, „weil seine Mutter dich liebt, wie sie ihn lieben sollte!“ Hoppla, ich stolpere auf meiner

Gedankenbahn: „Na ja, lieben tut sie mich wohl nicht ...“, beginne ich zu erklären, vernehme ein „sondern ...“ mit Aufforderungscharakter zu näherer Erklärung und äußere: „Sie schätzt mich und mag mich, und wir duzen uns inzwischen“, setze ich hinzu, höre: „Und das bedeutet, dass sie dir gibt, was sie ihm vorenthält?“

Der letzte Satz enthält eine Aussage, ist aber in Frageform ausgesprochen worden. Stimmt, wird mir daraufhin klar, jetzt weiß ich, was sie mit den Unterschieden gemeint hat. Es gibt Unterschiede zwischen mir und Susanne. Elisabeth hat Susanne ins Haus geholt, mit ihr zusammengelebt, Tag für Tag Vertrautheit ausgebildet. All das gibt es zwischen uns nicht. Aber warum habe ich diese teuflische Angst? Das ist nicht nur ein Gedanke, der sich da oben breit macht. Ich habe ihn ausgesprochen, die Frage formuliert und Ulrike Anteil nehmen lassen. Sie hat ihn sogleich aufgegriffen. „Es gibt also keinen logischen Zusammenhang zwischen deiner Angst und dem, was du für ihren Grund hältst?“, spricht sie aus. „Genau“, gebe ich zu, obwohl ich mich wundere, was ich da sage, höre weiter: „Also wird deine Angst einen anderen Grund haben.“

Wie bitte! In meinem Gehirn bauen sich Fragezeichen auf und versperren den Weg vernünftigen Denkens. „Also wird deine Angst einen anderen Grund haben“, höre ich Ulrike ihre Äußerung wiederholen. Und sie fährt mit einer Frage fort: „Wen hasst du so sehr, dass du dich vor diesem Hass fürchten musst?“ Wie bitte? Inzwischen gibt es einen Auflauf von Fragezeichen. Ich verstehe überhaupt nichts mehr. Aber darum kümmert sich Ulrike nicht. Sie redet weiter: „Also, ich könnte mir vorstellen, dass du manchmal Martin hasst, dir das aber nicht eingestehen darfst, deshalb diesen Hass auf ihn projizierst und dich vor dem projizierten Hass fürchtest, das aber auch nicht eingestehen darfst und dich deshalb vor dem Sohn von dieser Frau fürchtest."

Das Chaos in meinem Kopf ordnet sich zwar noch nicht, aber es tobt nicht mehr herum. Meine Angst könnte mehr mit Martin als mit Kobler junior zusammenhängen, wird mir von Ulrike als Erklärung angeboten. Angst vor Martin?, fragt sich's da oben und will den Gedanken zurückweisen. Angst habe ich vor Martin nicht, wütend bin ich auf ihn. Ach ja, dämmert mir: Psychodynamik. Das hört sich aber alles sehr nach Papa Freud an, und darüber will ich eigentlich nicht reden. „Kann ja alles stimmen, was du sagst", antworte ich Ulrike. „Damit weiß ich aber nicht, was ich machen soll, wenn der wiederkommt." Sie scheint nicht weiter auf ihren Erklärungen beharren zu wollen, sondern geht direkt auf meine Frage ein: „Sprich das an!", erklärt sie mir. „Sag ihm, dass es eine Störung zwischen euch gibt, dann wirst du erleben, ob er dich umzubringen versucht oder nicht!" Ich weiß nicht, warum ich in diesem Augenblick lachen muss. Eigentlich ist mir bei der Vorstellung eines Mordversuchs, bei dem ich das Opfer spiele, nicht zum Lachen zumute. „Und wie verteidige ich mich?", will ich von Ulrike wissen. „Etwa mit einer Pistole?"

Auch Ulrike lacht. Lacht die doch, obwohl es hier um mein Leben geht, will ich empört denken, da fällt mir auf, dass auch ich lache. Irgendwie geht es mir im Augenblick besser, nur steht mir immer noch das Bild von Kobler junior mit gegen mich erhobenen Händen vor Augen. „Könntest du nicht da sein?", entschlüpft es meinen Lippen und überrascht uns beide. Ulrike denkt nach. „Ich soll in deiner Praxis sein, während du die Sitzung mit ihm hast?", will sie wissen. „Ja", erwidere ich. „Dann wüsste ich, dass jemand mein Schreien hört, wenn er mich angreifen sollte." Merkwürdig! Diesen Satz habe ich zwar ausgesprochen, aber sein Sinn kommt mir komisch vor. „Das kann ich machen“, höre ich Ulrike sagen. Aber ich will ihre Zustimmung schon gar nicht mehr annehmen. „Sagen wir mal so“, teile ich ihr mit, „wenn ich am nächsten Mittwoch immer noch Angst habe, rufe ich dich an.“

40

Da steht er wieder vor meiner Tür, mit seiner linken Hand den Knopf schließend, den er gleich wieder öffnen wird, wirft mir einen freundlich harmlosen Blick zu und geht an mir vorbei durch den Vorraum ins Beratungszimmer. Nichts, aber auch gar nichts Ungewöhnliches kann ich entdecken. Er sitzt vor mir in bequemer Haltung mit wieder geöffnetem Knopf, achtet gar nicht auf mich, sondern ist innerlich mit irgendetwas beschäftigt, was er mich gleich wissen lassen wird. „Hmm!“, macht er und reckt das Kinn vor, „ich will heute nichts Psychologisches.“ Damit beginnt er und fährt fort: „Ich würde gerne von Ihnen etwas lernen.“ Er schaut mich an, während ich danach frage, was er lernen möchte. „Wenn Sie mit Leuten reden“, hebt er an, „dann nehmen Sie die irgendwie für sich ein und schließen die auf.“ Er merkt, dass er sich unglücklich ausdrückt und schiebt nach. „Ich kann das nicht anders beschreiben, Sie wissen schon, was ich meine.“ Er senkt den Kopf und hebt ihn wieder. „Wenn ich mit Leuten rede, erreiche ich zwar meistens auch, dass die machen, was ich will, aber häufig mögen die mich nicht. Und ich möchte lernen, mit Leuten so umzugehen wie Sie. Sie vermitteln doch auch Kommunikation, wenn ich richtig informiert bin.“

Guck an, wundert es sich in mir, der will Kommunikationsberatung von mir. Ist doch selbstkritisch, dieser Bursche! Ich fühle meine Angstspannung sinken. Eigentlich wird der mir schon wieder sympathisch, aber ich bin anders vorbereitet. Was ich nach dem Gespräch mit Ulrike durchdacht habe, so gründlich durchdacht habe, dass alle Formulierungen schon Wort für Wort vor einer inneren Tür stehen und darauf warten, in die Welt entlassen zu werden, das muss auch raus! Aber die Situation ist anders, als ich erwartet habe. Daher weiß ich nicht genau, wie ich anfangen soll, bin leicht verwirrt und lasse das, was heraus will, einfach fließen und höre dem zu, was ohne kontrollierendes Prüfen jetzt von meinen Lippen kommt.

„Ich muss mit Ihnen sprechen, bevor wir an die Arbeit gehen", beginnt meine Rede, gefolgt von einer Erklärung: „weil ich im Augenblick nicht in der Verfassung bin, diese Arbeit so zu leisten, wie sie getan werden muss." Diese Bemerkung muss ihn abrupt aus seiner Welt herausgerissen haben, denn er schaut mich über die Maßen erstaunt an. „Es tut mir leid, das sagen zu müssen, aber es ist so", schiebe ich nach, sehe, er will etwas sagen, weiß aber nicht was, so dass ich fortfahren kann: „Für eine beratende Beziehung ist wechselseitige Achtung und wechselseitiges Vertrauen nötig. Ich habe im Augenblick ein Problem mit dem Vertrauen." Er guckt mich immer noch erstaunt an. „Und warum?", fragt er. „Ich habe durch Ihre Mutter und durch Sie einige Informationen über den Tod von Susanne Wenzel in Erfahrung gebracht, die ich mir nicht zusammenreimen kann. Aber das ist ohne Belang. Mich beunruhigt jedoch, welche Rolle Sie dabei gespielt haben, dass Susanne zu Tode kam. Bevor ich nicht sicher sein kann, dass Sie damit nichts zu tun haben, kann ich mit Ihnen nicht weiterarbeiten." Bei diesen Worten spüre ich eine innere Spannung anwachsen. Sie steigt bis zu einer Schmerzgrenze, während Kobler junior sich nur ein bisschen hin und her bewegt und aussieht wie jemand, der ungeduldig wird, weil es nicht so vorangeht, wie er sich das wünscht. „Da kann ich Sie beruhigen", lässt er mich wissen. „Ich habe sie nicht umgebracht." Diese Worte kommen bei mir an, bewirken aber kein Nachlassen der Anspannung.

„Aber Sie haben sie gehasst!“, werfe ich ihm entgegen. „Ja“, gibt er zu. „Und Sie waren in der Nacht da!“, werfe ich hinterher. „Ja“, kommt nochmals mit Nachdruck, aber in einer Tonlage, die ein „Aber“ erwarten lässt.

Statt dieses „Aber“ auszusprechen, fährt er im Befehlston fort: „Hören Sie zu! Ich sage Ihnen jetzt die Wahrheit, und Sie können sicher sein, die hundertprozentige Wahrheit, die ich der Polizei nicht gesagt habe: Die Wenzel hat meine Mutter nach Strich und Faden ausgenutzt. Erst hat sie sich eingeschmeichelt, dann ins Nest gesetzt, alles unentgeltlich natürlich, Mutter hat alles bezahlt; und sie hat ihr die liebevolle Tochter vorgespielt, aber nicht lange, dann war es wieder aus mit der Liebe. Im Sommer hatte sie schon wieder den nächsten Mann an der Angel, hat den einfach mitgebracht und so getan, als hätte sie die Wohnung gemietet. Meine Mutter hat das schwer gekränkt. Sie hat ziemlich lange darunter gelitten, bis sie sich wieder berappelt hat und klar denken konnte. Aber sie war nicht in der Lage, sie wieder vor die Tür zu setzen, auch nicht, als klar wurde, dass die da unten einen Mann nach dem anderen vernaschte. Ich bin mir nicht mal sicher, ob das nicht doch ´ne Hure gewesen ist. Am Tage vor ihrem Tod habe ich mit Mutter geredet, dass sie ihr sagen muss, dass sie wieder verschwinden soll. Aber ich fürchtete, sie würde das wieder nicht schaffen.

Ich bin dann abgefahren, habe aber zu Hause gemerkt, dass ich meine Kamera liegengelassen hatte; und die brauchte ich am nächsten Tag. Also bin ich zurück, um sie zu holen. Meine Mutter hat gar nicht gemerkt, dass ich im Hause war. Sie muss fest geschlafen haben. Außerdem war sie ja immer noch krank. Als ich das Haus wieder verlassen hatte, habe ich Licht bei der Wenzel gesehen und bei ihr geklopft. Ich hatte die Idee, dass sie vielleicht, wenn ich ihr Geld anbiete, freiwillig wieder auszieht. Aber sie hat bloß gelacht, diese Schlampe. Ich weiß nicht einmal, ob sie über den Vorschlag gelacht hat oder über die Summe, die ich ihr angeboten habe. Da bin ich ausgerastet und hatte sie am Kragen. Aber ich habe sie nicht umgebracht! Als ich ging, war sie quicklebendig!“ Er hat erregt gesprochen, bricht unvermittelt ab und atmet tief aus.

Stille steht im Raum. Ich mag mich nicht regen. Aber meine Lippen regen sich. „Am nächsten Morgen war sie tot“, sagen sie. Mein Gegenüber holt tief Luft. „Das muss ein Unglück gewesen sein“, spricht er mit monotoner Stimme vor sich hin. Er ist mit dem Oberkörper nach vorne gekommen, hat den rechten Arm auf sein Knie gestützt, zwei Finger der rechten Hand vor die Lippen gelegt, und überlegt. Aber er spricht nicht aus, was er denkt. Ich sehe nur seine Augenmuster. Dann nimmt er die Hand von den Lippen, greift nach seinem rechten Ohr, reibt es und denkt weiter nach. „Mutter hat sie am nächsten Morgen gefunden“, lässt er hören, schweigt dann und reibt sein Ohr weiter. „Ihr ging es danach fürchterlich.“ Wieder macht er eine lange Pause. „Sie schien wie betäubt zu sein, hat kaum mit mir geredet, schrieb nicht mehr.“ Wieder schweigt er. „Das wurde immer schlimmer. Und dann hat mir jemand von Ihnen erzählt! Dass Sie Gefühle verändern können, Depressionen auflösen, Schuldgefühle überwinden ...“ Seine Stimme hört sich an, als könne er die Aufzählung fortsetzen, wolle aber nicht. „Alles andere wissen Sie.“

Seine letzten Worte klingen wie ein beabsichtigter Schlusspunkt. Bis hierher und nicht weiter. Die Wirkung dieser Worte unterstreicht er, indem er sich im Sofa zurücksetzt, seine Hände im Schoß zusammenlegt und durch die Balkontür nach draußen schaut. Mehrere Male atmet er tief. Aber ich sehe, dass er nicht in die kahle Birke vor meinem Balkon schaut, sondern nach innen; und während ich ihn dort atmen und nach innen blicken sehe, taucht eine Intuition in mir auf, wie wenn ein Bild aus meinem Körper aufstiege in meine Stirn, um sich mir dort zu zeigen: Er glaubt, seine Mutter hat Susanne getötet.

41

Nach dieser Unterredung hat sich mein Erregungspegel gesenkt. Dennoch bin ich nicht zur Ruhe gekommen. Ich spüre im Körper ein Vibrieren wie nach einer übermäßigen Kraftanstrengung. Er ist jetzt weg. Wir haben uns freundlich verabschiedet, vorher noch einen Termin gemacht für die gewünschte Kommunikationsberatung. Er hat die Wahrheit gesagt, denke ich, während ich das Telefon wieder anstelle. Er hätte mir nicht gestehen müssen, in der Nacht bei ihr gewesen zu sein. Wenn ich das weitergäbe, würde es ihn belasten. Aber das befürchtet er gar nicht. Seine Schilderung stimmt überein mit dem, was Martin vermutet: Er war da und hat sie gewürgt. Aber er hat sie nicht umgebracht. Wenn er sie umgebracht hätte, würde er seine Spuren verwischt haben. Aber das hat er nicht.

Ich höre mir in der Erinnerung noch einmal an, was er gesagt hat. „Mutter hat sie gefunden." - „Ihr ging es fürchterlich." - „Sie schien wie betäubt zu sein, hat kaum geredet, schrieb nicht mehr." - „Das wurde immer schlimmer." – „Und dann hat mir jemand von Ihnen erzählt!" Bei diesen Erinnerungsworten werde ich wach: Was hat ihm jemand von mir erzählt? „Dass Sie Gefühle verändern können, Depressionen auflösen, Schuldgefühle überwinden ..." Genau, das hat er gesagt. Er glaubt, seine Mutter hat sie umgebracht. Aber er glaubt nicht nur das, er denkt, auch ich würde das glauben. Auch ich würde davon ausgehen, Elisabeth habe sie getötet, vielleicht nicht ermordet, aber getötet, sei zumindest daran beteiligt, dass sie zu Tode kam. Nur weil er das denkt, konnte er wagen, mir die Wahrheit zu sagen, die er die Polizei nicht wissen ließ. Deshalb wollte er bei unserem ersten Treffen auch wissen, ob ich Informationen weitergeben würde. Er wollte sich ein Bild von mir machen, herausfinden, ob seine Mutter bei mir sicher aufgehoben sein würde.

Ich sollte ihre Schuldgefühle auflösen. Er glaubte, die Tatsache, dass es mit seiner Mutter schlimmer wurde, hinge mit ihrer Schuld zusammen. Ich sollte sie davon erlösen. Auch Martin vermutet so etwas. Er forscht nach einem Motiv bei Elisabeth, um herauszufinden, ob es Mord oder ob es ein Unfall war. Während diese Überlegungen durch meinen Kopf gehen, wandere ich zwischen Balkontür und Schreibtisch hin und her und schaue dabei auf meine Füße. Ich kann mich nicht entschließen, nach Hause zu gehen, als müsse ich die Zeit, die ich Kobler junior zugedacht habe, hier absitzen. Aber es ist wohl etwas anderes, was mich hier drinnen unschlüssig hin und her wandern lässt. Draußen herrscht norddeutsches Schmuddelwetter: grau, kalt, nass. Am Vormittag hat es geschneit. Aber wie immer ist davon auf den Straßen nichts liegengeblieben. Nur in den Vorgärten zeigen sich noch weiße Spuren, wie mit einem Pinsel schlecht verteilt. Warum kann ich mich nicht von diesen Räumen lösen, die Unterlagen von Kobler junior ausfüllen, beziehungsweise diesen Termin aus ihnen streichen, - denn für ihn habe ich nichts getan -, die Papiere dann zurück in die Hängekartei befördern, nachschauen, ob noch etwas zu erledigen oder zu bedenken ist, die Wasserflasche und die Gläser zurück in die kleine Küche tragen, meinen Mantel und meine Tasche nehmen und nach Hause gehen? Irgendwie weiß ich im Augenblick nicht, was ich dort soll. Aber was soll ich hier? Was soll ich überhaupt irgendwo? Natürlich ist das Unsinn, was mir da durch den Kopf geht. Aber so fühle ich mich halt.

Gefühle sind aber kein Schicksal, sagt mir da ungebeten eine innere Stimme. Du kannst dich hängen lassen und du kannst etwas dagegen tun. Bäh, bäh, bäh, blökt eine andere Stimme dagegen. Nur weil man Psychologin ist, muss man sich nicht ständig in guten Zuständen halten. Man darf auch mal durchhängen. Und danach steht mir der Sinn jetzt nachdrücklich. Ich will nicht, ich will nicht vernünftig sein. Ich will mich jetzt durchhängen lassen, und zwar aus keinem besonderen Grund, sondern weil es mir gerade passt. Die Zeit ist um, du könntest gehen, höre ich wieder, und reagiere unwillig, als das Telefon klingelt. Martin ist am Apparat. „Ist der Kobler gegangen?“, will er wissen. „Würdest du mich erreichen können, wenn er noch da wäre?“, frage ich patzig zurück. „Uiih!, du bist ja nicht gerade gut aufgelegt“, feixt er am anderen Ende. „Wie weißt du überhaupt, wer gerade in Beratung war?“, will ich mit strenger Stimme erfahren. „Wenn du das nicht öffentlich machen willst, darfst du deinen Terminkalender nicht überall herumliegen lassen“, bekomme ich zurückgemeldet. „Aber Spaß beiseite“, fährt er fort, als könnte ich seine Äußerungen als Spaß empfinden. „Ich wollte dir mitteilen, dass wir die Kobler, also die Mutter, noch mal vorladen werden. Es sieht so aus, als hätte ihr Hausarzt aus Loyalität eine falsche Aussage gemacht. So krank war sie nicht.“

Nach diesem Gespräch fühlt sich mein Kopf hohl an. Ich weiß einfach gar nichts mehr. Ich kann nicht mehr denken. Ich spüre nur noch Bedrohung. Aber nicht ich bin die Bedrohte, gegen Elisabeth wendet sich alles. Alle scheinen zu glauben, dass sie an Susannes Tod schuld sei. Zumindest Martin glaubt das und ihr Sohn auch. Und ihr Sohn glaubt, auch ich würde das glauben. Ich will jetzt hier raus, an die frische Luft, wieder einen kühlen Kopf bekommen! Irgendeine innere Kraft hält mich aber in meinem Sessel fest und eine andere führt mir den Film vor, den Film mit Elisabeth, den ich mir schon einmal angeschaut habe.

Ich sehe sie wieder auf der Treppe stehen, die in die unteren Räume führt. Eine Hand mitten auf der Brust, geht sie hinunter und klopft an die Tür. „Ich komme“, tönt es von drinnen. Die Tür wird aufgeschlossen und geöffnet. Die junge Frau mit dem Ava-Gardner-Gesicht erscheint im Rahmen. „Darf ich hereinkommen?“, bringt Elisabeth vor. „Es ist `n bisschen spät“, antwortet Susanne mit kühler Stimme. Aber sie lässt Elisabeth ein. Sie setzen sich einander gegenüber. Elisabeth sucht nach Worten, scheint aber keine freundlichen Formulierungen zu finden, sondern sagt nackt und klar: „Ich möchte, dass du wieder ausziehst.“ Susanne starrt sie an. „Ja, wie?“, fragt sie. Elisabeth schweigt. „Und warum bitte?“ Susanne lacht. Sie scheint Elisabeths Aufforderung für einen Witz zu halten. Sie lacht ihr ins Gesicht. Elisabeth bleibt unbewegt. „Es tut mir leid, aber es ist besser so“, sagt sie leise. Susanne holt mit offenem Mund Luft: „Du kannst mich doch nicht einfach ohne Grund rauswerfen!“, stößt sie hervor und lässt danach ihren Mund offenstehen. Elisabeth senkt kurz den Kopf, schaut auf ihre im Schoß liegenden Hände und sagt, den Blick wieder hebend: „Ich habe dir erlaubt, hier zu wohnen, dir allein, und keiner weiteren Person.“ Kaum sind die Worte heraus, erwidert Susanne: „Du kannst mir nicht verbieten, Besuch zu haben!“ Elisabeth lächelt. „Ich will dir nicht verbieten, Besuch zu haben, ich will, dass du mein Haus verlässt.“

„Du kannst mich nicht einfach rausschmeißen.“ Susanne wird laut. Elisabeth steht auf und wendet sich zur Seite. „Ich möchte, dass du gehst“, sagt sie leise aber entschieden. Auch Susanne steht auf. „Ich gehe nicht, das werden wir doch mal sehen“, schreit sie. Elisabeth sieht ihr Gesicht vor sich. „Das kann nicht wahr sein“, sagt sie mehr zu sich selbst als für Susanne bestimmt. „Was kann nicht wahr sein, du dumme Kuh?“ Nach dieser Beschimpfung steht Elisabeth reglos da. Sie starrt Susanne ins Gesicht, wie um irgendetwas Unglaubliches zu erkennen. Und während sie sich darum bemüht, was sich ihrem Verständnis immer noch widersetzt, verändert sich ihr Gesicht. Da schießt Zorn hoch, Zorn, der ihre Züge verwandelt. Sie hebt ihre Arme und geht auf Susanne los ...

Nein, denke ich, ich will mir das nicht mehr ausmalen. Ich glaube es nicht. Das sind alles bloße Phantasien. Warum sollte die kranke Elisabeth ausgerechnet in dieser Nacht aufstehen, um Susanne zum Ausziehen aufzufordern. Das hätte sie auch am nächsten Tag machen können. Außerdem wusste sie inzwischen, wen sie sich da ins Haus geladen hatte. Sie konnte gar nicht mehr überrascht sein über ein noch so unverschämtes Verhalten dieser Person. Nichts, aber auch gar nichts, hätte sie so aus der Fassung bringen können, dass sie zu einer handgreiflichen Auseinandersetzung überging. Möglich, dass sie sie angeschrien hat. Aber auch das glaube ich nicht. Sie wäre ruhig geblieben, und hätte nur ihre Forderung wiederholt.

Ohne weiter nachzudenken, fische ich die Akte von Kobler junior wieder aus der Hängekartei. Auf dem Deckblatt steht seine Handynummer. Er wird bei ihr sein. Er wird nicht sogleich wieder nach Hamburg gefahren sein. Ich wähle die Nummer, warte auf das Zeichen, das mir ankündigt, dass er annimmt und höre ihn sich melden. „Lennert hier", lasse ich ihn wissen. „Mein Partner hat mich gerade informiert, dass die Polizei vermutet, Ihre Mutter könnte für Susannes Tod verantwortlich sein. Ihr Hausarzt hat wohl keine ganz korrekte Aussage gemacht. Sie werden sie nochmals vorladen." Nach meinen Worten warte ich auf Antwort, höre eine Weile nichts, dann ein „Danke" und das Geräusch, mit dem er sein Handy abschaltet.

42

Wie ich nach Hause gekommen bin, weiß ich nicht. Ich habe die Straßen nicht gesehen, die ich entlang gewandert bin. Ich habe nichts gehört, keine Schritte von Passanten, keine Motorengeräusche von Autos. Ich habe nichts gefühlt, keine Kälte, keine Nässe. Auch erinnere ich nicht, dass irgendwelche Gedanken mich bewegt hätten. Im Augenblick bewegt mich gar nichts. Innen drin ist alles starr, taub, gefühllos. Als ob alle Lebensgeister den Atem anhielten und sich nicht rührten. Zu Hause wird mein Zustand nicht besser. Martin ist nicht da. Er wird lange gearbeitet haben und dann gleich zu seinem „Herrenabend" gegangen sein. Es ist Mittwoch. Vor Mitternacht brauche ich ihn gar nicht zu erwarten. Also wandere ich durch die Räume, aber nicht, wie wenn ich wanderte. Nein, ich mache gar nichts. Ich schaue nur verwundert auf die Fliesen und Teppichböden, wie sie unter meinen Füßen nach hinten laufen. Haben Sie das schon mal gemacht, sich vorgestellt, Sie wären der unbewegliche Mittelpunkt des Universums, und alles bewegt sich um Sie herum? Sie werden sich wundern, wie das aussieht und wie sich das anfühlt! Nur stelle ich mir das im Augenblick nicht aktiv vor. Es passiert mir.

Schritte auf der Steintreppe draußen schicken leichte Erschütterungen nach drinnen. Martin kann das noch nicht sein. Vor Mitternacht kommt der nie von seinem „Herrenabend" zurück. Ich erwarte, dass die Klingel anspringt. Stattdessen höre ich den Schlüssel im Haustürschloss. Also doch Martin, denke ich, während die Tür mit einem Wumm wieder zufällt, eine Tasche in die Nische zwischen Treppe und Kommode zu Boden geht, Schritte durch den Flur hörbar werden, Stoffrauschen aufkommt und die Tür meines Arbeitszimmers weit auffliegt. Er hat mich mitten im Raum stehen gesehen.

„Der Fall ist gelöst!“, tönt es in meine Ohren, bevor ich mich umdrehe und Martin Hände reibend auf mich zukommen sehe. Das obligate Küsschen landet auf meiner Wange, bevor er sich in den Sessel fallen lässt. Ich setze mich in den Schreibtischstuhl, rolle näher an ihn heran und will wissen: „Was habt ihr herausgefunden?“ Statt einer inhaltlichen Antwort höre ich von Martin: „Was ich mir eigentlich auch gedacht habe.“ Okay, er muss klarstellen, dass er schon immer alles richtig vermutet hat. Ich unterdrücke eine sarkastische Bemerkung und frage noch einmal nach: „Und was hast du dir eigentlich auch gedacht?“ Aber Martin will keine allgemeinen Äußerungen von sich geben, damit kann er sich nicht richtig in Szene setzen, also hält er mich zurück, statt auf meine Frage zu antworten: „Komm, der Reihe nach“, schickt er seinem Bericht voraus, und ich stelle mich auf schweigendes Zuhören ein.

„Also, du hast nach meinem Anruf bei dir den Kobler informiert“, beginnt er, mit einem Blick auf mich nach Bestätigung heischend. „Habe ich“, gebe ich zu. „Der ist dann gekommen, um sich zu stellen“, fährt Martin fort. Jetzt bin ich doch überrascht. „Der hat sich selbst beschuldigt?“, will ich wissen. „Hat er“, bestätigt Martin und setzt hinzu: „Er scheint seine Mutter sehr zu lieben.“ – „Aber der war es doch nicht!“, wende ich ein. „Natürlich war der‘s nicht, aber wart‘s doch ab.“ Martin fühlt sich in seiner Darbietung gestört. „Also der kam, um sich selbst zu beschuldigen“, setzt er neu an. „Und dann?“ Ich werde ungeduldig, möchte das Resultat ihrer Untersuchung zuerst hören, um mir dann alle Einzelheiten in passenden Zusammenhängen durch den Sinn gehen zu lassen. Aber Martin will Effekte. Und deshalb erzählt er der Reihe nach. „Dann haben wir erst mal die Mutter geholt.“ Ich spüre meinen Ungeduldspegel steigen: „Warum das denn?“, will ich zur Erklärung wissen und bekomme jetzt einen Allgemeinbegriff um die Ohren gehauen: „Verhörmethode“, lässt er mich wissen. Okay, Verhörmethode, denke ich und schweige. „Dann habe ich zuerst den Kobler verhört. Er hat gestanden, dass er in der Nacht da war, und sie umgebracht hat."

Wieder kann ich mich nicht dareinfinden, den passiven Berichtempfänger zu spielen. „Und wie bist du damit umgegangen?", will ich wissen und gebe ihm damit ein neues Signal für die Selbstinszenierung: „Ganz einfach!" Natürlich ganz einfach, denke ich und höre. „Ich habe ihn zuerst ..." Martin stockt. Jetzt bekommt er Schwierigkeiten mit der Erklärung, darauf hat er sich nicht vorbereitet. „Also man macht das so", beginnt er allgemein und fährt fort: „Du erzählst dem Verdächtigen Punkt für Punkt eine mögliche aber falsche Variante, wie er die Person umgebracht haben könnte und forderst ihn bei jedem Punkt auf, das zuzugeben. Danach lässt du ihn nochmals berichten, wie er vorgegangen ist. So kriegst du raus, ob er die Fakten weiß." Ich habe verstanden, wie Martin vorgegangen ist und setze seine Rede fort: „Und die Fakten wusste er nicht!" Martin bestätigt: „Nein, die wusste er nicht, er wusste nicht, wie die Wenzel gefallen ist. Er wusste nicht mal, wo sie lag. Ihn habe ich ja auch nie verdächtigt. Der hätte die Spuren verwischt, wenn er es gewesen wäre."

„Du hast die Mutter verdächtigt?", fahre ich in Frageform fort, um schneller an die wichtigen Informationen zu kommen. „Ja, wenn überhaupt, dann hätte nur sie es gewesen sein können." Meine Ungeduld wächst. „Aber sie war es auch nicht", stelle ich einfach als Behauptung in den Raum, um es endlich zu hören, bekomme jedoch nur ein „Wart's ab!" als Antwort. Wenigstens ist er jetzt so weit, interessante Informationen herauszurücken. „Also dann habe ich die Mutter verhört. Auch sie hat sich selbst beschuldigt." – „Elisabeth hat sich beschuldigt?" Im Moment bin ich verwirrt. „Und wie hast du herausgefunden, dass sie es nicht war?" Jetzt wird es spannend für mich. Wie hätte ich herausfinden können, dass sie es nicht war? Diese Blitzfrage richte ich an meinen Intellekt, bevor ich höre: „Ich habe mit ihr dasselbe gemacht wie mit ihrem Sohn." Ja, natürlich, denke ich und wiederhole: „Du hast auch sie Punkt für Punkt gefragt, eine mögliche Variante erfragt, wie sie Susanne umgebracht haben könnte." Martin bestätigt: „Ja, sie wusste es auch nicht, außer ..." Er räuspert sich und wiederholt: „Außer, wo sie gelegen hat. Aber sie hatte sie ja auch gefunden. Aber viel aufschlussreicher war ihre Mimik."

„Ihre Mimik?", frage ich nach. „Ja, als ich ihr mitteilte, dass ihr Sohn es nicht gewesen sein konnte. Ich habe noch nie ein Gesicht gesehen, das ein so maßloses Erstaunen ausgedrückt hat." Ich sehe Martin sich an das Bild von Elisabeths Erstaunen erinnern, bevor er einen Gedanken hinterher schiebt. „Sie hat die ganze Zeit geglaubt, er hätte sie umgebracht." Ja, denke ich, das habe ich auch herausgefunden. Sie hat nicht geschlafen. Sie hat ihren Sohn gesehen. Sie hat gewusst, er war bei Susanne. Und sie hat ihre Auseinandersetzung gehört. „Sie hat sich aus Liebe zu ihm selbst beschuldigt", höre ich Martin weiterreden, wieder eine Pause machen, bevor er fortfährt: „Sie wollte dafür sorgen, dass er noch ein Leben hat." Das ist eine Begründung dafür, dass sie sich im Glauben an seine Schuld selbst beschuldigt hat, so versuche ich die letzte Äußerung von Martin einzuordnen, frage aber vorsichtshalber noch mal nach: „Hat sie das gesagt?", und höre: „Ja." Dabei kam Susanne durch einen Unfall ums Leben.

Ich sitze in meinem Schreibtischstuhl, das linke Bein über das rechte geschlagen, die rechte Hand in die Taille gepresst, die linke Hand zum Gesicht erhoben, meine Unterlippe knetend und vor mich hin starrend. Dass auch er hat sich selbst beschuldigt hat, geistert durch meine Gedankenbahnen. Das verstehe ich nicht. „Er scheint seine Mutter sehr zu lieben." Diesen Satz hat Martin gesagt. Gibt es das, dass ein Sohn so für seine Mutter einstehen will? Auf diese Frage will keine Instanz in mir irgendeine Auskunft geben. Die Frage bleibt stehen, einsam, mitten auf einer Gedankenbahn, wie ein Reisender, der den Anschluss verpasst hat. Aber da ist noch etwas in meinen Gedanken. Susanne kam durch einen Unfall ums Leben. Auch dieser Satz von Martin ist stehen geblieben, dreht und wendet sich, wie um mir ein neues Kleid vorzuführen und eine lobende Bemerkung zu entlocken, dass es ihr gut stehe. Aber ich bin im Augenblick nicht in der Verfassung für lobende Bemerkungen. Es ist, wie wenn man alle Kräfte verausgabt hat, um das rettende Ufer zu erreichen - da macht man auch keine lobenden Bemerkungen mehr, man wirft sich auf den Strand.

43

Martin hat seine Inszenierung zu seiner Zufriedenheit abgeschlossen, stellt verwundert fest, dass der Applaus ausbleibt und registriert mit einem Stimmungsumschwung in Besorgnis, dass es mir nicht gut zu gehen scheint. „Du brauchst Urlaub, meine Liebe“, kommentiert er seine Wahrnehmung, erhebt sich, um meinen Zustand näher in Augenschein zu nehmen und das Resultat zu verkünden. „Du bist erschöpft!“ Er schlägt Skiurlaub in Andreasberg vor, während ich die Hand, die mir über die Wange streicheln will, abwehre und in eine andere Richtung schaue. Martin steht mitten in meinem Arbeitszimmer wie stehengelassen. Eigentlich tut er mir schon wieder leid, aber der Impuls zu einer versöhnlichen Geste bleibt aus. Martin geht aus dem Zimmer. Ich bleibe zurück, allein, schaue aus dem Fenster in den dunklen, nassen, kalten Novembertag, den ich zwar nicht sehen aber fühlen kann, will mich gerade wundern, wie das kommt, als mir einfällt: Nein, wir haben schon Dezember, aber das ist auch nicht besser.

Während ich weiter in die Dunkelheit starre, die draußen vor dem Fenster beginnt und sich in die Unendlichkeit des Raumes fortsetzt, rühren sich drinnen in mir immer noch wache Seelen, die mit den Ergebnissen des heutigen Tages nicht zufrieden sind. Eine von ihnen lässt das Band mit Martins Bericht immer wieder ablaufen. Was soll damit erreicht werden, frage ich mich, als mir schlagartig klar wird: Er hat mich schon wieder manipuliert. Genau! Martin hat mich angerufen, damit ich die Koblers verständige. Aber warum? Er hätte sie doch, wie er es angekündigt hat, einfach vorladen oder nochmals bei ihnen vorbeifahren können. Nein! Jetzt hab ich's. Es war ja gar nicht sein Fall. Er konnte sich da nicht einfach einmischen, ohne Ärger zu kriegen. Also hat er es mit meiner Hilfe so gedreht, dass sie von selber kamen und er wahrscheinlich der einzige Anwesende war, der ihre Geständnisse entgegennehmen konnte.

Ich muss raus hier! Es ist zwar mein Haus, aber die gegenwärtige Atmosphäre dringt wie mit Nadelspitzen auf mich ein. Ich greife meinen Mantel und eile durch den Flur. Im Essbereich hebt Martin gerade ein erstauntes Gesicht von seiner Zeitung und will etwas sagen, als ich vorbeistürze, durch die Haustür, die Treppe hinunter auf die Straße. Wohin?, fragt es in mir. Ich will niemandem begegnen, will nicht reden, auch nicht grüßen müssen. Ich will einfach nur zu mir kommen und bei mir sein. In den Straßen hier kann ich Leuten begegnen. Also nehme ich das Auto und fahre. Wo bin ich sicher vor Anteil nehmenden Blicken, forsche ich, finde keine Antwort in meinen Gedanken, fahre aber, biege ab, biege nochmals ab und bin im Wald. Ach ja, Hermann-Löns-Park, Annateiche, auf dem Parkplatz bei der alten Mühle. Aber ich kann nicht aussteigen. Es regnet, nein es gießt und ich habe keinen Schirm. Aber hier drinnen im Auto bin ich für mich. Ich stelle den Motor ab, lege die Hände auf meinen Bauch und den Kopf zurück.

Ich kann spüren, wie die Spannung zurückgeht. Endlich lassen mich meine Gedanken in Ruhe. Ihnen wird klar geworden sein, dass sie so nicht weitermachen durften. Ich fühle meinen Atem langsam meiner Brust entweichen - ich kann es auch hören - und tief einatmen, ausatmen, lange warten, bis ich wieder einatme, und dazwischen: nichts, einfach nur Stille. Ich weiß nicht, wie lange ich da in meinem Auto gesessen und nur geatmet habe. Irgendwann hat sich mein Körper in den Schultern bewegt, mein Kopf hat sich von der stützenden Unterlage erhoben. Ich gucke mit erstauntem Blick um mich, und es ist anders. Ich habe mich beruhigt. Ich kann wieder nach Hause fahren. Inzwischen hat es auch aufgehört zu regnen. Ich habe gar nicht mitbekommen, wann. Aber jetzt regnet es nicht mehr.

Als ich zu Hause die Tür aufschließe, kommt Martin mir entgegen. Ich kann ihn begrüßen und freue mich darüber, dass ich das kann. „Guck mal, was für dich angekommen ist“, sagt er mit freudiger Stimme und weist meinen Blick mit einer Geste in den Essbereich. „Mein Gott“, entfährt es meinen Lippen. Einen so großen Strauß roter Lilien habe ich noch nie gesehen. „Und eine Begleitkarte“, sagt Martin. Richtig, da steckt eine Karte. Ich ergreife sie, ziehe das Papier aus dem Umschlag und lese: „Was wir Dir schuldig sind, können wir nicht entgelten. Aber danke sagen wollen wir beide. Elisabeth und Hans Kobler.“

Wie sind die bloß an die Blumen gekommen, frage ich mich. Es ist doch schon Nacht!

Weitere Bücher von Alexa Mohl im Junfermann Verlag

Der Zauberlehrling – Das NLP Lern- und Übungsbuch

Der Meisterschüler – Der Zauberlehrling II – Das NLP Lern- und Übungsbuch

Auch ohne dass ein Prinz dich küsst – NLP-Kommunikationsmethoden & Lernstrategien – Ein Lernbuch für Frauen

Die Wirklichkeit des NLP – Erkenntnistheoretische Grundlagen und ethische Schlussfolgerungen

Metaphern-Lernbuch – Geschichten und Anleitungen aus der Zauberwerkstatt

Der Wächter am Tor zum Zauberwald – Therapeutische und pädagogische Metaphern

Alles Einbildung – Neue therapeutische und pädagogische Metaphern

Das Buch

Das irdische Gleichgewicht schwankt: Was sich über Millionen Jahre die Waage hielt, hat der industrialisierte Mensch in nur 200 Jahren gründlich gestört. Herbert Gruhl nennt in diesem Buch die Ursachen, die zu dieser labilen Lage auf unserem Planeten geführt haben. Er fordert die Abkehr von einer Weltauffassung, die sich dem Materialismus verschrieben hat, sich an der Technik orientiert und die Künstlichkeit der geschaffenen Welt zu ihrem Ideal erhebt. Gruhl zeigt, wie diese mechanistisch-naturwissenschaftliche Sicht ein ständiges wirtschaftliches Wachstum und damit die Plünderung des Planeten Erde in ihre Rechnung mit einbezieht. Aus diesen Erkenntnissen entwickelt der Autor seine organische Weltauffassung. Wesentliche Bestandteile dieser Denkweise sind Verzicht auf ständig steigenden Lebensstandard, Solidarität mit der Schöpfung, Transzendenz und Einbeziehung organischer Prinzipien. Der Autor stellt sich dabei bewußt gegen Rationalismus und Aufklärung, wie sie seit dem 17. Jahrhundert das abendländische Denken prägen, und legt ein klares Bekenntnis zur konservativen Ökologie ab. Ein wirklicher Fortschritt läßt sich nur durch radikale Rückbesinnung in allen Lebensbereichen erzielen, denn ökologisch handeln heißt bewahren. »Wir wollen erkunden, woraus Menschen stets ihr Brot gewannen und Hoffnung für ihr Dasein schöpften und worauf sie sich weiter verlassen können. Es gilt herauszufinden, wo die echten Werte des Daseins liegen, und zu erk[illegible] was eine gnädige Erde uns noch immer bereithält.«

Der Autor

Herbert Gruhl, 1921 in Gnaschwitz bei Bautzen geboren, studierte nach Wehrdienst und Kriegsgefangenschaft Geschichte, Germanistik und Philosophie in Berlin, wo er 1957 promovierte. 1954 trat er der CDU bei und war von 1969 bis 1980 Mitglied des Deutschen Bundestags. 1975 erschien sein Bestseller »Ein Planet wird geplündert. Die Schreckensbilanz unserer Politik«. 1978 trat er aus der CDU aus, gehörte aber als fraktionsloser Abgeordneter bis 1980 dem Bundestag an. Herbert Gruhl ist seit 1982 Bundesvorsitzender der von ihm gegründeten Ökologisch-Demokratischen Partei.

Herbert Gruhl:

Das irdische Gleichgewicht

Ökologie unseres Daseins

Deutscher
Taschenbuch
Verlag

dtv

Ungekürzte Ausgabe
Juni 1985
Deutscher Taschenbuch Verlag GmbH & Co. KG,
München

ISBN 3-88458-048-5
Umschlaggestaltung: Celestino Piatti
Gesamtherstellung: C. H. Beck'sche Buchdruckerei,
Nördlingen
Printed in Germany · ISBN 3-423-10419-8

Inhalt

V. Die Rückbesinnung

Vorwort

In meinem ersten Buch habe ich versucht, die Welt darzustellen, wie sie *ist*, nicht wie sie den herrschenden Vorstellungen zufolge sein *sollte*. In diesem Buch versuche ich darüber hinaus das Wesen des Menschen in seiner Umwelt zu ergründen – ebenfalls so wie es ist, nicht wie es viele gern hätten. Mit dem Ergebnis werden weder die vorbehaltlosen Verteidiger bestehender Verhältnisse noch die zahlreichen Weltverbesserer zufrieden sein.

Zunächst geht es um eine Fortschreibung der »Schreckensbilanz unserer Politik«. Hoffentlich gibt es noch viele Fortsetzungen, denn solange wir noch »fortschreiben« können, leben wir noch. Aber ich bin nicht der Buchhalter dieser Zeit – davon gibt es genug. Meine Absicht geht dahin, die Zeit zu deuten – und den Menschen, wie er sich in seiner langen Geschichte und der kurzen Gegenwart darstellt.

Somit wird sich dieses Buch wieder mit vielen Aspekten unseres Daseins befassen, es kann kein Fachbuch sein. Die bisherige Aufsplitterung in Fachgebiete war zwangsläufig und zunächst auch folgerichtig. Um Fehler zu vermeiden, beschränkte sich jeder Wissenschaftler auf seinen Fachbereich; da ging er kein Risiko ein, und alles schien fest fundiert. Inzwischen hat sich ein anderes Risiko als das gefährlichere herausgestellt: Die Fachaussagen ergeben kein Gesamtbild mehr, ja sie geben sogar völlig widersprüchliche Ratschläge an die weiter, die sie benötigen, die Politiker und die lebenden Menschen. Die dringendste Forderung unserer Zeit lautet daher, einen *Gesamtaufriß* zu versuchen. Wenn darin ein Teilbereich nicht ganz stimmt, dann ist der Schaden geringer, als wenn die Teile unverwendbare Bruchstücke bleiben. Nachdem die Welt bis in die Atome und der Mensch bis in die einzelnen Gehirnfunktionen zergliedert vor uns liegt, ist nichts nötiger als die Synthese. Eine Synthese, die übrigens jeder einzelne Mensch tagtäglich für sich finden muß, sonst könnte er nicht leben.

Somit wird dies eine Darstellung aller Fragen, die gegenwärtig die Welt bewegen, so wie sie sich jedem Bürger und besonders dem Politiker stellen. Da sich Politiker und andere Verantwortliche nie mehr das Fachwissen vieler Gebiete aneignen können, verzichten viele ganz auf tieferes Wissen und planschen höchst erfolgreich in seichten Gewässern, wo sie kaum untergehen können. Ihr ständiger Verweis auf die Fachleute, auf deren Rat sie sich schließlich verlassen müßten, galt sogar als freimütiger Beweis für ihre Ehrlichkeit und Objektivität. Erst neuerdings traut man dem Rat der Experten nicht mehr so recht.

Verwunderlich ist auch, in welchem Ausmaß immer noch die Schlachten der Vergangenheit geschlagen werden. Die gegenwärtige Epoche ist ziemlich phantasielos, so auch in der Politik. Die Gefahr kommt selten aus der Richtung, in die man ständig starrt. Die Geschichte wiederholt sich zwar, jedoch nicht in primitiver Weise. Darum hält auch eine ideologische Maginot-Linie im Ernstfall so wenig wie die seinerzeitige aus Beton.

Nachdem die Erde in die Hand der Menschen gefallen ist, tappen diese wie Blinde in ihrer selbstgeschaffenen Geographie herum, und sie finden sich auch in ihrer Geschichte nicht mehr zurecht, obwohl sie in allen historischen Steinbrüchen nach Verwertbarem schürfen. Erneute Diktaturen drohen gewiß allerorten, sicher eintreffen wird aber nur die *Diktatur der Knappheit*. Und die ergibt sich geradewegs aus der brutalen Diktatur des Menschen über die Erde. Es gibt keinen Präzedenzfall für die Macht, die der Mensch in den letzten zweihundert Jahren über die Biosphäre erlangt hat. Unter diesen verwirrenden Umständen kann nur eine Voraussage mit Gewißheit gemacht werden: »Der Mensch, das Kind der Mutter Erde, würde das Verbrechen des Muttermordes nicht überleben.« Mit diesen Worten schloß Arnold Toynbee sein letztes großes Werk ›Menschheit und Mutter Erde‹. So hätte auch der Titel dieses Buches lauten können.

Es wird eine differenzierte Gedankenführung nötig sein, für die ich die Geduld des Lesers erbitte. Wäre mein erstes Buch nicht in so großer Breite aufgenommen worden, so hätte ich mich vielleicht nicht an dieses Unternehmen gewagt. Der Leser wird allerdings viele Bestätigungen eigener Gedanken finden; er wird entdecken, daß er dieses und jenes auch schon gedacht, gefühlt oder vermutet hat. Was können wir Besseres erreichen, als uns gegenseitig zu bestärken. Da ich die Ansicht Goethes teile, daß alles Gescheite auf dieser Welt schon einmal gedacht worden sei und man nur versuchen müsse, es noch einmal zu denken, werde ich mich ausgiebig auf die Weisheiten vergangener Zeiten berufen und auch neueste

Erkenntnisse reichlich zitieren. Es stimmt hoffnungsvoll, daß bereits so viele Geister in die gleiche Richtung denken. Ich sehe meine Aufgabe darin, verstreute Einsichten zu einem tragfähigen Netz zu verknüpfen in einer Zeit, wo der Mensch den Boden unter den Füßen verloren hat.

Wenn über die Geschichte des 20. Jahrhunderts jemals geschrieben werden sollte, dann wird es als das *Jahrhundert der enttäuschten Hoffnungen* bezeichnet werden. Diese wurden durch drei Entdeckungen dezimiert, die seit dem II. Weltkrieg immer dunkler unser Bewußtsein überschatten:

Die Übervölkerung der Erde
Die Ausplünderung und Zerstörung der Erde
Die jederzeit mögliche atomare Vernichtung

Aus jedem einzelnen der drei Prozesse entsteht eine Endzeitdrohung – und wenn sie zusammenwirken, dann wird die furchtbare Realität alles übertreffen, was sich früher die Völker in ihren apokalyptischen Visionen ausgemalt hatten.

Diese Drohungen entfalteten ihre Schrecknisse gerade zu der Zeit, da die utopischen Erwartungen auf eine problemlose Welt ihren Höhepunkt erreicht hatten. Die glückliche Endzeit erschien greifbar nahe, als der Frost der Ernüchterung hereinbrach. Vor allem die beiden industrialisierten Blöcke in West und Ost hatten sich ihrem Endziel nahe gesehen, was immer sie sich übereinstimmend oder gegensätzlich darunter vorstellen mochten. Die sozialistische Welt glaubte, kurz vor dem Kommunismus zu stehen – und so mancher amerikanische Präsident hatte mit dem Wort *freedom from want*, frei sein von jedem Mangel, der Welt das Menschenparadies versprochen. Plötzlich wird nun der Grat schmaler, die Luft dünner, schwere Zeiten für den Atem der Hoffnung; doch die Sicht wird klarer. In unserer Ernüchterung werden wir erkennen: Auch vor dem Zeitalter der Euphorie haben die Völker gelebt, und sie waren nie ohne Hoffnung. Auf diese bescheidenere, aber immer beständige Hoffnung sind wir jetzt zurückgeworfen, wo sich das zweite Jahrtausend nach Christi Geburt seinem Ende zuneigt. Wir wollen erkunden, woraus Menschen stets ihr Brot gewannen und Hoffnung für ihr Dasein schöpften und worauf sie sich weiter verlassen können. Es gilt herauszufinden, wo die echten Werte des Daseins liegen, und zu erkennen, was eine gnädige Erde uns noch immer bereithält.

Pfingsten 1982 H.G.

Hervorhebungen innerhalb der Zitate stammen von dem jeweiligen Autor.

Teil I Die Weltsituation heute

1. Im Zeitalter der Verwirrung

Wahre Worte sind nicht gefällig
Gefällige Worte sind nicht wahr

(Laotse)

Zunehmende Zweifel

Der Mensch ist sich über die Voraussetzungen seines Daseins völlig im unklaren. Diese Unklarheit hat in jüngster Zeit mit der Entwicklung der Zivilisation zugenommen. In dem Maße, wie sich der Mensch mit einer künstlichen Umwelt umgab, hat er sich die Quellen seiner ursprünglichen Erfahrungen verschüttet; er lebt sogar in der Illusion, daß diese für ihn nicht mehr gültig wären. Dagegen besaßen unsere Vorfahren noch unmittelbare Kenntnisse über die Voraussetzungen ihres Lebens, und ein Rest von Völkern, die wir »die Primitiven« zu nennen belieben, besitzen sie noch heute.

Für die nördliche Hemisphäre der Erde gilt weithin: *Der Mensch kennt weder »die Welt« noch sich selbst.* Die Folge ist, daß der Mensch von heute nicht weiß, *was er eigentlich tut, noch was er sich antut.* Da der Einzelne selbst nicht mehr weiß, was er eigentlich *will*, ist der Ökonom (der selbst ein Mensch ist) entschuldigt – und der Politiker obendrein, der die vermeintlichen Wünsche des Menschen ausführt, auf Grund der Ratschläge, die ihm der Ökonom erteilt. Der Ökonom behauptet, daß er es bisher gut verstanden habe, die Bedürfnisse des Menschen zu erfüllen – er wußte nur nicht, *welche* Bedürfnisse der Mensch hat.

Die Ökonomen unterstellten einerseits die *Unendlichkeit der Ressourcen*, andererseits die *Unendlichkeit der menschlichen Bedürfnisse.* Von der ersten Fehleinschätzung handelte »Ein Planet wird geplündert«, mit der zweiten Fehleinschätzung befaßt sich dieses Buch.

Gerade in den fortgeschrittensten Ländern hat eine allgemeine Unzufriedenheit und Unsicherheit um sich gegriffen, deren Ursachen ergründet werden müssen. Das Tempo der Veränderungen aller Lebensverhältnisse war so groß, daß es nur noch ganz wenige Personen gibt, die mit ihrem Begriffsvermögen voll auf der Höhe der Zeit stehen. Schon die Äußerungen der Politiker verraten ein so klägliches Verständnis der heutigen Welt, daß man verzweifeln könnte – und viele tun das auch. Doch diejenigen, die auf ihre Worte hören, haben offensichtlich kein besseres Verständnis, sonst würden sie solche Reden nicht über sich ergehen lassen. Alle zusammen haben sich in jungen Jahren eine Bildung erworben, die durch den schnellen Wandel der Welt hoffnungslos veraltet ist. In der Hektik der Tagesgeschäfte hatten sie keine Zeit, mit ihren Kenntnissen auf der Höhe der Wandlung zu bleiben. – Aber die Jugend, die heute ausgebildet wird, müßte doch den gegenwärtigen Weltzustand frisch in die Bildung aufnehmen? Schon, aber sie bezieht ihr Weltbild aus früher verfaßten Theorien, und *ihr fehlt die Erfahrung*, die man nur im Mit*erleben* gewinnt, und sie will sich auch der Mühe oft nicht unterziehen, die Komplexität der heutigen Strukturen samt ihrer Entstehungsgeschichte zu begreifen. Allen muß man folgenden Satz des Physikers Klaus Müller vorhalten: »Nur wenn wir den Mangel an Wissen und die Hypertrophie des Wissens zugleich bekämpfen und also einen Zweifrontenkampf auf uns nehmen, befinden wir uns an der zukunftsträchtigen Front, die durch die säkulare Krise hindurchführen kann.«[1] Zu dieser Frage schrieb der amerikanische Ingenieur und Zukunftsforscher Willis Harman: »Sowohl die Anthropologie als auch die Geschichtswissenschaft liefern vielsagende Beweise dafür, daß eine Gesellschaft dazu neigt, Wissen von sich fernzuhalten, das oberflächlich betrachtet den gegenwärtigen Zustand bedroht, obwohl gerade dieses Wissen tatsächlich bitter nötig wäre, um ihre grundlegendsten Probleme zu lösen.«[2]

Die Frage müßte lauten: »Könnte es sein, daß wir unsere Befriedigung bei den falschen Dingen oder auf die falsche Art und Weise suchen und daß wir deswegen mit dem Ergebnis unzufrieden sind?«[3] Das ist unser Problem, das schon der amerikanische Psychologe Tibor Scitovsky in seinem Buch »Psychologie des Wohlstands« zu ergründen sucht.

Bis vor kurzem waren die fortgeschrittenen Menschen so selbstsicher, um nicht zu sagen blind, daß sie gar nicht mit sich reden ließen. Dies hat sich in wenigen Jahren geändert. Zwar waren noch nie so viele daran interessiert, eine neue Deutung zu verhindern oder wenigstens das Ergebnis abzuweisen; doch die Verunsicherung hat zugenommen und damit die Bereitschaft, den eigenen Standpunkt zu überprüfen. Die Zukunft ist plötzlich nicht mehr das Paradies, der *Zweifel* ist an die Stelle der Selbstgefälligkeit getreten. Im Jahre 1973 hatte der in Wien geborene Theologe und Pädagoge Ivan Illich, Verfasser vieler zeitkritischer Bücher, noch geschrieben: »Im Augenblick wäre ein Votum gegen das Wachstum schlechthin ebenso wirkungslos wie ein Votum gegen den Sonnenuntergang.«[4] Seitdem hat sich schon einiges gewandelt.

Der Ruf nach *neuen Zielen* wird auch kaum in der Stunde des Triumphes gehört werden, sondern erst, wenn die bisherigen Gewohnheiten erschüttert worden sind. Der griechische Philosoph Aristoteles meinte, daß man das Wesen jeglicher Erscheinung erst dann erkennen könne, wenn sie ihren Höhepunkt erreicht und überschritten habe.[5] Trotzdem eilen immer einige ihrer Zeit voraus und voller Ungeduld über die Masse der Zurückbleibenden. Der in den letzten Jahren einer breiten Öffentlichkeit bekannt gewordene Psychologe Erich Fromm gehört zu denen, die erkannten, daß sich die große Verheißung des Fortschritts nicht erfüllt hat, und er wunderte sich über »die nahezu unglaubliche Tatsache, daß bisher keine ernsthaften Anstrengungen unternommen wurden, um das uns verkündete Schicksal abzuwenden.« In seinem Buch »Haben oder Sein« fährt er dann fort: »Während im Privatleben nur ein Wahnsinniger bei der Bedrohung seiner gesamten Existenz untätig bleiben würde, unternehmen die für das öffentliche Wohl Verantwortlichen praktisch nichts, und diejenigen, die sich ihnen anvertraut haben, lassen sie gewähren. – Wie ist es möglich, daß der stärkste aller Instinkte, der Selbsterhaltungstrieb, nicht mehr zu funktionieren scheint?«[6]

Der Hauptgrund liegt in der Kurzsichtigkeit der Menschen. Größere Massen sind außerstande, künftige Entwicklungen geistig zu erfassen, und erst recht nicht bereit, daraus konkrete Schlußfolgerungen für ihr gegenwärtiges Leben zu ziehen. An das Gehirn des homo sapiens werden offenbar zu hohe Ansprüche gestellt.

Wirtschaft gegen Kultur

Der *homo sapiens* ist zum *homo oeconomicus* verkürzt worden. Und das absurde Bild vom rein ökonomisch bestimmbaren Menschen ist heute das *Leitbild* aller Politik. Darin liegt gerade das große Verhängnis des Jahrhunderts, daß es sich durchweg von einer Vorstellung vom Menschen leiten läßt, die schlichtweg falsch ist. Es ist das Bild des reduzierten Menschen. Daß die Politik dieses Bild immer mehr pflegte, hatte natürlich Rückwirkungen auf die Vorstellung, die sich ein jeder von sich selber machte. Und diese nach und nach entwickelte Selbsteinschätzung wirkte wiederum auf die Politik zurück. So kann man auch sagen, daß der Mensch ein Bild von sich entwickelte, das nicht ohne Auswirkungen auf die Politik bleiben konnte, zumal in Demokratien, wo die Politik vom Wähler *abhängig* ist. Was dabei herauskam, könnte man die Eskalation der ökonomischen Schamlosigkeit nennen. Dergleichen war auch wissenschaftlich begründet worden. Für den ökonomisch gesteuerten Menschen gilt als *Tugend*, was früher *Todsünde* war: Gier, Habsucht, Neid, Luxus und Stolz.[7] Die Wirtschaft benötigt diese Eigenschaften für ihren steigenden Erfolg. Das hat keiner so deutlich gemacht wie das Idol der Ökonomie des 20. Jahrhunderts, Maynard Keynes. Er war der Meinung, daß wir uns die mächtigen Antriebskräfte der menschlichen *Selbstsucht* zu eigen machen müßten, denen Religionen und alte Weisheiten zu widerstehen rieten. Keynes stellte 1930 die These auf, daß wir eine der abstoßendsten Eigenschaften zu den größten Tugenden erhoben haben, und nennt dies eine »widerliche Krankhaftigkeit, eine jener halbkriminellen, halbpathologischen Neigungen, die man mit einem Schauder dem Spezialisten für Geisteskrankheiten zur Behandlung übergibt. Aber Vorsicht!« sagt er, »die Zeit hierfür ist noch nicht gekommen. Noch mindestens weitere hundert Jahre müssen wir uns und allen anderen vorspiegeln, daß ehrlich unehrlich und unehrlich ehrlich ist; denn unehrlich ist nützlich und ehrlich nicht. Neid und Wucher und Vorsicht müssen noch kurze Zeit unsere Götter sein.«[8] Das Bild vom Menschen, der stets auf seinen Vorteil bedacht sei, legte bereits der Erzvater der herrschenden Ökonomie, Adam Smith, seinen Theorien zugrunde. Die moderne Politik übernahm dieses Bild mehr und mehr. Das wirkte sich sachlich und personell auf den Fortgang der Geschichte aus.

Im Jahre 1930 kam dann bereits der spanische Philosoph Ortega y Gasset zu dem Ergebnis: »Der Führung in der Gesellschaft hat sich ein Menschentypus bemächtigt, den die Prinzipien der Kultur kalt lassen. Nicht dieser oder jener Kultur, sondern – soweit man heute beurteilen kann – jeder Kultur überhaupt. Was ihm am Herzen liegt, sind offenbar Automobile, Anästhetika und ein paar andere Dinge. Aber das bestätigt seine vollständige Gleichgültigkeit gegen die Kultur.«[9] Auch gegenüber der Religion bleibt dieser Menschentyp kalt. Es wird zwar nicht zugegeben, aber Nietzsches Wort »Gott ist tot!« gilt allgemein. Er ist tot, auch bei vielen von denen, die noch in seinem Namen zu handeln vorgeben.

Es gilt nun weder eine Religion oder ein Glaube, noch ist viel von der Kultur übriggeblieben. Damit befaßte sich der rumänisch-französische Dichter Eugène Ionesco 1979 in einer Rede »Für Kultur, gegen Politik.«[10] Die Künste, die Philosophie, die Metaphysik, die Religion und andere Formen des Geisteslebens bilden die Kultur. »Kultur ist in der Tat die Gesamtheit übernommener Verhaltensweisen, die eine Gruppe von Individuen mit einer gemeinsamen Tradition ihren Kindern übermittelt ... nicht nur künstlerische, wissenschaftliche, religiöse und philosophische Traditionen, sondern auch deren Praxis, das politische Verhalten und die tausend Gewohnheiten, die das tägliche Leben charakterisieren.« Die Politik sollte deren Beziehungen und das Leben der Gesellschaft organisieren. Denn »die Menschheit lebt nur durch die Kultur. Sie ist der Garant der menschlichen Existenz in der Welt.« Doch die Politik hat keine solche Perspektive mehr, die über sie selbst, über die Macht und ihre Organisation hinausgeht. Ihre einzige Perspektive ist die *ökonomische*; in deren Dienst stehen alle Programme, Verhandlungen, Gesetze und Verwaltungen. Darum ist die Politik in den Augen Ionescos eine tote Angelegenheit wie der Staat, der eine einzige große Maschine ist, eine tote Maschinerie. Da die Ideen und Philosophien, von denen die Politik abzustammen immer noch vorgibt, inzwischen tot sind, können sie nicht die Politik erfüllen, sondern »niedrigste, rein materialistische, in ihrer Verblendung unheilvolle Mächte« beherrschen sie.

Wer nun meint, das seien nur die Ansichten eines Dichters, der kann sich an den deutschen Ökonomen Wilhelm Röpke halten. In seinem Buch »Jenseits von Angebot und Nachfrage« schrieb er 1958: »Der tiefste Sitz der Krankheit unserer Kultur liegt in der geistig-religiösen Krise, die sich in jedem einzelnen vollzogen hat und nur in der Seele jedes einzelnen auch überwunden werden kann. Wir haben ... seit einem Jahrhundert den immer verzweifelteren Versuch gemacht, ohne Gott auszukommen und den Menschen, seine Wissenschaft, seine Kunst, seine Technik und seinen Staat in ihrer Gottferne, ja Gottlosigkeit selbstherrlich an seine Stelle zu setzen. Man darf überzeugt sein, daß eines Tages über die meisten wie eine Sturzwelle hereinbrechen wird, was jetzt erst wenigen klar ist: Jener verzweifelte Versuch hat eine Lage geschaffen, in der der Mensch als geistig-moralisches Wesen nicht existieren kann, was so viel heißt, daß er in ihr auf die Dauer überhaupt nicht existieren kann, trotz Fernsehen, Autobahnen, Vergnügungsreisen und komfortablen Appartements.«[11]

Wilhelm Röpke sprach auch schon von einer *»Bestechung der Massen«*. Diese ist inzwischen weiter entwickelt und bis zur Perfektion ausgestaltet worden. Die Demokratie wurde zur *»Wettbewerbsdemokratie«*, in der die Gesetze des Marktes gelten. Es ist ein Spiel von Leistungen und Gegenleistungen, bei dem alle Werbetricks angewandt werden. Die Politik ist zu einem orientalischen Basar heruntergekommen, auf dem alle Mittel der Taktik und des psychologischen Falschspiels gebräuchlich sind. Die Handhabung kann auch dazu führen, daß Probleme, die allen Seiten unangenehm sind, in schönster Übereinstimmung aus dem Verkehr gezogen werden, wie das oft vor Wahlen geschieht. Man spricht nur über das, was populär ist und was Meinungsumfragen als augenblicklich aktuell ermittelt haben.

Diese Lage hat zu Betrachtungen darüber geführt, ob die parlamentarische Demokratie am Ende sei.[12] Der Politologe Graf Kielmansegg äußerte den Verdacht, »daß es vor allem die Mechanismen der Politik seien, genauer: der Wettbewerbsdemokratie, die es uns bisher unmöglich gemacht haben, auf jene existentiellen Herausforderungen zu reagieren, die wahrzunehmen wir nicht länger umhin können... Der Wettbewerbsmechanismus begrenzt den Handlungsspielraum der Politik. In Demokratien werden Problemlösungen nur innerhalb ganz bestimmter Grenzen gesucht und erprobt, und es ist der ununterbrochene Konkurrenzkampf um Zustimmung, der diese Grenzen festlegt.«

Das destruktive politische Spiel von heute besteht darin, daß die Opposition die materielle Unzufriedenheit der Bürger mit allen zur

Verfügung stehenden Mitteln schürt. (Natürlich ist es auch alles andere als ein Zeichen von Reife, wenn beim Wähler diese Taktik immer wieder verfängt.) Kommt die Opposition eines Tages an die Regierung, so ist ihr Scheitern schon vorprogrammiert. Sie wäre gebunden, ihre großspurigen Versprechungen auf bessere Fütterung der Wähler einzulösen. Da ihr das nicht gelingen kann, wird dann die neue Opposition genau das tun, was die vorherige tat, sie wird die Regierung des Betrugs bezichtigen. So geht also das Schwarze-Peter-Spiel fort und fort, solange sich die Politik nur um einen vordergründigen Wohlstand dreht.

Wenn nun eine Regierung den heroischen Versuch einer grundsätzlichen Änderung machen würde, wie müßte der aussehen? Sie müßte als erstes eingestehen, daß sie sich völlig *geirrt* habe – ab jetzt sei das Gegenteil richtig! Das tut kein normaler Politiker. Zugeben, daß man sich geirrt habe? Was soll da der Wähler von uns denken? Und die Politiker haben ja so recht mit diesem Einwand; denn der Wähler will nur Politiker, die sich niemals irren! Also muß das Falsche weiterhin mit allen Mitteln der Propaganda (und die sind nicht gering) für das Richtige ausgerufen werden – bis die Fakten den Zusammenbruch besorgen. Harte Realitäten setzen jetzt sichtbare Grenzen. Aber die politische Opposition darf die Ursache der Schwierigkeiten nicht in den Fakten dieser Erde suchen, denn damit würde sie ja zugeben, daß sie diese auch nicht ändern kann. Nein! Sie muß der jetzigen Regierung die gesamte Schuld zuschieben, denn nur so kann sie begründen, daß diese Regierung abgelöst gehört.

Die Regierung hat beim Wettbewerb den Vorteil, daß sie über die Haushaltmittel verfügen kann, um sich mit den Steuergeldern der Bürger die Stimmen eben dieser Bürger zu kaufen. Die Opposition muß dann mit großzügigeren Anträgen versuchen, die Regierung zu übertrumpfen. Nicht einmal in Fragen von geringerer Bedeutung kann heute dieses Wettbewerbsdenken außer Kraft gesetzt werden; auch da mutet man dem Wähler keinen Realismus zu. Erst recht nicht in den Fragen, die in späteren Jahren dringend werden, denen aber heute schon vorgebeugt werden müßte. Dazu wäre es nötig, dem Wähler die *Überlebensproblematik* vor Augen zu führen. Wenn die Menschen wüßten, was auf sie zukommt, dann würden sie sich vielleicht anders verhalten. Aber den Sozialdemagogen und den Verkündern steigender Wohlfahrt können sie nicht widerstehen. So verrinnen die Jahre, in denen noch eine Wende möglich wäre.

In den nicht demokratisch regierten Ländern bestehen kaum größere Möglichkeiten für Änderungen, weil die dort herrschenden *Ideologien* sie nicht zulassen. Doch was würde geschehen, wenn die Politiker es versuchten? Sie haben es bisher auf beiden Seiten nicht versucht, sondern zumindest im Westen argumentiert, daß dies ein hoffnungsloses Unterfangen wäre.

2. Die Variationen der Wachstumslüge

Wirtschaftliches Wachstum
ist nicht nur unnötig,
sondern ruinös.
(Alexander Solschenizyn)

Gepflegte und widerlegte Irrtümer

Größtes Unheil droht unserer Erde durch eine Begriffsverfälschung, die zum Alltagsschlagwort geworden ist: »*Wirtschaftliches Wachstum*«. Als Wachstum bezeichneten die Menschen die Vorgänge in der Natur; alles, was lebt, wächst auch. Aber es kann nicht immerzu wachsen. Es kann sogar nur dann neues Wachstum geben, wenn die Macht des Todes das Gewachsene immer wieder sterben läßt. Nur dadurch werden die Bedingungen für erneutes Wachstum geschaffen. *In der Natur besteht zwischen Leben und Tod auf die Dauer ein Gleichgewicht.* Wenn auf kurze Zeit das Leben oder der Tod ein Übergewicht bekommt, dann schlägt das Pendel wieder zurück in eine stabile Gleichgewichtslage, ohne je stille zu stehen.

Heute versteht man unter »wirtschaftlichem Wachstum« die Erhöhung der *industriellen Produktionen* des Menschen. Diese haben jedoch mit Natur- und Wachstumsvorgängen nicht das Geringste zu tun. Hier wächst nichts, sondern hier werden aus Materialien tote Güter hergestellt, gemacht, produziert, gebaut, konstruiert. Ihr Merkmal ist gerade, daß sie leblos sind. Und weil sie nicht leben, können sie auch nicht sterben, sie unterliegen der *Entropie*. Somit entfällt die Gegensteuerung durch den Tod, der für das Gleichgewicht sorgen könnte. Nur daraufhin konnten die Menschen im technischen Zeitalter die Produktion toter Gegenstände immer wieder steigern – verdoppeln, vervierfachen, verzehnfachen. *Das ist aber nie und nimmer Wachstum*, sondern Verbrauch, Aufzehrung der Bodenschätze, die gerade *nicht* nachwachsen. Es ist also *Verminderung statt Wachstum.* Wenn diese Vorgänge »wirtschaftliches Wachstum« genannt werden, dann ist das eine Begriffsverdrehung, womit sich der Mensch selbst betrügt; aber ein so schwerwiegender Betrug, daß der Mensch darüber zugrunde gehen wird. Denn der Mensch unterliegt als Lebewesen sehr wohl dem regelnden Naturgesetz des Todes.

Die Lehre vom »ständigen wirtschaftlichen Wachstum« ist somit die größte *Irrlehre*, die Menschen jemals erfunden haben. Dennoch leugnen Politiker, Ökonomen und Wissenschaftler vieler Fachbereiche immer noch, daß es Grenzen des Wachstums gäbe, obschon ihre Theorien bereits durch die Tatsachen widerlegt werden. Wurde vor wenigen Jahren noch behauptet, das »wirtschaftliche Wachstum« ließe sich gar nicht aufhalten, da es mit der Automatik eines Naturgesetzes verlaufe – so hat es sich inzwischen von selbst gestoppt oder ganz beträchtlich verlangsamt. Alle Welt sieht, daß sein Ende keineswegs »unmöglich« ist, sondern jetzt automatisch eintritt. Dagegen erweisen sich zur Zeit die Versuche als ungemein schwierig oder wirkungslos, das »Wachstum« wieder anzukurbeln.

Welche Voraussagen waren richtig?

Noch vor einem Jahrzehnt wimmelte es geradezu von Hochrechnungen auf die herrliche Zukunft. Die steil nach oben gerichteten Exponentialkurven waren Bestandteil der Lehrbücher. Der amerikanische Wirtschaftswissenschaftler und Nobelpreisträger Paul Samuelson stellte in seiner weitverbreiteten zweibändigen »Volkswirtschaftslehre« eine Prognose für die Jahre von 1970 bis 2010. In dieser Zeit werde sich das reale Bruttosozialprodukt der USA mindestens verdreifachen, aber möglicherweise auch versiebenfachen. In den gleichen vierzig Jahren würde sich das Bruttosozialprodukt der Sowjetunion mindestens auf das Viereinhalbfache erhöhen, es könnte aber auch das Sechzehnfache erreichen; selbst der Mittelwert ergäbe immer noch eine Verachtfachung! Ähnliche Prognosen wurden damals für alle Länder aufgestellt. Für die Bundesrepublik Deutschland schwankten die Prognosen um 5% jährlicher Zunahme zwischen 1970 und 1980. Das wären insgesamt 64% gewesen. Erreicht wurden 32% bei zunehmender Abflachung, die 1981 ins Minus fiel.[13] Dies ist in der Zeichnung dargestellt. Dabei konnten die Relationen der drei Länder untereinander wegen der verschiedenen Währungen nur geschätzt werden. In keinem Land wurde auch nur die niedrigste Voraussage erreicht. In den Jahren 1980 und 1981 flachten die Kurven in allen drei Ländern weiter ab.

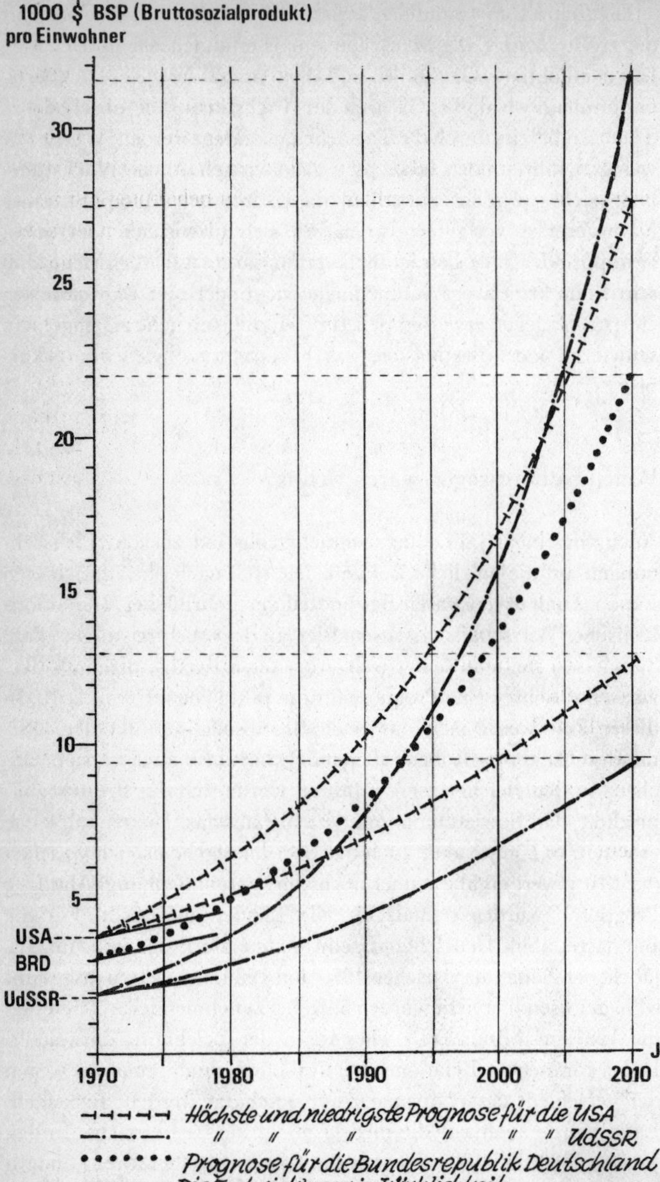
1000 $ BSP (Bruttosozialprodukt)
pro Einwohner
30
25
20
15
10
5
USA
BRD
UdSSR
1970
1980
1990
2000
2010
Jahr
Höchste und niedrigste Prognose für die USA
" " " " " " UdSSR
Prognose für die Bundesrepublik Deutschland
Die Entwicklung in Wirklichkeit

Im Jahre 1972 war bereits die Studie »Die Grenzen des Wachstums« des Club of Rome erschienen. Sie wies nach, daß es auf unserer begrenzten Erde kein unbegrenztes Wachstum geben könne, weil all die Bodenschätze, die wir verbrennen oder verarbeiten, eben *nicht nachwachsen.* Inzwischen sind unzählige Autoren zu dem gleichen Ergebnis gekommen. Alle diese Wissenschaftler wurden zunächst wütend angegriffen: inzwischen behaupten nur noch ganz wenige, daß die Vorräte der Erde nie zu Ende gehen werden.

Wie verlief die reale Entwicklung? Die vorausgesagten Steigerungen trafen bei weitem nicht ein – entscheidender noch: Die Kurve wurde immer flacher und ging 1980/81 in die Waagerechte über. Verschiedentlich wird von Wachstümlern der Versuch gemacht, die veränderte Wirtschaftsentwicklung völlig der Erdölverteuerung seit 1973 anzulasten. Selbst wenn der Preisanstieg schuld wäre, so hätte man sich auch davon nicht überraschen lassen dürfen. In einem Artikel über das Erdölproblem der Welt schrieb ich Ende 1971: »Selbst bei Berücksichtigung neuer, bisher noch gar nicht in die Zukunftshoffnungen einbezogener Funde würde bei einer Verknappung des Öls gerade über die hochindustrialisierten Länder, die ihren Ölbedarf hauptsächlich aus dem Import decken (wie z. B. die Bundesrepublik), eine Katastrophe hereinbrechen.«[14] Ich sagte voraus, daß das Erdöl einen Seltenheitswert bekommen würde, der sich auf die Preiskalkulation auswirken werde.

Als dann bereits 1973 die Preiseskalation begann, hatte die deutsche Bundesregierung gerade ihr erstes *Energieprogramm* fertiggestellt. Es sah die Steigerung des deutschen Energieverbrauchs bis 1985 von 354 Mio. Tonnen (1972) auf 610 Mio. Tonnen Steinkohleeinheiten (SKE) vor. Inzwischen wurde diese »Prophezeihung« *für das Jahr 1985* bereits dreimal durch »Fortschreibungen« *reduziert*:

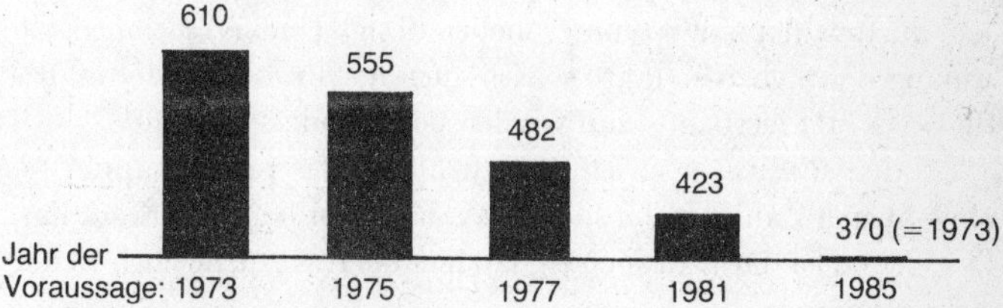

Das Energieprogramm der Deutschen Bundesregierung und seine drei Fortschreibungen für das Jahr 1985 (in Mill. t Steinkohleeinheiten = SKE)

Es läßt sich heute mit ziemlicher Sicherheit absehen, daß der wirkliche Verbrauch im Jahre 1985 dort angekommen sein wird, wo er sich 1973 bewegte, nämlich im Bereich von 370 Mio. Tonnen SKE. Wahrscheinlich wird er sogar tiefer liegen, denn der Verbrauch im Jahre 1981 betrug 371 Mio. Tonnen! *Alle »Programme« haben sich als wertloses Papier erwiesen.* Ich bewertete diese »Prognosen« am 15. Juni 1977 vor dem Deutschen Bundestag: »Die wirtschaftlichen Prognosen und die Energieprognosen der letzten Jahre verdienen den Nobelpreis für Fehlleistungen. Man verkündete z. B. ein Energieprogramm für 13 Jahre, und schon 4 Jahre später finden wir in den ›Eckdaten‹ den behaupteten Mehrverbrauch um 49,2%, also um die Hälfte, nach unten revidiert! Wenn das so weitergeht, dann wird die Prognose im Jahre 1981 bei einer Steigerung von Null angekommen sein... Die Bundesregierung baut ihr Energieprogramm auf der Wunschvorstellung eines vierprozentigen Wirtschaftswachstums auf, das mit Sicherheit nicht eintreffen wird.«[15]

Nachdem die falschen Prognosen sich immer deutlicher abzeichneten, ohne daß Konsequenzen gezogen wurden, erklärte ich am 20. April 1978 an gleicher Stelle: »Das alles hindert aber die Bundesregierung nicht, weiterhin Programme auf der alten Basis zu machen, und die Opposition nicht, der Bundesregierung die Nichterfüllung ihrer Programme vorzuwerfen. Hierbei muß doch einmal erkannt werden, daß die Berechnungsmethoden völlig unsinnig sind.«[16]

Im Jahre 1975 habe ich dargestellt, daß sich die Bundesrepublik Deutschland und vergleichbare Industrieländer in der *Sättigungsphase* befänden. Schon damals wurden einige Produkte für die Halde produziert: Tanker und Autos. Zu den überzähligen Kraftwerken ist es nicht gekommen, da die geplanten Werke zum großen Teil durch Bürgerinitiativen und Gerichtsurteile verhindert wurden – worüber die Energieversorgungs-Unternehmen heute sehr erfreut sein dürften, denn damit unterblieben riesige Fehlinvestitionen. Zu Anfang der Siebziger Jahre sollten auch noch riesige Erdölraffinerien errichtet werden – nun werden bestehende stillgelegt!

Bei den *Wohnungen* spricht man heute wieder von »Knappheit«, obwohl sich Zahl und Größe der Wohnungen laufend erhöht hat. Der Grund ist darin zu suchen, daß hier die Ansprüche noch weiter steigen konnten.

Was ich 1975 generell unterschätzt habe, ist die Tatsache, daß in einem reichen Land ein großer Teil der Bevölkerung noch lange über beträchtliche Kapitalien verfügt. Sie sind das Ergebnis vergangener Leistungen, ererbtes Gut. Darum kann immer noch relativ viel konsumiert werden. Man kann es sich leisten, gewisse Tätigkeiten weiterhin von *Gastarbeitern* verrichten zu lassen, obgleich sich die Arbeitslosigkeit verdoppelt hat, obgleich die Löhne zum Teil ins Ausland fließen. Bei negativer Zahlungsbilanz kann man zunächst einmal Sachwerte an das Ausland verkaufen, wie das – natürlich auf Kosten der nächsten Generationen – in diesen Jahren geschieht.[18] Somit schlagen negative Entwicklungen in reichen Ländern erst später auf den Lebensstandard durch, als zunächst angenommen werden durfte.

Eine drastische *Überkapazität* wird inzwischen bei den *Stahlwerken* sichtbar. Noch 1975 hatte der Techniker Wilhelm Dettmering auf dem Deutschen Eisenhüttentag eine Rede gehalten, die heute nur noch ironisch aufgefaßt werden könnte. Er machte folgende Rechnung auf: Die Menschheit hat in ihrer gesamten Geschichte bis zum Jahre 1975 sechzehn Milliarden Tonnen Eisen und Stahl erzeugt, davon die Hälfte allein in den letzten fünfzehn Jahren (infolge der exponentiellen Steigerung). Da er an der weiteren exponentiellen Steigerung in die Zukunft hinein nicht zweifelte, schloß der Redner messerscharf, daß nach dem Jahre 2000 *jährlich* drei Milliarden Tonnen Eisen und Stahl erzeugt werden würden.[19] Die Pleite dieser Prognose ist heute noch deutlicher sichtbar als die bei der Energie. Bereits in diesen Jahren müssen Stahlwerke *stillgelegt* werden. Die USA erzeugten 1980 nicht mehr Stahl als 1953, die Europäer so viel wie 1975.[20]

Die Überkapazitäten im *Hoch- und Straßenbau* sind bekannt. Dies führt genauso wie beim Stahl und bei der Elektrizität zu unentwegten Forderungen, nicht wegen des Bedarfs, sondern wegen der Arbeitsplätze Straßen, Fabriken und Kraftwerke zu bauen. Schlagt Schneisen durch die Landschaft, damit die Leute Arbeit haben! Besser läßt sich der Bankrott der ökonomischen Theorie nicht demonstrieren!

In den Jahren 1975/76 hatten die Wachstümler der Bundesrepublik noch einen großangelegten Versuch gestartet, die Steigerungsraten wieder anzukurbeln. Das ganze Unternehmen kostete rund 100 Milliarden DM, womit sich die öffentlichen Haushalte auf kaum wieder gutzumachende Weise verschuldeten. Die Verschuldung war auch nichts anderes als der Versuch, *auf Kosten der Zukunft* den damaligen »Lebensstandard« zu *steigern* (nicht etwa zu halten!). Das Ergebnis trat im Jahre 1981 offen zutage. Da wäre auf Grund der viel höheren Arbeitslosigkeit ein »Konjunkturprogramm« eigentlich dringender gewesen als 1975/76. Dies war aber angesichts eines erreichten Schuldenstandes aller öffentlichen Haushalte von über 500 Milliarden DM gar nicht möglich, was sogar alle Parteien zugaben. Die Schwierigkeit ist nun eine doppelte: Jetzt muß für den Schuldenberg bzw. seine Abzahlung gearbeitet werden, also nachträglich für das, was man sechs Jahre zuvor verbraucht hat. Dies ist auch in anderen Industrieländern so. In den USA stieg die Verschuldung zwischen 1975 und 1981 von 560 Milliarden auf 1000 Milliarden Dollar.[21]

Die *»Schreckensbilanz unserer Politik«* wird inzwischen auch in diesen roten Zahlen sichtbar. Die Vergleichsverfahren müssen eröffnet werden, aus denen alle nur mit großen Verlusten herauskommen werden. Weigern wir uns aber, dem Vergleichsverfahren zuzustimmen, dann wird in wenigen Jahren die Pleite, das heißt in diesem Fall die Katastrophe, unvermeidlich. Plötzlich erschallt nun aus allen politischen Ecken ein Wort, für dessen Gebrauch wir in den siebziger Jahren verhöhnt wurden. Dieses Wort heißt *Sparen*. Die Wachstümler müssen jetzt zugeben, daß nichts mehr so lief, wie sie es für »unabdingbar« gehalten hatten. Insgesamt 18 Prozent »Wachstum« von 1973 bis 1981, das hatte man doch früher fast in zwei Jahren erreicht! Aber auch diese Erkenntnisse führen nicht zur Aufgabe der alten Theorien. Man hält an ihnen hier genauso eisern fest, wie das die Kommunisten im Ostblock tun. Es kann nicht sein, was nicht sein darf![22]

Das Wachstumssyndrom

Es stimmt keineswegs, daß das sogenannte »wirtschaftliche Wachstum« schon immer das Ziel der Menschen war. Man könnte dieses Ziel sogar als Erfindung der Kommunisten bezeichnen, die nach dem I. Weltkrieg in der Sowjetunion die prozentualen Steigerungen in ihren Fünfjahresplänen programmierten. In den westlichen Industrieländern faßte die Theorie vom »ständigen wirtschaftlichen Wachstum« erst nach dem II. Weltkrieg Fuß. Sie ergab sich sozusagen aus der Praxis, für die man erst nachträglich eine

Begründung suchte, die sehr dürftig ausfiel. Der amerikanische Ökonom und Nobelpreisträger Paul Samuelson führt ein »Sammelsurium« von Gründen, wie er es nennt, in seiner zweibändigen »Volkswirtschaftslehre« auf:

1. »Die militärische und wirtschaftliche Herausforderung durch die Sowjetunion.
2. Die Bemühungen, die um ihre Entwicklung besorgten neutralen Länder davon zu überzeugen, daß ein ökonomisches Mischsystem für sie die beste Alternative ist.
3. Der Glaube, daß der Staatsverbrauch an Gütern und Dienstleistungen in Zukunft steigen wird und daß es dann politisch einfacher ist, die dafür benötigten Mittel aus dem *größeren Zuwachs des Bruttosozialprodukts* abzuzweigen, als zu diesem Zweck die Steuern im langsam wachsenden Bruttosozialprodukt zu erhöhen.
4. Der Glaube, daß – selbst wenn materielle Güter an sich noch nicht das Wichtigste im Leben sind – *eine Gesellschaft glücklicher ist, wenn es bergauf geht*, und unglücklicher, wenn alles stagniert und protektionistische und ähnlich bedrängende Kräfte in solcher Atmosphäre blühen und gedeihen.«[23]

Die ersten drei Punkte enthalten nichts, womit sich das »wirtschaftliche Wachstum« echt begründen ließe. Der vierte Punkt, den Samuelson allerdings selbst wie den dritten einen »Glauben« nennt, könnte eine in sich stichhaltige Begründung für das »wirtschaftliche Wachstum« liefern. Aber auch nur dann, wenn der Glaube berechtigt wäre, daß eine Gesellschaft mit »Wirtschaftswachstum« *glücklicher* ist als ohne dieses. Der Wahrheitsgehalt dieses Glaubens wird uns das ganze Buch hindurch beschäftigen.

Alle Begründungen des wirtschaftlichen »Wachstums« gehen erst gar nicht auf die grundsätzliche Frage ein, ob dieses auf der Erde auf die Dauer jemals möglich ist. Mit dieser Fundamentalfrage glaubten Ökonomen und Politiker sich überhaupt nicht beschäftigen zu müssen, sonst wären sie auf die Ökologie gestoßen.

Der Wirtschaftsrat des Präsidenten der USA gab 1971 folgende Logik zum besten: »Wenn Konsens besteht, daß wirtschaftliche Produktion eine gute Sache ist, so folgt definitionsgemäß daraus, daß es nicht genug davon geben kann.«[24] In internationalen Verträgen sind auch Wachstumsverpflichtungen enthalten. So im »Allgemeinen Abkommen über Tarife und Handel (GATT)«: »Jeder Mitgliedstaat soll aktiv bemüht sein... eine große und ständig wachsende Nachfrage zu schaffen...«.

In der Bundesrepublik Deutschland wurde das »wirtschaftliche Wachstum« im Jahre 1967 kurzerhand per Gesetz zur Staatsaufgabe erhoben. Daß man damals etwas Naturgesetzwidriges beschlossen hat, indem man unsere endliche Erde durch ein Gesetz in einen unendlichen Planeten umwandeln wollte, das ist den Vertretern der Parteien bis heute noch nicht aufgegangen. Und die Politiker der CDU/CSU wie der FDP haben bis heute auch nicht gemerkt, daß sie *die Marktwirtschaft* mit diesem Gesetz *in eine Wachstumswirtschaft* umgewandelt haben, indem sie das »wirtschaftliche Wachstum« ausdrücklich zur Staatsaufgabe erhoben. Wo ist da noch ein Unterschied zur sozialistischen Doktrin, die das »Wachstum« von jeher als Ziel ihrer Pläne ansah? Zwangsläufig mußten nun auch in der Bundesrepublik Deutschland Pläne aufgestellt werden, so das besagte Energieprogramm. Es entbehrt nicht der Pikanterie, daß von 1973 bis heute ausgerechnet die CDU/CSU der Regierung immerhin vorwirft, daß sie ihr Energieprogramm nicht entschlossen verwirkliche. Mit dieser Forderung mißachten die verbalen Kämpfer für die Marktwirtschaft die Daten des Marktes völlig, die, wie wir sahen, überhaupt keine steigende Nachfrage signalisieren.

Ludwig Erhard war der einzige Politiker, der voraussah, »daß zu Recht die Frage gestellt« werden würde, »ob es noch immer richtig und nützlich ist, mehr Güter, mehr materiellen Wohlstand zu erzeugen, oder ob es nicht sinnvoller ist, unter Verzichtleistung auf diesen ›Fortschritt‹ mehr Freizeit, mehr Besinnung, mehr Muße und mehr Erholung zu gewinnen«. Aber seine Nachfolger, die sich zu Unrecht auf ihn berufen, hatten schon 1967 das »Gesetz zur Förderung der Stabilität und des Wachstums der Wirtschaft« gegen seinen Willen durchgesetzt.

Nicht nur im »Gesetz zur Förderung der Stabilität und des Wachstums der Wirtschaft« wurde die Steigerung zum Normalzustand erklärt und damit eine gleichbleibende Wirtschaft zum Ausnahmefall, ja zum Unglücksfall gestempelt – auch die gesamte Publizistik eignete sich eine solche Denkweise an. Wohl in den meisten graphischen Darstellungen werden die Änderungen der Prozentsätze in Kurven umgesetzt, nicht die realen Größen.

Das sieht dann so aus:

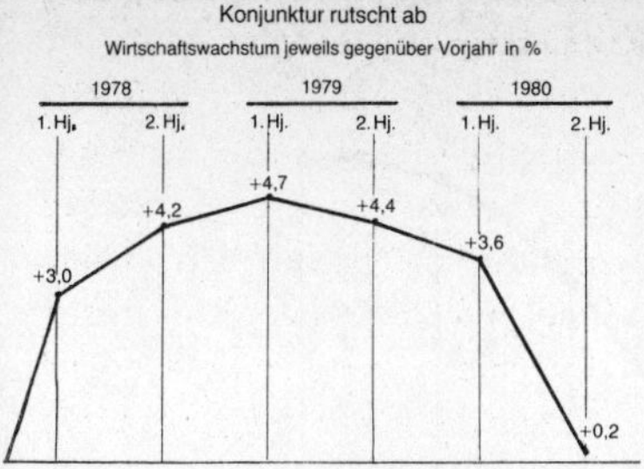

Statistiker und Zeichner bringen hier das Kunststück fertig, eine Steigung von +4,4, +3,6 und +0,2 als abfallende Linie zu zeichnen.

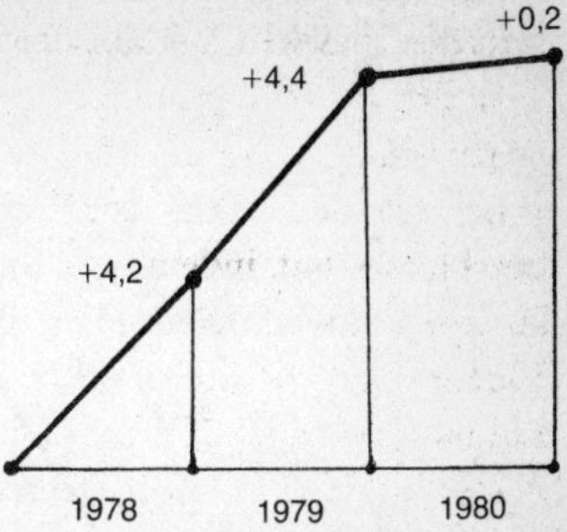

Würde man sich korrekterweise an die realen Zahlen halten, dann müßte die gleiche Entwicklung so gezeichnet werden.

Wenn die falschen Darstellungen nicht zu einer gedankenlosen Gewohnheit der Medien geworden wären, dann müßte man all diese Zeichnungen als *raffinierte Täuschungen* bezeichnen.

Die ganze Absurdität solcher Kurven, die sich auf die vorausgegangenen prozentualen Steigerungen oder Minderungen beziehen, wird noch deutlicher, wenn wir das irreführende Prinzip in einem Beispiel darstellen. Gehen wir von einer Wirtschaft aus, die mit hohen Steigerungsraten beginnt, zum Beispiel in den ersten drei Jahren mit jeweils + 8%, dann wird aus der aufsteigenden Linie kurzer Hand eine waagerechte gemacht. Und wenn in den folgenden acht Jahren jeweils 1% weniger an Steigerung erreicht wird als im Vorjahr, dann würden alle gängigen Zeichnungen folgenden Verlauf suggerieren:

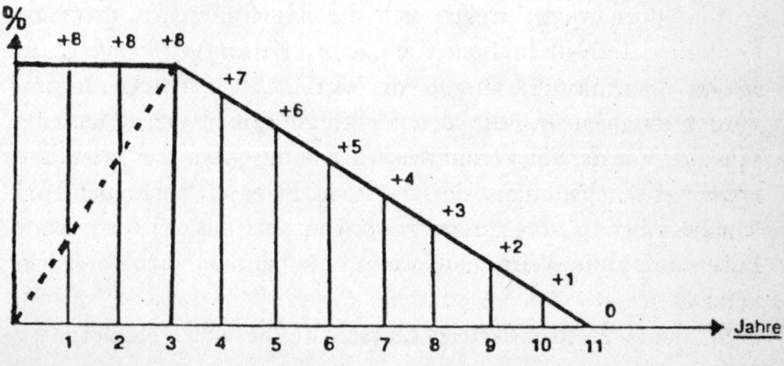

Der mit dieser Darstellung hervorgerufene Eindruck ist *absolut irreführend*. Jeder Mensch, der seinen Verstand beisammen hat, wird sich den gleichen Verlauf der Konjunktur so vorstellen:

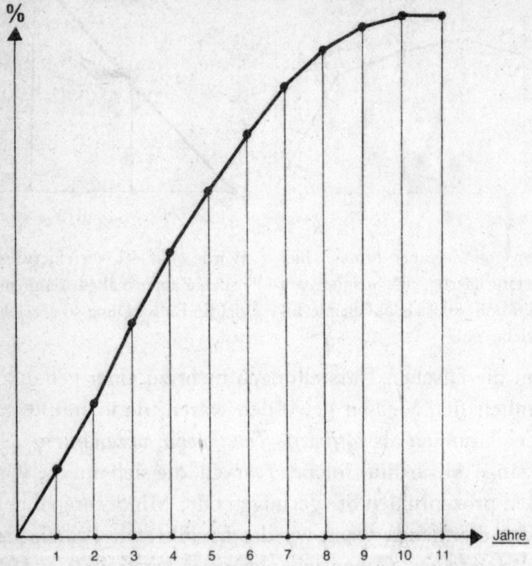

Was kann man von einer Gesellschaft erwarten, die sich in solch mathematisch klaren Dingen Tag für Tag an der Nase herumführen läßt? Diejenigen, die kurzerhand eine ansteigende Linie zum *Normalzustand* erklären, müssen dann konsequenterweise die waagerechte Linie (die gleichbleibende Wirtschaft) als unnormal, ja als katastrophal verrufen.

Alle Jahre wieder treffen sich die Regierungschefs der neun führenden Industrienationen auf dem *»Weltwirtschaftsgipfel«*. Ihr Hauptanliegen ist die Vorgabe der wirtschaftlichen Steigerungsraten für das nächste Jahr, deren Förderung man sich gegenseitig schwört. Von der »Sicherung des Wachstums«, vom »besseren« und »höheren Wachstum« ist dort die Rede. Beim letzten Treffen 1981 war man bereits vorsichtiger geworden, aber auf das wiederholte Bekenntnis zum »Wirtschaftswachstum« hat man auch dort nicht verzichtet.

Bei den deutschen Parteien herrscht diesbezüglich Konformität.

Walther Leisler Kiep sagte 1978 in einer Rede: »Wachstum ist nicht alles, aber ohne Wachstum ist alles nichts.« Dies hat er ein Jahr später präzisiert: »Wenn Nullwachstum einträte, bedeutete das das Ende der Gesellschaftsordnung, in der wir leben.«[25] Das Gleiche hatte schon 1977 der damalige Wirtschaftsminister Hans Friderichs (FDP) gesagt: »Ein Nullwachstum bei 1985 löscht die Demokratie bei uns aus.«[26] Wenn er recht behalten würde, dann müßte die Demokratie nun bald in ihren letzten Zügen liegen. Franz Josef Strauß geht noch weiter und macht die Demokratie schon allein von der Einführung der Kernenergie abhängig: »Wir sind keine unbedingten Verfechter der Kernenergie, aber wir brauchen sie, wenn die jetzige politische und wirtschaftliche Ordnung der Bundesrepublik aufrechterhalten werden soll.« Bei der Eröffnung der Weltenergiekonferrenz 1980 in München offerierte er die Prophezeiung: »Wenn es nicht gelingt, die Kernkraft als Energieträger auszubauen, so wird es Krieg geben, und der Stärkere holt sich, was er braucht. Die Alternative dazu wäre, mit dem Mangel zu leben. Die Folge davon ist, daß die innerstaatlichen Ordnungen zerbrechen und in der Revolution der Unzufriedenheit untergehen werden.«[27] Das Ausbleiben *zusätzlicher* Energie wäre also bereits ein Grund zur Revolution!

Alle zitierten Äußerungen gehen von einem wohlstandsgierigen Bürger aus, der durch keinerlei Fakten, keine Vernunftgründe, ja nicht einmal durch die Gefahr des Krieges von seinen von Jahr zu Jahr *steigenden* Ansprüchen abzubringen ist. Für die *steigenden* Ansprüche ist er bereit, eine Revolution auszulösen und den Staat zu zerstören. Welch eine beschämend niedrige Einschätzung von Menschen durch Politiker! »Parteien, die aus Konkurrenzangst dem Bürger den Anblick der Grenzen des Mehr und Besser ersparen möchten, nehmen ihn im Grunde nicht ernst, sondern für kindisch. Das aber merkt er und antwortet mit Vertrauensentzug, und wenn es für das entzogene Vertrauen keine Alternative mehr gibt, zerfällt die Legitimität des Systems.«[28] Dies schrieb der Züricher Politikwissenschaftler Hermann Lübbe 1974.

> Am ausbleibenden »wirtschaftlichen Wachstum« wird unser Staat und die Welt gewiß nicht zugrunde gehen,

wenn wir uns nur einigermaßen vernünftig verhalten, und wenn wir etwas Glück haben, *auch nicht unsere Demokratie*. Den Pessimismus der Strategen aller Parteien kann ich nicht teilen. Allen Anlaß zum Pessimismus bietet allerdings ihre *verantwortungslose Kurzsichtigkeit*, ja ihre Unlogik.

Wenn wirklich alle immer mehr haben wollen, dann muß es doch um so früher zum Krieg um die Ressourcen kommen,

nicht nur um Erdöl, auch um Uran, um Erze und um Düngemittel. Das System ist also am ehesten dann in Gefahr, wenn das Unmögliche immer noch weiter programmiert wird. Wo sind die Staatsmänner, die nach einem Wort von Gladstone *nicht an die nächste Wahl, sondern an die nächste Generation denken müßten*? »Die heutigen Staatsmänner arbeiten gehetzt, um mitzukommen, am laufenden Band der Technikgeschichte«.[29] So urteilt der in Breslau geborene und jetzt in Österreich lebende Philosoph Günther Anders. Entwicklungen, denen wir mit heraushängender Zunge hinterher laufen, »setzen diesen Lauf selbst dann noch fort, wenn wir bereits ahnen, daß sie nicht nur unser Schicksal geworden sind, sondern dessen Ende sein werden.« Aber aus Angst zurückzubleiben würden wir es noch soweit bringen, meint Günther Anders, »daß von uns allen wirklich nichts ›zurückbleiben‹ wird.«[29]

Die Welt befindet sich in einem *Zeitalter der Gigantomanie*. Und die Politik, angefangen vom Weltwirtschaftsgipfel bis hinunter zur Gemeinde, steht im Dienst der Gigantomanie. Andererseits zeigt sie neuerdings auf allen Ebenen die Zeichen *schlimmer Hilflosigkeit*. Günther Anders vergleicht die heutigen Machthaber treffend mit Goethes »Zauberlehrling«. Als er den in einen Wasserträger verwandelten Besen nicht mehr bremsen kann, spaltet er ihn in zwei Hälften, was zur Folge hat, daß nun zwei Träger Wasser herbeischleppen. (Ein anschauliches Bild für die Verdoppelung des »Wachstums«.) 150 Jahre nach Goethes Tod hat sich die Menschheit in ein Milliardenheer von Zauberlehrlingen verwandelt. Aber, *»heute wissen wir Zauberlehrlinge nicht nur nicht, daß wir die Entzauberungsformel nicht wissen, oder daß es keine gibt; sondern noch nicht einmal, daß wir Zauberlehrlinge sind.«*[30]

So wie Goethes Zauberlehrling, so haben heute die Verantwortlichen kaum einen Schimmer von dem, was wirklich vorgeht, geschweige, daß sie die Formel des Zaubermeisters wüßten, von der die Rettung kommt. Ortega y Gasset schrieb schon 1930: »Je weiter die Zivilisation fortschreitet, um so verwickelter und schwieriger wird sie. Die Probleme, die sie heute aufgibt, sind höchst verzwickt. Immer kleiner wird die Zahl der Menschen, deren Geist auf der Höhe solcher Aufgaben ist... Dies Mißverhältnis zwischen der Subtilität der Probleme und der Intelligenzen wird, wenn man nicht Abhilfe schafft, ständig zunehmen; und hier rühren wir an die tiefste Tragik der Zivilisation... Ich glaube nicht, daß sich etwas dergleichen jemals in der Vergangenheit zugetragen hat... jetzt ist es der Mensch, der scheitert, weil er mit dem Fortschritt seiner eigenen Zivilisation nicht Schritt halten kann. Es ist haarsträubend, wenn man die verhältnismäßig Gebildetsten über die einfachsten Tagesfragen sprechen hört. Sie wirken wie grobe Bauern, die mit steifen, dicken Fingern eine Nähnadel vom Tisch zu klauben suchen. Politische und soziale Fragen etwa werden mit dem schwerfälligen Begriffsapparat behandelt, mit dem man vor zweihundert Jahren zweihundertmal weniger zugespitzten Situationen gegenübertrat.«[31] Inzwischen sind wir fünfzig Jahre, in denen sich die Entwicklungen überschlugen, weiter. Wenn wir damals eine um zweihundertmal zugespitzte Situation hatten, dann sind die heutigen Schwierigkeiten gar nicht mehr zu beziffern. Dabei ergeben sie sich noch nicht aus den schwindenden Grundlagen der Natur, sondern aus dem Ausbleiben des »wirtschaftlichen Wachstums«. Die erste Folge ist *Arbeitslosigkeit.* Eine weitere Dopingbehandlung ist fällig.[32]

Auch eine lange genährte Hoffnung hat sich nicht erfüllt: Die angekündigten Erfindungen, die man machen wollte, um neue Konsumstöße zu erzielen, sind ausgeblieben. Auf einigen Gebieten kann man bereits heute eine gegenteilige Entwicklung beobachten; man kehrt zur guten alten Naturproduktion zurück. Vor zehn bis zwanzig Jahren waren die Zeitungen voll von Berichten, daß man aus Erdöl Nahrungsmittel herstellen werde. Heute liest man es umgekehrt. In Brasilien wird Zuckerrohr angebaut, um daraus Treibstoff zu gewinnen. 2,5 Millionen Hektar werden *dem Nahrungsmittelanbau entzogen,* um 4 Millionen Tonnen Alkohol-Kraftstoff zu gewinnen. Die Anbaufläche soll auf 9 Millionen Hektar gesteigert werden.[33]

In den USA und anderen Ländern laufen Projekte, schnellwachsende Bäume anzupflanzen, die der Energieerzeugung dienen sollen. Das ist zwar auch eine eindrucksvolle *Rückkehr zur Natur,* verschärft aber ebenfalls den Mangel an Nahrung; denn wo ein Energiewald wächst, kann kein Getreide angebaut werden.[34]

Die Verwirrung in der heutigen Welt ist nicht mehr zu überbieten. Während die einen bereits wieder die guten alten Wachstumsmethoden der Natur für der Weisheit letzten Schluß halten, schwelgen andere immer noch in großtechnischen Projekten. Weil es mit dem Naheliegenden nicht mehr so recht vorangeht, verlegt man die Utopien *ins Weltall.* Der Himmel wurde durch die Astronomie in den letzten Jahrhunderten so fern gerückt, daß man hier nur noch mit Lichtjahren rechnen kann. Nun soll er wieder ganz nahe sein. Man will diesen Himmel künftig nicht mehr erst durch den Tod, sondern lebend per Raumschiff erreichen. Die jüngste Generation von Scharlatanen will die Menschen glauben machen, daß die überschüssig geborenen Milliarden »den Weltraum besiedeln« werden. Man ist zwar nicht mehr in der Lage, alle Menschen in ihrem irdischen Leben mit genügend Nahrungskalorien zu versorgen (für 70 Jahre wären das fast 64 Millionen Kilokalorien pro Person); aber zum Start in den Weltraum soll die 35fache Menge an Kilokalorien pro Person sofort zur Verfügung gestellt werden können! (Der Berechnung liegt allein die Startenergie eines Apollo-Raumschiffes zugrunde. Hinzu kommt der Energieeinsatz für die Herstellung der Rakete und des Raumschiffs sowie für seine Ausrüstung.) Aber selbst dann, wenn das alles keine Probleme wären, wohin soll die Reise gehen?

Sollten einzelne Astronauten über den Mond hinaus auch nur in unser Sonnensystem vorstoßen, dann müßten sie auf Jahre unter Bedingungen leben, denen gegenüber das Leben eines jeden Strafgefangenen auf dieser Erde *paradiesisch* ist. Diese Utopie ist die Fortsetzung der Sehnsucht nach einer Erlösung, die der Fortschrittsglaube bereits in diesem Leben realisieren wollte. Wer ernstlich solche Auswege sucht, gleicht dem, der sich im Meer ertränkt, um dem Regen zu entgehen.

Noch vor wenigen Jahren wurde die Welt von glanzvollen Zukunftsentwürfen geradezu überschüttet. Die *bessere Zukunft* war eine programmierte Sache, ganz gleich, ob die Entwürfe von Kapitalisten oder von Sozialisten stammten. Die Eroberung der Zukunft war zur Aufgabe der Wissenschaftler und Techniker geworden (nicht mehr des Militärs), was in einem ökonomisch bestimmten Zeitalter folgerichtig ist. Die Politiker machten sich die Pläne gutgläubig zu eigen, weil nach dem II. Weltkrieg über zwei Jahrzehnte lang die Entwicklung so über Erwarten wunschgemäß verlaufen war, daß man diese nur zu verlängern brauchte. Keine Regierung wollte im Wettlauf um die bessere Zukunft zurückstehen, denn es war ja zugleich der Wettlauf der Parteien mit dem jeweils glänzenderen Angebot an die Wähler. Der Wirtschaftswissenschaftler Albrecht Kruse-Rodenacker beschreibt die Szene der siebziger Jahre: »Wortgewaltige Futurologen dürfen mit eigenen Formulierungen zu Regierungserklärungen beisteuern. In den Vorhöfen der Macht werden neue Denkmodelle entworfen. Professoren gehen ein und aus. Ihre Prognosen stützen die politischen Grundsatzerklärungen. Ihre Namen schmücken die Wahlkampagnen. Die Administration läßt finanzielle Großzügigkeit walten. Mit der Springflut von Zukunftsmodellen entstehen allerorten neue Institute für Zukunfts- und Friedensforschung.«[35]

Ein Manager aus der Schweiz schilderte vor einigen Jahren ein Erlebnis, das er in den Vereinigten Staaten hatte. Der Mitarbeiter eines Prognoseinstituts flüsterte ihm zu: wir dürfen unseren Auftraggebern nicht die Ergebnisse liefern, zu denen wir gekommen sind, denn die wünschen nur »positive« Voraussagen, negative lehnen sie ab. Das ist ein Ergebnis der Kommerzialisierung der Futurologie. Dem entspricht die Aussage des Londoner Sozialwissenschaftlers Peter Wiles, daß »der Futurologe, der Forschungsgelder bekommt, wachstumsgläubig ist. Da er ehrlich ist, zieht er anfänglich die schlimmsten Katastrophen in Erwägung, doch schiebt er sie dann ausdrücklich beiseite, damit er seine Kunst ausüben kann ... Der Futurologe ist nicht aus freiem Willen Optimist. Doch es gibt keine guten Katastrophen, somit ist er Optimist als Ergebnis seiner Methodenlehre. Darüber hinaus wird von seinem Bericht vorausgesetzt, daß er dem offiziellen Entscheidungsprozeß zur Hand geht... Solche Leute aber *müssen* für eine unzerstörte Welt planen. Wenn man ihnen sagt, es besteht eine, sogar eine sechzigprozentige Aussicht auf völlige Zerstörung innerhalb fünf Jahren, ist das einzige, was sie tun können, nicht zuhören und allein für die Möglichkeit des Weiterlebens planen.«[36]

Es ist aber nicht nur das Marketing einer neuen Branche und auch nicht nur Betrug, was hier am Werke war und – inzwischen in reduzierter Form – noch ist, es handelt sich auch um ein psychologisches Phänomen. Schließlich war es doch eine Erfolgsserie, welche die Welt in die schwindelnde Höhe geführt hat. »Während die Ökologie dem Menschen einen niedrigen Rang zuweist, stärkt die Technologie sein Ich-Bewußtsein.«[37] Man sieht die jüngste Vergangenheit als aufsteigende Kurve, die es unbedingt zu verlängern gelte. Doch die steile Kurve nach oben ist eben nicht kennzeichnend für die lange Vergangenheit des Lebewesens, welches sich Mensch nennt. Der Mensch hat, nach heutiger Schätzung, zwei bis drei Millionen Jahre Geschichte unter fast *gleichbleibenden Bedingungen hinter sich.*

Eine der weitreichenden Folgen des Industriezeitalters ist, daß es die Menschen *aus ihrer Tradition herausgeworfen und geschichtslos gemacht* hat – und das in wenigen Jahrzehnten. Für das deutsche Volk kommt verschärfend hinzu, daß das zwölfjährige Dritte Reich, weil es sich auf die deutsche Tradition berief, damit auch die traditionellen Werte in den Strudel der darauf folgenden Entwertung der NS-Ideologie hineinriß. So tut sich nun dieses Volk besonders schwer mit jeder Art von Tradition. Dieses deutsche Zusatzerlebnis darf uns aber nicht den Blick dafür verstellen, daß die heutige Zivilisation die Vergangenheit in die Museen verwiesen hat.[38]

Echtes Festhalten an kulturellen Traditionen hätte ja nur den Fortschritt *behindert.* Nach dem Krieg galt nur der letzte Schrei; das Allerneuste war inzwischen zum Feind des Neuen geworden. So führten Parteien Wahlkämpfe mit dem Versprechen: »Wir schneiden alte Zöpfe ab!« Der autonome Mensch wollte seine Geschichte selber machen, in den freien Raum hineinstellen; alles Bisherige war bloße Vorgeschichte zu der nunmehr begonnenen »endgültigen Geschichte«. Das Bewußtsein geschichtlicher Kontinuität ging verloren, die *geschichtslose Leistungs- und Produktionsgesellschaft* trat an seine Stelle. Man bedauerte, daß überhaupt Vergangenes mitgeschleppt werden mußte, weil es eben noch herumstand; ganze

Städte konnte man nicht niederreißen, wenn auch der Bulldozer die Bombardements des Krieges fleißig fortsetzte.

Dagegen waren Juden und Christen immer *so* von ihrer Tradition erfüllt gewesen, daß sie *zwischen Erinnerung und Erwartung* lebten, wie der Theologe Wolf-Dieter Marsch darstellt. Sie waren »unterwegs im Horizont einer Zeit, in der Gott zu-kommt, in einem Kontinuum, das im Wechsel der Ereignisse auch Bestand, Festigkeit und Handlungsmöglichkeit gibt, das diese Ereignisse aber zuletzt transzendiert.«[39] Gegenwärtig schwankt man nun hin und her zwischen einer Verklärung der vortechnischen »heilen Welt« und einer wildgewordenen futurologischen Phantasie, »die sich in revoluzzerhaften Impulsen und Aktivitäten oder in prophetischen Andeutungen erschöpft«.[40]

Angesichts der radikalen Enttäuschung der goldenen Zukunftserwartungen kann allerdings eine verklärte Vergangenheit nicht die Alternative sein – wohl aber die *Rückbesinnung auf die Vergangenheit,* in der Menschen über Jahrtausende gekämpft und gelitten, gesiegt und verloren haben und über alle Höhen und Tiefen hinweg auch ihre Erfahrungen sammelten. Wenn wir uns Gedanken über die Zukunft machen, dann dürfen wir das nicht an Hand der lächerlich kurzen Periode des technischen Zeitalters tun, da müssen wir die lange Geschichte des Menschen auf dieser Erde einbeziehen. Entsprechend der Forderung Goethes müssen wir uns zumindest über die letzten dreitausend Jahre Rechenschaft geben können.

Daß die Vergangenheit die »Quelle des Wissens vom Menschen« ist und daß wir von der Vergangenheit lernen müssen, was der Mensch im Positiven wie Negativen sein kann, hat der in Deutschland geborene Philosoph und Religionswissenschaftler Hans Jonas dargelegt. Darin finden wir »allen nur erwünschten Stoff zu Erhebung und Schauder, zu Hoffnung und Furcht, und auch Maßstäbe der Wertung«.[41] Der Freiburger Politologe Franz Vonessen ist der Frage nachgegangen, warum die Futurologie, wie wir sie bisher kennen, keine Wissenschaft von der Zukunft ist, sondern lediglich »eine dem jeweiligen Kalenderstand vorauslaufende Chronometrie«.[42] Inzwischen ist die Pleite dieser Art simpler Fortschreibungen und Hochrechnungen offenkundig.

Schon Platon schrieb, daß keine Wissenschaft von einem Objekt denkbar sei, die nicht *auch seine Vergangenheit und Zukunft* beträfe. Aber heute sind Geschichtswissenschaft, praktische Politik und

Zukunftsforschung getrennte Spezialgebiete, die nichts miteinander zu tun haben wollen, wie Franz Vonessen feststellt,[43] wobei er bedauert, daß die Historiker, die schon Wissen um die Zukunft beisteuern könnten, bislang in der Futurologie vermißt würden. »Zukunftsforschung, richtig verstanden, müßte als Geschichtswissenschaft, als Erforschung der Vergangenheit, einsetzen.«[44] Die Vergangenheit ist das einzig Sichere, was wir besitzen, sie ist das Feste, »das nicht mehr zu Ändernde, Unverrückbare, Halt und Stand für alles, was ist, Prinzip und Maßstab der Realität, ja alles Materiellen; Vergangenheit ist Erde, Boden und Standform ... Die Zukunft dagegen ist das Unsichtbare, Ungreifbare, Unbekannte, das nicht zu Fassende, Ungewisse, das aber nicht fern von uns, sondern immer bei uns ist...«[45]

Wahre Zukunftsforschung kann uns nur darüber mit Sicherheit belehren, *was wir keinesfalls tun dürfen,* selten darüber, was wir tun *sollen.*

»Die Sybillen und Propheten haben immer gewarnt. Nie haben sie zum besseren Planen der Zukunft, stets nur zu Einsicht und Besinnung gerufen; denn allein darin liegt Zukunft.« Daraus folgert Franz Vonessen, »Zukunft kann nicht gemacht, wohl aber vertan werden; denn Zukunft ist Schicksal, kein Machwerk.«[46] Zukunftsforschung hat also die Funktion des *Katastrophenschutzes,* für den wir vergangene Erfahrungen zu Rate ziehen. Der Philosoph Ortega y Gasset hielt es ebenfalls für geboten, »von der Vergangenheit, wenn auch keine positive Führung, so doch gewisse negative Ratschläge anzunehmen. Die Vergangenheit kann uns nicht sagen, was wir tun, wohl aber, was wir lassen müssen.«[47] Die bisherige Futurologie hat aber den Ernst des Negativen nicht einmal ins Auge gefaßt. Im Gegenteil, sie ist von der Lust am Positiven erfüllt, an dem, was »die sonnige Zukunft« genannt wird.[48] Das Problem ist, daß man die Zukunft auf das festlegt, was man zur Zeit für positiv hält, während man taub für alle Argumente (auch die wissenschaftlichen) ist, sobald diese die negativen Folgen von Unternehmungen darlegen.

Zur Zeit werden die folgenden Generationen durch grandiosere und gefährlichere Projekte, als sie die Erde jemals gesehen hat, *unentrinnbar festgelegt.* Hunderte von Atomkraftwerken werden gebaut, tausende von Tonnen radioaktiven Mülls jährlich erzeugt, die in noch gefährlicherer Weise wieder aufgearbeitet oder auf Jahrtausende gelagert werden müssen. Zehntausende von Raketen mit Atomsprengköpfen liegen in immer mehr Ländern der Erde abschußbereit. Es werden also gerade *negative Bedingungen* für die Zukunft *geschaffen, nicht vermieden!* Eine negative Festlegung geschieht auch durch die Milliarden von Geburten in diesen Jahrzehnten, während andererseits die Pflanzen- und Tierarten ausgerottet werden, die kommende Generationen viel nötiger gehabt hätten – so nötig wie das fruchtbare Land, das wir heute unter Beton begraben. Dies sind nur die unheimlichsten *Zwangsläufigkeiten, in die wir künftige Generationen hineintreiben.* Darum wird die Frage auch juristisch diskutiert: Dürfen heutige Politiker – mit welcher Legitimation und welchen Mehrheiten auch immer – den künftig Lebenden ihre Entscheidungsfreiheit durch unumstößlich geschaffene Fakten entziehen?

Hier wird eklatant gegen den vorhin aufgestellten Grundsatz verstoßen, wonach unsere *Zukunftsvorsorge* nur darin bestehen kann, erkannte Gefahren auszuschließen. Hier schichtet man diese vielmehr mit der schnoddrigen Behauptung auf, daß die von uns aufgetürmten Reichtümer wichtiger seien als alle drohenden Gefahren. Aber die Geschichte belehrt uns, daß wir dann ein größeres Verdienst um die Zukunft erwerben würden, wenn wir auf möglichst vieles verzichteten. »Das Opfer sichert die Zukunft.«[48]

Völlig *unnütz sind* also die *Versuche,* die Zukunft konkret voraussagen zu wollen. Sie wird so nicht verlaufen. Und sie wird niemals nach den Plänen verlaufen, die heute in großer Zahl entworfen werden. Was allein Erfolg verspricht, ist die *Minderung der drohenden Gefahren* – und gerade diese Methode wird verworfen; sie gilt als konservativ und fiel bisher der allgemeinen Verachtung anheim.

Teil II Die Natur und ihr Widersacher

1. Die Ökologie ist die Grundlage unserer Welt

Die Erde auch,
der Göttlichen höchste, die nimmer vergeht
und nimmer ermüdet, schöpfet er aus.
(Sophokles)

Was heißt Ökologie?

In den letzten Jahren ist häufig die Frage diskutiert worden, was wichtiger sei, die Ökonomie oder die Ökologie. Stolz wurde danach als Ergebnis verkündet, Ökonomie und Ökologie ergänzten einander, sie brauchten in keinem Gegensatz zueinander zu stehen oder beide seien gleich wichtig. Dabei ging man von den heute herrschenden, ökonomisch bestimmten Vorstellungen aus.

Die zur Zeit verbreitete Vorstellung von Ökologie ist weitgehend diffus und sehr oft unzutreffend. Franz Vonessen sagt sogar über die Ökologie, daß sie teils auf dem Boden der Mißstände stehe, die sie bekämpfen wolle; denn sie kümmere sich nur um die Folgen, nicht um die Ursachen. Sie rüttele nicht an den Mißständen und decke sie nicht auf. »Doch eine Ökologie, die ihren Namen verdient, kann nicht naiv, nicht nur Biologie sein.«[49] Vonessen fährt dann fort: eine nur biologisch orientierte Ökologie »bringt keine Hilfe, und wenn sie es noch so gut meint. Sieht denn keiner die Tatsachen? Ein Drache vernichtet das Land. Saubermänner gehen hinter ihm her und räumen den Kot fort. Und glauben, damit sei es getan. Sie glauben, auf diese Weise ›mit dem Untier leben‹ zu können ... Eine Zeit, die blind ist für die Herkunft ihrer Probleme, die nichts von den Ursachen wissen will, sondern sich mit Eigensinn nur auf gewisse, naheliegende Symptome versteift und an ihnen herumdoktert – diese Zeit ist offenbar vom heftigsten Willen zu ihrer eigenen Zerstörung ergriffen.«[50] Das ist die heutige Lage. Sie ist gekennzeichnet von einer verworrenen Vorstellung dessen, was man so Ökologie nennt.

Mit anderen Worten – wir müssen einen tieferen Ansatz finden.

Unsere Erde, der Planet, auf dem wir leben, ist ein verschwindend kleiner Punkt im Weltall. Die Erdkugel hat einen Durchmesser von nur 12713 km von Pol zu Pol. Doch die Erde hat einen Vorzug: *sie ermöglicht Leben.* Von den Sternen, die bisher erforscht werden konnten, wissen wir, daß es dort kein Leben geben kann. Da wir mit Lichtjahren rechnen, müßte der menschliche Flugkörper erst einmal die Reisegeschwindigkeit des Lichts (300.000 km pro Sekunde) erreichen, nur dann könnte er zu dem nächstgelegenen Stern außerhalb des Sonnensystems, Proxima Centauri, in 4,3 Jahren gelangen. Die bisherigen Raumschiffe würden 80.000 Jahre benötigen.

Eine Entdeckung der letzten Jahrzehnte lautet, daß unsere Erde selbst ein Raumschiff von begrenztem Umfang ist; aber ein Raumschiff ohne Heimatbasis, die zum Auftanken angeflogen werden könnte. Unsere Erde hat jedoch immer noch den Vorzug, sich selbst versorgen zu können. Und dies, weil hier *natürliches Wachstum* herrscht. Sie trägt lebendige Wesen, sogar so viele, daß wir nie genau wissen werden, wie viele Tier- und Pflanzenarten auf der Erde zu finden sind, man schätzt, daß es *fünf bis zehn Millionen verschiedener Arten* gibt. Darunter befinden sich Millionen Mikroorganismen, die für das bloße Auge unsichtbar sind. Ohne diese wichtigen Mirkoorganismen gäbe es alle die anderen Lebewesen nicht.

Damit sind wir bei den Zusammenhängen alles Lebendigen auf diesem Planeten und bei der Wissenschaft, die diese untersucht, *der Ökologie.* Als der Biologe Ernst Haeckel 1866 diesen Begriff schuf, bezeichnete er die Ökologie als eine Unterdisziplin der Biologie. Als solche lag sie nahezu in einem Dornröschenschlaf, aus dem sie erst 100 Jahre später – infolge der Diskussion über die zerstörte Umwelt – erweckt wurde. Jetzt wurde die Lebensnotwendigkeit der Zusammenhänge so schnell erkannt, daß sich die Ökologie in kurzer Frist zu einer *übergeordneten Disziplin* entwickelt hat. Da »Oikos« auf griechisch »das Haus« bedeutet, befaßt sich die Ökologie mit dieser unserer Wohnstatt, der ganzen Erde. In der Antike hieß die Erde »Oikumene«, »die Bewohnte«. Somit umfaßt die Ökologie heute die Bereiche der Biologie, Geographie, Geologie, Zoologie, Botanik, Land- und Forstwirtschaft, Meereskunde, Klimatologie, Erdgeschichte, Medizin, Psychologie, aber auch die Grundlagen, welche von der Chemie, der Physik und der Mathematik geliefert werden. Und schließlich gehört auch die Ökonomie dazu und natürlich die Politik.[51] *Die Ökologie ist heute die umfassende Lehre vom irdischen Leben.*

Darum definiere ich Ökologie als
die Lehre von den miteinander verbundenen Gesetzmäßigkeiten der gesamten Natur oder der lebendigen Welt.

Die Verknüpfungen der lebendigen Welt sind von verwirrender Vielfalt, wobei sich alles in einem ständigen Fluß befindet. Da ist zunächst der alles beherrschende *Kreislauf des Werdens und Vergehens,* also des Lebens und Sterbens. Doch im Rahmen dieser übergeordneten Gesetzmäßigkeit wirken unzählige Kreisläufe. Der Schweizer Ökonom Bruno Fritsch schreibt: »Die Biosphäre ist durch eine beinahe unendliche Zahl von Kreisläufen und Fließgleichgewichten gekennzeichnet. Sie haben sich im Laufe der Jahrmillionen bis zur heutigen Differenziertheit und relativen Stabilität entwickelt. Folgende Eigenschaften charakterisieren dieses komplexe System: es ist erstens hochorganisiert, ferner ist es ... in geologischen Zeiträumen gewachsen, und schließlich hat es die autogene Tendenz zur Wiederherstellung des eigenen Gleichgewichtszustandes innerhalb bestimmter Grenzen.«[52]

Der amerikanische Ökonom Kenneth Boulding sagt aus: »Das wichtigste Axiom eines Ökosystems besagt, daß alles von allem abhängt, und das Grundtheorem lautet, daß ein ökologisches Gleichgewicht möglich ist, wenn alles von allem anderen abhängt. Genauer gesagt, in einem geschlossenen Ökosystem oder Lebensraum gibt es für jede Art einen Gleichgewichtsbestand, der von den Gleichgewichtsbeständen aller anderen Arten, einschließlich der nichtbiologischen Bestände und Ansammlungen, wie z. B. Mineralien, Chemikalien und ähnlichem, mehr oder weniger abhängig ist.«[53]

Beinahe alle chemischen Elemente sind an den Kreisläufen der Natur beteiligt; im besonderen Sauerstoff, Phosphor und Kali.

Voraussetzung für alles ist der große Kreislauf der Energie, die wir von der Sonne beziehen. Denn sie schafft die nötige Mindestwärme und setzt so das Wasser durch Verdunsten und die Luft in Bewegung. Damit entsteht, was wir *Klima* nennen, woraus sich schon die unterschiedlichen Lebensbedingungen auf der Oberfläche dieses Planeten erklären.

Eine etwa vier Milliarden Jahre dauernde Evolution des Lebens auf dieser Erde setzte die vielen weiteren Kreisläufe in Gang. Die Pflanzen verarbeiten Wasser und verwandeln es zusammen mit dem Kohlendioxyd aus der Luft durch Photosynthese in organische Masse, wobei Sauerstoff in die Luft zurückgegeben wird. Die Verwesung der Pflanzen führt zu einem *nährstoffreichen Boden,* der den Mikroorganismen zur Nahrung dient, die den Pflanzen die anorganischen Bestandteile aufschließen. Die Pflanzen dienen dann wiederum den Tieren zur Nahrung.

Die Evolution sorgte dafür, daß das Leben in immer erneuter Gestalt auftrat, von denen jede einzelne ihren Platz im vielfältigen Verbund bezog und damit auch lebenswichtig für andere Arten wurde. Die gegenseitigen Abhängigkeiten lassen sich, wenn auch nur annähernd, bildlich wiedergeben: am besten, wenn wir uns das entwickelte Ökosystem der Erde in einer Pyramide vorstellen:

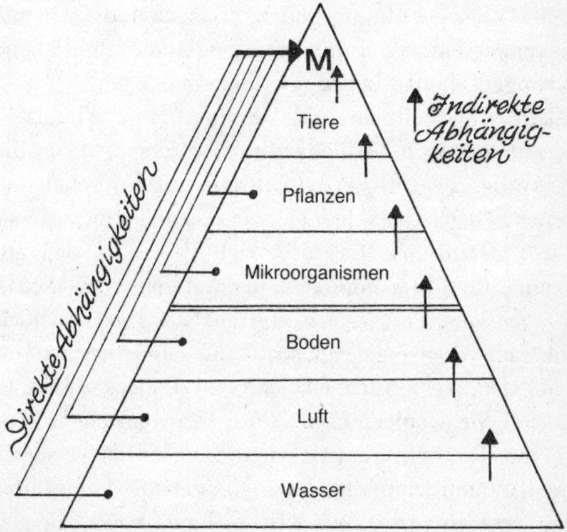

Die Pyramide hat einen hierarchischen Aufbau. Die höheren Stufen ruhen auf den niederen, die sind vollständig von deren Existenz und Funktion *abhängig* – auch dann, wenn sie die niederen Glieder beherrschen, bleiben sie von ihnen abhängig. In den Gewässern der Erdkugel gibt es eine eigenständige Pyramide vielfältiger Arten, wobei unter den höchsten bereits ein Säugetier, der Wal, zu finden ist.[54]

Die Ökosysteme auf dem Festland setzen Wasser, Luft und Boden in ausreichender Menge voraus. Die unteren Lebensformen übertreffen jeweils an Zahl die höheren um das Vielfache; sie erzeugen in der Regel einen großen *Überschuß*, da sie sich selbst erhalten und zugleich darüber stehenden zur Nahrung dienen müssen.

Der Mensch an der Spitze benötigt für seine Existenz die vorbereitende Tätigkeit aller Zwischenstufen, er ist also von den niedersten Organismen ebenso abhängig wie von den höchsten Arten.

Daneben braucht er aber auch das *Wasser* und die *Luft* unmittelbar, sowie den *Boden* zur Bestellung, der auch als *Lebensraum* dient – und ebenso benötigt er auch die *Mikroorganismen* im eigenen Körper. *Der Ausfall auch nur einer Stufe entzieht dem Menschen die Möglichkeit des Weiterlebens.* Daraus ergibt sich der Schluß, daß die höher ausgebildeten Formen des Lebens *abhängiger und damit auch gefährdeter* sind als die niederen. Wasser, Luft und Boden, Pflanzen und Tiere in einer effektiven, verwertbaren Zusammensetzung und Stabilität sind die Voraussetzungen für das Leben aller höheren Arten.

Der französische Politiker und Wissenschaftler Maurice Blin folgert in seinem Buch, »Die veruntreute Erde«: »Aus diesem Grunde kann der Begriff ›Fortschritt‹ nur mit Vorbehalt auf die Evolution des Lebens angewendet werden, so daß er beinahe seinen Sinn verliert. Damit ein Lebensbereich sich über den andern erheben kann, muß erst einmal dieser auf seiner eigenen Stufe Bestand haben und dann jenen stützen. ... Das am höchsten entwickelte Lebewesen, der Mensch, kann nur leben, weil neben ihm die ältesten, aber auch effizientesten Lebensformen weiter bestehen, weil die weniger entwickelte Pflanzenwelt Leistungen vollbringt, die den höher entwickelten Säugetieren versagt sind. Wenn die letzteren einmalige und völlig neue Fähigkeiten zu entwickeln vermochten, so nur, weil im Laufe von mehr als drei

Milliarden Jahren die früheren mit den späteren Lebensformen zusammenblieben. Das Leben hat auf seine Weise die Arbeitsteilung eingeführt und gleichzeitig als absolutes Gesetz die Interdependenz seiner Bereiche eingerichtet.«[55]

Damit ist bewiesen, *daß die Ökologie nicht nur der Ökonomie vorausgeht,* sondern daß sie die fortwährende *unverzichtbare Grundlage für alles Leben* und somit für das Leben des Menschen bleibt. Nur unter der Bedingung, daß der Mensch erst einmal selbst leben kann, ist er überhaupt imstande, den Überbau der Ökonomie auf dieser Erde aufzutürmen.

Was leistet das Ökosystem der Erde?

Wir wollen zunächst knapp überschlagen, was das Ökosystem der Erde auch *ohne den Menschen leistet.*

Die ständig zur Erde gestrahlte Sonnenenergie beträgt ca. 100 Billionen Kilowatt. Davon erreichen 44 Billionen die Erdoberfläche. Aus nur 0,04% der eingestrahlten Energie, das sind 17,6 Milliarden Kw, erzeugen die Pflanzen rund 141 Milliarden Tonnen organischer Masse im Jahr.

Diese Masse teilte sich im Jahre 1972 nach Berechnung der Welternährungsorganisation wie folgt auf:[56]

	in Mio. t	davon genutzt in Mio. t
Wald	55000	380
Meer	42000	70
Grasland	28000	500
Ackerland	11000	1720
Gärten und Obst	—	1000
Wüste	5000	—
Insgesamt	141000	3670

Die gesamte Naturproduktion beträgt also 141 Mrd. Tonnen, wovon gegen 4 Mrd. Tonnen vorwiegend für die Nahrungsproduktion genutzt werden, also nahezu 1 Tonne je Erdbewohner. Das Ackerland erbringt den Löwenanteil. Heute ist das zwar keine bloße

Naturproduktion mehr; denn die industriell betriebene Landwirtschaft hat den Ertrag des Ackerlandes gesteigert. Dennoch können wir den vom Menschen beigesteuerten Anteil an der gesamten Naturproduktion vernachlässigen.

Wie viele Milliarden Tonnen setzt nun der industrielle Mensch mit seinen eigenen Mitteln in Bewegung? Er erzeugte in demselben Jahr 1972 ca. 60 Billionen Kilowattstunden Energie. Diese Energie wurde 1972 aus folgenden Stoffen erzeugt:[57]

Öl	46%
Kohle	28%
Gas	19%
Wasserkraft	6%

Die Primärbrennstoffe für diese Energieerzeugung hat allein das Ökosystem dieser Erde in vielen Jahrmillionen erzeugt. Die 1972 in Energie umgewandelten fossilen Brennstoffe sind zwar nicht im Jahre 1972 gewachsen, sondern vor einigen 100 Millionen Jahren in einem damals intakten und vom Menschen ungenutzten Ökosystem. Es handelt sich letzten Endes um nichts anderes als um gespeicherte Sonnenenergie. Die Wasserkraft ist ein Ergebnis der laufenden Sonneneinstrahlung. Wenn wir die rund sechs Milliarden Tonnen fossiler Brennstoffe zu der obigen Naturproduktion des Jahres 1972 hinzuzählen, dann nehmen sich die restlichen Massenbewegungen des Menschen höchst bescheiden aus: Es wurden 1972 noch fast eine Milliarde Tonnen Eisen und etwa eine Milliarde Tonnen diverser anderer Mineralien verarbeitet. Das geschah jedoch in Prozessen, die ohne die Energie aus fossilen Brennstoffen gar nicht möglich gewesen wären. Mit der aus dem Erdvorrat geholten Energie gelang die Industrialisierung ganzer Kontinente, entstand der weltweite Verkehr und die erwähnte Steigerung der landwirtschaftlichen Produktion. Darüber hinaus reichten diese Kräfte noch aus, um einige Milliarden Tonnen Sand, Kies und Steine zu verarbeiten, Abraumhalden entstehen zu lassen und ganze Landschaften zu ruinieren.

Man kann nun diese Vorgänge auch unter dem ökonomischen Gesichtspunkt eines gigantischen *Arbeitsbeschaffungs- und Versorgungsprogramms für Milliarden Menschen sehen,* die auf Grund der neuen Möglichkeiten geboren wurden und am Leben erhalten werden konnten. Hiermit hat der Mensch – erstmalig in der Naturgeschichte der Erde – für sich eine besondere Situation geschaffen. Er steht jetzt nicht nur an der Spitze der Pyramide; er hat die meisten seiner Feinde beseitigt, welche die Zahl der Menschen früher stets in Grenzen gehalten haben; er hat die Seuchen fast vollständig besiegt, die einst periodisch die Völker heimsuchten. Daraufhin konnte er sich ungehemmt vermehren und die Regel der Natur brechen, wodurch an der Spitze der Pyramide die Zahl der Exemplare einer Art am kleinsten sein muß. Allein bis zum Jahre 2000 werden bereits *zusätzlich* zwei Milliarden Menschen auf diese Erde kommen – und das sind genausoviel wie um 1930 *insgesamt* auf der Erde lebten. Nach Berechnungen der Vereinten Nationen werden dann 6,35 Milliarden Menschen die Erde bevölkern.

Zu Beginn der Vermehrung vor etwa 200 Jahren *ernannte der Mensch sich selbst zum Subjekt der Weltgeschichte und entwickelte ökonomische Theorien, die alles Lebendige wie die tote Materie den Kriterien der augenblicklichen Nützlichkeit für ihn unterwarfen.* Die derzeitige Ökonomie kennt nur einen einzigen *Ausgangspunkt: das Gehirn des Menschen.* Daraus ergab sich eine Entwicklung, die der Soziologe Alfred Weber »technische Eigenevolution« nennt. »Diese so völlig einzigartig fundierte Eigenevolution der modernen Technik muß man stets im Auge haben, will man sich über die Einflußmöglichkeiten auf die nicht natürliche, sondern durchaus artifiziell, letztlich technokratisch fundierte Daseinsgestaltung klarwerden, in der wir heute, in Wahrheit von der organischen Natur weit abgehoben, leben. Indem wir uns den eigenevolutiven, eben technokratischen Gestaltungs- und Fortbildungsgesetzen unseres heutigen künstlichen Daseinsgehäuses unterwarfen, sind wir fast mehr noch an sie gebunden, als der Kapitän an das Arbeiten der Maschine seines Schiffes.«[58]

Es liegt an der Ökonomie, daß sie als sehr begrenzte Wissenschaft definiert werden muß. Sie hat sich nur um die Gattung Mensch gekümmert und die übrigen Lebewesen zu Objekten seiner Wirtschaft degradiert, und sie hat sich nie um die naturgesetzlichen Grundlagen dieser Welt bemüht, sondern nur um die *Systematik der Verwertung des gerade Vorhandenen.* Sie war überdies »blind« gegen das, was wir heute als *gesellschaftliche Kosten* bezeichnen. So ist die Ökonomie nun – schon nach 200 Jahren – in die totale Sackgasse geraten.

Die Natur konnte dagegen Milliarden Jahre bestehen, weil sie den schwereren, aber sichereren Weg gegangen ist. Blin: »Das Leben setzte auf die seltenen Elemente und verschmähte jene, die sich ihm in großer Zahl darboten. Es mißachtete die Quantität, um dem Gesetz der Qualität zu gehorchen, wobei die Natur nach dem Prinzip des Recycling, d.h. der Wiederaufbereitung von Stoffen, vorgeht. ... Wenn mit dem allgemeinen Ausdruck ›Ökonomie‹ die Gesamtheit der Aktivitäten bezeichnet wird, durch die ein Organismus die für seinen Fortbestand unabdingbaren Elemente aus der Umwelt bezieht, so kann gesagt werden, daß das Leben von seinen einfachsten Formen an die totale Unterordnung der Ökonomie unter einen übergreifenden Endzweck darstellt.«[59]

Im Gegensatz zu den Kreisläufen der Natur arbeitet die industrielle Technik der Neuzeit *linear*. Das führt zu einer früher nie gekannten Verschwendung der Ressourcen. Die Ökonomie kümmerte sich in den letzten zwei Jahrhunderten nicht um die Bestände der Erde, die sie verarbeitete, und auch nicht um den Abfall, der am anderen Ende übrigblieb. Boulding nennt das »Durchflußwirtschaft«: »Wir bauen Erze ab und gewinnen Mineralöl und verarbeiten diese Rohstoffe weiter zu Waren. Als Nebenprodukte erstellen wir negative Outputs an Schmutzstoffen, d.h. unerwünschte Produkte menschlicher Aktivität mit negativem Wert. Wir lagern diese ›Ungüter‹ in Umweltbereichen ab, die in der Lage sind, Rückstände aufzunehmen. Man könnte diese Bereiche fast als umgekehrte Bergwerke bezeichnen. Dieser Einbahnverkehr im Wirtschaftssystem kann zweifellos nicht in aller Ewigkeit aufrechterhalten werden«, sagt Boulding. Irgendwann einmal in der Geschichte der Menschheit wird aus den Bergwerken nichts mehr herauszuholen sein, und die verschmutzbaren Umweltbereiche werden mit Rückständen derart angereichert sein, daß sie nichts mehr aufnehmen können.«[60] Boulding meint, daß diese Situation schon in hundert Jahren eintreten kann.

Der Anfang und das Ende des Materialflusses und des Energieflusses interessierte die Ökonomie bisher nicht. Die Definition der heute herrschenden Ökonomie könnte vereinfacht lauten:

Ökonomie ist die Lehre von der Organisation menschlichen Produzierens und Konsumierens.

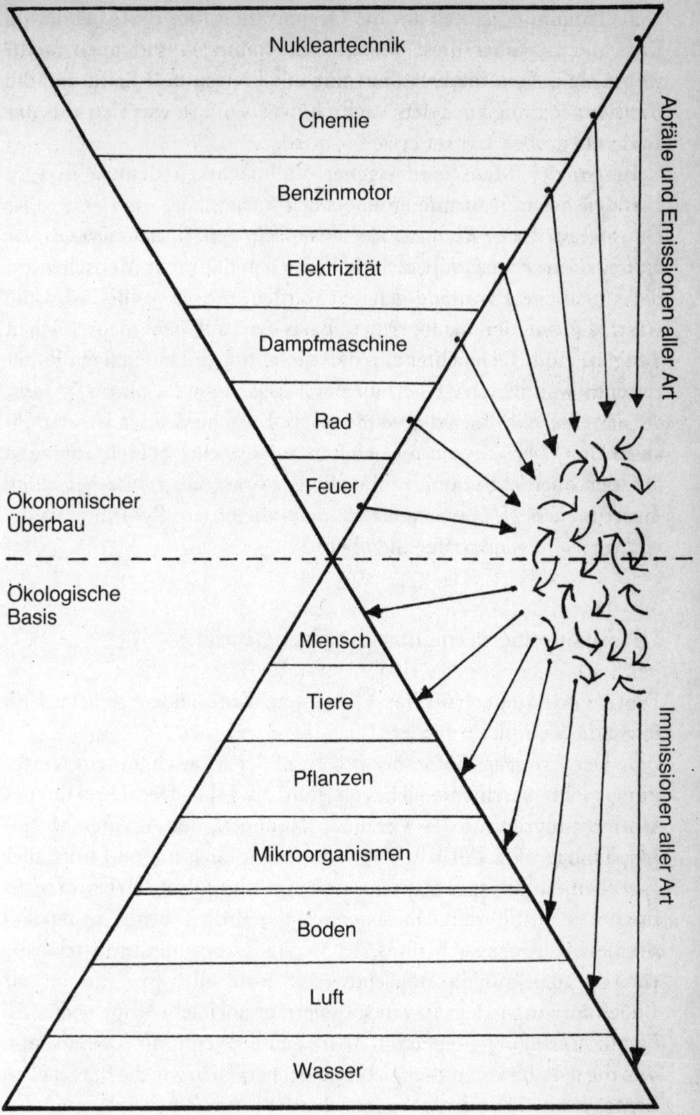

Die natürliche und die künstliche Pyramide

Der Ökonomie geht es um die Organisation, um die Abläufe; sie fragt nicht, woher diese Substanzen kommen, und auch nicht, wohin sie gehen. Sie kalkuliert nur mit Preisen und hofft, daß die Preisentwicklung auch den Nachschub garantiert, was sich aber am Ende als großer Irrtum erweisen wird.[61]

Indem der Mensch in eigener Vollmacht zu denken und zu erfinden begann, türmte er eine *neue Pyramide* auf – *aber keine solide Pyramide mit breiter Basis und sich verjüngender Spitze, sondern eine auf die Spitze gestellte Pyramide.* Je mehr Schichten und je mehr Menschen auf die künstliche Pyramide geladen werden, um so größer wird die Last, die auf der ökologischen Basis wie auf den menschlichen Trägern ruht. Es leuchtet ein, daß dieser auf einem einzigen Punkt ruhende wahnwitzige Überbau einen *waghalsigen Balanceakt erfordert, der nicht lange durchgehalten werden kann.* Entscheidender ist, daß *die untere Basis laufend geschwächt wird,* da sie mit jeder Schicht, die man auf der oberen Pyramide hinzufügt, stärker *ausgeplündert und mit Umweltschäden belastet werden muß;* denn die untere Pyramide ist die einzige *Vorratskammer* für die obere.

Die Ökonomie vernichtet die eigene Basis

Die Auswirkungen auf das Ökosystem Erde lassen sich grob in folgende Komplexe gliedern:

1. Der *fruchtbare Boden,* der pro Kopf der Menschheit zur Verfügung steht, verringert sich von Jahr zu Jahr. Der Direktor des Umweltprogramms der Vereinten Nationen, der Ägypter Mostapha Tolba, erklärte 1978: »Was immer wir auch tun und trotz aller Familienplanungsprogramme werden wir im Jahre 2000 etwa sechs bis sieben Milliarden Menschen auf der Erde haben... Aufgrund des Bevölkerungswachstums, der Verstädterung, der Industrialisierung werden zur Jahrtausendwende trotz aller Programme zur Bodennutzung jedem von uns – sofern er noch lebt – nur noch 0,16 ha zur Verfügung stehen – 0,31 ha heute. Wenn mir jemand sagt, daß die 0,16 ha von morgen ebensoviel hergeben wie die 0,31 ha von heute, dann habe ich als Wissenschaftler meine Zweifel. Wir müssen also unseren Lebensstil ändern, unseren Konsum auf das wirklich Notwendige reduzieren, um die Ressourcen auch auf die weiteren Jahre zu verteilen. Insbesondere müssen wir den Boden richtig

nutzen und dürfen ihn nicht durch unvernünftiges Vorgehen zerstören.«[62]

Der *verfügbare Boden pro Kopf* schrumpft nicht nur dadurch, daß die Zahl der Menschen wächst, er verringert sich außerdem durch die weitere *Betonierung des Bodens* im Rahmen dessen, was die Welt »wirtschaftliches Wachstum« nennt. Zusätzliche Industriebetriebe, Verwaltungsgebäude, Straßen und Flugplätze benötigen Flächen. Sie versiegeln fruchtbares Land, da die Menschen in der Regel dort wohnen, wo gutes Klima, Wasser und fruchtbare Böden vorhanden sind. Darum ersetzt die in Grenzen mögliche agrarische Nutzung neuer Flächen im wesentlichen nur die verlorengegangenen, während die Flächen mit der Kopfzahl wachsen müßten. Im Bericht »Global 2000« kommt man zu etwas abweichenden Zahlen, die aber an der Kalamität nichts ändern. Dort geht man davon aus, daß 1975 noch 0,38 ha pro Kopf zur Verfügung standen und daß es im Jahre 2000 noch 0,25 ha sein werden. Dem liegt eine großzügigere Schätzung der nutzbaren Gesamtfläche zugrunde, und wahrscheinlich sind auch die Flächen, die durch die weitere Industrialisierung verlorengehen werden, nicht genügend berücksichtigt.[63]

2. *Die weniger entwickelten Völker nehmen an der Zerstörungsaktion auf ihre Weise teil.* Sie vernichten den Pflanzenbestand durch Übernutzung des Landes und Kahlschlag beziehungsweise Brandrodung der Wälder. Das Holz ist dort vielfach die einzige erreichbare Energiequelle. Nach dem Bericht wird bis zum Jahre 2000 der Wald in Südamerika, Afrika, Asien und Ozeanien um 40% abnehmen, 1166 Millionen Kubikmeter Holz wurden im Jahre 1977 verbrannt, während der gesamte Einschlag weltweit 2538 Millionen Kubikmeter betrug.

Die Wälder sind in mehrfacher Hinsicht für das Ökosystem der Erde *lebensnotwendig*. Sie sorgen für ein ausgeglichenes Klima. Noch wichtiger sind sie wohl für den *Wasserhaushalt,* weil sie das Wasser speichern und damit Trockenzeiten überbrücken. Die Wälder besorgen schließlich die Sauerstoffproduktion in der Größenordnung von 107 Milliarden Tonnen im Jahr.[64]

Bis zum Jahre 2000 werden infolge der Verbrennungsvorgänge 400 Milliarden Tonnen Sauerstoff verbraucht und 550 Milliarden Tonnen *Kohlendioxyd* erzeugt werden. Dadurch wird sich der Kohlendioxydgehalt der Atmosphäre um 10% erhöhen. Dazu kommen die Kohlendioxyde aus der Verbrennung von Kohle und Erdöl.

Insgesamt hat sich der CO_2-Gehalt der Luft in den letzten 100 Jahren schon um 15% erhöht, und im Jahre 2000 wird er fast 33% höher sein als in vorindustrieller Zeit. Bei anhaltender Tendenz der Verbrennung kann er 2050 bereits doppelt so hoch sein.[65]

Der Wald ist auch ein Speicher von Nährstoffen. Ist der Wald fort, sind auch die Nährstoffe der *Erosion* ausgesetzt, die Humusschicht wird vom Wasser hinweggespült und vom Wind fortgeblasen. Da zur Zeit jährlich ca. 300000 qkm Wald beseitigt werden, rechnet man mit einer *Halbierung der Wälder bis zum Jahr 2000,* so daß diese Flächen zum großen Teil der Erosion anheimfallen werden. Im Umweltbericht des Jahres 1977 der Vereinten Nationen ist nachzulesen, daß durch Bodenerosion jährlich 2,5 Milliarden Kubikmeter Mutterboden verlorengehen werden. Und 200000 bis 300000 Hektar Kulturland fallen jährlich durch verfehlte Bewässerungsmaßnahmen aus; sie versalzen oder versumpfen.

Das gesamte Festland unseres Planeten ist heute bereits zu 43% von *Wüsten* oder wüstenähnlichen Flächen bedeckt, vor 100 Jahren waren es erst 37,4%.

3. *Die großflächige Vernichtung natürlicher Lebensräume und die Umweltverderbnis* wird dazu führen, daß zur Jahrtausendwende *15-20% aller lebenden Arten ausgerottet sein werden.* Zwischen 500000 und 2000000 Arten, so der Bericht an den USA-Präsidenten, werden dann verloren sein, über die Hälfte solche, die in tropischen Wäldern leben. *Damit geht ein unschätzbar wertvolles genetisches Potential zugrunde.* Ein vielfältiges Potential, das auch für die Züchtung neuer Nutzpflanzen besondere Wichtigkeit haben könnte. Heute liefern uns noch nicht einmal zwei Dutzend Pflanzen- und Tierarten 80% der Weltnahrung. Die Gefahr, daß diese wenigen hochgezüchteten Arten von Krankheiten betroffen werden, ist sehr groß. Für die Züchtung neuer und widerstandsfähigerer Arten wird dann keine genetische Substanz wildlebender Variationen mehr zur Verfügung stehen.[66]

Auch *der chemische Eingriff der Menschen in die Natur* löscht viele Arten aus. Gerade weil die Monokulturen immer anfälliger gegen Schädlinge werden, bekämpft man diese mit Pestiziden; da jene dadurch resistenter werden, sind immer größere Mengen alter oder neuer chemischer Mittel erforderlich. Wieviel nützliche Organismen dabei mitvernichtet werden, läßt sich überhaupt nicht feststellen. Man wird es in vielen Jahren an den Folgen merken – wenn es wahrscheinlich zu spät ist. Beachtung schenkt man heute diesem Absterben nur, wenn sichtbare und dem Menschen unmittelbar nützliche Lebewesen betroffen werden wie die Bienen. Sterben aber die Bienen am Gift, dann sterben dort mit Sicherheit tausende anderer Arten mit. (Neuere Untersuchungen beweisen bereits, daß der reichliche Einsatz von Chemikalien die Ernteerträge senkt statt steigert.)

4. Die *Chemikalien,* welche die Natur weder selbst erzeugen noch verwerten kann, werden heute zu Millionen Tonnen in die natürlichen Kreisläufe geradezu hineingepumpt: über die Äcker, in die Tiere, in die Gewässer und über die Luft verteilt, nicht nur von der Landwirtschaft, auch durch die Industrie, die Haushalte und den Verkehr und durch die Rezepte der Ärzte.

Der Agrarwissenschaftler Michael Lohmann kam zu dem Ergebnis: »Auf der Erde hat sich in den Jahrmilliarden ihres Bestehens und vor allem in den Jahrhundertmillionen, seit es organische Prozesse gibt, ein hohes Maß an Ordnung der Stoffe ergeben.... Die statische Ordnung der Stoffe ist gekennzeichnet durch die langfristige Immobilisierung solcher Stoffe, die für die organischen Prozesse unnötig oder gefährlich sind. Dazu gehören unter anderem die sogenannten Bodenschätze (Erze, Salze und auch organische Reststoffe wie Erdöl, Erdgas usw.). Die dynamische Ordnung der Stoffe ist gekennzeichnet durch die Teilnahme nur weniger Massenstoffe und vieler Spurenstoffe... Dieses strukturelle und funktionelle Ordnungsgefüge der irdischen Materie ist durch die Industrietätigkeit des Menschen in kürzester Zeit durcheinandergebracht worden – vor allem durch die enorme Mobilisierung der in der Erdrinde lokal konzentrierten Stoffe, die für die organischen Kreisläufe unnötig oder schädlich sind.«[67]

Die Schädigung reicht bis hinauf in die *Ozonschicht unserer Lufthülle* – durch Fluor- und Chlorverbindungen sowie Stickstoffe.[68] In neuester Zeit ist die *Strahlenbelastung* durch die Nukleartechnik hinzugekommen. Der Bericht Global 2000 stellt fest: »Bisher hat keine Nation ein Modellprogramm für die zufriedenstellende Lagerung radioaktiver Abfälle entwickelt, und die Menge dieser Abfälle steigt rasch an. Während der Lebensdauer der Kernkraftwerke, die bis zum Jahre 2000 wahrscheinlich errichtet werden, fallen voraussichtlich mehrere hunderttausend Tonnen hoch radioaktiver, verbrauchter Brennelemente an.«[69]

5. Eine weitere Gefahr liegt in der zusätzlichen *Erwärmung der Erde durch die technische Energieerzeugung.* Alle vom Menschen umgewandelte Energie – sei es durch Verbrennung oder atomare Prozesse – endet letztlich als Wärme. Bei einer Vervierfachung der Energieerzeugung, wie sie in den üblichen Wachstumszielen bis 2020 angestrebt wird, würde die Erderwärmung dann bereits in ein kritisches Stadium treten.

Die beschriebene Gefahr der *Verdoppelung des Kohlendioxyds* bis zum Jahre 2050 könnte allein schon eine Erhöhung der Temperatur um zwei bis drei Grad Celsius in mittleren Breitengraden zur Folge haben. An den Polen würde die Erhöhung drei- bis viermal größer sein und die Eiskappen beider Pole zum Schmelzen bringen. Die Erhöhung des Weltwasserspiegels würde dann einen großen Teil des bisherigen Festlandes unter Wasser setzen.[70]

Der Mensch als Satan dieser Erde

Die Erde ist ein bevorzugter Planet im Weltall, auf dem Leben möglich ist. Die rund 4 Milliarden Jahre währende Evolution der Lebewesen brachte am Schluß den Menschen hervor, der sich am Ende seiner Entwicklung wiederum *eine eigene Welt konstruierte.*

> *Die technisch-ökonomische Welt ist jedoch keine Fortsetzung der natürlichen Evolution, sondern eine radikale Umkehr der Entwicklung, die zunächst zur Störung der Naturvorgänge und schließlich zur Zerstörung des Ökosystems unserer Erde führt.*

Der Mensch ist aus der großen Ordnung der Natur herausgefallen und hat eine Sonderstellung für sich erlangt. Ich sage ausdrücklich »herausgefallen«, denn diese *Absonderung* ist keineswegs nur positiv, sie schließt vielmehr zugleich *die totale Bedrohung der eigenen Gattung mit ein,* was wir erst in jüngster Zeit immer deutlicher sehen.[71] Das Verhalten der Tiere blieb über unzählige Jahrtausende unverändert. Die Vögel bauen immer wieder die gleichen Nester und die Bienen ihre gleichförmigen Waben. Die Tiere kennen den Begriff des technischen Fortschritts nicht. Sollte tatsächlich einmal ein einzelnes Tier eine Erfindung machen (was wir nicht wissen), dann geht diese mit seinem Tod wieder verloren. Denn seine

Nachkommen »wissen« nur das und können nur die Künste ausüben, die sie genetisch ererbt haben. Was sie allerdings im Wege der unendlich langsamen natürlichen Evolution an Eigenschaften durch Mutation und Selektion hinzuerwerben, vererben sie auch.

Der Mensch dagegen hat im Laufe seiner Kulturgeschichte einen *zweiten Informationsstrang* entwickelt. Er kann jede einzelne Entdekkung lehrend an die nächste Generation weitergeben. Damit gehen die Erfindungen nicht mehr verloren, im Gegenteil, sie addieren sich und schwellen an. Mit der Schrift wurde die vollständige Akkumulation möglich. Seitdem werden ganze Berge von Wissen von Generation zu Generation vergrößert und weitergewälzt. Die *Informationslawine* ist so groß, so angewachsen, daß gewisse Wissenschaftler auf die verrückte Idee kamen, der Mensch besäße gar kein ererbtes Wissen, sondern nur das, was er jeweils nach der Geburt erlernt habe.

Ein Mensch braucht nun allerdings eine immer größere Spanne seines Lebens, um nur einen lächerlich geringen *Bruchteil des angesammelten Wissens* aufzunehmen. Um überhaupt noch mithalten zu können, spezialisiert er sich notgedrungen auf einen Ausschnitt des Ganzen, der bei zunehmender Gesamtmasse immer winziger wird. Insofern er in seinem Ausschnitt selbst etwas hinzufügt, liefert er seinen Beitrag zur Vergrößerung der Gesamtlawine.

Diese Lawine ist aber nicht nur eine theoretische (dafür brauchte man nur die Bibliotheken ständig zu vergrößern). Es ist auch eine *Lawine der mit diesem Wissen hergestellten Gegenstände, es ist die Industrie* – sagen wir einfach: *es ist die Ökonomie* mit all ihren verschiedenen Auswirkungen. An Stelle der statischen Ökonomie der Tiere – die sich ja auch versorgen, von denen manche sogar einen Wintervorrat anlegen – betreibt der Mensch nun eine *expandierende Ökonomie.* Dieser Expansion sind theoretisch keine Grenzen gesetzt – und innerhalb der Theorien bewegen sich ja schließlich die Gedankengänge gerade der »fortgeschrittensten« avantgardistischen Gruppen der Menschheit. Was aber wie eh und je begrenzt bleibt, das ist einerseits der *Raum unseres Planeten* (wobei nur die organisch produzierenden Flächen zählen), und das ist andererseits die *Erlebniswelt des einzelnen Menschen.*

Die Expansion der vom Menschen erfundenen Ökonomie muß zwangsläufig die stabilisierte Harmonie der Natur sprengen; denn ein immer weiter anschwellender produzierter Überfluß von (keineswegs lebensnotwendigen) Gütern ist wie ein speiender Vulkan, der seine Lavaströme über das fruchtbare Land ausgießt und es weit darüber hinaus noch mit Asche bedeckt. Insofern ist die einzigartige Begabung eines einzigen Lebewesens, des Menschen, ein *Sprengsatz* innerhalb der gesamten natürlichen Welt. Daß dies keineswegs nur bildlich zu verstehen ist, wird jeder einräumen, wenn er an die gelagerte atomare Vernichtungskapazität von fast 20 Milliarden Tonnen TNT denkt, was pro Person der 4,5 Milliarden Erdenbewohner etwa vier Tonnen bedeutet.

Es wäre aber ein verhängnisvoller Irrtum anzunehmen, daß nur darin die Gefahr läge. Die »normale« Zerstörungskapazität der modernen Produktionsmaschinerien ist ebenso groß, der Unterschied besteht nur darin, daß sie langsamer, aber auch hartnäckiger vergrößert wird; denn die wirtschaftliche Expansion ist nach wie vor das erklärte Ziel aller Nationen, während der Atomkrieg immerhin niemandes *Ziel* ist.

So mag der Wissenschaftspublizist Theo Löbsack recht haben, wenn er in seinem Buch den Menschen als einen »Fehlschlag der Natur« bezeichnet. Der Mensch ist eben ein aus der normalen Ordnung der Natur herausgefallenes Wesen, was schon in seiner Fähigkeit zum individuellen Selbstmord drastisch sichtbar wird. Die Mittel der neuesten Technik befähigen ihn heute zum *kollektiven Selbstmord* und eben auch zum *Mord an der Natur,* der ein kollektiver Muttermord ist – an unserer Mutter Erde. Am Ende seiner umfassenden welthistorischen Betrachtung »Menschheit und Mutter Erde« fragt der britische Historiker Arnold Toynbee: »Wird der Mensch die Mutter Erde ermorden oder erlösen?«[72]

Zur Zeit kann dem Menschen in den Augen mancher Tiere nur die Rolle des Satans auf dieser Erde zukommen. Der Biologe Friedrich Oehlkers ist es, der uns aus der Sicht der übrigen Organismen diesen Spiegel vorhält: »Für die Tier- und Pflanzenwelt ist der Mensch das schlechthin satanische Wesen; mit überlegenen, unheimlichen Mächten ausgestattet, geht er in allem seiner Willkür nach. Er pflanzt die Gewächse an, wo und wie er mag, und er vernichtet sie wieder nach seinem Gefallen.«[73]

Wir können nicht wissen, welche Rolle der Mensch aus der Sicht der eingepferchten Hühner spielt. Wenn diese gequälten Kreaturen auch nur den geringsten Schimmer einer Vorstellung ihres Peinigers haben sollten, dann kann es nur die eines überdimensionalen, allmächtigen Wesens sein, das nicht nur über ihr Leben und ihren Tod verfügt, sondern sie auch beliebig zu zehntausenden auf Jahre zur Bewegungslosigkeit verdammt. Ganz abgesehen von freilebendem Wild, das jederzeit die Tötung aus der Ferne fürchten muß. Der französische Dichter Romain Rolland schrieb schon vor 50 Jahren, daß künftige Generationen den Vandalismus verfluchen würden, mit dem wir in einem einzigen Jahrhundert Raubbau an der Tierwelt getrieben haben, zu deren Vervollkommnung die Natur 50 Millionen Jahre nötig hatte.

Doch der Mensch bereitet sich das Schicksal, ausgerottet zu werden, auch selbst. Es begann mit den Gasen, dann kamen weitere Chemikalien und Bakterien und schließlich die Atombomben und Neutronenwaffen. Bei letzteren wird ganz entschieden als Vorteil herausgestrichen, daß sie keine Sachen zerstören und auf Dauer *verstrahlen,* sondern daß sie *nur* Lebendiges töten; das sind aber nicht nur feindliche Soldaten und nicht nur die dort lebenden Menschen; es sind alle Lebewesen. Aber hat schon jemals einer in der jetzt fünfjährigen Diskussion danach gefragt, was den Tieren und Pflanzen durch die Explosion geschieht? Man hat nichts davon gehört!

Paradox ist es, wenn diese Entwicklung unter dem Aspekt einer Ausweitung der menschlichen Freiheit gesehen wird. Der Mensch hat sich mit seinem Tun keineswegs die Freiheit erobert; er geriet vielmehr aus der *einfachen Abhängigkeit* von der Natur, von deren Wasser, Luft und Nahrung er weiter abhängig ist, in eine zweite. Er geriet in die Abhängigkeit *von der Technik,* die mit den begrenzten, nicht nachwachsenden Ressourcen dieser Erde arbeitet, deren Beschaffung aber immer schwieriger wird.[74] Weder die erste noch die zweite Abhängigkeit wird von den herrschenden ökonomischen Theorien langfristig berücksichtigt.

Darum taugt die derzeitige Ökonomie nur für die gerade lebenden Menschen, sie taugt nichts unter dem Gesichtspunkt der Erhaltung des Lebens auf dieser Erde, ja sie entzieht dem Menschen selbst die Möglichkeit des Überlebens auf dieser Erde.

Arnold Toynbee schreibt am Ende seines bereits erwähnten, letzten großen Werkes »Menschheit und Mutter Erde«: »Tatsächlich hatten alle Arten, der Mensch nicht ausgenommen, bisher von der Gnade der Biosphäre gelebt – erst die industrielle Revolution lieferte sie der Gnade des Menschen aus. Da der Mensch in der Biosphäre wurzelt und außerhalb ihrer nicht leben kann, war die Aneignung der Macht, sie zu vernichten, gleichbedeutend mit einer Bedrohung seines Überlebens durch ihn selber.«[75]

2. Stehen wir am Ende der Geschichte?

Wahrlich, es hat den Anschein, als wolle die Natur das Menschengeschlecht ausrotten, wie etwas Unnützes auf der Welt, das alles Geschaffene nur vernichtet.
(Leonardo da Vinci)

Die Uhr läuft ab

Ohne die Schöpferkraft der Natur wäre unsere Erde eine leblose Wüste gleich dem Mond. Auch auf einem solchen toten Planeten finden physikalische Abbauvorgänge statt, welche die *Entropie* vermehren. Dieser Begriff stammt aus der Wärmelehre, in die ihn 1865 der Physiker Rudolf Clausius einführte. Er bedeutet dort die Summe der nicht mehr nutzbaren Energie. Inzwischen wird er in einem umfassenden Sinne angewandt: »Das Prinzip der Entropievermehrung reicht über die Grenze der Thermodynamik hinaus, es gilt für den gesamten Weltprozeß«, wie der Wissenschaftsjournalist Christian Schütze in einem ausführlichen Artikel über »Entropie« feststellt.[76]

Im physikalischen Weltprozeß geht die Tendenz immer auf den Ausgleich hin, auf Verteilung und gleichmäßige Vermischung.[77] Die organisierte wertvolle Materie verwandelt sich stetig auf ein undifferenziertes Durchschnittsgemisch hin, was keinen speziellen Wert hat. Die Abfallberge, die der Mensch erzeugt, sind ein alle Tage sichtbares Beispiel für Entropie.

Auf unserem Planeten sorgte die zielstrebige Aufbauarbeit der lebendigen Natur seit einigen tausend Millionen Jahren dafür, daß immer *mehr Werte* entstanden, als nach dem Entropiegesetz in der gleichen Zeit abgebaut wurden. Zu diesem Schöpfungsvorgang war ein *Energieüberschuß* nötig, den uns die Sonne unaufhörlich liefert. Dieser Energiezufluß konnte über die Jahrmillionen durch die Photosynthese der Pflanzen in großen Mengen in nutzbare Energie umgewandelt werden.

Die zentrale Frage in der Untersuchung des britischen Philosophen Alfred Whitehead (1861–1947), »Die Funktion der Vernunft«, lautet: »Wenn wir die Welt als physikalisches System betrachten, bei dem die späteren Zustände vollständig durch die früheren determiniert sind, erscheint sie als ein endliches, in beständigem

Verfall begriffenes System, dessen Vielfältigkeit und Aktivität fortwährend abnimmt.« Aber *die Natur arbeitet in der entgegengesetzten Richtung*, sie hat »eine aufwärtsgerichtete Tendenz, die dem physikalischen Verfall entgegengerichtet ist.«[78] Die Vernunft des Menschen hat nach Whitehead ein Verhältnis zu den zwei beschriebenen, einander entgegengesetzten Aspekten der Erdgeschichte. Die erste Haupttendenz »zeigt sich im allmählichen Verfall der materiellen Natur. Mit unmerklicher Unaufhaltsamkeit zerstreut sich die Energie; die Quellen der Naturaktivitäten werden schwächer und versiegen; und sogar ihre materielle Substanz löst sich auf. Die andere, gegenläufige Tendenz manifestiert sich im jährlichen Frühlingserwachen der Natur und in der aufwärtsgerichteten Evolution der lebenden Organismen.«[79]

Erst seitdem sich der Mensch mit großtechnischen Mitteln am Abbau der lebendigen Natur beteiligt und Abfall erzeugt, *überwiegt die jährlich erzeugte Entropie auf der Erde das jährliche Produkt der Natur.* Der Umschlag in eine negative Bilanz wird sich irgendwann im 20. Jahrhundert ereignet haben.

Die ökologische Weltbilanz wird seitdem immer negativer, und zwar genau in dem Maße, wie das fälschlich so genannte »wirtschaftliche Wachstum« zunimmt.

Ob es die heute Lebenden gern hören oder nicht: Alle gehören zu den Parasiten der Natur, die »entwickelten« Völker sehr stark, die »unterentwickelten« bisher schwach; letztere sollen erst noch zu einer parasitären Lebensweise »entwickelt« werden. Das heutige Weltprogramm, welches die Entwicklung der »Unterentwickelten« zum hochtechnischen Zivilisationsstandard zum Ziel hat, ist ein *perfektes Entropieprogramm.*

Die moderne Ökonomie hat die Welt auf den Kopf gestellt. Man denke sich die beiden Pyramiden als Sanduhr: der untere Teil ist nach oben gedreht. Nun rinnen die Bestandteile des Ökosystems unaufhörlich nach unten, *die Uhr läuft ab. Sie läuft ab für alles Lebendige und nicht zuletzt für den Menschen, denn er ist das allerabhängigste unter den abhängigen Lebewesen.*

Es gibt eine Ökonomie der Natur, und das ist die Ökologie. Und es gibt die moderne, vom Menschen erdachte Ökonomie, die mit der Ökologie nichts gemein hat. Die derzeitige Ökonomie der Industrieländer dient nicht dem Leben, sondern sie steht im Dienste der Entropie, da sie diese Welt als physikalisches System, nicht als biologisches behandelt. Nur hier und da bezieht einer unter den Ökonomen in seine Kostenrechnung die Entropievermehrung ein. Begründet wurde di[illegible] dem amerikanischen Ökonomen Nicholas Georgesc[illegible]andt von Boulding, Daly, Binswanger und weit[illegible]och die meisten ökonomischen Theorien mißacht[illegible]setz völlig. Daraus folgert Christian Schütze: [illegible] es eine Ahnung dieser deprimierenden Ein[illegible] Volkswirtschaftler bewog, die Augen vor eine[illegible]verschließen, vor dem alle Illusionen von da[illegible]and, von ständigem Wachstum und der Fül[illegible]echen müssen.« Wenn wir uns auf das verlasse[illegible] Erden an Energievorräten haben, statt auf die [illegible]ann, schließt Christian Schütze, »verurteilt un[illegible]tz über kurz oder lang zu Armut und Tod.«[81]

Daru[illegible]ndeste Vorgang auf diesem Planeten, der zur Zei[illegible]se *Liquidation der Natur* in allen Erdteilen – der Na[illegible]d gegen das Weltgesetz der Entropievermehru[illegible]*utzenergie* umwandelt. Die Endphase des mensc[illegible]at uns das vielleicht größte Universalgenie, da[illegible], Leonardo da Vinci, vorausgesagt, als er »Von [illegible]it der Menschen« schrieb: »Man wird Gesch[illegible]en, die einander fortwährend bekämpfen werde[illegible]r sehr großen Verlusten und oft auch Todes[illegible]eiten. Sie werden keine Grenze kennen in ihrer [illegible]re rohen Glieder werden die Bäume in den riesig[illegible]Welt größtenteils dem Erdboden gleichgemach[illegible] sie satt sein werden, dann werden sie zur Befrie[illegible]ste Tod und Leid, Drangsal, Angst und Schre[illegible] lebendigen Wesen verbreiten. In ihrem maßl[illegible]erden sie sogar zum Himmel fahren wollen, aber [illegible]were ihrer Glieder wird sie unten halten. Da wird [illegible] der Erde oder im Wasser nichts übrigbleiben, [illegible]olgen, aufstöbern oder vernichten werden, und [illegible] sie nicht aus einem Land in ein anderes schle[illegible] Erde, warum tust du dich nicht auf? Warum stürz[illegible] die tiefen Spalten deiner riesigen Abgründe und Höhlen und bietest dem Himmel nicht mehr den Anblick eines so grausigen und entsetzlichen Unwesens?«[82]

Wir befinden uns nun haargenau in der vorausgesagten Situation, daß wir die letzten Winkel der Erde und der Meere durchwühlen und das Gefundene in alle Länder transportieren. Aber auch das von der Schwere der Glieder stimmt trotz Weltraumfahrt weiterhin; denn es ist ein zu großer Energieaufwand nötig, um einen Menschen aus dem Schwerefeld der Erde hinauszuschießen, als daß jemals Erdenbewohner in größerer Zahl ausgesiedelt werden könnten.

So erscheint es ganz logisch, wenn ein einflußreicher Schriftsteller und Philosoph des 20. Jahrhunderts, Herbert Georg Wells, den gleichen Schluß zieht: »Es kommt zu einem mörderischen Kampf ums Dasein. Die größeren Gemeinschaften oder Individuen rotten die kleineren aus und verzehren mehr und mehr.«[83] Indem er die Summe seines Lebens und Denkens zieht, kommt er – sich selbst betrachtend – zu dem Ergebnis: »Wenn er folgerichtig gedacht hat, dann ist diese Welt am Ende ihrer Möglichkeiten angelangt. Das Ende alles dessen, was wir Leben nennen, steht ganz nahe bevor und ist nicht zu vermeiden.«[84] Wells ist der »Überzeugung, daß es keinen Weg gibt, der aus dieser Sackgasse heraus, um sie herum oder durch sie hindurch führt. Es ist das Ende.«[85]

Die modernen Verkehrsmittel und Flugkörper haben die Distanz aufgehoben, so daß die Ereignisse auf dem ganzen Planeten praktisch *Gleichzeitigkeit* erlangt haben, »das Leben mußte sich daran anpassen oder zu Grunde gehen, und mit der Überreichung dieses Ultimatums schwand der Plan künftiger Dinge dahin.«[86]

»*Unser* Universum ist nicht lediglich bankrott; es bleibt überhaupt keine Konkursmasse übrig; es hat nicht einfach liquidiert; es verschwindet völlig aus dem Dasein und läßt keine Trümmer hinter sich zurück. Das Bemühen, einen Plan, welcher Art immer, zu entwerfen, ist völlig müßig.«[87]

Das zerstörte Gleichgewicht

In der Geschichte des Planeten Erde gab es langfristig ein *Gleichgewicht zwischen den verschiedenen Arten,* wenn auch ab und zu eine Art verschwand und neue Arten auftauchten. So bestand auch ein *Gleichgewicht zwischen dem Menschen und den anderen Arten* (den Tieren,

Pflanzen, Bakterien und Viren), wie in der Natur insgesamt, und eine übermäßige Vermehrung des Menschen wurde vereitelt. Nun hat der Mensch seine Gegenspieler besiegt und teilweise ausgerottet, so daß er sich ungehindert vermehren kann. Über das Gehirn des Menschen ist eine außernatürliche Macht in die Sphäre des Lebens eingebrochen, wie der Philosoph Ludwig Klages 1913 auf dem Hohen Meißner darlegte. Die Macht des *Verstandes* und des *Willens* führt dazu, daß eine Menschheit »in blinder Wut die eigene Mutter, die Erde, verheeren muß, bis alles Leben und schließlich sie selbst dem Nichts überliefert ist.«[88]

Damit ist der Planet Erde in ein neues Stadium getreten:
1. *Die biologische Evolution des Menschen ist zu Ende,* da die natürliche Auslese kaum mehr wirkt.
2. *Der Mensch schneidet auch der Natur die Möglichkeit der weiteren Evolution ab.* Ganz einfach deshalb, weil er ihr so gut wie keine Reservate mehr läßt. Die Natur wird »zivilisiert« wie der Mensch; in den Industrieländern gibt es keine großen Gebiete mit wildlebenden Pflanzen mehr.
3. *Der Mensch beschneidet der Natur den Raum auf dieser Erde Tag für Tag* und füllt ihn blindlings mit Menschen. Je schneller er ihn überfüllt, um so früher schwindet seine eigene Lebensbasis dahin.

Die Gefahr liegt damit nahe, daß die Menschen in ihrer Überfülle aufeinanderstoßen und sich die letzten Lebensgrundlagen streitig machen werden, so daß sie sich schließlich gegenseitig *ausrotten.*

»Die Spannungen, die zu Kriegen führen könnten, werden sich vervielfachen«, heißt es lakonisch im Bericht an den amerikanischen Präsidenten.[89] »Eine Kette von Ereignissen hat dem intelligenten Beobachter die Erkenntnis aufgedrängt, daß die Menschengeschichte bereits ein Ende gefunden hat und daß es mit dem *homo sapiens,* wie es ihm beliebt hat, sich zu nennen, in seiner jetzigen Gestalt aus und vorbei ist. Die Sterne in ihrer Bahn haben sich gegen ihn gewandt, und er hat irgendeinem anderen Lebewesen Platz zu machen, das besser ausgerüstet ist, dem Verhängnis entgegenzutreten, das mit wachsender Schnelligkeit über die Menschheit hereinbricht... Sich anpassen oder zugrundegehen ist heute wie immer der unerbittliche Imperativ der Natur.«[90]

Es kann leicht sein, daß der Mensch den *point of no return, den Punkt, von dem es keine Rückkehr mehr gibt, bereits überschritten hat. Dann wäre das Ende unausweichlich.* Unvermeidbar ist bereits, daß sich schon im Jahre 2000 mehr als 6 Milliarden Menschen auf dieser Erde befinden werden; daran können selbst die erfolgreichsten Maßnahmen zur Geburtenbegrenzung nichts mehr ändern.

Maurice Blin sagt vom Menschen: »Er hat sich von der Natur losgerissen und auch von der Kultur, die bis dahin die Natur geachtet hatte. Er hat der Weisheit den Rücken gekehrt und sich der Tragik hingegeben. Nachdem diese Lage ihn zunächst berauscht hat, erzeugt sie jetzt in ihm Angst und Beklemmung. Er verachtet die Vergangenheit und sieht sich nicht gerüstet für die Zukunft. Die Euphorie des Überflusses macht bei ihm nun der Furcht vor dem Mangel Platz. Mitten in seiner Sucht nach Konsum und Genuß stellt er sich die Frage nach seinem Heil.«[91] Nein! Er stellt sich die Frage noch nicht! Nur einige wenige stellen sie. Die große Mehrheit, Führer wie Geführte, ist weiter von Blindheit geschlagen.

Daß die Erde längerfristig, schon im nächsten Jahrhundert, weder die Zahl der Menschen noch ihre Ansprüche verkraften kann, darüber liegen gesicherte Ergebnisse in Fülle vor. Hier braucht nicht näher darauf eingegangen zu werden. Meinen Anteil steuerte ich 1975 mit »Ein Planet wird geplündert – Die Schreckensbilanz unserer Politik« bei. So gibt es *schwerwiegende Gründe für die Befürchtung, daß das Ende der menschlichen Geschichte auf dieser Erde begonnen hat,* infolge der fatalen Entwicklungen, welche die Politiker geradewegs verbissen ansteuern. Sie werden Opfer ihrer eigenen Ziele; »denn *jedes Lebewesen ist Lebewesen in der Natur; und das Wesen, welches die Natur denaturiert, denaturiert damit notwendig sich selbst;* es gibt kein Eiland der Privilegierten mehr; das ist die eigentliche Tragweite der ökologischen Krise, an deren Beginn wir uns heute befinden. *Die Maximierung technischer Konstruktion in der Lebenswelt muß unweigerlich zum Tod der Lebenswelt führen.* Zur Katastrophe wird es kommen, wenn wir diese schmerzliche Einsicht nicht rechtzeitig handhaben lernen.«[92]

Die Götzenbilder vom »wirtschaftlichen Wachstum« sind noch nicht zerschlagen. Sie lassen sich wohl auch nicht durch einen Frontalangriff zerstören; sie müssen langsam und gründlich ihres Zaubers beraubt werden. Wir müssen unentwegt fragen: Haben sie gehalten, was sie versprachen? Hätten sie überhaupt jemals ihre Verheißung einlösen können?

Wie war es möglich, daß die Menschen einen solchen Weg einschlugen? Wodurch konnten sich Irrtümer so verfestigen, daß sie selbst angesichts der Untergangsdrohungen nicht aufgegeben werden? Dies ist im III. Teil grundsätzlich zu behandeln.

Bevor wir damit beginnen, ist es angebracht, die ökonomische Bilanz der heutigen Wirtschaft unter die Lupe zu nehmen. Wie groß sind ihre Erfolge, für die sie die kurzfristige Vernichtung der Welt in Kauf nimmt, wirklich?

3. Ist die heutige Ökonomie überhaupt ökonomisch?

In Amerika wurde eine Maschine erfunden ... Sie pflanzt Kartoffeln, bewässert sie, erntet sie ab, wäscht sie, kocht sie und ißt sie auf.

Ephraim Kishon

Die Pyramide der Berufe

Wer spontan meint, eine solche vom Satiriker Kishon beschriebene Maschine sei sinnlos, hat zwar die Logik auf seiner Seite, dagegen nicht unbedingt die herrschenden ökonomisch-politischen Aussagen. Diese könnten sehr wohl dahin gehen, solche Maschinen müßten gebaut werden; denn damit würden doch *Arbeitsplätze* geschaffen. In vielen Bereichen spricht man heute nur von der »Notwendigkeit«, Arbeitsplätze zu schaffen, und keineswegs vom *Sinn* der dort verrichteten Arbeit. Würde man das Ergebnis der Arbeit nüchtern überprüfen, dann käme man in vielen Fällen nicht nur zu der Feststellung, daß die Arbeit sinnlos ist; darüber hinaus käme man zu dem Ergebnis, daß sehr viele Arbeiten *schädlich* sind. Auch die Kishon-Maschine ist nicht nur sinnlos, sondern schädlich, denn sie benötigt zu ihrem Bau Rohstoffe und Energie, und sie verbraucht Land, wenn sie sich auch mit Antriebsenergie durch den Verzehr der angebauten Kartoffeln selbst versorgt.

Wenn man in diesen Jahren die Nachrichten oder die öffentlichen Debatten verfolgt, dann werden *»zur Schaffung von Arbeitsplätzen«* gefordert: Straßenbauten, Wohnungsbauten, Kanalbauten, Flugplätze, Kernkraftwerke, Stahlwerke und Fabriken aller Art. Man sagt *nicht* etwa: Mehr Straßen, mehr Wohnungen, mehr Kanäle, mehr Flugplätze, mehr Strom und mehr Stahl seien aus bestimmten Gründen *nötig;* denn da hätte man Schwierigkeiten, diese Gründe zu finden. Doch für »Schaffung von Arbeitsplätzen« verlangt offenbar kaum jemand eine Begründung. Oft wird auch andersherum argumentiert: Die Arbeitsplätze einer ganzen Branche seien in Gefahr. So argumentieren die Japaner, sie könnten an der internationalen Beschränkung der *Walfänge* nicht teilnehmen, weil ihre Walfangflotte dann die Arbeit verlieren würde. Daß es nur eine Frage der Zeit sein wird, wann die Arbeitsplätze der Walfangflotte dennoch aus Mangel an Walen verlorengehen werden – davon ist nicht die

Rede. In Deutschland werden große Firmen mit Staatszuschüssen »gerettet«, obwohl sie offensichtlich ihre Produkte nicht mehr absetzen können.

So ist die *Forderung nach Arbeitsplätzen* vielfach an die Stelle der Forderung nach »wirtschaftlichem Wachstum« getreten. Und dies, obwohl der große Kämpfer für die Marktwirtschaft Friedrich Hayek, auf den die Wachstümler sonst so gern hören, klipp und klar gesagt hat: »Daß im Frieden kein Alleinzweck das absolute Übergewicht haben darf, gilt auch von dem einen Ziel, das heute anerkanntermaßen an erster Stelle steht, nämlich von der Beseitigung der Arbeitslosigkeit. Selbstverständlich müssen sich unsere größten Anstrengungen auf dieses Ziel richten; aber selbst das will nicht besagen, daß wir uns von solch einem Ziel ausschließlich beherrschen lassen sollten, daß es, wie die gedankenlose Phrase lautet, ›um jeden Preis‹ erreicht werden muß. Tatsächlich kann gerade auf diesem Gebiet der verführerische Charakter verschwommener, aber beliebter Schlagwörter wie ›Vollbeschäftigung‹ zu äußerst kurzsichtigen Maßnahmen führen, und gerade hier wird wahrscheinlich die ›Arbeitsbeschaffung um jeden Preis‹, die verrannte Idealisten in kategorischer und unverantwortlicher Weise fordern, wohl das größte Unheil anrichten.«[93] *Das Unheil ist nun da.* In unserer Situation ist es nicht nur unlogisch, sondern auch ein Zeichen ökonomischer Dummheit, Arbeitsplätze *nur um der Arbeitsplätze willen* zu fordern. Da wird man schon überlegen müssen, welche Arbeiten sinnvoll sind und wie man knapp gewordene Arbeit gerechter verteilt.

Warum immer wieder dieser Absolutheitsanspruch auf Arbeitsplätze? Dies mag unter anderem daran liegen, daß wir uns schon in den letzten Jahrhunderten an jede Menge unproduktiver Arbeitsplätze gewöhnt haben. Die gesamte Wirtschaft hat längst einen immer noch steigenden Anteil *unproduktiver* Kostgänger zu verkraften, die selbst keine Werte hervorbringen; sie sind allerdings in der Regel trotzdem nötig, um das kompliziert gewordene System im Gang zu halten. Sie bilden sozusagen das »Schmiermittel«; denn »in dem Maße, in dem die Wirtschaft komplexer wird, entstehen neue Institutionen und Dienstleistungen, die in einer einfacheren Wirtschaft nicht nötig waren.« So folgert der englische Nationalökonom E.J. Mishan.[94] Je hochtouriger die Zivilisations-Maschinerie läuft, umso mehr Schmiermittel in Form von Wartungs- und Reparaturkräften werden gebraucht. Auch hier ist zwischen Ost und West kaum ein Unterschied. Die westliche Gesellschaft beschäftigt eher mehr Verwaltungskräfte als die östliche, wenn auch nicht im Staatsapparat, dann um so mehr im Handel, bei Banken und Versicherungen. Das sind keine Dienstleistungsberufe, die für Menschen menschliche Dienste leisten, wie die Statistik glauben machen will, sondern es sind Dienstkräfte für die Institutionen, für das vollmechanisierte System, das sonst nicht funktionieren würde.

Man muß sich vor Augen halten, was in den letzten zwei Jahrhunderten mit den Berufen geschehen ist. Auch hier wurde eine Pyramide auf den Kopf gestellt.

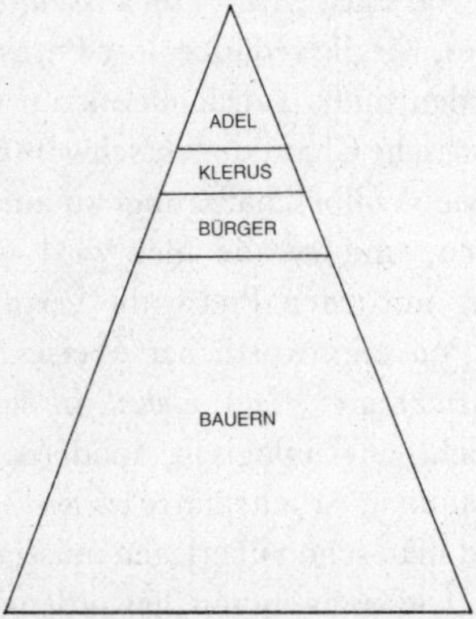

Pyramide der Berufe am Ende des Mittelalters

Im Mittelalter wurde die Berufspyramide zu 80 Prozent und mehr von den Bauern gebildet. Diese waren praktisch Selbstversorger. An der Spitze stand der Adel, der die wenigen Verwaltungs- und zugleich die Verteidigungaufgaben übernahm. Die Verwaltung teilte er verschiedentlich mit dem Klerus, dem auch die Bildungsaufgaben zufielen. Zwischen beiden und den Bauern entwickelte sich immer stärker das Bürgertum, das in der Hauptsache die Handwerke und den Handel betrieb. Die Verteilung der Ernte war geregelt: der zehnte Teil ging an den Klerus, ein weiterer Teil unterschiedlicher Größe an die Ritter, daneben waren die Dienste der Handwerker und Kaufleute zu bezahlen.

Die derzeitige Berufspyramide hat die *umgekehrte Anordnung*. Dar-

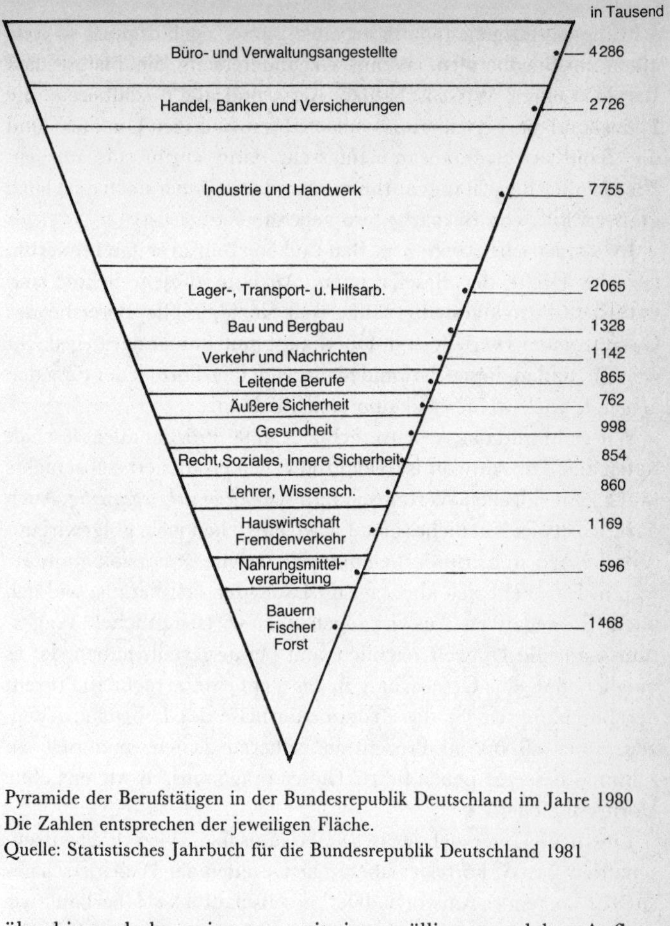

Pyramide der Berufstätigen in der Bundesrepublik Deutschland im Jahre 1980
Die Zahlen entsprechen der jeweiligen Fläche.
Quelle: Statistisches Jahrbuch für die Bundesrepublik Deutschland 1981

über hinaus haben wir es nun mit einem völlig gewandelten Aufbau der Gesellschaft zu tun, wobei die einzelnen Berufe höchst unterschiedliche Kenntnisse und Lebenserfahrungen sammeln. Die bäuerliche Basis stellt nur noch eine schmale Spitze dar. Es gibt wenig Ernährer, dafür aber die vielfache Menge zu Ernährender. Damit ist die Stabilität der Versorgung viel unsicherer als jemals in der Geschichte. In der Landwirtschaft und der Nahrungsmittelverarbeitung sind 2 Millionen Bundesbürger tätig. Dazu kann man noch einmal die gleiche Anzahl hinzurechnen, die für die heutige industrielle Landwirtschaft beschäftigt sind.[95] Selbst wenn wir von rund

4 Millionen ausgehen, dann arbeiten immer noch doppelt so viele allein in Büroberufen. Wenn wir andererseits die historischen Berufe, Lehrer, Wissenschaftler, Ärzte und alle Sozialberufe, die Polizei und die Verteidigung – alle in ihrem heutigen Umfang – und die Landwirtschaft zusammenfassen, dann ergibt das nur ein Viertel aller Berufstätigen. Ihnen steht dann immer noch ein gleich großer Block von Büroarbeitern gegenüber.

Im industriellen Sektor, in Bau und Verkehr arbeiten immerhin fast die Hälfte der Beschäftigten. Auch in diesem Sektor sind natürlich Büroangestellte tätig, weil sie über alle Bereiche des Gesamtsystems verteilt sind. Überhaupt muß immer daran gedacht werden, daß in dieser Pyramide in irgendeiner Form jeder für jeden arbeitet, auch wenn das kaum ersichtlich ist.

Wie sieht nun das Arbeitsergebnis von 90 Prozent aller Beschäftigten aus? Die Antwort ist: Der größte Teil produziert selbst nichts (auch keine ideellen Werte), sondern *beschäftigt sich gegenseitig*. Auch dort, wo etwas Nützliches getan wird, entstehen viele Folgewirkungen, die Arbeiten erforderlich machen, welche *an sich* völlig unnütz wären. Das stellt sich aber erst im Laufe der Zeit heraus, wie sich auch die negativen Auswirkungen des »wirtschaftlichen Wachstums« auf die Umwelt reichlich spät herausgestellt haben. Ist es möglich, daß eine Gesellschaft, in der nicht einmal mehr 10 Prozent der Beschäftigten für die Grundbedürfnisse des Lebens arbeiten, gegenüber 80 bis 90 Prozent in früheren Zeiten, materiell ein zehnmal besseres Leben führt? Dieser Frage müssen wir uns ohne Vorurteil stellen.

Eine neue Untersuchung des amerikanischen Wirtschaftswissenschaftlers Jay W. Forrester über »Die Gezeiten der Weltwirtschaft« enthält folgende Antwort: »Der gesellschaftliche Überbau, wie Regierungsstellen, Sektoren der Dienstleistungen und viele Industrien umfassen nahezu 90 Prozent der gesamten arbeitenden Bevölkerung und sind zu einer schweren Last geworden, die auf den 10 Prozent der Menschen ruht, die effektiv Nahrung und Güter erzeugen.«[96]

So wie bei der Konstruktion immer perfekterer Maschinen immer kompliziertere Mechanismen aufgepfropft werden müssen, so auch bei der Konstruktion einer immer *komplizierter werdenden Gesellschaft*. Diese braucht verhältnismäßig mehr Wartungspersonal (Dienstleistungen); also mehr Bürokratie. Der Umfang der selber nichts produzierenden Kundendienste und Reparaturstationen nimmt ständig zu. Ein jeder weiß, daß eine neue Einrichtung zunächst einmal einen Eigenaufwand benötigt, bevor eine Leistung nach außen erbracht werden kann. So breitet sich die Bürokratie – auch ohne Parkinsonsches Gesetz – immer weiter aus; denn immer neue Einrichtungen, die der Mensch vorgeblich zu seinem Wohl braucht, müssen betrieben werden, Vorgänge sind anzulegen, Berichte zu fertigen, Bescheide zu erteilen, Beschwerden zurückzuweisen, Überprüfungen vorzunehmen. Ein jeder Bürokrat muß sich absichern, denn der Bürger duldet keine Fehlentscheidung; sobald er sich benachteiligt glaubt, beschäftigt er auf Jahre die Gerichte. Wieviel Gesetze und Ämter existieren allein auf Grund der Forderung nach extremer Perfektion!

So verdienen zwar immer mehr Menschen ihren Lebensunterhalt in neuen Berufen. Aber was tun sie dort? *Sie üben Tätigkeiten aus, die existentiell unnötig sind,* die man sich aber über große Töpfe gegenseitig bezahlt. Die Summen der Bilanzen rufen den Eindruck einer reichen Volkswirtschaft hervor, indessen deren Teilnehmer größtenteils nur eine Riesenmaschine am Lauf halten, weil alle des Glaubens sind, das Leben würde zusammenbrechen, wenn diese Maschine zum Stillstand käme. Und die Angst vor dem Zusammenbruch wird um so größer, je gewaltiger und komplizierter die Maschine geworden ist. Und die Wachstümler lehren gar, das ökonomische Leben (ein anderes interessiert sie nicht) müßte schon dann zusammenbrechen, wenn die Maschine ihr Tempo nicht mehr ständig *steigert.* Wenn also die Beschleunigung durch sinnvolle Arbeitsplätze nicht mehr möglich sei, dann müsse sie durch Beschäftigungsprogramme auf Touren gebracht werden. *Der Propaganda obliegt es, den Massen das Sinnlose als etwas höchst Erstrebenswertes zu suggerieren.* Das würde auch noch weiter gelingen, wenn nicht die Schäden auf vielen Gebieten in den letzten Jahren eklatant sichtbar geworden wären.

Im Folgenden wollen wir nach der *ökonomischen Effektivität* einiger Bereiche unserer Zivilisation fragen.

Das beste Beispiel eines hohen Aufwands für ein Service-System, das nur der Vermittlung von Dingen, nicht ihrer Erzeugung dient, ist der Verkehr. Nur um ihn aufrechtzuerhalten, sind in der Bundesrepublik Deutschland 1.872.000 Menschen beschäftigt; bei der Bundesbahn, als Chauffeure, im Kundendienst und so fort. Hierzu kommt noch eine weit größere Anzahl von Menschen, die *für das Auto* arbeiten. Jeder sechste Arbeitsplatz wird von der Kraftfahrbranche gestellt. Dies muß einmal umgekehrt betrachtet werden: Fünf Berufstätige »leisten es sich«, einen sechsten zu bezahlen, damit sie jederzeit einen privaten Wagen startbereit haben. Oder: Ein jeder Beschäftigte arbeitet wöchentlich acht Stunden für sein Auto. Dazu kommen dann noch seine Eigenleistungen, wie Waschen, Chauffieren. Wie konnte es gelingen, die Bevölkerung zu veranlassen, wöchentlich mehr als einen Tag für ihre Mobilität zu arbeiten? Keinesfalls mit der Darstellung des Nutzens eines privaten Autos, sondern nur, indem man dieses zum *Symbol* hinaufstilisierte, wodurch der Nichtbesitzer von vornherein in die unterste Klasse verwiesen wurde. Den Kauf des jeweils neuesten Modells ist man sich selbst und der Gesellschaft schuldig, wie überhaupt der Gütererwerb fast zur patriotischen Pflicht wird. Der Ökonom Herman Daly gibt den Satz eines amerikanischen Komödianten wieder: »Das Beste, was du für dein Land tun kannst, ist, deinen jetzigen Wagen wegzuwerfen, den größten neuen zu kaufen, den du dir leisten kannst, und dann nicht darin zu fahren.«[97]

Nachdem die Mehrheit aller Bürger zum eigenen Wagen übergegangen war, konnte man dann auch die Entfernungen vervielfachen: zum Arbeitsplatz, zur Schule, zu allen Verwaltungen, zu den Geschäften und die zu den Supermärkten irgendwo auf der grünen Wiese. Erst jetzt wurde der Besitz eines Wagens zum Zwang, der sich rückwirkend aus den eingerichteten Strukturen ergab. Die Autodichte war schließlich so vollkommen, daß man die Schienenverkehrsmittel in Ermangelung von Benutzern abbaute.

Zum Auto benötigt nun jeder die Tankstellen und Servicestationen, die Versicherungen, den Rechtsschutz, die Garage, immer mehr Straßen, immer mehr Verkehrspolizei und Gerichte, dazu immer mehr Krankenhäuser mit mehr Ärzten und immer mehr Prothesen. Um den Staus zu entgehen, braucht man das Autoradio, gegen den Schnee Winterreifen, und auf alle Straßen der Bundesrepublik verstreute man 1978/79 mehr als zwei Millionen Tonnen Salz.[98] Für die Regelung des Verkehrs benötigt man immer mehr Schilder, und für den geregelten Stau die Ampeln. Letzten Endes verzieren dann Wracks und ganze »Autofriedhöfe« die Landschaft.

Der Verkehr selbst wird immer dichter, lärmender und ungesünder, die Lebensgefahr größer. Wenn die gesamte Umweltbelastung in die Rechnung mit eingehen könnte, dann würde sich ein erschreckend hoher Preis ergeben, den *nicht nur die Autoverkehrsteilnehmer, sondern alle Bürger zahlen.* Der ökonomische Nutzen und die Freude am Fahren können den Aufwand dafür nicht mehr aufwiegen.

Dic Krankhcitsindustrie

Dieser Abschnitt behandelt nicht die Gesundheit, denn sie hat keinen ökonomischen Aufwand nötig, sondern die Krankheit. Nur die Kranheiten konnten die Medizin zu einer »Wachstumsbranche« befördern. In den letzten Jahren war sie die erstaunlichste Wachstumsbranche überhaupt.

Bis zur Mitte dieses Jahrhunderts hat die Medizin mit relativ bescheidenen Mitteln die Lebenserwartung beträchtlich erhöht, was dem supertechnischen Krankenhaus und der Pharmaindustrie nicht mehr gelang. In der Bundesrepublik Deutschland, in den USA und anderen westlichen wie östlichen Industrieländern ist zwischen 1960 und 1978 die Lebenserwartung kaum mehr gestiegen.[99] Aber gerade in dieser Zeit stieg der Aufwand der gesetzlichen Krankenversicherungen in der Bundesrepublik von 9 Mrd. DM (1960) über 24 Mrd. DM (1970) auf 85 Mrd. DM im Jahre 1980.[100]

Ein großer Teil des zusätzlichen Aufwands wurde sicherlich auf Grund der *verschlechterten Umwelt* nötig; doch ein wie großer? Das wird sich nur ganz ungefähr abschätzen lassen.[101] Auf jeden Fall ist dies ein *Negativposten,* der durch die Zivilisation entstanden ist. Der Löwenanteil des vervielfachten Aufwands kommt aus der Verkomplizierung und *Technisierung der Medizin.* Diese hat als letzte – nach der Landwirtschaft – den Sprung in die Industrialisierung vollzogen.

Gerade der wahnwitzig gestiegene medizinische Aufwand, ohne daß ein erkennbar verbesserter Gesundheitsstand der Bevölkerung damit einherginge, macht deutlich, daß die Haltung des »Koste es was es wolle!« ins Leere läuft. Es kostet dann zwar, »was es will«, aber ein erkennbarer Gewinn ist für den Menschen nicht mehr zu ermitteln – mit Ausnahme von Einzelfällen. Aber diesen individuellen *Einzelgewinnen* stehen auch individuelle *Einzelverluste* gegenüber. So wurden zum Beispiel 1974 in den USA 2,3 Millionen und im Jahre 1977 fast 2 Millionen *unnütze Operationen* ausgeführt, an denen mehr als 10000 Personen starben.[102] In den USA werden doppelt so viel Operationen ausgeführt wie in den europäischen Ländern.[103] In der Bundesrepublik nahmen die Krankenhausfälle zwischen 1970 und 1977 um 50 Prozent zu.[104]

Der *»medizinisch-industrielle Komplex«*,[105] wie ihn der Berliner Sozialwissenschaftler Martin Jänicke nennt, hat jedenfalls einen Umfang erreicht, der zu seiner Heilwirkung in keinem Verhältnis mehr steht. Die Krankheiten, die er bekämpft, produziert er zum guten Teil selbst. Darauf hat, wenn auch manchmal vielleicht in überspitzter Form, Ivan Illich hingewiesen.

Scitovsky schreibt, daß die Ausgabenunterschiede für die medizinische Versorgung kaum Einfluß auf Sterblichkeit und Lebenserwartung hätten, so »daß ihr Grenzbeitrag für die Gesundheit gleich Null ist« und die hierfür getätigten Ausgaben bereits »den Sättigungspunkt erreicht oder überschritten haben.«[106] Doch die Entwicklung ist noch nicht zu Ende. Mishan sieht voraus, daß »die Regierungen eine noch größere Rolle in der Kontrolle der Medizin spielen müssen. Man kann wenigstens drei Tendenzen unterscheiden, die vermutlich verstärkte Intervention ... nach sich ziehen werden:

1. Die wachsende Abhängigkeit der Ärzteschaft von teuren Apparaten für Diagnose und Behandlung.
2. Ständige Verbesserungen in den Techniken der Organverpflanzungen und in solchen, die einen Menschen für unbegrenzte Zeitspannen im Zustand der Bewußtlosigkeit erhalten.
3. Der Fortschritt der Forschung auf dem Gebiet der RNS und DNS – jenen Säuren, die den Plan für die Erzeugung von Eiweiß in den Zellen speichern und als Erbanlage weiterleiten.«[107]

Damit ist gesagt, daß die *Eskalation der Erwartungen*, die der *Explosion der Kosten* zugrunde liegt, ihr Ende noch nicht erreicht hat. Wenn schließlich jeder ein zweites Herz, eine neue Niere, ein zweites und drittes Gebiß oder was auch immer noch hinzukommen sollte für sich beansprucht, dann müßte die ganze Gesellschaft fast nur noch *für die Medizin arbeiten*. Dann würde sich erfüllen, was Goethe voraussagte: die Welt werde nur noch »ein großes Hospital und einer des andern humaner Krankenwärter« sein.[108] Der bekannte deutsche Chirurg Werner Wachsmuth erklärte 1980 in einem Vortrag: »Der Fortschritt, der für den einzelnen erreicht wird, kann zum Rückschritt für die Gemeinschaft werden. Der modernen Medizin ist es gelungen, Mortalität in Morbidität umzuwandeln.«[109]

Der Mensch macht sich selbst krank, weil er *hemmungslos* geworden ist. Der ungehemmte Glaube an den Fortschritt der Medizin und des Wohlstands führt zu Sorglosigkeit. Manche ergeben sich den Süchten, deren wiederholte Heilung sie von der ärztlichen Kunst erwarten. Hier hat sich ein sich selbst verstärkender Kreislauf entwickelt. Nach dem derzeitigen Verbrauch schluckt der Bundesbürger im statistischen Durchschnitt während seines Lebens 36000 Tabletten, wozu noch die Spritzen, Einreibungen und flüssige Mittel kommen.[110] Wie lukrativ das Geschäft für die *Pharmaindustrie* ist, ergibt sich daraus, daß sie es sich leisten kann, jährlich für 1500 Millionen DM kostenlose Musterpräparate zu verteilen.[111] Sie war eine der eindrucksvollsten »Wachstumsbranchen« der letzten Jahrzehnte. Die Pharmaindustrie der wichtigsten westlichen Länder produzierte im Jahr 1969 für 66 Mrd. DM und 1979 für 133 Mrd. DM.[112] Die gesamten Kosten für Krankheiten und ihre Folgen dürften im Jahre 1981 erstmals 200 Mrd. DM (in der Bundesrepublik Deutschland) übersteigen.[113] *Die Krankheiten schaffen »Wachstum«, Gesundheit ist Stagnation.* Wenn jetzt die Gesundheit ausbräche, dann gäbe das eine schlimme Rezession in der Krankheitsindustrie.

Die Umweltindustrie

Das negative Ergebnis der modernen Ökonomie zeigt sich neuerdings besonders kraß auf dem Feld, das wir *Umweltschutz* nennen. Da ist eine neue Industrie entstanden, die nur dazu dient, die üblen Folgen der bisherigen Industrie abzumildern. Hier muß ein in sich selbst unproduktiver Aufwand getrieben werden, um einen erträglichen Zustand herzustellen, der vor der Industrialisierung ohne Kosten optimal *vorhanden war*.

Die Umweltschäden in der Bundesrepublik Deutschland werden auf jährlich 70 Milliarden DM veranschlagt, das sind 8 Prozent des Bruttosozialprodukts (BSP). Für Maßnahmen zu ihrer Beseitigung werden knapp 17 Milliarden (2 Prozent des BSP) ausgegeben.[114] Die acht Prozent werden aber nicht etwa vom BSP abgezogen, was richtig wäre, sie bleiben unberücksichtigt. Und die zwei Prozent für den Umweltschutz werden sogar dem BSP zugeschlagen, obwohl sie nur eine Schadensminderung erbringen können. Immerhin schafft die neue Umweltindustrie einige hunderttausend Arbeitsplätze. Aber das sind eben auch Arbeitsplätze, die sich nicht selbst erhalten; sie erfordern vielmehr einen Aufwand durch die Allgemeinheit, der erst infolge der Industrialisierung nötig wurde, genau wie die Bürokratie und anderes. Zweifellos muß dieser Anteil vergrößert werden – die USA und Japan geben bereits 3 Prozent des Bruttosozialprodukts aus – was aber nichts daran ändert, *daß die Bilanz der Umweltpolitik immer negativ bleiben wird.* Wir sahen bereits, wie sich ein beträchtlicher Anteil davon in den Krankheitskosten niederschlägt.

Trotz aller Beteuerungen in Richtung *Verursacherprinzip* lasten beträchtliche Ausgaben für die Erhaltung der Umwelt auf den öffentlichen Haushalten, da man manche Verursacher schwer ermitteln konnte und andere nicht hart anfassen mochte. Insgesamt blieben aber die staatlichen Aufwendungen gering. Da die öffentlichen Haushalte just in den Jahren vor der Umweltdiskussion mit anderen hohen Ausgaben belastet worden waren – für Bildung, Verkehr, innere Sicherheit, Bekämpfung der Süchte – standen für die neue große Aufgabe entsprechende Haushaltsmittel nicht mehr zu Verfügung.

Der Staatsapparat

Die öffentlichen Aufwendungen für den »sozial-industriellen Komplex«, wie ihn der Berliner Sozialwissenschaftler Martin Jänicke nennt, stiegen stärker als die öffentlichen Gesamtausgaben. Besonders stark stiegen in allen OECD-Ländern die Aufwendungen für Bildung, Gesundheit, innere Sicherheit und Umweltschutz – während der Prozentanteil für die Rüstung sank.

Von der *Bildung* wurden in den vergangenen Jahren Wunderdinge erwartet, wenn man nur genügend Mittel investierte. Das hat zwar zu explosionsartig steigenden Staatsausgaben auf diesem Gebiet geführt, ähnlich wie in der Medizin, der Erfolg ist aber ausgeblieben. »Überall auf der Welt steigen die Kosten der Erziehung des Menschen für diese Gesellschaft schneller als die Produktivität der gesamten Wirtschaft, und immer weniger Menschen haben das Gefühl einer intelligenten Teilnahme am gemeinsamen Ganzen.« Zu diesem Ergebnis kommt Ivan Illich in seinem Buch »Fortschrittsmythen«.[115]

Inzwischen ist weltweit erwiesen, daß die Aufgaben des Staates in Bezug auf die *innere Sicherheit* und *Verbrechensbekämpfung* mit dem Wohlstand zu-, nicht etwa abnehmen, wie das früher erwartet worden war. Die Zahl der Straftaten in der Bundesrepublik hat sich in den fünfzehn Jahren von 1965 bis 1979 fast verdoppelt.[116] In den USA ist die Entwicklung noch viel ungünstiger. Die Quote der aufgeklärten Fälle sinkt dagegen in allen Industrieländern.[117]

In vier beispielhaften Ländern der OECD zeigt sich von 1965–1975 die folgende Entwicklung:

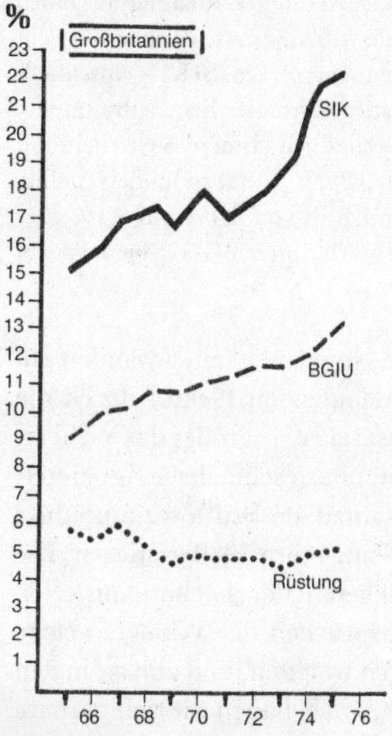

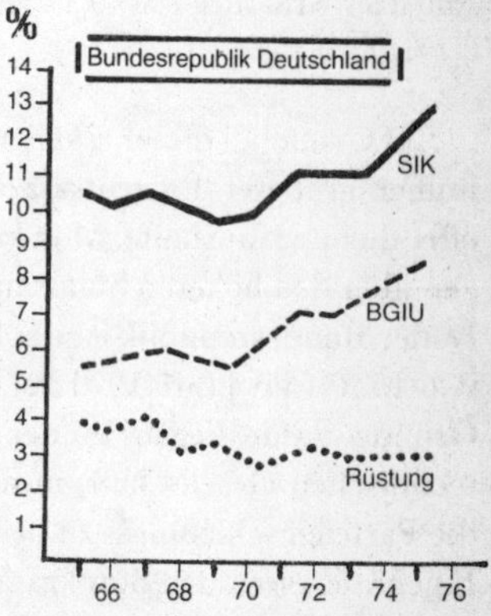

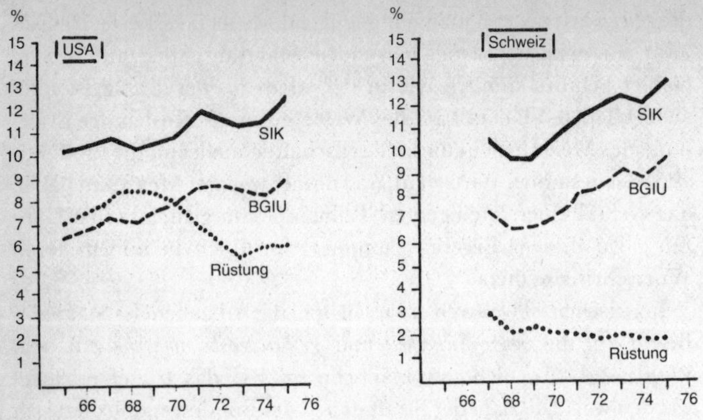

Öffentliche Ausgaben im Bereich des »sozial-industriellen Komplexes« und Rüstungsausgaben als Prozentanteil des BSP (laufende Preise)
SIK = Sozial-industrieller Komplex
BGIU = Bildung/Gesundheit (ohne Soz.vers.)/Innere Sicherheit/Umweltschutz

Quelle: Jänicke, Wie das Industriesystem von seinen Mißständen profitiert 41

In den USA fiel der auf das BSP bezogene Anteil der Rüstungsausgaben von 7,0% im Jahre 1965 auf 5,7% im Jahre 1975, die staatlichen Aufwendungen im Bereich des sozial-industriellen Komplexes (SIK) – einschließlich des staatlichen Eigenverbrauchs – stiegen im gleichen Zeitraum von 10,2% auf 12,7% (darunter Bildung, Gesundheit, Innere Sicherheit und Umweltschutz (BGIU) von 6,3% auf 9,3%). In der Bundesrepublik Deutschland sank der Rüstungsanteil am BSP von 4,1% auf 3,1%, der Anteil am SIK stieg von 10,3% auf 12,9% (darunter BGIU von 5,9% auf 8,4%).[118]

Auf Grund all dieser eskalierenden Notwendigkeiten wandert ein immer größerer Prozentsatz des umlaufenden Geldes durch die öffentlichen Haushalte. Man kann fast sagen, je größer das Wehklagen über den höheren Staatsanteil ist, um so schneller steigt dieser. In der Bundesrepublik ist der Staatsanteil am Bruttosozialprodukt von 15,9% im Jahre 1970 auf 20,3% im Jahre 1980 gestiegen. Die Gründe dafür liegen in den Zwängen jeder hochorganisierten technischen Gesellschaft, in den Ansprüchen der Wähler, welche die Parteien schleunigst zu befriedigen trachten, und zuletzt in den Eigeninteressen der Bürokratie. Die Ämter haben die wunderbare

Eigenschaft, sich untereinander und mit den politischen Parteien zu verfilzen. Darüber sollte jedoch der Bürger nicht klagen, solange er immer noch jede ungehörige Forderung unterstützt, sofern er dabei für sich auch nur ein wenig zu profitieren glaubt.

»Ein Staat, dessen Ausgaben sich in relativ mäßigen Grenzen halten, kann sich weit eher damit begnügen, bloß äußerlich regelnd in die Wirtschaft seines Landes einzugreifen... als ein Staat, der schon wegen der ungeheuren Größe seines Finanzbedarfs zu so unersättlicher Habgier verurteilt ist, daß er jegliche private Habgier begünstigen muß...« Das hatte der Ökonom Rudolf Goldscheid schon 1917 geschrieben und daraus geschlossen, daß sich der Staat »mit innerer Zwangsläufigkeit von einem bloßen Gehäuse der Wirtschaft zu deren eigentlichem Motor« verwandeln muß.[119]

Wenn der Staat erst einmal in die Spirale hineingeraten ist, dann sieht er gar keinen Ausweg mehr als die ständige Erhöhung seiner Mittel. Was seinen Haushalt angeht, so ist er der *Hauptgewinner jeglicher Expansion,* sei sie nun ökonomisch positiv oder negativ. So bezieht die Bundesrepublik rund 30% ihrer Steuereinnahmen aus der Umsatzsteuer, ganz gleich, *was* da umgesetzt wird, rund 40% aus der Einkommens- und Körperschaftssteuer, ganz gleich, *wofür* das Einkommen bezogen wird – ob für sinnvolle, sinnlose oder schädliche Arbeiten. Sie bezieht 20% Einnahmen durch die Mineralöl-, Alkohol- und Tabaksteuer. Sie hat zwar dann die Schäden an Gesundheit und Umwelt infolge des Verkehrs, des Alkohol- und Tabakverbrauchs wieder zu bekämpfen, aber selbst dabei fallen wieder neue Steuern an.

Da jedoch die meisten alles vom Staat fordern, muß sich dieser irgendwie schadlos halten. Folglich zapft er sich seinen Anteil an allen Stationen des wirtschaftlichen Umlaufs ab. Und die Bürger dulden es, weil ihr Anteil auch steigt. Zumeist sind es aber nur nominelle Buchungen ohne realen Gegenwert; man lügt sich gegenseitig etwas in die Tasche. Alle freuen sich darüber, wie die Maschine ihre Kartoffeln anbaut und verzehrt. Alle haben sich so daran gewöhnt, daß schon der Gedanke, diese Maschine könnte einmal ins Stocken geraten, panische Angst erzeugt. Die meiste Angst haben natürlich die, welche an den faulen Zauber am intensivsten glauben, an der Spitze die Politiker.

Früher bestimmte die Politik den Gang der Ereignisse. Im technischen Zeitalter treiben die technisch-ökonomischen Ereignisse die Politik aus einer Zwangslage in die nächste. Diese Tendenz verschärfte sich nach dem II. Weltkrieg in einem Ausmaß, daß von Ziele setzender Politik allenfalls noch in den kommunistischen Ländern gesprochen werden kann; allerdings mit einer völlig unökologischen Zielsetzung. Die Politik in den westlichen Ländern betätigt sich dagegen als nachträglicher Zwangsvollstrecker der technischen Entwicklung. Die Eisenbahn wurde erfunden, also baute der Staat Bahnlinien; das Auto wurde erfunden, also baute der Staat Straßen bis vor jede Haustür; das Flugzeug wurde erfunden, also sorgte der Staat für den Bau von Flughäfen, wie er früher für Häfen gesorgt hatte; die Kernspaltung wurde erfunden, also übernahm der Staat die Durchsetzung der Atomenergie. Dies war so selbstverständlich geworden, daß noch heute kaum ein Staatsdiener begreift, wie es Leute geben kann, die etwas dagegen haben können. Die genannten Großprojekte waren von unzähligen weniger spektakulären Entwicklungen begleitet und mit ihnen verknüpft. Und schon seit 100 Jahren sehen sich die Staaten genötigt, ein soziales Hilfssystem aufzubauen, um die vielen Unzuträglichkeiten auszugleichen, die von den Umwälzungen verursacht wurden.

Alle Staaten griffen schließlich immer intensiver in den Wirtschaftsablauf ein. Die »unsichtbare Hand«, die nach Adam Smith das Wirtschaftsgeschehen angeblich leitet, ist längst zur *sichtbaren Hand* geworden. So sorgte die angeblich marktwirtschaftliche Bundesrepublik Deutschland dafür, daß die Kohlebergwerke zugunsten des damals billigen Erdöls stillgelegt wurden. Auf Grund der Abhängigkeit von den Ölländern, die sich daraus automatisch ergeben mußte, konnten diese den Ölpreis in wenigen Jahren um das Vielfache verteuern. Daraufhin förderten die Industrieländer die Atomenergie großzügig, womit die künftige Abhängigkeit von den Uranlieferanten schon programmiert ist. Das beim Erdöl erlittene Fiasko wird sich dann beim Uran wiederholen. – Die Staaten fühlen sich auch in jeder Beziehung verantwortlich für Forschung und Entwicklung, da die Industrie behauptet, sie sei damit finanziell weit überfordert.

Eine weitere Aufgabe allumfassender Art kündigt sich für den Staat neuerdings an. Angesichts der Arbeitslosigkeit soll er *für Arbeit sorgen,* ob er will oder nicht, ob er dazu geeignet ist oder nicht – er sieht sich zu »Beschäftigungsprogrammen« gezwungen. Dabei kann und wird es aber nicht bleiben. Wenn er schon »Arbeitsplätze schaffen« will, dann muß er auch wissen, was dort gearbeitet oder hergestellt werden soll. Er muß demnach ermitteln, was abgesetzt werden könnte, und wird dann auch für den Absatz sorgen müssen. Mit anderen Worten, der demokratische Staat tut nichts anderes als der totalitäre schon immer tat: *er plant!* Diese Tatsache umgeht die heutige Diskussion, ohne den Kern des Dilemmas auch nur zu erwähnen, wie die Katze den heißen Brei umschleicht. Alle möchten heute gern »Arbeitsplätze schaffen«, sie wissen nur nicht, wofür. Am einfachsten machen es sich dabei die Parteien, die gegen Planwirtschaft sind. Ihr Konzept lautet daraufhin: Bauen wir doch *planlos* Atomkraftwerke, Straßen, Wohnungen, Autos, Flugplätze, Kanäle – für das Weitere wird dann schon der Himmel sorgen!

Die Staaten stellen sich immer wieder in den nachhinkenden Dienst der Wirtschaftsentwicklung. Diese hat für die Rationalisierung der Betriebe und für die Sättigung der Verbraucher gesorgt, denen die Arbeitslosigkeit folgen mußte, deren Bewältigung nun auch dem Staat aufgebürdet wird; denn das ist der große Packesel, dem alle alles aufladen und sich dann hinterher wundern, daß er ihnen auch immer mehr nimmt. All die vielen Erwartungen trachtet der Staat zu befriedigen, indem er gegen alle verkündeten Grundsätze in die Wirtschaft eingreift. Der Unterschied zwischen der Förderung der privatkapitalistischen Investitionen hier und den Staatsinvestitionen dort wurde immer geringer.

Der schwindende Nutzen

Zusammenfassend müssen wir feststellen: Das heutige ökonomisch-staatliche System, Wilhelm Röpke nennt es »Ökonomokratie«, arbeitet in vielen Bereichen *nicht mehr ökonomisch.* Eine genaue *Grenznutzenrechnung* würde ergeben, daß das Ergebnis *oft negativ* ist. Negativ sogar schon dann, wenn wir die psychischen Auswirkungen auf den Menschen noch unberücksichtigt lassen, die uns im Hauptteil dieses Buches beschäftigen werden. Tibor Scitovsky stellt uns dar, wie sich die Muße-Aktivitäten des USA-Durchschnittsbürgers zwischen 1934 und 1966 verringert haben. Er sparte durch Reduzierung – hauptsächlich der Essenszeiten, der Reisen, des Spazierengehens und des Bücherlesens – täglich knapp drei Stunden ein. Diese verwendete er zur Hälfte aufs Fernsehen, auf die Einkaufszeit, die sich verdoppelte (!) und auf 50 Prozent mehr Hausarbeitszeit. Letzteres überrascht bei den vielen in jenen zweiunddreißig Jahren eingeführten Haushaltgeräten. Offenbar erfordern größere Wohnungen und höhere Ansprüche einen größeren Zeitaufwand. Beim Einkaufen in den Supermärkten hat heute der Kunde selbst die Arbeit zu besorgen, an der Kasse Schlange zu stehen und weite Hin- und Rückwege zu fahren.[120]

»Immer deutlicher sehen wir, daß die Probleme, die technologischer Fortschritt mit sich bringt, oft größer sind als der Gewinn, den er der Menschheit verschafft ... Wachsende Konzentration von Industrie und Handel ließ Riesenstädte entstehen, dadurch wurden die Entfernungen zwischen Wohn- und Arbeitsplatz vergrößert, die Automobilproduktion wurde aus einem Luxus zu einer dringenden Notwendigkeit. Mit der Verdichtung des Verkehrs wurden die Städte unbewohnbar, immer mehr Familien zogen in die nähere und weitere Umgebung und vergrößerten damit zugleich die Zahl der Verkehrsteilnehmer und die Unbewohnbarkeit der städtischen Zentren. Straßen mußten gebaut werden und vernichteten Teile der Naherholungsgebiete, immer weiter mußten die Städter fahren, um frische Luft und sauberes Wasser zu finden. Immer abhängiger wurden sie vom Auto ... So hat technologischer Fortschritt ständig neue Probleme geschaffen und neue technologische Lösungen, die wiederum neue Probleme erzeugten. Ein gigantischer Aufwand, der am Ende zu vergleichweise höchst bescheidenen oder auch zu gar keinen realen Verbesserungen der konkreten Lebensbedingungen führt.«[121] Zu dieser zusammenfassenden Wertung kommt der Frankfurter Politologe Iring Fetscher.

Der Wirtschaftswissenschaftler Fred Hirsch, der »die sozialen Grenzen des Wachstums« untersucht hat, kommt zu dem Ergebnis: »Ab einer bestimmten Grenze, die in den industriellen Massengesellschaften seit langem überschritten ist, verschlechtern sich die Nutzungsbedingungen eines Gutes, je verbreiteter dessen Gebrauch ist.«[122]

Eine der gründlichsten Arbeiten, die es für dieses Gebiet gibt, hat der Nationalökonom Eduard Heimann bereits 1963 geschrieben: »Soziale Theorie der Wirtschaftssysteme«. »Wenn auch die Leistung des Wirtschaftssystems nicht hoch genug gepriesen werden kann, so sind die Kosten entsprechend hoch; sie sind wahrhaft furchtbar ... Das Wirtschaftssystem ist nötig als das Mittel zur Beseitigung von schmerzhaften Verhältnissen, die früher unabänderlich erschienen, aber es ist kein Zustand, kein dauernder Rahmen für Wachstum, Entwicklung und Wandlung des Lebens; es ist eine Bewegung von Menschen, die von der fixen Idee der Produktionserweiterung besessen und bereit sind, ihr das gute Leben zu opfern. Aus diesem Grunde trägt das Prinzip des Systems in sich selbst die Gefahr, über den Punkt hinauszutreiben, der ihm zugleich objektive Berechtigung und Grenze gibt, und sich selbst als absolut und grenzenlos zu setzen: eine ziellose blindwütige Dynamik.«[123]

Inzwischen ist diese *ziellose Dynamik* in vielen Untersuchungen dargestellt worden. Die Bücher von Ivan Illich beziehen die psychologischen Wirkungen auf den Menschen mit ein: »Binnen sehr kurzer Zeit«, schrieb er bereits 1973, »wird die Bevölkerung das Vertrauen nicht nur zu den herrschenden Institutionen, sondern auch zu den Verwaltern der Krise verlieren. Die Machtbefugnis dieser Institutionen, Werte zu definieren (die Erziehung, die Geschwindigkeit, die Gesundheit, die Wohlfahrt, die Information oder Sicherheit), wird plötzlich zerrinnen, wenn ihr illusorischer Charakter erkannt wird. – Ein unvorhersehbares und wahrscheinlich geringfügiges Ereignis kann als Zündkapsel der Krise wirken, ähnlich wie der Schwarze Freitag in Wall Street die Weltwirtschaftskrise eingeleitet hat ... die Organisation der ganzen Wirtschaft im Hinblick auf das *bessere Leben* ist das Haupthindernis für das *gute Leben*. Diese Erkenntnis könnte die Kraft haben, die öffentlichen Vorstellungen umzustülpen. Von heute auf morgen könnten wichtige Institutionen jede Respektabilität, jede Legimität und ihren Ruf verlieren, dem öffentlichen Wohl zu dienen. Dies ist es, was der römischen Kirche während der Reformation und der französischen Monarchie 1793 widerfuhr. Über Nacht wurde das Undenkbare offenbar.«[124] Damit wird an Ludwig XVI. erinnert. Auf dem Wege zu Guillotine soll er die Worte gesprochen haben: »Das alles habe ich schon seit Jahren gewußt. Wie kam es, daß ich es nicht glauben wollte.« Bei Ivan Illich heißt es weiter: »Die schweigende Mehrheit hängt heute gänzlich der These des Wachstums an, aber nichts läßt auf ihr politisches Verhalten schließen, sobald eine Krise ausbrechen wird – gegenwärtig wird jedoch versucht, die Risse in allen Systemen zu stopfen. Keines der Heilmittel hilft, aber noch hat man die Mittel, sie eines nach dem anderen auszuprobieren.«[125] Das war 1973, heute hat man selbst die Mittel kaum mehr, heute hat man nur noch Redensarten.

Um die ganze Fragwürdigkeit des sogenannten »wirtschaftlichen Wachstums« freizulegen, werden in den nächsten Jahren noch viele detaillierte Untersuchungen für die einzelnen Bereiche nötig sein. Soviel steht jedoch fest: *Selbst der materielle Nutzen der heutigen Ökonomie erreicht nur einen Bruchteil der zur Schau gestellten Ziffern.* Tatsache ist, daß das Kosten/Nutzen-Verhältnis immer näher an Null herankommt, je höhere Stufen das »wirtschaftliche Wachstum« erklimmt. In einigen Bereichen ist das Kosten/Nutzen-Verhältnis seit langem negativ. Das ist auch der Grund, warum im politischen Bereich die Äußerungen fanatischer werden, *weil man sich seiner Sache nicht mehr sicher ist.* Politiker stellen sich immer gern auf den Boden der These, daß nicht sein kann, was nicht sein darf.

Das Ergebnis dieses Kapitels ist, daß sich – zunächst noch *rein ökonomisch betrachtet* – der materielle Nutzen der gegenwärtigen Wirtschaftsweise beträchtlich *reduziert,* sobald eine echte Kosten/Nutzen-Rechnung vorgenommen wird. Darüber hinaus gilt das Gesetz, daß in den überentwickelten Ländern *der zusätzliche Nutzen in dem Maße abnimmt, je höher deren Entwicklung getrieben wird, bis er schließlich in Schaden umschlägt.*

Diese Erkenntnis entzieht der Behauptung von der angeblichen Notwendigkeit des weiteren »wirtschaftlichen Wachstums« den Boden, schon dann, wenn man bei der *kurzfristigen* Betrachtungsweise der Ökonomen und Politiker stehenbleibt. Wenn man aber *langfristiger* denkt und die Zerstörung und Ausplünderung der Erde in die Kalkulation einbezieht, dann wird der heutige Nutzen noch fragwürdiger.

Dieses Ergebnis kann bereits als *großer Trost* verbucht werden. *Es trifft nicht zu, daß wir bei ausbleibendem »wirtschaftlichen Wachstum« solch große Nachteile hätten, wie das die Zahlen suggerieren,* da diese Zahlen oft nur nominellen Wert haben oder sogar irreführend sind.

Nicht die gegenwärtigen kurzfristigen Schwierigkeiten sind es also, sondern die späteren Katastrophen, die wir zu fürchten haben. Die Gefahr besteht nicht darin, daß das »Wachstum« jetzt zu Ende geht, denn dies ist ohnehin in den überentwickelten Ländern unvermeidlich. Die Gefahr besteht darin, daß eine beharrlich auf »Wachstum« programmierte Wirtschaft und Politik in eine viel schlimmere und *frühere Katastrophe* treibt als eine, die sich dem Unvermeidlichen rechtzeitig anpaßt. Dabei kann »rechtzeitig« gar nicht früh genug sein – andererseits ist es nie zu spät, um wenigstens noch etwas zu retten.[126]

Um über die Zukunft des Menschen auf dieser Erde Wesentliches auszusagen, müssen wir tiefer ansetzen. Wir müssen im nächsten Teil die Frage stellen, wie es überhaupt zu der verhängnisvollen Entwicklung und zu den irrigen Glaubenslehren kommen konnte, die das Ende der menschlichen Geschichte auf dieser Erde zur Folge haben können.

Die zentrale und letztlich entscheidende Frage ist, was die letzten 200 Jahre *für unser menschliches Dasein gebracht haben.* Für uns kann nicht der ökonomische Saldo ausschlaggebend sein, sondern die Frage, wie wir ein menschengemäßes Leben führen können, das uns auch für die *weitere Zukunft* hoffen läßt.

Teil III Die mechanistische Weltauffassung

1. Der ökonomische Mensch im Dienste der Maschine

Mensch!...
Kräfte, die du beherrschest, sind dir zugefallen;
Doch was du planst,
dem All wird es gleichgültig sein.
(Gérard de Nerval)

Die einseitige naturwissenschaftliche Basis

Die vorherrschenden modernen Naturwissenschaften, die man auch die exakten nennt, betrachten die Welt als einen *Mechanismus*. Der Gegenstand ihrer Forschung war vorwiegend die unbelebte Welt und ihre Methode das Experiment. Die lebende Welt wurde von diesen Wissenschaften degradiert und, soweit man sie nicht umgehen konnte, möglichst mit den gleichen Methoden erklärt wie die unbelebte. Auch der Körper des Menschen wurde mechanistisch erklärt, als eine von Energie angetriebene Maschine.[127] Kultur und Geschichte des Menschen haben in dieser Welt untergeordnete Bedeutung.

Der Beginn dieses *mathematisch-physikalischen Weltbildes* wird markiert von den großen Namen Kopernikus, Kepler, Galilei und Descartes, es erreicht dann die Vollendung mit Leibniz und Newton. Der amerikanische Soziologe Lewis Mumford, der in einem der bedeutendsten Bücher unserer Zeit, »Der Mythos der Maschine«, diese historische Entwicklung eingehend darstellt, sieht in Galilei die Zentralgestalt, da dieser das astronomische Weltbild des Kopernikus auf die Erde übertrug. Damit »verbannte er aus diesem Reich gereinigten Wissens den Menschen so völlig, wie die neue Astronomie den gläubigen Christen aus seinem erhofften Himmel verbannt hatte«.[128] Fast drei Jahrhunderte lang folgten die Wissenschaften der Richtung Galileis.[129] »Galilei und seine Schüler waren Philosophen der unbelebten Prozesse, die dann in den neuen Maschinen angewandt wurden.«[130]

Die Aufgabe der Wissenschaft beschränkte sich nun nicht mehr auf die Erweiterung der *Erkenntnis,* wie die Wissenschaft des Mittelalters auf das Erkennen Gottes gerichtet war, sondern richtete sich zugleich auf die praktische *Verwertung* der Erkenntnisse. Francis Bacon (1561–1626), englischer Philosoph und Politiker, erklärte als Ziele der Wissenschaften »die Erleichterung des menschlichen Daseins« und die »Verwirklichung aller Dinge, die möglich sind«. Die technische Anwendung der Erkenntnisse, so meinte man, werde Reichtum und materiellen Überfluß schaffen.

Damit hatten diese Wissenschaften *praktische Folgen für das Leben der Menschen* wie bisher noch nie. Zwei Jahrhunderte hat es dann gedauert, bis die Maschinen in großer Zahl verbreitet waren und damit immer mehr den menschlichen Alltag bestimmten.

Der deutsche Philosoph und Psychologe Karl Jaspers konnte 1947 noch sagen: »Was durch die moderne Technik und mit ihr gleichzeitig aber im Menschen innerlich geschieht, ist noch völlig unklar«.[131] In den letzten drei Jahrzehnten ist es aber klargeworden.

Bereits zu Beginn des Zweiten Weltkrieges hatte der Dichter und Wissenschaftler Friedrich Georg Jünger geschrieben: »Die mechanischen Arbeitsvorgänge haben an Zahl und Umfang unermeßlich zugenommen. Können sie zunehmen, ohne daß etwas anderes zunimmt, die Abhängigkeit des Menschen von Automaten? Nein, es versteht sich, daß der Automatismus, der vom Menschen beherrscht und bedient wird, Rückwirkungen auf den Menschen ausübt. Die Macht, die er durch ihn gewinnt, gewinnt ihrerseits Macht über ihn. Er wird gezwungen, seine Bewegungen, seine Aufmerksamkeit, sein Denken ihm zuzuwenden. Seine Arbeit, die mit der Maschine verbunden ist, wird mechanisch und wiederholt sich mit mechanischer Gleichförmigkeit. Der Automatismus ergreift ihn nun selbst und gibt ihn nicht mehr frei.«[132]

Das Dasein des Menschen ist inzwischen umstellt von den Produkten seiner Industrie, ob in der Wohnung, bei der Arbeit oder im Verkehr, in dem er auch einen großen Teil seines Lebens verbringt. Überall stößt er auf Apparate. So konnte es nicht ausbleiben, daß diese mit ihrer funktionalen Struktur immer stärker die Denkweise des Menschen bestimmten. Um die technische Welt beherrschen zu können, muß der größte Teil der schulischen Ausbildung darauf ausgerichtet sein: auf die Kenntnisse, die in jeder Fabrik wie in jeder Werkstatt – bis hin in die »Werkstatt« des Arztes – benötigt werden.

Die mechanistische Denkweise beeinflußt schließlich auch die religiösen Vorstellungen des Menschen; genauer gesagt, sie bewirkt, daß er keine solchen mehr hat. Wenn die Maschinenwelt überhaupt einen Gott kennt, dann ist es der Mensch, ihr Schöpfer. Aber die Maschinen haben keine Gefühlsregungen, sie bedürfen keines Gottes. Nur der Mensch hat ab und zu immer das Bedürfnis nach einem Gott; aber wen soll er nun anbeten, wo er doch selbst der Herr, Herr seiner Maschinenwelt ist? Da bleibt ihm nur übrig, sein eigenes Produkt anzubeten – und das geschieht nicht selten.

Der Mensch im Dienste der Technik

Die neuzeitliche Naturwissenschaft hat die Voraussetzungen für die bisher weitaus *bedeutendste Revolution der Menschheitsgeschichte, die technische Revolution,* geschaffen. Günther Anders nennt sie sogar »die einzige echte Revolution der Epoche«, eine permanente Revolution, die immer noch anhält.[133] Da die Technik systemneutral ist, kann sie ihre Herrschaft überall errichten, im Osten wie im Westen, unter welcher Staatsform auch immer. Politische Umschwünge und Revolutionen ändern nichts daran, daß sie sich hektisch weiterentwickelt. Immer dann, wenn die Technik in einem Land überhand nimmt, kommt es dahin, »daß sich das politische Geschehen schließlich in deren Rahmen abspielt.«[134] Die Technik wurde zum *Subjekt der Geschichte* und sie ist auch das *Ziel der Geschichte* geworden. Denn sie ist der einzige Bereich im menschlichen Dasein, in dem eine fortlaufende Vervollkommnung verzeichnet werden konnte. »Der ungeheuren Entwicklung von der altpaläolithischen Technologie zu der mechanisierten unserer Tage entspricht kein ähnlicher Fortschritt in den Beziehungen der Menschen zueinander ...«[153]

Im 18. und 19. Jahrhundert schwang sich der Mensch zur gottgleichen Haltung eines Prometheus auf, der Gottes nicht bedürfe. Denn er glaubte sich inzwischen fähig, seine Welt selbst zu erschaffen. Erich Fromm schrieb: »Wir haben die Maschine zur Gottheit erhoben und werden selbst Gott gleichen, indem wir sie bedienen. Welche Formulierung wir wählen, ist nicht wichtig; entscheidend ist, daß sich der Mensch im Augenblick seiner größten *Ohnmacht* einbildet, dank seiner wissenschaftlichen und technischen Fortschritte *allmächtig* zu sein.« Aber: »Wir sind nicht länger Herren der Technik, sondern werden zu ihren Sklaven – und die Technik, einst ein wichtiges schöpferisches Element, zeigt uns ihr anderes Gesicht als Göttin der Zerstörung (wie die indische Göttin Kali), der Männer und Frauen sich selbst und ihre Kinder zu opfern bereit sind.«[135]

Die Technik tritt nun an die Stelle der Religion.[136] »Der fast religiöse Glaube an die Allmacht der Technik zum Guten« beherrscht auch den kommunistischen Osten. Bei Hans Jonas ist nachzulesen: »Zum Opium für die Massen, das einmal die Religion gewesen sein soll, ist inzwischen eher der technische Fortschritt geworden, und es ist zu befürchten, daß er dies beim Marxismus noch weniger als beim Kapitalismus *nur* für die Massen ist.«[137]

Der prometheische Stolz des Menschen, der noch im vorigen Jahrhundert vorhanden war, ist nun eher in ein Gefühl der Minderwertigkeit umgeschlagen. Der Mensch schätzt jetzt seine gemachten Produkte höher ein als sich selbst, er »schämt sich, geworden statt gemacht zu sein«.[138] Wem das abseitig vorkommt, der denke an die Anstrengungen, Babys in der Retorte herzustellen, durch Genmanipulation die Erbmasse zu korrigieren und durch das sogenannte »Klonen« menschliche Exemplare zu verdoppeln. 1965 sagte der Präsident der »American Chemical Society«, ein Nobelpreisträger, in seiner Abschiedsrede wörtlich: »Laßt uns alle unsere wissenschaftlichen Kräfte einsetzen, um Leben zu erschaffen!«[139] Obwohl Leben in Millionen Arten verbreitet ist, bildet sich der Mensch ein, es wäre ein wichtiges Ziel, *Leben künstlich herzustellen.* »Nicht deshalb, weil er nichts von ihm selbst nicht Gemachtes mehr duldete, will er sich selbst machen; sondern deshalb, weil auch er nichts Ungemachtes sein will. Nicht, weil ihn indignierte, von anderen (Gott, Göttern, der Natur) gemacht zu sein; sondern weil er überhaupt nicht gemacht ist und als Nichtgemachter allen seinen Fabrikaten unterlegen ist«[140] Der Mensch ist seinen Produkten auch unterlegen, weil er sterblich ist. Die Sehnsucht des Menschen, seinen perfekten Produkten gleich zu werden, kulminiert in dem »molussischen Industrielied«, das von Günther Anders herangezogen wird:

Täglich steigt aus Automaten
immer schöneres Gerät.
Wir nur blieben ungeraten,
uns nur schuf man obsolet.

Viel zu früh aus dunklem Grunde
vorgeformt und abgestellt,
stehen wir nun zu später Stunde
ungenau in dieser Welt.

Ach, im Umkreis des Genauen
ziemt uns kein erhobnes Haupt.
Dingen nur ist Selbstvertrauen,
nur Geräten Stolz erlaubt.

Aber wenn's uns doch gelänge,
abzuwerfen unsre Last,
und wir stünden, als Gestänge
in Gestänge eingepaßt,

als Prothesen mit Prothesen
in vertrautestem Verband,
und der Makel wär gewesen,
und die Scham schon unbekannt –

würde dies uns noch beschieden,
diese Gunst uns doch gewährt,
ach, kein Opfer hiezunieden
hieß uns ›Opfer unerhört‹.[141]

In dem 1980 erschienenen Band II »Die Antiquiertheit des Menschen« mit dem Titel »Über die Zerstörung des Lebens im Zeitalter der dritten industriellen Revolution« führt Günther Anders die Gedanken der fünfziger Jahre fort: »Nur dasjenige, was Eignung zum Apparatteil verrät, wird als ›seiend‹ registriert und anerkannt.«[142] So wie nach gewissen Vorstellungen das Universum eine Maschine ist und wie der französische Philosoph Lamettrie von der Mensch-Maschine sprach, so glauben moderne Menschen nun der Glorie der Maschine nur teilhaftig werden zu können, wenn sie sich selbst als Teile in den Apparat integrieren, um darin reibungslos zu funktionieren. Das heißt, die technische Revolution bewegt sich durchaus nicht in Richtung auf die »Freiheit des Menschen, sondern in Richtung: Totalitarismus der Geräte. Und als Stücke dieser Gerätewelt sind die Menschen im besten Falle – Proletarier. Wahrscheinlich aber viel Schlimmeres als das.«[143]

Der Glaube an die *Perfektion der Maschine* wird durch verschiedene Erscheinungen belegt. Bei Betriebsunfällen hat in der Mehrzahl der Fälle nicht die Maschine versagt, sondern der Mensch. »Der Unfall ist auf menschliches Versagen zurückzuführen«, heißt es dann lakonisch in den Nachrichten. Und selbst wenn es ein Fehler in der Konstruktion war, tragen eben die damals Beteiligten die Schuld, dann waren die Menschen unzulänglich, die die Maschine herstellten.

»Wenn es heute einen kategorischen Imperativ gäbe«, so meint jedenfalls Günther Anders, dann würde er lauten: »Handle so, daß die Maxime deines Handelns die des Apparats, dessen Teil du bist oder sein wirst, sein könnte – oder negativ: handle niemals so, daß die Maxime deines Handelns den Maximen der Apparate, deren Teil du bist oder sein wirst, widerspricht.«[144] Obwohl diese Entwicklung wenige Generationen gedauert hat, so ist sie doch für den Einzelnen unmerklich verlaufen. Nur wer nachdenkt und historische oder weltweite Vergleiche anstellt, begreift unsere total veränderte Situation.

Der technische Fortschritt zeigt immer weniger menschliche Züge, je weiter er fortschreitet. »Erst als Sklave seiner Maschinen und in Angstträumen vor den Weiterungen seiner Entdeckungen besinnt sich der fortschrittliche Europäer auf den Menschen selbst.«[145]

Die totale Ökonomie

Wenn auch die Technik weitgehend in einer absurden Art und Weise zum Selbstzweck erhoben wurde, so steht hinter ihr doch noch ein bedeutender Zweck: *ein ökonomischer*. Und die moderne

Technik ist die Voraussetzung der derzeitigen Ökonomie. Dabei ist nicht von Belang, in welcher Gestalt die Ökonomie auftritt, ob mehr planwirtschaftlich oder mehr marktwirtschaftlich. Nur mit Hilfe der Großtechnik gelang es der Ökonomie, die früher vielseitige menschliche Gesellschaft in eine *einseitige Wirtschaftsgesellschaft* zu verwandeln.

Dies ist das Thema des schon 1963 erschienenen Buches von Eduard Heimann »Soziale Theorie der Gesellschaftssysteme«. Darin versucht Heimann zu zeigen, »daß die Maschine beides ist: der Zerstörer des Menschlichen im Menschen und die Hoffnung des Menschen auf den Sieg über die Geißel der Knappheit... die wissenschaftliche Technik, die moderne Industrialisierung, ruiniert das Menschliche im Menschen.«[146]

Die Maschine benötigt Menschen zu ihrer Bedienung, wofür diese bezahlt werden. Sie verkaufen also ihre *Arbeitskraft*. Das Produkt, welches mit ihrer Arbeitskraft plus Maschine hergestellt wird, ist ihnen gleichgültig; die gefertigte Ware interessiert den Arbeitenden nicht. Entscheidend für ihn ist nur die Höhe seiner Bezahlung. Mit dem so erworbenen Geld kauft der Arbeiter Waren, die ihn interessieren, wobei ihm wiederum gleichgültig ist, wie sie hergestellt wurden und woher sie kommen. Produzenten und Konsumenten bleiben anonym, Bindeglied der anonymen Beziehung ist das ebenfalls *anonyme Tauschmittel Geld*. Dies hat Karl Marx als erster gesehen.

Im Zuge der Technisierung und Automatisierung wurde die Arbeit in immer kleinere Abschnitte zergliedert (Rationalisierung). Der Einzelne hat nur eine eng begrenzte Funktion zu erfüllen, was über diese hinausgeht, dafür ist er *nicht verantwortlich*, es geht ihn nichts an. Die Folgen des gesamten Arbeitsprozesses, wie verheerend sie auch sein mögen, fallen nicht in die Kompetenz des einzelnen Arbeiters oder Technikers, nicht einmal in jene des Erfinders. In der arbeitsteiligen Kette übt ein jeder zwar seine Arbeit »gewissenhaft« aus, aber ein Gewissen könnte ihm dabei nur hinderlich sein; denn Ziel und Ergebnis seiner Arbeit fallen nicht in seine Verantwortung. Das legt Günther Anders klar und kommt zu dem Schluß, daß auch der Angestellte im Vernichtungslager eben nicht »gehandelt«, sondern, so gräßlich es klingt, »gearbeitet« hat.[147] Wer seinen Arbeitseinsatz »ableistet«, braucht an die Folgen nicht zu denken, seine Arbeit ist ebenso »moralisch neutral« wie das

Produkt, das dabei entsteht; er darf *mit dem besten Gewissen gewissenlos sein.*

Mit dem Industriezeitalter kam ein neuer unpersönlicher Begriff auf: *»Arbeitskraft«*. Gemeint ist zwar ein Mensch, aber nur in seiner Funktion als Arbeit Leistender, als Mensch ist er uninteressant. Was er sonst noch ist, bleibt ziemlich gleichgültig, es sei denn, es hätte Einfluß auf seine Arbeitskraft. In der Industriegesellschaft bietet der Einzelne nicht seine ganze Person an, sondern seine Arbeitskraft; er übt irgendeine Tätigkeit aus, die schnell wechseln kann. Und der Unternehmer kauft sich die Arbeitskräfte wie die Rohstoffe, also die Energie des Menschen wie die der Erde. Der in Ungarn geborene Ökonom Karl Polanyi, der in den USA lehrte, hat das in seinen Untersuchungen klar herausgearbeitet: »Die maschinelle Produktion in einer kommerziellen Gesellschaft bedeutet letztlich nichts Geringeres als die Transformation der natürlichen und menschlichen Substanz der Gesellschaft in Waren. – Die Schlußfolgerung ist zwar unheimlich, aber für die völlige Klarstellung unvermeidlich: Die von solchen Einrichtungen verursachten Verschiebungen müssen zwangsläufig die zwischenmenschlichen Beziehungen zerreißen und den natürlichen Lebensraum des Menschen mit Vernichtung bedrohen.«[148]

Im Industriezeitalter gibt es einen »Arbeitsmarkt«, auf dem sich die Menschen gegenseitig kaufen. Nicht nur der Arbeitgeber kauft seine Arbeitnehmer – auch umgekehrt: wenn die Kräfte knapp sind, die über besondere Fähigkeiten verfügen, dann kann sich auch der Arbeitnehmer den Arbeitgeber aussuchen. Der Arbeitsmarkt wurde »die zentrale Festung des anonymen Marktes unter der Herrschaft der rein statistischen Größen von Angebot und Nachfrage außerhalb jeder persönlichen oder sozialen Verantwortung ...«[149] Die *soziale Verantwortung* wurde nach und nach dem Staat aufgedrängt, was wir zur Genüge erlebt haben.

Die Arbeit wird in der »modernen Arbeitswelt« in der Regel an einem entfernten Ort verrichtet, unter andern Menschen als denen, die am Wohnplatz oder in der Freizeit die Umgebung bilden. Oft findet der Einzelne in keinem Bereiche innigere Beziehungen. »Der Mensch gewinnt als Verbraucher, was er als Produzent verliert«,[150] meint Heimann, und weiter: »Der Mensch opferte seine Freiheit als Produzent und erwarb dafür seine Freiheit als Konsument«; doch es schien nur ein guter Tausch zu sein.[151] Denn auch als Verbraucher wird er schließlich ein Teilchen des technischen Apparats, der keinen Zweck mehr außerhalb seiner selbst kennt, lediglich die eigene Expansion. Auch der freie Markt ist nun nicht mehr der *Diener* des Verbrauchers, sondern er wird von der Reklame und vom Expansionsbedürfnis der Wirtschaft beherrscht.[152] »Die Degradierung des Menschen zu einem bloßen Mittel in der vom Wirtschaftssystem organisierten Gesellschaft« ist nun vollendet.[149]

Früher trugen *einzelne* und *ihre Großfamilien* die soziale Verantwortung, wie das in nichtindustrialisierten Ländern heute noch der Fall ist. Dies geht so lange gut, wie die Familie auch gemeinsam arbeitet. Hier kennt man sich und überblickt die gegenseitigen Leistungsmöglichkeiten, hier ermahnt und kritisiert man sich, der Bessere leitet und spornt an. Alles geschieht aus unmittelbarer gegenseitiger Anschauung und kommt damit der Gerechtigkeit sehr nahe. Man gerät zwar aneinander, aber man versöhnt sich wieder; denn man teilt mit den gleichen Personen auch die Freuden des Lebens, die Mahlzeit, die Freizeit und die Geselligkeit. In der Familie und Nachbarschaft ist das Dasein jedes einzelnen ein *Geben* und *Nehmen*. Die Folge ist, daß man sich umeinander Sorgen macht – weil man einander *braucht*. Ein Verstoß gegen die Regeln des Zusammenlebens wird sofort bekannt, der Schuldige schämt sich seines Vergehens, und dies ist Strafe und Erziehung zugleich. In solchen Lebensgemeinschaften gibt es die wenigsten Verbrechen, weil es *keine Anonymität* gibt, das Untertauchen ist hier nicht möglich.

Aber dieses enge Miteinander kann auch lästig sein. Indem ich mir helfen lasse, bin ich auch zur Hilfe *verpflichtet*. Ich bin zwar geborgen, aber nie frei, ja sogar abhängig von Personen, die ich nicht mag, an die ich aber doch gekettet bleibe. Die Dichtung lebt von solchen Konflikten. Sie stellt dar, wie sich Menschen bis aufs Blut peinigen und sich gegenseitig das Leben zur Hölle machen – genauso, wie sie einander auch wieder glückliche Stunden bereiten. Das eine wie das andere Extrem ist vom Leben erfüllt, voller Emotionen und damit eben *menschlich*.

Der »moderne Mensch« will sich dagegen aus dem Geflecht persönlicher Verpflichtungen »befreien«, er will keine Wohltaten, sondern seine »Rechte«. Er verabscheut Geschenke, er *fordert* die pauschale, unpersönliche Versorgung, das, was ihm mathematisch »zusteht«.

Seitdem über die großen anonymen Töpfe verteilt und umverteilt wird, erkennt der Erdenbürger nicht mehr, daß er sich selbst seinen Lebensunterhalt gegen die Widrigkeiten einer spröden Welt *erringen muß. Er stellt nun seine Ansprüche an dafür eingerichtete Institutionen, vorzugsweise an den Staat.* Die Forderungen heutiger Menschen an Staat und Gesellschaft lauten, wenn man es extrem formuliert:

1. Ernährt uns!
2. Bildet uns aus!
3. Unterhaltet uns in der Freizeit!
4. Gebt uns Wohnungen!
5. Macht uns gesund!
6. Gebt uns Liebe!
7. Zeigt uns den Lebenssinn!

Da außer dem Lebenssinn scheinbar alles als käufliche Ware angeboten wird, erwartet man, daß es auch *produzierbar* und *zuteilungspflichtig* gemacht werden kann. Das, was dem Säugling und dem Kind zu allen Zeiten zugebilligt wurde, will nun auch der Erwachsene weiter beziehen. Mit anderen Worten: Die Verlängerung der Ausbildungszeit bis über das 20. Lebensjahr hinaus scheint dazu geführt zu haben, daß der längst Erwachsene der Fremdversorgung nicht mehr entwächst. Früher sah er, daß die Eltern es nicht mehr hätten schaffen können (selbst wenn sie es gewollt hätten), ihn weiter zu versorgen. Heute kommt alles über einen anonymen Apparat, *den man für unbegrenzt leistungsfähig hält, da ihn niemand mehr überblickt.* Und diejenigen, die ihn eigentlich überblicken sollten, die Politiker, gaukeln ihren Wählern vor, daß noch größere Ressourcen zur Verteilung kommen könnten, wenn man bloß *ihrer* Partei »Vertrauen schenken« würde.

Für die »Versorgung« gibt es nun neutrale, *unpersönliche Instanzen.* Wenn diese verteilen, was jedem »zusteht«, so ist ihnen niemand dafür Dank schuldig; sie müssen sich höchstens Kritik gefallen lassen, den Anteil nicht richtig errechnet zu haben. Zuständig ist nicht mehr diese oder jene vertraute Person, sondern »der Staat«. Von ihm erwartet man eine höchst eigenartige Partnerschaft. Er soll für jeden alles tun – aber dessen persönliche Verhältnisse sollen den Staat nichts angehen, da will ein jeder völlig frei und anonym bleiben. Und gerade das ist unmöglich.

Wenn ein jeder selbst »gerecht« behandelt werden will, so muß er wie jeder andere seine Verhältnisse offenlegen: wenn der Staat einen jeden ganz individuell versorgen soll, dann muß er als »der große Bruder« genausoviel über ihn wissen wie der leibliche Bruder. Da er aber so viel nicht wissen kann und auch nicht wissen soll, bleibt ihm nichts anderes übrig, als jeden Menschen als anonymen »Fall« zu behandeln. Die sachliche Kälte der neuen Regelmechanismen wurde erst mit der Zeit wahrgenommen. Eine in früheren Kulturen bereits erkennbare Entwicklung dehnt sich nun aus: »Als die Bedürfnisse der Technik die Gründer der frühesten Kulturen zwangen, menschliche Arbeitskräfte in größerem Umfang zusammenzuziehen, erfanden sie eine neue soziale Einrichtung: unpersönliche Institutionen. Diese können größere Gemeinschaften verwalten und versorgen, denn sie ermöglichen die Zusammenarbeit von Menschen, die sonst nichts miteinander zu tun haben. Aber institutionalisierte gesellschaftliche Beziehungen sind kühl und zerbrechlich. Der Mensch fühlt sich in ihnen nie so wohl wie im Rahmen persönlicher Beziehungen, und so sind die Institutionen stets in Gefahr, ihre Legimitation zu verlieren und zusammenzubrechen.«[153]

Das ist eines der großen Probleme heutiger Staatswesen: *Die Bürger wollen zwar alle Vorteile aus unpersönlichen Institutionen ziehen, weisen aber die damit verbundenen Verpflichtungen weit von sich.*

Als Regulator aller Lebensbereiche dient das *Tauschmittel Geld*. In ihm glaubt die ökonomische Gesellschaft einen Maßstab gefunden zu haben, an dem man alles, aber auch alles *messen* kann. Was wäre auch eine mechanistisch funktionierende Gesellschaft ohne ein automatisches Regulativ? Aber auch hier wird ein Maßstab, an dem man ursprünglich Inhalte lediglich ablesen wollte, zum Selbstzweck. *Alles, was nicht mit Geld meßbar ist, erscheint fragwürdig, ja wertlos.* Das ökonomische Zeitalter ist nur an meßbaren Erfolgen interessiert. »Auf diese Weise geraten viele Ziele, Tätigkeiten und Hoffnungen der vor-industriellen Gesellschaft in Verruf oder in Vergessenheit, wie das Glauben, das Dienen, das Leiden.«[154]

Der universelle Weltmaßstab heißt heute *Bruttosozialprodukt* (BSP). Dabei kommt dann heraus, daß das BSP 1979 für den Durchschnitts-USA-Bürger wie für den Bundesrepublikaner rund 11 000 Dollar betrug, für den Durchschnitts-Nepalesen dagegen 130 Dollar. Nach allen Regeln der Ökonomie müßte der Nepalese längst tot sein, denn er verfügt nur über ein Vierundachtzigstel unseres

Einkommens! Doch siehe da: er lebt! Er lebt zwar weit unter dem sogenannten »Existenzminimum«, aber dennoch in der Regel ganz zufrieden. Siebzig von 125 Ländern der Welt leben mit einem durchschnittlichen pro-Kopf-Einkommen von unter 1000 Dollar jährlich.[155]

Des Rätsels Lösung ist einfach die, daß sich fast das gesamte Geben und Nehmen jener Menschen immer noch *direkt,* ohne Umwege über Geld, Markt und Staat abspielt. Damit werden dort die Reibungsverluste der großen Verbundwirtschaften und ihrer Bürokratien, die Fehlleistungen und der sinnlose Verschleiß vermieden. *Das existentiell Notwendige ist,* gerade weil die unproduktiven Umwege fehlen, *billig vorhanden.*

Entscheidender ist, daß den Menschen in den sogenannten unterentwickelten Ländern weithin noch die *unmittelbare Zuwendung* zuteil wird, die sie brauchen und wünschen, ohne daß unzählige Mechanismen zwischengeschaltet worden sind, die nur noch ein totes Gerippe ursprünglicher Menschlichkeit übriglassen, selbst dort, wo die Effektivität der sozialen Netze groß ist.

In den Industrieländern wird nicht nur die Arbeit und die Ware mit Geld bezahlt, sondern immer mehr auch die Dienstleistung, die man früher in der Familie oder in der Nachbarschaft einander zugute tat. Der ökonomische und staatliche Umweg führt zu einem höheren BSP auch dann, wenn gar keine Verbesserung in den empfangenen Leistungen eingetreten ist, ja selbst bei einer Verminderung.

Mit Geld versichert man sich gegen alle Widrigkeiten des Lebens. Wer das nicht möchte, wird in einem modernen Staat dazu gezwungen. Auch die letzten Lebensjahre sind über die Rente »abgesichert«, um deren Höhe oft schon die Gedanken der Jugendlichen kreisen. Das ganze System ist in Ost und West vom jeweiligen Staat eingerichtet, und dieser kann es gar nicht anders organisieren als über die Umverteilung finanzieller Mittel. Somit tritt auch in kommunistischen Staaten das absurde Ergebnis ein, daß das Geld sehr viel wichtiger geworden ist, als es vor der Revolution jemals war, als noch agrarische Strukturen existierten.

Der kalte materielle Interessenstreit begann allerdings im Westen, wie Bert Brechts »Manifest« aufweist:

»Eisernen Trittes zerstampfte die Bourgeoisie all die alten
Patriachalischen stillen Idylle, zerriß die feudalen

Buntscheckig ewigen Bande, geknüpft zwischen Schützling und Schutzherrn,
Duldend kein anderes Band zwischen Menschen als nacktes Intresse
Und die gefühllose Barzahlung. Ritterlichkeit eines Herrn und
Treues Gesinde und Liebe zum Boden und ehrliches Handwerk
Dienst an der Sache und innre Berufung bespritzte sie mit dem
Eisigen Strahl der Berechnung.«[156]

Diese Entwicklung vollzog sich nicht nur im Rahmen des Kapitalismus, sondern sie bereitete auch den Boden für den wissenschaftlichen *Sozialismus*. Diesem erlag entgegen der Theorie nicht zuerst der Westen, sondern der Osten. Die industriellen Unternehmungen schwollen *überall* zu Mammutkombinaten an, und die Bürokratie überzog die Länder mit immer dichteren Netzen. Denn auch im Westen ist die materielle Befriedigung der verschiedensten Ansprüche zur Hauptbeschäftigung des Staates geworden. »Wir sind in der Sozialreligion erzogen, die jedermanns Rechte auf unerschöpfliches Wohlergehen verbrieft.«[157] So die Paderborner Germanistin Gertrud Höhler in ihrem Buch »Die Anspruchsgesellschaft«.

Unter Sozialpolitik versteht man heute den Transfer von Geld. Der Staat transferiert es direkt über seinen Haushalt, oder er steuert die Umverteilung mit Gesetzen. Dazu benötigt er eine lückenlose Bürokratie, die sich sowohl mit den steigenden Ansprüchen wie mit der Forderung nach immer größerer »Gerechtigkeit« weiter ausdehnt. Die Ansprüche organisieren sich in Verbänden der verschiedensten Klassen, die damit ihre eigenen Bürokratien aufbauen. »Als Anspruchsgemeinschaft werden all jene plötzlich solidarisch in ihren Forderungen an den Staat, die im Privatleben kaum noch Ansprüche von Menschen dulden. Blindlings fordert die Mehrheit Ersatzleistungen für Familiengeborgenheit in den Sozialleistungen des Staates ein. Ratlos erleben wir, daß die erworbenen Güter keine humane Wärme entwickeln.«[158]

Die Politik wird nicht nur von der Ökonomie beherrscht, sie *ist selbst ökonomisch geworden,* ein Basar, wo zwischen Wünschen und Angeboten gefeilscht wird. Zwischen den Unternehmen und den Gewerkschaften wiederholt sich das Feilschen um die Zehntelprozente alle Jahre wieder, und über Monate berichten die Medien tagtäglich über das sinnlose Pokerspiel. Man einigt sich schließlich immer – *auf Kosten der künftigen Generationen und der Völker der Dritten*

Welt. Nichts beweist besser als die Tarifrunden, daß die Gesellschaft unter die totale Herrschaft der Ökonomie geraten ist. Da gibt es weder Großmut noch Pardon, ja nicht einmal »soziale Gesinnung«, von der allerdings um so fleißiger die Rede ist.

Eine der schlimmen Folgen der totalen Ökonomisierung ist: Die Parteien kaufen sich Wählerstimmen mit Wohltaten. Und das ist bedenklicher als die Geldverschwendung für ihre (primitive) Wahlwerbung. Ein schamloses Wettrennen um die Gunst der Wähler findet statt. *Gesinnung* läßt sich nicht marktgerecht verkaufen; darum haben selbst christliche Parteien längst darauf verzichtet. Und was unter dem Begriff »sozial« läuft, ist ein kalkuliertes Geschäft zwischen dem Staat und seinen Bürgern, ein Tauziehen zwischen organisierten Interessen.

Es geht längst nicht mehr darum, die hungernden, sondern die schreienden Mäuler zu stopfen. Für dieses Geschäft braucht man das immerwährende »wirtschaftliche Wachstum«, diesen Großangriff auf die Ressourcen unserer Erde. *Dieses bisher gigantischste Unternehmen der Menschheit ist nun in die Krise geraten.* »Der Traum, den Menschen durch die Macht der Bürokratie und die Kraft des Motors zu befreien, hat die Unterjochung der Produzenten und die Süchtigkeit der Konsumenten bewirkt.«[159]

Die Wasserscheide, die *Sinn* und *Sinnlosigkeit* trennt, ist nun erreicht, schrieb Eduard Heimann schon 1963. »Die Symptome der Sinnlosigkeit sind die albernen, geschmacklosen, vulgären Dinge, die wir kaufen, da wir etwas kaufen müssen, aber keinen Bedarf für einen zweiten Kühlschrank haben oder für mehr Betten, als wir für die Familie und das Gastzimmer brauchen, oder für mehr Nahrung, als wir essen. So kauften wir also Wagen, die doppelt so lang wie nötig, von anstößiger Häßlichkeit, die als elegant galt, und unmöglich zu parken waren. Jedermann kennt die Güterorgie, die alljährlich zu Ehren des Kindes in der Krippe ausbricht ... Technisch betrachtet sind Expansion vom Elend zum Sättigungspunkt und Expansion über den Sättigungspunkt hinaus in mehr und mehr Sinnlosigkeit hinein ein und derselbe Vorgang; sozial und menschlich betrachtet aber sind es zwei ganz und gar verschiedene Dinge.«[160]

Indem man heute nur noch die ökonomisch-technische Zielrichtung verfolgt, ist die Rangordnung der menschlichen Ziele auf den Kopf gestellt. Das soziale und kulturelle Dasein des Menschen in der Wirtschaftsgesellschaft rangiert weit hinter seinem ökonomischen. Alle sind von der fixen Idee der Produktionserweiterung besessen und bereit, ihr Leben diesem abstrakten Ziel zu opfern. Damit ist das Gleichgewicht, das frühere Gesellschaftssysteme zwischen der materiellen Wirtschaft und der kulturellen Wirtschaft bewahrt hatten, zerbrochen, weil alle Überschußenergien in die ökonomische Expansion geleitet wurden.[161]

Selbst wenn wir die wirtschaftliche Expansion heute noch fortsetzen könnten – was gewiß nicht mehr geht – dann müßten wir uns fragen, welchen *Sinn* diese totale Unterwerfung des Menschen zugunsten einer ökonomischen Utopie noch hat.

2. Der Traum von der Gleichheit aller

Der Begriff der Gleichheit ist dem Leben fremd.
(Maurice Blin)

Der Traum von der Gleichheit der Menschen könnte nicht immer wieder geträumt werden, wenn es die Gleichheit wirklich gäbe. Nirgends in der Natur gibt es eine solche Gleichheit. Einander gleich sind dagegen die Massenartikel der technischen Produktion. Da diese immer mehr die Umwelt des Menschen beherrschen, bezieht die Gleichheitsidee von der Technik und vom mechanistischen Denken her immer wieder neue Nahrung.

Das Leben war darauf bedacht, die Arten und Individuen »vor allen Dingen verschieden zu gestalten. Müßte man für das Leben um jeden Preis eine Motivation finden, so fiele sie wohl eher in ästhetischem Sinne aus.«[162] Hugo Kükelhaus, bildender Künstler und Soziologe, legt dar, daß es den »Menschen an sich« nicht gibt, und darum kann es auch keine konstanten Bedürfnisse geben.[163]

Die heutige Massengesellschaft ließe sich allerdings viel besser organisieren und lenken und der Fortschritt würde noch schneller galoppieren, wenn jeder die gleichen Bedürfnisse hätte und auch zu den gleichen Leistungen fähig wäre. »Dem kapitalistischen Großproduzenten wie dem sowjetischen Funktionär muß gleicherweise daran gelegen sein, die Menschen zu möglichst uniformen, ideal widerstandslosen Untertanen zu konditionieren, gar nicht viel anders als es Aldous Huxley in seinem so schauerlichen Zukunftsroman ›Brave New World‹ dargestellt hat.«[164]

Wären alle gleich, dann stünden der Wirtschaft allzeit verläßliche Daten zur Verfügung, und ein jeder Mensch wäre beliebig austauschbar, an jeder Stelle einsetzbar. Wie dringend man diese Kalkulationsgrundlagen nötig zu haben glaubt, beweisen die vielen *Statistiken*, die heute im Umlauf sind. Diese unterstellen bereits einen fiktiven Durchschnittsbürger, der leider nicht zuverlässig genug ist und sich mit der schnellebigen Zeit selbst fortwährend wandelt. Den gleichen fiktiven »Normalbürger« suchen die Politiker in ständigen Meinungsumfragen, die ihnen das eigene Denken abnehmen. Politiker mit Ideen sind nicht gefragt, die Anpassungsfähigkeit wird gewünscht, der geistige Durchschnitt genügt in solchen Zeiten allemal. Vielen ist sogar der geistige Vorsprung verdächtig.

Der heutige zwangsgeschulte Normalbürger hat auf der Schulbank gelernt, mit *quantitativen* Größen umzugehen – und er kennt die naturwissenschaftlichen Grundbegriffe, die für seine technische Lebensgestaltung nötig sind. Ein Beispiel: er weiß über nichts so gut Bescheid wie über das Auto, einen mechanischen Apparat, der ihn während seiner besten Lebensjahre am intensivsten beschäftigt. Beruflich arbeiten die meisten in Werkstätten und Fabriken oder am Fließband der Bürokratie – überall nach Vorschrift und System. Was Wunder, wenn diese Menschen dann auch in der Gesellschaft für »klare Verhältnisse« sind. Sie können einfach nicht verstehen, warum der Staat nicht genauso *funktioniert* wie die Maschinenwelt. Insofern sind sie zur Egalität disponiert, die sich leicht mit einer Leidenschaft zur »Gerechtigkeit« verbindet. Niemand soll einen Nachteil haben, alle sollen *gleich* sein. Daß dann auch niemand einen Vorteil für sich haben dürfte, wird bewußt oder unbewußt übersehen. Eine Welt, in der alle gleich sind, darauf richtet sich eine rational nicht mehr fassbare Erlösungssehnsucht.

Die Eskalation der Gleichheitsforderung in der Geschichte durchlief verschiedene Stufen.

1. Stufe
Christus verkündete:
Alle Menschen sind vor Gott gleich.

2. Stufe
Die französische Revolution verkündete:
Alle Menschen haben gleiche Rechte (Das bedeutete politisch: Wahlrecht für alle).

3. Stufe
Der Kommunismus verkündete:
Alle Menschen sollen das gleiche besitzen; alle sollen das gleiche Einkommen haben.

4. Stufe
Im 20. Jahrhundert verkündigen einige:
Alle Menschen sollen gleich gebildet sein.

5. Stufe
Als Zukunftsutopie wird verkündet:
Alle Menschen sollen im ständigen Wechsel jede Tätigkeit verrichten.

Nur die immateriellen Güter der Stufen 1 und 2 konnten weitgehend erreicht werden. Schon die dritte Stufe blieb unerfüllt. Das hindert aber die Verfechter der Gleichheit nicht daran, sofort die 4. und 5. Stufe zu fordern. Das geschieht auf Grund der an sich richtigen Erkenntnis, daß die Erfüllung der 3. Stufe so lange gar nicht möglich ist, wie es Bildungs- und Wissensunterschiede gibt, und daß die Gleichheit so lange nicht hergestellt ist, wie einige Menschen privilegierte Tätigkeiten ausüben (selbst wenn sie dafür keine bessere Bezahlung bekämen). Damit aber alle, ob Mann oder Frau, jede Tätigkeit im Wechsel wenigstens vorübergehend ausüben können, müßte der *Bildungsstand* notwendigerweise *egalisiert* werden. Dies alles war in der Utopie des Thomas Morus schon enthalten, der allerdings wußte, daß es seinen Staat *niemals geben werde.*[165]

Wir brauchen uns zunächst nur mit der 4. Forderung zu befassen. Ist sie unerfüllbar, dann entfällt die 5. ohnehin. Wir sind einig mit vielen Pädagogen, daß der Anspruch auf Gleichheit heute auf das Wissen hinzielt und *das Schulwesen* vor unerfüllbare Forderungen stellt. Die gleichmäßige Verteilung materieller Güter erscheint wenigstens noch durchführbar, aber was kann getan werden, um die Menschen geistig zu egalisieren? Hier werden alle Experimente in Zukunft genauso scheitern, wie sie in der Vergangenheit gescheitert sind. Ungeachtet aller Erfahrungen wird heute von einigen Gruppen ganz souverän unterstellt, daß der gleiche Wissensstand vorhanden sei. Wie könnten sonst junge Leute jede Autorität ablehnen und sich mit ihrem beschränkten Wissen ein unduldsames Urteil über alles und jeden anmaßen? Worin sie allerdings von geschickten Demagogen stets bestärkt werden.[166]

Welche Anstrengungen auch immer unternommen werden, die Unterschiede zwischen den Menschen werden extrem bleiben. Da man niemals alle Menschen oder auch nur die eines Volkes auf den gleichen Bildungsstand heben kann, bliebe nur der Weg, alle gleich dumm zu machen; denn ein allen gemeinsamer Nenner kann stets nur auf dem untersten Niveau liegen. Franz Vonessen hat recht:

»Die Gesellschaft, die wir bilden, krankt an einer Gleichmacherei, die zwanghafte Züge besitzt; sie hat den unüberwindlichen Drang, alle Dinge auf den untersten, den gemeinsamen Nenner zu bringen. Zwar will sie das Beste ... aber sie tut es immer nur derart, daß sie ›nach unten planiert‹.«[167] Es ist wie in einem Geleitzug, wo auch das langsamste Schiff das Tempo bestimmt.

Die heutigen *»Emanzipationsbewegungen«* dienen bewußt oder unbewußt dem mechanistisch-materialistischen Zeitgeist und damit den mechanistischen Zwängen. Die Konsequenz ihrer Bemühungen auf »Gleichheit und Gerechtigkeit« wären ebenfalls genormte Menschen oder, da wir von Menschen dann kaum mehr sprechen können, genormte Figuren, die erstrebten Recheneinheiten des mechanistischen Zeitalters.

Dazu gehört deutlich jene Tendenz in der *Frauenbewegung,* welche die ärgerliche Geschlechtsdifferenz als das Grundübel bekämpft. Gertrud Höhler hat in ihrem Buch das eigentliche Dilemma treffend dargelegt: »Was in den Traumentwürfen der Befreierinnen aufleuchtet, ist ja die Befreiung von der Geschlechtszugehörigkeit überhaupt, es ist also mehr als die Eroberung der männlichen Domänen, mehr als die Verachtung der Brutpflege, mehr als die Verweigerung der Zuwendung zum vielgestaltigen Leben. – Was im Kampf um eine chemisch reine Zukunftshoffnung offenbar wird, ist das unaussprechliche Leiden an den Konditionen der menschlichen Natur selbst. Gespalten zu sein in Männer und Frauen, dies verwehrt der Menschheit nicht nur Wege in die Gleichheit aller; schon von Geburt an mit Verschiedenheiten gebrandmarkt zu sein, dies, so fühlen die Träumer einer humanen Zukunft, birgt die Prophezeiung des Scheiterns für alles Bemühen, aus Menschen nur einfach Menschen zu machen ... Schon die Aufteilung der Menschheit in Mann und Frau legt den Keim jenes ewig unausweichlichen Zwiespaltes in die Seele der Menschen selbst.«[168]

In der Verschiedenartigkeit der Menschen glauben viele den Kern aller Übel dieser Welt ausgemacht zu haben. Wenn hier der Hobel ganze Arbeit leisten könnte, dann würde ihr Traum wahr! »Die Leidenschaft der Kämpferinnen für eine Rollenaufhebung von Mann und Frau hat hier ihre geheimste Wurzel: Mit der Lösung der Konflikte zwischen Mann und Frau will man eigentlich den Menschen selbst heilen von seiner unseligen Zweiheit, die jeden Konflikt auf Erden vorzeichnet ... Von hier aus verstanden, zeugt der

Frauenaufstand von dem charakteristischen Versuch unserer Epoche, die Grundeinschränkungen des menschlichen Daseins abzuweisen. Wie wir uns seit über hundert Jahren in dem Glauben versuchen, alle Menschen seien nicht erst von Gott, sondern schon auf Erden gleich zu machen, so nehmen die Frauenbefreierinnen die kühne Hoffnung ernst, der Mensch könne sich aus der Last seiner Zweigeschlechtlichkeit lösen und einen Zustand überlegener Gleichheit erreichen ...«[169] »Was die Frauenbewegung als ›Selbstverwirklichung‹ propagiert, das ist im Grunde eine Verabschiedung von der eigenen Identität, nicht deren Verwirklichung.«[170]

Was den Männern hier entgegengeschleudert wird, ist genau das, was diese selbst als ihr Ideal propagieren: *die kalte Sachlichkeit, die Berechnung, die mechanische Gleichheit aller Teile,* das Streben nach der *Perfektion der Gerätewelt.* »Zu einer Zeit, in der die Unterschiede in der Architektur, in der Sprache, in der Kleidung und in den Manieren und Sitten überall der Eintönigkeit von Mode und Zweckdienlichkeit weichen, mag es unvermeidbar erscheinen, daß auch Geschlechtsunterschiede verwischt und sogar geleugnet werden, bis die Apostel der Emanzipation die Neigung zu körperlicher Intimität mit dem eigenen Geschlecht im Zeichen der Aufklärung begrüßen. Es ist aber kaum anzunehmen, daß solche ›Durchbrüche‹, die den Glauben an die gegenseitige Abhängigkeit der Geschlechter zerstören, nicht auch deren gegenseitige Anziehungskraft schwächen werden.«[171]

Die Prinzipien des mechanistischen Alltags erfüllen das Bewußtsein der Frauen wie das der Männer. Eine militante Minderheit der Frauen bezieht ihre Argumentation aus der mechanistischen Denkweise, wie sie von der männlichen Techniker-Kaste gepflegt wird. »Der materielle Profit, das Gesetz der Arbeitswelt, wird in diesem Kampf der Frauen ernster genommen als jeder immaterielle Wert. In einer Welt, der nur materielle Rechengrößen etwas gelten, kann nicht eine Mehrzahl der Frauen die Kraft finden, die gültigen Maximen zu verachten. Welche tristen Lebensräume sie stürmen, dies können die Neidgeplagten einstweilen nicht erkennen.«[172] Die Emanzipation wird zumindest zeitweilig unterstützt von Anhängern der liberalen Wirtschaftsordnung, sie dehnt *aus ökonomischen Motiven* die kapitalistische Ethik auf die Frauen aus und »lockt diese aus ihren Häusern in das Getümmel des Marktes«.[173]

Um in der mechanistischen Weltordnung als geschlechtslose

Figur funktionieren zu können, muß sich die Frau einer einschneidenderen Veränderung unterwerfen als der Mann. Darum sind es nach wie vor wenige Frauen, die voll in die mechanistische Daseinsweise eingetreten sind. Und es liegt in der Natur der Sache, daß sie mit ihrem Auftritt einen zwiespältigen Eindruck hervorrufen – am stärksten bei jenen Frauen, die sich an der Geschlechter-Schlacht um die mathematische Gleichheit nicht beteiligen. Wie immer in solchen Fällen sind die dem mechanistischen Ideal nacheifernden Frauen radikaler als die darin schon länger beheimateten Männer; sie bekennen sich zu einem *konsequenten Rationalismus*, der vorbereitet ist, alle natürlichen Einwände totzuschlagen. Darum mögen die auf organischen Auffassungen vom Leben beharrenden Frauen die »männlichen« Frauen gar nicht so sehr. Alle Wahlergebnisse beweisen, daß sie selten ihre militanten Geschlechtsgenossinen wählen, obgleich diese durchaus zur Wahl stehen.

»Gründlich angefaßt verlangt die Problemlösung, so fanden die Frauen, die Verabschiedung nicht nur von einer Rolle, sondern die Eliminierung der Natur. Der sexuellen Freizügigkeit folgte logisch die Entwicklung der ›Pille‹. ... Die Fortschrittlichsten unter den Feministinnen wollen auch noch die Produktion der wenigen eventuell erwünschten Nachkommen an die Wissenschaft delegieren. Anzeichen für entsprechende Bedürfnislagen sind bereits vorhanden: Die Forschung ist tätig.«[174] In Australien verkündeten 1981 Ärzte, daß sie für möglich hielten, Männer die Kinder austragen zu lassen.

Im März 1981 fand in Berlin der dritte »Weltkongreß für Human-Reproduktion« statt. Den »Manipulationen an menschlichen Keimen scheinen weder technische noch ethische Grenzen gesetzt. Die meisten Wissenschaftler und Ärzte bekannten sich in Berlin jedenfalls zur Nutzung aller Möglichkeiten«, wie die Frankfurter Allgemeine Zeitung berichtet. Auf ethische Fragen ging man erst gar nicht ein, die eine Sitzung darüber stieß auf wenig Interesse, »denn das Gewissen der Wissenschaftler war sicherlich noch nie besser als das der sie umgebenden Gesellschaft, die all diese Veränderungen toleriert.«[175]

Für ganz »modern« Eingestellte kann die Zeugung auch ohne solche Umwege ein technischer Vorgang sein: Zwei »Typen« begegnen einander, kopulieren und gehen wieder auseinander. Es braucht nicht mehr viel *vorauszugehen,* und es soll auch nichts *nachbleiben* – kein Gefühl, keine innere Bindung und schon gar nicht irgendeine Verpflichtung.[176] Ist dennoch etwas geblieben, dann gilt dies als »Betriebsunfall«, dessen Folgen auszuräumen sind.

Wenn schon ein Kind, dann nicht mehr als Geschenk der Natur oder gar der Liebe, sondern bewußt an der Stelle des programmierten Lebenslaufes eingeplant, wo materieller Besitzstand und Freizügigkeit keine Einschränkung zu erfahren brauchen. Ganz streng sind da die Sitten; auch hier ist der Terminkalender ausschlaggebend, und die buchhalterische Kalkulation entscheidet. Wird die Geburt schließlich unvermeidlich, dann muß das Kind auf Grund modischer Erziehungstheorien sofort der Mutter entrissen werden; denn es könnte ja sonst »die Milch der frommen Denkungsart« einsaugen. Das soll heißen: In der organischen Entwicklung hätte es erst viele Phasen bei der Mutter durchlaufen. Eine solche Vorstellung vom Werden und Wachsen widerspricht jedoch der mechanistischen Auffassung. Für sie ist eine Figur da oder nicht da; ist sie da, dann kann sie nicht Mann oder Frau und auch nicht Kind sein, sondern ist sofort »Mensch« – die neutrale Rechengröße x. Die Mathematik kann nicht unterscheiden, weder nach Geschlechtern noch nach dem Grad der Reife. Das heißt, ein Kind ist sofort als gleiche Größe zu behandeln. Demgemäß ist es völlig sich selbst zu überlassen und in keiner Weise zu beeinflussen. »Antiautoritäre Erziehung« nennt man das; *Verzicht auf Erziehung* würde die Sache viel richtiger bezeichnen. Die distanzierte Gleichbehandlung der Figur Kind versetzt dieses in eine Art luftleeren Raum der Freizügigkeit, worin es die emotionale Fürsorge der Mutter wie der Familie entbehren muß.

Wenn der Unterschied zwischen Kind und Erwachsenem nivelliert wird, dann entsteht das erwachsene Kind und der kindische Ältere – wie auch der Ausgleich der Geschlechter zu weibischen Männern und männlichen Frauen führt. »Der Ausgleich macht den Dialog spannungslos und inhaltsleer, keiner kann dem anderen etwas wirklich Neues geben. Wenn dann aber die darin sich verfestigende stabile Langeweile unerträglich wird, geschieht die explosive Revolte«.[177]

»Die überzeugende Vermittlerrolle von lebendigen Autoritäten wird in aller Regel durch die Institutionen und durch die Vergesellschaftung aller Lebensvorgänge vereitelt. Animositäten gegen persönliche Autoritäten werden überdies früh gesät; die antiautoritäre Woge im Erziehungswesen hat eine breite Spur der Unterkühlung durch die jugendliche Generation gezogen, so daß der schmerzlich empfundene Mangel an menschlichen Begegnungen und Vorbildern zusammentrifft mit einer entschlossenen Ablehnung jeder Hingabe an Autoritäten. Junge Menschen entwickeln aus dieser seelischen Notlage utopische Ziele ihrer Autoritätsbedürfnisse, im politischen wie im religiösen Raum, und strafen die erwachsenen Verweigerer bergender Zuflüchte durch aggressiven Idealismus, der den pluralistischen Götzen, die Toleranz, verachtet.«[178]

Die Autoritätsgegner fordern den von Kindesbeinen an *autonomen Menschen,* der seine Lust und Beglückung in der stufenlosen Egalität findet. Das Ziel der Autoritätsstürmer wird aber nie erreicht; denn ohne Autoritäten zu leben, bedeutet Schutzlosigkeit und endet in einem Dasein ohne Hoffnung.[179]

Konrad Lorenz schreibt in seinem Buch »Die acht Todsünden der zivilisierten Menschheit«: »Es ist eines der größten Verbrechen der pseudodemokratischen Doktrin, das Bestehen einer natürlichen Rangordnung zwischen zwei Menschen als frustrierendes Hindernis für alle wärmeren Gefühle zu erklären: Ohne sie gibt es nicht einmal die natürlichste Form von Menschenliebe, die normalerweise die Mitglieder einer Familie miteinander verbindet; tausende von Kindern sind durch die bekannte ›Non-frustration‹-Erziehung zu unglücklichen Neurotikern gemacht worden«[180] Wo dies so ist, bindet auch die Mitglieder der Familie nichts mehr aneinander, und *die Familie zerfällt.*

Obwohl diese neuartigen totalen Gleichheitsforderungen viel Wirbel erzeugen, bleibt in unserer Wirtschaftsgesellschaft die Forderung nach *materieller Gleichheit* im Vordergrund der Auseinandersetzungen. Hier werden nach wie vor die größten Illusionen geweckt und die meisten Patentrezepte angeboten. Die Vorkämpfer behaupten, es sei eine Frage der »sozialen Gerechtigkeit«, andere halten es für einen Ausfluß von »Neid«. Die »Revolution der Erwartungen« verwandelte sich in eine »Revolution zunehmender Ansprüche«, die in der Forderung gipfelt, »daß der Staat alles, was unzufriedene Mehrheiten oder gekränkte Minderheiten für richtig erachten«, zu sichern und zu beschaffen habe.[181] Der britische Ökonom Mishan meint weiter, daß, wenn Politiker sich mit einem Problem befassen, »nichts besseres als Neid und Ressentiment« dabei herauskommen könne. In der Tat wendet sich gerade jede Opposition an diese Eigenschaften der Menschen, um mit deren Hilfe an die Macht zu kommen. Zugleich versprechen Politiker aller Richtungen, *daß sich mit fortgesetztem wirtschaftlichen Wachstum Gleichheit und Gerechtigkeit erreichen lasse*. Daß dies eine politische Lüge ist, kann leicht nachgewiesen werden. Da wir es in allen Wachstumsländern mit prozentualen Steigerungen zu tun haben, woraus sich Exponentialkurven ergeben, *wächst die Differenz* zwischen Armen und Reichen ebenfalls exponentiell. Der amerikanische Ökonom Samuelson zeigt das in einer Graphik:

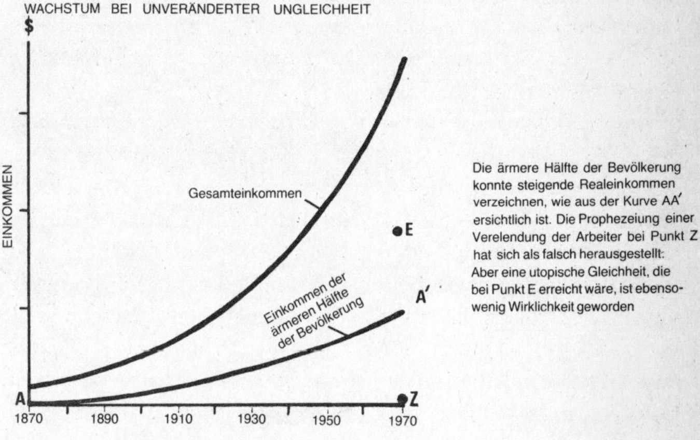

Wachstum führt zu größerer Ungleichheit.
Quelle: Samuelson, Volkswirtschaftslehre II 525

Die zunehmende Differenz innerhalb der Völker wiederholt sich im wachsenden Abstand zwischen reichen und armen Völkern. Der Bericht »Global 2000« sagt für die Jahrhundertwende voraus: »Die Kluft zwischen den Reichsten und den Ärmsten wird sich vertieft haben. Jeder Maßstab für materiellen Wohlstand, den die Studie zur Verfügung stellt – Pro-Kopf-BSP und Verbrauch von Nahrungsmitteln, Energie und mineralischen Rohstoffen – deutet darauf hin, daß diese Kluft zunehmen wird.«[182]

Somit führt die materielle Expansion der Wirtschaft nicht einmal auf diesem Gebiet zu mehr Gleichheit, sondern zu einem sich ständig vergrößernden Abstand zwischen Armen und Reichen, der schließlich unerträgliche Formen annimmt. Die Radikalisierung des Problems führt dann zu einer Radikalisierung der Gleichheits-Utopien.

3. Utopien über eine perfekte Welt

Ja, mach nur einen Plan,
sei nur ein großes Licht!
Und mach dann noch 'nen zweiten Plan –
gehn tun sie beide nicht.

Bert Brecht

Der Irrglaube an Endlösungen

Es ist gar nicht überraschend, daß sich die Vorstellungen einer perfekten Gesellschaft an dem ausrichten, was der Mensch zur höchsten Perfektion gebracht hat: an der Maschine. Dies braucht nicht die Maschine im engeren Sinn zu sein. Man kann auch eine ganze Fabrik zum Vorbild nehmen oder den Verkehr einer Stadt. Man spricht ja auch längst von der *Maschinerie des Staates* oder von der *bürokratischen Maschinerie.*

Der Traum vom Paradies hat seit dem vorigen Jahrhundert in der Regel die Gestalt einer reibungslosen, automatisch laufenden Maschinerie angenommen. Sie liefert das Vorbild für *unzählige Entwürfe und Programme, die allesamt eine Gesellschaft zum Ziel haben, in der es keine Probleme mehr gibt.* In ihr werde dann die *große Harmonie,* der *ewige Friede* herrschen; denn alles werde geregelt und selbstredend *gerecht geregelt* sein – und jeder einzelne könne dann so frei sein wie noch niemals auf dieser Erde. Es komme nur auf die *richtige Organisation* an! Warum soll sie nicht möglich sein, wo doch der Mensch solch hervorragende Beispiele seiner technischen und organisatorischen Fähigkeiten geliefert hat wie Besuche auf dem Mond?

Die technischen Fortschritte der letzten Jahrhunderte führten zu dem Glauben, daß *alles machbar* sei. So wie in der Technik alle Probleme als lösbar erscheinen, so werden auch alle Probleme der menschlichen Gesellschaft als *lösbar* angesehen.[183] Wenn sie noch nicht gelöst seien, dann liege das keineswegs an der Andersartigkeit der menschlichen Probleme, sondern am *mangelhaften* Fortschritt, den vielleicht sogar böswillige dunkle Mächte aufgehalten haben. In ihnen feiert der Teufel des Mittelalters seine Auferstehung – heute heißt er »Kapitalist«, »Militarist« oder pauschal »die herrschende Klasse«. Oder die Schuld liegt ganz einfach in der »überkommenen

Gesellschaftsordnung«, die infolgedessen erst einmal abgeschafft werden muß.

Eine Lieblingsbeschäftigung vieler Zeitgenossen besteht darin, die mustergültige Gesellschaft der Zukunft zu entwerfen. Die Buchläden sind voll davon. Und was liegt im technischen Zeitalter näher, als sie sich in Form eines *Mechanismus* vorzustellen. Ihre Elemente werden von den erfolggewohnten Naturwissenschaften und technischen Disziplinen geliefert, deren simplifiziertes Kausalitätsprinzip auf das Leben der Menschen übertragen wird. Gewisse Soziologen glauben, wenn sie nur ebenso großzügig mit Forschungsmitteln ausgestattet würden wie die Naturwissenschaftler, dann könnten sie die perfekte menschliche Gesellschaft *konstruieren.* Ich nenne diese neue Spezies von Gesellschaftswissenschaftlern »Gesellschaftsingenieure«. Was mit den Weltentwürfen von Marx und Lenin begann, hat inzwischen unzählige mehr oder weniger bedeutende Epigonen gefunden. Zu Recht spricht auch Franz Vonessen ironisch von den »Architekten, Erbauern, Konstrukteuren, Programmierern und Erfindern der Zukunft«, welche »Modelle einer neuen Welt« entwerfen, die dann nur noch »in Auftrag gegeben« zu werden brauchen. Aber »unter einer Zukunft, die gemacht werden muß«, könne man sich entweder nichts oder nichts Gutes vorstellen; denn Zukunft ist Offenheit, Freiheit, niemals ein Rechenexempel.[184] »Ein Leben, das nichts mehr verspricht, sondern nur noch abläuft und funktioniert«, müsse vielmehr unmenschlich heißen.[185]

Doch es hilft nichts! *Alle Hoffnungen richten sich immer noch auf die perfekte Planung!* »Kein Regierungsprogramm, keine Jahresbotschaft des Präsidenten ohne das Versprechen, mehr und besser zu planen.«[186] Der Glaube an den Plan ist ungebrochen. »Die mechanistische Weltsicht ... ist zur herrschenden geworden mit der zahlenmäßigen Dominanz jener Schichten in der Wählerschaft, die immer schon zur mechanistischen Weltsicht hinneigten.«[187] Gerade der einfache Staatsbürger ist es heute, der immerzu »klare Verhältnisse« fordert. Er beanstandet, daß es an Zielsetzung und Planung fehle; für ihn gibt es nur ein *Entweder – Oder*. Die Faszination, die von der Technik und von der perfekten Organisation ausgeht, hält in aller Welt an.

Damit sind wir bei einem *grundsätzlichen Dilemma der gegenwärtigen ökologischen Bewegung*. Die Personen, die sich in ihr engagieren, vor allem die jugendlichen, sind die Kinder dieser Zeit und damit der mechanistischen Denkweise. Es ist das alte Denkschema, das zwar neu zu sein vorgibt, aber das übliche ist. Ein Mann, der nicht nur alternativ redet, sondern auch alternativ lebt, ist der Österreicher Gerhard Schönauer. Er hat richtig erkannt: »In vielen Köpfen spukt der Wunschtraum einer ›Alternative‹ nach Art des Schlaraffenlandes, die uns Komfort und Konsum ebenso beschert wie die moderne Technik, nur eben mit vermeintlich gesunden, umweltfreundlichen Mitteln. Diese Leute wollen keine Umkehr zur Natur und Einfachheit, sondern sie wollen Fortschritt und Technik, nur eben in ihrer Geschmacksrichtung, das heißt ohne Schädigung der Natur. Sie wollen Üppigkeit nach neuen Methoden. Auch die Wissenschaftler, Techniker und Manager, nur eben grün verkleidet. Ich halte diese Richtung für besser als die umweltfeindliche der heutigen Mächte, aber dennoch für verfehlt.«[188]

Die skizzierte Haltung ist das Ergebnis der Tatsache, daß heute das mechanistische Denken das allgemeine Bewußtsein beherrscht. Die meisten derjenigen, die zur Zeit gegen die herrschenden Zustände anrennen, tun es mit den gleichen Denkkategorien wie die Befürworter des »wirtschaftlichen Wachstums«, der Atomenergie und der perfekten Planung. Gerade die Jugendlichen stellen immerzu die Frage nach der *anderen »Lösung«*. Das geht so weit, daß viele die Kritik an den jetzigen Verhältnissen nur dann erlauben wollen, wenn der »alternative Plan« für eine neue heile Welt bereits entfaltet auf dem Tisch liegt. »Die Überschätzung der Ratio führte zur Überbewertung von Vollzugs- und Organisationsformen. Die Verwechslung von Verfahrensweisen zum Wertetransport mit den Werten selbst stammt direkt von der Fehleinschätzung der Ratio ab: Geblendet von den reibungslosen Abläufen geistiger und materieller Vorgänge durch rationale Organisation, zögerte man nicht, der Organisation selbst Wertcharakter zuzusprechen.«[189] Es ist der alte Glaube an Formalismen. Wo immer eine Schwierigkeit sichtbar wird, erschallt dann sofort der Ruf nach *gesetzlicher Regelung*.

Befreiung vom Zwang der Arbeit?

Von der *Last der Arbeit* wird die perfekte Gesellschaft der Gleichen natürlich befreit sein. Die Arbeit ist ja die Strafe, die Gott im Alten Testament verhängt hatte: »Mit Mühsal sollst du dich von ihm (dem Erdboden) nähren dein Leben lang. Dornen und Disteln soll er dir tragen, und das Kraut des Feldes sollst du essen. Im Schweiße deines Angesichts sollst du dein Brot essen ...«[190] Den negativen Geruch einer Strafe ist die Arbeit bis heute nicht losgeworden. Wer es sich in früheren Zeiten leisten konnte, nicht zu arbeiten, gehörte zu den Bevorzugten. Es war aber keineswegs so, daß er gar nichts tat; er füllte seine Tage mit Jagd, Turnier und Waffenübungen aus, später mehr mit Sport, Spiel und Festen. Normal war es allerdings, übermäßige Arbeit zu meiden. Auch hier brachte das technische Zeitalter einen Wandel. Man versuchte zwar weiterhin, *die Arbeit loszuwerden,* aber nicht durch weniger Arbeit, sondern *durch ihre Steigerung.* Die besondere Anstrengung aller menschlichen Kräfte war nötig, um die technischen Anlagen zu erstellen, die dann des Menschen Arbeit weitgehend überflüssig machen sollten. Heute sind wir soweit, daß wir das Ergebnis verbuchen können; dies geschieht, indem wir monatlich die erhöhten Arbeitslosenziffern verkündet bekommen.

Bei Marx heißt es: »Das Reich der Freiheit beginnt in der Tat erst da, wo das Arbeiten, das durch Not und äußere Zweckmäßigkeit bestimmt ist, aufhört ...«.[191] Die Arbeit wird auch laut Marx bleiben, aber sie wird nicht den Zweck haben, menschliche Bedürfnisse mittels des Erarbeiteten zu befriedigen, sondern sie wird ohne jeden Zwang ausgeübt, aber auch ohne den Zwang, einem Zweck zu dienen. Da sich auch Marx ein Leben in der Leere des Nichtstuns nicht vorstellen konnte, meinte er, daß die Arbeit gerade dann zum »ersten Lebensbedürfnis« werden würde, wenn sie gar nicht mehr nötig sei, da die Maschinen die Aufgabe übernommen haben würden, alle Menschen mit allem zu versorgen.

Hier setzt Hans Jonas mit seiner scharfsinnigen Kritik an Marx wie auch an Ernst Bloch ein. Jonas erkennt sehr richtig, daß die Utopie einer Welt ohne Arbeit das »Problem der Muße« schaffen muß; denn es soll ja eine tätige Muße, nicht Müßiggang sein. Das werde gerade zu einem *Wettrennen um die Reste von Arbeit* führen, soweit solche in der Bedienung der Maschinen und ihrer Reparatur noch übrigbleiben würden, auch nach einigen nur von Personen ausübbaren Tätigkeiten, wie der des Arztes, Lehrers oder Journalisten. Die Inhaber solcher Arbeitsplätze würden dann zu den Privilegierten zählen. Dagegen müßte man für alle übrigen geeignete Hobbies suchen, mit denen sie ihre Tage aktiv ausfüllen könnten. (Diese Sorge teilt die neueste Veröffentlichung des Club of Rome »Auf Gedeih und Verderb«. Der marxistische Ökonom Adam Schaff befürchtet infolge der Elektronik eine beschäftigungsarme Epoche.)[192]

Jonas legt dar, daß die Freude an einer permanenten Steckenpferdbetätigung sehr bald dahin sein würde, da ja die Freude gerade darin liege, *zeitweise* einer Lieblingsbeschäftigung nachzugehen, weil diese *im Kontrast* zur üblichen Berufsarbeit steht. Ein Hobby neben dem Beruf bringe nur so lange Befriedigung, wie beide in einer Spannung zueinander stünden. »Ein ganzer Ernst woanders muß gegenüberstehen, damit das Spielerische zur Geltung kommt.«[193] Entfällt der Ausnahmecharakter der Freizeitbeschäftigung, dann geht auch die Freude daran verloren. Schon bei Shakespeare heißt es: »Wenn alle Tage im Jahr gefeiert würden, so würde das Spiel so lästig sein wie die Arbeit.«

Die Utopie von einer Menschheit, die sich mit Hobbies die Zeit vertreibt, hat so viele Fehler, daß diese sie »nicht nur ihres Traumzaubers, sondern jeder vernünftigen Wünschbarkeit entkleiden.« Jonas sieht drei Stadien der Aufdeckung: »Verlust der *Spontaneität* im zur Pflicht gewordenen Steckenpferd; Verlust der *Freiheit* in seiner notwendigen öffentlichen Beaufsichtigung; Verlust der *Wirklichkeit* in seinem Fiktionscharakter. Das Verhältnis von ›menschenwürdiger‹ und ›menschenunwürdiger‹ Arbeit wird sich dabei seltsam umkehren. Und als Grundirrtum der ganzen Konzeption bei Marx wie bei Bloch wird sich die *Trennung des Reiches der Freiheit vom Reiche der Notwendigkeit* herausstellen: Die Vorstellung also, daß jenes beginnt, wo dieses aufhört, daß Freiheit *jenseits* der Notwendigkeit liegt, anstatt im Treffen mit ihr zu bestehen.«[194] Was die meisten Menschen aus freien Stücken mit ihrer freien Zeit tun, wenn sie diese erst haben, das wissen wir inzwischen größtenteils. Sie sitzen vor dem Fernseher oder sie fahren Auto. Tibor Scitovsky berichtet: »Aus Freizeituntersuchungen und verschiedenen soziologischen Erhebungen können wir entnehmen, daß die Hauptquellen der Anregung in den USA das Fernsehen, Autofahren und Einkaufen sind – alles Anregungen, die keinerlei Fähigkeiten erfordern.«[195] Das heißt, die Menschen verhalten sich *nicht aktiv, sondern passiv.* Nicht nur vor dem Bildschirm, auch unterwegs läßt man die Bilder auf sich wirken; denn die Beförderung in Verkehrsmitteln bedarf keiner *eigenen* Anstrengung. Nur wenige sind in ihrem Urlaub aktiv, und noch weniger bringen in ihrer Freizeit für sich oder andere etwas hervor, was das Leben bereichern würde. Es liegt in der menschlichen Natur, passiv zu bleiben, solange sie nicht existentiell *herausgefordert* wird. Nur wenige Menschen sind auch ohne Not aktiv.

Letzten Endes hat bereits Goethe die *Utopie von der arbeitsfreien Gesellschaft* mit seinem Gedicht »Der Schatzgräber« erledigt. Es beginnt:

> Arm am Beutel, krank im Herzen,
> schleppt' ich meine langen Tage.
> Armut ist die größte Plage,
> Reichtum ist das höchste Gut!

Darauf wird bekanntlich geschildert, wie er mit vielerlei Zauber einen Schatz auszugraben versucht – bis sich ihm ein »lichter Knabe« mit einer Schale naht:

> Trinke Mut des reinen Lebens!
> Dann verstehst du die Belehrung,
> kommst, mit ängstlicher Beschwörung,
> nicht zurück an diesen Ort.
> Grabe hier nicht mehr vergebens.
> *Tages Arbeit! Abends Gäste;*
> *saure Wochen! Frohe Feste!*
> *Sei dein künftig Zauberwort.*

Weder für den Einzelnen noch für alle kann das Heil in einer Befreiung vom Zwang zur Arbeit liegen. *Das Himmelreich der Muße bleibt eine jenseitige Angelegenheit,* wofür der Mensch nicht geschaffen ist. Auch Kant hatte eine Antwort auf das Problem: »Die Frage: ob der Himmel nicht gütiger für uns würde gesorgt haben, wenn er uns alles schon bereitet hätte vorfinden lassen, so daß wir gar nicht arbeiten müßten, ist gewiß mit Nein zu beantworten; denn der Mensch verlangt Geschäfte, auch solche, die einen gewissen Zwang mit sich führen«.[196]

Darum können wir uns das Leben im (christlichen) Himmelreich auch gar nicht so recht vorstellen, sobald wir es konkret zu ergründen versuchen. Wie wäre das denn: Tag für Tag nichts zu tun – und das in Ewigkeit? Nach alledem, was wir vom Leben in unserer

Welt wissen und jemals erfahren werden, bleibt nur die Befürchtung ewiger Langeweile, womit man bekanntlich in dieser Welt Verbrecher bestraft. Wie gesagt: Wir können nur von dieser Welt her urteilen, denn andere Erfahrungen haben wir nicht.

Dieses Wissen berechtigt uns aber, die Lächerlichkeit der Utopien über eine perfekte Gesellschaft im Diesseits, die permanent im Glücke schwimmt, aufzudecken.

Nun maßen sich heute die ach so aufgeklärten Menschen an, den Schöpfungsplan als höchst fehlerhaft zu kritisieren, weil Leid und Elend, Krankheit und Tod in dieser Welt ihren unbestreitbaren Platz haben. Wie könnte ein Gott solches dulden? In ihren Augen hätte der Allmächtige ein *perfekter Techniker* sein müssen, dem es oblag, eine *Weltmaschine mit reibungslosem Lauf* zu entwerfen. Dieses sein offensichtliches Versäumnis wollen die Kritiker nun reparieren, indem sie ihren perfekten Eigenbau offerieren: *eine endgültige Welt*, die wie eine Maschine ohne Fehl und Tadel funktioniert. Was sie völlig übersehen, ist,

daß es eben keine Maschine geben kann, die zugleich ein lebendiges Wesen ist – und daß es umgekehrt keinen Organismus gibt, der zugleich tote Maschine ist.

»Wären wir in Bezug auf Erfahrungen und materielle Subsistenz ganz auf die Maschine angewiesen, so wäre die Menschheit schon längst an Unterernährung, Langeweile und hoffnungsloser Verzweiflung gestorben.«[197]

Sollte das Schlaraffenland jemals gelingen, dann wäre der Begriff *»Hoffnung«* aus dem Leben des Menschen eliminiert. Im Vorgeschmack des Schlaraffenlandes steht die heutige Jugend, soweit sie von Kindheit an alle ihre Wünsche erfüllt bekam; denn die Eltern konnten sich das leisten und der Staat auch. Heute sind beide erstaunt, daß ein großer Teil der Jugendlichen (gerade der Teil, der das meiste bekam) unzufrieden ist und revoltiert. Sie haben ein Gesetz dieser Welt mißachtet, wonach das »Prinzip Hoffnung« nur solange seine Antriebskraft behält, wie die Hoffnung nicht erfüllt wurde.[198]

Die Utopien über eine zukünftige perfekte Welt haben eine Verhängnis-Wirkung, denn sie entwerten die gegenwärtige! Wer sich für die vollkommene Zukunft ereifert, wird zum Verächter der unvollkommenen Gegenwart; sie wird in seinen Augen keine Gnade finden. Und Verneinung der Gegenwart führt letztlich zur Verneinung des Lebens. Der Mensch kann schon von seiner Veranlagung her zu einem Verneiner der konkreten Wirklichkeit werden, wie der Philosoph Max Scheler darstellte.[199] Darin liegt andererseits eine Quelle seiner Religiosität wie eben auch ein Ursprung der utopischen Entwürfe, die er einmal im Jenseits und ein andermal im Diesseits ansiedelt.

Die völlige Negation der lebendigen Gegenwart zugunsten einer vorgestellten Zukunft äußert sich dann im *Nihilismus* und im fanatischen Kampf für eine ganz neue utopische Gesellschaftsform, für deren Errichtung kein Preis zu hoch erscheint. Auf dieser Basis konnte sich jüngst die Parole verbreiten: »Wir werden Menschen sein, oder die Welt wird dem Erdboden gleich gemacht bei dem Versuch, es zu werden!«[200] Wo ist da der Unterschied zu dem im Dritten Reich gesungenen Lied: »Wir werden weiter marschieren, wenn alles in Scherben fällt, denn heute gehört uns Deutschland und morgen die ganze Welt«? Verschiedentlich wurde auch nach dem Zweiten Weltkrieg die Tradition wieder aufgenommen, die der erste russische Sozialist Belinski begründet hatte, als er schrieb, daß er »die Menschheit nach der Art des Marat liebe: Um den geringsten Teil von ihr glücklich zu machen, würde ich wohl mit Feuer und Schwert den übrigen ausrotten«. Die nihilistische Tradition wurde dann von Michail Bakunin fortgesetzt. Und der Nihilist Bararow in Turgenjews Roman »Väter und Söhne« verkündete: »Verbessert die Gesellschaft, und es gibt keine (moralischen) Krankheiten mehr.« Das sind die Auswirkungen des westlichen Nihilismus auf Rußland, die Dostojewski mit Schrecken zur Kenntnis nahm: »Wenn es Gott nicht gibt, so bedeutet das, daß dem Menschen alles erlaubt ist.« Er sah voraus, daß jene, die »Gerechtigkeit zu schaffen meinen, indem sie Christum leugnen, am Ende die Welt im Blut ertränken werden, denn Blut heischt wieder Blut«; so sprach Sosima in den »Brüdern Karamasow«. Dies ist der Punkt, den der aus der Sowjetunion emigrierte Germanist Hermann Fein in einem Essay über Dostojewski herausgearbeitet hat: »Wenn der Mensch zu der Überzeugung gelangt, daß er die Wahrheit, die ganze Wahrheit wisse, wenn er sich somit die Funktion Gottes anmaßt, gerät er in eine ausweglos feindselige Beziehung zu allen anderen Menschen, die sich ja schließlich ebenfalls für Gott halten können. Hier stößt Dostojewski auf den Kern des Problems... Die Welt ist gespalten, die Kultur verfällt, das Menschenleben wird abgewertet durch Entstehung ›universalgültiger‹, ›einzig richtiger‹ Gesellschaftstheorien.«[201]

So geschieht es, daß die Fanatiker der Perfektion immer wieder als *Heilsbringer* auftreten, die anderen ihre unfehlbare »Endlösung« *aufzuzwingen* versuchen. *Jeder Perfektionismus endet im Fanatismus.* Die von den Diesseits-Fanatikern ausgehende Gefahr war zu Zeiten der religiösen Bindungen nicht akut. Seit sich jedoch der Mensch selbst zum Herrn der Schöpfung aufgeschwungen hat, ist er bereit, ohne alle Hemmungen zu verwirklichen, was ihm seine mechanistische Logik als das einzig Wahre erscheinen läßt. Was sich den Fanatikern entgegenstellt, verdient in ihren Augen nur, liquidiert zu werden.

Und das läuft sogar weitgehend unter der Flagge des *Humanismus!* Allerdings handelt es sich dabei um keinen konkreten, natürlichen Humanismus, sondern um eine *höchst abstrakte Menschheitsliebe.* Diese ist eine Rechengröße, die man überall gern einsetzt, in der Wirtschaft, in der Technik und selbst in Haushaltsplänen.[202] Mishan sagt von der heutigen Jugend, daß sie eine wahllose Menschenfreundlichkeit widerspiegele, »die nichts gemein hat mit dem Aufbau dauerhafter Freundschaften, ja ihnen feindlich gegenübersteht, denn wahre Freundschaft kann nur durch Zeit, Liebe und Verzicht wachsen.«[203]

Warum ereifern sich Teile der heutigen Jugend so für die Menschheit, während sie für das eigene Volk, für das Heimat- oder Vaterland nur Gleichgültigkeit, oft sogar Verachtung zeigen? Weil die weltweite Solidarität genügend abstrakt ist. »Die Menschheit? Das ist ein Abstraktum«, sagte Goethe zu Luden. Weltweit kann man sich ganz beliebig in humanitären Theorien ergehen, ohne persönlich *gefordert* zu werden. Der Frage »Und was tust du selbst dafür?« kann man bei diesen Dimensionen leicht ausweichen, während die Frage »Was tust du für deine Gemeinde?« oder »Was tust du für deine Familie?« eine höchst peinliche Direktheit hätte.

Statt Nächstenliebe gilt also Fernstenliebe, die aber gar keine echte Liebe sein kann; sie dient nur als »General-Alibi der Liebe zum Guten.«[204] Es handelt sich bestenfalls um eine Forderung nach *Gerechtigkeit.* Weltweite »Gerechtigkeit« ist insofern ein genügend abstrakter Begriff, um dahinter in Deckung gehen zu können. »Wir haben ein humanitäres Großflächenethos entwickelt, mit dem wir weltweit Beglückung planen; auch mit dieser kosmischen Umarmung begründen wir erfolgreich unsere Verweigerung vor hautnahen Einsätzen. Diese ganz persönlichen Einsätze sind so undramatisch und so wenig publikumswirksam.... Der theatralische Einsatz für fremde Hungernde fordert weniger reale Zuwendung von uns – fast gar keine – und viel weniger von unserer kostbaren Konsumzeit.«[205] So lautet die treffende Analyse von Gertrud Höhler.

Es gibt eine eindrucksvolle Geschichte des chinesischen Philosophen und Dichters Chuangtse. Er schildert darin (um 350 vor Christi Geburt) eine *Begegnung der chinesischen Philosophen Kungfutse und Laotse.* Als ihm Kungfutse seine zwölf klassischen Bücher mit beredten Worten vorlegt und von *Nächstenliebe* und *Gerechtigkeit* spricht, fragt Laotse nur:

»Was verstehst du unter Nächstenliebe und Gerechtigkeit?«

»Gleiches Glück allen Menschen zu bieten und alle Menschen ohne Unterschied und ungeteilt zu lieben: das ist die Essenz von Nächstenliebe und Gerechtigkeit.«

»Du redest, wie man heutzutage so redet«, sagte der Alte.

»Du sagst: ›ohne Unterschied‹ und ›ungeteilt‹ und setzest damit ›geteilt‹ und ›Unterschied‹ voraus. Wer war es denn, der Unterschiede schuf und zerteilte?

Wenn du die Menschen lehren willst, ihren verlorenen Hirten wiederzufinden, erinnere dich bitte daran, daß das Universum bereits ein ungeteiltes Ganzes *ist.* Sonne und Mond scheinen gerecht und unterschiedslos für alle, ihre Bahn verläuft regelmäßig und am vorgezeichneten Platz. Die Tiere leben schon immer in Herden beieinander oder auch einzeln. Die Bäume wachsen an dem für sie geeigneten Ort, und niemand braucht ihnen zu sagen, wie sie es richtig und gerecht machen sollen. Warum siehst du dir nicht einfach dieses Leben (Tao) und diese Gerechtigkeit (Te) an?

Du schwenkst deine Fahne von Nächstenliebe und Gerechtigkeit und verwirrst damit alles nur noch mehr. Du kommst mir vor wie ein Mann, dessen Sohn gestorben ist, und nun geht er herum und schlägt ungeduldig die Trommel in der Hoffnung, ihn dadurch wiederzufinden. Ach lehre doch lieber die Menschen, zu ihrer eigenen vollkommenen Einfachheit zurückzufinden. Das ist nämlich schon das höchste Tao.

Der Schwan ist weiß, ohne daß ihn jemand künstlich reinigt. Der Rabe ist schwarz, ohne daß ihn jemand ›angeschwärzt‹ hat. Hell und Dunkel, Weiß und Schwarz, alles ist von selbst an seinem natürlichen Platz. Das ist gut.

All dieses Streben der Menschen nach gutem Ruf und organisierter Gerechtigkeit ist hoffnungslos. Weißt du, an was mich das erinnert? Wenn ein Teich ausgetrocknet ist und die Fische auf dem Trockenen liegen, versuchen sie sich gegenseitig mit ihren Mäulern zu befeuchten. Aber was ihnen wirklich helfen würde, wäre einzig und allein, wenn jemand sie zurückwürfe in die Flüsse und Meere.«

Kungfutse ging nach Hause und konnte drei Monate nicht reden, in tiefes Nachdenken versunken. Dann besuchte er den Alten noch einmal. Sie saßen lange schweigend beieinander, vielleicht tranken sie Tee oder kochten sich Reis. Sie betrachteten die Pflanzen des Gartens, sahen die Sonne kommen und gehen, die Tiere aufstehen und sich schlafenlegen. Es war alles sehr still, sehr einfach und in seiner Ordnung, sehr liebevoll und sehr gerecht. Laotse lächelte, und Kungfutse sagte: »Jetzt verstehe ich es.«[206]

Diese Erzählung markiert die extreme Gegenposition organischen Denkens zum mechanistischen Denken und zugleich die alte östliche Weltauffassung im Gegensatz zur westlich-europäischen.

4. Der Marxismus: Die konsequenteste Ideologie des mechanistischen Zeitalters

Die ganze Gesellschaft wird ein Büro und eine Fabrik mit gleicher Arbeit und gleichem Lohn sein.

(Lenin)

In der Geschichte des 20. Jahrhunderts stellt sich immer wieder die Frage, warum *die Lehre des Karl Marx* stets aufs neue eine solche Faszination auf die Massen in verschiedenen Teilen der Welt und in Deutschland auf Teile der Jugend ausübt. Wo doch in jedem Land, in dem seine Lehre – sicher immer in abgewandelter und auch verunstalteter Form – zur Herrschaft kam, die Ergebnisse enttäuschend geblieben sind. Auf jeden Fall so entmutigend, daß sich nur sehr wenige ihrer Verfechter auf diese Länder als Vorbilder zu berufen wagen. Im Namen des Kommunismus wurden ja schließlich in diesem Jahrhundert eher mehr Menschen liquidiert – wie der technische Ausdruck lautet – als durch den Faschismus. Dieser erwarb sich damit zu Recht die allgemeine Verachtung und wurde auch besiegt, wieso konnte da der Kommunismus immer wieder Länder und Köpfe erobern? Ein unerklärliches Phänomen? Nein, ein erklärbares! *Der Marxismus ist die Ideologie, die in beinahe jeder Einzelheit mit der mechanistischen Weltauffassung übereinstimmt.*

1. Marx schuf das erste umfassende philosophische System, das ausschließlich auf der *Ökonomie* basiert, von der er alles andere ableitet. Die ökonomischen Gesetze bestimmen nach seiner Theorie die Weltgeschichte, und sie allein sollen auch dafür sorgen, daß die Welt ihre Bestimmung erreicht – was immer dies sein mag.

Von einem rein ökonomischen Gesichtspunkt her gab es für Marx nur zwei Arten von Menschen, die ökonomisch Selbständigen (heute Arbeitgeber) und die ökonomisch Abhängigen (heute Arbeitnehmer), in seiner Sprache Bourgeois und Proletarier. Soweit es also Unterschiede und Gegensätze zwischen den Menschen gibt, sind es bei ihm *ökonomische*. Bislang war die Menschheit immer noch in Völker und Stämme geteilt, mit eigenen Kulturen und Religionen, von denen immerhin noch einige fortbestehen. Ausdrücklich wirft Marx die vergangenen nichtökonomischen Auffassungen über

Bord, in denen der Mensch als kulturelles und religiöses Wesen Zweck der ökonomischen Produktion gewesen war. Der moderne Zweck ist *der Reichtum*[207] und die *Herrschaft über die Natur*, der er das abwertende Wort »sogenannte« beifügt. Die frühere Geschichte des Menschen wird als überholt abgetan. Gegen die früheren Verhältnisse wendet sich Marx mit ironischer Schärfe: »So erscheint (zwar) die alte Anschauung, wo der Mensch, in welcher bornierten, nationalen, religiösen, politischen Bestimmung auch immer, als Zweck der Produktion erscheint, sehr erhaben zu sein gegen die moderne Welt, wo die Produktion erscheint. In fact aber, wenn die bornierte bürgerliche Form abgestreift wird, was ist der Reichtum anders als die im universellen Austausch erzeugte Universalität der Bedürfnisse, Fähigkeiten, Genüsse, Produktivkräfte etc. der Individuen?«[208] Die früheren regionalen Kulturen *sollen* verschwinden, »die Walze des Fortschritts rollt tödlich ... was da so ruchlos hinwegschreitet über sie, das ist der Fortschritt«, dichtete Bert Brecht.[209]

2. Der Marxismus beansprucht, streng *wissenschaftlich* zu sein. Damit entspricht er völlig dem wissenschaftsgläubigen Zeitalter, das 200 Jahre früher angebrochen war. Und nichts wird heute im Ostblock so gern betont wie die These, daß man den *»wissenschaftlichen* Sozialismus« vertrete. Wobei unter Wissenschaft die Art der neuzeitlichen Naturwissenschaft zu verstehen ist, die wir oben beschrieben haben. »Der Marxismus ist dem Ursprung nach Erbe der Baconschen Revolution und der Selbstauffassung nach ihr berufener Vollstrecker, ein besserer... als der Kapitalismus es war.«[210]

3. Trotz der wissenschaftlichen Nüchternheit, die der Marxismus immer betont zur Schau trug, hat er aber eine emotionale Komponente. Er *verkündet die Endzeit:* Der Himmel wird aus dem Jenseits hernieder geholt und auf dieser Erde errichtet werden. Und – Völker, hört die Signale! – dazu braucht man keinen Gott, sondern die Menschen werden es selber vollbringen. Gerade die Ärmsten, die Unterdrücktesten unter den Menschenkindern (wie christlich klingt das!) hat der Weltgeist auserkoren, die Menschheit zu *befreien* – ja man höre und staune, *die Natur gleich mit.* Denn angeblich wartet die Natur auf ihre Befreiung durch den Menschen.[211] Auch da

scheint Gott etwas vergessen zu haben, als er die Natur schuf. Wovon soll wohl die Natur befreit werden? Diese Befreiungstheorie gehört zum arrogantesten Unsinn, den der eitle Mensch hervorgebracht hat. Wenn schon die Natur auf irgendeine Befreiung warten sollte, auf eine *durch* den Menschen bestimmt nicht, höchstens auf eine *von ihm.*

Da die Utopie des Marxismus einerseits älteste *Menschheitsträume* wieder aufnimmt und andererseits »nun in der Technik auch die Mittel zu besitzen scheint, den Traum in ein Unternehmen umzusetzen, ist der vormals müßige Utopismus zur gefährlichsten – gerade weil idealistischen – Versuchung der heutigen Menschheit geworden.«[212] Im Marxismus fanden daraufhin sogar »christliche« Theologen und Seelsorger ein neues geeignetes Exerzierfeld für ihre frustrierten Jenseitserwartungen. Sie fühlen sich modern und fortschrittlich dabei.

4. In einem kompletten mechanistischen Weltbild gibt es *keine Lücke für einen Gott. Darum bewegen sich alle industrialisierten Völker automatisch auf den Atheismus hin.* »Der säkulare Atheismus ist eng verflochten mit der technokratischen Einstellung gegenüber der Objektwelt.«[213] Das hat Dostojewski in einem Romanentwurf sehr richtig vorausgesehen: »Der Kommunismus wird triumphieren, ob die Kommunisten im Recht oder im Unrecht sind, doch ihr Triumph wird die äußerste Entfernung vom Reich Gottes bezeichnen.«[214]

5. Die Anziehungskraft des Marxismus für den heutigen Menschen wird nochmals verstärkt durch den *Anthropozentrismus dieser Lehre.* Es ist die schamloseste Schmeichelei der menschlichen Eitelkeit, die jemals entwickelt worden ist. Schon die christliche Lehre stellte den Menschen in den Mittelpunkt. Der Mensch soll nun nicht Herr über andere Menschen sein, wohl aber *Herr über die Natur.* Dostojewski schreibt über die Sozialisten in »Schuld und Sühne«: »Die Natur wird nicht in Betracht gezogen, die Natur wird verbannt, die Natur ist nicht vorgesehen! Sie haben ein soziales System, das irgendeinem mathematischen Kopf entspringt – er bringt die ganze Menschheit alsbald in Ordnung und macht sie im Handumdrehen gerecht und gut ... Der Zukunftspalast steht bereit, aber die Natur ist nicht für den Zukunftspalast bereit ... Allein mit Logik läßt sich die Natur nicht überspringen. Die Logik kann drei Zwischenfälle vorhersehen,

doch es gibt Millionen.« Ein Eigenwert wird der Natur nicht zugestanden. Bei Marx wird die Natur »reiner Gegenstand für den Menschen, ein reines Nutzobjekt; sie hört auf, als Macht für sich anerkannt zu werden«; das Erkennen ihrer »Gesetze zeigt sich nur als ein Trick, um sie unter die menschlichen Bedürfnisse zu stellen, sei es als Gegenstand von Konsum, oder als Mittel von Produktion«.[215]

Nach christlicher Lehre ist die Natur immerhin *Gottes Schöpfung* und außerdem – was wichtiger ist – wird sie zusätzlich damit abgesichert, daß *der Mensch voll unter Gottes Gebot steht*. Da es bei Marx keinen Gott mehr gibt, ist nun der Mensch alleiniger, selbstherrlicher »Besitzer der Natur«.[216] So, »daß die rastlose Umformung von Natur in Industrie auch unter den Bedingungen des Sozialismus weitergeht.«[215] Die Ausbeutung der Natur durch den Kapitalismus wird also nicht abgebrochen, sondern soll ausdrücklich fortgesetzt werden. Hier können sich gemäß dem dänischen Theologen Ole Jensen »Liberalismus, klassischer Marxismus und Säkularisierungstheologie um die hominisierende Beherrschungsideologie einigen«.[217] Noch deutlicher sagt das der Philosoph Reinhart Maurer: »So wenig wie in der bürgerlichen Gesellschaft ... werden im Marxschen Sozialismus der äußeren Natur Zwecke zugestanden, »die ihre eigenen seien und auf die der Mensch Rücksicht zu nehmen habe, nein, der einzige Zweck ist: die Emanzipation aller Seiten der Menschennatur.«[218] Es erfolgt zwar eine Einschränkung: der menschliche Eingriff soll *rationalisiert* werden. Darin könnte aber noch jeder kapitalistische Unternehmer mit Karl Marx einig gehen. Friedrich Engels erkannte die Gefahren dieser Naturbehandlung deutlicher als Marx: »Schmeicheln wir uns indes nicht zu sehr mit unsern menschlichen Siegen über die Natur. Für jeden solchen Sieg rächt sie sich an uns. Jeder hat in erster Linie zwar die Folgen, auf die wir gerechnet haben, aber in zweiter und dritter hat er ganz andre, unvorhergesehene Wirkungen, die nur zu oft jene ersten Folgen wieder aufheben. Die Leute, die in Mesopotamien, Griechenland, Kleinasien und anderswo die Wälder ausrotteten, um urbares Land zu gewinnen, träumten nicht, daß sie damit den Grund zur jetzigen Verödung jener Länder legten, indem sie ihnen mit den Wäldern die Ansammlungszentren und Behälter der Feuchtigkeit entzogen ... Und so werden wir bei jedem Schritt daran erinnert, daß wir keineswegs die Natur beherrschen, wie ein Eroberer ein fremdes Volk beherrscht, wie jemand, der außer der Natur steht – sondern, daß wir mit Fleisch und Blut und Hirn ihr angehören und mitten in ihr stehen, und daß unsere ganze Herrschaft über sie darin besteht, im Vorzug zu allen anderen Geschöpfen ihre Gesetze erkennen und richtig anwenden zu können.«[219]

Aus Marx' umfangreichen Werken müssen immer folgende Sätze dafür herhalten, daß er den Wert der Natur erkannt habe: »Jeder Fortschritt der kapitalistischen Agrikultur ist nicht nur ein Fortschritt in der Kunst, den Arbeiter, sondern zugleich in der Kunst, den Boden zu berauben, jeder Forschritt in der Steigerung seiner Fruchtbarkeit für eine gegebene Zeitfrist zugleich ein Fortschritt im Ruin der dauernden Quellen dieser Fruchtbarkeit ... Die kapitalistische Produktion entwickelt daher nur die Technik der Kombination des gesellschaftlichen Produktionsprozesses, indem sie zugleich die Springquellen alles Reichtums untergräbt: die Erde und den Arbeiter.«[220]

In Marx' Gesamttheorie gewinnt jedoch die Natur erst ihren Wert durch die darauf verwandte Arbeit: »Nur soweit der Mensch sich von vornherein als Eigentümer der Natur, der ersten Quelle aller Arbeitsmittel und Gegenstände verhält, sie als ihm gehörig behandelt, wird seine Arbeit Quelle von Gebrauchswerten, also auch von Reichtum.«[221] Selbst der Kapitalismus wird im Kommunistischen Manifest (1848) gefeiert: »Die Bourgeoisie hat in ihrer kaum hundertjährigen Klassenherrschaft massenhaftere und kolossalere Produktivkräfte geschaffen als alle vergangenen Generationen zusammen. Unterjochung der Naturkräfte, Maschinerie, Anwendung der Chemie auf Industrie und Ackerbau, Dampfschiffahrt, Eisenbahnen, elektrische Telegraphen, Urbarmachung ganzer Weltteile, Schiffbarmachung der Flüsse, ganze aus dem Boden hervorgestampfte Bevölkerungen – welches frühere Jahrhundert ahnte, daß solche Produktionskräfte im Schoße der gesellschaftlichen Arbeit schlummerten.«[222] Im ›Manifest‹ von Bert Brecht heißt es dann im Jahre 1945 entsprechend:

»Niemals zuvor ward entfesselt ein solcher Rausch der Erzeugung
Wie ihn die Bourgeoisie in der Zeit ihrer Herrschaft entfacht hat
Die die Natur unterwarf, die elektrische schuf und die Dampf-Kraft
Schiffbar machte die Ströme und riesige Weltteile urbar.

Nie zuvor hat die Menschheit geahnt, daß schlummernd im Schoß ihr Solche Befreiungen waren und solche erzeugenden Kräfte.«[223]

Das ist die gleiche Begeisterung, die auch im Westen die Menschen beherrschte: Atomkraft, Überschall- und Weltraumflug ... und ganz nebenbei noch – Wohlstandsregen über alle! Der heutigen selbstgefälligen Generation geht darum der Marxismus wie Zucker herunter, und man trifft Zeitgenossen, die geradezu aufheulen, wenn ihre offensichtlich durch Geburt mitgebrachten *Ansprüche* auch nur in Frage gestellt werden. Niemand hat sie ihnen so theoretisch-gründlich und so naturfern-juristisch untermauert wie Karl Marx. Das ist Anthropozentrismus im Extrem. Die Erde kreist hier wieder um den Menschen.

6. Über den *»Kult der Technik im Marxismus«* schreibt Hans Jonas, daß er inzwischen im Osten »eine im Westen so nicht gekannte Glaubensmacht genießt«. Ja, es ist »der fast religiöse Glaube an die Allmacht der Technik zum Guten«.[224] Hier ist ein neues Opium für die Massen gefunden worden. »Der wichtigste Punkt ist, daß der technologische Impuls in das Grundwesen des Marxismus eingebaut ist und ihm zu widerstehen um so schwieriger wird, als er sich dort mit dem Standpunkt des extremsten Anthropozentrismus verbindet, dem die ganze Natur (sogar die menschliche) nichts anderes als ein Mittel für die Selbstverfertigung des selber noch nichtfertigen Menschen ist.«[225] Der ohnehin weltweite Antrieb der Technik erscheint im Marxismus in einer »eschatologisch radikalisierten Version.«[226] Lenin verkündete in den zwanziger Jahren: »Erst dann, wenn das Land elektrifiziert ist, wenn die Industrie, die Landwirtschaft und das Verkehrswesen eine moderne großindustrielle Grundlage erhalten, erst dann werden wir endgültig gesiegt haben.«

Der technische Fortschritt, der nach dem Glauben einer Milliarden-Mehrheit immer noch unaufhaltsam ist, bringt uns dem Himmelreich auf dieser Erde näher. »Rechte wie Linke bejahen uneingeschränkt die manipulierende Produktivität. Und so schließen beide eine wirksame Technik-Kritik aus der politischen Arena aus.«[227]

7. Wenn erst etwas als *das Richtige* angesehen wird, dann erhält derjenige den Vorzug, der es am konsequentesten und planmäßig-

sten verfolgt. Fast jeder Techniker und leitende Angestellte muß heute in seinem Beruf *planen.* Die Firmen planen ihre Investitionen und damit die zukünftige Produktion sowie zwangsläufig auch deren Verkauf. Auch die westlichen Staaten planen auf vielerlei Weise. Während sie von Marktwirtschaft reden, stellen sie fleißig *Programme* auf: Energieprogramme, Konjunkturprogramme und Wachstumsprogramme. Dazu Raumordnungspläne, Bebauungspläne, Wohnungsbaupläne, Verkehrspläne, Sozialpläne, Rentenpläne, Gesundheitspläne, Steuerpläne und natürlich auch Haushaltspläne. Damit ist zwar über deren Realisierung noch nicht viel ausgesagt. Aber das ist es gerade – die normale Logik fragt: Wäre es da nicht besser, der Staat würde auch gleich selbst die Durchführung solcher Pläne übernehmen?

Offen gesagt, *man findet heute kaum einen Menschen, der nicht von der Notwendigkeit der Planung überzeugt ist.* Der Verfasser dieser Zeilen erlebt fast keine Diskussion, in der nicht jemand mit der Frage aufsteht: »Was ist Ihr Plan?« oder »Was ist nun Ihr Programm?« Man hat oft den Eindruck, daß allein schon vom »Programm« eine Heilswirkung ausgeht, gleichgültig, ob es je eine Chance der Verwirklichung hat. Somit rennt doch jeder Sozialismus mit seiner Programmgläubigkeit im Westen offene Türen ein.

8. Der Marxismus zielt auf eine Weltregierung, auf weltweite Planung und somit auf *Zentralismus.* Auch darin hat die Bourgeoisie vorgearbeitet: »Die Bourgeoisie hat durch die Exploitation des Weltmarktes die Produktion und Konsumption aller Länder kosmopolitisch gestaltet. Sie hat zum großen Bedauern der Reaktionäre den nationalen Boden der Industrie unter den Füßen weggezogen. Die uralten nationalen Industrien sind vernichtet worden. Sie werden verdrängt durch neue Industrien, deren Einführung eine Lebensfrage für alle zivilisierten Nationen wird. Durch Industrien, die nicht mehr einheimische Rohstoffe verarbeiten und deren Fabrikate nicht nur im Lande selbst, sondern in allen Weltteilen zugleich verbraucht werden. An die Stelle der alten, durch Landeserzeugnisse befriedigten Bedürfnisse treten neue, welche die Produkte der entferntesten Länder und Klimate zu ihrer Befriedigung erheischen. An die Stelle der alten, lokalen und nationalen Selbstgenügsamkeit und Abgeschlossenheit tritt ein allseitiger Verkehr, eine allseitige Abhängigkeit der Nationen voneinander. Und wie in der

materiellen, so auch in der geistigen Produktion. Die geistigen Erzeugnisse der einzelnen Nation werden Allgemeingut. Die nationale Einseitigkeit und Beschränktheit wird mehr und mehr unmöglich, und aus den vielen nationalen und lokalen Literaturen bildet sich eine Weltliteratur.«[228]

Mit größerer Begeisterung, als sie sich in diesen Sätzen Karl Marx' offenbart, könnte kein Kapitalist die Entwicklung feiern. Der gelobte Zustand wurde hundert Jahre später, nach dem II. Weltkrieg, in der beschriebenen Form erreicht. Aber es geht noch weiter: »Ein bedeutender Teil der Bevölkerung wird dem Idiotismus des Landlebens (!) entrissen«, und so wie die Bourgeoisie das Land von der Stadt abhängig gemacht hat, so werden jetzt »die barbarischen und halbbarbarischen Länder (!) von den zivilisierten, die Bauernvölker von den Bourgeoisievölkern, der Orient vom Okzident« abhängig.«[229] Iring Fetscher schreibt in seiner Darstellung, daß Marx diese Auffassung von der welthistorischen und zivilisatorischen Mission des Industriekapitalismus in seinen späteren Schriften keineswegs aufgegeben hat.[230]

9. Das Wort vom *Idiotismus des Landlebens* sagt deutlich genug, was Marx von der *Landwirtschaft* hielt. Sie bleibt außerhalb seines Gesichtskreises. So konnte seine Lehre auch nie Anklang bei den Bauern finden. Dieser Stand wurde in der Regel dort, wo der Kommunismus an die Macht kam, mit Gewalt ausgerottet oder in Proletariat umgewandelt. *Die Mißachtung der Natur und ihrer Vorgänge ist der eigentliche Grund, warum die Geschichte des Kommunismus von ständigen Mißerfolgen in der Nahrungsmittelerzeugung begleitet ist.* Erst nachdem man die Bauern zu Proletariern gemacht hatte, wurden sie etwas schamhaft in der Theorie berücksichtigt; »Arbeiter und Bauern« heißt es seitdem. Doch die Ehre, eine »Klasse« zu sein, wurde ihnen nie zuteil, denn sie paßten ebensowenig ins Konzept wie die Handwerker, die den Bauern vergleichbar sind, da sie wie diese Besitz haben und doch selbst mit der Hand arbeiten müssen. Im Westen hat man die Bauern und Handwerker zwar nicht mit Gewalt beseitigt, aber großen politischen Einfluß haben sie auch hier nicht mehr.

10. Zu den beliebtesten Verkaufsschlagern des Marxismus gehört aber wohl die *Theorie von der Gleichheit aller Menschen,* die – wie

ausgeführt – schon im Diesseits hergestellt werden soll. Und das ist ein Ziel, das im Zeitalter der gut versorgten Massen eher noch attraktiver geworden ist. Hier wird immer wieder Glaubenskraft investiert, so oft auch dem Rausch die Ernüchterung folgt.

Der einzige schwerwiegende Unterschied zwischen dem Marxismus und der westlichen Auffassung betrifft die *Besitzverhältnisse*. Darum wurde dieser kontroverse Punkt wahrscheinlich das Kernstück der Lehre. Aber gerade darin hat sich Karl Marx am gründlichsten geirrt. Es hat sich inzwischen als ziemlich gleichgültig erwiesen, wer *Besitzer* der Produktionsmittel ist. Wichtiger ist, *wer faktisch darüber verfügt*. Das sind im Osten die Funktionärsbürokratien des Staates und der Staatspartei und im Westen die Vorstände der Gesellschaften, deren Handlungsspielraum jedoch durch die verschiedenen Mitspracherechte laufend eingeengt wurde. Viel wichtiger als die Besitzverhältnisse sind für den Arbeiter die *Arbeitsbedingungen*, die Höhe seiner Bezahlung und wie er seinen Arbeitsplatz erreicht. Sein Status und vor allem seine Zufriedenheit hängen keineswegs davon ab, ob er zu irgendeinem Zehntausendstel nomineller Mitbesitzer »seiner« Fabrik ist oder nicht. Dieses angebliche Kernproblem hat sich als ziemlich bedeutungslos erwiesen, darum locken auch westliche Politiker mit ihren gutgemeinten Plänen zur Kapitalbeteiligung der Belegschaft kaum einen Hund hinter dem Ofen hervor.

Bis auf den letzten Punkt *ist und bleibt der Marxismus die vollendetste Lehre des technischen Zeitalters*. Sie wird erst dann ihre Anziehungskraft ganz verlieren, wenn sich die organische Weltauffassung durchgesetzt haben wird. Mit der derzeitigen *mechanistischen Ideologie* kann sich der Westen gegen den Marxismus nicht behaupten, weil dieser in allen wesentlichen Punkten der konsequentere Vollstrecker der mechanistischen Weltauffassung ist. Wenn alle Irrtümer dieser Auffassung aufgedeckt werden, dann hat auch das gegenwärtig praktizierte westliche System seine theoretische Grundlage verloren.

Der Sozialismus kann ebenfalls nur in der Form weiter existieren, die er im Osten angenommen hat. Die Vertreter einer »reinen« sozialistischen Lehre hier im Westen haben offensichtlich einen »idealen Sozialismus« vor Augen, der mit dem östlichen (den sie den »real existierenden Sozialismus« nennen) nichts gemein hat. Was sie dabei übersehen, ist die Tatsache, *daß eben jeder Sozialismus in der*

Realität nur so existieren kann wie in den sozialistischen Staaten, und nicht anders. Denn der Sozialismus muß auf Grund seiner Lehre alles das sein: Totalökonomisch – Wissenschafts- und Technologiegläubig – Atheistisch – Anthropozentrisch – Städtisch und Naturfeindlich – Gleichmacherisch – Planungsbesessen – Zentralistisch – Eschatologisch. Wenn man prüft, mit welchen der zehn Begriffe sich *die Freiheit* vereinbaren läßt, dann wird man genau zu dem Ergebnis kommen, das heute in den sozialistischen Ländern besichtigt werden kann.

Eduard Heimann kommt zu dem Schluß: »Wohlfahrt ist ein großes Gut, und ein gewisses Maß von Wohlfahrt ist notwendig für die Freiheit. Aber Wohlfahrt ist nicht Freiheit; sogar das ›Absterben des Staats‹ bedeutet nichts, wenn dieser Staat vor seinem Absterben es sich zur Aufgabe setzt, den Sinn für die schöpferische Spontaneität in den Menschen zu töten, um das reibungslose Funktionieren der Gesellschaft als einer großen Maschine zu sichern, das Lenins Ideal war.[231] Im Gegensatz dazu sei der Westen zwar blind für Geschichte, aber fähig umzudenken. Die westliche Menschheit habe sich im zweiten Jahrtausend zu immer neuen Reformen fähig erwiesen; das sei auch Trost und Hoffnung für die Zukunft. »Wir haben Hoffnung, wenn wir auch keine Gewißheit haben; wir behaupten nicht, daß wir wissen, und niemand kann wissen. Denn es ist genauso möglich, daß die westliche Menschheit am Ende ihrer Kraft angekommen ist. ... Ihr Materialismus, wichtiger Bestandteil des biblischen Realismus, mag sich von diesem Muttergrund zu weit emanzipiert haben. Oder ihre beiden Wirtschaftssysteme, nahe verwandt, aber um so feindlicher gegeneinander, mögen die entsetzlichsten Erfindungen ihres Materialismus benutzen, um sich gegenseitig in die Luft zu sprengen. Wir leben zwischen Hoffnung und Zittern.«[232]

Warum der Westen noch nicht kapitulieren mußte, hat zwei Gründe. Erstens hatte er einen technisch-ökonomischen Vorsprung, so daß er auf diesem Feld nicht geschlagen werden konnte, auch militärisch (bisher) nicht. *Zweitens ließ der Westen dem lebendigen Engagement, dem organischen Denken immerhin noch begrenzte Chancen*[233] – seine theoretische Inkonsequenz erweist sich damit *als Vorteil.*

Das mechanistische Zeitalter führte zu den verschiedensten Perversionen der natürlichen Ordnung auf diesem Planeten. Darum ist es kein Wunder, wenn auch viele Vorschläge zur Beendigung dieses Zeitalters ebenfalls pervers sind. Die neue *ökologische Bewegung* würde sich selbst den Garaus machen, wenn sie ausgerechnet mit Hilfe marxistischer Gedankengänge das mechanistische Zeitalter überwinden wollte; denn gerade *hier liegt der historische Gegensatz. Ein größerer Abstand als der zwischen Marxismus und Ökologie ist nicht denkbar.* Die Natur ist *nicht mechanisch* und sie ist *nicht sozialistisch* organisiert; *sie ist organisch,* und das heißt, sie ist *altruistisch und egoistisch* zugleich. Ihre Geschichte ist *ein ständiges Ringen zwischen diesen beiden Tendenzen.*

Der Marxismus hat auf dieser Erde nicht gesiegt, *weil die einzelmenschliche Natur und die Gemeinschaft in der kleinen Gruppe von ihm nicht vollständig vergewaltigt werden konnten,* nicht einmal in den sozialistischen Ländern. Er wird in Zukunft erst recht nicht siegen, weil nicht nur die organisch denkenden Menschen, sondern auch die Mächte der organischen Welt gegen ihn arbeiten. Die organischen Kräfte dieser Erde sammeln sich zur Zeit im Namen des Lebens. Es liegt auf der Hand, daß sie im demokratischen Teil der Welt mehr Freiheiten haben, woraufhin sie sich schneller entfalten können als in den von marxistischen Doktrinen beherrschten Gebieten. Eines bleibt sicher:

> *Der Marxismus wird niemals von der herrschenden mechanistischen Weltauffassung des Westens überwunden werden. Nur die zu unserem eigenen Überleben ohnehin notwendige organische Weltauffassung kann auch den Marxismus für immer besiegen.*

Indessen bleibt der Ausgang des Ringens offen. Die letzten zwei Sätze des Buches von Lewis Mumford lauten: »Hält die Menschheit sich an die von der technokratischen Gesellschaft gestellten Bedingungen, dann bleibt ihr nichts anderes übrig, als deren Pläne für einen beschleunigten technischen Fortschritt *mitzumachen,* auch wenn alle lebenswichtigen Organe des Menschen ausgeschlachtet werden, um die sinnlose Existenz der Megamaschine zu verlängern. Doch an denen von uns, die den Mythos der Megamaschine abgeschüttelt haben, liegt es, den nächsten Schritt zu tun: Denn die Tore des technokratischen Gefängnisses werden sich trotz ihrer verrosteten alten Angeln automatisch öffnen, sobald wir uns entschließen, hinauszugehen.«[234]

Das technokratische Gefängnis zu verlassen heißt aber nicht, eine andere »Lösung« anzubieten. Die Erwartung einer Lösung entspricht der mechanistischen Weltauffassung, nicht der organischen. Dies ist auf den nächsten Seiten klarzustellen. Außerdem ist noch zu verdeutlichen, daß die mechanistische Weltauffassung *nicht nur das Leben verdrängt, sondern auch den Tod*, gegen den allerdings alle ihre Mittel versagen.

5. Die »Lösung« und das Ärgernis des Todes

Ich habe Angst vor dem Fertigen
(Pablo Picasso)

»Lösung« – so lautet eines der Zauberworte unserer Tage. Da an Problemen wirklich kein Mangel herrscht, gibt es eine ständige Nachfrage nach *Lösungen,* und Lösungs-Angebote haben Konjunktur. Friedrich Georg Jünger leitete sein Buch »Die Perfektion der Technik« mit der Vorbemerkung ein: »Solche Leser, die vom Autor die radikale Lösung ihrer eigenen Nöte und Schwierigkeiten erwarten, sind ungeduldig und verlangen von ihm das, was der Deus ex machina in der griechischen Tragödie leistet. Sie sind nicht zufrieden damit, daß ihnen neue Zusammenhänge aufgedeckt werden, sie wollen schnelle Lösungen, die ihnen von anderen fertig geliefert werden. Patentlösungen, an denen heute kein Mangel ist, sind die Sache technischer Erfinder. Im Umgang, im Zusammenleben von Menschen gibt es keine Patentlösungen.«[235]

Der Begriff der Lösung stammt aus der *technischen Vorstellungswelt.* Die Lösung des Problems der Fortbewegung brachte das Rad, die Lockerung des Bodens der Pflug, die Erzeugung von Energie das Feuer. Ist die technische Lösung gefunden, so hat sich das Problem erledigt. Auch ein Kreuzworträtsel ist gelöst, wenn in alle Felder die richtigen Buchstaben eingesetzt sind. Und Rechenaufgaben zu lösen ist ein alltäglicher Vorgang in unserer Zeit, in der alles berechnet wird. Weil wir in einem technischen Zeitalter leben, das mit wissenschaftlichen und organisatorischen Mitteln viele Probleme *erfolgreich lösen* konnte, hat sich der Glaube verbreitet, daß auf dieser Welt so gut wie alles *lösbar* sein müsse. Wenn etwas noch nicht gelöst sei, dann läge es nur daran, daß man diesem Problem noch nicht genügend Aufmerksamkeit geschenkt oder nicht genügend Mittel dafür investiert habe, oder weil böswillige Kräfte die Lösung sabotierten. Insoweit sind dunkle Kräfte und menschliche Emotionen gerade noch zugelassen: die Rolle des Bösen traut man ihnen zu, die Rolle des Guten könne aber nur auf der Seite der technischen und ökonomischen Rationalität liegen.[236]

Nicht nur Marxisten, auch westliche Wissenschaftler träumen von endgültigen »Lösungen«. So kam Maynard Keynes im Jahre 1930 zu dem Schluß, »daß die Lösung des *wirtschaftlichen*

Problems in hundert Jahren zum mindesten in Sicht sein wird. Dies bedeutet, daß die wirtschaftliche Aufgabe, wenn wir in die Zukunft sehen, nicht *die beständige Aufgabe der menschlichen Rasse* ist ... Zum ersten Mal seit seiner Erschaffung wird somit der Mensch vor seine wirkliche, seine beständige Aufgabe gestellt sein, wie seine Freiheit von drückenden wirtschaftlichen Sorgen zu verwenden ist, wie seine Muße auszufüllen ist, die Wissenschaft und Zinseszins für ihn gewonnen haben, damit er weise, angenehm und gut leben kann.«[237] Doch es spricht für Keynes, daß ihm Zweifel kommen; er stellt die Frage: »Wird dies eine Wohltat sein?« Denn: »Wir sind also – mit all unseren Beweggründen und tiefsten Trieben – von der Natur ausdrücklich zu dem Zweck entwickelt, unsere wirtschaftliche Aufgabe lösen zu können. Wenn die wirtschaftliche Aufgabe gelöst ist, wird die Menschheit eines ihrer herkömmlichen Zwecke beraubt sein.« Keynes denkt mit Schrecken an die Umstellung der Gewohnheiten und Triebe, die dann nötig sein würde, und er zweifelt daran, daß der Mensch dies schaffen werde. Er glaubt nicht so recht an die Philosophie der alten Scheuerfrau, die sich ihren Himmel so ausmalte:

Freunde, betrauert mich nicht und weint um mich nimmer,
Denn ich werde nichts tun fortan für immer und immer:
Von Psalmen und süßer Musik werden die Himmel erklingen.
Aber ich brauch nicht mitzuhelfen bei diesem Singen.[237]

Das wäre genau der Himmel, den sich die Perfektionisten vorstellen und worum sie Gott kritisieren, daß er die Welt nicht so eingerichtet hat; woraus sie dann messerscharf schließen, daß es keinen Gott geben könne, sonst hätte er diese Erde so eingerichtet, daß sie der Philosophie der Scheuerfrau entspräche.

Bezeichnend ist, daß Keynes über die schöne Welt des Jahres 2030 nichts anderes auszusagen hatte als die ökonomische Prognose, der Lebensstandard werde dann vier- bis achtmal höher sein als 1930. Keynes irrte sich – diese Höhe wurde schon in fünfzig Jahren erreicht: heute! Und dennoch scheint niemand der Meinung zu sein, daß wir nichts mehr zu tun hätten, als dem Singen der Engel zuzuhören.

Doch bis in unsere Jahre gibt es weitere unzählige programmatische Vorschläge, die den Anspruch erheben, die Probleme der

Menschheit *lösen* zu können. Und Millionen Menschen gebrauchen tagtäglich die Redensart, dies oder jenes müsse »gelöst« werden. *Gelöst werden* sollen zum Beispiel die Probleme des wirtschaftlichen Wachstums, der Energie- und Rohstoffversorgung, der Finanzen und Währungen, der Arbeitslosigkeit, der Rentenzahlungen, der medizinischen Versorgung und so fort. Die einen wollen das Verteidigungs-, die andern das Friedensproblem *lösen* – manche das Problem der Bevölkerungsvermehrung, andere das Welternährungsproblem. Überall im Leben gibt es Probleme: in Ehe und Familie, in der Erziehung und in der Freizeit, in der Schule und bei der Jugend. In den letzten Jahrzehnten sind ständig neue Probleme hinzugekommen: Umwelt-, Drogen-, Verkehrs- und Sexualprobleme.

Man darf wohl sagen, fast ein ganzes Jahrhundert, unser 20. Jahrhundert, habe so an *die »Lösung«* geglaubt wie die frühe Christenheit an die baldige Wiederkunft Christi. Die Wahrheit ist: *Kein einziges der soeben aufgezählten Probleme kann jemals »gelöst« werden,* man wird sie immer nur vorübergehend »regeln«, *Auswege* auf Zeit oder *Kompromisse* finden. Jede erfolgreiche Bewältigung wird in der Regel nur Schwierigkeiten *vermindern, nicht für immer beseitigen.*

So wie die Lebensvorgänge keine »Lösung« finden, sondern nur mit der Beendigung des Lebens entfallen, so gibt es auch keine »Lösung« für das Leben des einzelnen Menschen, ebensowenig für das Leben einer Gemeinschaft von Menschen, und auch nicht für die einzelnen Probleme dieser Gemeinschaft. Es gibt nur *Auswege.* Goethe sagt über die Natur: »Sie ist ganz, und doch immer unvollendet. So wie sie's treibt, kann sie's immer treiben.«[238] Würde sie nämlich mit Lösungen arbeiten, *dann wäre das Leben an seinem Ende angelangt;* die Natur könnte es dann nicht weiter »treiben«, und für die Menschheit wäre das *Ende der Geschichte* erreicht.[239]

Das Wort »Lösung« ist ein Fetisch, an den die Technokraten und die ökonomischen Fanatiker glauben. Ihr Fanatismus ist aber für all das von Nachteil, was wirklich erreichbar ist. Der Kompromiß, dieses wunderbare Instrument der Natur, gerät durch das Streben nach der perfekten Lösung in Verruf. *Die Geschichte des Menschen besteht aus einem ständigen Ausgleich zwischen gegensätzlichen Kräften,* wobei noch nie eine Regelung von Dauer war. Die unheimliche Konsequenz und deren beständige Verfolgung ist ein Kennzeichen mechanistischen Denkens.

Die organischen Vorgänge auf dieser Welt zeichnen sich gerade dadurch aus, daß sie *niemals abgeschlossen* sind und kein Vorgang völlig einem anderen gleicht. An tierische und pflanzliche Organismen werden ständig neue Anforderungen gestellt, denen sie unterschiedlich begegnen. Die Natur hält ein unübersehbares Repertoire von Hilfsmitteln bereit, die je nach Situation angewendet werden. »Sie baut immer und zerstört immer, und ihre Werkstätte ist unzugänglich.«[240] Alles hilft ein Stück weiter, aber dann entsteht eine neue Situation mit neuen Problemen. Nie ist etwas so abgeschlossen, so daß man sagen könnte, nun sei die Lösung erreicht. Das einzig wirklich *Endgültige,* was dem Organismus bevorsteht, ist *sein Tod.* Doch normalerweise ist dann schon vorgesorgt, daß genügend Samenzellen vorhanden sind, die das Spiel in veränderter Kombination wieder aufnehmen.

Die menschliche Gesellschaft ist Teil der Natur, somit fehlerhaft und wandelbar. Es ist unmöglich, ein unfehlbares System einzuführen.

Die Frage nach der »Lösung« wird immer wieder von den Puristen und Fanatikern gestellt, die nichts von den *ökologischen Prinzipien,* nach denen die Natur arbeitet, wissen; sie kennen nur ihre mathematisch-mechanistische Logik.

Wie auch immer die »Lösungs«-Vorschläge für unsere Welt aussehen, *die größte Macht ist darin nie unterzubringen: der Tod.* Er bleibt die unbeherrschbare Größe, die jederzeit hereinbrechen kann. »Denn die Versuche, Fortschritt und die Blamage des Sterbens unter einen Hut zu bringen, sind zum Scheitern verurteilt.« Darum muß die »Schande des Sterbens« vertuscht werden, wie Günther Anders weiter sagt, um »eine Welt herzustellen, deren Positivität so nahtlos ist, daß sie keine Ritzen für peinliche Fragen über den Tod offenläßt.«[241]

Zwei Fragen wurden mir schriftlich und mündlich immer wieder gestellt:

1. Wie sieht nun Ihre *Lösung* aus?
2. Wenn der Welt dieses katastrophale Ende droht, *wie können wir da noch weiterleben?*

Daß es keine »Lösung« gibt, habe ich dargestellt. Verwunderlicher ist die zweite Frage. Wie kann denn der mögliche Untergang mehr schrecken als der *eigene Tod,* der doch jedem seit jeher absolut sicher ist.

Offensichtlich ist der eigene Tod bereits so *erfolgreich verdrängt,* daß er kaum noch wahrgenommen wird. Diese Verdrängung ist zu erläutern. Man spricht nicht mehr über den Tod. Und um dem Tod nicht mehr begegnen zu müssen, werden seine Anzeichen schnell beseitigt. Das kann ohne Zwangsmittel geschehen, weil es sich aus der technischen Arbeitsteilung ergibt. Denn nur in Krankenhäusern stehen die modernen teuren Apparate bereit, nur dort gibt es die Fachleute für körperliche Defekte, nach Körperteilen säuberlich aufgegliedert. So kann man mit höchst humanitären Argumenten bereits die Kranken aus dem Umkreis der Gesunden *verbannen.* Früher blieben sie in der Familie und erinnerten immerzu an die *Hinfälligkeit alles Lebens.* Damals hatte die arme Familie kein Geld, sich von der Pflege freizukaufen, und die wenigen Reichen konnten es sich leisten, die Pflegepersonen ins Haus kommen zu lassen. So erlebten alle Schmerz und Leid – und auch den Tod – im eigenen Hause. Darüber ist der Fortschritt hinweggegangen, im Namen der Humanität. »Der humanitaristische Furor« ist aber, so meint Gertrud Höhler, »ein lächerliches Spektakel von Maskenträgern, ein Wohltätigkeitsfest, das Leute mit schlechtem Gewissen geben, solange er von Menschen inszeniert wird, die nicht einmal das Allermenschlichste verdaut haben, ihren eigenen absolut sicheren Tod, bevor sie das große Hohelied von der weltweiten Menschlichkeit anstimmen.«[242]

Die Tatsache des Todes hat weder im Raum noch in der Zeit und ebensowenig in den Zukunftsentwürfen einen Platz. »Eine Zukunftslehre vom Heil aller, die den Tod – totschweigt: das ist unsere armselige Bilanz im aufgeklärtesten aller Jahrhunderte.« Bei Gertrud Höhler heißt es weiter: »Im Vollbesitz aller sinnlichen Wahrnehmung, die phantastisch werdende Technik uns ermöglicht, erschrocken und gebannt zugleich von den Möglichkeiten der unerschöpflichen Natur, kundig wie nie zuvor in der Physis und in der Seele des Menschen, im Wasser und auf der Erde, unter der Erde und in der Luft, den kleinsten Teilen der Materie auf die Spur gekommen, wahrhaft Herren des Kosmos, im Guten wie im Bösen; – Besitzer so vieler gesicherter und so vieler ungesicherter Gewißheiten und Beweise, lassen wir die eine und einzige Gewißheit aus, an der niemand vorbeikommt, die den Erfahrenen wie den Unerfahrenen, den Armen wie den mit Gütern Gesegneten bevorsteht, solange sie leben: den Tod.«[243]

Alle diese Äußerungen, aber noch stärker das alltägliche Leben beweisen: Der Tod ist aus der Erlebniswelt des modernen Menschen ausgeklammert – *damit ist aber auch der Wert des Lebens gemindert.* Denn: »Vom Tode her erst ist der Mensch voll zu würdigen, und wenn er mit dem Bewußtsein seiner Vergänglichkeit nicht die Auseinandersetzung sucht, so ist das ein Zeichen seiner Selbstentwürdigung, weil er offenkundig die Sehnsucht eingebüßt hat, über seine kläglich bemessene Spanne hinauszureichen.«[244]

Der Mensch kann nur dann sein Leben in Todesferne verbringen, wenn er sich auch vom Leben distanziert. Im Mittelalter lebte man *mit dem Tod,* wie in jeder Religion. Noch bei Goethe heißt es:

> Und so lang du das nicht hast,
> Dieses: Stirb und werde!
> Bist du nur ein trüber Gast
> auf der dunklen Erde.[245]

Es bedarf der Schlußfolgerung kaum, daß die Erde nun voll der trüben Gäste ist.

Genauso, wie die Fortschrittsgläubigen vor dem individuellen Tod die Augen verschlossen haben, *so auch gegenüber der Apokalypse,* deren Ankündigung früher periodisch ganze Völker in Schrecken versetzt hatte. Dergleichen Unheilsverkünder konnten in der herrschenden Fortschrittseuphorie keinen Glauben finden, dagegen schenkten die Völker verschiedenen »Heilsbringern« leicht Vertrauen.[246]

Doch nun, am Ende des zweiten Jahrtausends n. Chr., verdichten sich die Beweise, daß der großflächige *Katastrophen-Tod* so real droht wie früher die Apokalypse in den Visionen. Immer mehr Menschen können immer weniger dieser Erkenntnis ausweichen und sehen sich gezwungen, sich nicht nur auf ihr eigenes Ende, sondern auch auf *ein gemeinsames Ende* mit Schrecken gefaßt zu machen. Tun sie das aber, dann kann dieser schärfere Stachel auch zu einer Kehre ins Positive führen – nicht in dem vordergründigen Sinne, daß wir nun diese neuen Probleme »bewältigen« oder gar »lösen« und damit der Katastrophe entrinnen, sondern daß wir unser Bewußtsein vom Sein auf eine höhere Ebene heben.

Wenn wir den Weg des Lebens zurückverfolgen, dann stoßen wir immerzu auf den gleich mächtigen Tod. »Zu Unrecht verfluchen wir den, *ohne den wir nicht wären.*«[247] *Tod und Leben bilden ein dynamisches Gleichgewicht, das allen anderen übergeordnete Gesetz der Natur;* sie pendeln sich immer wieder auf eine mittlere Position ein. Sie erfüllen ein ewiges Gesetz, das Grundgesetz der organischen Welt, welches sich nur organischem Denken erschließt.

Die mechanistische Denkweise erweist sich dagegen als Sackgasse des menschlichen Gehirns, das in diesem Fall nicht mehr dem Leben, sondern der *Ausbreitung der unbelebten Welt* dient.

Wenn der Mensch, wie viele Arten vor ihm, bald den Planeten räumen muß, dann wird die Ursache in dieser Verirrung des menschlichen Gehirns liegen, welches eine erdachte tote Welt an Stelle der organischen errichten will. Die lebendige Welt geht an der Ratio zugrunde, die alles rationalisieren will. Darunter leiden alle Kreaturen, und auch der kreatürliche Mensch siecht dahin. Er degeneriert zum Psychopathen.

In dieser Lage sucht nun ein großer Teil der »fortgeschrittenen« Menschheit den Ausweg nicht in weniger, sondern in noch mehr Rationalität – ohne zu begreifen, daß exakt diese Vorwärtsstrategie die Straße des Todes beschreitet. Wen die Götter vernichten wollen, den schlagen sie zunächst mit Blindheit, hieß es in der Antike. Die heutige Blindheit ist die Folge selbstproduzierter Hirngespinste – und darum um so gefährlicher.

Teil IV Die organische Weltauffassung

1. Die organischen Prinzipien

Das Wahre war schon längst gefunden,
Hat edle Geisterschaft verbunden,
Das alte Wahre faß es an!

Goethe

Das alte Wahre

Lewis Mumford stellt folgendes Postulat auf: »Die große Revolution, die wir brauchen, um die Menschheit vor den drohenden Angriffen der Beherrscher der Megamaschine auf das Leben zu schützen, verlangt vor allem eine Ersetzung des mechanischen Weltbilds durch ein organisches ... Nimmt man ein organisches Modell an, dann muß man ... Endlichkeit, Begrenztheit, Unvollständigkeit, Ungewißheit und schließlich den Tod als notwendige Lebensattribute, ja als Voraussetzungen für die Erlangung von Ganzheit, Autonomie und Kreativität akzeptieren.«[248]

Innerhalb dieser Begriffe hat sich das Leben seit eh und je abgespielt. Nur der technische Erfolgsrausch der letzten Jahrhunderte hat Menschen zu der Ansicht verleitet, sie hätten eine ganz neue Ebene des Seins erklommen. Damit sei der Mensch einem endgültigen Stadium nahe, in dem alles *gewußt*, alles *geregelt* und ein *jeder zufrieden* sein werde. Daß dies das *Ende der Geschichte* sein würde, ist den mechanistischen Verfechtern der perfekten Lösung nie aufgegangen. Solange Lebewesen diese Erde bevölkern werden, bleibt dieses Stadium *außerhalb des Möglichen und des Wünschenswerten;* denn auf dem Wege dorthin müßte alles das, was »Leben« genannt werden kann, abgeschafft werden. »Denn das Leben, sei es individuell oder kollektiv, persönlich oder historisch, ist das einzige Sein in der Welt, dessen Wesen Gefahr ist. Es besteht aus Peripetien. Es ist im genauen Sinn des Wortes Drama.«[249] Doch Ortega y Gasset, der dies sagt, hat Zweifel, ob man ihn verstehen werde. Darum fügt er diesem Satz eine pessimistische Anmerkung hinzu: »Man braucht es kaum noch zu sagen, daß fast niemand diese Ausführungen ernst nehmen und die Bestgesinnten sie für bloße Metaphern, vielleicht für herzbewegende halten werden. Nur hier und da wird ein unbefleckter Leser, der noch nicht von Grund auf zu wissen glaubt, was das Leben ist, oder wenigstens was es nicht ist, sich durch den ursprünglichen Sinn dieser Sätze gewinnen lassen, und gerade er wird sie – seien sie nun wahr oder falsch – verstehen. Unter den übrigen wird die herzlichste Übereinstimmung herrschen, mit dem einzigen Unterschied, daß die einen meinen, das Leben sei ›im Ernst‹ ein realer Ablauf von Seelenzuständen, während die anderen es für eine Aufeinanderfolge chemischer Reaktionen halten.«

Wir müssen also nun versuchen zu skizzieren, was unter einer *organischen Weltauffassung* zu verstehen ist, obwohl Goethe über unser Verhältnis zur Natur sagt: »Wir leben mitten in ihr, und sind ihr fremde. Sie spricht unaufhörlich mit uns, und verrät uns ihr Geheimnis nicht.«[250]

Auf welche Weise sich *Leben* abspielt und was es zu seiner Entfaltung benötigt, wird der Inhalt der folgenden Kapitel sein.

Leben ist kein mechanischer Vorgang zwischen einem bekannten Anfang und einem bekannten Ende; es ist *unberechenbar, eine Folge von positiven und negativen Überraschungen.* Es spielt sich auf einem unübersehbaren Felde ab und ist doch begrenzt.

Im Bereich des Lebens herrscht nicht nur das Gesetz der Kausalität, mit dem es sich gut kalkulieren läßt und worauf das ökonomische Zeitalter alle seine Berechnungen aufbaut; hier herrschen die – im Ursprung unergründlichen – *biologischen Prinzipien.*

Auf der einen Seite haben wir das gesicherte naturwissenschaftliche und mechanistische Wissen – auf der anderen die unerforschlichen Geheimnisse der Transzendenz, von denen nur hin und wieder ein Stück aufleuchtet; denn sie beginnen im *biologischen Sein,* zu dem wir selbst gehören. Zwischen der Transzendenz und dem mathematisch geordneten Wissen spielt sich alles das ab, was wir Leben nennen. Das ist zugleich das Feld der relativen Freiheit. Nur in diesem Bereich haben alle immateriellen Regungen des Menschen die Chance der Entfaltung. *Hier haben seine seelischen Erlebnisse, seine ethischen Vorstellungen, seine Kunst und seine Religion ihren Ursprung.*

Einer der tiefsten Denker, der die Welt organisch auffaßte, war Goethe. Seine naturwissenschaftlichen Arbeiten mußten mit der herrschenden Auffassung in Konflikt geraten, besonders seine Farbenlehre. Dennoch hat er bleibende Beiträge geleistet, so die »Metamorphose der Pflanzen«. Im 20. Jahrhundert hat der Kulturphilosoph Oswald Spengler die organische Weltsicht wieder aufgegriffen, indem er dem Kausalitätsprinzip die »Schicksalsidee« entgegensetzte. Im Leben vollzieht sich die Verwirklichung des Möglichen, welche »als gerichtet, als unwiderruflich in jedem Zuge, als schicksalhaft hingenommen werden muß – dumpf und ängstigend vom Urmenschen, klar und in der Fassung einer Weltanschauung, die allerdings nur durch die Mittel der Religion und Kunst, nicht durch Begriffe und Beweise mitgeteilt werden kann, von Menschen hoher Kulturen.« Auch die *Sprache* kann mit Worten diesen Bereich beschreiben; es wird ihr aber nie vollständig gelingen. Spengler nennt einige bezeichnende Worte: »Geschick, Verhängnis, Zufall, Fügung, Bestimmung. Keine Hypothese, keine Wissenschaft kann je an das rühren, was man fühlt, wenn man sich in den Sinn und Klang dieser Worte versenkt. Es sind Symbole, nicht Begriffe... Die Schicksalsidee verlangt Lebenserfahrung, nicht wissenschaftliche Erfahrung, die Kraft des Schauens, nicht Berechnung, Tiefe, nicht Geist. Es gibt eine *organische Logik*, eine instinkthafte, traumsichere Logik allen Daseins im Gegensatz zu einer *Logik des Anorganischen* ... was in den Worten Hoffnung, Glück, Verzweiflung, Reue, Ergebenheit, Trotz liegt.«[251]

Das Organische, was Spengler das »Schicksalhafte« nennt, kann nur gefühlt und innerlich erlebt werden; es geht um Gewißheiten, welche die einfachsten Menschen früher besaßen und natürlich zu allen Zeiten die *Gläubigen*, die *Liebenden*, die *Künstler* und *Dichter*.[252] Alles Lebendige hat eine andere, höhere Logik, eine solche, die nicht mit unserem Verstand zu erfassen ist, wohl aber mit unserer *Vernunft*.

Ein Grundzug des Lebens ist die *Selbstverschwendung*, ja Selbstpreisgabe. Wir finden sie in ihrer extremsten Form in der Aufopferung der Mutter oder auch beider Elternteile für ihre Jungen oder in der Selbstaufgabe unter Liebenden. Schwächere Formen der Selbstverschwendung liegen im Spiel und Wettkampf, im Tanz und Fest, in der Hingabe an ein Werk. Nur wo *Hingabe* eines Wesens stattfindet, kann sie vom Empfangenden als *Geschenk* empfunden werden, woraus irdische Wesen immer noch ihre größte Beglückung beziehen. Und das Glück, dessen Herkunft wir nicht ergründen können, nennen wir *Gnade. Gnade ist das Geschenk, welches aus der Transzendenz kommt.*

Beim Dichter Reinhold Schneider lesen wir: »Allein das Märchen von der Gnade löst das Wirrsal: Nur das Märchen ist Antwort an Leben und Zeit; es ist der Lobgesang der Tragiker.«[253]

Die *Märchen* enthalten wahrscheinlich die vollkommensten Darstellungen des organischen Lebensgefühls. Sie beziehen die Natur mit ein und stellen den Menschen mitten in die Natur. Die Tiere und sogar die Pflanzen sind im Märchen gleichberechtigte Wesen im Spiel des Lebens. Dieses Spiel bewegt sich psychisch zwischen den Gegenpolen, die wir später noch beschreiben werden: zwischen gut und böse, schlau und dumm, tapfer und feige, schön und häßlich. Die Handlung verläuft zwischen Hoffen und Bangen, so daß sie den Hörer oder Leser mitzittern läßt, denn so verläuft auch sein Leben: von der Geburt über Kampf und Liebe bis zum Tod. Bei aller Grausamkeit – die ebenfalls dem Leben entnommen ist – endet die Geschichte im Märchen doch meist glücklich oder versöhnlich. Bei aller Härte bleibt die Grundstimmung: *Leben und leben lassen.* »Ein bevorzugtes Kriterium in der Kennzeichnung von Menschen ist im Märchen die Frage, ob einer einfühlsam und behutsam mit den Dingen und Kreaturen umgehen kann. Für das Märchen ist die Welt ein zusammengehöriger Bereich, in dem das eine mit dem anderen in Verbindung steht, der eine für den anderen Verantwortung tragen muß. ...Wer nicht das der Schöpfung innewohnende Gesetz respektiert, der vergeht sich an ihr und greift in einen komplizierten Zusammenhang ein, was sich dann verhängnisvoll auswirken muß. Die mißhandelte Schöpfung schlägt zurück, die vergewaltigte Natur verweigert dem Menschen den Gehorsam. *Was wir heute durch die Einsichten in das ökologische Gleichgewicht der Natur mühsam uns vergegenwärtigen müssen, das weiß das Märchen in seiner Bildersprache immer schon.* – Hinter dem Verständnis einer kosmischen Verbundenheit wird eine große Verläßlichkeit der Schöpfung geahnt, die den einzelnen trägt, wenn er bereit ist, sein Teil zum Ganzen beizutragen.«[254]

Im Märchen findet die Übertreibung, sei es die des Stolzes, des Reichtums oder der Macht, fast immer ihre Strafe. Die Hybris wird dem Menschen zum Verhängnis wie schon in der griechischen

Tragödie. *Und immer ist der Tod allgegenwärtig.* Es ist ganz logisch, daß für Märchen in der heutigen mechanistischen Welt kaum Interesse besteht. Früher erzählte man sich Märchen oder Mythen in allen Ländern, gleich welcher Kultur. Also besteht in der organischen Lebensauffassung eine durchgehende Gemeinsamkeit der Völker bei reichster individueller Ausprägung. Wie könnte es auch anders sein; im einfachen Leben der Menschen herrschen eben überall die gleichen Grundmuster. »Die Menschheit hat seit jeher ihre schönsten Schöpfungen aus der animistischen Welt-›Anschauung‹ gewonnen«, urteilt der Göttinger Biologe Friedrich Cramer. »Die Märchen, die Sagen, Dichtung und Kunst sind der immerwährende Versuch, die Welt auf nicht wissenschaftliche, aber eben auch für den Menschen gültige Weise zu fassen.«[255]

Das menschliche Leben, wie es sich auf unserem im Weltraum isolierten Erdball Tag und Nacht abspielt, kann nicht »auf die geschlossenen Systeme reduziert werden, auf die es nach rationalen Auffassungen gebracht wird.«[256] Diese Aussage des französischen Philosophen Georges Bataille ist allzeit gültig gewesen, durch das lange Dunkel der Vorgeschichte bis zum heutigen Tag. Nur in den letzten Jahrhunderten ist der Vorrang des Organischen vor allem Mechanistischen ernsthaft in Frage gestellt worden. Aber auch dies nur auf der Ebene der intellektuellen Auseinandersetzungen, bisher kaum in der breiten Volksmasse – die natürlich daraufhin als rückständig gescholten wird und über die ständig Umerziehungspläne niederprasseln wie Gewitter. Der englische Naturwissenschaftler C. P. Snow vertritt in seiner Darstellung der »Zwei Kulturen« sogar die Meinung, daß die *überkommene Kultur* unsere westliche Welt in einem Ausmaß dirigiert, daß diese »durch das Auftreten der naturwissenschaftlichen Kultur erstaunlich wenig geschmälert wird«.[257] Das ist übertrieben, aber soviel ist richtig: Man hat die Mehrzahl der Menschen – Gott sei gedankt – *nicht einmal im technischen Zeitalter zu Automaten umfunktionieren können.* »Wir sind durchaus nicht solche logische, konsequente Wesen. Was immer an betrüblichen Realitäten unser beschränktes Denken uns auch vor Augen führt, unser normales Leben besteht glücklicherweise aus persönlichen Begierden, Zuneigungen und großmütigen Regungen, es ist in nahezu jedem Individuum ein Amalgam von engherzigen Vorurteilen, Haß, Neid und Eifersucht mit Regungen selbstlosester, liebenswertester Art, edelsten Wohlwollens, freiwilliger Hilfbereitschaft; und dies, der alltägliche Vordergrund unserer Gedanken, wird immer lebendig genug sein, jede begründete verstandesmäßige Überzeugung von einer stets größere Dimensionen annehmenden Katastrophe für die ganze Art in den Schatten zu rücken.«[258] So H. G. Wells in seiner Schrift »Der Geist am Ende seiner Möglichkeiten«.

Auch Mumford ist der Meinung, daß bis zu unserer Zeit die menschliche Kultur sich in einer organischen, subjektiv modifizierten Umwelt »und nicht in einem sterilen, maschinell hergestellten Gehege« entwickelte. »In wirrer, ungeordneter Form herrschten überall die Kriterien des Lebens vor, und der Mensch gedieh in dem Maße, als ein lebensförderndes Gleichgewicht zwischen den Organismen erhalten blieb.«[259]

Heute begegnet der zivilisierte Mensch der Natur nur noch, soweit sie *verarbeitet* ist. Selbst das wichtigste aller Mittel, das Nahrungsmittel, verrät in der gelieferten Form seine Herkunft durch nichts. Das einzige organische Wesen, dem der Mensch noch im städtischen Alltag begegnet, ist der andere Mensch oder sein Haustier, soweit er eins hat. Doch der andere Mensch ist eben auch in der Regel ein Mechanist, und das Haustier ein bereits denaturiertes Geschöpf, auf die Notwendigkeiten der Stadtwohnung abgerichtet. Von diesen beiden Partnern, obwohl sie Lebewesen sind, lernt man organisches Leben nur noch gefiltert kennen. Das geht so weit, und mir ist das völlig bewußt, daß viele, wenn sie diese Seiten lesen, kaum verstehen werden, wovon die Rede ist.

Der Teil der Bevölkerung, der noch in seiner täglichen Arbeit mit der Natur verbunden ist, schrumpfte in diesem Jahrhundert auf der nördlichen Halbkugel zu einer fast unbedeutenden Minderheit zusammen. Aber ein weiterer Teil blieb der Natur durch Gartenbau, Wandern, Jagd und Fischfang so verbunden, daß ihm doch ein gewisses Verständnis für organische Prinzipien erhalten blieb. Ausschlaggebend bei der Mehrheit ist immer noch die Tatsache, *daß der eigene Körper organisch funktioniert und reagiert,* so sehr sich auch die Naturwissenschaften bemüht haben, ihn als chemisch-physikalischen Mechanismus zu erklären und zu behandeln. Die geheimnisvollen Antriebe, die sowohl die Existenz des Einzelnen als auch den Lauf der Geschichte bestimmen, bleiben stets die gleichen. Und gegen die mechanistische Weltanschauung gibt es schon seit Rousseaus Zeiten eine Gegenströmung, die in vielen pädagogischen

Bemühungen fortwirkt. Auch all das, was an geistiger und künstlerischer Kultur über die letzten Jahrhunderte hinweg gerettet wurde, bildet den Nährboden für das erneute Vordringen der organischen Weltauffassung.

Die noch nicht zivilisierten Völker, die man die »Unterentwickelten« zu nennen beliebt, verharren bis auf eine sehr dünne intellektuelle Oberschicht noch in der organischen Auffassung. Und eine unterschiedlich breite Mehrheit in den zivilisierten Völkern verhält sich in vieler Hinsicht ebenfalls noch organisch. Sie entwickelt daraus ein gesundes Mißtrauen gegen technokratische Heilsversprechungen. Die jetzt an den Hebeln der Macht Sitzenden – sei es in der Wirtschaft, in den Interessenverbänden oder in der von ihnen abhängigen Politik – denken dagegen vorwiegend mechanistisch. Dies hat, nebenbei gesagt, zu dem Irrtum beigetragen, daß die jetzt entbrennende Auseinandersetzung eine zwischen *Macht* und *Nichtmacht* sei. Doch Macht gibt es nicht nur im Komplex der Megatechnik, wie Mumford meines Erachtens zu stark betont, sondern auch in der organischen Welt gibt es abgestufte Machtverhältnisse.[260] Und die Macht von Personen und Ideen hat den Gang der Geschichte bestimmt. Es ist kein Zufall, daß man im technischen Zeitalter die Geschichte auf ökonomische, technische und soziologische Triebkräfte reduzieren wollte.

Zu den heutigen technokratischen Machthabern kommt in den Industrienationen eine breite Mittelschicht von Technokraten und Bürokraten, von Halbgebildeten, die in der Regel nur mechanistisch denken. Und das überrascht nicht; denn die naturwissenschaftlichen Grundbegriffe zu lernen, das schafft auch jeder durchschnittlich Begabte noch. Dagegen erfordert es viel mehr Bildung, Gefühl, Phantasie und Wissen, um die organische Welt in einiger Tiefe zu begreifen. Der Schweizer Jurist Rudolf Zihlmann spricht von einer »vegetativen Intelligenz«, die »feiner organisiert ist als das, was menschliche Intelligenz, auf sich selbst gestellt, zumeist hervorbringt.«[261] Die höchste Lebenskunst liegt wohl darin, sich in beiden Bereichen zurechtzufinden, was einem Genie wie Leonardo da Vinci ohne Mühe gelang.

Es ist andererseits nicht so, daß in der organischen Welt die Wissenschaften nichts zu suchen hätten. Auch hier werden gesicherte wissenschaftliche Erkenntnisse gewonnen; sie liegen in Fülle vor. Hier sind die Wissenschaften tätig, welche wir die organischen nennen möchten.

Die Trennung zwischen der mechanistischen und der organischen Welt ist nicht identisch mit der üblichen Zweiteilung in Natur- und Geisteswissenschaften – wenn auch die Naturwissenschaften vorwiegend auf die mechanistische Seite gehören. Da wir hier weniger vom Stoff, sondern mehr von der Denkweise der Wissenschaftler ausgehen, verläuft der Schnitt durch viele Fächer *mitten hindurch.* Darum erfaßt auch die von C. P. Snow beschriebene Spaltung in »Zwei Kulturen« den Kern der Sache nicht; denn er geht im wesentlichen von der alten Teilung in Natur- und Geisteswissenschaften aus.

Die neue Zweiteilung der Wissenschaften

Vorwiegend organisch:	Vorwiegend mechanistisch:
Ökologie	Mathematik
Biologie	Physik
Botanik	Chemie
Zoologie	Technik
Agronomie	Ökonomie
Heilkunde	Geologie
Psychologie	Astronomie
Sprachen	
Völkerkunde	
Soziologie	
Geschichte	
Politik	Dazwischen liegend:
Philosophie	Geographie
Theologie	Architektur
Kunst	Rechtswissenschaft

Alle Wissenschaften haben ihren Sitz im Geist des Menschen, *der selbst ein organisches Wesen ist.*

Keine Wissenschaft gehört in ihrem ganzen Umfang ausschließlich auf eine Seite.

Es gibt Wissenschaftler, die zum Beispiel die Biologie, die Psychologie oder die Geschichte auf völlig mechanistische Weise betreiben.

Gerade in den letzten Jahrzehnten wurden Berge von Wissen über die Lebewesen zusammengetragen, so von der Ethnologie, der Biologie und der Psychologie. Wenn es auch eine andere Art von Wissen ist, *Gesetzmäßigkeiten herrschen auch in diesen Bereichen.* »In den Bewegungen der Tiere, in den Empfindungen und Leidenschaften der Menschen ist auch Exaktheit. Ein homerischer Hexameter oder eine Ode von Pindar sind nicht weniger exakt als irgendein Kausalverhältnis oder eine mathematische Formel. Diese rhythmische, metrische Exaktheit ist nur eine andere, höhere. Wenn sie nicht berechenbar ist, so ist das noch kein Grund, sie für unzuverlässiger zu halten als das Ergebnis irgendeiner Quantenmessung.«[262]

Die mechanistische Denkweise ist rationalistisch. Aber auch die organische Denkweise ist auf ihre Weise »rational«; sie muß sich nur einer viel komplizierteren und vielfältigeren Denkform befleißigen; für die Mehrzahl der Gebildeten reicht der Verstand lediglich aus, die mechanistische Welt zu erfassen.

Ökologische Vorgänge bestehen aus so vielen Komponenten, daß sie größere Anforderungen an die Auffassungsgabe jedes Menschen stellen. Bestes Beispiel für die Unbegreiflichkeit organischer Prozesse: Müßte der Mensch die Millionen Funktionen seines Körpers bewußt steuern, dann würde das Gesamtsystem »menschlicher Körper« sofort zusammenbrechen; denn in jeder Sekunde werden Millionen Entscheidungen im Körper getroffen, wovon wir nicht das Geringste merken. Das Bewußtsein braucht den Körper nicht zu steuern, wir können schlafen, und alle Vorgänge des Körpers funktionieren voll weiter; außer denen natürlich, die nur während des Wachseins benötigt werden.

Der Naturwissenschaftler Hoimar von Ditfurth schreibt in seinem neuesten Buch: »Kein Mensch wäre in der Lage, auch nur eine Leber zu steuern. Oder eine einzige Zelle zu bauen. Es ist eine triviale Feststellung, daß weitaus das meiste von dem, was die

Evolution – ohne Bewußtsein und ohne Gehirn! – hervorzubringen in der Lage war, von uns trotz aller Anstrengungen erst zu einem winzigen Teil verstanden, geschweige denn nachgeahmt werden kann. Wir sind nicht, wie wir allzu naiv und in aller Unschuld stillschweigend zu unterstellen pflegen, der einzige und im Ablauf der Geschichte erst erstaunlich spät aufgetretene Hort des ›Geistes‹ innerhalb der irdischen Natur oder gar im ganzen Kosmos. Wir sind, als ein Ergebnis dieser Geschichte, mit unseren psychischen Fähigkeiten nichts als ein erster, matter Abglanz der Prinzipien, die alles hervorgebracht haben, was wir unsere ›Welt‹ nennen.«[263]

Da die organischen Wissenschaften viel schwieriger zu erfassen sind als die anorganischen, steht unseren Anschauungen keine leichte Laufbahn bevor. Der Mensch braucht ohnehin zunehmend mehr Lebensjahre, um sich diese Welt im umfassenden Sinne anzueignen. Immer weniger schaffen es, und die erst gegen ihr Lebensende. Die neue Forderung lautet: »Wissenschaft muß wieder das werden, was sie – abgesehen von den letzten 200 Jahren – immer war: die wichtigste und angemessenste Betätigung des menschlichen Geistes, zweckfrei und unabhängig, fern der Technik und nahe der Kunst.«[264]

Das, was sich *Aufklärung* nannte, entrollte die Fahne der Freiheit und Autonomie des Menschen, hinter der alle hoffnungsvoll in die Zwänge des mechanistischen Zeitalters hineinmarschierten. *Inzwischen hat es sich als überlebensnotwendig herausgestellt, Aufklärung über die Aufklärung zu betreiben.* Es läßt sich leicht denken, daß damit viel höhere geistige Ansprüche gestellt sind, als sie in der rationalistischen Aufklärung erforderlich waren.

Es ist eben gerade *nicht* so, wie unsere Gegner behaupten, daß *wir die Welt zu einfach sehen.* In die platte Vereinfachung haben uns die schrecklichen Simpel geführt, deren blinder Technokraten-Fanatismus die Welt noch immer fröhlich in den Abgrund treibt. In ihrer arroganten Engstirnigkeit ignorieren sie:

1. Die Natur und die organischen Prinzipien.
2. Jedwede Transzendenz.
3. Daß unser wesentlicher Daseinsinhalt immaterieller und biologischer Herkunft ist.

Rückblickend können wir feststellen, *daß ungeheure Verluste die Straße des Fortschritts säumen.* Gerade wo er perfekt erscheint, müssen wir die Bilanz ziehen:

1. Wir haben die emotionale Beziehung zur Natur und zu uns selbst verloren.

2. Wir haben Gott verloren.

3. Wir haben die Kultur der Seele verloren.

Nackt stehen wir in der eisernen, kalten Maschinenwelt und sind im Begriff, *auch die Hoffnung zu verlieren.* Nein! *Wir stünden* so in dieser Welt, *wenn die Entwicklung ganz konsequent verlaufen wäre.* Wäre sie so vollständig, *dann könnten wir in Wirklichkeit gar nicht mehr leben. Unser biologisches und psychisches Überleben verdanken wir den Reservaten, die wir heimlich und oft ganz privat gerettet haben.* Wir zeigen sie meist nicht vor, weil sie nicht in die heutige Welt passen – und wir uns bei ihrer Entdeckung schämen müßten, *selbst nicht in diese Welt zu passen.*

Die hauptsächliche *Schizophrenie* unserer Tage ist, *daß die Menschen in beiden Welten zugleich leben müssen.* Dies ist auch die Ursache der meisten individuellen Schizophrenien. Der zivilisierte Mensch befindet sich in einem *ständigen Zwiespalt zwischen seiner mechanistischen Gedanken- und Arbeitswelt und seinem biologischen Leben.* Dies ist der Hauptgrund dafür, daß heute so viele Psychopathen herumlaufen. Ein großer Teil gehört zu denjenigen, die an dem Zwiespalt so stark leiden, daß daraus ihre Krankheiten entstehen. Mancher menschliche Körper hilft sich durch einfaches Abschalten, um die Belastung zu vermindern.

Für manchen wird der herrschende Rationalismus so unerträglich, daß er in einen völligen Irrationalismus flüchtet. Aber auch umgekehrt – und das war die vorwiegende Tendenz dieses Jahrhunderts – flüchtet der Mensch aus seinen natürlichen Gefühlen in eine rein mechanistische Welt, wo er *wissenschaftlich »begründete«* Sicherheit zu finden hofft. Doch jetzt wird offenkundig, »daß sowohl das mechanische Weltbild als auch seine technologischen Komponenten in bezug auf den Menschen hoffnungslos rückständig sind.«[265] *Jetzt ist ein tiefgehender Entdeckungsprozeß im Gang,* »der sich nicht nur auf den Raum, sondern auch auf die Zeit und ebenso auf subjektive wie auf objektive Phänomene erstreckt. Es geht dabei nicht nur um Ursache und Wirkung, sondern um Strukturen von fast unentwirrbarer und unbeschreibbarer Komplexität, die sich in ständiger Wechselwirkung durch die Zeit bewegen. In einem Bereich nach dem anderen entfaltet sich bereits dieses organische Weltbild.«[266] Seine Regeln sind im Folgenden zu ergründen und zu beschreiben.

2. Das Pendel des Lebens

Übertriebene Farben fährden das Sehen.
Überstiegene Töne töten das Hören.
Überspitzte Kost kostet den Geschmack.
Überreizte Erregung erregt Unnatürlichkeit.
Überhäufter Besitz besitzt den Besitzenden.
(Laotse)

Der sogenannte »moderne Mensch« hat sich von den Grundregeln des Lebens, die so alt sind wie die Menschheit, weit entfernt. Schlimmer noch, er scheint gar nichts mehr von dem zu wissen, was unseren Großeltern geläufig war und einigen Völkern noch heute ist.

Der moderne Mensch will alles genau *wissen* und das Wissen dann auch ökonomisch anwenden. Aber heute wird uns immer klarer: Es ist »unmöglich, exakt zu definieren, was für den Menschen nützlich ist«.[267] Darunter leidet die Diskussion über die Probleme der menschlichen Gesellschaft und das Nachdenken des Einzelnen über seine eigenen. Sowohl in der materiellen wie in der psychischen Welt besteht größte Unsicherheit darüber, was für den Menschen *wirklich gut* ist. Kant vertrat entschieden die Ansicht, daß der Mensch »doch niemals bestimmt und mit sich selbst einstimmig sagen kann, was er eigentlich wünsche und wolle« und daß er nicht »mit völliger Gewißheit zu bestimmen (vermöchte), was ihn wahrhaft glücklich machen werde, darum weil hierzu Allwissenheit erforderlich sein würde.«[268] In den letzten Jahrhunderten glaubte man allerdings, untrügliche Maßstäbe gefunden zu haben. Endlich schien der Fortschritt der Menschheit meßbar zu sein, mit Zahlenkolonnen belegbar, die man dann als steigende Kurven zeichnen konnte. Die Anziehungskraft der statistischen Werte beruht darauf, daß sie für den Dümmsten verständlich sind. Die zivilisatorische Welt steht noch ganz im Banne des *fanatischen Aberglaubens, daß das Heil der Menschen in immer dichterer Fülle fabrizierter Massengüter zu suchen sei.*

Je mehr zusätzliche materielle Wohltaten der Mensch erlangt, um so geringer steigt der Genuß, den er davon hat. Ja es kommt schließlich der Punkt, an dem der Genuß *ins Negative umschlägt* und zum Verdruß wird.

Schon der Sozialphilosoph Jeremy Bentham (1748–1832) kam zu dem Ergebnis, daß die zweite Tasse Kaffee wie jede zweite Essensportion weniger Genuß bringt als die erste. Ab einer bestimmten Portion wird man dem Körper weitere nur mit Gewalt einflößen können, da er sich dagegen psychisch und physisch wehrt. Später hat der Ökonom Hermann Heinrich Gossen (1810–1858) seine Gesetze aufgestellt, wovon das erste lautet: »Die Größe eines und desselben Genusses nimmt, wenn wir mit der Bereitung des Genusses ununterbrochen fortfahren, fortwährend ab, bis zuletzt Sättigung eintritt.«[269]

Lewis Mumford meint, daß bereits zwischen dem achten und sechsten Jahrhundert vor Christi Geburt eine Reihe von Propheten und Philosophen die Entdeckung machten, daß die »hemmungslose Jagd nach unbegrenzten Mengen von Speise, Trank, sexueller Lust, Geld und Macht« schädliche Folgen hat.[270] Die Religionen predigten seitdem *Mäßigung, Einschränkung* und *Enthaltsamkeit*. Es waren jedoch nicht in erster Linie die religiösen Auffassungen, welche die Menschen über weitere zweitausend Jahre in relativer Beschränkung hielten; es war einfach die *Knappheit*, die sie dazu *zwang*. Dort, wo sie beseitigt wurde, verstand es der Mensch selten, sich selbst zu beschränken und sich Grenzen zu setzen. Sein Streben geht ins Grenzenlose. »Dies ist's, was mit der Zeit das Leben der Menschen aufs hohe Meer trieb und die mächtigen Wogen des Krieges erregte«, dichtete schon Lukrez im alten Rom (gest. 55 v. Christi Geburt).

Erst im Laufe unseres Jahrhunderts, nachdem in den Industrieländern die Knappheit in Fülle umschlug, entdecken wir erneut, *daß auch der Überfluß Probleme mit sich bringt*. Probleme, auf die niemand vorbereitet war und denen die Völker nun, gegen Ende des 20. Jahrhunderts, hilflos gegenüberstehen.

Das herrschende ökonomische System mit seiner Wachstumstheorie kennt kein Genug. Diese Theorie ist keine der Armen, sondern es ist die Theorie der *reichen Personen* wie der *reichen Länder*. Es kann auch nur an diejenigen, welche über viel Geld verfügen, noch mehr verkauft werden, nicht an diejenigen, die gar nicht kaufen können. *Um die Armen ist es dieser Ökonomie noch nie gegangen.* Sie dienen nur der moralischen Verbrämung; denn in ihrem Namen erklärt man nun das weitere »wirtschaftliche Wachstum« für absolut notwendig.[271] *In Wahrheit darf es für die Reichen kein Genug geben, sonst bricht das System zusammen.* Somit darf dieses System im menschlichen Bereich auch keine Kosten/Nutzen-Rechnung dulden; denn die Rechnung könnte enthüllen, daß die Kosten (selbst für die Betroffenen) höher sind als alle Vorteile, die sie für ihr Leben daraus ziehen. Von der Wirtschaft wird die *Grenznutzenrechnung* längst angestellt: Wirft ein Artikel keinen Gewinn ab, unterbleibt seine Produktion. Ob aber der Artikel vom Standpunkt des Menschen, der ihn kauft, überhaupt einen *Sinn* hat, das ist auch heute noch kein Thema. Daß alles um des Menschen willen geschehe, behauptet sowohl die Wirtschaft wie die Politik, aber eine Kosten/Nutzen-Bilanz, die den ganzen Menschen, also auch sein seelisches Wohlbefinden einbezieht, ist noch nie angestellt worden.[272] Statt diese in Angriff zu nehmen, wird der Konsument weiterhin der *Werbung* ausgeliefert, *die immer neue unsinnige Wünsche wecken soll.* Wenn die alten Wünsche befriedigt sind, müssen neue Erfindungen her und *neue Begierden* geweckt werden (das ist das Thema dieser Jahre); denn damit hofft man, das sogenannte »Wachstum« wieder auf Touren zu bringen. Erich Fromm erkannte das Prinzip: »Die Entwicklung dieses Wirtschaftssystems wurde nicht mehr durch die Frage: *Was ist gut für den Menschen?* bestimmt, sondern durch die Frage: *Was ist gut für das Wachstum des Systems?* Die Schärfe dieses Konflikts versuchte man durch die These zu verschleiern, daß alles, was dem Wachstum des Systems (oder auch nur eines einzigen Konzerns) diene, auch das Wohl der Menschen fördere.«[273]

Schon seit längerem kann nur noch ein steigender *Werbeaufwand* den Absatz aufrechterhalten. Man muß immer neue Dinge anpreisen, die angeblich gut für jedermann sind. Doch: »Materielle Güter im Rahmen der gegenwärtigen Produktions- und Konsumformen als Weg zum Glück entsprechen weniger der biologischen Disposition des Menschen als einer durch Kapitalverwertungszwänge bestimmten Erziehung dazu. Die gegenwärtigen Produktionsformen und die von ihnen ausgehenden Wirkungen sind eher geeignet, jedes soziale Verhalten zu zerstören, als es aufzubauen.«[274]

Die Bruttosozialprodukt-Statistiken gelten nach wie vor als die Erfolgsbilanzen, obwohl schon seit vielen Jahren unbestritten nachgewiesen wird, daß auch alle Schäden die Zahlen steigern und somit das Gesamtergebnis verschönern. Von allen Instanzen wird die *Einbildung* genährt, *daß man mit den gestiegenen Prozentziffern wieder entsprechend glücklicher geworden sei* oder doch gefälligst sein solle.

Das statistische Barometer des Glücks funktioniert nun offensichtlich nicht mehr, es vibriert wild hin und her. Die Wohlstandsbürger zeigen sich *undankbar*, sie reagieren nicht so, wie man es gerne hätte und wie es vorausberechnet worden war. Vor 1973 untersuchte der Amerikaner Richard Easterlin das Verhältnis von Einkommen und Glücksgefühl in einzelnen Ländern und konnte keine klaren Abhängigkeiten ermitteln. Die Amerikaner fühlten sich sogar im Jahre 1970 weniger glücklich als im Jahre 1946.[275] Das reale Pro-Kopf-Einkommen war in 25 Jahren um 62% gestiegen, ohne daß sich der Grad der Zufriedenheit bemerkenswert verändert hätte. Scitovsky kommt zu dem Schluß, daß sich der Grad der Zufriedenheit nur soweit änderte, wie der Einzelne *im Vergleich zu seiner Umgebung* sein Einkommen verbessern konnte. Ein steigendes Einkommen ist mehr wert als ein gleichbleibend hohes Einkommen – aber nur dann, wenn das Einkommen der Umgebung *nicht* mitsteigt!

Daß die ganze Veranstaltung nur ein Wettbewerb um den *Prestigegewinn* ist, war die These des amerikanischen Ökonomen Thorstein Veblen (1857–1928) in seinem Buch »Theorie der feinen Leute« (1899). Nicht der Kampf um das Lebensnotwendige und auch nicht die Vermehrung des materiellen Komforts veranlasse die Menschen zu ihrem Streben nach immer mehr Besitz, sondern sie suchten die *Auszeichnung*, die mit dem Reichtum verbunden ist. Alle Schichten, auch die Armen seien davon überzeugt, daß in erster Linie der Reichtum das Ansehen und den entsprechenden Rang in der Gesellschaft bestimme. Darum werde der Reichtum *vorgezeigt*. Dies geschehe auch bei ärmeren Klassen durch demonstrativen Konsum und zur Schau gestellte Muße. Doch auf die Dauer bereite der erhöhte Besitzstand kein größeres Vergnügen als der vorherige, da wieder Vergleiche zum Besitz anderer angestellt werden, die erneute Unzufriedenheit und neue Anstrengungen auslösen.[276]

Der Trick der letzten Jahrzehnte besteht nun in der Verheißung, das »wirtschaftliche Wachstum« werde dazu führen, daß schließlich einmal alle gleich viel haben könnten. Damit würde jedoch das

Motiv Veblens entfallen; denn der Vergleich mit dem Status der anderen wäre dann nicht mehr der Stachel im Fleisch, der heute von der Werbung so eifrig gepflegt wird, daß nur starke Persönlichkeiten sich ihrer Wirkung zu entziehen vermögen.

Der erste Antrieb des Menschen war aber doch wohl von der Knappheit verursacht. Aus Furcht vor dem immer wieder drohenden Mangel hat er sich Vorräte angelegt und immer neue Absicherungen geschaffen. Bei diesem Vorgehen hatten die geistig Überlegenen einen Vorteil, der zu einem immer größeren Abstand und zur Deklassierung ganzer Völker führte.

Der Umschlag ins Negative

Das Phänomen, mit dem wir uns nun beschäftigen müssen, ist die *Übersättigung* und der *Umschlag ins Negative.* Dieses Gesetz formuliert schon ein dem griechischen Philosophen Platon (428–348 vor Christi Geburt) zugeschriebener Satz: »Das Übermaß im Vorwärtstreiben der Dinge pflegt einen Umschlag ins Gegenteil als Rückschlag zur Folge zu haben; so verhält es sich in der Witterung, im Wachstum der Pflanzen und Leiber und nicht zum wenigsten dann auch in den Verfassungen.«[277] In dieser Äußerung wird bereits weniger Gegenständliches in die Gesetzmäßigkeit des Umschlags einbezogen, wie die Staatsverfassungen. *In allen Lebensbereichen schlagen positive Entwicklungen bei Übertreibung ins Negative um, das Übermaß wird zum Übel.* In Goethes »Faust« heißt es bereits:

> »Vernunft wird Unsinn, Wohltat Plage;
> Weh dir, daß du ein Enkel bist!«[278]

Betrachten wir Deutschland nach Beendigung des Zweiten Weltkrieges. Der Gesundheitszustand der Menschen war besser als heute, obwohl die Ernährung wahrhaftig knapp und die medizinische Versorgung nach heutigen Begriffen höchst mangelhaft war; jetzt würde es heißen: »unzumutbar!« Doch der Mangel, besser das Gefühl des Mangels ist heute in der medizinischen Versorgung größer als damals. Und das, obgleich 1981 in der Bundesrepbulik Deutschland 151 Mrd. DM dafür ausgegeben wurden, gegenüber 52 Mrd. DM im Jahr 1970.[279] Auch in der Energieversorgung scheint der Mangel größer geworden zu sein, obwohl sich der Verbrauch in zwanzig Jahren verdoppelte. Wir erleben seit 1973 eine Diskussion über Energiemangel, obwohl der Verbrauch an Energie noch im Jahre 1959 halb so hoch war wie im Jahre 1979. Die maßgebenden Theoretiker ziehen daraus den Schluß, man müsse einen *Überfluß an Energie* schaffen. Das Übermaß an Energie aber »gefährdet die fundamentalen Gleichgewichte, ohne die die Menschheit nicht weiter bestehen kann. Daher sind Überfluß und Mangel, Überleben und Lebenserhaltung, Tun und Sein die zwei Seiten eines und desselben Problems.«[280]

Die ständige materielle Steigerung als Lebensziel ist von den echten physischen Bedürfnissen des Menschen her gesehen höchst fragwürdig. Da das Gesetz vom abnehmenden Ertrag gültig ist, kann die Steigerung nicht das höchste Ziel sein. Da der Mensch aber in der Industriegesellschaft auf Zunahme programmiert ist, fordert er blindlings immer noch mehr. Dies stimmt mit der Exponentialfunktion überein: der lineare Zuwachs würde nicht ausreichen, um noch als solcher empfunden zu werden.[281]

Die Steigerung der materiellen Besitzstände und deren Auswirkungen beeinflussen auch alle nichtmateriellen Lebensinhalte im unabsehbaren Ausmaß. Von dem Überfluß an Gütern, »die das anhaltende Wirtschaftswachstum hervorgebracht hat, ist heute vernünftigerweise anzunehmen, daß ihr Gesamteffekt der Gesundheit und dem Glück der Menschen abträglich, möglicherweise katastrophal sein könnte.«[282] So urteilt der britische Wirtschaftswissenschaftler E.J. Mishan.

Bereits 20 Jahre früher (1957) schrieb der deutsche Ökonom Wilhelm Röpke, den man als einen der Väter der Marktwirtschaft bezeichnet: »Wie lange wird die Landschaft und der Kern unserer Städte diesem Massenangriff des Betons und der Herolde des ›dynamischen Funktionalismus‹ standhalten?.... Diese Entwicklung, die die Natur wie die Geschichte in gleichem Maße mißachtet, führt zu einer seelischen Verarmung, indem sie zu allen Poren und zu allen Sinnen auf uns einwirkt. Es ist nicht nur das optische Bild, unter dem sie verkümmern, sondern auch der akustische Widerhall: der Lärm, der von der modernen Massengesellschaft selber aufsteigt und sich schließlich im Geräusch der Düsenflugzeuge und Hubschrauber zur wahren Höllenqual steigert.... Was nützt aller materieller Wohlstand, wenn wir die Welt gleichzeitig häßlicher, lärmender, gemeiner und langweiliger machen und die Menschen den moralisch-geistigen Grund ihrer Existenz verlieren? Der Mensch lebt eben nicht von Radios, Autos und Kühlschränken, sondern von der ganzen unkäuflichen Welt jenseits des Marktes und der Umsatzziffern, von Würde, Schönheit, Poesie, Anmut, Ritterlichkeit, Liebe und Freundschaft, vom Unberechnenden, über den Tag und seine Zwecke Hinausweisenden, von Gemeinschaft, Lebensbuntheit, Freiheit und Selbstentfaltung. Umstände, die ihm das verwehren oder erschweren, sind damit unwiderruflich gerichtet, denn sie zerstören den Kern seines Wesens.«[283]

Inzwischen bezweifeln immer mehr Bürger der Wohlstandsländer, daß der wirtschaftliche Standard das für unser Leben entscheidende Kriterium sein könne. Sogar ein Ökonom wie Friedrich Hayek meint, »daß wirtschaftliche Dinge sich nur auf die Lebensziele von untergeordneter Bedeutung auswirken.«[284] Mit anderen Worten: »Änderungen in unserer wirtschaftlichen Lage wirken sich in der Regel nur auf unsere marginalen Bedürfnisse aus. Es gibt viele Dinge, die wichtiger sind als die, welche durch wirtschaftliche Gewinne oder Verluste beeinflußt werden können und die wir weit höher stellen als die Annehmlichkeiten und selbst als viele der Lebensnotwendigkeiten, die beide durch die wirtschaftlichen Wechselfälle betroffen werden.«[285]

Das Gesetz der Relativität in unserem Dasein

Wenn aber der materielle Fortschritt viel zu hoch bewertet wurde und den Menschen in die Falle falscher Erwartungen lockte, worin liegt dann der wesentliche Inhalt des Daseins? Auch nicht im geistigen Bereich allein, sondern in der *organischen Welt der Natur, zu welcher der Mensch gehört*, wo Natur und Geist in ihm vereint sind. Für den Menschen wie für die Natur gelten nicht nur mechanistische Gesetze, sondern vorwiegend die *ökologischen. Alle Gesetze, die in der gesamten belebten Natur gültig sind, gelten auch für den Menschen*, weil er selbst ein Teil der lebenden Natur ist. Und sie gelten auch – wie verschiedene Wissenschaften in den letzten Jahrzehnten in vieler Hinsicht bewiesen haben – für Geist und Seele des Menschen.

Axiom I: *Alles, was lebt, befindet sich in dynamischer Unruhe.*

Goethe sagt über die Natur: »Es ist ein ewiges Leben, Werden und Bewegen in ihr, und doch rückt sie nicht weiter. Sie verwandelt sich ewig und ist kein Moment Stillestehen in ihr.«[286] Diesen Gedanken umkreist sein Gedicht »Eins und Alles«:

Und umzuschaffen das Geschaffne,
Damit sich's nicht zum Starren waffne,
Wirkt ewiges, lebend'ges Thun.
Und was nicht war, nun will es werden,
Zu reinen Sonnen, farbigen Erden,
In keinem Falle darf es ruhn.

Es soll sich regen, schaffend handeln,
Erst sich gestalten, dann verwandeln;
Nur scheinbar steht's Momente still.
Das Ewige regt sich fort in allen:
Denn alles muß in Nichts zerfallen,
Wenn es im Sein beharren will.[287]

Axiom II: *Kommt ein Organismus zur totalen Ruhe, so daß jeder Austausch mit der Umwelt aufhört, dann tritt über kurz oder lang der Tod ein.*

Hugo Kükelhaus beschreibt ein Experiment, das zur Beantwortung folgender Frage angestellt wurde: »Wie lange erträgt es ein Mensch, keinerlei Auseinandersetzung mit einer ihm entgegenstehenden Welt zu haben, völlig isoliert von jeglicher Reizeinwirkung zu sein?«[288] Um solche Bedingungen herzustellen, »wählte man einen Schacht, der achtzig Meter unter der Erde in ein Bassin mündet. Das Bassin, etwa so groß wie ein Zimmer, war mit Wasser gefüllt, dessen Temperatur der Körpertemperatur des Menschen entsprach. In dieses Bassin ›bettete‹ man eine Versuchsperson so, daß sie sich bewegungslos schwimmend darin verhielt, und beatmete sie künstlich. Um zugleich jede Einwirkung aus dem Widerstand des Wassers zu unterbinden, falls die Testperson beispielsweise die Arme oder den Rumpf bewegte, umwickelte man sämtliche Körperoberflächen mit einem isolierenden Material, so daß taktile Reizeinwirkungen auf die Haut unterbunden waren. Absolute Dunkelheit und Lautlosigkeit eliminierten die nun noch verbleibenden Reizmöglichkeiten. – Der Effekt dieses Zustandes war eklatant. Bereits nach wenigen Minuten stellten sich panikartige Halluzinationen ein. Nach etwa sechs bis acht Minuten kam es zu derart extremen Angstzuständen, daß der gesamte Hormonhaushalt des Organismus durcheinander geriet. Nach zehn bis fünfzehn Minuten schließlich mußte man den Versuch abbrechen, weil sich das Blut aufzulösen begann. Die weißen Blutkörperchen vermehrten sich, die Hypophyse stellte ihre Funktion ein, und die Hormonausschüttung wurde gestoppt – kurz, nach zehn Minuten Prozeßlosigkeit begann sich der Organismus zu zersetzen. – Damit wird überdeutlich, wovon der Mensch lebt – nämlich von der Auseinandersetzung mit einer ihm entgegenstehenden Welt.«[289] Kükelhaus schließt daraus im einzelnen: »Erst im Umgang mit dem Gegenständlichen erfährt der Organismus jene Inanspruchnahme, die merkwürdigerweise in einer Minimalforderung besteht und nicht, wie man annehmen könnte, in einer Maximalforderung.«

Die Minimalforderung ist für jedes Lebewesen im Normalfall vorhanden, die Reize der Umwelt sind ausreichend, um leben zu können: Das Pendel bewegt sich. Der Ausschlag kann minimal sein, und jeder Organismus benötigt auch einen sehr unterschiedlich weiten. Wir dürfen wohl zu Recht annehmen, daß der Mensch den weitesten Ausschlag hat und auch benötigt. Viele andere Organismen würden z.B. den obigen Versuch bedeutend längere Zeit überleben.

Alles, was lebt, benötigt Reize, solange es lebt.

Kükelhaus sagt: »Einerseits ist das Leben leicht verletzbar, und andererseits bedarf es einer ständigen Provokation dieser Verletzbarkeit.«[290] Das heißt, der Reiz darf weder zu stark noch zu schwach sein. »Schwache Reize führen zur Entstehung von Organen, mittelstarke Reize kräftigen sie; starke Reize hemmen und überstarke Reize zerstören sie.«[290]

Tibor Scitovsky faßt die Ergebnisse psychologischer Experimente in dem Satz zusammen: »Abwechslung ist nicht die Wurzel des Lebens, sondern das Leben selbst.«[291] Bezeichnenderweise ist dies die Erkenntnis eines Häftlings. Das Problem des Menschen in diesem Jahrhundert ist im allgemeinen nicht der Mangel an Reizen, sondern die Überflutung mit Reizen infolge von Information und Massenverkehr.

Axiom III: *Jeder lebende Organismus auf dieser Erde pendelt zwischen Zuwenig und Zuviel.*

Geht der Ausschlag in die eine Richtung zu weit, dann beginnt das *Leiden* genauso wie bei einem zu weiten Ausschlag in die entgegengesetzte Richtung. Wird die Grenze des Erträglichen überschritten – kommt es auf der einen Seite zum *viel zu wenig* oder auf der anderen zum *viel zu viel* – dann tritt der *Tod* des Organismus ein. Das führt zu der Schlußfolgerung:

> *Jeder Organismus kann seine Lebensfähigkeit sowohl durch den Mangel als auch durch den Überfluß verlieren.*

Des Menschen Leben ist ein unermüdliches Pendeln zwischen den Gegensätzen, von denen wir einige der bedeutendsten einander gegenüberstellen. Dabei ist weder die eine noch die andere Seite immer positiv. *Es hängt von der jeweiligen Lebenssituation ab, was als + oder als – zu gelten hat.* Schwingt das Pendel zu stark auf die eine Seite, dann wird die entgegengesetzte positiv, schwingt es dann zu stark dorthin, so wiederholt sich der Vorgang mit umgekehrtem Vorzeichen.

> *In allen Lebensvorgängen herrscht ein dynamisches Gleichgewicht, nie ein statisches.*

Um noch ein Beispiel anzuführen: Wenn man eine Schaukel feststellen würde, wäre ihr Zweck dahin; es wäre keine Schaukel mehr.

Die Schwingungen erfolgen allerdings nicht wie beim Pendel der Uhr im ständig gleichen Zeitmaß und Ausmaß – das wäre Mechanik und nicht Leben.[292] Die Schwingungen des Lebens gleichen eher denen eines Oszillogramms: Der Ausschlag ist manchmal groß und manchmal klein, er ist von längerer Dauer oder auch ganz kurz, in unvorhersehbarer Reihenfolge – mit einem Satz: *es ist die Bewegung des Lebens.*

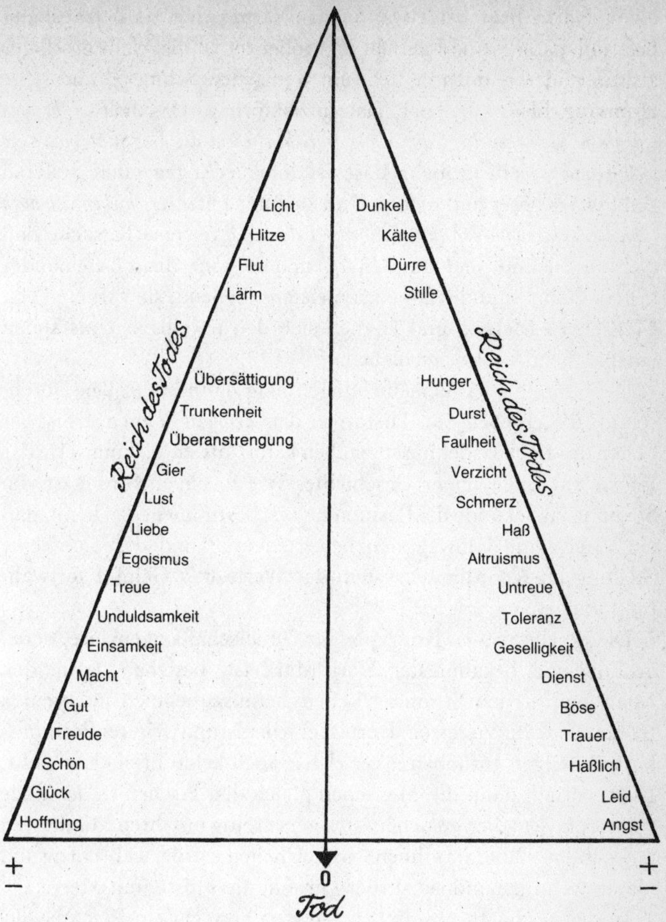

Es gibt die wenig belebten Lebensläufe, die dicht an der Null-Linie entlangpendeln – und es gibt die vom Schicksal gewaltig hin und her Gerissenen, die unzählige Male hart auf die letzte Grenze auflaufen, wo sie entweder den großen Schwung zurück bekommen oder schließlich, die Grenze durchbrechend, scheiternd im Tode enden. *Odysseus* ist wohl das hervorragende Beispiel aus der Weltliteratur, und *Goethes Faust* dürfte zumindest das größte deutsche sein.

Und noch eins: *Jedes Menschen Null-Linie hat eine andere Lage*. Des einen Norm liegt bei etwas mehr Wärme, seine Übersättigung beginnt später, seine Faulheit ist größer, er ist vielleicht geselliger als ein anderer, doch er liebt ein wenig den Schmerz, und seine Hoffnung bleibt dennoch fast unzerstörbar. Das heißt, *für den einzelnen Menschen liegt die Mitte zwischen jedem der Gegensatzpaare ein wenig anders;* etwas mehr böse ist in den Augen eines anderen keineswegs böser und so fort. Und zu guter Letzt *verschieben sich auch noch die Grenzen im Verlaufe eines jeden Lebens.* »Es ist eine Tatsache, daß das Angenehme und das Unangenehme ganz dicht beieinander liegen. Dabei sind die Grenzen meistens fließend; sie variieren von Mensch zu Mensch und können sich den jeweiligen Umständen entsprechend auch verschieben.«[293]

Die Summe aller Verschiebungen mag dann im großen Durchschnitt das ergeben, was Historiker den *Zeitgeist* nennen. Es ist der Strom des Lebens, der nie stillstehen kann; täte er es, dann wäre das Leben am Ende seiner Geschichte. Wie in einem Strom ist von Sekunde zu Sekunde die Position neu zu bestimmen, das heißt, daß ein jeder seine Umwelt neu bewerten muß und daß sich seine Stellung im Koordinatensystem der Werte und Gefühle fortwährend ändert.

Die beschriebenen Konzepte der Gesellschaftsingenieure, deren größter und bekanntester Karl Marx ist, bestehen darin, den Menschen aus dem Strom des Lebens herauszunehmen und in einen trockenen Käfig zu setzen. Dort ist er jeder Mühe weiterer Positionsbestimmungen enthoben, aber er hat auch keine Erlebnisse mehr. Dort würden dann die Menschen gleich den Fischen in der Rede Laotses liegen, die versuchen, sich gegenseitig mit ihren Mäulern zu befeuchten. »Aber was ihnen wirklich helfen würde, wäre einzig und allein, wenn jemand sie zurückwürfe in die Flüsse und Meere.«[294]

In der gesamten physischen Umwelt herrscht ein Wechselspiel von Gegensätzen, unter deren Herrschaft wir stehen und von denen wir unweigerlich geprägt werden. »Alles Leben existiert innerhalb eines engen Bandes .... zuviel ist ebenso schlecht wie zuwenig.«[295]

Hans Jonas fügt den auf Seite 169 aufgeführten Gegensatzpaaren noch einige weitere hinzu, die im endlosen Drama des Lebens eine Rolle spielen: »Interesse und Gleichgültigkeit, Gegenseitigkeit und Einseitigkeit, Zugehören und Ausgeschlossensein, Überlegenheit und Unterlegenheit, Schonung und Unduldsamkeit, Verständnis und Unverständnis, Hoch- und Geringschätzung, Verletzlichkeit und Robustheit, Selbstbeherrschung und Sichgehenlassen, Konflikt und Harmonie der Temperamente oder Situationen .... Das ist der Stoff persönlicher Romane, Romanzen, Tragödien, täglicher Siege und Niederlagen, Freuden und Leiden.«[296] Der emotional geladene Mensch stößt auf die Emotionen anderer und auf die Widerstände der Umwelt. Aber seine Emotionen sind nicht unabhängig von der Vernunft. (Wobei wir hier *Vernunft* im Sinne von Kant vom *Verstand* unterscheiden.)

Nur weil wir das Dunkel kennen, schätzen wir das Leuchten des Lichts und begrüßen Tag für Tag die Sonne. Sie ist es, die uns zugleich die Wärme spendet, an der wir uns um so mehr erfreuen, je stärker wir die bittere Kälte erfahren. Ist es zu trocken, so warten wir auf den Regen; drohen die Fluten aber die Ernte zu vernichten, dann hoffen wir auf trockenes Wetter. Die absolute Stille ist dem Menschen unheimlich; wird jedoch lauter Lärm abgestellt, so tut die plötzliche Stille wohl. Die Bewegung erkennen wir nur im Vergleich mit ruhenden Dingen; wenn wir selbst aus dem fahrenden Zug den Blick auf einen stehenden fixieren, meinen wir, dieser fahre vorbei.

Alle irdischen Dinge stehen in Relation zueinander; sie werden nur erkannt und beziehen ihren Wert nur aus ihrer Gegensätzlichkeit.

Das sagt uns Laotse:

> Der Himmel scheint uns schön, weil es Häßliches gibt.
> Das Gute scheint uns gut, weil es Böses gibt.
> Doch Hell und Dunkel ergänzen einander.
> Vom Tal aus ist die Erde hoch, vom Berg aus tief.
> Oder umgekehrt?[297]

Für physikalische und chemische Zustände wie für Werte und Gefühle gilt: *Nur auf Grund der Relationen können wir etwas wahrnehmen und beurteilen;* wobei der jeweilige Standort des Beobachters oder des Erlebenden entscheidend für das Erlebnis und seine Bewertung ist.

In einem gleichbleibenden Zustand gibt es kein Leben mehr, denn Leben besteht aus Überraschungen. *Die absolute Ordnung ist dem Tode gleich.* Andererseits ist im *völligen Chaos* auch kein Leben und keine Evolution möglich; denn die Natur kann nur auf dem erreichten

Ordnungsgefüge weiterbauen, wie schließlich auch der Mensch seine Kultur auf vorherigen Ordnungen errichtet.

Wir betrachten im Folgenden einige Gegensatzpaare im Pendel der Welt. Zunächst Freiheit und Notwendigkeit, die als übergreifendes Paar in allen Ereignissen eine Rolle spielen.

Freiheit und Notwendigkeit

Wenn wir an die vielen Verknüpfungen der Lebewesen, an ihre Einordnung in die Regelkreise denken, wie sie die Ökologie beschreibt, dann ist sicher, daß jede Freiheit begrenzt ist. Auch für das wohl freieste Lebewesen, den Menschen, gibt es keine absolute Freiheit. »Es ist physisch und logisch unmöglich, daß jemand frei von allem ist; solche Freiheit würde das Ende der Existenz bedeuten.«[298]

Wenn heute immer wieder der Ruf nach *mehr Freiheit* erschallt, dann ist das die fortgesetzte *Übertreibung* einer Zielsetzung der französischen Revolution. Was damals die Befreiung von persönlicher Knechtschaft, ja Rechtlosigkeit war, kann heute nur noch fortgesetzt werden, indem die Freiheit von *jeglicher Verpflichtung*, von *jeder Bindung* propagiert wird. Die Verfechter der absoluten Freiheit nennt man heute Spontis und Chaoten, von denen einige ganz bewußt das Chaos herbeiführen wollen, andere nur in Illusionen von Freiheit befangen sind. Die Freiheitsforderung ist ein gutes Beispiel dafür, wie ein berechtigtes Verlangen *durch Übertreibung ins Gegenteil umschlägt*.

Das Wort Freiheit wird heute allen Münzen aufgeprägt, wo immer solche in Umlauf gebracht werden, da die politische Werbung den attraktiven Glanz des Wortes längst mißbraucht. Es ist kein Zufall, daß heute die Freiheit ein Bestandteil nahezu jeder Ideologie ist, die in unserem Jahrhundert feilgeboten wird. »In der Tat geht *die Freiheitsberaubung der Person mit der Ideologie der Freiheit der Person Hand in Hand; und die Abschaffung der Freiheit vollzieht sich zumeist im Namen der Freiheit.*«[299]

Freiheit ist nicht mehr ein Rechtstitel, sondern ist zu einem Besitztitel geworden, wie alles! Man will die Freiheiten en gros einkaufen und vergißt dabei, daß Freiheit eben kein Besitz, sondern ein Weg ist. Wo es wirklich gelingt, in den Besitz von weiteren

Freiheiten zu kommen, dort muß nach den Gegenleistungen gefragt werden. Man wird sie gar nicht lange suchen müssen. Der amerikanische Soziologe James Burnham faßt das in die Worte zusammen: »Es bereitet vielen Menschen moralische Genugtuung, zu sagen, daß diese Gesellschaft ›freier‹ sei als jene, doch ist schwer einzusehen, was das eigentlich bedeutet. Wir können höchstens sagen, daß diese Gesellschaft in gewisser Hinsicht freier – und in anderer weniger frei – sei als jene.«[298]

Auch *Freiheit* und *Gerechtigkeit* bilden ein Gegensatzpaar, was immer man als »gerecht« ansehen mag. Freiheit und Gerechtigkeit werden heute in einem Atemzug versprochen, ohne Rücksicht darauf, daß *die Summe beider niemals wächst*, sondern jeweils nur die eine auf Kosten der anderen. »Wir haben natürlich nichts gegen Gerechtigkeit, dennoch halten wir es für legitim, darauf hinzuweisen, daß dieses Wort hier die grundlegende Wahrheit ihres Gegenteils verdeckt, nämlich der *Freiheit*. Unter der Maske der Gerechtigkeit nimmt die allgemeine *Freiheit* allerdings das öde und graue Aussehen der den Notwendigkeiten unterworfenen Existenz an«.[300] Diese grundlegende Feststellung trifft Georges Bataille in seinem theoretischen Werk. »Gerechtigkeit und Freiheit sind nun einmal dialektische Begriffe. Je mehr Gerechtigkeit, desto weniger Freiheit; je mehr Freiheit, desto weniger Gerechtigkeit. Freiheit, Gleichheit, Brüderlichkeit, das ist eine wundervolle Parole. Aber wenn sie die Gleichheit erhalten wollen, dann müssen sie die Freiheit einschränken, und wenn sie den Menschen die Freiheit lassen wollen, dann kann es keine Gleichheit geben.«[301]

Darum spielt mit Recht die Frage *»Freiheit wofür?«* eine bedeutende Rolle. Sie stellt sich zunächst für das einzelne Individuum: »Freiheit für die Tätigkeit des höheren Nervensystems und der Muskeln, die von den Nerven gesteuert werden.... Kurz, der Organismus ist frei für komplizierte, sozial wichtige Aufgaben, weil er in einem elastischen Rahmen lebt, der automatisch in gleichbleibendem Zustand gehalten wird.«[302] Die praktischen Freiheiten sind zunächst folgende: Ansichten öffentlich kundzutun, legitime Tätigkeiten auszuüben, Vereine zu gründen, zu reisen, Wohnort und Arbeit zu wechseln. Diese Handlungen waren früher oft untersagt oder sehr erschwert, und in manchen Staaten sind sie es heute noch. Wo die Freiheit dazu rechtlich gegeben ist, heißt das noch längst nicht, daß jeder in der Lage sei, davon Gebrauch zu machen. Wer aber nun vom Staat fordert, er solle auch noch die materiellen Voraussetzungen dafür schaffen, muß bereit sein, Freiheiten an diesen abzugeben.

Die historisch erste Aufgabe des Staates lag in der Herstellung von *Sicherheit*. Das ist bis heute eine wichtige Aufgabe geblieben; denn wo mit der absoluten Freiheit eines jeden gerechnet werden muß, kann nur Unsicherheit und Furcht herrschen. Der Mensch schätzt nur ein begrenztes Risiko, im übrigen sucht er die Sicherheit. Eine Gemeinschaft und erst recht eine Kulturgemeinschaft kann nicht in pausenloser Furcht vor Überfällen im eigenen Land oder von jenseits der Grenzen leben. Was Unsicherheit bedeutet, davon hat allerdings der gegenwärtige Wohlstandsbürger kaum eine blasse Ahnung. Mishan sagt zu Recht: »Der Wunsch nach Sicherheit ist aber stärker als der nach Freiheit; tatsächlich ist ja Sicherheit eine Vorbedingung für Freiheit.«[303] Da die Bedrohung aus verschiedenen Gründen jetzt wieder zunimmt, meint Mishan, werde der Wunsch nach Sicherheit eher stärker werden. Wenn die Gefahr bedrohlicher wird und die Menschen sich ihrer zunehmenden Verwundbarkeit bewußt werden, wird der instinktive Selbsterhaltungstrieb »sie dazu veranlassen, dem Staat weit größere Überwachungs-, Führungs- und Unterdrückungsbefugnisse zuzugestehen, als mit unseren Vorstellungen von persönlicher Freiheit vereinbar sind. – Hoffnung, diesem schmählichen Schicksal zu entkommen oder es wenigstens zu mildern, kann die Menschheit nur dann schöpfen, wenn sie sich allmählich klar darüber wird, was in unserer Welt geschieht.«[304]

Je stärker der materielle Besitzstand zunimmt, um so mehr wächst die *Sorge*, diesen in Sicherheit zu wissen. Aber auch schon der Trieb nach materiellem Besitz entspringt dem Sicherheitsbedürfnis. Man will sich mit Vorräten gegen künftigen Mangel schützen. In dem Bestreben, sich immer mehr abzusichern, gerät der Einzelne allerdings in den Bann dessen, was Erich Fromm den »Habenmodus« nennt. Die materiellen Besitzstände werden schließlich zu *Ketten, die für Freiheit weniger statt mehr Spielraum lassen.*[305]

Die Menschen hatten sich die letzten Jahrhunderte der großen Täuschung hingegeben, daß die Vervielfachung der technischen und ökonomischen Mittel mit einer Ausweitung der Freiheit verbunden wäre. Das Gegenteil ist der Fall! Der Mensch konnte zwar aus einem Dasein beschränkter Möglichkeiten ausbrechen, dafür ist er jedoch *in die Gefangenschaft neuer materieller Zwänge geraten.*[306] Friedrich Georg Jünger stellt diese Entwicklung in seinem Buch »Die Perfektion der Technik« dar. »Wenn alles von einer mechanischen Notwendigkeit regiert würde, bedürfte es gar keines Willens, auch würde das Problem der Freiheit in einem solchen Zustande nicht einmal auftauchen können. Dort wäre alles Stoß, Druck und Schlag.«[307]

Zur Zeit sind die Völker der Erde immer noch bemüht, den Weg in die Unfreiheit zu beschleunigen. So lange das sogenannte Wachstum der Wirtschaft und der Einsatz immer größerer Energiemengen das oberste Ziel menschlichen Tuns ist, werden automatisch immer neue Zwänge geschaffen und die bisherigen verstärkt. Georges Bataille hat in seinem Werk die Problematik dieser Entwicklung für den Menschen von verschiedenen Seiten beleuchtet. Relativ frei war der Mensch nur in den stabilen naturnahen Gesellschaften. In der jetzigen Gesellschaft hat sich das menschliche Leben allen Erfordernissen gebeugt, die eine Vermehrung der »Errungenschaften« zum Ziel haben. Das Ergebnis ist, »bei dieser Unterordnung unter die Steigerungen verliert das Einzelwesen seine Autonomie, es ordnet sich dem unter, was es in Zukunft sein wird auf Grund des Wachstums seiner Ressourcen. Das Wachstum muß sich indes auf den Moment einstellen, wo es sich in reinen Verlust auflöst.«[308]

Diesen Moment werden wahrscheinlich als erste die Menschen in Europa erfahren, von wo die Entwicklung ausging und wo zur Zeit die Abhängigkeit von der Zufuhr notwendiger Ressourcen *lebensgefährliche Ausmaße* erreicht hat. Besonders der Europäer »geriet immer mehr in die Knechtschaft der Dinge und hat sich, so herrlich er sich zuzeiten auch dünkte und dünkt, immer tiefer in den Dienst der Materie, der rohen Kräfte verstrickt.«[309]

Faktisch und symbolisch fällt zur Zeit besonders die Abhängigkeit vom Erdöl ins Auge. Eine hellsichtige Voraussage darüber enthält ein Gedicht Bert Brechts aus dem Jahr 1929:

700 INTELLEKTUELLE BETEN EINEN ÖLTANK AN

Ohne Einladung
Sind wir gekommen
Siebenhundert (und viele sind noch unterwegs)

Überall her
Wo kein Wind mehr weht
Von den Mühlen, die langsam mahlen, und
Von den Öfen, hinter denen es heißt
Daß kein Hund mehr vorkommt.

Und haben Dich gesehen
Plötzlich über Nacht
Öltank.

Gestern warst Du noch nicht da
Aber heute
Bist nur Du mehr.

Eilet herbei, alle
Die ihr absägt den Ast, auf dem ihr sitzet
Werktätige!
Gott ist wiedergekommen
In Gestalt eines Öltanks.

Du Häßlicher
Du bist der Schönste!
Tue uns Gewalt an
Du Sachlicher!

Lösche aus unser Ich!
Mache uns kollektiv!
Denn nicht wie wir wollen
Sondern wie Du willst.

Du bist nicht gemacht aus Elfenbein und Ebenholz,
sondern aus
Eisen.
Herrlich, herrlich, herrlich!
Du Unscheinbarer!

Du bist kein Unsichtbarer
Nicht unendlich bist Du!
Sondern sieben Meter hoch.

In Dir ist kein Geheimnis
Sondern Öl.
Und Du verfährst mit uns
Nicht nach Gutdünken, noch unerforschlich
Sondern nach Berechnung.

Was ist für Dich ein Gras?
Du sitzest darauf.
Wo ehedem ein Gras war
Da sitzest jetzt Du, Öltank!
Und vor Dir ist ein Gefühl
Nichts.

Darum erhöre uns
Und erlöse uns von dem Übel des Geistes.
Im Namen der Elektrifizierung
Der Ratio und der Statistik![310]

Mit diesen Versen war Bert Brecht seiner Zeit um fünfzig Jahre voraus. Was der Atheist Brecht als Menetekel an die Wand malte, davor warnte 1980 der Papst Johannes Paul II. in seiner Enzyklika: »Der Mensch kann nicht auf sich selber verzichten noch auf den Platz, der ihm in der sichtbaren Welt zukommt; er darf nicht Sklave der Dinge, Sklave der Wirtschaftssysteme, Sklave der Produktion, Sklave der eigenen Produkte werden. Eine Zivilisation von rein materialistischem Charakter verurteilt den Menschen zu solcher Sklaverei ....«[311]

Diese Unterwerfung des Menschen unter die Knechtschaft der eigenen Produkte und Ziele entspricht einer natürlichen Neigung des Menschen zur Anpassung.[312] Diese Neigung besteht auch im technischen Zeitalter, sie hat nur das Objekt gewechselt. Der Mensch hat sich in den modernen Industrieländern zwar im allgemeinen – keineswegs immer – von der Knechtschaft gegenüber persönlichen Despoten befreit; eingetauscht hat er dafür die Knechtschaft gegenüber den materiellen Dingen. Dazu ist allerdings der Mensch, der sich fortschrittlich dünkt, offenbar leichter bereit als zur Unterordnung unter personifizierte Mächte. Ontologisch scheint aber der Unterschied gar nicht so groß zu sein, was die Soziologen Max Horkheimer und Theodor Adorno dazu veranlaßt, von »der rätselhaften Bereitschaft der technologisch erzogenen Massen, in den Bann eines jeglichen Despotismus zu geraten«, zu sprechen.[313]

Das heißt aber auch, daß beide Arten von Knechtschaft zusammentreffen können, womit diese ihre äußerste Perfektion erreicht. Die Formel heißt dann: Stalin + Technokratie. Diese Kombination hat die Welt jüngst schon mehrmals erlebt, und ihre Vollendung wurde in George Orwells Vision für das Jahr 1984 dargestellt. Wir leben nun bereits in diesen Jahren, und es scheint, daß die Schreckensvision des Schriftstellers noch nicht ganz erreicht werden wird. Doch das ist nicht unser Verdienst und auch nicht ein Erfolg der Politik, das verdanken wir nur der Tatsache, daß der Fortschritt seinen Schwung verloren hat.

Hier stellt sich bereits heraus, *daß es ein übermenschliches Ziel des Menschen war, sich selbst ein übermenschliches Leben aufzuzwingen – ein Leben, das nur noch die gnadenlose Notwendigkeit kennt, wogegen die gewiß strenge Natur noch jederzeit Freiheiten gnädig bereithielt.*

»Wenn Gott, dieser große ›Wiedergutmacher‹, sowie die Natur als die beständige, sich selber treue und die Ordnung immerfort erneuernde Macht ausfallen, ist nichts mehr erlaubt. Dann gibt es keine Nachsicht und keine Freude mehr, sondern alles ist Pflicht.«[314]

Nachdem sich nun des französischen Staatsmannes Alexis de Tocquevilles Satz, daß der *Hang zum Wohlsein die Mutter der Knechtschaft sei*, so eklatant bewahrheitet hat, sehen wir uns *zu einem Mittelweg gezwungen*. Was uns Not tut, hat der englische Philosoph und Kritiker der französischen Revolution Edmund Burke (1729–1797) vorausgesagt: »Die Menschen eignen sich für die bürgerliche Freiheit in genauem Verhältnis zu ihrem Willen, ihrem eigenen Appetit moralische Fesseln anzulegen. Die Gesellschaft kann nicht existieren, ohne daß irgendwo eine Bremse des ungezügelten Willens und des Appetits eingebaut wird, und je weniger die Menschen selbst in ihrem Innern darüber verfügen, desto mehr muß sie ihnen von außen auferlegt werden. Es ist in der ewigen Ordnung der Dinge beschlossen, daß Menschen mit ungezügeltem Charakter nicht frei sein können.«[315]

Das Problem der heutigen Zivilisation liegt darin, daß den

Menschen diese Bremse von außen nicht mehr auferlegt ist. Die Natur hat *kurzfristig* keine Macht mehr über den Menschen. Und ein Souverän kann das Volk nicht mehr bremsen, denn das Volk ist selbst souverän. Somit bleibt nur die Möglichkeit, daß jeder Einzelne sich selbst zügelt. Früher machte die Natur dem Menschen ganz schnell klar, was ihm erlaubt war und was nicht – bei Strafe des Todes.

Die neuesten Zukunftsentwürfe gehen immer noch davon aus, daß der Mensch der Gebieter der Natur sei und bleiben werde. So ist das neue Schlagwort vom »ökologischen Humanismus« in Umlauf gekommen. Darin bleibt der Mensch das Substantiv, und die Ökologie wird zum Adjektiv, als eine Eigenschaft des Humanismus. Die Wahrheit ist umgekehrt: der Mensch ist *ein Teil der Natur*, darum könnte man höchstens von einer humanen Ökologie oder von Humanökologie reden.[316]

Angst und Hoffnung

So wie es *keine Freiheit ohne Begrenzung* gibt, so gibt es auch *keine Hoffnung ohne Entsagung*. Entsagung war von jeher »Quell von Kraft und neuer Hoffnung. Der Mensch akzeptierte die Realität des Todes und begründete darauf die Sinngebung für sein physisches Sein.«[317]

Die Frage ist nur, ob der Mensch tagtäglich immer wieder die Kraft hat, allem Widrigen seinen *Überlebenswillen* entgegenzusetzen. Solange er dies vermag, »lebt« er; wenn seine Kräfte erlahmen, dann stirbt er, selbst wenn er noch sein Leben »fristen« sollte. *Erst wenn das Leben vernichtet wird, ist es aus mit der Hoffnung*. Die Hoffnung kann nur dort lebendig bleiben, wo die Welt noch offen steht, wo das, was zu erwarten ist, sich noch nicht als eine abgeschlossene und damit unabänderliche Sache darstellt. »Hoffnung als Prinzip ergibt sich also aus der Offenheit, aus der Nichtabgeschlossenheit der Welt, und wir können nun auch umgekehrt argumentieren, daß jedem Individuum sein Anteil an dieser Offenheit gegeben werden muß, damit ihm Hoffnung bleibt. Unterdrückung, geistige, politische oder materielle Sklaverei besteht darin, den Menschen von einem offenen System in ein geschlossenes System zu versetzen, in ein Gefängnis irgendwelcher Art.« Dieses Gefängnis braucht nur darin zu bestehen, daß keine Aussicht bleibt, die Lage zu verändern.

»Die offene Welt lebt auf die Zukunft hin. In der Zukunft liegen Angst und Hoffnung.«[318] Das heißt auch, daß es *keine Hoffnung ohne Angst* geben kann. Wo weder Hoffnung noch Angst vorhanden ist, dort ist das Leben auf Null reduziert; das Pendel steht still. Mathematisches Denken müßte die Mitte für den Idealzustand halten. Insofern war das sogenannte »hedonistische Gleichgewicht« der Griechen ein Irrtum, wenn es statisch aufgefaßt wird, aber ein richtiges Ziel, wenn zuviel genauso vermieden werden soll wie zuwenig.[319] Da die Lust in der Beseitigung von Unbehagen besteht, wird sie um so intensiver empfunden, je mehr Unlust zu beseitigen ist. Also muß das Unlustgefühl der Lust unweigerlich vorausgehen.[320] Ständiges Wohlbehagen kann nur zu Unlust und Frustration führen.

»Die echte Fülle des Lebens besteht nicht in der Zufriedenheit, der Wohlgelungenheit, der Ankunft. Cervantes wußte, daß ›der Weg immer besser ist als die Herberge!‹ Eine Zeit, die ihrem Verlangen, ihrem Ideal genuggetan hat, begehrt nichts mehr; ihr ist die Quelle des Wünschens versiegt. Das bedeutet, daß die berühmte Fülle in Wahrheit ein Ende ist. Es gibt Jahrhunderte, die ihre Wünsche nicht zu erneuern wissen und an Zufriedenheit sterben, wie die beglückte Drohne nach dem Hochzeitsflug.« [321] Die in der Fülle lebende Generation hat nur noch die eine Hoffnung, Jahr für Jahr einen höheren Konsum bewältigen zu dürfen.

Daraus folgt, daß auch die grundlegenden Daseinsbedingungen, die in der Regel als *Übelstände* aufgefaßt werden, *keine solchen sind.* Sie bilden vielmehr die unverzichtbaren Komponenten des Lebens überhaupt, und auch – ja gerade – des *erfüllten Lebens.* Denn es gibt *keine Freiheit ohne Notwendigkeit, keine Freude ohne Trauer, keine Lust ohne Schmerz, keine Hoffnung ohne Angst.*

In Goethes »Dichtung und Wahrheit« heißt es: »Alles Behagen am Leben ist auf eine regelmäßige Wiederkehr der äußeren Dinge gegründet. Der Wechsel von Tag und Nacht, der Jahreszeiten, der Blüten und Früchte, und was sonst von Epoche zu Epoche entgegentritt, damit wir es genießen können und sollen, diese sind die eigentlichen Triebfedern des menschlichen Lebens. Je offener wir für diese Genüsse sind, desto glücklicher fühlen wir uns.«[322]

Es gibt kein Durchschnittsleben und es gibt keine Norm für das Glück des Einzelnen. Es ist ein wunderbarer Vorzug jedes lebenden Wesens, daß es sich anpassen kann. *Auch die psychische Anpassungsfä-*

higkeit ist Voraussetzung des Überlebens. So richtet sich z. B. ein schwer Körperbehinderter in den ihm offengebliebenen Möglichkeiten ein. Seine Schwingungsweite hat eine andere Mitte als die des körperlich Gesunden; aber er pendelt genauso zwischen Lust- und Unlustgefühlen wie jeder Gesunde. Eine außergewöhnliche Belastung für ihn ergibt sich aus dem Vergleich mit den Gesunden, die um ihn sind. Darum leidet er am meisten, wenn ihn diese seine Benachteiligung spüren lassen – auch wenn es in der Form wohlmeinender Teilnahme geschieht; denn auch diese berührt immer wieder schmerzlich sein Schicksal wie eine Wunde, während er sich selbst doch längst arrangiert hat.

Jedes Lebewesen paßt sich an das an, woran es nichts zu ändern vermag. Im organischen Bereich ist *Wahrheit* das, *was unausweichlich ist.*

Das einzelne Dasein befindet sich nicht nur mit seiner Umwelt und sich selbst im Gleichgewicht, es stellt sich auch unablässig auf die sich ändernden Umstände ein und ändert sich mit ihnen. Die alles steuernde Natur hält für jede Lebensphase eines Organismus die Kräfte bereit, die jeweils benötigt werden. Die psychosomatischen Funktionen steuern den Menschen – seinem Geschlecht entsprechend – von der Wiege bis zum Grabe in der dem jeweiligen Alter und der jeweiligen Situation angemessenen Weise.

Der Säugling konzentriert sich auf die Nahrung. Das Kind begreift nach und nach die Umwelt. Und die innere Traumwelt setzt sich fort in den Träumen der Liebe. Die Jugendlichen und die Reifenden entwickeln wieder ein sich wandelndes Daseinsgefühl. Die mutterwerdende Frau verwandelt sich, denn biologisch-psychische Kräfte lenken sie so, daß mütterliche Gefühle heranreifen – und alle Angst der Eltern vor dem Neuen erweist sich als unbegründet. Später naht das wieder anders geartete Glück des Alters. Im naturgemäßen Lebensverlauf reagiert die selbsttätige Steuerung auf die besonderen Erfordernissse jeder biologischen Lebensphase in optimaler Weise; es sei denn, daß Störungen auftreten. Diese können krankhafter Art sein oder sich aus den Zwängen der jetzigen mechanistisch geprägten Lebensweise ergeben.

Das mechanistische Denken kennt nur einen konstanten Normaltyp: den erwachsenen jungen Mann, körperlich top-fit, mit »nützlichem« Wissen programmiert wie ein Computer, der seinen Job hundertprozentig ausübt und für einen besser bezahlten trainiert. Höchstes Vorbild ist der Astronaut, der unter extremsten Bedingungen genauso gut funktioniert wie eine Maschine. Auch das weibliche Geschlecht soll dann bestrebt sein, es diesem Ideal gleichzutun. Die lange Jugend- und Studierzeit dient der Vorbereitung auf die kurze Hochleistungsepoche; denn schon bald ist das Individuum ökonomisch untauglich geworden wie der Industriemüll. Der Kult der quantitativen Leistung verhindert die Kultivierung des Daseins.

Die Ambivalenz des Lebendigen

In der Natur überlebt das am besten *angepaßte* Lebewesen. Das heißt, daß auch das Leben des einzelnen Individuums eine ständige Anpassung an die gesamte Umwelt erfordert, auch an die eigenen Artgenossen. Der Anpassungsdruck bestand immer. Wer sich früher nicht an seine Gesellschaft, die insgesamt hart mit der Umwelt kämpfte, anpaßte, ging zugrunde; denn die Gesellschaft hatte nicht die Mittel, Kostgänger mit durchzuschleppen.

In der Zivilisation ist für den Einzelnen eine starke Anpassung an die Natur und die Gesellschaft nicht mehr unbedingt nötig. Und dies wird als großer Erfolg angesehen. Daß aber jeder Einzelne nun einer viel größeren Zahl von *neuen Mechanismen* ausgesetzt ist, hat man bis heute nicht begriffen, oder man will es nicht wahrhaben. Manche, die das erkannt haben, wollen die Mechanismen abschaffen, und sie glauben, daß dann die Welt wieder in Ordnung sei. Somit rebellieren heute viele Menschen gegen die Zwänge der Zivilisation, also gegen den weiter zunehmenden »Anpassungsdruck«; *sie rebellieren jedoch in der Regel gegen die Auswirkungen, nicht gegen die Ursachen.* Sie rebellieren zum Beispiel gegen die Bürokratie, gegen die Steuern, gegen die Überwachung. Neuerdings rebellieren nicht wenige gegen die Umweltverschmutzung. Doch nur ein Bruchteil dieser Protestierer nimmt zur Kenntnis, daß die Umweltverderbnis eine *automatische Folge des eigenen Konsumverhaltens* im technischen Zeitalter ist; eines Verhaltens, dessen Steigerung die große Mehrheit weiter fortzusetzen wünscht.

Auch der *Friede* zwischen einzelnen Menschen wie zwischen den Völkern kann immer nur so lange bewahrt werden, wie sich diese aneinander *anpassen*. Soweit heutige Jugendliche gegen alles rebellieren, andererseits lautstark für den Frieden eintreten, ignorieren sie die Tatsache, daß der Friede eben nicht durch Ansprüche zu erhalten ist, sondern durch die notwendige Anpassung an die verschiedenen Mächte, die nun einmal existieren.

Ab sofort ist nichts nötiger, als daß sich die Menschen den ökologischen Gesetzen anpassen; dagegen führt die bisher geübte Anpassung an die Zivilisation binnen kurzem in den globalen Untergang.

Es ist auch irrig, daß ein Abstreifen der Zivilisation zur Freiheit führt. *Die Anpassung an die ökologischen Gesetze ist nicht weniger hart als an die jetzigen ökonomischen* – sie hat nur einen »kleinen Vorteil«: sie führt zum *Überleben*, während der andere Weg in den *Untergang* führt. Es gibt kein erschreckenderes Zeichen für den desolaten Geisteszustand dieser Zeit als die Illusion, das ökologische Leben werde ein Paradies sein. Damit betrügt man sich und andere wie gehabt.

Überall, wo wir auf dieser Welt irgendwelche Gewinne feststellen, müssen auch entsprechende Verluste entstanden sein.

Diese können an einer anderen Stelle im Raum oder an einer anderen Stelle in der Zeit auftreten – vor uns oder nach uns. Nur soweit wir die Gewinne auf die uns zufließende Energie der *Sonne* zurückführen können, sind es echte Gewinne. Aber nur die Natur hat die Fähigkeit, die Sonnenenergie in Leben umzuwandeln – und nur solange wir leben, lebt auch unser Geist, der selbst mit minimaler Energie auskommt. Den Geist, das wirksamste Energieprodukt, gibt es jedoch ohne die Voraussetzung eines lebenden Körpers nicht.

Umgekehrt gilt ebenso:

Überall, wo wir auf dieser Welt irgendwelche Verluste feststellen, müssen auch entsprechende Gewinne zu finden sein.

Nur soweit wir die Verluste auf die menschliche Zerstörungskraft zurückführen können, sind es unwiederbringliche Verluste.

Die Sonne ist der Motor der natürlichen Evolution. Der Mensch ist zur Zeit der Motor der Entropievermehrung, die inzwischen schneller verläuft als die natürliche Evolution.

Das gleiche Prinzip von Gewinn und Verlust gilt für die Psyche. Die Psychoanalyse versucht, in diese Tiefen einzudringen; doch eine durchschaubare Bilanz wird es niemals geben. Richtig bleibt auch hier, daß die Summe letzten Endes immer gleich sein wird. Mishan ist überzeugt, »daß sich die Summe beständigen Glücks sogar unter den günstigsten Umständen durch wissenschaftliche Entdeckungen nicht wesentlich vergrößern läßt.«[323]

Zu einer einseitigen Bewertung kommt nur derjenige, der aus einer bestimmten Situation heraus urteilt. Wenn zum Beispiel Max Scheler feststellt, »alles Bewußtsein gründet in Leiden und alle höheren Stufen des Bewußtseins in steigendem Leiden«[324], ist das richtig, gibt aber nur die eine Seite des Daseins wieder. Die entgegengesetzte Aussage würde lauten: »Alles Bewußtsein gründet in der Freude und alle höheren Stufen des Bewußtseins in steigender Freude.« Das allein stehenzulassen, hieße aber auch wieder nur, die entgegengesetzte Seite des Daseins zu betrachten. *Das Leben besteht vielmehr in der Pendelbewegung zwischen den beiden Extremen.*

Der Mensch ist in seiner ganzen Geschichte, wie jedes Lebewesen, so stark in seinem Kampf ums Überleben strapaziert worden, daß er sich nach einem statischen, gesicherten Zustand, nach Ruhe sehnte. Einen solchen Zustand hat er selten gefunden. Wo er ihn aber vorübergehend erreicht hat, wie zum Beispiel in den Wohlstandsregionen der Gegenwart, da überkommt ihn bald der *Drang nach Veränderung*, nach neuen Aufgaben und Erlebnissen. Nur stumpfsinnige Menschen fühlen sich im Glück der gefüllten Futtertröge wohl, die anderen brechen aus einer solchen Situation aus. Viele der jugendlichen Aussteiger handeln unter diesem Impuls. (Der Irrtum der Politiker besteht darin, daß sie glauben, die Tröge immer voller schütten zu müssen.) Manche vertragen die Jahr für Jahr gleichförmigen Abläufe ihres Arbeitsplatzes nicht mehr, manche leiden unter der Öde ihrer Ehe, und manche Kinder frustriert die Familie, die ihnen alles bietet, während sie selbst nichts beitragen können, da alles fertig gekauft wird. Ivan Illich folgert daraus: »Gefangen in seinem klimatisierten Glück, ist der Mensch kastriert: es bleibt ihm nur noch die Wut, die ihn dazu bringt, zu töten oder sich zu töten.«[325]

Aus alledem können wir schließen: *Alles ist gut, nur nicht überall, nur nicht immer, nur nicht für jeden.* Umgekehrt: *Alles ist schlecht, nur nicht überall, nur nicht immer, nur nicht für jeden.* Wir wandeln uns, die Welt wandelt sich. So ist heute sinnlos, was in früheren Zeiten erstrebenswert war, und sinnvoll, wovor man bisher Angst hatte, Plus wird Minus, und Minus wird Plus.

In einem Buch mit dem Titel »Die Seele und das Leid« (erschienen 1919 mit einer Einleitung von Ernst Haeckel) zitiert der Schriftsteller Harry Schumann den Artikel einer Pariser Zeitung. Dort wurde mitten im Ersten Weltkrieg, der in Europa tobte, berichtet: »In Japan greift zur Zeit eine Selbstmordmanie um sich, die den Behörden ein Anlaß schwerer Sorge ist. Man schlitzt sich zu Hause den Leib auf nach der guten alten Sitte des Harakiri, oder man entscheidet sich je nach Temperament und Veranlassung für Gift, Strick oder den Sprung ins Wasser. – Und doch muß, wenn uns die Literaten nicht etwas weisgemacht haben, das Leben im Lande der Chrysanthemen und des Blütenschnees, wo die Frauen Kimono tragen und die Nächte so wunderhübsch von bunten Lampions erhellt sind, die entzückendste Idylle sein, die sich denken läßt. – In Europa dagegen ist, wie die Statistik beweist, der Selbstmord während des Krieges ganz außer Mode gekommen. Und doch ist unser Leben mühselig und alles dessen beraubt, was einst seinen Reiz ausmachte, schleichen unsere Tage in Kummer und Sorge dahin, lastet auf uns Trauer und drücken uns Entbehrungen. – Wer sich aber entleibt, das sind die glücklichen Japaner, die von all dem Jammer verschont blieben. Junge Leute, die sich keinen Wunsch zu versagen brauchen, die sich ganz dem Genuß des Lebens hingeben konnten, Glückskinder, für die der Himmel voller Geigen hängt, sagen der Welt mit verblüffender Leichtigkeit Valet. Die Alten aber und die Kranken, die unter Schmerzen und Gebrechen seufzen, klammern sich ängstlich an das bißchen Leben, das doch für sie nur ein Dornenweg ist. Sie wollen nicht sterben, für nichts auf der Welt.... Wir hängen also am Leben in dem Maße, wie es uns Leiden beschert. Und das ist gar nicht so dumm, wie es auf den ersten Blick den Anschein hat. Man braucht nur an die Liebe einer Mutter zu ihrem Kinde zu denken, und man wird dasselbe Gesetz bestätigt finden. Man hängt um so mehr an einem geliebten Wesen, als es uns Schmerzen bereitet.«[326]

Harry Schumann knüpft daran die Betrachtung: »Wie durch einen Blitz wird durch diesen Artikel der Glückssinn des Daseins und die Stellung des Leides im Leben erhellt. Das Leid erst schafft den Wert des Lebens für den Menschen, und immer wieder bewahrt es vor Erstarrung.... Not und Sorgen stählen die Lebenskraft und erhöhen sie und mit ihr auch die Lebensfreude im seligen Gefühl des Wachsens und Vorwärtskommens. Fließt aber das Leben eintönig und sorglos dahin, so erschlaffen Lebenskräfte und Lebensfreude.«

Der Europäer des 20. Jahrhunderts konnte solche Zusammenhänge um so schwerer begreifen, je besser es ihm ging. Der Bericht verdeutlicht, daß der Mensch Herausforderungen braucht, ein bewegtes Leben, zumindest innerhalb einer gewissen Schwankungsbreite. Wird die Grenze auf der Seite eines Mangels überschritten, dann führt das zum *Tod durch Verhungern* – wird sie nach der Seite der Überfülle überschritten, dann führt das zum *Tod durch Selbstmord*. Das eine Extrem finden wir auf der südlichen Halbkugel, die Ursache ist *Unterentwicklung* – das andere Extrem auf der nördlichen, seine Ursache ist *Überentwicklung*.

Sowohl das materielle Leben wie das psychische bewegt sich zwischen zwei Polen und darf nie zum Stillstand kommen. Die Erlebniswelt des Einzelnen besteht aus einem Netz unaufhörlicher Schwingungen, die sich in ihrem Auf und Ab zu einem *Lebensgefühl* verdichten. Nur ein Teil der Anstöße kommt von außen, und ein geringer Teil ist rational erklärbar. Ihre Ursprünge sind genausowenig zu entschlüsseln wie die Absicht der Natur, deren Teil wir sind. In Goethes Bildersprache läßt der »Geist« im »Faust« das Wesen des Weltgeistes ahnen:

In Lebensfluten, im Tatensturm
Wall' ich auf und ab,
Webe hin und her!
Geburt und Grab,
Ein ewiges Meer,
Ein wechselnd Weben,
Ein glühend Leben,
So schaff' ich am sausenden Webstuhl der Zeit,
Und wirke der Gottheit lebendiges Kleid.[327]

3. Die Welträtsel sind biologisch

Die Gottheit ist wirksam im Lebendigen, aber nicht im Toten; sie ist im Werdenden und sich Verwandelnden, aber nicht im Gewordenen und Erstarrten.
(Goethe)

Die Wunder der Evolution

Die Geheimnisse des Lebens *gehören* zu den unergründlichen Wundern, deren Vorhandensein wir unmittelbar miterleben, da wir selbst Lebewesen sind. Dennoch »wissen« wir über den Sinn des Lebens und über die Art der Kräfte, die alles Lebendige lenken, so gut wie nichts. Und *wir wissen nichts über das Ziel der biologischen Evolution*, die seit mehreren 1000 Millionen Jahren auf unserem Erdball voranstrebt.

Wir bewegen uns täglich im Reich der Wunder, aber ihrer sind so viele, daß wir uns als ständige Zeugen daran gewöhnt haben. Aus dem Ei des Huhnes würde nach 21 Tagen Brutzeit ein Küken entstehen, wenn wir es nicht statt dessen gedankenlos zum Frühstück verspeisten. Alle Informationen und Startbedingungen für ein künftiges Lebewesen sind darin enthalten und wurden schon seit Millionen Jahren weitervererbt. Das Küken wird selbst die Schale aufpikken, nach einem Tag laufen und selbst das zur Nahrung Geeignete von anderem unterscheiden. Das alles und mehr kann es, ohne daß es ihm mühsam beigebracht worden wäre, wie das beim Menschen nötig ist. Wenn das Küken ein Wasservogel ist, wird es sofort schwimmen und tauchen, um sich so mit Nahrung zu versorgen. – Dabei ist das Ei, selbst des kleinsten Vogels, noch ein sehr großes Gebilde, wenn wir bedenken, daß die Eier der Fische zu mehreren Millionen entstehen. Und im Kopf einer Biene oder Ameise befindet sich ein so diffiziles Informationssystem, daß die Chips der Elektronik, auf deren Winzigkeit der erfindende Mensch so stolz ist, sich dagegen als recht grobe und primitive Felsbrocken ausnehmen.

Was die Entstehung der Nachkommen betrifft, so arbeitet die Natur mit der Präzision eines Uhrwerks, besonders hinsichtlich der Wachstumsperiode der Tiere, während sich die Pflanzen ein wenig variabler auf die Umwelt- und Wetterbedingungen einstellen können, wobei auch sie ihren Wachstumsplan einzuhalten bestrebt sind. Die gesamte Natur arbeitet konstant und zuverlässig über unzählige Millionen Jahre hinweg. Trotz dieser Präzision einerseits differieren andererseits die individuellen Erscheinungsbilder aller höheren Arten, wie wir das nicht nur an den Gesichtern der Menschen feststellen können. *Was nun die Natur im Innersten treibt und welches Ziel sie dabei hat, wissen wir nicht. Was wissen wir aber?*

Wir wissen erstens, daß der *Vorgang der natürlichen Evolution* schon seit nahezu 4000000000 Jahren läuft und daß in dieser unvorstellbar langen Zeit fünf bis zehn Millionen unterschiedliche Lebensformen entstanden sind, die noch heute leben. Die Zahl der bereits in früheren Jahrmillionen ausgestorbenen Arten beträgt das Vielfache.

Wir wissen zweitens, daß *Mutationen* in den Erbanlagen auftreten. Aus der Vielfalt kann die Natur die geeignetsten Individuen zur Fortpflanzung auswählen.

Wir wissen drittens, *daß das Leben in einer Form von Überschwang alle Räume unserer Erde erobert*, sobald es irgendwo die minimalsten Bedingungen vorfindet. Dabei gehen gewisse Pionierarten voran.[329]

Was den letzten Punkt betrifft, so sprach der französische Philosoph Georges Bataille von einem »Druck des Lebens«: »Die Erdoberfläche wird, soweit es möglich ist, vom Leben eingenommen. Die Vielfalt der Lebensformen entspricht insgesamt den vorhandenen Energiequellen, so daß letztlich nur der Raum die Grenze für das Leben ist ... Unter der Voraussetzung eines konstanten Verhältnisses zwischen den Volumen der lebenden Masse und den lokalen, klimatischen und geologischen Gegebenheiten nimmt das Leben den gesamten verfügbaren Raum ein. Diese lokalen Gegebenheiten bestimmen die Intensität des *Drucks*, den das Leben nach allen Richtungen hin ausübt. Das heißt, wenn der vorhandene Lebensraum auf irgendeine Weise erweitert wird, so wird er sofort ebenso vom Leben eingenommen wie der benachbarte Raum ... Das deutlichste Beispiel ist eine von einem Gärtner angelegte und freigehaltene Allee: sobald sie aufgegeben wird, wird der Druck des umliegenden Lebens sie sofort wieder mit Gras und Büschen überziehen, in denen es dann auch rasch von tierischem Leben wimmelt ... Wenn der Lebensraum ganz eingenommen ist und es nirgends ein Ventil gibt, so kommt es hier dennoch zu keiner Explosion. Aber der Druck ist da, das Leben erstickt sozusagen in seinen zu engen Grenzen ... Bald führt der Druck zur Erschließung neuen Raumes, bald zur Vernichtung überschüssiger Möglichkeiten im verfügbaren Raum. Diese zweite Wirkung kommt in der Natur in den verschiedensten Formen vor.«[330]

Mutation und Auslese erklären die Vielfalt der Organismen, aber nicht, warum die Natur unendlich langsam, aber dennoch zielstrebig immerzu höhere Lebewesen entwickelt hat. »Der Kampf ums Dasein erklärt nicht«, sagt Whitehead, »warum es zu immer komplexeren und empfindlicheren Organismen kommt, ebensowenig, wie die Existenz von Erdbeben erklärt, warum es Städte gibt....«.[331] Auf jeden Fall sind es keineswegs nur die nützlichen Neubildungen, die Bestand haben. In der Schule versuchte man, die Eigenschaften der verschiedenen Pflanzen und Tiere mit ihrer Nützlichkeit im Lebenskampf zu begründen. Diese Erklärung versagt aber in Tausenden von Fällen.

Die Pflanzenwelt hat *unerschöpflich* vielfältige Blüten mit wunderbaren Farben und Düften entwickelt. In der Tierwelt kann das bunte Gefieder Tausenden von exotischen Vogelarten keineswegs den Überlebenskampf erleichtert haben. Wenn es ihnen auch erst dann ausgesprochen zum Verhängnis wurde, als der zivilisierte Mensch einen ausrottenden Handel mit ihnen begann. Und warum sind so viele Vögel musikalisch? Nicht nur die Nachtigall singt seit Jahrtausenden ihre Lieder, die auch den Menschen tief rühren, unzählige Tonfolgen stehen auch anderen Vögeln zur Verfügung. – Und wie ließe sich die unübersehbare Zahl der Schmetterlingsarten mit den prachtvollsten Farbkombinationen mit irgendeiner Zweckmäßigkeit erklären?

Und dann sind da die *Wunder der Meere*, die wahrscheinlich das Höchstmaß an Üppigkeit in Farben und Formen erreichen. Hier ist ein positiver Ertrag von Film und Fernsehen zu vermelden, denn ohne diese hätten weitaus die meisten Menschen nichts von diesem Reichtum erfahren. Überhaupt bringen heute Bilder die Unerschöpflichkeit der Natur in jedes Haus, Bilder, die unser Staunen und unsere Verwunderung erregen. Allerdings hätte auch das, was wir seit langem wissen, ausreichen müssen, um in der natürlichen Evolution ein *gezieltes Voranstreben* zu erkennen.

Und Tiere haben Kultur!

Es gibt eine Menge Belege dafür, daß auch Tiere Künste beherrschen, die wir beim Menschen ohne weiteres der Kultur zurechnen. Daß ihnen diese Künste angeboren sind, während sie der Mensch erst mühsam lernen muß, kann doch den betreffenden Arten nicht wertmindernd angelastet werden; es ist wohl vielmehr eine genetische Minderausstattung des Menschen. Dafür hat er allerdings den Vorteil, auf sehr vielen Gebieten *lernfähig* zu sein.

Daß die Vögel stundenlang nichts tun, als ihre arteigene Melodie von sich zu geben, ist ihre Art von Kultur. Einige Arten bauen kunstvolle Nester, wie zum Beispiel die Schwalben, der Webervogel und unzählige weitere. Im Wasser ist der Biber ein wahrer Baumeister. Die eindrucksvollsten Leistungen vollbringen die Korallen, die ganze Inseln in tropischen Gewässern errichten. Daß so winzige Tiere wie Ameisen, Bienen und Termiten[332] nicht nur Ingenieure sind, sondern komplizierte Staatsorganisationen besitzen, ist bekannt. Viele Tierarten haben eine derart kultivierte Form der Brautwerbung, daß sich gerade die Menschen heutiger Zivilisationen ihres rüden Verhaltens auf diesem Gebiet schämen müßten.

Die unübersehbaren Erscheinungsformen des Lebens beweisen, daß hier steuernde Kräfte am Werke sind, *deren Wesen und Ziel der Mensch mit seinem Verstand nicht erfassen kann.* Der ›élan vital‹ im Sinne von Henri Bergson treibt die Entwicklung der organischen Welt nach *uns unbekannten Prinzipien* voran, nicht allein nach dem Kausalitätsprinzip, das wir in der anorganischen Welt vorfinden. Bataille sagt es mit wenigen Worten: »Die Geschichte des Lebens auf der Erde ist vor allem die Wirkung eines wahnwitzigen Überschwangs: das beherrschende Ereignis ist die Entwicklung des Luxus, die Erzeugung immer kostspieligerer Lebensformen.«[333]

»Es ist schwer zu begreifen«, schrieb Alfred Weber 1953, »wie man jemals den mit künstlerischer Phantasie geladenen, übervitalen Gestaltungswillen der ›Natur‹ hat übersehen können und die unübersehbare Vielfältigkeit der Formen- und Farbwelt, die da entgegentritt, als Folge des Kampfs ums Dasein und der Notwendigkeit etwa von Anpassung und Auslese hat deuten wollen. Es existiert hier eine mit vitalen Fortsetzungszwecken nur lose zusammenhängende Produktivitätsexuberanz, die im Schönen, im Häßlichen, in den Ausdrucksformen des Gutmütigen, des Bösen, des Hinterlistigen alles menschlicher Phantasie Mögliche weit übersteigt und die unendlich variierte Chiffre des beabsichtigten überzweckmäßigen Ausdrucks mit absoluter Sicherheit zeichnet. Im Reichtum der Farbenkomposition, in der Präzision und Fülle der linearen Gestaltung ist diese Produktivität schlechthin unerreichbar. Ja, gelegentlich ist sie bis ins Kapriziöse gesteigert.«[334]

Neben dem Kampf ums Dasein sind beim Menschen wie bei den Tieren »bis zur Selbstaufopferung gehende altruistische ›Instinktfaktoren‹ wirksam: das Verhalten der Eltern für ihre Jungen, das Verhalten zwischen ›Genossen‹. Wobei in den bekannten Ameisen- und Bienenstaaten die Selbstopferung .... von einem überindividuellen Gesamtwillen« zeugt.[334]

Wir können den Sinn des Weltalls nicht ergründen; denn wir können uns weder den Anfang des Kosmos erklären noch dessen Ende.[335] *Das Gleiche gilt für das Leben auf unserem kleinen Planeten. Wir können uns dessen Anfang nicht erdenken noch das Prinzip der Teleologie, wonach nicht nur alles Leben nach Leben drängt (warum eigentlich?), sondern auch eine ständige Entwicklung zu komplizierteren Arten auf dieser Erde stattgefunden hat (auf welches Ziel hin eigentlich?)* »Das große Problem, vor das uns die biologische Evolutionslehre stellt, ist die Frage, wie es überhaupt zur Entstehung komplexer Organismen mit einer derart mangelhaften Überlebensfähigkeit kommen konnte – ganz gewiß nicht deshalb, weil sie sich besser auf das Überdauern verstanden hätten als die Felsen in ihrer Umwelt.«[336]

»Wir können daher den Begriff der Zweckmäßigkeit auf Menschen, Tiere, Pflanzen, auf ein Erschaffenes also, das nicht von uns erschaffen wurde, nur mit Einschränkung anwenden, denn welchem Zwecke Menschen, Tiere, Pflanzen zuletzt dienen, wissen wir nicht und vermögen es durch den Verstand nicht zu ermitteln. Was immer uns an ihnen zweckmäßig erscheinen mag, wir können aus der Anpassung ihrer Organisation an gewisse Verrichtungen nicht auf Grund- und Endzwecke schließen. Wenn wir aus den Wirkungen, die wir vor Augen haben, auf Zwecke schließen, dann liegt die Gefahr stets nahe, daß wir uns betrügen.«[337]

Da dem menschlichen Verstand also die großen und wichtigsten Fragen des Kosmos *ein Rätsel bleiben*, warum ist er dann so sicher, daß ihm seine Wissenschaften im einzelnen richtige Ergebnisse bringen? Ist diese partielle Gewißheit nicht eher ein *Beweis für unsere*

Blindheit im Ganzen? Ist der Mensch nicht genauso ein Maulwurf im Universum wie der blinde Maulwurf, der in der Erde wühlt?

Welche rätselhafte Macht ist es wohl, die unsere Erde in jedem Frühling erneut zur Blüte und im Herbst zur Frucht treibt? In der Bibel ist es der Befehl Gottes: »Solange die Erde steht, soll nicht aufhören Saat und Ernte, Frost und Hitze, Sommer und Winter, Tag und Nacht.« Der dieses Kapitel einleitende Text Goethes »Die Gottheit ist wirksam im Lebendigen, aber nicht im Toten; sie ist im Werdenden und sich Verwandelnden, aber nicht im Gewordenen und Erstarrten«, lautet in der Fortsetzung: »Deshalb hat auch die Vernunft in ihrer Tendenz zum Göttlichen es nur mit dem Werdenden, Lebendigen zu tun; der Verstand mit dem Gewordenen, Erstarrten, daß er es nutze.«[338] *Das Feld der Vernunft ist also die organische Natur.* Im Gegensatz zum Verstand, der sich mit den abgeschlossenen Erkenntnissen (in der Mathematik und Physik) befaßt, wendet sich die Vernunft dem niemals abgeschlossenen Reich des *Werdens* in der Natur zu.

»Die Tatsache der Evolution«, schließt Hoimar v. Ditfurth, »hat uns die Augen dafür geöffnet, daß die Realität dort nicht enden kann, wo die von uns erlebte Wirklichkeit zu Ende ist. Nicht die Philosophie, nicht die klassische Erkenntnistheorie, die Evolution erst zwingt uns zur Anerkennung einer den Erkenntnishorizont unserer Entwicklungsstufe unermeßlich übersteigenden ›weltimmanenten Transzendenz‹.«[339]

Die biologische Vernunft und die Religion

»Wir bemerken in unserem Erleben Strebungen, die zu Zweckursachen führen, die auf ideale, außerhalb des Bereichs der physikalischen Entwicklung liegende Zwecke ausgerichtet sind. ... Und ebenso liegt das Streben nach ästhetischer Befriedigung durch den Genuß des Schönen außerhalb der rein physikalischen Naturordnung.«[340] Dies kann, so folgert Whitehead dann, kein blindes Streben sein, denn dies könnte uns nicht weiterbringen. Wir Menschen verfügen über eine »spekulative Vernunft, die alle methodischen Schranken überschreitet.« »Was den Menschen vom Tier (und einige Menschen von anderen) unterscheidet, ist ein undeutlich aufflackerndes Moment der Unruhe, etwas, das ihn zum

Unerreichbaren hinzieht. In dieser Unruhe manifestiert sich gleichsam der Fingerzeig des Unendlichen, der die Geschlechter der Menschheit voran – und manchmal auch in den Untergang – getrieben hat. ... Die spekulative Vernunft wendet sich nach Osten und nach Westen, dem Ursprung und dem Ende zu, die beide hinter dem Horizont des Sichtbaren liegen.« Whitehead sieht einen »Zusammenhang zwischen der Betätigung der spekulativen Vernunft und unseren religiösen Intuitionen.«[341]

Die Vernunft verbindet den Menschen mit jenem Bereich, den der Schweizer Psychologe Balthasar Staehelin *»die zweite Wirklichkeit«* nennt. Diese ist »naturwissenschaftlich ebenso feststellbar, kann definiert werden als derjenige Teil vom Menschen, der dem Absoluten, dem Unbedingten, dem Ewigen, der Unendlichkeit, der Unbegrenztheit, der Ungeteiltheit, der Großen Ordnung, theologisch Gott zugehörig, und zwar auch *biologisch* zugehörig ist.«[342]

Das Wesentliche an dieser Auffassung ist, daß hier nicht zwischen Körper und Geist, zwischen Leib und Seele unterschieden wird, sondern daß diese eine Einheit bilden. Darum ist für Staehelin der angeborene Drang des Menschen zur Religion »primärste Biologie«.[343]

Die biologische Natur des Menschen ragt demnach in die zweite Wirklichkeit, in die unbedingte, dem Ewigen zugehörige Wesenheit hinein.[344] Die Psyche ist für Staehelin nicht nur die Schaltstelle zwischen den zwei Wirklichkeiten, sondern sie faßt diese zusammen, *»und zwar biologisch!«*[345]

Balthasar Staehelins Erkenntnisse führen zu folgendem Ergebnis: *»Jeder Mensch, zu jeder Zeitepoche, in jeder Konfession, in irgendeiner Politik, ist unausweichlich sowohl individuelle, endliche Geschichte als auch Zugehörigkeit zu und Kollektivität mit dem Ewigen, also zugehörig zu und eins mit Gott, mit dem Absoluten, und dieses Ewige findet sich als das gemeinsame Unbedingte in jedem Du dieser Welt.–* Jedes Menschen Natur ist also auch Mystik.«[346]

Diese Auffassung deckt sich mit der Ortega y Gassets, »daß die geschichtliche Wirklichkeit in einer früheren und tieferen Schicht eine biologische Potenz ist, die reine Lebenskraft, der Vorrat kosmischer Energie im Menschen; nicht die gleiche Kraft, die das Meer bewegt, das Tier befruchtet, die Blüte treibt, aber ihr schwesterlich verwandt.«[347]

Eine solche Betrachtungsweise steht nicht im Gegensatz zur christlichen Auffassung. Der evangelische Theologe Günter Altner zieht in einem Aufsatz »Mensch und Natur – Die Trennung der Liebenden?« die gleichen Verbindungslinien.[348] »Letztlich geht es bei der Frage nach Leben und Tod ... um das menschliche Verständnis der Natur als Schöpfung Gottes und damit auch um das Verhältnis des Menschen zur Natur als Mitgeschöpf. Solches alles kann aber in seiner kreatürlichen Breite wie in seiner historischen Tiefe nur dargelegt werden, wenn ich mich selbst in meiner Befangenheit zwischen Leben und Tod in den größeren Kontext des Lebens einzubringen vermag. Alles andere wäre eine höchst abstrakte und objektivierende Betrachtung von Natur und Geschichte, wie sie uns seit Descartes nur zu geläufig ist und uns weiter und weiter von der Erfahrung des Lebens entfernt.«[349]

Von katholischer Seite wurde der Gedanke der Schöpfung, die zu bewahren sei, erst in den Jahren 1979 und 1980 in zwei höchst offiziellen Dokumenten herausgestellt. In der Enzyklika »Redemptor Hominis« des Papstes Johannes Paul II. ist die Rede davon, daß die modernen Entwicklungen »oft eine Bedrohung der natürlichen Umgebung des Menschen« sind, »sie entfremden ihn in seiner Beziehung zur Natur, sie trennen ihn von ihr ab. Der Mensch scheint oft keine andere Bedeutung seiner natürlichen Umwelt wahrzunehmen als allein jene, die den Zwecken des unmittelbaren Gebrauchs und Verbrauchs dient. Dagegen war es der Wille des Schöpfers, daß der Mensch der Natur als ›Herr‹ und besonnener und weiser ›Hüter‹ und nicht als ›Ausbeuter‹ und skrupelloser ›Zerstörer‹ gegenübertritt.« Die deutsche Bischofskonferenz hat im Jahre 1980 eine Erklärung mit dem Titel »Zukunft der Schöpfung – Zukunft der Menschheit« veröffentlicht. Dort heißt es über den Menschen: »Nur in der Solidarität mit der anderen Schöpfung, nur im verantwortlichen Umgang mit Tier-, Pflanzen- und Sachwelt kann er sich auf Dauer als Herr der Schöpfung erfahren, wird er nicht zum aus der Schöpfung ausgetriebenen Sklaven seines Herrenwahns. ... Die Menschheit hat nur Zukunft, wenn die Schöpfung Zukunft hat.«[350]

Damit wird der Glaube des Heiligen Franz von Assisi (1181–1226) aufgenommen, der auch im Jahre 1980 zum Schutzpatron der Umwelt ausgerufen wurde. Sein *»Sonnengesang«* ist das einzige christliche Zeugnis, das der Natur vor Gott den gleichen

Rang zuerkennt, den der Mensch sonst immer für sich allein beansprucht:

Gelobt seist Du, o Herr mein Gott, mit allen Deinen Geschöpfen,
Besonders mit der Frau Schwester Sonne,
Welche den Tag bringt, und Du gibst uns durch sie das Licht,
Und schön ist sie und strahlend mit großem Glanz.
Von Dir, o Höchster, ist sie das Gleichnis.

Gelobt seist Du, o Herr mein Gott, um des Bruders Mond willen, und der Sterne,
An den Himmel hast Du sie gestellt leuchtend und köstlich und schön.

Gelobt seist Du, o Herr mein Gott, um des Bruders Wind willen,
Und der Luft und der Wolken und des heiteren und wechselnden Wetters,
Durch welche Du allen Deinen Geschöpfen Bestand schenkst.

Gelobt seist Du, o Herr mein Gott, um der Schwester Wasser willen,
Die da ist sehr notwendig und demütig und köstlich und keusch.

Gelobt seist Du, o Herr mein Gott, um des Bruders Feuer willen,
Durch welches Du die Nacht erhellest,
Und es ist schön und freudig und stark und wild.

Gelobt seist Du, o Herr mein Gott, um unserer Schwester willen,
Der mütterlichen Erde,
Welche uns hält und nährt,
Und sie gebiert viele Früchte und bunte Blumen und Kräuter.

Gelobt seist Du, o Herr mein Gott, um jener willen, die Verzeihen üben aus Liebe zu Dir,
Und die Schwäche und Trübsal erdulden,
Selig, die ausharren bis ans Ende in Frieden,
Denn von Dir, o Höchster, werden sie die Krone empfangen.

Gelobt seist Du, o Herr mein Gott, um unseres Bruders willen, des leiblichen Todes,

Dem kein Mensch, der da lebt, entrinnen kann.
Wehe denjenigen, die in tödlicher Sünde sterben.
Selig, die Deinen allerheiligsten Willen erfüllen,
Denn der andere Tod wird nicht über sie kommen.

Lobet und preiset den Herrn und saget Ihm Dank,
Und dienet Ihm in großer Demut.[351]

Im Rückblick muß leider gesagt werden: »Die Gleichgültigkeit gegenüber der Natur bleibt ein trauriges Kapitel der christlichen Geschichte«, wie der evangelische Theologe Hans Jürgen Baden feststellt.[352]

Erst mit der Gefährdung unserer Welt begann in jüngster Zeit die Auseinandersetzung mit den zwei Stellen der Genesis. In dem einen *Schöpfungsbericht* heißt es: »Und Gott sprach: Lasset uns Menschen machen nach unserem Bilde, uns ähnlich; die sollen herrschen über die Fische im Meer und die Vögel des Himmels, über das Vieh und alles Wild des Feldes und über alles Kriechende, das auf der Erde sich regt. Und Gott schuf den Menschen nach seinem Bilde, nach dem Bilde Gottes schuf er ihn; als Mann und Weib schuf er sie. Und Gott segnete sie und sprach zu ihnen: Seid fruchtbar und mehret euch und füllet die Erde und machet sie euch untertan, und herrschet über die Fische im Meer und die Vögel des Himmels, über das Vieh und alle Tiere, die auf der Erde sich regen!« In der anderen »Erzählung von der Schöpfung« heißt es: »Und Gott der Herr nahm den Menschen und setzte ihn in den Garten Eden, daß er ihn bebaue und bewahre.«[353]

Die Streitfrage kann wohl inzwischen als entschieden gelten. Indem hier der Mensch an Gottes Statt als Herr der Erde eingesetzt wird, kann das nur heißen, daß er auch die ganze Verantwortung für Gottes Schöpfung trägt. Damit kann es keinen Zweifel mehr geben, daß gerade den Christen heute eine Aufgabe gestellt ist, worin sie sich mit den neuen ökologischen Erfordernissen treffen: die Erhaltung dieser Erde – in christlicher Sprachweise *»der Schöpfung«* – um Gottes und des Menschen willen.

4. Vom Lebenssinn und der Kunst

Und der Sinn kommt nur vom Heiligen, denn keine empirische Forschung kann ihn hervorbringen.
(Leszek Kolakowski)

Die Frage nach dem »Sinn«

Hunderttausende von Jahren hat der Mensch wahrscheinlich auf dieser Erde gelebt, ohne sich mit der Frage nach dem Sinn seiner Existenz abzuquälen. Wenn er sich genügend Nahrung besorgen, den ihm überlegenen Tieren entkommen und sich menschlicher Konkurrenten erwehren konnte, dann dürfte für ihn darin genügend Sinn gelegen haben. Sinnvoll war es schon, das nackte Leben zu bewahren. Dies ist auch eine alte philosophische Auffassung, die wir bei Diogenes Laertios (2. bis 3. Jahrhundert vor Christi Geburt) finden: »Der erste Trieb eines Lebewesens, sagen die Stoiker, sei, sich selbst zu erhalten, weil die Natur es von Anfang an ihm selbst geneigt mache, wie auch Chrysipp im ersten Buch ›Über die Ziele‹ sagt, indem er lehrt, das erste Interesse sei für jedes Lebewesen seine eigene Existenz und das Bewußtsein davon. Denn schwerlich konnte die Natur das Lebewesen selbstentfremden, noch auch, nachdem sie es geschaffen, es weder selbstentfremden noch mit sich selber vertraut machen. So müssen wir folgern, sie habe, was sie schuf, mit sich selber vertraut gemacht.«[354]

Der Mensch fühlte wohl schon in grauer Vorzeit, wie abhängig und gefährdet er war, und um dieses Gefühl kristallisierte sich Verehrung und magische Beschwörung, die der Lebensrettung diente. »Im Kampf um die Fruchtbarkeit des Ackerbodens haben die frühen Kulturen die Frucht und den Samen als hohe Werte geheiligt. ›Wert‹ war, was lebenserhaltend und mangeldeckend wirkte: das Haus, die Nahrung und die Vorgänge, bei denen sie errungen wurde: Jagd, Saat und Ernte. Das Leben war ein Wert, weil es zu allen diesen Leistungen befähigte, der Tod war ein Wert, weil er der große Feind war, den man nicht unterwerfen konnte. Für alle diese Werte rief man die Götter zu Hilfe, beschwor man die Dämonen. Die Schöpfung lebte; Mythos kristallisierte sich um alle wesentlichen, existentiell bedeutsamen Erlebnisse und vor allem um die Rätsel der menschlichen Existenz.«[355] Magische Vorstellungen und Mythen haben sich nach und nach jeweils zu einer Religion verdichtet, die dann den Sinn darbot, in dem Maße, wie das Bedürfnis danach stärker wurde. Im Zentrum der Hochkulturen stand jeweils der gemeinsame Glaube an transzendente Mächte, auf die sich das Leben wie der Tod bezog. Die Sinnfrage war somit geklärt, und sie ist es bei diesem und jenem Volk auch heute noch.

Erst der Sieg der mechanistischen Weltsicht hat jedem Glauben den Boden entzogen und damit den betroffenen Völkern die Gemeinsamkeit des Glaubens geraubt.[356] Die Freigabe der religiösen Auffassungen war schließlich die einzige Rettung, um mörderischen Glaubenskämpfen zu entgehen, wie sie z.B. dreißig Jahre in Europa getobt hatten und zur Zeit hier und da noch wüten. Die Freistellung hatte aber die unausweichliche Folge, daß damit zusätzliche Zweifel in die Gültigkeit der Glaubensinhalte gesät wurden. Die »Sinnkrise« war da. Dennoch lebten einige Generationen zunächst ganz wohlgemut in dieser liberalen Welt. Dies, zumal man ja gerade die ungläubig Gewordenen mit einem neuen Sinn füttern konnte, den sie mit Eifer löffelten, dem *grandiosen Fortschritt*. Somit lag der Sinn des menschlichen Lebens vorübergehend in der Beförderung dieses Fortschritts. Den Ersatzcharakter des irdischen Himmelreiches für das jenseitige christliche haben wir beschrieben.

Nun, wo die Ersatzreligion »Fortschritt« zusammenbricht, stellt sich die Sinnkrise in ihrer radikalsten Form. *Der Sinnverlust* wäre nie so gründlich eingetreten, wenn die mechanistische Denkweise nicht gesiegt hätte, die versprochen hatte, alle Rätsel der Welt »wissenschaftlich« zu lösen. Zur perfekten Lösung hätte dann natürlich auch die Lieferung konkreter Sinngehalte gehört; aber deren Fertigstellung wurde immer wieder verschoben, so daß heute immer weniger Empfänger noch mit dem Eintreffen der Ware »Sinn« von dorther rechnen.[357] Doch die Mehrheit der Erdenbewohner hat auch gar nicht auf die Lieferung von Sinn durch die Ratio gesetzt, selbst in den Industrieländern nicht. Wäre das nämlich geschehen, dann hätte sich die Bevölkerung kaum mehr fortgepflanzt, und der Selbstmord wäre zur selbstverständlichen Todesart geworden. Nihilismus und Atheismus sind Weltanschauungen, die sehr hohe Anforderungen stellen, um ertragen werden zu können.

Was die Menschen über Jahrzehntausende erhalten hatte, war eben eine Art *Urvertrauen*, welches wir im Grunde mit den anderen Lebewesen gemeinsam haben. Der Mensch hat fast in seiner ganzen

Geschichte unter der Sonne, zwischen Pflanzen und Tieren gelebt. Mit den letzteren hatte er stets vieles gemeinsam und hat es noch. Denn erst sehr spät baute er sich feste Häuser und ganz zuletzt Maschinen, als Ergebnisse seines intensiven Nachdenkens. Aber er dachte auch immer stärker über sich selber nach – und mit dem Nachdenken kamen eben die Zweifel am Sinn seiner Existenz. Das deprimierende Gefühl der Sinnlosigkeit und des Zweifels wurde zu einem akuten Problem.[358]

In dem Zitat des Diogenes fanden wir bereits ein modernes Stichwort: *Selbstentfremdung*. Die Selbstentfremdung hat sich in den letzten Jahrhunderten gelegentlich bis zur Schizophrenie gesteigert. Dies war unausweichlich, weil der gewaltsame Versuch unternommen wurde, den Menschen auf die reine Rationalität seiner erdachten Mechanistik umzustellen, womit er sich von seinem organischen Nährboden immer mehr entfernte.

Winston Churchill hat im Jahre 1932 einen kurzen, aber eindrucksvollen Aufsatz geschrieben, der 1979 in Deutschland abgedruckt wurde. Darin kommt er zu dem Ergebnis, daß der materielle Fortschritt nicht das bringe, was der Mensch wirklich brauche, denn er könne seiner Seele keine Ruhe bringen. »Nie gab es eine Zeit, da die dem Menschen innewohnende Tugend einen stärkeren und zuversichtlicheren Ausdruck im alltäglichen Leben gebraucht hätte; nie gab es eine Zeit, da Hoffnung auf Unsterblichkeit und Geringschätzung irdischer Macht und irdischer Errungenschaften für die Sicherheit der Menschenkinder notwendiger gewesen wären.«[359]

Die folgenden Ereignisse trieben in die entgegengesetzte Richtung. Der Kampf um die irdische Macht erreichte im II. Weltkrieg den höchsten Punkt, und die Jagd nach den irdischen Errungenschaften steigerte sich nach dem Krieg in einer früher unvorstellbaren Geschwindigkeit. Der vorher trabende Fortschritt begann zu rasen. Und noch schlimmer: *Die ständige Steigerung wurde zum Normalzustand erklärt.*

Erst fünfundzwanzig Jahre nach Kriegsende begannen mehr als nur Einzelne darüber nachzudenken; nicht nur über das, was sie gewonnen, sondern auch darüber, was sie verloren hatten. Sogar in Moskau ließ Boris Pasternak – bereits in den fünfziger Jahren – seinen Doktor Schiwago ausrufen: »Umgestaltung des Daseins! So können nur Menschen reden, die vielleicht allerlei in ihrem Leben gesehen haben, die aber kein einziges Mal das Leben wirklich begriffen, den Geist des Lebens, seine Seele empfunden haben. Für sie ist das Dasein nur roher Stoff, der durch nichts veredelt wird und leblos daliegt, um von ihnen bearbeitet zu werden. Das Leben aber ist in Wirklichkeit niemals wesenlose Materie. Es ist, wenn ich es ihnen sagen soll, das eine sich immer aus sich selbst erneuernde und und umgestaltende Prinzip, das ohne unser Dazutun wirken wird bis in alle Ewigkeit.«

Es sind überhaupt meist die Dichter gewesen, welche die Dimensionen des Lebens, der Natur und die zum Transzendenten hin bewahrt haben. Dazu diejenigen Denker, die den Dichtern verwandt sind, die wohl Martin Heidegger gemeint hat, als er sagte, daß im Denken und Dichten eine Bereitschaft für die Erscheinung des Gottes oder für die Abwesenheit des Gottes im Untergang vorzubereiten sei.

Es gibt keinen Sinn des Lebens ohne Einbeziehung des Todes. »Zu Unrecht verfluchen wir den, *ohne den wir nicht wären.*«[360] Der Tod war von Anfang an *Voraussetzung der biologischen Evolution* auf dieser Erde. Nur mit dem Wechsel der Generationen und der zweigeschlechtlichen Fortpflanzung wurde die Entwicklung möglich. Ohne den Tod wäre das Leben für immer in der Uniformität *erstarrt*.

Der Tod schlägt die Schneisen für immer neue Möglichkeiten. Darum brachte Goethe eine tiefe Wahrheit zu Papier, als er von der Natur rühmte »... und der Tod ist ihr Kunstgriff, viel Leben zu haben«.[361] Zwischen Leben und Tod pendelt sich in der Natur dieser Erde immer wieder ein dynamischer Gleichgewichtsstand ein. Der Tod setzt die Grenze jedweden Pendelschlags des Lebens.

Leben und Tod haben teil an uns, wir können eines nicht ohne das andere haben, denn sie bedingen einander.

Die Vielen nehmen das Sterben nicht groß /
Weil ihr Leben zu klein verläuft /
Darum nehmen sie das Sterben nicht groß.

Das sagt uns Laotse.[362] Denen es gelingt, Leben und Tod in einem zu erfassen, fühlen sich getragen vom großen kosmischen Geschehen, und das verleiht ihnen die Gelassenheit im Sterben. Dies ist nicht nur die Philosophie einzelner, es ist Wissen ganzer Völker. Ein Stamm in Afrika bewahrte folgendes Initiationslied:

Leben und Tod

Leben und Tod
bleiben für immer in uns.
Leib an Leib,
nebeneinander, gegeneinander.
Wie Wasser und Erde
kämpfen sie ohne Unterlaß.

Jeder Sieg des einen
ist Niederlage des andern.
Jeder Gewinn im Osten
ist Niederlage im Westen.

Unser Durst nach Erkenntnis
wird nicht erlöschen.
Der Atem eures Wissens
entfacht unser Feuer immer aufs neue.

Wir, die wir hier sind, haben unser Gebet
zur vorgeschriebenen Stunde
schon verrichtet.

Am vorgeschriebenen Ort haben
wir die Milch vergossen,
die nährt und für uns spricht.
Wir haben den Zehnten von Butter gezahlt.

Wir sind einem winzigen Tropfen entstiegen,
der im Goldregen herniedergefallen ist
in eine verborgene Höhle der Fruchtbarkeit.

Unser Schicksal ist, einmal zu zerfallen
in Fäulnis und Gestank.
Im Kreis des Lebens kehren wir wieder.

Wir sind geschaffene Geschöpfe,
wir sind als Schöpfer geschaffen.

Wir sind auf unserem Weg nicht schwach geworden.
Wir lenken unsere Schritte ins Königreich Kaydara,
das ferne, das nahe Kaydara.[363]

Das Leben ist kein Besitztum, das wir wie einen Gegenstand mit uns herumtragen könnten, dabei ständig besorgt, ihn nicht zu verlieren. Das Leben ist vielmehr ein dauernder und durch uns hindurchfließender Strom, der sich aus fernen Quellen nährt und uns unbekannten Meeren zufließt. Es ist der Überschwang der Strömung, die uns trägt, einer Strömung, die sich unserer Lenkung entzieht. Insofern ist alles, was uns zufließt und wozu wir selbst nichts beitragen konnten: *Gnade, die unbegreiflich ist.* »Eine Menschheit, die sich durch Gnadenangebote beleidigt fühlt, lebt nicht nur im Stande der Unwissenheit über ihren gnadenwürdigen Zustand. Sie lebt auch, wie das Wort von der ›Erbarmungswürdigkeit‹ schon sagt, in Verkennung der menschlichen Würde. So reichlich wird unter uns von Menschenwürde geredet und so hochmütig wehrt dieselbe Menschheit es ab, daß sie von höheren Mächten abstammt und folglich würdig ist, von ihnen getragen und beim Gewinn der unentbehrlichen, menschenwürdigen Güter und Werte gestützt zu werden.«[364]

Das Leben und das Sterben benötigt keinen Sinn, der im Sinne des Menschen läge. Hinter einer allein für den Menschen gestellten Sinnfrage steht die Selbstherrlichkeit, um nicht zu sagen Selbstgefälligkeit des Menschen; wenn er für sein Leben einen Sinn dargeboten haben will, während er der übrigen Natur keinen autonomen Sinn zubilligt. In diesem Fall ist er auf sich selber zurückgeworfen. Die Folge ist, daß es ihm dann mißlingen muß, sich am eigenen Schopfe aus dem Sumpf zu ziehen. Nur wenn er sich als abhängiger Teil eines höheren Ganzen betrachtet, gewinnt er ausreichend Halt für sein eigenes Leben. Diesen Halt liefern nicht die wissenschaftlichen Erkenntnisse, sondern die seelischen Erfahrungen, deren höchste, die mystischen, nur wenigen vergönnt sind. Andere Zugänge bieten die Religionen, die Künste und die Dichtungen sowie die Naturerlebnisse, aus denen jene vornehmlich entstehen. Wir müssen uns hier auf Worte stützen. Jede höhere Sprache besitzt solche Worte, die von einem höheren Geheimnis umgeben sind.

Zum Wesen der Sinnsuche gehört, daß der Sinn nie handgreiflich gefunden wird; denn hätte man die »Lösung«, dann gäbe es nicht nur keine Suche mehr, sondern das Leben würde zu einem höchst überflüssigen Vorgang ohne höheren Gehalt. Der Künstler ist ein begabter Sinnsucher, der sich ins Offene begibt, wohin die objektive Erkenntnis nicht reicht. Was er dabei erfährt, ist nur in der Sprache der Kunst und der Dichtung aussagbar. Laut Friedrich Schiller ist die Kunst »eine Tochter der Freiheit«, die von der »Notwendigkeit der Geister«, nicht von der »Notdurft der Materie« ihre Vorschrift empfängt.[365] »Das Reich des schönen Scheins erstreckt sich aufwärts, bis wo die Vernunft mit unbedingter Notwendigkeit herrscht.... es erstreckt sich niederwärts, bis wo der Naturtrieb mit blinder Nötigung waltet und die Form noch nicht anfängt.«[366]

Kultur durch Wohlstand?

Es gibt unzählige Voraussagen einer *Kulturblüte,* wenn erst die Menschen von der Bürde, für ihr physisches Dasein sorgen zu müssen, entlastet sein würden. Nun leben gegenwärtig rund 1000 Millionen Menschen auf diesem Erdball unter so gesicherten materiellen Umständen, wie sie frühere Generationen nie erträumt hätten. Obschon dieses Viertel der gegenwärtig Lebenden größer ist, als es vor dem Jahre 1800 die gesamte Erdbevölkerung war, übertrifft ihr materieller Wohlstand bei weitem alles, was frühere Kulturen auch nur für einige 10000 Menschen hervorbrachten.

Den Voraussetzungen nach müßten wir also jetzt in der üppigsten Kulturblüte aller Zeiten leben. Aber es gibt wohl kaum jemanden, der solches mit kühner Stirn behaupten würde – ganz abgesehen davon, daß eher das Gegenteil bewiesen werden könnte. Es ist auch bemerkenswert, daß weder der Westen noch der Osten behauptet, um die Palme der höheren Kultur zu ringen; für beide ist es erklärtermaßen ein Wettstreit um die wirtschaftliche wie um die technische Überlegenheit, die auch auf einen Rüstungsvorsprung hinzielt. Auch die weitreichenden Freiheiten, die zum Beispiel die Künstler in den Hauptländern des Westens genießen, vermochten keine Blüte zu entfachen.

Darum müssen wir fragen: Stimmt die Annahme, daß erst die materielle Sicherheit gegeben sein müsse, bevor sich der Mensch der Kultur zuwenden könne, überhaupt? Oder ist diese Annahme lediglich ein Ergebnis mechanistischen Denkens, wonach eine Maschine erst dann in Gang gesetzt werden kann, wenn alle ihre Teile eingebaut sind?

Die Geschichte des Menschen auf dieser Erde beweist, daß die weitverbreitete Meinung, die Kultur entstehe im Wohlstand, *absolut falsch* ist. Diese Annahme hat bereits Eduard Heimann zurückgewiesen: »In Amerika wie in Europa ist die Trostlosigkeit der im 19. Jahrhundert entstandenen Industriestädte und ihrer Arbeiterquartiere damit entschuldigt worden, daß es in der Natur des Menschen liege, zuerst für materielle Produktion zu sorgen und erst lange nachher für geistige Bedürfnisse. Jeder Blick auf die primitiven Gesellschaften straft dies Lügen, da alle diese den Schönheitssinn pflegen und dessen Werke begrüßen, obwohl das offenbar auf Kosten des materiellen Fortschritts geht. Mit anderen Worten, unter ganz primitiven Bedingungen zeigt sich der Mensch unzweideutig als ein geistiges Geschöpf und die Gesellschaft als eine Kulturgemeinschaft.«[367]

Maurice Blin stellt daher die Frage: »Weshalb und wie kommt es, daß der Mensch zu einem Zeitpunkt, wo er gänzlich von der Besorgung des Lebensnotwendigen in Anspruch genommen zu sein scheint, sich davon löst, um sich Beschäftigungen zu widmen, die sich nicht mit dem Prinzip der Ökonomie vereinbaren lassen, das für ein Wesen ohne Mittel und Reserven allein zählen sollte?«[368] Eine ökonomische oder rein materialistische Erklärung der Kultur des Menschen ist also unhaltbar. Es ist vielmehr erwiesen, »daß die handwerklichen Tätigkeiten in den primitiven Gesellschaften von ästhetischen oder religiösen Äußerungen begleitet werden, die jeglicher praktischer Wirksamkeit bar zu sein scheinen. Diese Äußerungen erheischen Zeit und Energie, ziehen die Vernichtung von Gütern nach sich und scheinen mit der Notwendigkeit, die vordringlichsten Bedürfnisse zu befriedigen, die auf einem mangelhaft ausgestatteten und verletzlichen Wesen lasten, im Widerspruch zu stehen.«[369] Der Widerspruch wird durch die Beobachtung untermauert, daß Prestigegüter früher als alle anderen gehandelt wurden.[370]

Die Ökonomie geht nicht der geistigen Kultur und nicht der Religion voraus, sie folgt ihnen. »Die Ökonomie findet in der religiösen und sozialen Ordnung ihr Fundament und ihre Rechtfertigung.« Sowohl bei den Völkern, die wir primitiv nennen, wie bei den alten Hochkulturen »ist das Religiöse nicht ein Parasit der Wirtschaft, sondern ihre Seele«.[371]

Die Kunst hatte, wie viele andere Kulturäußerungen auch, einen religiösen Bezug. Das gilt im Besonderen für die christlichen Jahrhunderte, die wir als unser Mittelalter hinter uns haben.

Alle großen Leistungen der bildenden Kunst, der Dichtung und der Musik lagen *vor* dem Industriezeitalter und liefen in diesem aus. Arnold Toynbee betonte, daß die Deutschen in einem Jahrhundert die kulturelle Führung übernahmen, als wirtschaftliche Prosperität und politische Macht bei ihnen sehr tief lagen.[372] Und er hat völlig recht. Die Epoche, die in jedem Geschichtsunterricht negativ als die der deutschen Kleinstaaterei abgehandelt wird, brachte die höchsten geistigen und künstlerischen Leistungen hervor. Die deutsche Musik blühte gerade unmittelbar nach dem 30jährigen Krieg auf, wogegen sie nach der Gründung des Zweiten Reiches dahinwelkte. Und Deutschland ist beileibe kein Sonderfall gewesen. Die griechische Kultur war eine der Kleinstädte, ebenso die des europäischen Mittelalters und ganz besonders die der Renaissance in Italien.

Wir sind gezwungen, den Schluß zu ziehen:

Alle großen geistigen und kulturellen Leistungen der Menschheit sind auf einer unvergleichlich niedrigeren ökonomischen Stufe vollbracht worden, als wir sie heute haben.[373]

Das muß doch Gründe haben! Zumal andererseits inzwischen genügend Beweise vorliegen, daß das einzigartige technische Zeitalter mit vervielfachtem materiellen Lebensstandard *weniger kulturelle Großtaten* vollbracht hat. Es bringt kaum herausragende Leistungen und selten einen großen Künstler hervor und kennt keine kultivierte Lebensgestaltung. Was es besitzt und museal pflegt, sind die gelagerten Bestände aus vergangenen Zeiten.

»Der naturwissenschaftlich-technische Fortschritt scheint durch noch so extreme großstädtische Verhältnisse nicht beeinträchtigt zu werden, um so mehr aber der künstlerische.«[374] Dies ist einer der Kernsätze des Ökonomen Alexander Rüstow. Soweit sich nun das technische Zeitalter überhaupt in der Kunst ausdrückt, ist es eine ganz *andere Art von Kunst* – und das ist folgerichtig. Ihr hervorstechendstes Merkmal ist, daß sie zur organischen Welt kaum noch eine Beziehung hat. Das kann auch gar nicht anders sein, wenn sie den Geist des mechanistischen Zeitalters darstellen will, was tatsächlich ihre Aufgabe wäre. Die Frage ist allerdings, *ob sich dieses Zeitalter überhaupt künstlerisch erfassen läßt.*

Genausowenig wie das mechanistische Weltbild eine Lücke zur Transzendenz für die Religion offenläßt, bleibt eine solche für die große Kunst. Auch die Kunst steht nun in der kalten Welt der geraden Linien und der Maschinen, wo das Gefühl genausowenig gilt wie vor einem Öltank. Wenn sich ein Gefühl dennoch behauptet, dann kann es nur das *Gefühl der Angst* sein, der Angst vor der unheimlichen Maschinenwelt, *der Angst des Lebens vor dem Leblosen.* Ja, es muß eine verstärkte Angst sein, weil diese Automaten ohne Leben sich dennoch bewegen, ganze Güterzüge an Material verschlingen und an fertigen Artikeln ausspeien.

Im ökonomischen Zeitalter herrscht der sachliche Geist der asphaltierten Großstädte. Es ist eine kalte Um- und Geisteswelt, der sich der Mensch ausgesetzt sieht. »Der Mensch stellt keinerlei Interesse mehr dar... Was uns interessiert, ist die Härte einer Stahlplatte um ihrer selbst willen, das heißt die unbegreifliche und völlig unmenschliche Verbindung ihrer Moleküle und Elektronen... die Wärme eines Stückes Eisen oder Holz begeistert uns mehr als das Lächeln oder die Tränen einer Frau...« So proklamierte der italienische Schriftsteller Filippo Marinetti die moderne Richtung der Kunst.[375]

Die Kunst eilt der Entwicklung voraus: »In diesem Licht gesehen, schuldet die Gesellschaft der Anti-Kunst unserer Periode Dank; denn sie enthüllte, mehr als ein Menschenalter bevor unsere wissenschaftlichen Destruktionsmittel sich vermehrt und übersteigert hatten, die irrationalen Zwänge und die sterilen Ziele, die für die westliche Zivilisation von heute kennzeichnend sind. Wäre der prophetische Charakter dieser Kunst allgemein verstanden worden, so hätte sie, in verdünnter Dosierung, als Schutzimpfung gegen jene Krankheit dienen können, die nun vom gesamten gesellschaftlichen Organismus Besitz ergreift.«[376] Im Zuge der zivilisatorischen Entwicklung meinen heute viele, daß die Kunst völlig überflüssig sei. Andere erklären, die Kunst sei tot, da sie sich nur eine Kunst in organischen Kategorien denken können.[377]

»Der Nutzen ist das große Idol der Zeit«, erklärte schon Friedrich Schiller. Darum ist eine große Kunst in der jetzigen Zeit nicht zu erwarten, denn Nützlichkeit ist das letzte, was sie hervorbringen kann. Auch das Genie ist keineswegs »nützlich«. Über die Bedingungen seines Schöpfertums wissen wir sehr wenig. Das echte Kunstwerk entstammt der *Sphäre der Gefühle.* Jedoch: »Diese Kunst der Gefühle haben wir völlig verlernt. Zwar hat dieser Verlust die Entwicklung der Technokultur ermöglicht, wir sehen aber, daß wir ohne eine Kunst der Gefühle nicht weiterkommen, da nur diese unsere Personalität mit den Anforderungen der Zeit wird in Einklang bringen können. Unsere Technokultur hat eine fast unbeschränkte Macht über die Natur gewonnen, ... die Isolierung, die Entfremdung steigert sich immer mehr, die Kunst der Gefühle verkümmert. ›Wir brauchen eine Rückkehr zur Vernunft im Sinne der Gefühlsbildung‹.«[378]

Die Fabrikkultur ergibt keine Kunst. – Dies zeigt sich exemplarisch im kommunistischen Teil der Welt. Dort sähe man gern die industriellen Materialschlachten durch die Kunst gefeiert. Allerdings keinesfalls durch die »Anti-Kunst«, die statt der Verherrlichung der Arbeitswelt Schauder und Angst verbreitet oder gar den sozialistischen Realismus ironisiert. Aber das ist in den westlichen Industrieländern nicht anders. *Wie sollen in einer Welt der Sattheit, der sofortigen Triebbefriedigung noch Sublimation, romantische Liebe, Konflikte und Tragödien entstehen?* Solche Voraussetzungen braucht aber der Künstler. Er benötigt die *ganze Fülle der organischen Welt*, nicht nur die des menschlichen Lebens, sondern der gesamten Natur.

Nur in den bewegten Zeiten der Geschichte und in den bewegten Zeiten eines Menschenlebens gedeiht die große Kunst, wie auch der Geist, wie auch der Glaube.

Lediglich in den ganz seltenen Fällen, wo die Not *alle* Kräfte des Menschen absorbiert, fehlen vielleicht der Kunst die materiellen Minimalvoraussetzungen. Für unsere Zeit ist die Feststellung Albert Schweitzers erwiesen, daß »die Kulturfähigkeit des modernen Menschen herabgesetzt ist, weil die Verhältnisse, in die er hineingestellt ist, ihn verkleinern und psychisch schädigen.«[379]

Ein mathematisch organisiertes und ökonomisch denkendes Zeitalter wird nie und nimmer eine Blüte der Kunst und der Kultur hervorbringen. Die Ursachen werden sich im nächsten Kapitel noch deutlicher abzeichnen.

Für die Kultur gilt, wie für alle Lebensbereiche, daß unsere Bestimmung *eine biologische* ist und bleibt. Es ist eine höchst tröstliche Erkenntnis, daß *die Kräfte des Lebens alles enthalten,* was dem Menschen auf dieser Erde je an Erfahrungen zuströmen kann – auch *alles,* was er für seine Kunstwerke und für seine Dichtungen benötigt.

Im Zuge dieser Darlegungen stehen wir vor der Notwendigkeit einer weiteren *Zurückstufung der Ökonomie.* Wir sahen uns am Anfang genötigt, die Ökonomie unterhalb der Ökologie einzuordnen, da sie ohne die ökologischen Voraussetzungen weder entstanden wäre noch weiter existieren könnte. Nun müssen wir die Ökonomie auch noch *unterhalb der Kultur* ansiedeln, wobei wir unter Kultur vor allem die sakralen und künstlerischen Ausdrucksformen des menschlichen Geistes verstehen. Diese haben einen Bezug zum biologischen Geschehen, zu Geburt und Tod, zum Rhythmus der Jahreszeiten, zum Kosmos.

Der amerikanische Ökonom Herman Daly ist einer der wenigen seines Faches, der nach dem *letztendlichen Ziel* unseres Tuns und Wirtschaftens fragt. Unsere derzeitige Wirtschaft besteht in einer Anhäufung von Mitteln, die nicht mehr im Dienst eines letztendlichen Ziels stehen, sondern dieses gerade verfehlen, ja ihm einen schlechten Dienst erweisen.[380]

Von der religiösen Seite her hat Papst Johannes Paul II. in seiner Enzyklika »Redemptor Hominis« im Jahre 1979 die Frage aufgeworfen: »Macht dieser Fortschritt, dessen Urheber und Förderer der Mensch ist, das menschliche Leben auf dieser Erde wirklich in jeder Hinsicht ›menschlicher‹? Macht er das Leben ›menschenwürdiger‹? ... Stimmen alle diese Errungenschaften, die bisher erreicht wurden oder von der Technik für die Zukunft geplant werden, mit dem moralischen und geistigen Fortschritt des Menschen überein? Entwickelt sich der Mensch als solcher in diesem Zusammenhang, macht er wirklich Fortschritte, oder fällt er zurück und sinkt in seiner Menschlichkeit nach unten? Überwiegt unter den Menschen, ›in der Welt des Menschen‹, die von sich aus das Gute und das Böse enthält, das Gute vor dem Bösen? Wachsen tatsächlich in den

Menschen und untereinander die Nächstenliebe, die Achtung vor den Rechten des anderen – sei es der Einzelne, eine Nation oder ein Volk – oder nehmen vielmehr die Egoismen verschiedener Art und die übertriebenen Nationalismen anstelle einer echten Vaterlandsliebe zu sowie das Streben, andere über die eigenen legitimen Rechte und Verdienste hinaus zu beherrschen, wie auch die Tendenz, allen materiellen und wirtschaftlichen Fortschritt allein zu dem Zweck auszunützen, um die Vorherrschaft über andere zu besitzen oder diesen oder jenen Imperialismus zu fördern?«[381]

Wir befinden uns in Übereinstimmung mit bedeutendsten Geistern der Weltgeschichte und gegenwärtigen Beobachtern, wenn wir feststellen, daß der Mensch als geistiges und kulturelles Lebewesen in der uns bekannten Geschichte – zumindest seit den Griechen – kaum Fortschritte zu verzeichnen hat. Und das ist vielleicht gerade einer der Gründe, warum er sich so fanatisch auf die Technik stürzte. Denn nur in der materiellen Welt gelang es dem Fortschritt, ein rasendes Tempo zu erreichen. Aber, so schrieb Winston Churchill im Jahre 1932: »Schließlich befriedigt dieser materielle Fortschritt, so glänzend er auch an sich ist, nichts von dem, was das Menschengeschlecht wirklich braucht.«[359] Obwohl gewaltige Anstrengungen liefen und spektakuläre Erfolge verzeichnet wurden, ist das Ergebnis gleich Null, wenn wir an die wahren, die immateriellen Bedürfnisse unseres Daseins denken – wenn das Ergebnis nicht sogar negativ ist.

5. Leben gedeiht nur gegen Widerstand

Nur aus dem Kampf des Entgegengesetzten entsteht alles Werden.
(Heraklit)

Der Irrtum der Kreatur

Es ist nahezu hoffnungslos, heutigen Zeitgenossen eine auch nur annähernde Vorstellung von der Schwere des Lebens früherer Generationen zu vermitteln. Daran scheitert dann auch jede realistische Einschätzung unserer heutigen Lage. Darum muß es kraß formuliert werden: Es ließe sich heute in der Bundesrepublik Deutschland kaum eine Arbeiterfamilie finden, welche den Bezug der Wohnung des Ministers Goethe in Weimar nicht als »sozial unzumutbar« ablehnen würde. In den Worten Ortega y Gassets heißt das: »Der durchschnittliche Mensch lebt heute leichter, bequemer und sicherer als früher der Mächtigste.«[382]

Die gänzlich veränderten Umstände haben den Menschen in eine Lage versetzt, die schwer nachvollziehbare Auswirkungen auf seine gesamte Existenz nach sich ziehen mußte. Unzählige *Widrigkeiten*, die früher zu seinem täglichen Brot gehörten, sind weggeräumt. Natürlich sind dafür neue aufgetreten; aber diese sind völlig anders geartet und stellen entsprechend andere Anforderungen an seine körperlichen und seine Sinnesorgane. Vom physikalischen Standpunkt gesehen ist das Leben für die meisten so bequem geworden, daß dies medizinische Folgen haben mußte. Und die psychischen Veränderungen sind in der Regel noch viel weitreichender.

Die technische Zivilisation hat sich das Ziel gesetzt, dem Menschen die Hindernisse wegzuräumen, denen er auf seinem Lebensweg begegnet. Die erklärte Aufgabe der Wissenschaft, der Wirtschaft und des Staates ist es, einem jeden eine glatte, schaumbelegte Bahn zu bereiten, auf der er ungefährdet dahingleiten kann. Aufgabe der Ökonomie ist es, das Fließband der Wünsche stets mit neuen Waren zu bereichern, so daß Spannungen oder Lücken gar nicht erst aufkommen, denn sie werden als *Fehler* dem ganzen System und dem Staat angelastet, und sie bringen angeblich sofort die ganze Gesellschaft in Gefahr. Jeder Rückschlag, jede Unlust muß daher vermieden, das Angenehme, die Lust und die Fülle als Dauerzustand eingerichtet werden.

Ein Hauptziel dieses Buches ist, diese irrigen Vorstellungen zu widerlegen, denn sie widersprechen allen Prinzipien der Natur. Alles Leben muß sich physisch und psychisch zwischen entgegengesetzten Polen hin und her bewegen. Nichts liegt der Natur ferner als eine unbewegte statische Welt. *Eine problemlose Ruhelage ist für jedes Lebewesen von Übel*, auch für den Menschen. »Hat ein Menschenkind erst den Mutterleib verlassen, so werden die Umstände, die dort seinem Wachstum förderlich waren, zur Behinderung. Nichts kann die Entwicklung so wirkungsvoll hemmen wie mühelose, sofortige Befriedigung jedes Bedürfnisses, jedes Wunsches, jedes blinden Impulses durch mechanische, elektronische oder chemische Mittel. In der ganzen organischen Welt beruht Entwicklung auf Anstrengung, Interesse und aktiver Teilnahme – nicht zuletzt auf der stimulierenden Wirkung von Widerständen, Konflikten, Hemmungen und Verzögerungen.«[383] Zu diesem Resultat kommt Lewis Mumford am Schluß seines Werkes »Der Mythos der Maschine«.

Nur gegen Widerstände kann sich das Kind seiner selbst bewußt werden; denn jeder Widerstand ist zugleich ein Halt in der andernfalls grenzenlosen Welt. Fehlender Widerstand stellt den Menschen haltlos in den freien Raum, in die Leere. Er befindet sich dann in der Situation eines Bergsteigers, der ohne die Haken in der glatten Steilwand keinen Halt finden kann. Der Chemiker Hans Sachsse geht noch weiter und hält die *Schmerzerfahrung* für eine Voraussetzung der Bewußtwerdung des Ichs: »Der Schmerz ist offenbar der *erste Anstoß zur Organisation des Bewußtseins von uns selbst.*«[384]

Auf jeden Fall braucht der Mensch *Reize*, »er muß gefordert werden, sein Aktionspotential muß provoziert werden. Er ist konstruiert für einen harten Lebenskampf, er hat einen starken Drang nach Veränderung, um die Erstarrung, die Stagnation und das Erschlaffen in allzu bequemer Verwöhnung zu überwinden.«[385]

Das allgemeinste Feld der Selbstbestätigung mittels Bewältigung gestellter Aufgaben ist die *Arbeit.* Sie war zu allen Zeiten eine vorwiegend körperliche Tätigkeit, die gleichzeitig den Kopf beanspruchte. Sie ist in der Zivilisation für den größeren Teil der Bevölkerung nur noch Kopfarbeit. Der Körper mit all seinen vielseitigen Funktionen, die ständig geübt werden müßten, wurde weitgehend stillgelegt. Das führt zu einer Verschiebung des gesamten Daseinsgefühls. Zu keiner Zeit der Evolution war vorauszusehen, daß das Gesäß einmal zum meist benutzten Körperteil avancieren würde. Darüber hinaus wird dem Körper weiterhin so viel Nahrung zugeführt wie zu Zeiten der Schwerstarbeit, ja sogar mehr, da im Überfluß und billig bereitliegt, was in früheren Zeiten mühselig selbst erjagt oder erackert werden mußte.

Die Arbeit, die eine Quelle ständiger Übung des Körpers und des Geistes und damit der seelischen Befriedigung gewesen war, ist zu einer widerwillig erbrachten Leistung degradiert, die man nur gegen gute Bezahlung tut. Die aktive Tätigkeit, die so zum Leben gehört wie die Hand zum Körper, ist nun ein potentielles Kapital, das nur dann auf dem Markt angeboten wird, wenn eine berechenbare Gegenleistung winkt. Ein lebender Körper kann aber nicht ohne Schaden für den Gesamtorganismus längere Zeit stillgelegt werden, wie das viele – natürlich längst nicht alle – im heutigen Wohlstand tun, selbst wenn sie einen Arbeitsplatz »besetzen«. »Komplementär zur Umwandlung des eigenen Planeten in einen Müllhaufen baut der Mensch auch seinen eigenen Organismus ab, insbesondere seine Umweltorgane.«[386] Wenn der Körper gesund bleiben soll, benötigt er das fortwährende Training aller Organe. Nie zu hungern und nie zu frieren ist keine Voraussetzung ständiger Gesundheit, vielmehr die Ursache von Krankheiten des Körpers und der Seele. Die Alten wußten das, wie Verse des römischen Dichters Horaz beweisen:

> Wer Rom-wärts aus Capua reist, triefend von Schlamm und
> Regen durchnäßt, wünscht dennoch nicht, auf ewig im Wirtshaus zu wohnen;
> Wen die Kälte versehrt, lobt dennoch nicht Ofen und Warmbad
> Als einzig imstand, ein glücklich Leben zu schenken.[387]

Was ökonomisch nützlich erscheint, ist darum keineswegs biologisch nützlich – in vielen Fällen sogar schädlich. Nur teilweise deckt sich der biologische mit dem ökonomischen Nutzen. »Man glaubt gern, ein Leben, das in eine überreiche Welt hineingeboren ist, sei besser, das heißt mehr Leben als eines, dessen Hauptinhalt der Kampf gegen die Not ist.«[388] Aber das ist nicht der Fall, sondern das Gegenteil: »Die Sicherheit, die der Fortschritt ... zu gewähren schien, verdarb den normalen Menschen, indem sie ihm ein Selbstvertrauen einflößte, das übertrieben und daher hemmend und töricht ist.«[389]

Es ist nicht nur das *fatale Selbstvertrauen,* wie Ortega y Gasset meinte; sämtliche Lebensumstände bekommen eine andere Richtung und verändern den Menschen und die Gesellschaft. Der Spanier führt den Gedanken fort: »Eine allzu gut ausgestattete Welt bringt zwangsläufig jene schweren Deformationen und fehlerhaften menschlichen Typen hervor, die sich unter der allgemeinen Kategorie des ›Erben‹ vereinigen lassen; der ›Aristokrat‹ ist nur ein Spezialfall davon, ein anderer ist das verwöhnte Kind, ein anderer, weit umfassenderer und grundsätzlicher in seiner Bedeutung der Massenmensch unserer Zeit.«[389] Man kann ein Gesetz aufstellen, folgert Ortega y Gasset, »daß sich menschliches Leben nur dann gebildet und fortentwickelt hat, wenn die Mittel, über die es verfügte, mit den Problemen, die es in sich trug, im Gleichgewicht waren. Das stimmt in der geistigen wie in der physischen Welt.«

Die materiellen Mittel sind heute gewaltig, und mit ihnen hoffte man, alle Probleme wegzuräumen, allen ein glattes Dasein zu gönnen. Doch nun wird klar, daß nicht nur die ökonomischen, sondern ebenso die *geistig-psychischen* Probleme ein exponentielles »Wachstum« zu verzeichnen haben, so daß die Psychiater auf lange Zeit ihre Konjunktur behalten werden. Doch wer behandelt die Psychiater? Das Gleichgewicht zwischen den zur Verfügung stehenden technischen Mitteln des Menschen und den lebensnotwendigen Herausforderungen, die sein Körper und seine Psyche benötigen, ist gründlich gestört. Die Herausforderungen sind die falschen, das heißt die, welche sich aus dem Streß der technischen Zivilisation ergeben. Weil nun jeder die nervlichen Überanstrengungen täglich erfährt, glaubt der Zivilisationsmensch unserer Tage, sein Heil bestünde in der Beseitigung der Anstrengungen überhaupt.

Dabei sind es gerade die Herausforderungen und harten Prüfungen gewesen, die den Menschen zu einem Kulturwesen gemacht haben. Aus purer Not hat er sich ursprünglich über das Tierreich erhoben; denn er war gezwungen, »ein intensiveres und anstrengenderes Leben als die Mehrzahl der anderen Tiere zu führen.«[390] Arnold Toynbee sah in jeder Kultur das Ergebnis der Herausforderung durch die harte Umwelt. Und Sigmund Freud führte die Kultur zum Teil auf die Sublimation des Sexualtriebes zurück.

Im Luxus dagegen sah schon der zivilisationskritische Schriftsteller Henry David Thoreau (1817–1862) etwas durchaus Entbehrliches und darüber hinaus ein *Hindernis für den Aufstieg der Menschheit.* Vom einzelnen Menschen sagte er, daß dieser um so reicher sei, je mehr Dinge zu entbehren ihm gelänge. Heute wird in den Wohlstandsländern jedes Kind in eine Umwelt hineingeboren, in der von vornherein alles verfügbar ist. *Mangel, Hunger und Not werden zu keiner Zeit am eigenen Körper erfahren.*

Zu allen Zeiten haben die Weisen unter den Aristokraten sich selbst und ihren Kindern ständig Anstrengungen auferlegt. Nur dadurch konnten sie sich vor dem Verfall schützen, der gerade ihnen drohte, da sie sich schließlich auch ein ständiges Wohlleben hätten leisten können. Heute verfallen die emporgekommenen Familien in immer kürzerer Zeit, weil sie die *Weisheit der Beschränkung* nie gelernt haben. Sie protzen mit ihrem Reichtum und – was verderblicher ist – sie lassen ihre Kinder damit protzen. Sie haben es allerdings auch schwerer, ihre Kinder heute zur Bescheidenheit zu erziehen, da diese bei jedem Schritt aus dem Hause von schlechten Beispielen umringt sind.

Wird es der durch den Wohlstand korrumpierte Normalbürger jemals begreifen, daß menschliches Leben, wie jedes Leben, unter Anstrengungen *besser gedeiht als in der Fülle*? In vielen Diskussionen wird entgegengehalten, daß vom Menschen Vernunft und Selbstbeschränkung selbst dann nicht zu erwarten seien, wenn die Gefahren unmittelbar drohten. Andererseits haben zu allen Zeiten einzelne und auch Gruppen Beispiele der *Selbstbeschränkung*, der *Askese* und auch der *Selbstaufopferung* gegeben, die gültig bleiben werden. Sie erscheinen heute allerdings unverständlich, denn sie konnten keinen »Marktwert« gewinnen. Gegenwärtig ist die Feststellung leider unumgänglich: Wenige leben Diät, andere fressen oder trinken sich buchstäblich zu Tode. (Alles in allem ein weiterer Beweis für die Ungleichheit der Menschen.)

Wer sich selbst beschränkt und wer sich selbst zu Leistungen zwingt, gehört zum *aktiven* Kern der Gesellschaft. Der *passive* Teil wurde früher durch die Umstände zum körperlichen Einsatz gezwungen und damit gleichzeitig vor Ausschweifungen bewahrt. Jetzt sind die existentiellen Anforderungen in den modernen Industrie- und Sozialstaaten weit geringer; ein gewisser Wohlstand kann auch ohne besondere Anstrengungen erreicht werden. »Während der Periode harter Arbeit haben wir uns daran gewöhnt, in der Steigerung der Entlastung, der Bequemlichkeit, ein Ziel zu sehen. Dieses Ziel aber erweist sich als ein Reinfall, ohne daß uns das bewußt wird. Ohne Zwang oder den Reiz zur Aktivität fehlt uns etwas, fehlt uns ein Betätigungsfeld ... Das Gleichgewicht zwischen Anspannung und Beruhigung, zwischen Abwechslung und Gleichmaß, ist empfindlich gestört.« Wo ihm die Notwendigkeit der Daseinserhaltung abgenommen wird, da verkommt der passive Mensch. Daraus folgert der Psychologe Reinhard Schulze: »Wenn es gelingt, jeden Menschen vor Aufgaben zu stellen, die seine Gaben und Fähigkeiten herausfordern, und wenn es darüber hinaus gelingt, ihm die Überzeugung zu vermitteln, daß er auf diesem Platz gebraucht wird, dann hat er die echte Chance, zu seiner persönlichen Selbstverwirklichung zu finden.«[391]

Der Mensch der Industrienationen lebt heute wie sein eigenes Haustier: er ist *domestiziert*. Da die menschlichen Generationen ziemlich lang sind, werden sich die Folgen dieser Lebensweise erst viel später herausstellen. Es ist zu befürchten, daß es zu ähnlichen Erscheinungen kommen wird, wie sie bei der Wanderratte beobachtet werden konnten. Diese wurde um 1800 domestiziert. Mitte des 19. Jahrhunderts war dann eine Rasse von Albinoratten entstanden: ohne Zähne, ohne Fell, fettleibig, mit grauem Star. Ihre Lebensbedingungen waren die gleichen wie im heutigen Wohlfahrtsstaat: »reichlich Nahrung, keine Gefahren, keine Belastung, Gleichförmigkeit von Umwelt und Klima .... Aber unter diesen scheinbar günstigen Bedingungen trat ein organischer Verfall ein: Verkleinerung der Nebennieren, die dem Körper Streß und Müdigkeit bekämpfen und gewisse Krankheiten abwehren helfen; zugleich ließ die Tätigkeit der Schilddrüse, des Stoffwechselregulators, nach. Es ist wohl kein Wunder, daß das Gehirn der Hausratte kleiner und wahrscheinlich auch ihre Intelligenz geringer ist. Hingegen reifen die Geschlechtsdrüsen früher, werden größer, aktiver und bewirken schließlich eine höhere Fruchtbarkeitsrate.«[390]

Schon früher hatte der Biologe Patrick Gedden die Bedingungen für die Degeneration in der organischen Welt ermittelt. Sie sind von zweierlei Art: »Entzug von Nahrung, Licht usw., was zu Unterernährung und Entkräftung führt; die andere – ein Leben in Untätigkeit, verbunden mit überreichlicher Nahrung und verminderten Umweltgefahren. Es ist bemerkenswert, daß im ersten Fall nur der jeweilige Typus dezimiert oder schlimmstenfalls ausgerottet wird, während im zweiten die ungenügende Inanspruchnahme des Nervensystems und anderer Systeme infolge einer solchen Lebenserleichterung zu einer weit tückischeren und gründlicheren Degeneration führt, wie aus der Entwicklungsgeschichte von Myriaden Parasiten abzulesen ist.« Mumford schließt daraus: Der Versuch, »ein Leben herbeizuführen, das möglichst wenig Denken, physische Anstrengung und persönliche Anteilnahme erfordert«, führe schließlich zu Infantilität und Senilität.[392] Die Entwicklung drohe so weiterzugehen, »bis schließlich eines Tages die Merkmale der Infantilität in die der Senilität übergehen werden, ohne eine Lücke zu lassen für etwas, das man rechtens als reifes, selbstbestimmtes und erfülltes Leben bezeichnen könnte. ... Nichts ist augenfälliger in der gesamten Menschheitsgeschichte als die chronische Unzufriedenheit, das Unbehagen, die Angst und die psychotische Selbstzerstörung der herrschenden Klassen, sobald sie ›alles haben, was das Herz begehrt‹. Denn die herrschende Minderheit, das Häuflein der Privilegierten erlitt stets, was letztlich der Fluch einer solchen sinnlosen Existenz ist: schiere Langeweile.«[392]

Obwohl die Bequemlichkeit schon weit fortgeschritten ist, werden ständig neue Erfindungen angepriesen, die es gestatten, alle Wünsche auf Knopfdruck zu befriedigen. Doch was keine Mühe kostet, *verstärkt die Langeweile.* »Es ist ein Gemeinplatz menschlicher Erfahrung, daß selbst die Erfüllung unserer höchsten Wünsche uns selten die erwartete Freude oder Lust bringt.«[393] Sie bringt die Befriedigung besonders dann nicht, wenn keine eigene Leistung dafür erbracht zu werden brauchte. Darum sind die Gewinner in der Lotterie ganz selten glückliche Menschen geworden. Dies lag natürlich auch daran, daß sie in ihrer Unerfahrenheit mit dem plötzlich zugefallenen Reichtum nichts Vernünftiges anstellten, sich sogar oft ins Unglück stürzten; denn sie hatten vorher keine Gelegenheit, in ihre Aufgabe hineinzuwachsen. Es lag aber ebenso daran, daß ihnen dieser *Zufall* nicht das befriedigende Gefühl der Selbstbestätigung auf Grund *eigener Leistungen* brachte. Hier begegnen wir wieder der Erkenntnis, die dem »Schatzgräber« Goethes zuteil wurde: Nur saure Wochen machen die folgenden Feste froh.

Selbstverständlich ist nicht zu leugnen, daß auch das zivilisatorische Leben höchster Anspannung unterliegt. Aber es ist ein entnervender *Streß*, der an die Stelle der (altmodischen) körperlichen Anstrengungen getreten ist. Ihm folgt nicht der heilsame Schlaf; dafür benötigt man Schlafmittel. Und die psychische Belastung wird mit Psychopharmaka und mit Drogen bekämpft. Auf Grund aller heutigen Lebensumstände schwindet die Fähigkeit, »jene Freude zu erleben, die nur durch herbe Anstrengung beim Überwinden von Hindernissen gewonnen werden kann. Der naturgewollte Wogengang der Kontraste von Leid und Freude verebbt in unmerklichen Oszillationen namenloser Langeweile.«[394]

Eine große Fatalität waltet im modernen ökonomischen System. Das System kann nur dann »erfolgreich« sein, wenn es dem Menschen eine Anstrengung nach der anderen abnimmt, um sie durch Automaten und verwöhnende Konsumgüter zu ersetzen. Aber gerade diese »Befreiung« gereicht den Betroffenen nicht zum Wohle, obwohl sie das immer noch glauben. Ja sie sind so in ihrem Irrtum befangen, daß ich auf ihre wütenden Proteste auf diese Zeilen schon gefaßt bin. Damit sie auch brav weiter in ihrem Irrtum verharren, wirft die Wirtschaft in einem Land wie der Bundesrepublik Deutschland jährlich rund 40000 Millionen DM für *Werbung* aus. Das sind rund 4 Prozent vom Bruttosozialprodukt oder 666 DM je Kopf zu seiner Verdummung. Historiker sollten die Geschichte aller Kulturen untersuchen, ob es das schon einmal gegeben hat: eine umfangreiche Werbeindustrie, um die Produkte der Industrie loszuwerden. Zum Vergleich: Für den *Umweltschutz* werden 2 Prozent des Bruttosozialprodukts ausgegeben.

Und die Ärzte und Psychologen, die um die Schädlichkeit des Überkonsums wissen müßten, sagen zwar hier und da etwas dagegen; aber ihr Einkommen steigt nicht mit der Gesundheit, sondern mit der Krankheit. Wer kann es ihnen auch in einer total vermarkteten Welt verdenken, daß sie zum großen Teil ebenfalls marktgerecht denken?

Dies ist der *kreatürliche Irrtum*: Der Durchschnittsmensch zeigt sich außerstande zu erkennen, was für ihn gut ist. »Während in der Vergangenheit das Leben für den Durchschnittsmenschen gleichbedeutend war mit Schwierigkeiten, Gefahren, Nöten, Schicksalsenge und Abhängigkeit auf allen Seiten, erscheint die neue Welt gesichert, als ein Bereich praktisch unbegrenzter Möglichkeiten, wo niemand von niemandem abhängt. Dieser erste und dauernde Eindruck formt jede zeitgenössische Seele, wie der entgegengesetzte unsere Vorfahren formte.«[395] Allerdings sind andere Abhängigkeiten in großer Zahl an die Stelle der alten getreten, und die »Befreiungen« zeigen immer mehr ihr zwiespältiges Gesicht.

Das Elend der Jugend kommt vom Wohlstand

Was über die *Lebensnotwendigkeit des Widerstandes* gesagt worden ist, gilt für die Heranwachsenden im erhöhten Maß. Diese finden sich heute in einer Welt wieder, in der sie mit ihren organischen Anlagen wenig anfangen können. Es ist eine reichlich ausgestattete, aber künstliche Welt der leblosen Dinge, deren Regelmechanismen sich ein jeder zu fügen hat. Besonders die Großstadtumwelt ist nivelliert, steril und monoton. Kükelhaus spricht von einer »biologischen Entropie«, da gerade die vitalen Anregungen und Reize fehlen, die durch künstliche Angebote wie Kinderspielplätze, Kindergärten, Schulen, Heime, Zoos und Parkanlagen keineswegs ersetzt werden können. »Die Welt« wird bereits fertig aus dem Fernsehen bezogen, bevor die jungen Menschen überhaupt Gelegenheit hatten, die dort dargestellten Probleme am eigenen Leibe zu erfahren.

Eine weitere unnatürliche Bedingung ist, daß alle ab dem sechsten Lebensjahr der »Pädagogik« ausgeliefert sind. Ich sage ausdrücklich der Pädagogik, und nicht etwa den Pädagogen, denn das sind notgedrungen immer noch Personen. Es sind Menschen, denen zusammen mit den Kindern alle paar Jahre ein neues unfehlbares pädagogisches System aufgezwungen wird. Und dies geschieht im Namen des Fortschritts und einer sich arrogant gebärdenden avantgardistischen Wissenschaft, die wieder mit der »Fortschrittlichkeit« anderer Länder konkurriert.

Welches wissenschaftliche Weltbild liegt fast allen diesen pädagogischen Methoden zugrunde? Kein anderes als das *mechanistisch-technische*. Das Kind wird genauso »bearbeitet«, wie der Schlosser ein Stück Eisen bearbeitet, das er bekanntlich einen Rohling nennt. Weil es sich in der Fabrik als »rationell« herausgestellt hatte, die Bearbeitungsvorgänge fließbandmäßig zu organisieren und zu automatisieren, so kann man nun in der Schule nicht rückständig bleiben. Man löst den altmodischen Klassenverband auf und läßt die Schüler wie Kugeln über ein fein ersonnenes System von

Fließbändern rollen: sie rollen an einer Stelle zusammen, trennen sich dann wiederum, bilden anders kombinierte Gruppen, fallen durch eine Lücke, rollen seitwärts und rückwärts.... Ein jeder Schüler trifft fortwährend auf neue Schülergesichter (falls sie noch eins haben) und natürlich auf eine Unmenge von Lehrern, die kaum noch die Namen der Schüler behalten können. Um das ganze System ökonomisch rentabel organisieren zu können, muß man natürlich genau wie in einer Fabrik große Materialmengen verarbeiten. Das heißt, es müssen möglichst tausend Schüler und mehr sein, um die Anlage auch effektiv zu »beschicken«; aber dafür schafft man ein großes »Einzugsgebiet«. Das Gesamtsystem kann nun allerdings nicht mehr von einem menschlichen Gehirn überblickt und gesteuert werden, nicht einmal von dem eines Rektors. Das besorgt, wie sollte es anders sein, ein Computer; der ist dann auch in der Lage, die Prüfvermerke zu speichern, welche die Kügelchen auf ihren Stationen mitbekommen haben, um sie zu addieren, zu multiplizieren, zu dividieren und schließlich das Ergebnis zu attestieren. Das mehr oder weniger mit Wissen angefüllte Kügelchen rollt dann mit seinem Prüfungsvermerk zum nächsten System, das ist die Hochschule oder die Universität, deren Name schon ein Hohn ist; denn dort wird endgültig zum Fachidioten, wer es nicht schon ist.

Das ist alles schon schlimm genug. Das Verheerende an der Ausbildung der Jugendlichen ist aber etwas anderes. Diese Kinder haben genau wie die Erwachsenen einen Acht-Stunden-Tag oder mehr. Zu den Unterrichtsstunden kommen ja die Hausaufgaben und die in Bussen oder sonstwie sitzenderweise sich vollziehende An- und Abfahrt, die auch schon Stunden dauern kann. Und das in einer Lebensphase, in welcher der gesunde Körper nach nichts so lechzt wie nach Bewegung, Betätigung, Anstrengung, die er zur Ausbildung der Körperorgane auch nötig hat. Hoffentlich gibt es noch Leser, die sich daran erinnern, wie sie als Kinder der Pause entgegenfieberten, um dann wild herumzurennen. Aber damals hatte man auch noch die Schulwege – zu Fuß! Sage doch niemand, daß ab und zu eine Stunde Sport in der Woche den Drang junger Menschen nach aktiver körperlicher Betätigung ersetzen könne. Das kann nur eine tägliche Belastung bis nahe an die Grenze der altersmäßigen Belastbarkeit, also auch von entsprechender Dauer. Das könnte allerdings auch irgendeine Arbeit sein. Aber die hat der kluge Gesetzgeber, der den Sitzzwang der Kinder einführte, total untersagt.

Wenn man das nun gegeneinander hält: das *Verbot einer naturgemäßen Betätigung des Körpers* – andererseits den *Zwang zum Acht-Stunden-Sitz-Tag*, dann kann man nur zu dem Schluß kommen, daß gesetzliche Zwänge dieser Art als Verbrechen an der Jugend angesehen werden müssen. Auch hier wird ein richtiger Gedanke durch den *Absolutheitswahn* ins Gegenteil verkehrt. Der Mißbrauch der Arbeitskraft von Kindern und Jugendlichen in den Frühzeiten des Kapitalismus ist zwar abgeschafft, aber inzwischen längst zum Mißbrauch ihrer Köpfe bei Verdammung des Körpers zur Untätigkeit geworden.

Den I-Punkt auf diese Entwicklung setzte vor einiger Zeit ein »Pädagoge«. Er verordnete seinen Schülern zwischen den Unterrichtsstunden Liegepausen, damit sie »völlige Ruhe« haben. Damit ist die Analogie zur Massentierhaltung perfekt, wo die Schweine und Kälber liegend gehalten werden, um sie schneller zu mästen – bei den Schülern soll offensichtlich auf diese Weise das Gehirn schneller gemästet werden – und das Ergebnis ist dann auch entsprechend!

Bis zum II. Weltkrieg war es noch so, daß die meisten Jugendlichen mit 14 Jahren die Schule verließen und ins Berufsleben gingen. Also in einem Alter, als sie noch begierig waren, endlich aus dem Zustand des Stillsitzens herauszukommen, um sich körperlich betätigen zu können. Heute drücken die meisten die Schulbänke, bis sie zwanzig Jahre und weit darüber hinaus sind. Diese Jugendlichen führen so lange ein Leben als Stubenhocker, daß sie sich danach eine andere, eine tätige Lebensweise, kaum mehr vorstellen können und auch immer weniger Lust dazu verspüren. *Genauso theoretisch*, wie ihr bisheriger Daseinsinhalt war, *sind dann auch ihre Anschauungen über die Welt*. Mit praktischer Arbeit mußten sie noch nie ihr Brot verdienen, und sie haben es auch noch niemals mit Tränen gegessen. Die Welt und sich betrachten sie als einen computergesteuerten Rechenvorgang. Wenn die Wirklichkeit ihren Vorstellungen nicht entspricht, dann ist das »um so schlimmer für die Wirklichkeit«, wie Hegel einmal geantwortet haben soll.

Die Versorgung mit allem Lebensnotwendigen wie mit allem Unnötigen ist von Kindheit an kein Problem gewesen. Darum wird alles mit der größten Selbstverständlichkeit der Welt vernascht.

Hier beginnt auch die Schuld der Eltern, die ihre Kinder überfüttern, in der Meinung, ihnen damit Gutes zu tun. In Wahrheit haben sie den Kindern nicht nur die eigene Arbeit und die eigene Eroberung abgewöhnt, sondern auch die Fähigkeit, sich über etwas zu freuen. Die Eltern haben dem »Abgott Verwöhnung« Tribut gezollt, ohne zu wissen, wie Christa Meves sagt, »daß auf diese Weise Gefühl zugeschüttet statt gepflegt und entwickelt wird«.[396] Nicht das Verweigern, sondern die sofortige Wunscherfüllung bringt den jungen Seelen Schäden.

Man braucht sich heute nur die Kinderzimmer, keineswegs nur in den »reichen« Familien anzusehen. Am augenfälligsten ist, daß sie mit Spielsachen überfüllt sind; hier wird das Wegwerfprinzip schon auf Spielzeugebene eingeübt. Eine Wertschätzung persönlicher Dinge kann bei dieser Fülle nicht aufkommen, ebensowenig eine emotionale Beziehung zu ihnen. Früher, als das kleine Mädchen eine Puppe bekam, war diese ihr ein und alles und vielleicht auch noch die zweite; doch wo sie im Dutzend herumliegen, finden sie kaum noch Beachtung. Das ist auch *Demonstrativkonsum* – man kann es sich doch leisten! (Die Spielzeugbranche soll jetzt die Spitze des Wachstums übernehmen und in elf Jahren ihren Umsatz verdoppeln![397]) Doch der Schaden wirkt fort, »auch die Wunschfähigkeit der Erwachsenen ist durch die Flut der Angebote, mit der bereits ihre Kindheit erstickt wurde, vorgestanzt und eingeebnet.«[398]

Der materiellen Übersättigung in der Wohlstandswelt entspricht die *Überfütterung der Psyche*, die schon beim Kleinkind einsetzt. Die Fernsehprogramme wurden bereits erwähnt; deren Verlockungen wollen aber interessierte Kreise künftig noch vervielfältigen. Dazu sind in den letzten Jahrzehnten die weiten Reisen der Familien gekommen, wodurch den Kindern schon die schönsten Orte der Welt vorgeführt werden. Welche Eindrücke bleiben da noch aufgespart, bis sie erwachsen sind? Schon Andrew Carnegie hatte gefordert, daß »der erfolgreiche Mann seinen Kindern nicht die Gelegenheit zur Bewährung entziehen darf, indem er sie von seinem Reichtum ausgehen läßt.«[399]

Eine freiwillige Beschränkung des Kindes ist nicht zu erwarten. Es liegt gerade im Reifeprozeß begründet, daß es die ihm offenstehenden Möglichkeiten stets bis zur Grenze testet. Gibt ihm die Umwelt mehr Spielraum, dann wird es nicht in Dankbarkeit verfallen, es wird forsch bis zur neuen Grenze gehen; wie könnte es sonst auch seine eigenen Möglichkeiten testen? Es ist doch völlig uninteressant, geräumte Felder zu besetzen. Es wird die grenzenlose Nachgiebigkeit der Erzieher nicht etwa mit Achtung belohnen, sondern eher mit Verachtung beantworten. Es wird sich bei solchen Erziehern auch nicht geborgen fühlen, vielmehr vermuten oder sehen, daß sie gegen ihre Außenwelt ebenfalls wenig Widerstand leisten.

Den Schaden aus der antiautoritären Erziehung trägt nicht nur die zukünftige Gesellschaft, sondern jeder Unerzogene selbst. Denn er wird unweigerlich im Leben auf Widerstände stoßen, darauf aber nicht vorbereitet sein. Ein Mensch, der unter verwöhnenden Bedingungen aufgewachsen ist, hat die Grenzen der Umwelt und seine eigenen nicht *erfahren*. Wenn ihm jeder Druck und jeder Zusammenstoß mit anderen erspart blieb, dann glaubt er, nie mit Widrigkeiten rechnen zu müssen, und auch nicht damit, daß ihm andere überlegen sein könnten.[400] Den negativen Wandel der Lebensumstände hat Ortega y Gasset beschrieben. »Wenn der alte Spruch lautete: ›Leben heißt begrenzt sein und also mit dem rechnen müssen, was uns begrenzt‹, so schreit der neueste: ›Leben heißt nirgends auf Grenzen stoßen und sich darum getrost sich selbst überlassen. Praktisch ist nichts unmöglich und grundsätzlich niemand niemandem überlegen‹.«[395]

Heute gilt als Erziehungsprinzip, dem Heranwachsenden jede Widrigkeit fernzuhalten oder aus dem Wege zu räumen; er könnte sich ja sonst in seiner Entwicklung »beeinträchtigt« fühlen! Die Wohlstandsgesellschaft kann sich solches leisten – und sie ist auch stolz darauf, daß sie es kann – Hunger, Strapazen und weitgehend auch die Krankheit von jedem Einzelnen fernzuhalten. Daß dieser damit auch jeder Möglichkeit verlustig geht, seinen Geist und seinen Körper zu trainieren sowie seine Grenzen kennenzulernen, das geht einer anorganisch denkenden Gesellschaft nicht ein. Der Jugendliche verträgt es jedoch viel weniger als die Älteren, wenn er nichts zu überwinden hat und damit auch auf das beseligende Gefühl verzichten muß, das dann eintritt, wenn er sich hin und wieder erfolgreich durchsetzen konnte. Und das eben nicht durch einseitige Spitzenleistungen im Schulstreß, sondern mit seiner Gesamtexistenz.

»Wenn er nicht in der Frustration Geduld, in der Not Tapferkeit, im Leiden Entsagung lernt, kann sich die Seele des Menschen nicht entwickeln, oder, wenn der Leser es vorzieht, kann die Psyche nicht reifen. Und er wird den Reichtum und die Vielfalt jener Emotionen, die für den Menschen kennzeichnend sind, nie erfahren.«[401]

Die Frustration des Wohlstandsmenschen und besonders des Jugendlichen in der Wohlstandsgesellschaft entsteht infolge *fehlenden Ernstes* in seinem Dasein. Das Ziel der Ökonomie, der heutigen Politik und Pädagogik ist, allen Bedürfnissen mit dem Überfluß zu begegnen. Darin haben sie Erfolg gehabt; doch es gelingt ihnen gerade darum immer weniger, die Menschen zu befriedigen, weil Menschen *vielschichtige Lebewesen* sind. Das Leben ist für sie nur erträglich, wenn es darin jederzeit Aufgaben zu erfüllen gibt. Dies bleibt das große Problem zu allen Zeiten. Der Psychologe Tibor Scitovsky beantwortet die Frage: »Was macht ein Organismus, wenn seine sämtlichen Bedürfnisse befriedigt sind und sein Unbehagen beseitigt ist? Die ursprüngliche Antwort hierauf – daß er dann nichts mehr tut – ist inzwischen als falsch erkannt worden. – Der Zustand der vollkommenen Zufriedenheit und des Fehlens jeglicher Reize wirkt zunächst beruhigend, wird jedoch bald als langweilig und dann recht schnell als störend empfunden.«[402]

Die niedergerissenen Tabus

Wo konnten für die Frustrierten der Wohlstandsgesellschaft noch neue Reizzonen aufgespürt und zur allgemeinen Bedienung freigegeben werden? In dieser Verlegenheit entdeckte man in der zweiten Hälfte des 20. Jahrhunderts, daß es da noch diese alten überlieferten Tabuzonen gab, deren Zäune man niederreißen könnte. Wer dachte in diesem Augenblick daran, daß auch dieser Vorrat nicht weit reichen würde?

Unter den Hochkulturen und unter den vielen bekannten Stammeskulturen dieser Erde gab es keine, die nicht bestimmte Bezirke des Seins mit einem Tabu belegt hätten – und das meist mit guten Gründen. Man sprach über gewisse Dinge nicht und zeigte sie erst recht nicht im Bild. Von den zehn Geboten Mose sprechen acht *Verbote* aus; nur das dritte und vierte enthalten Aufforderungen, etwas zu tun. Das Tabu war die fest gesetzte Grenze, über die das Pendel nicht ausschlagen durfte. Die anerkannte Norm drängte die

Aggressions- und Sexualtriebe zurück und verstärkte die ohnehin vorhandenen inneren Hemmungen des Individuums. Mishan spricht von einem »psychischen Plasma«, das den einzelnen Menschen umgibt und das man vor allem in der Kindheit in keiner Weise geringschätzen darf.[403]

Erst der jüngsten Zeit blieb es vorbehalten, aus der *Zerstörung von Tabus* eine Art Sport zu machen. Die Voraussetzung dafür war der Sieg des mechanistischen Weltbildes. Dieses Weltbild, das begierig »Fakten« offenlegt, kann seinem Wesen nach keine Tabus dulden. Wo alles auf mechanische Ursachen und mechanische Wirkungen zurückgeführt wird, die sich wissenschaftlich »erklären« lassen, kann es keine Hemmungen geben, um irgend etwas vor dem Seziermesser oder vor dem Fotografen zu schützen. In der mechanistischen Denkweise ist die lebenswichtige Funktion der Tabus für das biologische und das psychische Dasein nirgendwo unterzubringen. Der religiöse Bereich konnte im Zeitalter des »wissenschaftlich begründeten Unglaubens« ohnehin nicht mehr geschützt werden; aber »Enthüllungen« in dieser Richtung interessierten nicht so sehr. Also blieb vor allem der Sexualbereich. Daß allerdings das Sextabu nach Jahrtausenden seiner Herrschaft schon in zwei bis drei Jahrzehnten ausgelöscht werden konnte, darin sieht Günther Anders zu recht *»eine der epochalsten Revolutionen in der Kulturgeschichte der Menschheit«*.[404]

Da konnte selbstredend die Schule mit ihrem »Bildungsauftrag« nicht mehr an sich halten. Da mußte bereits für die unteren Schulklassen (es könnte ja sonst jemand zuvorkommen) *sexuelle »Aufklärung«* verordnet werden. Was bleibt einem Lehrer oder einer Lehrerin – gerade dann, wenn sie sich noch einen Rest von Scham bewahrt haben – anderes übrig als die rein technische Erklärung »der Sache«. Das Kind kann sich dabei gar nichts anderes denken als: »Das ist es also, nichts weiter!« Es ist naheliegend, daß es dann auch im späteren Leben dabei bleibt: beim technischen Vorgang. Andernfalls wäre die sich immer aufdringlicher zur Schau stellende Verrohung auf diesem Gebiet gar nicht erklärlich. Konsequenterweise wird dann die Vergewaltigung auch nur noch als ein physikalischer Vorgang abgetan.

Welcher *Kahlschlag der Gefühle* bereits in kindlichen Seelen angerichtet wird, darauf kann natürlich ein ökonomisch denkendes Zeitalter keine Rücksicht nehmen. Gnadenlos rollt die Walze der

Aufklärung! »Die Kinder werden gehalten, sich sogar zu jenen Erfahrungen, die die am wenigsten mitteilbaren und austauschbaren, die persönlichsten und verschwiegensten sind, eines fremden Verstandes zu bedienen.« So schreibt Franz Vonessen, der dann fortfährt: »Vielleicht ist der Widerwille vieler Eltern, jene Aufklärung zu organisieren, die nun die Schule ihnen abzunehmen beliebt hat ... gerade in dem dumpfen Verstehn begründet, daß sich auf manchen Gebieten jede Führung, die über das lebendige Vorbild hinausgeht, verbietet, weil zum Reifen, zum Mündigwerden nicht zuletzt auch die Kraft, ein Problem allein zu bestehen, gehört. In der Tat gibt es Felder, wo die Selbstaufklärung durch jeden Eingriff von außen gestört werden kann, meist sogar nachhaltig.«[405]

Es ist ja nicht so, daß die Schüler früherer Generationen nichts über die Liebe erfahren hätten! Nur lernten sie *zuerst*, daß es tiefe seelische Regungen gibt, aus den Dichtungen, die oft tragisch endeten. Es kann wohl nicht sein, daß sie im übrigen unerfahren geblieben wären, sonst wären die Menschen ausgestorben. Sollten also die jetzigen Generationen nicht mehr intelligent genug sein, ohne »Aufklärung« auszukommen? Der Dichter Ovid berichtet jedenfalls über die jungen Römer: »Was sie tun sollten, lernten sie selbst, keines Lehrers bedurfte es, ohne jede Unterweisung vollendete Venus das süße Werk«. Die heutige Manie, auch die geheimnisvollsten Regungen der Natur und der Seele mit den grellsten Scheinwerfern auszuleuchten, führt zu nichts anderem als zu kulturellen Verwüstungen, zu einer Verminderung der innigsten Gefühle, zu *seelischer Entropie*.

Wo immer nun ein Tabu gebrochen wurde, stand bereits ein Geschäftemacher oder eine Beate Uhse bereit, um die freigegebene Zone zu vermarkten. Die »Aufklärung« dient der Wirtschaft, »die überall dort, wo ›Sex‹ herrscht, mit Erwartung hoher Gewinne im Hintergrund steht«.[406] »Wörter, die einst zarte Gefühle ausdrückten, haben ihren Glanz verloren. Einstmals erhabene oder feierliche, prägnante oder dichterische Wendungen, die man nur bei seltenen Gelegenheiten enthüllen sollte, werden im Staub der Werbekampagnen hin- und hergezerrt, mit grobschlächtigen Imperativen vermengt, bis sie schal und schmutzig werden. Sogar obszöne Bemerkungen, die man einst für Fälle besonderer Empörung in Reserve hielt, sind so alltäglich geworden, daß sie ihre Kraft zu schockieren oder zu amüsieren eingebüßt haben.«[407] Wir leben nun zu einer Zeit, in der bald das letzte Häuflein von Fäkalien durchwühlt sein wird, was bleibt uns dann?

Der Mensch ist außerstande zu begreifen, was für ihn gut ist. Wohlgemeinte Lebenshilfen halten verschiedenste Anbieter bereit, auch solche, die sich wissenschaftlich gebärden. Sie gehören zu den »Symptomwissenschaften eines auf den Menschen gestellten Jahrhunderts«, wie sie Gertrud Höhler nennt, nämlich Psychologie, Psychoanalyse, Soziologie. Sie »öffneten die Türen, die man bis dahin teils in frommer Scheu, teils aus Traditionstreue verschlossen gehalten hatte«.[408]

Jahrtausende alte bewährte Lebenserfahrungen wurden in wenigen Jahren weggeworfen und gegen die schnell wechselnden Linsengerichte mechanistischer Wissenschaften eingetauscht. Eilig gedruckte Fachrezepte werfen nun Lebensanweisungen unter das Volk, die alle Ähnlichkeit mit der Gebrauchsanleitung von Maschinen haben, die aber selten eine Hilfe für lebende Organismen darbieten. Die in der Industrie praktizierte Arbeitsteilung wird nun auch auf die Seele angewandt. So wie man die Schuhe vom Schuster, den Fernseher vom Elektriker, das Auto vom Mechaniker reparieren läßt, so geht man jetzt mit seinen psychischen Defekten zum Seeleningenieur – Verzeihung – zum Psychotherapeuten. Dies in der guten Absicht, sich *eine Reparatur zu erkaufen*, wobei ein jeder davon ausgeht, daß in unserem Zeitalter *alles* käuflich erworben werden könne.

Besser als jeder Psychotherapeut können dem Menschen jedoch vertraute Gefährten helfen. Der Gefährte widmet dem Patienten nicht dann und wann eine Sprechstunde, sondern viele Jahre seines Lebens oder das ganze Leben. Diesen Partner fand man früher in der eigenen Familie, oder es war die eigene Familie. Seit man diese Möglichkeit als eine zu naheliegende und »unwissenschaftliche« verachtet, begann die modische Suche nach Heilmethoden, die Mishan »ein gutes Stück törichter« nennt: »denn unter diesen emanzipierten Köpfen ist es Mode, Kurse über ›Persönlichkeitsentwicklung‹, ›Selbstbehauptungstraining‹, ›Erkenntniserweiterung‹, ›Vertrauensaufbau‹, ›Vermeidung von Stereotypen‹, ›Bildung schöpferischer Beziehungen‹ und über anderen psychologischen Kaugummi zu absolvieren ... Das Ziel, ein Maximum an angenehmen Erfahrungen zu machen, verlangt, daß man dem Risiko von Sorgen oder Schmerz, das Gefühlsbindungen mit sich bringen, ganz einfach dadurch ausweicht, daß man sie vermeidet... Es bedarf jedoch keiner tiefenpsychologischen Finessen, um zu erkennen, daß die durch ein solch künstlich konstruiertes Verhalten bedingte Verdrängung die emotionale Entwicklung nur anhalten kann und schließlich zu Einsamkeit und Verzweiflung führen muß.«[409]

Angesichts des Aufmarsches der Experten (die sich natürlich unentwegt über die »richtige« Methode streiten) wird der Einzelne immer unsicherer, er läßt alles und jedes gelten, auch in Sitte und Moral. »Wahr und Falsch verwischen sich und verwischen sich immer von neuem durch die Anstrengungen einer endlosen Reihe von Wissenschaftlern und Spezialisten. Sie sind ihrerseits Opfer der gegenwärtigen Erosion des moralischen, ästhetischen und intellektuellen Konsenses, auf dem die Zivilisation des Westens beruht. Unverständlicherweise nimmt das Vertrauen intelligenter Menschen in ihr eigenes Urteil und ihren eigenen Sinn für das Zulässige ab. Die soziale Toleranz, die sie sich erwerben, ist zum großen Teil das Ergebnis moralischer Lähmung.«[410]

Gehätschelte Wohlstandskinder

Nachdem nun durch die Enttabuisierung die Toleranzzone über alle Grenzen erweitert worden ist, *breitet sich das Gefühl der Leere erneut aus*, ja um so heftiger erwacht nun »die Gier nach einem Widerstande und nach der Anstrengung, diesen zu brechen«.[411] Günther Anders spricht auch von der »Gier nach Mühe«. Gerade in den Jugendlichen regt sich immer wieder der Tatendrang. »Tatsächlich gibt es viele Beweise dafür, daß die Menschen oft aktiv nach Störungen suchen, um die mit deren Beseitigung verbundenen Lustgefühle genießen zu können.«[412] An anderer Stelle schreibt Scitovsky: »So üben Kinder reicher Eltern oder Menschen, die schon früh reich geworden sind, oft gefährliche Sportarten aus und nehmen an kühnen Abenteuern teil. Wäre es nicht denkbar, daß sie wegen ihres zu bequemen Lebens die einfacheren Freuden vermissen und dies durch die mit Aufregung und Gefahr verbundenen Lustgefühle zu kompensieren suchen? Vielleicht läßt sich die steigende Gewalttätigkeit unserer Wohlstandsgesellschaft ähnlich erklären.«[413] Die materielle Erklärung der Kriminalität aber ist die nach wie vor übliche, infolgedessen glaubte man, sie mit dem Wohlstand beseitigen zu können.

»Die Geschichte des 18. und 19. Jahrhunderts zeigt, daß die Reformer jener Zeit davon überzeugt waren, daß Verbrechen und vor allem Raub und Gewaltverbrechen auf Armut und Unwissenheit zurückzuführen seien. Die Ereignisse haben jedoch diese einfache Annahme nicht bestätigt. Der höhere Lebensstandard und die Hebung der Allgemeinbildung in allen reichen Ländern waren während der letzten zwei Jahrzehnte von einer steigenden Anzahl von Gewaltverbrechen begleitet.«[414] Trotz den von Liberalen und Humanisten so liebevoll gehegten Überzeugungen hat das Wachstum des materiellen Reichtums in der Welt keineswegs zu der erwarteten Abnahme krimineller Handlungen geführt. Die Ziffern sind ganz im Gegenteil seit Ende des Zweiten Weltkriegs ununterbrochen angestiegen. Darum kommt Mishan zu dem Ergebnis, »daß das Wirtschaftswachstum der letzten zwei Jahrhunderte beiläufig auch günstige Voraussetzungen für ein verbrecherisches Leben geschaffen hat.«[415]

Gerade die Sicherheit und die Langeweile unserer Zivilisation verführt die Jugend zu gefährlichen Eskapaden. Was mit den sogenannten »Halbstarkenkrawallen« begann, hat sich inzwischen längst zur Vollstärke entwickelt. Die Jugendlichen wollen am Widerstand die eigenen Kräfte messen. Da sie sonst in ihrem Leben kaum Widerstand erfahren, suchen sie die Konfrontation mit der Polizei. Diese halten sie für einen angemessenen Gegner; denn ein Gegner, den man nicht ernst nehmen müßte, wäre schließlich kein rechter. Aber gegen einen überlegenen Gegner am Ende zu unterliegen ist hier wie beim Sport keine Schande.

Die Suche nach den Motiven für die Gewalttaten füllt seit Jahren landauf und landab die Spalten der Presse. In unserem ökonomischen Zeitalter geht man natürlich davon aus, daß nichts ohne einen »materiellen Grund« geschieht und daß die Gewalttaten ein rationales Ziel haben müssen. Und so wird man noch lange ohne Ergebnis diskutieren. Denn die Erklärung, daß Tausende Jugendlicher tagelang Zürich in Schrecken versetzten, weil sie in einem öffentlichen Heim Schach spielen wollten, ist schlichtweg lächerlich.

Eine verbreitete Form gefährlicher Betätigung ist die Motorrad- und Autoraserei, die in hohem Maße den Verkehr gefährdet und der unschuldige Personen zum Opfer fallen. Der erzeugte Lärm belästigt einen noch größeren Personenkreis, und der kann sich kaum dagegen schützen. Daß es sich auch hier um *angestaute Kräfte* handelt, die sich in der Arbeitswelt nicht mehr austoben können und schließlich nach einem Ventil suchen, liegt weitab vom mechanistischen Denken. Darauf kommen nur einzelne wie zum Beispiel Günther Anders, der infolgedessen eine Eskalation der Gewalttätigkeiten voraussieht: »Aber übermorgen wird die Sehnsucht nach Anstrengung, mindestens nach *Tun*, überwältigend werden... Automationshirten und Arbeitslose, die sich nach der Fließbandarbeit, obwohl diese ausschließlich aus dehumanisierenden und chaplinesken Bewegungen bestanden hatte, zurücksehnen werden, weil diese Arbeit doch noch ein Minimum an Tun, also etwas vergleichsweise Humanes, dargestellt und sie der Mühe, die Zeit *selbst* totschlagen zu müssen, enthoben hatte... Die Gewaltakte, die heute Individuen oder konspirative Gruppen aus Verzweiflung über die ›Sinnlosigkeit‹ ihres Lebens oder in der Hoffnung auf einen Seinsbeweis, auf ein ›ergo sumus‹, begehen, diese *Terrorakte werden*, so fürchte ich, *je unbestreitbarer die Automaten triumphieren werden, um so rascher in die Hände der Massen hinüberwandern.*«[416]

Günther Anders verlegt diese Entwicklung in die Zukunft und übersieht dabei, daß bereits heute der überwiegende Teil der männlichen Bevölkerung nicht mehr körperlich arbeitet (was auf die Frauen nicht in dem Maße zutrifft). Hinzu kommt, daß einer faden Routinearbeit herzlich wenig Sinn abzugewinnen ist. So werden gerade zur Aktivität veranlagte Personen von Sehnsucht nach einer Lage befallen, in der es endlich wieder einmal »Ernst wird«, wie Jonas sagt, »wo man plötzlich seinen Mann stellen muß und zeigen darf, aus welchem Stoffe man gemacht ist, wo die Entschlossenen sich von den Ratlosen, die Mutigen von den Zaghaften, die Opferwilligen von den Selbstischen scheiden und der Gemeinsinn tätig wird, den die Gefahr aufgeweckt hat. ... So kann der Hunger nach entbehrter Wirklichkeit in die Irre gehen; bei Verschluß aller anderen Durchlässe auch bis zum Verbrechen, bei dem es auf seine Art ja auch ›Ernst wird‹.«[417]

Hier helfen also keine »Freizeitprogramme« für die Jugend oder öffentliche Millionen für die »Jugendarbeit«; denn »die Scheintätigkeit schützt sowenig vor Anomie und Verzweiflung wie die Untätigkeit – und das kann um des Menschen willen fast als Trost verbucht werden«, folgern wir mit Hans Jonas.[417]

Das ist eben *der große Irrtum unserer Zeit*: Man glaubt alles mit Haushaltmitteln und Wohltaten sowie mit der Zuteilung neuer »Rechte« ins Lot bringen zu können. Da jedoch alle Arten der Anbiederung bei der Jugend durch Erfüllung ihrer Wünsche nicht die erhoffte Wirkung gehabt, sondern zu erhöhter Gewalttätigkeit geführt haben, wird dann zum Beispiel eine Untersuchungskommission des Deutschen Bundestages eingesetzt. Ich wette zehn zu eins, daß auch diese Kommission die echten Ursachen der Jugendrevolte nicht findet. Einmal nicht, weil sie nur die üblichen mechanistischen Denkschablonen anwenden wird, und dabei kommt dann ein Milliardenprogramm zur »Jugendförderung« heraus. Dies hätte zwar zur Folge, daß die Probleme in einigen Jahren noch schlimmer würden, aber man hätte doch »etwas getan« und sogar noch das Bruttosozialprodukt erhöht. Zum anderen darf man doch unter keinen Umständen auf diesem Umweg zu dem Ergebnis kommen, *daß der vielgerühmte Wohlstand*, auf den die Politiker noch immer stolz sind, *die Wurzel des Übels ist*. Und die Jugendlichen selbst werden solches der Kommission nicht vortragen, da sie es selbst gar nicht wissen, denn sie haben in ihrem Leben noch nichts anderes kennengelernt. Da man drittens ohnehin vorwiegend die Funktionäre der Jugendverbände anhören wird, die finanziell gefördert werden wollen, wird sich eine von niemandem beanstandete Interessenidentität – wie auf anderen Gebieten üblich – zwischen diesen und den Politikern ergeben. Dabei wird man ein weiteres Faktum vergessen, die verständliche Undankbarkeit des heutigen Staatsbürgers gegenüber der anonymen Beglückungsmaschinerie. Es handelt sich in der Regel um *verwöhnte Kinder*. »Jemanden verwöhnen heißt, seine Wünsche nicht beschneiden, ihm den Eindruck geben, daß er alles darf und zu nichts verpflichtet ist.«[400] Clevere Geschäftsleute – und das sind die Politiker heute – fangen schon bei den Erstwählern an, sich Stimmen einzukaufen. Und da müssen sie den Marktgesetzen folgen: keine Ware ohne Bezahlung.

Auch das physische Leben des Menschen wird taxiert und gehandelt. Menschenraub zur Gelderpressung kommt nicht nur zwischen Kidnappern und den Angehörigen der Opfer vor, sondern auch ganz offiziell zwischen Staaten. Die USA mußten 1980 das Leben ihrer Botschaftsangehörigen erkaufen, also von Personen, deren Status weniger zivilisierte Nationen die Weltgeschichte hindurch immer respektiert hatten; dabei befanden sich die USA und Persien nicht einmal im Kriegszustand. Es ist heute üblich, daß der Mensch mit Geld aufgewogen wird, getreu dem modernen Grundsatz, daß es nichts mehr gibt, was kein Geld kostet – also kann auch die Humanität nicht mehr umsonst sein. Ein modernes Iphigenie-Drama würde mit den Worten Thoas enden: »Wieviel Drachmen sind die Griechen bereit, für dich zu zahlen?« Jüngst wurde ein weiteres Gebiet vermarktet: ein Massenmörder ließ sich in Kanada sein Geständnis von der Polizei für 100000 Dollar *abkaufen.* Immerhin führte der »Handel« noch zu einer heftigen Diskussion im Lande.[418]

Warum lassen heute in gesicherten Verhältnissen lebende Bürger ihre Mitmenschen im Stich? Warum lassen sie Verletzte eiskalt verenden? Weil sie die Schmerzen der Opfer niemals am eigenen Leibe erlebt haben. Darum fehlt ihnen Erfahrung und Vorstellungsvermögen, um mit den Leidenden zu fühlen. Könnten sie sich in ihn versetzen, dann würden sie ihm helfen. Je größer die Masse der Menschen ist, um so geringer ist die Betroffenheit des Einzelnen. Die aufgeteilte Verantwortung führt zu einem Anteil nahe Null.

Das gute Leben unserer Zeit führt keineswegs zu mehr Mitmenschlichkeit und erst recht nicht zu mehr Moral, sondern zu berechneter materialistischer Rücksichtslosigkeit. Ehe nicht die wahren Ursachen der Demoralisierung, nämlich das mühelose Leben vieler und die mechanistische Weltauffassung offengelegt (und abgeschafft?) sind, kann es und wird es keine Änderung geben. »Ohne Gebote, die uns zu gewissen Lebensweisen verpflichten, verharrt unser Leben in bloßer Bereitschaft. Das ist die furchtbare innere Lage, in der sich heute unsere beste Jugend befindet. Rein weil sie sich frei, der Fesseln ledig fühlen, fühlen sie sich leer. Ein Leben zur Disposition ist schlimmere Lebensverneinung als der Tod. Denn Leben heißt, etwas Aufgegebenes erfüllen; und in dem Maße, wie wir vermeiden, unser Leben an etwas zu setzen, entleeren wir es. Es wird nicht lange dauern, bis von dem ganzen Planeten wie das Heulen unzähliger Hunde ein Schrei zu den Sternen aufsteigen und nach einer Kraft verlangen wird, die gebietet, die ein Tagwerk, eine Pflicht auferlegt.«[419] Dies schrieb Ortega vor über fünfzig Jahren, als der europäische Mensch noch weniger verwöhnt war.

Wir hören die Hunde heulen, aber ihr Heulen bleibt unverstanden, und sie wissen zum größten Teil selbst noch nicht, warum sie heulen. Das Bestreben vieler Jugendlicher ist immer noch darauf gerichtet, Pflichten loszuwerden. Das Selbstverständnis ist schwach entwickelt, das gegenseitige Unverständnis ist allgemein, und zwischen den Generationen hat sich eine Kluft aufgetan.

Die Brüche zwischen den Generationen

Die Kluft, die sich besonders in der zweiten Hälfte des 20. Jahrhunderts aufgetan hat, ist mit den Generationskonflikten früherer Zeiten nicht zu vergleichen. Das derzeitige Auseinanderdriften hat mehrere Ursachen, die sich aus Umfang und Tempo der Veränderungen ergeben. Auf Grund des rasenden Wandels der Zivilisation gingen alte Kenntnisse und alte Werteskalen sehr schnell den Bach hinunter. Die Älteren, die ihre Erfahrungen unter ganz anderen Umständen gesammelt hatten, konnten bald nicht mehr folgen. Die Jugend wächst mit dem jeweils Neuesten auf, was auch bald veraltet. Soweit sich Ältere in ihrem Beruf umstellen mußten, blieben sie doch in ihren Wertvorstellungen beheimatet. So hängen sie »emotional noch an Werten, von denen ihr Verstand weiß, daß sie im Lebensalltag nicht mehr verwendbar sind... Mit einem verinnerlichten Zynismus leben viele Ältere im Berufsalltag nach einer anderen Werteskala als zuhause.«[420]

Was die heutigen Alten zu bieten hatten, waren *Kenntnisse aus der organischen Welt, Weisheiten über »das Leben«*. Solche sind bei ihren Enkeln nicht gefragt; denn die leben in der mechanischen Welt der Autotypen und Kassettenrekorder. Die Märchen erzählende Großmutter ist längst nicht mehr »in«. »Die Älteren empfinden eine seltsame Einmütigkeit darin, daß sie auf dem Rückzug sind; die Jüngeren darin, daß sie auf dem Vormarsch sind. Aber beide wissen nicht, aus was sie sich zurückziehen und auf was sie vormarschieren. Die Älteren resignieren, die Jüngeren frustrieren. Alle sind in irgendeiner Weise an diesem Spiel beteiligt. Es sind die Passionsspiele einer Leistungsgesellschaft, die sich in Frage stellt, ohne die Ursachen zu erkennen.«[421]

Eine Verständigung zwischen Alten und Jungen ist gar nicht möglich; sie sprechen inzwischen *verschiedene Sprachen*. Ganz abgesehen davon, daß man Großvater und Großmutter in der Regel selten sieht, denn sie wohnen im Altersheim, oft in einer entfernten Stadt. Aber selbst dann, wenn Eltern und Kinder noch zusammenleben, gehen sie ganz verschiedenen Berufen nach, so daß sich auch von daher keine Gemeinsamkeiten ergeben. Und wenn Sohn oder Tochter einfacher Eltern gar erst studieren, dann leben sie bald in getrennten Vorstellungswelten.

Das ist der *schwere Preis für den galoppierenden Fortschritt*, daß nicht nur jede Generation, sondern jetzt bereits jedes Jahrzehnt von anderen existentiellen Erfahrungen überfallen wird und daß die Spezialisierung der Individuen eine babylonische Zersplitterung und Sprachlosigkeit zur Folge hat. Das alles gehört zu den nicht vorausgesehenen negativen Folgen des »Fortschritts«.

Besonders die deutschen Nachkriegsgenerationen – dazu zählen etwa diejenigen, die seit Beginn des Krieges geboren wurden – identifizieren sich schon darum nur schwach mit diesem Staat, weil er nicht *ihre* Leistung ist. Er wurde fertig übernommen, geerbt. Das Erlebnis des gemeinsamen Neuanfangs aus den Ruinen und der Stolz auf die Aufbauleistung erfüllt bald nur noch die über Fünfzigjährigen. Die Jungen sehen das Erbe unter dem gleichen Aspekt wie den Sonnenschein: er war schließlich immer vorhanden. »Im Wohlstand aufgewachsen, können die sattgegessenen Söhne und Töchter, von Bequemlichkeiten in ihrer körperlichen und geistigen Leistungsfähigkeit beeinträchtigt, nur die abgenutzte Hülle einer Wertvorstellung erkennen, die für ihre Eltern durch die Erinnerung des Mangels mit Sinn gefüllt wird.«[422] Um selbst noch etwas dazutun zu können, suchen die Jugendlichen die Fehler, die sie den Älteren ankreiden könnten. So fand die Jugendrevolte der sechziger Jahre heraus, daß Wohlstand, Fortschritt und Gleichheit noch bei weitem *nicht schnell genug* vorangeschritten wären. Für eine solche Rüge erwies sich das als ein ganz ungeeigneter Zeitpunkt; denn der Fortschritt war bereits dabei, sich selbst ad absurdum zu führen.

So hatte denn auch die in den siebziger Jahren aufkommende *Umweltbewegung* bereits *das entgegengesetzte Grundmotiv*: Stopp dem technischen Fortschritt! Bewahrung der Natur! Doch nicht dieser fundamentale Gegensatz wurde öffentlich zur Kenntnis genommen, sondern daß es sich ebenfalls um eine *Opposition* gegen das Bestehende handelte, folglich warfen auch die Gegner beide Bewegungen in einen Topf. Und geschickte Demagogen nutzten die Verwirrung für ihre Zwecke. So sprach unter anderem Rudolf Bahro vom

»historischen Kompromiß« zwischen dem Sozialismus und der Ökologiebewegung; wo gerade nur die kompromißlose Frontstellung weiterhelfen kann. Mit der Kompromißformel wurden noch einmal all jene Veteranen angelockt, die Ende der sechziger Jahre für den mechanistischen Fortschritt auf die Barrikaden gegangen waren. Der damalige Angriff auf *die kulturelle Substanz* »beruhte auf dem Mißverständnis, die offenkundig anwachsenden Schwierigkeiten unserer Lage seien darauf zurückzuführen, daß jene Substanz den Fortschritt verzögere«. Der in Zürich lehrende Politikwissenschaftler Hermann Lübbe stellt aber klar: »In dieser Lage ist kulturell nicht Bilderstürmerei, sondern Schonung nötig...«[423]

Mit das Schlimmste an der heutigen Lage ist, daß die Traditionen *abgebrochen* sind: die *Tradition zwischen den Generationen*, die *Tradition der Kultur* und das *tradierte Miteinander mit der Natur*. Ein Volk ist bereits verloren, wenn es die Tradition aufgegeben hat. »Der Mensch ist ein historisches Wesen, er muß auch mit den vergangenen Ideen und Werten leben, er muß in der Lage sein, sie für die Gegenwart fruchtbar zu machen; hüten wir uns davor, die historische Vergangenheit zu verlieren, das könnte den Verlust der Zukunft bedeuten!«[424] Aber die Vergangenheit *ist* weitgehend verloren, dies ist eine der großen Schwierigkeiten unserer heutigen Lage.

Ein großer Irrtum der jüngeren Generationen ist der, daß in der Natur alles so herrlich frei und beliebig abliefe. So meinen viele, wenn sie sich nur spontan und chaotisch verhielten, dann seien sie *naturnah*. Das Gegenteil ist der Fall. In der Natur herrscht *ständiger Anpassungsdruck* wie auch *angestrengte Wachsamkeit*; *die fortwährende Leistungsbereitschaft ist dort zwingend*; denn das Leben steht immer unter hautnaher *Todesdrohung*. Die Natur kennt bei Verstößen *keine Gnade*. Das Geflecht der karitativen menschlichen Einrichtungen hingegen, das man heute als »soziales Netz« bezeichnet, fängt auch noch den auf, der seine Lage selbst verschuldet hat. Darin liegt die große *Verführung*: alle wiegen sich in einer *Sicherheit*, *die ganz und gar unnatürlich ist*. Wenn sie echt sein und halten soll, dann muß sie durch harte Leistungen gedeckt sein. *Die Natur erzwingt die disziplinierte Einhaltung ihrer Gesetze*. Wenn in der freien Wildbahn ein Tier die ungeschriebenen Gesetze des Rudels durchbricht und seinen eigenen Weg geht, bezahlt es diese Eigenmächtigkeit in der Regel mit dem Tod in der Wildnis. Es gehört zu unserer an Absurditäten reichen Zeit, daß sich einige im Namen der Naturfreiheit gegen das zivilisatorische System auflehnen, dabei aber alle komfortablen Absicherungen ihrer persönlichen Existenz durch eben dieses System als ihr mit ihnen geborenes Recht einfordern.

6. Ökologisch ist konservativ

Konservativ ist die Partnerschaft der Lebenden mit den Toten und den Ungeborenen.
(Edmund Burke)

Konservativ sein heißt Bewahren

In seiner langen vorangegangenen Geschichte hat der Mensch erfahren, daß es mit ihm selbst gar nicht so recht voranging. Seine geistige Potenz blieb über die Jahrtausende unverändert. Die Höhe der griechischen Philosophie und Kunst zum Beispiel ist später nie überboten worden. Alle Vorgänge des privaten Lebens, dessen Glück und Leid und die Sehnsüchte der Seele sind seit eh und je die gleichen geblieben. Winston Churchill ist voll zuzustimmen, wenn er vor fünfzig Jahren schrieb: »Es ist gewiß, daß die Tugenden und die Weisheit der Menschen im Verlauf der Jahrhunderte, während sie in grenzenlos wachsendem Tempo Wissen und Macht sammelten, keinerlei bemerkenswerte Besserung gezeigt haben. Das Gehirn eines modernen Menschen unterscheidet sich in seinen wesentlichen Zügen nicht von dem der Menschen, die vor Millionen Jahren hier kämpften und liebten. – Die Natur des Menschen ist bis jetzt praktisch unverändert geblieben.«[359]

Weil dies so ist, weil alle echten, existentiellen Anliegen des Menschen so geblieben sind, wie sie immer waren, können wir uns in diesem Buch auf Weisheiten aus zweieinhalb Jahrtausenden berufen, denn *sie sind nach wie vor gültig*. Dagegen werden die aufgeblasenen Plattheiten der letzten anderthalb Jahrhunderte bald vergessen sein; sie werden bestenfalls als negative Erinnerungen fortleben. Die größten Illusionisten der Gegenwart sind diejenigen, die das Ausmaß der wissenschaftlich-technischen Neuerungen immerzu auf Geist und Psyche des Menschen übertragen wollen. Sie halten ihn allen Ernstes wieder einmal für so veränderbar und erziehbar, daß ein »neuer Mensch« entstehen könnte. Wenn diese pädagogische Züchtung aus der Retorte Erfolg haben könnte, dann würden die neuen Exemplare mit den bisherigen Menschen wenig gemein haben.

Die einschneidendste Veränderung der Welt ging nicht von einer Religion oder von neuen Ideen aus, sondern von den vielen technischen Erfindungen und ihrer bedenkenlosen Anwendung. Diese Entwicklung ist es, welche die Welt einer *Totalkatastrophe* entgegentreibt, wie sie keine der vergangenen »Heilslehren« auszulösen vermochte. Die Frage liegt nahe: Hat auch das Auftreten Jesu den Menschen nicht verändert? Jeder Historiker wird zugeben müssen, daß das Wesen des Menschen vor und nach Christus das gleiche war und geblieben ist. Und dies, obwohl Christi Lehre sicherlich die größte geschichtsbildende Macht gewesen ist, die es überhaupt gegeben hat. Sie hat zweifellos den Gang der Geschichte über 2000 Jahre nachhaltig beeinflußt. Aber der Mensch hat – auch dort, wo er sich Christ nennt – nur die Bestandteile der Lehre aufgenommen, die seinem Wesen und dem jeweiligen Geist der Zeit entsprachen. Die Utopie eines *neuen Menschen* ist ein frommer Wunsch geblieben.

Um so größere Illusionisten sind diejenigen, die in der Gegenwart die wissenschaftlich-technischen Erkenntnisse und Neuerungen auf Geist und Psyche des Menschen aufpfropfen wollen!

Eine Veränderung des menschlichen Wesens hat sich nicht vollzogen und wird sich künftig genausowenig vollziehen wie in den Jahrtausenden vor uns. Das mag eine Binsenweisheit sein; doch nun wird es endlich Zeit, sich auch daran zu halten. Das bedeutet, daß ganze Bibliotheken getrost der Wiederverwendung für Altpapier zugeführt werden dürfen.

Es kann als gesichert gelten,
daß der Mensch sich im Grunde nicht ändern wird;
daß wir also nur von dem ausgehen können,
was der Mensch immer schon war;
daß wir von den *erprobten Leitbildern* ausgehen müssen, denen der Mensch früher folgte.

Ich bin mit Hans Jonas der Meinung, »daß wir von der *Vergangenheit* lernen müssen, was der Mensch ›ist‹, das heißt im Positiven wie im Negativen sein *kann*, und diese Belehrung bietet allen nur erwünschten Stoff zu Erhebung und Schauder, zu Hoffnung und Furcht, und auch Maßstäbe zur Wertung, somit der Anforderung an sich selbst.«[425] Unser »neues Bild« vom Menschen kann darum nicht neu sein, es gründet vielmehr auf den Kernerfahrungen der Jahrtausende, die in religiösen Lehren und Schriften, in den Mythen und Symbolen überliefert sind. Der niederländische Soziologe Fred Polak kommt zu dem Ergebnis: »Der Aufstieg und Verfall von Leitbildern geht dem Aufstieg und Verfall von Kulturen voraus oder begleitet ihn. Solange das Bild der Gesellschaft positiv und erfolgreich ist, steht die Blume der Kultur in voller Blüte. Wenn aber erst einmal das Bild der Kultur zu verfallen beginnt und seine Lebenskraft verliert, lebt die Kultur nicht mehr lange.«[426]

Das ist eine konservative Weltanschauung, aber eine konservative Weltanschauung, mit der die politischen Strömungen, die man in diesem Jahrhundert üblicherweise unter konservativ einordnet, *nichts* zu tun haben. Wie ja auch die Parteien, die sich christlich nennen, mit der christlichen Lehre genausoviel gemein haben wie die heutige weihnachtliche Konsumorgie mit der Geburt Christi, nämlich nichts. Würden sich christliche Politiker die Mühe machen, einmal in die Bibel zu schauen, dann fänden sie dort im Matthäusevangelium 6, 24 den Satz: *»Ihr könnt nicht Gott dienen und dem Mammon.«*

Nun darf sich eine Partei durchaus von ihren ursprünglichen Zielen ab- und neuen zuwenden, wenn die historische Notwendigkeit das verlangt. Die »konservativen« Parteien der Nachkriegszeit haben sich jedoch aus *nackter Opportunität* dem materialistischen Zeitgeist ergeben; schlicht und einfach darum, weil alle es taten, die Wähler inbegriffen. In den Parteien der Nachkriegszeit, ob rechts oder links, herrschte sogar eine panische Angst, nicht »auf der Höhe der Zeit« zu sein. Ihr Ziel war es, dem Fortschritt immer einen Schritt vorauszueilen und das den Wählern zu demonstrieren, die dem Wettrennen genüßlich zusahen und es mit anfeuernden Rufen begleiteten.

Damit wurde aber ein irriges Leitbild aufgestellt und propagiert: der unersättliche *homo consumens*. *Keine Kultur der Geschichte hat ein so niedriges Leitbild geschaffen wie die Zeit nach dem Zweiten Weltkrieg. Und gerade dieses Leitbild fand weltweite Verbreitung.*

Daß man in diesem allseitigen Wettrennen um die größte Progressivität einige Parteien fälschlich als konservativ einstuft, hat mehrere Gründe. Erstens konnten sie anfangs ein Stück vom christlichen Schein bewahren, da sie nicht grundsätzlich atheistisch sind. Zweitens wollten sie an den politischen und ökonomischen Methoden wie am Aufbau der Gesellschaft wenig ändern; aber das waren eben die Methoden der jüngeren Vergangenheit. Darum nannte sie Erhard Eppler »Strukturkonservative«, was nicht stimmt; denn durch die forcierte Industrialisierung *änderten sie die Strukturen* der Gesellschaft in einem bisher nie gekannten Ausmaß. So dezimierten zum Beispiel die deutschen christlichen Parteien sogar ihre Stammwähler, indem sie Millionen Landwirte und kleine Mittelständler zugunsten der Großbetriebe preisgaben. Sie zerstörten gemeinsam mit den Sozialisten die traditionellen Dorfgemeinschaften zugunsten einer »rationellen« Verwaltung in »großen Einheiten«, was gleicherweise mit den Schulen geschah, wie oben geschildert. Drittens konnten die Konservativen lange Zeit *die Illusion nähren, die Freiheit* des Menschen werde durch den *Wohlstand immerzu vermehrt*. So kam es zu einer freiwilligen Euphorie aller Beteiligten, die in ihrem Fortschrittsrausch gar nicht merkten, wohin die Reise letzten Endes gehen würde – und sie wissen es heute noch nicht. Somit konnte man gut und gerne jede Meinung zulassen, denn wer würde schon gegen den »Fortschritt« sein? Auf die zwangsweise Einführung des Fortschritts, wie wir ihn aus der Sowjetunion kennen, konnte hier im Westen verzichtet werden.

Wer dem eingespielten rasenden Fortschritt verhaftet bleibt und damit die Welt von Grund auf ändert, gilt seltsamerweise in allen Ländern als »Konservativer«, obwohl das nach dem Wortsinn »Bewahrender« heißt. Bewahren will er aber lediglich den »Fortschritt«, was faktisch zur *Beseitigung jeder Tradition* führt. Und wer aus den noch älteren Hüten des Karl Marx immer wieder neue Weltentwürfe hervorzaubert, gilt ebenfalls als fortschrittlich – vor allem bei einem Teil der Jugend, der vom organischen Denken noch nie einen Zipfel erfaßt hat. In Wirklichkeit ist auch der Marxismus in demselben Sinne »konservativ« wie die Parteien, die man hier fälschlich so nennt: Auch er ist unbeweglich in den Strukturen bei ständiger materieller Umwälzung der Welt, genauso wie Franz Josef Strauß. Das allgemeine Durcheinander ist nicht mehr zu überbieten: Wer unsere Erde (im christlichen Sinne »die Schöpfung«) *bewahren* will, gilt heute bei den Rechten als revolutionär, während er von den Linken als *reaktionär* verschrien wird. So dient die Verwirrung der Begriffe allen Parteien und Interessengruppen als zusätzliches taktisches Kampfmittel, von dem rücksichtslos Gebrauch gemacht wird. Dennoch: Was sich als wahr herausstellt, kann nach einem Wort Otto von Bismarcks auf die Dauer nicht niedergelogen werden!

Der *echte Konservative* glaubt nicht daran, daß der Mensch sich grundsätzlich ändern werde. Darum haben die opportunistischen Konservativen aus ihrem Wunschdenken eine Tugend gemacht, das heißt, sie haben dem Menschen *unterstellt*, daß es zu seinen uralten Eigenschaften gehöre, begierig auf immer mehr Besitz zu sein, und sie haben weiter unterstellt, daß ihn größerer Besitz immerzu *glücklicher mache*. Damit befanden sie sich plötzlich in einem Boot mit allen Sozialisten und Kommunisten. Auch die Herstellungsmuster dieses Glücks waren ganz die gleichen: denn die Gesetze der mechanischen Naturwissenschaften und der Technik bestimmten in beiden Systemen den Kurs von Anfang an. Streit herrschte hauptsächlich darüber, wie das Ergebnis zu *verteilen* sei.

Das verhängnisvollste an der Entwicklung ist, daß die angeblich Konservativen damit den Anspruch des Menschen verrieten, primär ein kulturelles und religiöses Wesen zu sein. Eben dies war es, was Churchill bereits 1932 erkannte, als er schrieb: »Kein materieller Fortschritt, welche von uns nicht erfaßbaren Gestalten er auch annehmen oder wie immer er die Fähigkeiten des Menschen entwickeln möge, kann seiner Seele Ruhe bringen.«[359] Und vierzig Jahre später schrieb sein Landsmann Arnold Toynbee: »Mehr und mehr Leute beginnen zu begreifen, daß die Zunahme des materiellen Reichtums, welche die britische industrielle Revolution in Gang setzte und welche die moderne in Britannien geborene Ideologie als das überragende menschheitsgemäße Ziel dargeboten hat, in Wahrheit nicht der Zug der Zukunft sein kann. Die Natur ist im Begriff, die Nachwelt zu zwingen, zu einem Gleichgewichtszustand in der materiellen Planung zurückzukehren und sich dem Reich des Geistes zuzuwenden, um des Menschen Hunger nach Unendlichkeit zu befriedigen.«[427] Ebenso äußerte sich später Erich Fromm: »Ob wir glücklich oder unglücklich sind, unser Körper drängt uns, nach Unsterblichkeit zu streben.«[428]

Konservativ sein bedeutet auch, sich mit den Gegebenheiten dieser Erde abzufinden – sich der Relativität allen Geschehens bewußt zu sein, welches sich im Auf und Ab der Zeiten abspielt. Konservativ sein heißt, das langsame Wachstum der Hektik des eiligen Machens vorzuziehen.

Albert Schweitzers philosophisches und theologisches Zentralanliegen war seit 1915 die *Ethik der Ehrfurcht vor dem Leben.* »Ethisch ist der Mensch nur, wenn ihm das Leben als solches, das der Pflanze und das des Tieres wie das des Menschen, heilig ist, und er sich dem Leben, das in Not ist, helfend hingibt.«[429] Seine Auffassung weicht von der bisherigen christlichen insoweit ab, als er uns allen nicht nur die Verantwortung gegenüber den Mitmenschen, sondern *sämtlichen Lebewesen* gegenüber auferlegt. Die Verantwortung entspringt der natürlichen Ehrfurcht, die dem Menschen angeboren ist und durch sein tieferes Nachdenken bestätigt wird. Albert Schweitzer war überzeugt, daß diese Ethik sich durchsetzen werde, wenn auch erst nach seinem Tode.

Doch es geht nicht nur um die gesamte lebendige Mitwelt im Raum, die Dimension der *Zeit* ist ebenfalls einzubeziehen. Damit ist die Frage gestellt, inwieweit eine lebende Generation das Recht hat, unwiderruflich Entwicklungen in Gang zu setzen, die kommende Generationen in ihrer gesamten Existenz gefährden und ihnen andere Entscheidungen unmöglich machen.[430] In der bisherigen Geschichte des Menschen gab es diese Gefahr nicht. Die extreme Fernwirkung ergibt sich derzeit automatisch auf Grund der Strukturen heutiger Technik. Die Entscheidung für die *Kernenergie* zum Beispiel ist eine Entscheidung für unzählige Generationen; diese werden keinen Nutzen mehr aus dem Atomstrom haben, aber die radioaktiven Abfälle mit allen Komplikationen »erben«, ob sie wollen oder nicht. Dies ist leider nicht der einzige gravierende Bereich. Die im Stile der Industrie arbeitende *Landwirtschaft* beutet heute die Böden kurzfristig aus, indem sie Chemikalien aller Art einsetzt und damit das Bodenleben abtötet. Die *letzten Urwälder* der Erde werden in einem atemberaubenden Tempo für einige wenige Ernten geopfert, das Klima wird dadurch langfristig geschädigt, so daß künftige Ernten in noch viel größeren Gebieten ausfallen werden. Die *Gewässer* bis hin zu den *Weltmeeren* werden verschmutzt und vergiftet (auch durch Versenken radioaktiver Abfälle), so daß künftige Generationen kaum noch Nahrung aus dem Meer gewinnen werden. Die heutige *Energieerzeugung* und noch mehr ihre Steigerung entscheidet über Klima und Luftzusammensetzung künftiger Jahrzehnte.

Die lange Kette unserer Vorfahren hat niemals das Leben der Nachfahren so *unwiderruflich vorbelastet*, wie wir das in wenigen Jahren tun. Ob sie das damals mit Bedacht oder unwissentlich vermieden, bleibt unwichtig. Wir wissen heute, daß wir Unwiderrufliches tun, was die die Wälder rodenden Mittelmeervölker seinerzeit noch nicht wissen konnten. Für uns gilt deshalb das Wort des Philosophen Georg Christoph Lichtenberg (1742–1799): »Nicht bloß wissen, sondern auch für die Nachwelt tun, was die Vorwelt für uns getan hat, heißt ein Mensch sein.«[431] Das Wesentliche, was wir heute für die Nachwelt tun können und tun müssen, besteht *im Unterlassen.*

Eine konservative Ethik muß sich heute nach den künftigen Erfordernissen richten – und das werden wieder die gleichen sein, denen der Mensch in seiner ganzen Geschichte nachkommen mußte. Wir müssen einer ökologischen Ethik folgen. Ich verstehe mit Willis Harman unter ökologischer Ethik: »Wenn der Mensch sich mit dem Ganzen der Natur identifiziert, wenn er einsieht, daß er ein Teil der riesigen Gemeinschaft ist, die der Planet und alle seine Lebensformen darstellen, und daß er ein Teil der riesigen evolutionären Prozesse im Ablauf der Zeit ist, dann wird er von einer ökologischen Ethik ergriffen, die sein eigenes Selbstinteresse mit dem der Mitlebenden und der künftigen Generationen und mit allem Leben auf dem Planeten in Verbindung bringt. Eine solche ökologische Ethik erkennt die Grenzen der verfügbaren Naturschätze einschließlich des Lebensraums und begreift, daß der Mensch ein integraler Bestandteil der Natur ist, untrennbar von ihr und den Gesetzen, die sie regieren. Diese Ethik ruft den Menschen auf, in Übereinstimmung mit der Natur zu handeln, indem er die komplexen lebenserhaltenden Systeme des Planeten beschützt, die Rohstoffe haushälterisch verbraucht... Eine solche Ethik ist mehrmals in der Vergangenheit sowohl von alten und modernen Philosophen, von Laotse bis zum Heiligen Franziskus und Mahatma Gandhi gefordert worden. Ihre grundlegenden Aussagen entsprechen den vorwissenschaftlichen Anschauungen vieler sogenannter primitiver Völker. Es ist eine Ethik, die nicht nur durch die modernen wissenschaftlichen Einsichten in die Voraussetzungen eines weiteren menschlichen Lebens auf Erden, sondern auch durch die meisten bekannten kulturellen und religiösen Systeme gestützt wird.«[432] Dies stimmt mit dem Satz des französischen Philosophen

Henri Bergson (1849–1941) überein: »Wir wollen also dem Wort Biologie den sehr weiten Sinn geben, den es haben sollte, den es vielleicht einmal erhalten wird, und abschließend sagen: alle Ethik ist biologischer Natur.«[433]

Im krassen Gegensatz zu diesen Notwendigkeiten stehen die gegenwärtig herrschenden Systeme in Ost und West. Sie haben die Welt in einen solch hohen Grad der Gefährdung hineingeführt, daß jetzt *eine Ethik der Bewahrung und Vorbeugung* statt des Fortschritts und der Vervollkommnung dringend notwendig geworden ist. Der Philosoph Hermann Lübbe sieht neue Verpflichtungen der Politik: »Konservativ ist, der Katastrophenvorbeugung Priorität gegenüber einer Politik der Verwirklichung von Utopien einzuräumen ... Konservativ ist schließlich die Kultur der Trauer über schätzenswerte Unwiederbringlichkeiten. Hier wird die Borniertheit zersetzt, die Verluste zu Gewinnen verklärt ...«[434] Der Philosoph Robert Spaemann treibt den Gedanken weiter: »Nur wenn der Mensch heute die anthropozentrische Perspektive überschreitet und den Reichtum des Lebendigen als einen Wert an sich zu respektieren lernt, nur in einem wie immer begründeten religiösen Verhältnis zur Natur wird er imstande sein, auf lange Sicht die Basis ›seiner Existenz zu sichern.‹ Der anthropozentrische Funktionalismus zerstört am Ende den Menschen selbst.«[435]

Daß sich die *Verantwortung* des Menschen jetzt auf den Zustand der *gesamten Biosphäre* auszudehnen hat, ergibt sich schlicht und einfach aus der Ausweitung seiner Macht, die sich als Macht der Zerstörung manifestiert. Angesichts dieser absoluten Forderungen erweisen sich die angeblich »konservativen« und »christlichen« Parteien der Nachkriegszeit als verantwortungslos. Sie sind bar jeder Ethik, von Religion ganz zu schweigen, es sei denn, man lasse die Ökonomie als Religion gelten. Sie führen ein gespenstisches Spektakel auf, das sich jetzt seinem Ende zuneigt, wenn es auch hier und da noch einmal auflebt. Obwohl die Wachstumstheorie, welche dieser Politik zugrunde liegt, gegen die Naturgesetze verstößt, sind noch alle Regierungen von diesem Wahn besessen, ob in Washington, Moskau, Tokio, Paris oder Bonn. China scheint weiterhin zu experimentieren. *Die politischen Kräfte in den meisten Ländern der Welt dienen weiterhin der mechanistischen Weltauffassung.*

Überall wird am babylonischen Turm weitergearbeitet, wenn auch teilweise nur noch aus Angst vor den Folgen einer Baueinstellung.

»So kommt es zu den Lähmungen, die gerade unsere Meinungsführer und Politiker produzieren. Nirgends wird ein solcher Verdrängungsdruck von den Menschen ausgeübt, wie bei Entscheidungen, die fundamentale Veränderungen bewirken.« Dies schrieb der protestantische Bischof Hans-Otto Wölber zur Weihnacht 1979 und führte weiter aus: »Wenn wir also die alten Geschichten richtig verstehen, dann müßten wir in Richtung auf die Arche handeln und nicht in Richtung auf den Turmbau. Das heißt: Unser Forschen und unsere Technik müßten der Idee der Bewahrung und nicht der Idee der Ermöglichung unterworfen werden. Solange jemand etwas bewirkt und nicht übersieht, ob es schützt, bewahrt, fördert, schont ... soll er moralisch disqualifiziert sein. Es bedarf eines neuen kategorischen Imperativs. ... Das Mysterium der Schöpfung verlangt von uns eine neue Ethik im Rahmen des technisch-wissenschaftlichen Wahrheitsbewußtseins. Niemals soll der funktionale Fortschritt unser höchster Wert sein. Partiell wird es wohl um eine asketische Kultur gehen, also um Übereinkünfte angesichts von Grenzen. Unsere Sympathie für diese Erde sollte jedenfalls unsere Demut und unsere Verzichte einschließen. Auch müßte etwas dabei sein vom franziskanischen Ideal: Alle Kreatur ist Bruder und Schwester.«[436]

Unter den Gesichtspunkten der *Ökologie* und der *Ethik* angesichts der *biologischen und psychologischen Folgen* für den Menschen ergibt sich für die derzeitige Wirtschaftsweise des Menschen ein verheerendes Urteil. Wenn man auch noch ihren *höchst mangelhaften ökonomischen Nutzen* in die Bewertung einbezieht, dann dürfte das bevorstehende Ende des totalitären ökonomischen Zeitalters keinen Schrecken verbreiten. *Katastrophal ist vielmehr die Tatsache, daß die fatale Politik des ökonomischen Überflusses mit aller Gewalt weiterbetrieben wird.*

Teil V Die Rückbesinnung

1. Der fatale Überfluß

Arm ist ein Land, von Übeln ganz umstellt, wo Reichtum zunimmt, doch der Mensch verfällt.
(Oliver Goldsmith)

Die Faktoren des Überflusses

Die allzeit beliebte Klage des Menschen ist die über den Mangel. Und sein Bestreben ist darauf gerichtet, eine Welt des Überflusses herbeizuführen. Im ökonomischen Zeitalter bedeutet das *Überproduktion* materieller Güter.

Damit findet eine Umschichtung statt: Der *Überfluß der Natur* wird *abgebaut* zugunsten eines künstlichen *Überflusses von Wegwerfartikeln.* Ein Überschuß in diesem Bereich führt aber unweigerlich zu einem Mangel im anderen. So geschieht es, daß viele Mangelerscheinungen dort sich gerade aus dem Überfluß hier ergeben.

Zur Zeit wird unsere Erde vom Überfluß bedroht, noch nicht vom Mangel. Wir können die Überflußprobleme in fünf Gruppen einteilen.

1. An erster Stelle steht gegenwärtig der schlimme *Überfluß der menschlichen Geburten,* gegen den bisher die Mittel versagt haben. Der Verstand konnte die Natur als Regulativ nicht ersetzen. Darum wird die Macht der Natur auch künftig stärker sein als rationelle Erkenntnisse. Der Überfluß der Geburten wird dazu führen, daß im nächsten Jahrhundert in weiten Gebieten der Erde der Hungertod die übliche Todesart sein wird.

2. Der *Überfluß an Energie,* den die Industrieländer nötig zu haben glauben, führt über kurz oder lang zur Vernichtung der Umwelt. Er verleitet die Menschen auch zur Bequemlichkeit und zu sinnloser

Vergeudung. Ihre Sorge um immer reichlichere Energie zwingt die Völker zu immer teureren und risikoreicheren Unternehmungen; sie geraten in immer größere Abhängigkeit und in internationale Verwicklungen, die hinfort die Politik in hohem Maße beherrschen werden. Das Übermaß an Energie zeigt sich auch in der militärischen Bewaffnung ganz deutlich: Die atomare Vernichtungskapazität ist so groß, daß bei ihrer Anwendung die eigene Vernichtung inbegriffen ist; denn die Strahlen wandern unvermeidlich um den ganzen Erdball.

3. Der *Überfluß der automatisierten Produktionen* schafft grundsätzlich die gleichen Probleme wie die Energie. Beide zusammen verursachen die *Arbeitslosigkeit,* das Problem der kommenden Jahrzehnte. Damit verbunden sind die psychischen Belastungen durch die Untätigkeit, welche sich auf die Familien, auf die Gesellschaft und selbst auf die noch in Arbeit Stehenden übertragen, denn ihnen droht das gleiche Schicksal. Die Überproduktion führt zu einem Kampf um die Märkte. Und letzten Endes ist schon etwas dran an der Theorie, daß die beiden Weltkriege auch die Funktion hatten, den angehäuften Überschuß der Vernichtung zuzuführen, um die Gewinn- und Produktionsmaschinerie unter Dampf zu halten und die Arbeitsplätze zu erhalten. Da braucht man nur an die gegenwärtige Argumentation zugunsten der Waffenexporte zu denken, weil diese doch Arbeitsplätze schaffen würden.

Willis Harman sieht im Bereich der Wirtschaft vier grundlegende Schwierigkeiten der technisch und industriell fortgeschrittenen Welt, die unlösbar erscheinen: *Beschäftigung, Verteilung, Regelung* und *Produktion.* »Ironischerweise entsteht die Krise, weil das industrielle Zeitalter so phänomenal erfolgreich bei der Lösung eines vierten klassischen ökonomischen Problems, dem der *Produktion,* gewesen ist.«[437] In Bert Brechts »Manifest« heißt es:

> Der gigantische Bau der Gesellschaft
> Teuer, mit so vieler Mühe errichtet, von vielen Geschlechtern
> Sinkt in barbarische Vorzeit zurück. Und es ist nicht der Mangel
> Der da die Schuld trägt,
> Überfluß ist's, das Zuviel macht ihn wanken.[438]

4. Der *überflüssige Konsum* ist die automatische Folge der hohen

Produktivität. Er verursacht viele *negative Folgen*, von denen die Explosion der Krankheitskosten gegenwärtig die spektakulärste ist. Der größte Teil der Bevölkerung arbeitet bewußt oder unbewußt daran, die negativen Effekte zu vermehren – deutlicher gesagt, sich krank zu füttern oder zu trinken, sich mit Nikotin oder mit Drogen zu vergiften. All diesen Erscheinungen schob früher der schlichte Mangel einen Riegel vor; doch wenn Haschisch praktisch für jeden zugänglich und bezahlbar ist, werden immer so und so viele davon Gebrauch machen, auch wenn sie sich selbst ruinieren. Heute scheint fast niemand mehr so arm zu sein, daß er sich nicht mindestens eine Art der *Selbstzerstörung* leisten kann. Die Wiedergutmachung, soweit sie noch möglich ist, leisten dann bekanntlich die Normalgebliebenen.

Ein Bürger eines modernen Sozialstaates fühlt sich zur Zeit berechtigt, zwei Ansprüche zu stellen: den Anspruch, sich ganz nach freier Wahl selbst zu schädigen, und den zweiten Anspruch, sich auf Kosten der Allgemeinheit wieder heilen zu lassen – und das, so oft er Laune hat, beziehungsweise so lange sein Körper es durchhält.

5. Schließlich gibt es noch ein besonderes Dilemma der Überflußgesellschaft. *Der Überfluß beseitigt zwar materielle Mängel, doch nicht das Mangelgefühl der Menschen.* Also nimmt im Zeitalter der Fülle die Zufriedenheit keineswegs zu, vielmehr werden laufend neue Mängel entdeckt, »zugegeben, kein Mangel an maschinell erzeugten Gütern oder an technischen Dienstleistungen, aber an allem, was eine vollere Persönlichkeitsentwicklung ermöglichen würde, die auf anderen Werten als auf Produktivität, Geschwindigkeit, Macht, Prestige und Profit basiert.«[439]

Im ganzen gesehen *schafft der Überfluß allemal größere Probleme als der Mangel.*[440] Der Überfluß ist die extreme Pendelbewegung nach einer Seite hin. Somit ist der Überfluß der Vorbote der Katastrophe. Die Größe der Katastrophe korrespondiert mit dem Ausmaß des Überflusses. Ein Ausschlag zum Mangel hin läßt auf den Umschlag zum Besseren hoffen. So lange, wie der Überschlag in die Vernichtung noch nicht stattgefunden hat, bleibt allerdings auch im Überfluß die Möglichkeit einer Umkehr der Bewegung. Diese Umkehr wird jedoch niemals mit technischen und ökonomischen Mitteln eingeleitet werden, sondern durch Katastrophen oder einen Wandel der menschlichen Daseinsauffassung. Wenn jemand dreißig Jahre nach uns die heutigen Zeitungen durchblättern sollte, dann wird er den Eindruck bekommen, daß dies Jahre des Mangels gewesen sein müssen. Es ist dagegen zu bezweifeln, daß die Zeitungen der frühen fünfziger Jahre einen solchen Eindruck vermitteln.

Alle Darlegungen ergeben, daß es sich nicht nur um eine *physische Katastrophe* handelt, sondern mehr noch um eine *psychische und kulturelle,* und daß diese die bedeutendere ist.

Daß die materielle Katastrophe um so größer sein und um so früher eintreten werde, je erfolgreicher das sogenannte »wirtschaftliche Wachstum« noch vorangetrieben werden würde, war das Ergebnis meines ersten Buches.

Daß der psychische und kulturelle Niedergang jeder menschlichen Gemeinschaft im gleichen Ausmaß zunimmt, wie der materielle Wohlstand Triumphe feiert, ist das Ergebnis dieses Buches.

Es ist eine Frage der Sensibilität, inwieweit Einzelne bereits im Stadium des Überflusses heutige und kommende Schäden erkennen, während die große Masse noch ahnungslos dahintaumelt.

Der französische Philosoph Georges Bataille ist der Ansicht, daß der Überschuß allezeit auf irgendeine Weise beseitigt werden muß. Das geschah durch seine *unökonomische Verschwendung,* für die in der Geschichte viele Belege zu finden sind: so in den *Opfergaben* für die Götter, in *kulturellen Werken,* in der *Verschenkung* und in der *Vernichtung.* In allen diesen »Verausgabungen« sieht Bataille eine ökonomische Notwendigkeit. Denn ein nicht beseitigter Überschuß erschwert das natürliche Wachstum, wenn dieses nicht mehr in der Lage ist, den Überschuß zu verbrauchen. »Die gegenwärtige Welt wird bestimmt von der Ungleichheit des (quantitativen oder qualitativen) Drukkes, der vom menschlichen Leben ausgeht.«[441] Arbeit und Technik haben zum Anschwellen der Menschenzahlen geführt. Diese Menschenmassen geben wiederum einen noch stärkeren Impuls zur Steigerung aller Produktionen, der rückwirkend wieder die Vermehrung steigert. Es kommt zur fortwährenden gegenseitigen Eskalation der Produktion von Menschen und deren Produktion von Gütern bis zur unmittelbar bevorstehenden Explosion.[442]

Das Problem des Überschusses, welches es nach Bataille zu allen Zeiten gab und das immer irgendwie bewältigt wurde, erreicht nun im 20. Jahrhundert den *Siedepunkt*. Die explosive Situation ergibt sich, weil der Überschuß im ökonomischen Zeitalter ständig so angelegt wurde, daß er *erneuten und noch größeren Überschuß* erbrachte. Seit zwei Jahrhunderten dient der Überschuß zum größten Teil der Erzeugung eines immerzu steigenden Überschusses. »Investieren!« lautet der Schlachtruf der Epoche.

Nach Ortega y Gasset »gab es einen Augenblick, wo die zivilisierte Welt, verglichen mit der Aufnahmefähigkeit des Durchschnittsmenschen, einen Zug *übermäßigen und überflüssigen* Reichtums annahm.«[443] Georges Bataille kommt auf Grund dieses Tatbestandes zu der Folgerung: »Ein Fluch lastet offensichtlich auf dem menschlichen Leben, insofern es nicht die Kraft hat, eine schwindelerregende Bewegung einzudämmen. Wir müssen ohne Umschweife aussprechen, daß es prinzipiell vom Menschen, *und nur vom Menschen* abhängt, ob dieser Fluch aufgehoben wird. Aber er kann nicht aufgehoben werden, wenn die Bewegung, die ihn begründet, uns nicht ganz klar *bewußt* wird. In dieser Hinsicht scheint ziemlich enttäuschend, daß man als Mittel gegen die drohende Katastrophe nur die ›Hebung des Lebensstandards‹ anzubieten hat. Dieser Notbehelf rührt, wie schon gesagt, daher, daß man die Notwendigkeit, der er zu entsprechen sucht, nicht *in ihrer Wahrheit sehen* will.«[444] Es ist nicht bloß ein »Notbehelf«, wie Bataille sagt, sondern seine Anwendung verschlimmert die Lage.

Am Schicksal der *Entwicklungsvölker* erkennen wir, was wir bei uns selbst schon nicht mehr nachvollziehen können: *Der Verlust der eigenen Kultur und des einmütigen Glaubens an diese Kultur liefert die Völker dem Verfall aus.* Dafür liefern die Indianer Amerikas das beste Beispiel. Ihre unter ökologischen Gesichtspunkten weit überlegene Kultur brach unter dem ökonomischen Großangriff der Europäer zusammen. Hier wie in Afrika und schließlich auch in Asien führte die technische Dampfwalze der Europäer zur hilflosen Verzweiflung am Wert der eigenständigen Kultur, an den eigenen Sitten und an der eigenen Religion. Es ist bezeichnend, daß die christlichen Missionare zugleich die westliche Technik und Medizin einsetzten, um die Überlegenheit ihrer Lehre zu demonstrieren.

Daß der soziale Niedergang der Völker die Folge des kulturellen ist, erkannte bereits der Ökonom Karl Polanyi (1886–1964): »In

Wirklichkeit ist natürlich soziales Elend primär ein kulturelles Phänomen und nicht ein ökonomisches, das mit Einkommenszahlen und Bevölkerungsstatistiken gemessen werden könnte.«[445] Das gilt für die Industrieländer und für die Entwicklungsvölker: »Nicht die wirtschaftliche Ausbeutung ist in diesem Fall die Ursache des Niedergangs, wie dies oft angenommen wird, sondern der Zerfall des kulturellen Ambiente der Opfer. Die ökonomische Entwicklung kann natürlich das Vehikel der Zerstörung sein, und die wirtschaftliche Unterlegenheit wird fast immer den schwächeren Teil zum Nachgeben zwingen, aber die eigentliche Ursache seines Niedergangs ist deshalb nicht ökonomischer Natur, sondern vielmehr die tödliche Schädigung der Institutionen, in die sein gesellschaftliches Sein eingebettet ist. Das Ergebnis ist der Verlust der Selbstachtung und der Maßstäbe, ob es sich nun um ein Volk oder eine Klasse handelt, ob sich die Entwicklung aus einem sogenannten ›Kulturkonflikt‹ oder aus der Veränderung der Position einer Klasse innerhalb der Gesellschaft ergibt.«[446]

Nach den Industrievölkern haben nun auch bereits die meisten der übrigen ebenfalls ihre kulturelle Identität und ihre Religion aufgegeben. Diese wie jene entdecken jedoch nach und nach, daß das entstandene Vakuum niemals durch eine mechanistische Globalzivilisation sinnvoll gefüllt werden kann.

Vierhundert Jahre nach Francis Bacon wissen wir nun, daß die materiellen Möglichkeiten begrenzt sind und unsere Erde nach etwa einem *Jahrhundert des Überflusses* – allerdings nur für etwa ein Drittel der Menschheit – der Erschöpfung entgegengeht. Die kurze Zeit hat allerdings genügt, um den Geist der Epoche auf das verhängnisvolle mechanistische und materialistische Denken einzustimmen. Mit dem Gedanken der unaufhaltsamen Steigerung ausgerüstet, mußte von den Menschen dieser Zeit die plötzliche Verkündung der »Grenzen des Wachstums« wie ein Todesurteil aufgenommen werden. Und das Urteil schwebt ja auch – solange der Weg in die Verschwendung fortgesetzt wird. Die Programmierung des Selbstmords erfolgte perfekt, der Countdown läuft!

Der Blitz der Erkenntnis kann nur aus einer anderen Denkweise kommen – der ökologischen. Am Anfang müssen wir die Frage stellen:

War der mechanistische Weg überhaupt sinnvoll?

Wenn wir diese radikale Frage stellen, dann wird uns heute – über 2400 Jahre nach Laotse, fast 2000 Jahre nach Christus, 200 Jahre nach Kant – mitten in der industriellen Expansion von Tag zu Tag klarer:

Nicht der Mangel, der Überfluß ist es, welcher derzeit die Welt im ganzen wie auch – in den überentwickelten Ländern – den einzelnen Menschen in die Ausweglosigkeit führt.

Der Mangel hat dagegen in der Geschichte die Menschen stets zu vielfältigen Versuchen und gemeinsamen Anstrengungen vereint, die alle Chancen einer nachfolgenden Blüte in sich bargen. Darin liegt ein gewisser *Trost, der uns bleibt.*

Der Überfluß erstickt, der Mangel belebt. Auch dies wußte Laotse:

Haben verhindert Erhaben.
Reichtum verhindert Erreichen.
Wer Fülle meidet / erreicht Erfüllung.[447]

Nun kann eingewandt werden, das sei Perversion. Ja, das ist Perversion! Aber die Ziele des Industriezeitalters waren eben pervers! Folglich wird nun die Perversion der Perversion notwendig, um die Welt wieder in ihr Gleichgewicht zu bringen. Und wenn es der Mensch nicht vermag, die Natur wird es rücksichtslos besorgen.

Die Paradoxie

Die Aufgabe unserer Zeit ist es zweifellos, darzustellen, daß bisher vermeintlich Richtiges falsch und Falsches künftig richtig ist. Eine Umwertung von Werten hat es in der Geschichte auch früher gegeben; doch waren das jeweils Vorgänge, die sich über Jahrhunderte erstreckten. So viel Zeit ist jetzt nicht übrig, da ein wesentlicher Charakterzug des technischen Zeitalters darin besteht, die Geschwindigkeit der Abläufe vervielfacht zu haben. Dem Umdenken vor der Katastrophe stehen nur noch Jahre zur Verfügung. Daß sie schlecht genutzt werden, kann zur Zeit als sicher gelten. Denn wir treffen auf eine große *psychologische Schwierigkeit.* Eduard Heimann sieht sie ganz richtig, wenn er feststellt, »psychologisch kann kaum etwas schwerer vorstellbar sein, als daß der westliche Mensch sich von der Straße, die ihn zu seinem Triumph getragen hat, im Augenblick dieses Triumphs abwendet ... unser ganzer Stolz heftet sich an jene gigantische Leistung – und nun werden wir angewiesen, ihr den Rücken zu kehren?« Dies erscheint als eine allzu große Zumutung und Antinomie; denn »der Mensch sehnt sich danach, seinen Erfolg zu verewigen.«[448] Er glaubt, ohne dessen Fortsetzung nicht mehr leben zu können; doch diese irrige Annahme muß ausgeräumt werden.

»Es scheint, daß zwei Jahrhunderte beispielloser wissenschaftlicher Entwicklung einen unauslöschlichen Eindruck auf den Geist des modernen Menschen hinterlassen haben. Im Vergleich mit der Weltanschauung des vorindustriellen Zeitalters ist die Veränderung so drastisch, daß sie mit einer starken, süchtigmachenden Droge zu vergleichen ist. Es ist eine natürliche Reaktion, daß das Opfer, wann immer es den Entzug fürchtet, die Tugenden dieser Droge preist ... Der Strom der Ernüchterung hat zwar zu fließen begonnen, aber er ist vielleicht nicht tief oder stark genug, um eingewurzelte Institutionen aus dem Weg zu räumen oder festgefahrene Einstellungen abzutragen.«[449] Das ist die Einschätzung, welche Mishan in seinem Buch weiter darlegt: »Die westliche Zivilisation, die Zivilisation der Aufklärung, der Wissenschaft, eine Zivilisation, welche mit hohen Hoffnungen und unter glückverheißenden Auspizien geboren wurde und welche heute vor Macht und Übermut förmlich schäumt, wird fröhlich an den Rand des Abgrunds geleitet. Und all das, was den tödlichen Sturz noch aufhalten könnte, liegt im Schmutz – verachtet und zerfallen.«[450]

Schwerere Prüfungen als die dem Menschen bevorstehenden sind noch nie dagewesen. Wo sind in dieser fatalen Lage die Fixpunkte zu finden, welche in dieser Entscheidungsphase ausreichend Rückhalt bieten könnten, um den Kampf um das Fortbestehen durchzustehen?

Es wird eine gründliche *Rückbesinnung* nötig sein, um auch nur die Voraussetzung einer Chance zu schaffen. »Denn damit das Neue möglich werden kann, muß die Unechtheit, Verlogenheit und Verderbtheit des Alten nicht nur enthüllt, sondern anerkannt und bereut werden. Die Menschen müssen über ihr eigenes Bild in Verlegenheit geraten und müssen sich dadurch dem, was sie waren, überlegen zeigen, erneuert im Geist, offen für das Neue und fähig, es zu tun.«[451] Doch die bloße Erkenntnis dessen, was notwendig ist, wird nicht ausreichen, um das Notwendige auch zu *tun*. Heimann sagt es selbst: »Reform scheint nicht möglich zu sein, bevor die falsche Prosperität erschüttert ist und die Menschen für ihre Existenz statt für ihre Ansprüche zu zittern beginnen.« Die Zeit des großen Zitterns liegt allerdings unmittelbar vor uns, ja sie hat schon begonnen. Zwar zittert die Mehrheit erst um ihre Ansprüche, noch nicht um ihre Existenz. Doch das geht dann schnell!

Was kommen wird, hat uns der sechsundachtzigjährige Arnold Toynbee kurz vor seinem Tode prophezeit. Am 22. Oktober 1975 veröffentlichte er in der englischen Zeitung »The Observer« einen Artikel mit der Überschrift »Nach dem Überflußzeitalter...«. Darin heißt es: »In den sogenannten ›entwickelten‹ Regionen – Europa, Nordamerika, der Sowjetunion und Japan – wird es kein ›Wachstum‹ mehr geben. Noch mehr: Die Entwicklung wird sogar umgekehrt verlaufen. Ein ständiges wirtschaftliches Wachstum wird zukünftig durch die fortwährende wirtschaftliche Rezession ersetzt. Wie werden die Industrieländer auf diese gewaltige Herausforderung reagieren?... Diese Völker werden erfahren, daß sie sich in einem permanenten Belagerungszustand befinden, in dem die materiellen Lebensbedingungen so bescheiden wie während der beiden Weltkriege sein werden. Die bescheidene Lebensweise während der Kriege war vorübergehend, die zukünftige indes wird von Dauer und zunehmend ernster sein. Was geschieht dann? – Wenn die ›entwickelten‹ Völker durch die Ereignisse gezwungen werden, die unerbittlichen, neuen Tatsachen anzuerkennen, werden sie sich zunächst durch unnützen Widerstand selbst Schaden zufügen. Und da sie weder die ›unterentwickelten‹ Völker noch die Natur unter ihre Gewalt zu bringen vermögen, werden sich die Menschen in den ›entwickelten‹ Ländern untereinander attackieren: In jedem der belagerten ›entwickelten‹ Länder wird man bitter um die verminderten Ressourcen ringen. Damit wird eine bereits schlechte Wirtschaftslage lediglich verschlimmert, so daß dem irgendwie Einhalt geboten werden muß. Ließe man diesen Dingen freien Lauf, würde dies zu Anarchie und einer drastischen Minderung der Bevölkerung, zu Hungersnot und Seuchen, den historischen Bevölkerungs-›Killern‹ führen, die keine Mittel zur Daseinserhaltung mehr sind.«

Die allgemeine Ignoranz der Politiker hat auch diese Warnung bisher in den Wind geschlagen. Doch die Wähler sollten sich nicht darüber beklagen. Bis auf wenige Ausnahmen verharren sie selbst weiterhin wohlgefällig in Ignoranz und Selbstgefälligkeit. »Wir teilen unsere Blindheit redlich und einverständig mit den blinden Führern, die wir uns ausgesucht haben, weil sie viel schicker und geschickter blind sind als wir«, schrieb Franz Vonessen 1978.[452]

Doch Toynbee verkündet auch den positiven Aspekt: »Eine Gesellschaft, die sich materiell beugt, kann sich geistig aufrichten. Vielleicht kommt es soweit, daß wir notgedrungen zur Lebensweise der ersten christlichen Mönche im oberen Ägypten und deren Nachfolger im 6. Jahrhundert zurückkehren. Der Verlust unseres Überflusses wird außerordentlich unbequem sein, und es wird uns gewiß schwerfallen, damit fertig zu werden. Aber irgendwie mag das ›Glück im Unglück‹ bedeuten, falls wir uns dieser ernsten Lage gewachsen zeigen.«

Das ist die *totale Wende,* vor der die Welt steht, vor der besonders die wohlhabenden Nationen stehen.

Jetzt, am Ende des 20. Jahrhunderts, müssen wir erkennen: *Das Übermaß ist genauso negativ zu bewerten wie der Mangel.* Der Reichtum korrumpiert den Menschen sogar gründlicher als die Not. »Statt Unterernährung ist heute Überernährung das Problem, der Mensch, ein Wesen, das biologisch auf Mangel eingerichtet ist, auf ständiges vom Hunger getriebenes Beutemachen, auf lange, kalte Winternächte mit sich erschöpfenden Vorräten, dieser Mensch ist heute übergewichtig, vollgefressen.«[453] Im materiellen Überfluß durstet seine Seele. Diese Weisheit verkündete bereits Christus: »Was hülfe es dem Menschen, wenn er die ganze Welt gewönne und nähme doch Schaden an seiner Seele?« (Matthäus 16, 26)

2. Der Segen der Knappheit

Ach, wie vieles gibt es doch, was ich nicht brauche.
Sokrates

Die Religionen haben zu allen Zeiten gewußt, daß materieller Reichtum den Menschen nie befriedigen und ihm nie das dauerhafte Glück auf dieser Erde bereiten kann. »In der traditionellen religiösen Auffassung gibt es so etwas wie ein materielles Genug, jenseits dieses – zugegebenermaßen unbestimmten und historisch schwankenden – Betrages sind die Ziele des Lebens: Weisheit, Freude, Kultivierung des Gemüts und der Seele sowie Pflege des Gemeinschaftslebens. Es kann sogar sein, daß für die menschliche Gemeinschaft ein gewisser Grad von Knappheit erforderlich ist, ohne den Kooperation, Teilung und Freundschaft keinen natürlichen Grund haben, so daß die Gemeinschaft ausdörren würde. Bezeugt wird das durch die isolierte Selbstgenügsamkeit der Haushalte und den Mangel an Gemeinschaft in den gutsituierten Vorstädten der Mittelklasse.«[454] Diese Meinung des amerikanischen Ökonomen Herman Daly, daß nur ein gewisser Grad von Knappheit die Basis für jede echte Gemeinschaft von Menschen abgibt, können wir als Gewißheit verbuchen.

Der Überfluß isoliert; denn jeder ist sich dann selbst genug. Die Reichen isolieren sich von den Armen, und sie isolieren sich auch untereinander, mit Ausnahme ihrer gegenseitigen geschäftlichen Interessen. Und auch die Ärmeren (ganz Arme gibt es nicht mehr) isolieren sich voneinander, denn ihr Partner ist jetzt pflichtschuldigst der Staat, nicht der helfende Nachbar, nicht einmal die eigene Familie.[455]

Es ist nun offenkundig: Der Wohlstand, erst recht der mit einer Staatsgarantie versehene, tötet das Gemeinschaftsleben; denn niemand hat den anderen existentiell nötig. Nur dort, wo man einander benötigt, entsteht eine Schicksals- und Lebensgemeinschaft. Eine Notstandszeit setzt sinnvolle Ziele, in der Wohlseinszeit gehen sie verloren. Darum sind Zeiten des längeren Wohlstands niemals *sinnträchtige Zeiten* gewesen, in denen die Kultur, das Geistesleben und die Kunst geblüht hätten. Und es sind auch nicht die Zeiten, in denen ein *gemeinsamer Geist* und *ein Glaube* die Gemeinschaft eines Sinnes werden ließ. Der amerikanische Psychologe William James schrieb 1902: »Die Hauptquelle der Melancholie ist die Überfülle. Not und Kampf sind es, die uns erregen; die Stunde des Sieges gibt uns das Gefühl der Leere. Nicht von den Juden in der Gefangenschaft, sondern von jenen aus den glorreichen Tagen von Salomos Größe stammen die pessimistischen Äußerungen der Bibel.«[456] Im Übermaß des Wohlergehens, in einem wattierten Leben isolierter Individuen verkommt jeder Sinn. Fehlt aber der lebendige Sinn, dann wird der Mensch nach Friedrich Nietzsche »lieber noch das Nichts als *nicht* wollen«.[457]

Dem Philosophen Immanuel Kant wird der Satz zugeschrieben: »Reich ist man nicht durch das, was man besitzt, sondern noch mehr durch das, was man mit Würde zu entbehren weiß, und es könnte sein, daß die Menschheit reicher wird, indem sie ärmer wird, und gewinnt, indem sie verliert.«[458] Diese Feststellung stimmt nicht nur dem Sinne nach, sondern bis in den Wortlaut mit der über 2000 Jahre älteren Weisheit des Laotse überein:

So geschieht es/daß manches wächst/indem es minder wird/
Daß manches minder wird/indem es wächst.
Fülle verdrängt Leben.[459]

Es wäre lohnend, die Weltgeschichte daraufhin zu untersuchen, wo überall aus der Not ein Aufbruch erwuchs, der auch den Keim zu den großen Leistungen enthielt, die wir rückblickend als Blütezeiten der Kultur bewundern. Die übermäßige ökonomische Frucht dagegen führte stets zur abstumpfenden Sattheit und Trägheit, schließlich zur Fäulnis, die nun die ganze nördliche Halbkugel des Planeten ergriffen hat – nicht ohne bereits die südliche Halbkugel gründlich infiziert zu haben.

In der jüngsten deutschen Geschichte gibt es ein eindrucksvolles Beispiel der Solidarität in der Not. Nach dem II. Weltkrieg, als Millionen Soldaten in ein zerstörtes Land zurückkehrten und weitere Millionen vertriebener Deutscher nach Westen strömten und die Zahl der Hungernden und Wohnungslosen täglich vermehrten, gab es gegenseitige Hilfe und Teilung des Wenigen. Das geschah zu einer Zeit, als die meisten gerade noch soviel Nahrung hatten, um nicht zusammenzubrechen, und soviel Heizmaterial, um nicht zu erfrieren! Gewiß gab es auch abstoßende Ausnahmen. Aber in der gegenwärtigen Wohlstandsrepublik hört man wenig von

Hilfsbereitschaft, dagegen viel von Forderungen. Man braucht nur die täglichen Verlautbarungen der unzähligen Interessenverbände zu verfolgen: *Keiner hat genug*. Und das am Ende dreier Aufbaujahrzehnte! Eines Aufbaus wohlgemerkt, zu dem ein Volk unmittelbar nach der totalen Niederlage fähig war!

Welche Völker haben denn nach dem letzten Krieg den imposantesten Aufschwung vollbracht? Die Besiegten: das japanische und das deutsche Volk. Von den Siegerländern hat das meistzerstörte, Rußland, die größten Steigerungsraten erzielt und sich zur zweiten Weltmacht emporgearbeitet. Es ist sehr wahrscheinlich, daß gerade der Angriff Hitlers auf die Sowjetunion das kommunistische System überhaupt erst fest installiert hat. Denn die über Nacht notwendig gewordene Verteidigung der Heimat gegen den deutschen Angriff hat das Volk in eine Solidarität mit der Führung gedrängt, die ohne eine solche existentielle Herausforderung kaum eingetreten wäre. Schon die kommunistische Revolution in Rußland hätte wohl nie eine Chance bekommen, wenn das Land nicht durch den I. Weltkrieg in den völligen Ruin gerissen worden wäre. Ein ähnlicher Vorgang spielte sich 130 Jahre früher in Frankreich ab. Napoleon hatte nach den Blutbädern der Revolution eine nationale Bewegung in Gang gesetzt, die ihn bis nach Moskau trug. Preußen, über 200 Jahre eine deutsche Führungsmacht, entstand auf den kargen Sandböden der Mark Brandenburg und nicht etwa im üppigen Rheintal.

Der natürliche Rhythmus der Weltgeschichte lehrt uns, daß dem Wohlleben verfallene Völker noch immer von den aktiven, die man meist Barbaren nannte, ihrer Herrschaft beraubt wurden. Dies dauerte oft Jahrhunderte, denn die Kulturvölker hatten schon damals bessere technische Mittel zu ihrer Verteidigung; sie umfriedeten ihre Städte mit Wehranlagen. Dennoch wurden die Kriege bis ins 20. Jahrhundert letzten Endes im Kampf Mann gegen Mann entschieden. Erst in jüngster Zeit wurde die Übermacht der Technik so vollständig, daß nun keine noch so entschlossene Menschenlawine mehr dagegen ankommen kann. Somit böte sich den technisierten Wohlstandsvölkern die Gelegenheit, hinter ihren atomaren Mauern gesichert und zufrieden dahinzusiechen. Das wird jedoch aus anderen Gründen nicht geschehen. Erstens weil ihr Wohlstand von der Zufuhr aus aller Welt abhängt; zweitens weil der Kampf um die Ressourcen gerade unter den höchst technisierten Nationen entbrennen wird; drittens – und das interessiert an dieser Stelle – *weil das Wohlleben die innere Stabilität* der reichen Völker *zerfrißt*, wessen wir heute Zeuge sind.

Der Politiker und Ökonom Walther Rathenau fragte 1917, ob nicht »Bedrückung und Armut, Not, Sorge und Unbill die echtesten Kräfte im Menschen befreien, die Seelen erlösen und das Gottesreich herniedertragen.«[460] Und er kam zu dem Ergebnis: »Es scheint ein Naturgesetz, daß jeder Organismus, der vom natürlichen Lebenskampfe auch nur um ein weniges entlastet wird, zunächst zwar üppig gedeiht, dann erschlafft und eingeht.«[461] Eine organische Gemeinschaft und ein leistungsfähiges Staatswesen entsteht nicht in Zeiten der Fülle, sondern im gemeinsamen Überlebenskampf. Darum ist es ein Wahn zu glauben, man könne die Wohlstandsfrustration mit noch mehr Wohlstand bekämpfen und mit der Verteilung weiterer Güter beseitigen. Das gleicht dem Versuch, Feuer mit Benzin zu löschen – und dennoch geschieht es alle Tage.

Das materialistische Zeitalter ist einfach außerstande, aufkommende Unzufriedenheiten anders als *materiell* zu erklären. Die Geschichte hat diese Wendung genommen, obwohl es an besseren Einsichten nicht gefehlt hat. So auch die von Walther Rathenau: »Der Sinn aller Erdenwirtschaft ist die Erzeugung idealer Werte. Deshalb ist das Opfer materieller Güter, das sie erfordern, nicht Verbrauchsaufwand, sondern endgültige Erfüllung der Bestimmung.«[462] Er sprach das zu einer Zeit aus, als der Pegel der materiellen Güter nur einen Bruchteil des heutigen Standes erreicht hatte. Erst nach dem II. Weltkrieg begann die eigentliche Güterorgie in den kapitalistischen wie in den sozialistischen Ländern.

Die Verlockungen des technischen Zeitalters und seiner Ökonomie gingen von Europa und Nordamerika aus, infizierten dann Japan und Rußland und inzwischen fast den ganzen Rest der Welt. Das überrascht insofern nicht, als die Menschheit eben auf technischen Gebieten viel spektakulärere Durchbrüche aufzuweisen hat als auf allen anderen in ihrer Geschichte. Jetzt schien das Tor in eine neue grenzenlose Welt aufgestoßen. Darum stürzte sich der Mensch kopfüber in die realisierbaren Wunder, zumal ihm das rasende Tempo des Fortschritts ohnehin kaum Zeit zur Besinnung ließ.

Somit liefert die *Überentwicklung* der letzten zwei Jahrhunderte den Beweis für die Beschränktheit des menschlichen Denkens: Der *Mensch weiß nie, was letzten Endes zu seinem wahren Nutzen ausschlägt*. Alle bedeutenden Religionen sind von einer solchen Unzulänglichkeit des Menschen ausgegangen. Besonders die christliche Lehre ist voll von Aussagen, daß nur Gott weiß, was dem Menschen letztlich dient. Doch der »moderne« Mensch hat diese Religionen abgeschüttelt und geglaubt, daß er mittels wissenschaftlicher Erkenntnis sein eigenes Sein *selbst begründen* könne. Aber jede Fundierung, die er mit eigenen Mitteln versucht, ist relativ, also letzten Endes nicht tragfähig. »Alle Religionen der Vergangenheit waren göttlichen Ursprungs«, sagt Mishan, denn »die Ursprünge des Gesetzes müssen von einem göttlichen Gesetzgeber stammen.«[463] Nur eine »absolute Moral« bietet dem Menschen Sicherheit; darum sucht er die *transzendente Wahrheit.*

Die gesamte Geschichte beweist, *daß materieller Fortschritt und existentielle Erfüllung ganz verschiedene Dinge sind,* die eher im Widerspruch zueinander stehen.

»Daß sittliche Größe, erfüllte menschliche Existenz ohne Einüben von Verzicht nicht denkbar sei, galt der Menschheit über Jahrtausende als selbstverständlich.« So Franz Furger in einem Beitrag zum Thema »Überleben und Ethik«[464] Friedrich Cramer versteht unter *neuer Askese,* »daß wir freiwillig das wählen, was notwendig auf uns zukommt, nämlich Reduktion des Lebensstandards, mögliche Opfer«. Und er fragt: »Gibt es nicht auch einen Lustgewinn durch Verzicht? Sind nicht vielleicht frühere asketische Vorschriften, wie etwa das wöchentliche Fasten und die Fastenzeit im Christentum oder die Einhaltung des Ramadan im Islam, besonders raffinierte Formen des Genusses?«[465]

Doch sollten wir uns fragen, ob es zutreffend ist, sogleich von *Askese* zu reden. Derartige Übertreibungen kennzeichnen unsere Zeit; sie dienen der Werbung, der Gegen-Propaganda und sogar zur Diffamierung in den Auseinandersetzungen. *Askese* im Mittelalter war etwas viel weitgehenderes; sie erforderte Ehelosigkeit, bestand aus Fasten und wenig Schlaf, dazu Bußübungen bis zur Selbstkasteiung. Die christliche Askese war weitgehend naturfeindlich, antiökologisch. Sie bekämpfte die Natur des eigenen Leibes oft in jeder Beziehung zugunsten einer abstrakten geistigen Vervollkommnung, die nichts Irdisches mehr an sich haben sollte. Diese Art von Askese oder Kasteiung meinen wir hier nicht; wir reden von keinerlei gesundheitsschädigendem Hungern und Fasten, sondern im Gegenteil von einer *gesunden Lebensweise,* die nur erreicht wird, wenn Genuß und Verzicht in einem *ausgewogenen Verhältnis* stehen.

Das bedeutet nicht einmal Verzicht auf technische Errungenschaften, soweit diese wirklich sinnvoll sind. Aber es heißt »Verzicht auf sinnlose Zivilisationsgüter, auf Chrom und Lack, auf Supersauberkeit, auf Modetorheit, auf Überfressen, auf Wohlstandsalkoholismus«.[466] Wir sollten das aber nicht zur »neuen Askese« hochstilisieren wollen, weil daran überhaupt nichts Außergewöhnliches ist. Richtiger erscheint es, mit Erich Fromm dem herrschenden *Habenmodus* den *Seinsmodus* entgegenzustellen. (Fromm, Haben oder Sein) Der Habenmodus beherrscht den Maschinenmenschen, von dem Ivan Illich sagt: »Der Maschinenmensch kennt nicht die leicht erreichbare Freude, die im gewollten Verzicht liegt; er kennt nicht die durchaus nüchterne Trunkenheit am Leben. Eine Gesellschaft, in der jeder wüßte, was genug ist, wäre vielleicht eine arme Gesellschaft, sie wäre ganz sicher eine an Überraschungen reiche und freie Gesellschaft.«[467]

Wir müssen uns aus der Narretei *angeblicher Zwänge* befreien. Der Mensch hat sich in eine *Selbstgefälligkeit* hineingesteigert, die inzwischen lächerlich geworden ist. Eine Schülerin erklärte mir in einer öffentlichen Versammlung, daß sie ihrerseits im Winter auf frische Erdbeeren nicht verzichten könne, diese also per Flugzeug importiert werden müßten! Heute übliche Redensarten besagen, daß dies und jenes »unzumutbar« sei, daß man es unter keinen Umständen »hinnehmen« werde. Wer so spricht, kommt mir vor wie einer, der auf den geborstenen Deich der Nordsee steigt, um der Sturmflut entgegenzurufen: »Weiche zurück Flut, wir dulden dich nicht in unserem Land!«

Das heutige Leben zeigt alle Anzeichen von Hysterie, besonders das politische Leben. Unter diesem Gesichtspunkt ist es ein Segen, daß sich gar nicht so viele um Politik scheren. Die ökonomische Realität stellt sich in der Bundesrepublik Deutschland heute – 37 Jahre nach dem Ende des II. Weltkrieges – so dar, daß die meisten Familien mit ihrer Kleidung, ihrem Hausrat und sogar mit ihren Verkehrsmitteln etwa zehn Jahre ohne Zufuhr auskommen könnten. Erst in zehn Jahren wären wir etwa auf dem dürftigen Stand der Ausstattung angelangt, mit der wir in den II. Weltkrieg hineingingen. Entscheidend in jeder Krise ist und bleibt, ob die Versorgung mit Nahrung aufrechterhalten werden kann. Diese Aufgabe muß daher zum zentralen Punkt aller Politik erhoben werden. Zweitens muß die Energiezufuhr soweit ausreichen, um die Landwirtschaft und den Verkehr, soweit er lebensnotwendig ist, sowie die Beheizung sicherzustellen.

Anmerkung für Böswillige: Ich *wünsche* einen solchen Zustand nicht; aber es ist besser, wenn wir uns darauf *vorbereiten.* Die sich nicht darauf vorbereiten wollen, tragen die Hauptschuld, wenn daraufhin die fatale Krise *schlimmer* wird, als sie zu werden brauchte, und *früher* hereinbricht, als das zwangsläufig nötig wäre.

Das Notwendige, das heißt, was die Not wendet, wird von den Menschen hingenommen werden müssen *und auch hingenommen werden,* so wie das früher in der Geschichte der Fall gewesen ist. Der britische Unternehmer und Sozialreformer Robert Owen (1771-1858) hat uns vorausgesagt: »Sollte es sich erweisen, daß manche Ursachen des Übels durch die neuen Kräfte, die der Mensch zu erwerben im Begriff ist, nicht zu beseitigen sind, dann wird er erkennen, daß es sich um zwangsläufige und unvermeidbare Übelstände handelt, und dann werden kindische und nutzlose Klagen eingestellt werden.«[468] Dafür liefert die Geschichte Beweise in Fülle. Der Mensch wehrt sich zwar zunächst, den Ernst einer Lage einzusehen, er tut es dann aber doch. Allerdings hat es ein *solches Ausmaß* der Umwälzungen wie die bevorstehenden noch nicht gegeben. Auch Lewis Mumford zweifelt, ob die Erkenntnis ausreicht: »Damit es zu einem dynamischen Reagieren auf diese Situation kommt, bedarf es einer Art allgemeinen Erwachens, weitgehend genug, um eine innere Bereitschaft zu einer tieferen Umwandlung zu bewirken. Gewiß, eine solche Reaktion bloß als Folge rationalen Denkens und erzieherischen Einflusses ist in der Geschichte noch nicht dagewesen; es ist auch nicht wahrscheinlich, daß sie diesmal auf solche Weise erfolgen wird – zumindest nicht so kurzfristig, wie es notwendig wäre, wenn größere Zusammenbrüche und schlimmere Demoralisierung vermieden werden sollen.«[469]

Das erste Problem, *die Arbeitslosigkeit, ist da.* Hier wird die Solidarität in den nächsten Jahren nötig sein, zumal die Arbeitslosigkeit auch infolge der Rationalisierung weiter zunehmen wird. Bei der gerechten Verteilung der vorhandenen Arbeit handelt es sich in Wirklichkeit um eine gerechte Verteilung der Einkommen. Es kann nur dann genügend Geld für sinnvolle Arbeitseinsätze bereitgestellt werden, wenn die in Arbeit Stehenden einen Teil ihres

Lohnes dafür abzweigen, auf welchen Umwegen auch immer. Das ist die grundsätzliche Art von Solidarität, die man von einem Volk erwarten muß.

Das für eine Umstellung wohl notwendige schrille Alarmsignal ertönt noch nicht. Wenn die Krise eintritt, dann wird jedes Volk, das noch nicht ganz verkommen ist, die notwendige Gemeinschaftsleistung ohne weiteres vollbringen. Ob schon in Zeiten des allgemeinen Wohlergehens die ersten Warnzeichen beachtet werden, das wird sich sehr bald herausstellen. Wenn keine verheerenden politischen Ereignisse eintreten, dann könnte der jetzige materielle Besitzstand noch bis zur Jahrtausendwende zu halten sein; doch erhöhen wird er sich keinesfalls! Die Narren-Theorie vom »ständigen wirtschaftlichen Wachstum« ist widerlegt. Die Notzeit ist zwar noch nicht da, aber die *Herausforderung zum Wandel* während des Wohlstands ist bereits signalisiert.

Angesichts der drohenden Zusammenbrüche müssen wir uns fragen:

Worüber verfügen wir noch?

1. Wir haben noch den *vitalen Willen* zur Selbsterhaltung. Und dieser Wille wird noch alle Tage neu geboren. Die Kräfte des Lebens sind bisher noch nicht geschlagen, sie halten das Gleichgewicht zu Verfall und Tod.
2. Wir haben noch die *Hoffnung,* die allem Leben innewohnt; wenngleich der derzeitige Hoffnungsschimmer so winzig ist wie noch nie in der Geschichte.
3. Da sind noch viele, deren *alter Glaube* unerschütterlich ist. Vielleicht können diese die übrigen künftig stärker stützen, die nach einem Sinn suchen.
4. Da gibt es auch noch wirksame *Bestände althergebrachter moralischer Auffassungen.* Daß ohne sie kein Zusammenleben möglich ist, wird von keiner Wissenschaft bestritten.
5. Viele Wissenschaften haben begonnen, neuerdings die Welt und den Menschen umfassender und tiefer zu erkennen. Wenn wir diese Erkenntnisse so erfolgreich anzuwenden vermöchten wie bisher die naturwissenschaftlichen, dann könnte eine *schnellere Rückbesinnung* um sich greifen.

Mit diesen Beständen ausgerüstet, könnte uns eine weitere Epoche der Geschichte beschieden sein. Dies würde kein »neues Zeitalter«, keines der »Vollendung« sein, aber die Verlängerung unseres Hierseins, die *Verlängerung der Wiederkehr von Leben und Sterben. Das ist die Hoffnung, die uns bleibt.*

3. Die Reprivatisierung des Lebens

Betreibt mit Eifer eure Rettung

(Buddha)

Die künftige Richtung der Wissenschaft und Technik, der Ökonomie und des Staates

Das Zeitalter der *Gigantomanie*, das Zeitalter der Megamaschine, wie es Mumford nennt, rast in schnellem Tempo seinem sicheren Ende entgegen. Seine Struktur beruht vor allem darauf, daß man mittels billiger Energie – außerordentlich billig war bis 1973 das Erdöl – die Rohstoffe, die Produkte und die Menschen unentwegt von Land zu Land transportiert. Damit wurde die Ausbeutung aller Winkel der Erde möglich, woraufhin schließlich alle Kontinente etwa gleichzeitig erschöpft sein werden. Martin Heidegger erkannte das 1935: »Wenn die hinterste Ecke des Erdballs technisch erobert und wirtschaftlich ausbeutbar geworden ist ... dann greift immer noch wie ein Gespenst über all diesen Spuk hinweg die Frage: wozu? – wohin? – und was dann?«[470]

Als die »Grenzen des Wachstums« bekannt wurden, gab es zunächst eine Welle von Planentwürfen, die dem Verhängnis begegnen sollten. (Auch der Club of Rome verfertigte in der Folgezeit solche Entwürfe.) Diese waren beherrscht vom *Glauben an die technische Machbarkeit aller Dinge*. Der Ruf nach neuen Erfindungen wurde laut, nach Staatszuschüssen und neuen Gesetzen. Nicht wenige verlangten *Pläne für die ganze Welt*, womit die Probleme »gelöst« werden sollten. Nach und nach verbreitet sich nun die Erkenntnis, daß solche systemkonformen Vorschläge, die ganz dem Denken des mechanistischen Zeitalters entsprachen, *keineswegs ökologisch* waren, vielmehr die Probleme noch verschlimmern würden. Denn sie schlagen zur Heilung aller Übel eine größere Dosis der gleichen Medizin vor, welche die Krankheit verursacht hatte. Die letzten Jahre sind dadurch gekennzeichnet, daß diese Planungen steckenblieben oder gar nicht erst zur Anwendung kamen. Damit konnte, wenn schon die falsche Richtung beibehalten wurde, wenigstens *Zeit gewonnen* werden. Denn der Zug des »Fortschritts«, der bisher immer noch die Geschwindigkeit elegant steigern konnte, hat jetzt Mühe, Fahrt zu halten, und schlingert unruhig dahin. Das

Bremsen und Anrucken schlägt gelegentlich den Passagieren auf den Magen. Doch was geschieht nun in der unmittelbar vor uns liegenden Phase? Wie können wir die Atempause vernünftig nutzen?

Vor der Erschöpfung kommt zwar die Verteuerung. Aber die Verteuerung kommt nicht früh genug, um noch reichlich Vorräte für künftige Generationen zu retten; zumal geburtenreiche arme Völker oft vom Verkauf ihrer Vorräte leben und die Reichen weiterhin Verfechter des steigenden Verbrauchs sind. Dennoch werden sich die Völker bemühen, ihre Bodenschätze zurückzuhalten, da ihr Wert unaufhörlich steigen wird. Der sich fortwährend erhöhende Preis für Energie und Rohstoffe wird zu gravierenderen Auswirkungen führen, als sie beim Erdöl bereits wirksam geworden sind. Auch die reichen Völker müssen von Jahr zu Jahr mit den Rohstoffen sparsamer umgehen und den Verbrauch drosseln.

Diese Entwicklung *ändert die Grundlage der Volkswirtschaften*. Die Voraussetzung für das technische Zeitalter war die billig verfügbare Energie und der billig verfügbare Rohstoff, der zu Maschinen und Verkehrsmitteln verarbeitet wurde. Folglich war es immer *rationell*, energiebetriebene Maschinen statt der teuer gewordenen Menschen einzusetzen. Die Arbeitskräfte in den Industrieländern werden nicht darum viel höher bezahlt, weil sie persönlich mehr leisten (im Gegenteil: ihre Arbeitszeit ist verkürzt und schwere Arbeit verrichtet die maschinelle Energie) als vor der Industrialisierung oder als in den Entwicklungsländern, sondern weil sie ausgiebig an den Produktionsleistungen partizipieren, die von den Maschinen und der Energie erbracht werden. *Wenn aber in den nächsten Jahrzehnten energiebetriebene Maschinen immer teurer werden, da die Grundstoffe verknappen – wogegen die menschlichen Arbeitskräfte immer billiger werden,* weil ihre Zahl exponentiell zunimmt – *dann wandelt sich der Begriff »Rationalisierung« ins Gegenteil: Rationalisieren heißt dann, Energie und Rohstoffe sparen, hingegen mehr der billigen Menschen einsetzen.*

Da die Grundstoffe in Zukunft der knappste Faktor auf dieser Welt sein werden, bei dem folglich die größte Sparsamkeit zu walten hat, sollte ihr Verbrauch heute schon versteuert werden. Wenn das die Staaten sofort täten, dann würden sie die künftige Verteuerung vorwegnehmen und somit einen heilsamen Zwang auf die Firmen und Verbraucher ausüben, damit sie sich auf die künftige Zwangslage der teuren Ressourcen allmählich umstellen. Gegenwärtig wird die Arbeit viel höher besteuert als die Ressourcen, also die Tendenz verstärkt, die teure menschliche Arbeitskraft hinwegzurationalisieren. Damit wird die Arbeitslosigkeit erhöht und die Schwarzarbeit begünstigt, da der Schwarzarbeiter die immensen Steuern und Sozialabgaben umgeht.

Weil die Grundstoffe von den Industrienationen zum größten Teil importiert werden müssen, könnte argumentiert werden, daß dann die Ursprungsländer selbst ihre Lieferungen verteuern würden. Doch zum einen ist die Verteuerung durch die Steuer beim Erdöl (Benzin) schon seit jeher gang und gäbe. Zum anderen werden die Verkäufer immer so viel von ihren Bodenschätzen verkaufen, wie sie *müssen,* um gegenwärtig zu leben, nicht so wenig, wie langfristig richtig wäre. Die Dämpfung der Nachfrage in den Industrieländern hätte eine geringere Nachfrage auf dem Weltmarkt zufolge, was preisdämpfend wirken würde. Ein erwünschter Nebeneffekt in den Industrieländern wäre der, daß die Wiederverwendung der Abfallstoffe, weil diese unbesteuert blieben, viel schneller in die Zone der Rentabilität käme.

Wenn aber die Industrieländer, z.B. die der Europäischen Gemeinschaft, sich nicht zu einem solchen *vorausschauenden* Schritt entschließen können, dann wird die Verteuerung, die 1973 begann, auch so fortschreiten; sie wird nur eine weniger vorbereitete Wirtschaft treffen, unter Umständen so überraschend wie damals die Ölverteuerung.

Weitere Umwälzungen der industriellen Wirtschaftsstrukturen kommen unweigerlich: Die automatisierte Produktion war bisher wirtschaftlicher, weil sie in konzentrierter Form, in Riesenkombinaten erfolgte. Dagegen war die manuelle Arbeit in vielen kleinen, dezentralisierten Produktionsstätten teuer. Doch die zentralistischen Großbetriebe sind nur so lange ökonomisch, wie die Transporte billig sind. Verteuern sich jedoch die Treibstoffpreise, die Fahrzeuge und die Verkehrskosten auf das Vielfache, dann wird es nicht mehr lohnend sein, die Rohstoffe über Tausende von Kilometern hin zu transportieren – oder auch nur Hunderte von Kilometern. Ebenso werden lange Wege zu den Arbeitsplätzen künftig unrentabel sein. Die völlige Mobilität der Menschen durch das Automobil förderte in den letzten Jahrzehnten auch die Zentralisierung der öffentlichen Verwaltungen und der Schulen, deren sonstige Absurditäten schon beschrieben wurden.

Zusammenfassend läßt sich sagen, daß schon rein ökonomische Entwicklungen in Zukunft eine *dezentralisierte Wirtschaft* und Verwaltung nicht nur fördern, sondern erzwingen werden. Würde man das bereits in den jetzigen Planungen berücksichtigen, dann könnten Fehlinvestitionen vermieden werden, deren Größenordnungen insgesamt Hunderte von Milliarden DM erreichen. Hinzu kommt ein politisches Argument. In den unvermeidlichen Turbulenzen der Welt wird der globale Austausch nicht mehr funktionieren. Wehe dem Land, das sich dann nicht schlecht und recht selbst versorgen kann.

Nach dem jetzigen Stand der Dinge ist allerdings zu vermuten, daß die Völker erst unter dem Zwang der Fakten den »Mythos der Maschine« abschütteln werden. Wenn Lewis Mumford recht behält, »daß eine Katastrophe zur Voraussetzung einer wirksamen Erziehung geworden ist«,[471] dann wird der gefährliche Weg bis zum bitteren Ende fortgesetzt werden. Siegt jedoch auf Grund *vorausschauender Erwägungen* die Einsicht früher, dann bleibt uns nicht nur die Vergeudung von Milliarden, sondern vielleicht auch die schlimmste Katastrophe für Mensch und Umwelt erspart.

Dazu ist auch eine *kulturelle Wende* nötig, wie Mumford betont: »Überwindet jedoch die Menschheit den Mythos der Maschine, dann kann eines mit Sicherheit vorausgesagt werden: Die unterdrückten Komponenten unserer alten Kultur werden die dominierenden in der neuen Kultur sein; und die gegenwärtigen megatechnischen Institutionen und Strukturen werden auf menschliche Maße zurückgeführt und unter direkte menschliche Kontrolle gebracht werden.«[472]

Der konservative Rückgriff auf alte bewährte Lebensweisen und Kulturformen wird oft mißverstanden oder absichtlich in Mißkredit gebracht. Er kann *nicht* bedeuten, daß der Mensch wieder in einer Naturidylle leben wird. Die ist *unwiederbringlich verloren*. Es geht nicht um das Abschaffen technischer Errungenschaften, soweit sie wirklich *Errungenschaften* sind. Es geht nach der kritiklosen Euphorie um eine nüchterne Bestandsaufnahme all dessen, was uns weiterhilft, und dessen, was uns tiefer ins Verhängnis treibt. Ich stimme mit dem Atomphysiker Werner Heisenberg überein. Er sagte 1975, kurz vor seinem Tode: »Man wird also einen Weg in der Mitte beschreiten müssen, auf dem man Technik und Wissenschaft nicht einfach ihrer Eigengesetzlichkeit überläßt, sondern versucht, sie wieder ganz in die Hand zu bekommen, um sie in wohlüberlegter, vorsichtiger Weise in den Dienst des menschlichen Lebens auf der Erde zu stellen.« Somit unterstellt Heisenberg sehr deutlich, daß Technik und Wissenschaft sich jetzt *nicht* in der Hand des Menschen befinden und *nicht* im Dienste des Lebens auf dieser Erde stehen. Diese Bedingung muß erst hergestellt werden, um den wirklichen Bedürfnissen des Menschen gerecht werden zu können. »Dazu wird ein Umdenken an vielen Stellen notwendig sein. Man kann vermuten oder hoffen, daß gegenüber dem materiellen Wohlstand andere Werte wieder in den Vordergrund treten. Die Aufgabe, die hier gestellt ist, wird sich auch an vielen Stellen in unzählige kleine Teilprobleme auflösen, zu deren Bewältigung Jahrzehnte notwendig sind. Aber auch diese Teilprobleme können nur in rationaler Weise gelöst werden, d.h. die Wissenschaft wird bei ihrer Lösung wieder eine wichtige Rolle spielen. Dies wird auch dann richtig bleiben, wenn im Prozeß der Umwertung der Werte die irrationale Seite des Lebens an Bedeutung gewinnt. So kann man hoffen, daß sich in der Beziehung zwischen Gesellschaft und Wissenschaft schließlich ein neues Gleichgewicht einstellt, das den wirklichen Bedürfnissen der Menschen, den materiellen wie den geistigen, in angemessener Weise gerecht wird.«[473] Geradezu sensationell ist die Aussage des Physikers, daß die *irrationale Seite des Lebens* an Bedeutung gewinnen wird.

Doch bleiben wir zunächst bei den Aufgaben der Wissenschaft und der Technik. Sie werden nicht leichter, sondern komplizierter. Es genügt hinfort nicht mehr, daß eine Sache »funktioniert« – sie muß zusätzlich *so funktionieren*, daß die Umwelt nicht weiter zerstört wird, daß möglichst wenig Ressourcen verbraucht werden beziehungsweise später wieder verwendbar sind – und daß die menschliche Lebensweise auf Dauer *qualitativ* verbessert statt ständig weiter beeinträchtigt wird. Hier liegt die Befürchtung nahe, daß Wissenschaft und Technik so viele zusätzliche Forderungen gar nicht erfüllen können. Auf jeden Fall werden Wissenschaftler und Techniker eher zuviel als zuwenig Nüsse zu knacken haben, so daß die Beschäftigung vieler in Aussicht steht. Um überhaupt an die Aufgaben herangehen zu können, werden künftige Techniker *ökologisches Wissen* nötig haben.

Die weitere Notwendigkeit von Wissenschaft und Technik darf uns aber keineswegs zu der Annahme verleiten, daß sie schon alles schaffen würden und uns radikale Umstellungen ersparen könnten, damit ein jeder fröhlich so weiter lebe wie zur Zeit. »Nur eine grundlegende Umorientierung unserer vielgerühmten technologischen Lebensweise wird diesen Planeten davor retten, zu einer toten Wüste zu werden. Und ohne eine solche weitreichende Veränderung der menschlichen Wünsche, Gewohnheiten und Ideale werden die notwendigen materiellen Maßnahmen zum Schutz der Menschheit – von deren weiterer Entwicklung ganz zu schweigen – nicht angewendet werden können.«[474] Mit diesen Worten betont Mumford wie Heisenberg, daß wir nicht nur einen Weg gehen dürfen, den technischen, wenn er auch steigende Bedeutung gewinnt. Denn entscheidend ist der ökologische, der die Grundlagen alles Lebens aufrechterhält, der jetzt noch sträflich vernachlässigt wird. Der Mensch kann nicht ohne Technik leben, aber erst recht nicht in einer Umwelt, die den Gesetzen der Technik statt denen des Lebens gehorcht.

Anpassung heißt das Gebot

Alle Erwägungen, die ökonomischen, die biologischen und die psychischen, laufen kategorisch auf die *materielle Sparsamkeit* hinaus. Sinnlose Verbrauchsgewohnheiten müssen aufgegeben, die Tänze um das goldene Kalb abgebrochen und überflüssiger Konsum eingestellt werden. Wenn das geschieht, dann wird der *Markt* wieder seine echte Funktion erfüllen – allerdings in der Richtung, die seine eifrigsten Propagandisten in den letzten Jahrzehnten völlig ausgeklammert haben: *in die verminderte Nachfrage*. »Nichts Menschlicheres könnte es geben, nichts Erfreulicheres, nichts Ehrenvolleres für die Sache, der zu dienen das Wirtschaftssystem organisiert wurde«, schrieb Eduard Heimann bereits 1963. Aber gerade das wollen die Politiker unter allen Umständen verhindern, weil sonst nach ihrer Meinung die Wirtschaft zusammenbrechen werde.[475] Die Verfechter der geheiligten Selbstregulierungskräfte des Marktes gingen offensichtlich davon aus, daß diese Kräfte immer nur in Richtung der *Nachfragesteigerung* wirken würden. Nachdem jetzt das Gegenteil eintritt, plädieren nicht wenige von ihnen für Eingriffe des Staates, um die Nachfrage anzuheizen. Das beweist, daß sie gar keine Marktwirtschaft wollen, sondern »Wachstumswirtschaft« um *jeden*

Preis – auch um den der Umweltvernichtung und der Selbstvernichtung.

In den letzten Jahrzehnten haben die Staaten und die Großunternehmen die Kräfte des Marktes immerzu reduziert. Das hat im einzelnen Galbraith nachgewiesen. Das langfristig planende Großunternehmen kann auch gar nicht anders als die Produkte, für die es gebaut war, schließlich an den Mann zu bringen, koste es (an Werbung) was es wolle. Auch in Deutschland bezeichnet es der Ökonom Edzard Reuter als »Heuchelei, wenn behauptet wird, daß der Preis unserer in großem industriellen Maßstab hergestellten Produkte ausschließlich oder überwiegend durch Angebote und Nachfrage bestimmt werde. In Wirklichkeit sind es nämlich in weiten Bereichen längst die Herstellkosten, die den Preis bestimmen und – da sie Ausdruck des sozialen Wohlstandes und damit auch der politischen Stabilität sind – unsere Staaten offensichtlich zur Hilfe zwingen, sollte der Wettbewerb ihre Weitergabe am Markt gefährden.«[476] Daß es noch einen Markt gibt, der wirklich auf Angebot und Nachfrage kurzfristig reagieren kann, ist das Verdienst der Handwerks- und Kleinbetriebe, die noch flexibel in ihren Entscheidungen geblieben sind. Ihren Anteil im Zuge der Dezentralisierung wieder zu vergrößern ist Aufgabe der Politik und automatische Folge der oben geschilderten Dezentralisierungszwänge.

Die nötige *Verzichtbewegung* brächte die derzeitige Verschwendungsökonomie frühzeitiger an ihr Ende, als dies der Mangel an Ressourcen *ohnehin* besorgen wird. Es kommt jetzt, wie Mumford es formuliert, darauf an, »äußerliche Zwangsrituale durch innerliche Selbstdisziplin, Entpersönlichung durch Persönlichkeitsbildung, Automation durch Autonomie zu ersetzen«.[477] Das heißt ins Praktische gewendet: »Gäbe es geistig-seelisch reifere Konsumenten, so müßten sich auch die Produzenten umstellen. Gegen die Macht der starken Charaktere wären auch die stärksten Konzerne machtlos.«[478]

Wenn jedoch die betroffenen Bürger nicht die Vernunft und die Kraft aufbringen, sich aus freien Stücken aus den Fesseln der »Konsumzwänge« zu lösen, dann hätten sie bewiesen, daß sie zur Freiheit *nicht fähig* sind, und sollten besser aufhören, die Phrase von der »Emanzipation des Menschen« im Munde zu führen. Die richtig verstandene Freiheit jedes Einzelnen kann künftig nur darin bestehen, das ihm Gemäße zu erstreben; die Zumutungen eines Roboterdaseins dagegen abzulehnen.

Jedes Lebewesen paßt sich seiner natürlichen Umwelt an, teils unter Zwang, teils freiwillig. Und der Mensch hat eine besonders herausragende Anpassungsfähigkeit bewiesen. Er kann in der kalten Eiswüste leben wie die Eskimos oder in der heißen Wüste wie die Beduinen. Er kann im feuchten Urwald wohnen oder seine Herden in der trockenen Steppe weiden. In allen Regionen hat er entsprechende Fähigkeiten entwickelt und sich kulturelle Errungenschaften erworben. Unter den jeweiligen Umständen hat er sich eingerichtet und glücklich gelebt. Und das war gut so; nur auf diese Weise konnten alle gerade noch erträglichen Landstriche unseres Planeten besiedelt werden. Jeder Stamm, jede Gesellschaft hat sich im Laufe der Geschichte auf seine Daseins-Frequenz eingependelt. Erst die abendländische Technokratie hat mit ihrer übernatürlichen Übermacht allen Völkern *ihre* Maßstäbe aufgezwungen. Aber ihre Macht hat sie eben nur infolge des bedenkenlosen Umgangs mit der Natur und den Bodenschätzen dieser Erde gewonnen.

Das ist die Hauptschuld der Abendländer, daß sie in aller Welt Unzufriedenheit verbreitet und stabile Kulturen ihrer Fundamente beraubt haben. Mit ihrer technischen und ökonomischen Macht und mit dem Ziel, sich Rohstoffvorkommen und Märkte zu verschaffen, haben sie alle Völker in die Knie und zur ideologischen Anpassung gezwungen. Nun herrscht dort oft ein größeres Chaos der Anschauungen, Verhaltensweisen und des ökonomischen Freibeutertums als hier. *Die Völker verloren ihre kulturelle Identität genauso wie die europäischen.* Denn auch den überentwickelten westlichen Völkern ist es nicht gelungen, eine neue Identität zu finden, auf die sich jeweils die Bürger eines Staates noch verständigen könnten. Dafür war das Tempo der Veränderungen allzu rasant, das die Geister in alle Himmelsrichtungen auseinander trieb.[479]

> In den überentwickelten Völkern dämmert jetzt die Erkenntnis, daß man in den Dienst falscher Götter geraten ist. Das goldene Kalb der Bibel war durch den Öltank ersetzt worden und *das gute Leben mit Arbeit durch den Traum vom besseren Leben mit der Maschine, ohne Arbeit.*

Viele positive Eigenschaften hat der Mensch im Industriezeitalter verloren. Eine davon läßt sich vielleicht mit einem Wort ausdrükken: *Gelassenheit.* Dazu gehört die klaglose Hinnahme von Widerwärtigkeiten, ja auch hier und da einer Ungerechtigkeit. Aber nachdem sie rechnen gelernt haben, rechnen die Menschen *auf.* Und wehe, wenn sich da ein kleiner Rest zu ihren Ungunsten ergibt; dann kann dessen Einklagen zum Daseinsinhalt werden, der sie bis ans Lebensende beschäftigt und verbittert. Nachgeben gilt als verpönt und wird als Schwäche ausgelegt, man hat ja schließlich überall »Rechte«.

Vielleicht war man früher gelassener, weil man sich in der Hand Gottes wußte, an dessen Ratschluß ohnehin nichts zu ändern war. Ihm gegenüber hatte man keine »Rechte«, man hoffte vielmehr auf seine *Gnade.* Die Nachsicht und die Großmut, die man für sich erflehte, übertrug sich dann auch auf die Mitlebenden; man war eher zur Güte geneigt. Früher lehrte wohl auch die Natur *Geduld.* Man mußte auf die nächste Ernte warten, daran war ebensowenig zu ändern oder zu »machen« wie am Wetter.

Eine solche sich in *organischen Kategorien* bewegende Gelassenheit ist unvereinbar mit der Haltung des Maschinenmenschen. So wie dieser selbst »funktioniert«, so fehlerlos hat auch alles andere zu laufen, ob das nun Menschen oder Institutionen sind. Es ist kein Wunder, daß der Chauffeur, der selbst ein Automat werden mußte, die gleiche Präzision von allen anderen Verkehrsteilnehmern verlangt. Darum offenbart sich auch die Unduldsamkeit am krassesten im Verkehr; hier wird auf kein Recht verzichtet und schon gar nicht auf die Vorfahrt.

Heute sehen viele ihre Aufgabe darin, die Mitmenschen aufzuputschen, woraus sie dann Vorteile zu ziehen hoffen. So besteht die Politik in der Demokratie zum großen Teil im Aufputschen der Massen. Die Opposition muß die *Unzufriedenheit* im Lande mit allen Mitteln *schüren,* um mit ihrer Hilfe an die Regierung zu kommen. Makaber ist es, wenn Politiker, die selbst täglich die Unzufriedenheit anheizen, zugleich behaupten, daß die Demokratie in einer Woge der Unzufriedenheit untergehen werde. Alle Demagogen benötigen aufgeputschte Massen. Darum war die »verdammte Anspruchslosigkeit der Proletarier« schon Karl Marx' Kummer.

Auch die Verbände können das Interesse ihrer Beitragszahler nur wachhalten, wenn sie immer neue »Benachteiligungen« entdecken, die zu beseitigen sind. Die bittere Wahrheit ist, »der Anspruchsbürger, den die sozialen Wohlstandsstaaten erzogen haben, vernichtet nicht nur den Wohlstand durch seine Anspruchshaltungen; er vernichtet auch sein eigenes Glück.«[480]

Ebenso müssen die Personen innerhalb jeder Partei oder Vereinigung, die andere verdrängen wollen, die Mitglieder aufwiegeln. Im Namen des Rechts oder der geforderten Effektivität gelingt das fast immer, wobei dann die »Neuen« sich sehr bald den gleichen Angriffen ausgesetzt sehen. Die ganze Gesellschaft ist »dynamisch« geworden, und damit sind alle in ihren Positionen permanent verunsichert; denn im Kampf um Positionen gibt es kein Pardon. Das ist der Preis der Demokratie und der Chancengleichheit für alle. Wir müssen heute nüchtern registrieren, daß in ständischen Gesellschaften eine viel größere existentielle Ruhe herrschte, weil jeder sich mit seinem Geschick von Geburt her abzufinden hatte. Dabei haben Begabte in allen Gesellschaften ihren Weg nach oben gefunden. Hier bestätigt sich wieder das Gesetz, daß alle Vorteile einer Gesellschaft mit Nachteilen aufzuwiegen sind und daß jede Übertreibung ins Gegenteil umschlägt.

Im alltäglichen Leben herrscht heute nicht die defensive, sondern die *aggressive Haltung*. Im historischen Sinne ist das die westlich-europäische, nicht die östlich-asiatische. Die Folge ist, daß heute selbst die »Friedenskämpfer« ebenso aggressiv auftreten wie die Militaristen, was nichts Gutes verheißt. Das Aufputschen ist heute eine internationale Angelegenheit geworden. Bei den globalen Informations- und Verkehrsmitteln bereitet das keine Probleme. So schaffen sich große und kleine Mächte ihre Guerillatrupps in fernsten Ländern und im tiefsten Frieden. Irgendein verletztes Recht, eine mißachtete Freiheit läßt sich immer finden. Und erst recht die geforderte Gleichheit! Die ist natürlich nirgendwo verwirklicht und liefert demnach immer Stoff zur Unzufriedenheit.

Die Anpassung ist weltweit in Verruf geraten, und damit wurde ein gutes *ökologisches Prinzip* seiner wohltuenden Wirkung beraubt. Die fanatisierte Menge gewinnt außer einigen Blutbädern in der Regel nichts, am Ende findet sie sich oft rücksichtsloser beherrscht als je zuvor.

Der französische Dichter Eugène Ionesco sagt es deutlich: »Eine gerechte Ordnung ist ohne Barmherzigkeit und ohne Liebe nicht möglich.«[481] Doch diese *Liebe* kann nicht eine der üblichen Sprechblasen sein, die einer anonymen weltweiten Humanität gilt; es kann nur die konkrete Liebe zu dem Mitmenschen sein, der mir begegnet, einem und auch mehreren. Die Liebe schließt ein, daß ich andere nicht liebe. Darum werde ich sie nicht hassen. Vorsicht vor denen, die behaupten, alle zu lieben; entweder sie haben die Liebe nicht erfahren, oder sie heucheln. Liebe bedarf der privaten Sphäre, sie ist keine öffentliche Angelegenheit. *Barmherzig* dagegen kann ich auch zum Feind sein; ich kann ihm verzeihen. Ohne Barmherzigkeit ist kein friedliches Zusammenleben möglich. Aber gerade die Barmherzigkeit ist aus dem Leben der Gegenwart verschwunden. Es ist bezeichnend, daß Ionesco sich in der obigen Rede sofort entschuldigte: »Ich weiß, diese beiden Worte sind verfemt, und ich bitte Sie, nicht darüber zu lächeln, daß ich sie ausgesprochen habe.« Rührend von ihm? Nein, beschämend für die Menschen dieser Zeit, daß man sich bei Gebrauch dieser Worte der Lächerlichkeit aussetzt!

Wir gedenken, uns nicht zu entschuldigen! Wir sagen offen, daß der Mensch – von seiner Kultur gar nicht zu reden – nur gerettet werden kann, wenn er dem Götzen abschwört, den die 700 Intellektuellen in Bert Brechts Jugendgedicht anbeten, dem Öltank, vor dem ein Gefühl *nichts* ist.

Die Wiederentdeckung der Privatsphäre

Wir entdecken wieder, daß es in diesem Dasein gar nichts Besseres geben kann als die *Dauer* und den *Wechsel* im Leben des Einzelnen innerhalb seiner belebten Umwelt. Es bleibt vergeblich, auf die »endgültige Einrichtung« der Welt zu warten oder das persönliche Glück über öffentliche Einrichtungen frei Haus beziehen zu wollen. Der Einzelne wird eine glückliche Liebe haben oder eine unglückliche oder keine. Er wird eine Familie zu gründen versuchen oder auch lieber allein bleiben. Er wird einen Beruf ausüben, der ihm Freude macht, oder einen, der ihm widerwärtig ist. Er wird sich dabei unter Kollegen befinden, die er gern sieht, oder solchen, die ihm ein Ärgernis sind. Hat er einmal keine Arbeit, wird er sich bemühen, eine zu finden, und solange die Hoffnung hegen, bis ihm das glückt. Er kann sich in seiner Wohnung wohl fühlen oder sie abscheulich finden. Er mag freundliche Nachbarn um sich haben, oder wird ihnen lieber aus dem Wege gehen. Entweder liebt er seinen Wohnort und die Umgebung, oder findet sie öde und eintönig. Die Umwelt ist vielleicht sauber und heil, das Klima zusagend oder alles belastend. Er wird seine Clubs oder Lokale haben, die er gern besucht, oder er hält sich von diesem Treiben fern. Ist er einem Hobby oder einem Sport verfallen, so wird er damit viele Stunden seines Lebens sinnvoll verbringen. – Nichts davon wird jemals irgendwo bestellt und darauf geliefert werden können.

Es ist vorauszusehen, daß künftig viele ihr Dasein wieder mit der Pflege eines *Gartens* ausfüllen werden; denn ein solcher bietet ökonomische, psychische und gesundheitliche Bereicherung zugleich. Überhaupt wird die *Eigenarbeit* einen großen Teil der Freizeit ausfüllen, da die Selbstherstellung verteuernde Umwege vermeidet und die einzelne Familie allezeit unabhängiger macht. In negativen Situationen sollte ein jeder versuchen, seinen Zustand durch *eigene Initiativen* zu verbessern, statt auf den Staat oder eine Institution zu warten. Aktivität und Selbstbestätigung sind wertvoller als Zuteilungen von seiten unsichtbarer Hände.

Die *Bindung* an die erlebte Umwelt und an die vertraute Gewohnheit kann so stark sein, daß der Betroffene alle übrigen Widrigkeiten in Kauf nimmt. So harrt mancher an einem Ort allein darum aus, weil der dortige Friedhof das Grab des geliebtesten Menschen birgt; oder er bleibt in der Wohnung, worin sie gemeinsam lebten. Immer deutlicher stellt sich in jüngster Zeit heraus, daß die *Tradition* einen starken Halt geben kann, so daß sie wieder gesucht wird. Die Tradition der Familie, der Stadt, des Landes. Das darf ruhig auch Nostalgie sein, wenn ein echter Kern vorhanden ist. Die noch mit Vergangenheit beladen sind, lassen sich nicht mit kurzfristigen Wegwerf-Werten belasten. Held der Zukunft wird ein jeder sein, der sich mit seinem Schicksal abzufinden vermag. Gerade er wird erfahren, was Edmund Burke die »unbought graces of life«, die *unkäuflichen Freundlichkeiten des Lebens* genannt hat.

Ein wirklich menschliches Leben führen kann nur heißen, organisch und in Übereinstimmung mit der Natur zu leben. Das Zusammenleben kann nur ein ständiges *Geben und Nehmen* sein, was sich letzten Endes immer irgendwie ausgleicht – ohne gegenseitige »Aufrechnung«. Nur wenn auch im persönlichen Bereich Geben seliger ist als Nehmen, entsteht eine gelöste Atmosphäre der vertraulichen *Geborgenheit.* Auch in unserer Zeit finden noch viele Menschen ihre Erfüllung darin, »daß sie für ihren Mann, ihre Frau, ihre Kinder, ihre Eltern oder andere Menschen etwas bedeuten und daß sie deshalb ihr Leben als lebenswert und sinnvoll betrachten.«[482] Viele sind bestrebt, abseits vom Markt füreinander zu sorgen, ohne Bezahlung zu dienen. Doch das *Dienen* ist in diesem Jahrhundert in Verruf gekommen. Jemandem »dienen« zu sollen, das ist so ziemlich die ungehörigste Zumutung an einen Zeitgenossen. Dagegen spricht man ständig vom »Dienst an der *Sache*«; wenn man der Sache dient, dann unterwirft man sich einem Mechanismus, der keine Gefühle hat, dann tut »man« das, was eine mechanistische Welt benötigt und fordert. Das ist es, was heute unter »Dienstleistungsgesellschaft« verstanden wird: Nicht etwa *unmittelbare* Dienste von Mensch zu Mensch, sondern die Einrichtung von Service-Stationen, die dem Menschen ihre unpersönlichen Dienste »gegen Berechnung« anbieten. Die präsentierte Rechnung ist allerdings teuer, denn darin ist der Preis des ganzen Apparats und der staatliche Anteil (wie oben geschildert) enthalten.

»Die Technik erlaubt eine logische, aber keine biologische Gliederung der Gesellschaft.«[483] Die *logische* Organisation der Bevölkerung ist auch im Westen weit vorangeschritten. Die Kinder werden in Kinderkrippen und -gärten »untergebracht«; die Jugendlichen in Schulen und Fächer aufgeteilt; die Generation der Berufstätigen nach Berufen und Betrieben sortiert und die Rentner in Altenheime überführt. Im Ostblock wurde die fabrikationsgemäße Organisation der Gesellschaft noch konsequenter durchgezogen, dort gibt es denn auch Betriebssportvereine, kulturelle Betriebsgruppen und natürlich Betriebskampfgruppen.

Das Gesellschaftsspiel in der mechanisierten Welt ist nicht mehr ein Spiel *zwischen Personen,* sondern das teure Spiel der *Institutionen und Organisationen.* Es läuft mit der rationellen Kälte ab, die der Maschinenwelt eigen ist. Ein von Seele, Geist und Gefühl erfülltes Zusammenleben ist nur in der *biologisch* gegliederten Gesellschaft möglich. Nur im privaten Bezirk gedeihen psychische Befriedigungen, nach denen die Menschen dürsten. Seit uralten Zeiten fühlt sich der Mensch nur in seiner Gruppe wohl; darin zu leben ist sein »biologisches Bedürfnis«, wie Scitovsky beschreibt. Denn der Mensch kann als isoliertes Individuum nicht überleben, sondern nur in einer zusammengewachsenen Gruppe. Deshalb muß er sich so verhalten, daß er aufgenommen und als deren Mitglied akzeptiert wird; das ist genauso wichtig wie die Nahrung, denn er fürchtet nichts so sehr, als in eine Außenseiterposition zu geraten.[484] Caspar Homans: »Wenn Freiheit nicht mehr als emotionale Isolation bedeutet, so wird sie sich nicht am Leben erhalten können. Die Menschen begehen jede Torheit, sie verschmelzen sogar unter dem Schwert eines Tyrannen zur gesichtslosen Masse, nur um der Freiheit dieser Art zu entgehen.«[485] Das ist auch der Grund, warum Aussteiger in der Regel sofort neue Gruppen bilden, obwohl dort das Leben kaum »freier« als in der Familie abläuft.

In der Wohlstandsgesellschaft hat der Einzelne nicht nur *Angst* vor der Isolierung, er fühlt sich schon oft verlassen und überflüssig; unbeachtet und ungefragt bleibt er eine Null im Getriebe der Welt. Aber daran wird sich nichts ändern, wenn er zu Bindungen und Diensten für andere selbst nicht bereit ist; vor allem dann nicht, wenn ihm die biologische Herkunft nicht die selbstverständliche Heimat bedeutet. *Liebe* und *Barmherzigkeit, Freundschaft* und *Verständnis* können nicht eingeklagt werden. Sie werden nur durch die eigene Hingabe zurückkehren – als gnädige Gaben des Lebens.

Die Familie als Basis der Gesellschaft

Auf welche bewährte Struktur kann die Privatisierung des Lebens zurückgreifen? Zuerst auf die Familie.

Im Stadium der geschlechtlichen Fortpflanzung mußte die Natur auch eine entsprechende gesellschaftliche Struktur entwickeln, und die begann mit der Familie. Nur bei einigen wenigen Tierarten ist die Familie ein vorübergehender Zustand. Wo die Hilflosigkeit der Jungen länger anhält und die Menge der Informationen, die von einer Generation zur nächsten weitergegeben werden müssen, zunimmt, wird die Familie zum *Zentrum des Lebens*. So können wir mit Edward Goldsmith feststellen, daß für den Menschen »die Familie zweifellos die Basiseinheit der gesellschaftlichen Organisation ist – und zwar so unbedingt, daß, wenn sie nicht vorhanden ist, sich wahrscheinlich keine anderen gesellschaftlichen Strukturen entwickeln können.«[486] Daß die Familie in allen stabilen Gesellschaften vorhanden ist, hat der amerikanische Ethnologe Georg Peter Murdock am Beispiel von 250 Kulturen nachgewiesen.[487]

Es überrascht nicht, daß im mechanistischen Zeitalter die Familie in Frage gestellt und ausgehöhlt wird. Wo alles »fortschreitet«, muß man sich auch von der Familie fortbewegen. Der englische Nationalökonom Mishan urteilt: »Ein erfülltes Leben ohne die Institution der Familie kann nicht von vornherein als unmöglich erklärt werden. Aber da sporadische Experimente im Gruppenleben sowohl in der Vergangenheit wie der Gegenwart – einschließlich solch familienzersetzender Neuerungen wie Partnertausch – keinen dauernden Einfluß auf die große Masse der Menschheit ausgeübt haben, gibt es kein Beweismaterial, auf das die Befürworter der Auflösung der Familie sich berufen könnten. Wir kennen keine Zivilisation, in der es die Familie nicht gegeben hätte. Das heißt, daß die Beweislast auf jene fällt, die uns davon überzeugen wollen, daß durch die Abschaffung der Familie der Menschheit gedient sei.«[488]

In den menschlichen Bindungen verwirklichen sich die *Bedürfnisse der Seele,* die dieses Jahrhundert mißachtet hat; denn in der volkswirtschaftlichen Rechnung haben sie keinen Stellenwert. Alle Dienste und Ereignisse, die sich im privaten Raum abspielen, werden nicht notiert; denn ihnen fehlt eine entsprechende Verrechnungseinheit. Die *bezahlte* Dienstleistung aber ist gerade dadurch gekennzeichnet, daß sie selten die erwünschte Befriedigung bringt. »Der Wert der familieninternen Aufgaben ... ist mindestens genauso groß wie der Wert der ökonomischen Befriedigungen durch Güter und Dienstleistungen, die über den Markt gehen; daraus folgt, daß der Wert des Sozialprodukts verglichen mit den gesamten menschlichen nichtökonomischen Befriedigungen relativ unbedeutend sein muß.«[489]

Der englische Ökologe Edward Goldsmith hat ein Buch geschrieben, dessen Lehre ist, »daß wir nicht utopische sozioökonomische Einrichtungen ohne jeden Bezug zu denen aufstellen können, die der Mensch in der Vergangenheit zu entwickeln imstande war.«[490] Es gibt eben Grundgesetze, die das Verhalten von stabilen und daher langfristig lebensfähigen Gesellschaften beherrschen.

Es sind zwei Informationsstränge, die durch die Generationen laufen: die *biologisch-genetische* Information, welche die Stabilität des Menschen als Naturwesen aufrechterhält, und die *kulturelle,* welche die tradierten Weisheiten, die sich in vielen Generationen angesammelt haben, weitergibt. Das sind die Weltanschauungen und die

Verhaltensweisen, welche sich in den Umweltbedingungen, der die jeweilige Gesellschaft unterworfen war, in Jahrtausenden als die geeignetsten erwiesen haben. Die Familie war von jeher ein Hort der Tradition und der Ort ihrer Weitergabe von Generation zu Generation.

Innerhalb jeder Familie bestehen höchst differenziert gestaltete Beziehungen zwischen jedem Elternteil zu jedem Kind und auch der einzelnen Kinder untereinander. Goldsmith nennt die Beziehungen *asymmetrisch.* Die Familie war zu allen Zeiten auch die kleinste menschliche Gemeinschaft, in der eine sinnvolle Arbeitsteilung herrschte. Die Großeltern und sogar die Urgroßeltern wurden einbezogen, sie behielten so den Kontakt mit der Familie und mit dem Leben. Sie nahmen sich besonders der Enkel an, womit die kulturelle Tradition bereits über zwei Generationen weitergereicht wurde.

Die nächstgrößere menschliche Gemeinschaft ist die *Gemeinde.* Sie umfaßt 50 bis etwa 1000 Personen; wenn es darüber hinausgeht, dann ist kein enger Kontakt zwischen ihnen mehr möglich. Nach der Darstellung von Goldsmith spiegelt jede größere Einheit von Menschen die Struktur der Familie wider; denn die Familie liefert das einzige Modell für den Zusammenhalt.[491] Wo keine Zellen existieren, kann es auch keinen biologischen Organismus geben – wo es also keine Familie gibt, dort kann auch kein größeres organisches Gemeinwesen entstehen.

Die traditionelle Gesellschaft bildet ebenfalls ein *höchst differenziertes System.* Ihre Mitglieder stehen – wie in der Familie – in einem festen Netz von *asymmetrischen Beziehungen,* und sie haben klare gegenseitige Pflichten. Die Differenzierung schließt anerkannte gesellschaftliche Rollen und damit die Kooperation ein. »Beim Fehlen der Differenzierung wird eine Gesellschaft durch Wettbewerb und Aggression gekennzeichnet sein.«[492] Das ist genau der gegenwärtige Zustand in allen Industrieländern. Das Geflecht organischer Beziehungen wurde umgewandelt in *mathematische Beziehungen* von Individuen, die von der Gleichheitstheorie beherrscht werden. Da die ökonomischen Prinzipien die Leistung verlangen und ein jeder auf Grund der von ihm eingebrachten Quantitäten bewertet wird, kommt es – bereits in der Schule beginnend – zu einem gnadenlosen Wettbewerb. Unter anderem auch darum, weil keinem Menschen seine erreichte Position sicher ist; denn wie er selbst die Chance hatte, dorthin zu kommen, so hat nun jeder andere die Chance, ihn auch wieder aus dem Sattel zu heben. – Dabei bestreitet jetzt jedes Familienmitglied seinen Wettkampf einzeln. Vater und Mutter arbeiten getrennt irgendwo, unter Umständen, von denen die Kinder keine Vorstellung haben. Der Beruf der Hausfrau und Mutter ist bei konsequenter Anwendung der mechanistischen Fortschrittstheorie überholt. Wer die Maßstäbe heutiger Ökonomie und Technik anlegt, muß die Familie als biologisches Relikt betrachten.

Die Industriegesellschaft *entwertet die biologischen Strukturen und ersetzt sie durch schematische.* »Eine Massengesellschaft ist eine unstrukturierte, undifferenzierte Ansammlung von Leuten.«[492] Dies entspricht ganz den Vorstellungen von der grundsätzlichen Gleichheit aller Individuen; es gibt dann nur noch quantitativ wie qualitativ gleichwertige Ichs; ob dies Männer oder Frauen, Kinder oder Greise sind, bleibt gleichgültig. Wichtig ist ihre Arbeits- und Konsumleistung. Gleichgültig bleibt auch die Herkunft, der Stand, die Gemeindezugehörigkeit, die Landsmannschaft und auch das Volk. Diese Millionen von Ichs bilden keine organische Gesellschaft mehr; es ist eine undifferenzierte Ansammlung – infolge des Verkehrs ein weltweites Gewimmel. Die Entwicklung führt zu einem Zustand *humaner Entropie* – biologisch, kulturell und ökonomisch. Wilhelm Röpke kam zu dem Ergebnis: »Die Massengesellschaft ist eben der Sandhaufen der Individuen, welche abhängiger als je, ungeprägter und unpersönlicher als je, zugleich isolierter, entwurzelter, verlassener, gemeinschaftsärmer, sozial desintegrierter sind als je. Das gilt es zu begreifen, wenn wir das Wesen der Massengesellschaft und ihre politischen, geistigen, sozialen und wirtschaftlichen Folgen klar erkennen wollen.«[493]

Das einzelne Ego kann nach wie vor nicht isoliert existieren, es bleibt abhängig. Doch die Existenz jedes einzelnen hängt jetzt nicht mehr von der Familie und der Gemeinde ab, sondern vom Gesamtstaat. Dessen Zusammenbruch würde jetzt auch die eigene Existenz mitreißen, was früher selten der Fall war. *Darum wächst in jeder Industriegesellschaft der Totalitarismus des Staates*, denn dieser ist zur einzigen Instanz geworden, die dem isolierten Individuum jetzt das Weiterleben sichert. Diejenigen, die heute gegen diesen Totalitarismus anrennen, gleichzeitig aber die familiären und andere organische Strukturen verachten, sind die gefährlichsten Narren, wenn sie nicht Betrüger sind, die dem totalen Staat die Bahn bereiten wollen.

Die Verfechter des mechanistisch funktionierenden Totalstaates haben sehr wohl gewußt, daß sie zunächst die organischen Gesellschaftsstrukturen zerstören mußten, mit welchen Mitteln auch immer. Die Durchsetzung der sozialistischen proletarischen Diktatur erfordert die Beseitigung der Bauern und des Mittelstandes, die Auflösung der Familie und Ausschaltung der Religion. Die fortschreitende Industrialisierung besorgte dieses Geschäft viel gründlicher als der Sozialismus, mit dem Ergebnis, daß die Gesellschaft ihrer Kontinuität, sowohl in Bezug auf ihre zurückliegenden Erfahrungen als auch in ihrer Beziehung zur Umwelt beraubt wurde. Sobald eine Gesellschaft kein organisches System mehr ist, muß etwas der Ordnung Ähnliches, wie künstlich auch immer, mit den Mitteln mächtiger und systemwidriger Kontrollen aufrechterhalten werden – mit Hilfe von Bürokratien und Diktaturen. Diese können aber die gesellschaftliche Stabilität auf die Dauer nicht aufrechterhalten. Gesellschaftliche und ökologische *Instabilitäten* nehmen in dem Maße zu, wie das industrielle System höhergetrieben wird – bis es schließlich zum gesellschaftlichen und ökonomischen Zusammenbruch kommt.

An der Entwicklung der Strukturen des Zusammenlebens wird die Ambivalenz genauso deutlich wie auf anderen Gebieten. Was zunächst als Befreiung aus den naturgemäßen und konventionellen Bindungen gefeiert wurde, entpuppt sich nun im 20. Jahrhundert immer deutlicher als ein Umbruch in die unpersönlich mechanistischen Zwänge der technischen Arbeitswelt, der bürokratischen Verwaltung der Massen und der Machtkonzentration bei weitgehend anonymen Institutionen. Wer diese in der Tat lebensfremden Systeme *zurückschrauben* will – mehr als das kann gar nicht gelingen – der muß die erprobten organischen Formen menschlichen Zusammenlebens bejahen. Wer dagegen die Vorteile aus beiden Systemen herausfiltern möchte, während er die Nachteile beider abzuschaffen verspricht, gehört zu jenen im Raum der reinen Theorie operierenden Scharlatanen, die sich in der gegenwärtigen Politik so zahlreich tummeln – in alten Parteien wie in neuen. Sie alle betreiben Anbiederung an den (inzwischen veralteten) »Zeitgeist«; sie versuchen, die angenehm erscheinenden Errungenschaften verschiedenster Lebensweisen in einer gefälligen Dekoration zu arrangieren. Sie gehen nicht fehl in der Hoffnung, immer noch naive Mitläufer anlocken zu können.

Der Machtkampf mit den Robotern

Wenn auch die Elemente einer organischen Gesellschaft und eines erfüllten Privatlebens ziemlich klar vor Augen liegen, so wird ihre Realisierung doch auf einen gefährlichen Feind stoßen: *die faktische Macht*. Die Macht liegt bei denen, die über die technischen Apparate verfügen und die mit Hilfe straff organisierter Gruppen diese Machtmittel einsatzbereit halten. Gerade darum, weil die wirksamere Technik stets auch wirksamere Waffen hervorgebracht hat, wurde sie von Machthabern in aller Welt gefördert. Die Waffentechnik war oft der Vorläufer einer späteren wirtschaftlichen Anwendung. Der jüngste klassische Fall ist die Atombombe.

Nicht nur überdimensionale Waffen halten heute die Völker in Schach, es ist vielmehr ein ganzes Reservoir verschiedenster technischer Mittel, unter denen die technischen Nachrichtensysteme eine ganz wichtige Rolle spielen. Deren Anwendung erlaubt auch eine Kombination von Befehlsgewalt und propagandistischer Beeinflussung, somit die Lenkung ganzer Völker und Staatengruppen.

Die Machthaber werden sich im Guten wie im Bösen aller wirksamen Mittel bedienen, um von ihnen für richtig erachtete Ziele durchzusetzen. Dazu benötigen sie eine Menge Befehlsempfänger, die sich nur für ihren winzigen Bereich verantwortlich fühlen, im übrigen jede Verantwortung negieren, wie das im Kapitel III, 1 beschrieben wurde. Sie »arbeiten« nur – gegen Bezahlung und auch für Privilegien, die sie genießen. Die moderne Geschichte beweist, daß sich immer genügend Leute finden, die sich für einen solchen Roboter-Job einsetzen lassen, sogar im Dienst fremder Mächte.

Die Schicksalsfrage der Welt wird daher lauten: *Haben die Kräfte des Lebens,* so dezentralisiert und auf ihr privates Leben konzentriert, wie das ökologisch nötig ist, überhaupt *eine Chance gegen die supertechnische Gewalt?* Zumal dann, wenn diese Gewalt auch noch gewissenlos ist? *Organisch Denkende drängen nicht oder selten in die Politik,* dagegen gerade diejenigen, die an die technische Machbarkeit der Dinge glauben, Menschen mit der dargelegten organischen Weltauffassung lehnen den rücksichtslosen Gebrauch der Technik ab und zeigen wenig Neigung, sich persönlich in die Infrastrukturen der Macht zu begeben. Dies ist das eklatante *Dilemma der ökologischen Bewegung:* Sie will die vorhandenen Machtstrukturen (zum Teil auch die demokratischen) abschaffen, selbst aber *keine Macht* und damit auch *keine Verantwortung* übernehmen. Und die Verantwortung kann nun einmal ohne die entsprechende Macht nicht delegiert werden. Die Folge ist, daß sich der Bürger unter einem Zustand der Verantwortungsfreiheit nichts Gutes vorstellen kann! Es kann also nur um eine *bessere Aufteilung* der Verantwortung und damit der Macht gehen. Eine totale Aufsplitterung der Verantwortung und der Macht kann niemand wünschen.

Nun sagt Lewis Mumford sehr richtig, nichts könnte dem jetzigen megatechnischen System »gefährlicher werden als ein stetiger Entzug des Interesses, eine stetige Verlangsamung des Tempos, eine Beendigung der sinnlosen Gewohnheiten und gedankenlosen Handlungen.«[494] Das heißt, daß der »Mythos der Maschine« seines Zaubers beraubt werden muß, nicht nur bei einer Minderheit wie zur Zeit, sondern im Gesamtbewußtsein der Epoche. Wenn die Entzauberung Erfolg haben soll, dann muß sie bis in die Etagen der Macht vordringen. Sie kann dort eindringen, weil in ihnen trotz allem Menschen sitzen, die Gefühle und Gedanken haben wie andere auch. Ausgehend von der Privatsphäre greift jetzt eine andere Anschauung vom Leben um sich. Sie konnte nicht eher entstehen, und sie kann nicht erfolgreich sein, bevor der Irrweg des Menschen für alle deutlich an seinem bitteren Ende angelangt ist. Es läßt sich nicht sagen, wieviel handgreifliche und schmerzliche Beweise dafür noch nötig sind. Es läßt sich nicht voraussagen, ob es im *Kampf des Lebens* gegen die Herrschaft der Maschine auch noch zur Eskalation des atomaren Krieges kommen wird. Wobei auch wieder der Zeitpunkt offenbleibt. Karl Jaspers schrieb im III. Band seiner »Philosophie« bereits vor dem Zweiten Weltkrieg: »Wäre die Möglichkeit, auf technischem Wege die Grundlagen allen Menschendaseins zu vernichten, so ist kaum zu zweifeln, daß sie auch eines Tages verwirklicht würde. Unsere Aktivität kann hemmen, verlängern, Aufschub für eine Spanne Zeit gewinnen; nach allen Erfahrungen von Menschen in der Geschichte wird auch das Furchtbarste, das möglich ist, irgendwann und irgendwo, von jemandem vollbracht.«[495]

Nach der Zündung der ersten Atombombe ist die Möglichkeit

vorhanden, komplette Vernichtungssysteme stehen bereit, deren Automatik jederzeit ausgelöst werden kann. Sie bestehen aus unterirdischen Bunkern, Satelliten im Weltraum, Unterseebooten in allen Weltmeeren, Radaranlagen, kreisenden Flugzeugen in der Luft und startbereiten auf der Erde sowie fahrbaren Abschußrampen. Ich bezeichne darum das Ganze als *Todesmaschinerie*. Mit ihr hat die menschliche Zukunftschance eine früher unbekannte Verengung erfahren, die uns auch der Fortschritt beschert hat. Zur verschärften Bedingung des Weiterlebens gehört neuerdings, daß diese Vernichtungsmechanismen nicht ausgelöst werden.

4. Die Todesmaschinerie

Das Atom kann immer nur der Zerstörung dienen.
Albert Einstein

Langfristig gesehen besteht auf dieser Erde allezeit ein *Gleichgewicht zwischen Leben und Tod.* Die Natur hat es so eingerichtet, daß die Lebewesen selbst dafür sorgen, daß sich dieses Gleichgewicht immer wieder einpendelt. Bekannt ist der Todesmarsch der Lemminge, der etwas Faszinierendes an sich hat. Weniger erregt es den Menschen, wenn die explosive Vermehrung der Heuschrecken nach wenigen Tagen mit dem Absterben der Population endet.

Der Mensch hat sich in der Neuzeit gegen die unmittelbaren Naturgefahren weitgehend abgesichert, dafür hat er aber ein *eigenes Tötungspotential* entwickelt. Man kann sagen, daß auch hier zunächst ein Gleichgewicht zwischen den Zerstörungswaffen und der Vermehrungsrate der Menschen bestand. Genauer gesagt, in der bisherigen Geschichte waren die Kräfte der Zerstörung den vitalen Kräften immer ein wenig unterlegen. Noch während des II. Weltkrieges nahm die Bevölkerung der Erde trotz 55 Millionen Kriegstoter in fünf Jahren um 200 Millionen zu.

Seit 1945 die ersten Atombomben fielen und in drei Jahrzehnten eine Overkill-Kapazität von fast 20 Milliarden Tonnen TNT produziert wurde, hat nun *die Vernichtungskapazität* auf unseren Planeten *dessen Lebenskapazität weit überholt.* Und dies will etwas heißen, wo doch die Bevölkerungsexplosion in den letzten vierzig Jahren eine Verdoppelung von zwei auf über vier Milliarden Menschen brachte und weitere zwei Milliarden schon in zwanzig Jahren hinzukommen werden.

Mit dem Reichtum des Lebens wächst demnach auch die Ernte des Todes. Und wo der Tod zeitweilig zurückbleibt, dort wird er eines Tages den Rückstand aufholen. *Jede Maschinerie, die sich der Mensch zur Erleichterung seines Lebens entwickelt, kann auch zu seiner Vernichtung dienen.*

In diesen Zusammenhang gehört, daß in diesem Jahrhundert die Kriege immer rücksichtsloser, immer totaler geführt worden sind. Eine jede Partei glaubte für ihre »Endlösung« kämpfen zu müssen. »Je abstrakter das Ziel, um so unmenschlicher der Krieg«, notierte sich der Dichter Reinhold Schneider 1958 in Wien.[496] »Ein Unbedingtheits- und Absolutheitsfanatismus, der schließlich philosophisch im ›absoluten Idealismus‹ gipfelte, welcher sich zutraute, alle Differenzen auflösen zu können, sie in einer letzten totalen Synthesis zum Verschwinden zu bringen, braucht in seiner Dialektik als restloser Vermittlung und als endgültiger Lösung einen Kompromiß nicht mehr.«[497]

Gar vieles geschah in diesem Jahrhundert erstmalig auf diesem Planeten. Daß aber die Fähigkeit zur totalen Selbstvernichtung auftauchte, die nun in jedem Augenblick ausgelöst werden kann, ist *ein noch nie dagewesenes Fatum.* Es weist den Menschen als ein Wesen aus, welches sich selbst ein *übernatürliches Schicksal* bereitet. Er hat die Spaltung des Atomkerns im großtechnischen Stil entwickelt und damit Kräfte zur Verfügung, die das Leben »flächendeckend« vernichten können. Hier wurde ein entscheidendes Tabu gebrochen, dessen Existenz Bedingung alles Lebens auf Erden ist: Die Unantastbarkeit des Atoms. Seitdem leben wir alle buchstäblich auf dem Pulverfaß; ein unbedachter Funke genügt, um unsere Umwelt in Staub zu verwandeln. Wer da noch behauptet, daß der *Nutzen* der gewonnenen Energie je diese permanente Drohung *überwiegen könne,* muß sich einer absurden Logik bedienen.

Der Mensch, immer auf seinen Vorteil bedacht, muß nun auch bei diesem Schritt ins Unbetretene erfahren, *daß jedem Zugewinn ein entsprechender Verlust* gegenübersteht. Lebte er bisher alle Zeit mit der Möglichkeit des individuellen Todes, so lebt er nun mit der *zusätzlichen* eines *grauenvollen Kollektivtodes,* wonach weit und breit niemand mehr dasein wird, um die Leichen zu begraben. Wenn wir diese mit der anderen Erkenntnis konfrontieren, daß sich die persönliche und die ethische Reife des Menschen in den letzten Jahrtausenden nicht erhöht hat, dann können wir mit Arnold Toynbee nur feststellen, daß »die Kluft zwischen der physischen Möglichkeit, Böses zu tun, und der geistig-sittlichen Fähigkeit, diese Kräfte zu meistern, so klaffend weit geworden ist wie die mythischen Schlünde der Hölle«.[498]

Was verlorenging, läßt sich immer nur nachträglich ermessen. Erst in den letzten vierhundert Jahren hat Adam vom Baum der Erkenntnis gegessen, und erst jetzt haben wir das Paradies verloren; besser: wir haben uns selbst herauskatapultiert. Standen bis 1945 noch alle entfesselten technischen Kräfte in der Nähe einer ökonomischen Kalkulierbarkeit, so entziehen sich die atomaren nicht nur der Berechnung, sondern auch der Vorstellungskraft. Die neue Vernichtungsmaschinerie beinhaltet potentiell eine multiplikative Erhöhung der Kräfte der *Entropie* auf dieser Erde. Ihre Wirkgeschwindigkeit übertrifft die moderne technische Aufbauleistung der Menschen etwa um das Zehntausendfache und die Aufbaugeschwindigkeit der biologischen Evolution um das Milliardenfache. Denn *ein Tag kann jetzt genügen, die Schöpfung wieder zu vernichten.* Damit wird die Gott in der Bibel zugeschriebene Schöpfertat vom Menschen im umgekehrten Sinne erreicht. Dasselbe, was Gott in »sechs Tagen« schuf, kann der Mensch tatsächlich in sechs Tagen auslöschen. »Wenn die Evolution – und welchen andern Sinn könnte man ihr geben? – das Erscheinen eines freien Wesens, das in der Lage wäre, über sich selber zu verfügen, vorbereitete, so war es wohl unausweichlich, daß dieses eines Tages die Macht haben würde, sich selber zu zerstören.«[499] Dieser Tag, von dem Maurice Blin spricht, ist da.

Nachdem es dem Menschen in 200 Jahren gelungen ist, die Naturgewalten teils zu besiegen, teils zu versklaven, wenden sich die technischen Zerstörungsmittel nun gegen seinen letzten übriggebliebenen Feind – und das ist der Mensch selbst. Jetzt wird Leonardo da Vincis Prophezeihung wahr: »...wenn sie satt sein werden, dann werden sie zur Befriedigung ihrer Gelüste Tod und Leid, Drangsal, Angst und Schrecken unter allen lebendigen Wesen verbreiten.«[500] Den gleichen Gedanken äußerte Erich Fromm: »Der enthumanisierte Mensch wird so verrückt werden, daß er nicht imstande sein wird, eine lebensfähige Gesellschaft langfristig aufrechtzuerhalten und kurzfristig nicht, sich des selbstmörderischen Gebrauchs nuklearer oder biologischer Waffen zu enthalten.«[501]

Wenn wir die neueste Geschichte als eine Auseinandersetzung zwischen der mechanistischen und der organischen Auffassung geschildert haben, so kommen wir nun um die Feststellung nicht herum, *daß die faktische Macht in der Hand derer liegt, die auf die Technik gesetzt haben.* Wenngleich diesen die Fähigkeit zur Zukunft verloren gegangen ist, mit der Fähigkeit zur Vernichtung sind sie ausgestattet. Es gibt heute Herren des Todes, die über den Tod in einem Ausmaß verfügen, wie man sie früher nur den mächtigsten Göttern zuschrieb. Aber diese neuen Herren sind Götter mit ausschließlich negativer Macht; *sie können nur den Tod befehlen, nicht das Leben.* Und sie können sich letzten Endes selbst nicht vom Sterben, das sie auslösen, ausnehmen. Doch sie könnten immerhin *denken,* daß die Drohung genügt, um alle Lebenden ihrer Macht zu unterwerfen. Insofern ist die größere Brutalität im Vorteil, wie früher auch, nur daß ihre Mittel damals tröstlich gering und von kurzer Reichweite waren. Heute sind sie überirdisch mächtig und erdumspannend. Ja die Erde gibt nicht einmal mehr genügend strategischen Raum her. Kapazität und Reichweite der Waffen sind so groß, daß man den Weltraum einbeziehen muß. Der *Weltraumkrieg* wird vorbereitet, der Weltkrieg ist überholt.

Auf der Erde fehlt schlicht und einfach der Raum für solche Operationen, zumal dieses enge Feld auch noch von »friedlichen Atomkraftwerken« überzogen wird, die im Kriegsfall die Wirkung von atomaren Minen haben werden, die das eigene Territorium von rückwärts ausradieren. Im technischen Krieg wurden stets Minen auf der Erde ausgelegt – und nun sind das *atomare Minen.* Diese Atomminen bauen die Länder freiwillig in Form von Atomkraftwerken, über ihre Territorien verstreut. Im November 1981 erklärte der Generaldirektor der »Internationalen Atomenergiebehörde«, Sigvard Eklund, vor der UNO New York, daß man »die schreckliche Möglichkeit« nicht ausschließen sollte, daß ein bewaffneter Konflikt zivile Nukleareinrichtungen erfassen könnte; er schaudere allein bei dem Gedanken an die Konsequenzen von Angriffen auf nur einen der gegenwärtig vorhandenen 260 Kernkraftreaktoren oder einen der 300 atomaren Forschungsreaktoren.[502]

Im Deutschen Bundestag sagte ich bereits am 22. Januar 1976: »Ein potentieller Angreifer kann gegen die Bundesrepublik einen Atomkrieg mit konventionellen Waffen führen. Er braucht nur einige Kernkraftwerke durch großkalibrige Geschosse oder Bomben zu zerstören... Damit setzt er die Radioaktivität über ganze Landstriche frei. Man wird einem solchen Gegner gar nicht vorwerfen können, daß er einen Atomkrieg führe. Ja, er wird behaupten können, daß es sich um unbeabsichtigte Treffer handele. Infolgedessen helfen auch keine internationalen Verträge, wie sie die Bundesregierung in ihrer Antwort in Aussicht stellt... So dicht besiedelte Räume wie die der Bundesrepublik Deutschland mit einigen Dutzend Kernanlagen zu überziehen, heißt nach meiner Ansicht, unser Land verteidigungsunfähig zu machen.«[503] Meine Ausführungen fanden weder im Bundestag noch bei den Medien die geringste

Beachtung. Meine damalige Fraktion, die CDU/CSU, überschlägt sich noch heute in ständigen Forderungen nach mehr Atomkraftwerken, ruft aber gleichzeitig nach größerer militärischer »Sicherheit«!

Der Mensch lebt nun wieder mit der *Apokalypse*, und sie hat diesmal die Dimension des Jüngsten Gerichts. Das Jüngste Gericht konnte nur von Gott allein befohlen werden, die neue Version kann vom Menschen selber, im Extremfall sogar von einem einzigen ausgelöst werden. Wem wird da nicht vor seiner Gottähnlichkeit bange? Der Mensch zittert nicht mehr vor den Göttern, muß aber nun vor sich selber zittern!

»In der Natur erleidet das Leben den Tod, triumphiert jedoch immer über ihn. Im Gegensatz dazu liegt über dem Leben der Menschheit heute die Drohung eines Todes, der, weil er von ihr selber bewirkt würde, auch unwiderruflich wäre.«[504] Die drohende Vernichtung schließt die Selbstvernichtung ein.

Sicherlich könnte eine Gruppe von Menschen, in unterirdischen Bunkern sitzend, die Welt durch ihre Drohung auf Vernichtung beherrschen, aber sie könnte sie nicht *konkret* dirigieren. Sie wäre machtlos, wenn sich die Völker nichts aus ihrer Drohung machten. Würde sie dann ihre Drohung wahr machen, dann könnte sie zwar darauf die Welt beherrschen, aber die Welt als Wüste. Somit haben die Mächtigen soviel Macht erreicht, daß diese sich schon wieder total aufhebt; aber sie könnten diese dennoch anwenden, ohne daß sie jemand daran zu hindern vermöchte. Sollte sich in irgendeinem Winkel der Erde ein Rest von Pflanzen und Tieren erhalten können – und gar einige Menschen dazu – dann werden diese ein neues absolutes Tabu einführen! Jeden, der auch nur Anstalten macht, sich mit dem Atomkern zu befassen, werden sie auf der Stelle totschlagen.

Die Atomsprengköpfe haben eine neue Art von Hoffnung in unserer Welt erforderlich werden lassen, die Hoffnung, daß das apokalyptische Ereignis *nicht* ausgelöst wird. *Diese zusätzliche Hoffnung muß uns nun das ganze Leben begleiten.* Es ist eine Hoffnung, die nie erfüllt, die nur beendet werden könnte, indem der atomare Krieg eben doch eintritt. Solange er nicht eintritt, bleibt die Hoffnung. Nur so lange diese Hoffnung fortbesteht, kann sich ein jeder den üblichen Hoffnungen zuwenden, die Menschen *immer hatten*. Alle Hoffnungen auf dieser Erde sind damit an die Voraussetzung gebunden, daß die Raketen mit den nuklearen Sprengköpfen in den Bunkern bleiben.

Jede Aussage über die Zukunft, jeder gute Vorsatz muß seit 1945 mit einem »wenn« beginnen: wenn der atomare Krieg nicht stattfindet. Erst nachdem wir dies vorausgeschickt haben, können wir uns dem zuwenden, was auf dieser Erde noch geschehen *sollte.* Erst wenn der »Normalzustand« erhalten bleibt, können wir fortfahren. Doch auch der heutige »Normalzustand« des Menschen und der Erde ist *kein normaler* mehr.

Auf die atomaren Machtmittel zur Vernichtung dieser Erde werden die Menschen hoffentlich verzichten, weil es ihr eigener Selbstmord wäre. Doch werden sie auch auf den langsamen *Muttermord* verzichten? Wenn die heutigen ökonomischen Prinzipien herrschend bleiben, dann münden sie in ein langsameres, aber genauso gründliches Dahinsiechen unseres ökologischen Systems im ganzen.

5. Das Schicksal des Menschen

Glückselig zu leben, wünscht jedermann, aber die Grundlagen des Glücks erkennt fast niemand
(Seneca)

Die Tragik

Optimismus wird heute allenthalben verlangt, eine »Perspektive« (wie es neudeutsch heißt) will man angeboten haben oder mehrere zur gefälligen Auswahl. Immer noch ist der Aberglaube verbreitet, daß es »Lösungen« gäbe. Damit kann ich nicht dienen, denn niemand kann es. Vielmehr sehen wir Tragik und Tod wieder in alle ihre Rechte eingesetzt. Mit dieser unheimlich klingenden Feststellung ändert sich an den Fakten nichts; denn Tragik und Tod sind von jeher Teilhaber dieser Erde gewesen und werden es immer bleiben. Die Menschen der Neuzeit haben sich nur in zunehmendem Maße darüber hinweg gelogen und gemeint, daß sie diese Teilhaber aus ihrem Leben verbannen könnten. Sie können es aber nur, wenn sie »das Leben« selbst aus ihrem Dasein verbannen. In der Tat lief alles emsige Bemühen darauf hinaus, sich aus dem Leben zu stehlen. Die mächtigsten Völker versuchten es, indem sie den neuzeitlichen babylonischen Turm bauten, an dem sie noch immer werkeln.

Das Leben der gesamten Lebewelt dieser Erde ist und bleibt *Tragödie*. Ob es sich um Pflanzen, Tiere oder Menschen handelt, alle können sowohl glücklich gedeihen als auch jederzeit tragisch enden. Und sie enden auch, früher oder später, einzeln oder in Massen. Diejenigen, die alle Tragik auf dieser Erde abschaffen und den mechanistischen Himmel einrichten wollen, müssen das Leben überhaupt abschaffen. Schon mit ihren Versuchen brachten sie eine zusätzliche, naturfremde Tragik in diese Welt, die bisher einigen hundert Millionen Menschen das Leben gekostet hat. Ob das nun die 55 Millionen Toten des Zweiten Weltkriegs gewesen sind, die Opfer des Archipel Gulag oder die in Vietnam und anderswo.

Nun steht er da mit seiner (atomaren) Macht im entzauberten Weltraum, der Mensch, »Krone der Schöpfung«. »Seit Gott der ›Geschichte‹ Platz machte ... muß der Mensch sich selbst alles das zurechnen, was in den großen Ereigniswolken aus Politik, Wirtschaft und Aggression passierte, bei denen jeder beteiligt war und niemand mehr etwas deutlich erkennen konnte. Die Moralforderung wird umgekehrt um so unerbittlicher, die Alten konnten sich noch mit dem Walten der Tyche, der Zufallsgöttin entschuldigen, die Christen der überzeugten Zeit mit dem ›unerforschlichen Ratschluß Gottes‹, wir haben keine Entlastungen.«[505]

Zunächst ist da die *Hoffnung,* daß sich der Mensch auf »natürliche Weise« reduzieren werde, durch weniger Geburten. Wer immer noch nicht an die Tragik dieser Welt glaubt, der sehe aber wenigstens diese: Da waltet zur Zeit ein Papst in Rom, oberster Hirte von 750 Millionen Gläubigen. Er entstammt dem Volk aus einem vom Schicksal geprüften Lande, er ist ausgestattet mit Charisma und strahlender Güte, die er als erster Papst rund um den Erdball verbreitet. Er ist ein gebildeter und weiser Mann, wie alle seine Äußerungen ausweisen. Auf seine Enzyklika Redemptor Hominis können sich atheistische wie christliche Ökologen einigen, im Versuch, diesen Planeten zu retten. Und dieser selbe Oberhirte empfiehlt seinen Gläubigen die millionenfache Vermehrung, die zum milliardenfachen Tod auf dieser Erde führen *muß.* Und er hat für seinen Rat durchaus ehrenwerte Motive! Wer will da noch leugnen, daß in jedem menschlichen Raten und Tun die Tragik unaufhebbar mit enthalten ist?

Dies und viele andere Gründe können zu der Schlußfolgerung führen, »es gibt keine weise Umkehr, keinen klugen Verzicht«, wie schon Oswald Spengler behauptete.[506] Aber einen *erzwungenen* Verzicht kann es immerhin geben. In ihm kann sich der Mensch ebenfalls bewähren, eher als in der Fülle. Diese Prüfung auf die schwerere Weise scheint die dem Menschen gemäßere zu sein. Die Prüfung wird die Frage beantworten, ob wir uns ohne Rückweg im selbstgeschaffenen modernen Labyrinth verirrt haben. Halten wir noch den Faden in der Hand, mit dessen Hilfe wir uns wieder zurück- und hinausfinden können? So wie weiland Theseus am Faden, den ihm Ariadne fürsorgend mitgab? Diese Sage enthält die Weisheit, daß es nicht einmal genügt, das Ungeheuer zu besiegen (das wäre unser »großer Leviathan«, von dem wir mit Franz Vonessen ausgingen), sondern es gilt danach auch noch den Rückweg zu finden.

Die Menschen haben sich in der Neuzeit nicht auf die sichere Seite geschlagen, sondern auf die der *gefährlichsten Wagnisse* – und sie tun das noch immer! Alles Tun wird von grenzenloser Hybris beherrscht. Erst mit Beginn der achtziger Jahre werden größere Teile der Völker von Unsicherheit und Furcht erfaßt. Doch noch immer weigert sich der moderne Mensch, den Ernst seiner Lage zuzugeben; obschon er mitten in den größten Erfolgen entdeckt, daß sich hinter dem Überfluß die Askese verbirgt, daß seine Arbeit bereits asketisch und der Fortschritt zur Last geworden ist. Von der Handarbeit hat ihn die Maschine befreit, aber dafür wird er dem neuen Produktionsapparat tributpflichtig. War er früher der Natur und dem Wechsel der Jahreszeiten unterworfen, so hat er sich nun selbst angekettet; stärker als er je zuvor an die Erde gebunden war, ist er nun der Gefangene seiner eigenen Unternehmungen.

Nach einer phantastischen Erfolgsserie stellen wir fest, *daß diese Erde unser Schicksal ist und bleiben wird* und daß sehr vieles, was wir derzeit tun, die Natur dieser selben Erde tödlich verletzt.

Beginnend im 16. Jahrhundert in Europa »hat der Mensch die Botschaft der Bibel, die ihm auftrug, die göttliche Ordnung auf der Welt einzuführen und seine eigene Vernunft an die Stelle der Natur und der Gesellschaft zu setzen, ernst genommen. »An jenem Tage wechselte die religiöse Instanz«, so formuliert es Maurice Blin, »das Lager. Sie überließ die Welt ihrem Schicksal und schlug sich auf die Seite des Menschen. Das Schicksal des Menschen, das bis dahin ein natürliches und kulturelles gewesen war, wurde somit buchstäblich ein übernatürliches.«[507] Damit ist zur natürlichen eine übernatürliche Tragik hinzugekommen, ohne jene aufzuheben. »Der Gott der Bibel, der die Welt transzendierte, dem Menschen feste Regeln gab und auf seine Untreue mit immerwährender Treue antwortete, tilgte immer wieder die Fehler des Menschen aus; wohingegen die Welt, mit der der technologische Mensch sich verbunden, und die Gesellschaft, die er aufgebaut hat, seinem Machtanspruch weder Regeln geben noch Grenzen setzen. Verletzlich wie sie sind, behandeln sie ihn paradoxerweise ohne Schonung.«[508]

Der Mensch, der sich an die Stelle Gottes gesetzt glaubte, sieht sich nun gezwungen, seine Überheblichkeit einzugestehen. Wenn man den Auftrag der Genesis so deutet, daß der Mensch als Statthalter Gottes auf dieser Erde eingesetzt ist, damit er sie *erhalte und bewahre*, dann wird nunmehr deutlich, daß er sich außerstande zeigt, den Auftrag zu erfüllen. Dem ersten Sündenfall folgte die Strafe, Mensch sein und im Schweiße seines Angesichts sein Brot essen zu müssen. *Dem zweiten Sündenfall wird die Strafe der Auslöschung folgen.* Es sei denn, der Mensch stellt das Bündnis mit der Natur wieder her. Dann muß er allerdings auf selbstherrliche Freiheiten verzichten. Verzichten gegenüber Gott, dem er wieder die Ehre gibt, oder, wenn er dazu nicht bereit ist, gegenüber der Natur, indem er ihre Gesetze anerkennt. Seine Würde und seine Kultur wird er jedoch nur wieder erlangen, wenn er beides tut: *Gott in der Natur und die Natur in Gott zu verehren und sich beiden zu beugen.* »Das religiöse Gebot früherer Zeiten wird zur historischen Lebensnotwendigkeit.« Das Abenteuer, auf das sich der Mensch eingelassen hat, und das doppelte Schicksal, das er sich damit selbst bereitet, »ist in seinem Ursprung übernatürlich. Alles deutet darauf hin, daß es dies auch an seinem Ende sein wird.«[509]

Der Rest ist Hoffnung

Niemand kann wissen, welchen Lauf die Dinge nehmen werden. So dürfen wir mit Lewis Mumford die Hoffnung hegen, daß es noch eine rettende Gnade für die Menschheit geben könnte. »Denn gerade unter der Drohung völliger Ausrottung haben die unbewußten Kräfte des Lebens sich stets wieder gesammelt und totale Niederlagen in einen teilweisen Sieg verwandelt. Dies könnte noch einmal geschehen.«[510] Andererseits gibt es kein historisches Beispiel für die heutige Lage, weil diese quantitativ und qualitativ in der langen Geschichte des Menschen erstmalig ist.

Wenn man mechanistische Kategorien anwendet, dann führen alle Kausalketten in den Untergang. Insofern ist es logisch, daß die Mechanisten den Untergang voraussagen, wenn *ihre* Absichten scheitern; wenn zum Beispiel Politiker das Ende der Gesellschaft für den Fall prophezeien, daß das sogenannte »wirtschaftliche Wachstum« ausbleibt. Wir müssen dagegen feststellen, daß solche Entweder-Oder-Denker die *eigentlichen Propheten des Untergangs* sind. Nur diejenigen, welche die Kräfte des Lebens so hoch veranschlagen, daß sie auch noch in der aussichtslosesten Lage nicht kapitulieren, können weiterhin Hoffnungen hegen. Die in organischen Kategorien Denkenden wissen um das Sowohl-als-auch. Ihr Vorteil ist, daß sie als Nichtmaterialisten mit einem Minimum an Materie auskommen. »Während die Materialisierung notwendigerweise ein langsamer Prozeß ist, geht die Entmaterialisierung schnell vor sich.«[511] Eine Entscheidung auf materiellen *Verzicht* wirkt sich am schnellsten, nämlich sofort aus. Das haben die Wachstümler bereits in den letzten Jahren erfahren müssen. Der Verzicht, wenn er zunächst auch nur ein *Verzicht auf die Steigerung* war, hatte unmittelbare Folgen! Die auf Steigerung ausgelegten Produktionskapazitäten wurden damit teilweise sofort stillgelegt, während die Errichtung zusätzlicher Produktionskapazitäten Jahre benötigt hätte. Hier liegen die Entscheidungen somit »in der Reichweite jeder einzelnen Seele, wenn sie erst einmal aufgerüttelt ist«.[512]

Wir sehen uns genötigt, mit Lewis Mumford zu fragen: »Wie lebenskräftig sind die in der Luft liegenden formativen Ideen, in welchem Maße sind unsere Zeitgenossen bereit, die Anstrengungen und Opfer auf sich zu nehmen, die für eine solche menschliche Erneuerung notwendig sind? Darauf gibt es keine rein technologischen Antworten.«[512] Immerhin glaubte Mumford schon wahrnehmen zu können: »Glücklicherweise gibt es bereits viele Anzeichen, wenn auch nur verstreute, schwache und oft widersprüchliche, daß eine neue kulturelle Umwandlung sich vorbereitet: eine, die davon ausgeht, daß die Geldwirtschaft bankrott gemacht hat und daß der Machtkomplex durch seine eigenen Exzesse und Übertreibungen machtlos geworden ist. Ob dieser Wandel schon ausreicht, um die Zersetzung aufzuhalten, oder gar, um die nukleare Megamaschine zu demontieren, ehe sie die totale Menschheitskatastrophe herbeiführt, das wird noch längere Zeit fraglich bleiben.«[513] Es sind inzwischen nicht mehr einzelne, die sich anders orientieren, es sind Gruppen und teilweise schon Massenbewegungen – wenn auch noch konfus und desorientiert, voll der Widersprüche einer Zeitenwende. Viele zögern auch noch, weil sie nicht glauben wollen, daß der künftige Weg der Menschheit dem alten Urstromtal folgen muß. Doch alle Antworten, die wir suchen, können wir nur aus der Geschichte beziehen.

Was uns bleibt, ist Glück und Leid

Aus der Reprivatisierung des Lebens ergibt sich die Entpolitisierung des Glücks. Warum tun sich die Politiker so schwer dabei? Weil sie sich in die Rolle des Glückbringers hineingesteigert haben und diese gern angenommene Rolle nun nicht wieder loswerden. Wer 365 Tage im Jahr den Weihnachtsmann zu spielen beanspruchte, mußte zwangsläufig in das Dilemma kommen, welches jetzt offen zutage liegt. Nun müßte er freimütig zugeben, daß die Maske des Weihnachtsmannes nur aufgeklebt war und daß der Sack sich nicht durch seine guten Beziehungen zum Himmel füllte, sondern durchweg aus begrenzten irdischen Quellen gespeist wurde. Darum sind die Politiker die letzten, die den Bürgern reinen Wein einzuschenken wagen; denn sie wären von allen am wenigsten glaubwürdig. Sie haben sich in einen falschen Erfolgszwang begeben, dem sie nun nicht mehr gerecht werden können. »Während man in früheren Zeiten das Glück primär von der Hilfe der Götter, von der Gunst des Schicksals oder vom Segen des Dreifaltigen Gottes erwartete, sind heute im Allgemeinbewußtsein die maßgeblichen Politiker selbst primär zuständig für die Herbeiführung allgemeiner Wohlfahrt.«[514] Fährt dann das allgemeine Wohl nicht wunschgemäß, so müssen »Verantwortliche« gesucht werden, damit die großzügigen Versprechungen nicht als Lügen entlarvt werden.

Nur eine *völlige Umkehr* des Denkens und Redens könnte hier helfen. Doch wer wagt sie? Noch immer werden »Warenbesitz, Wissensbesitz und Glücksbesitz als Bürgerrechte gehandelt und von den Staatsmännern als solche angeboten.«[515] Der *Aberglaube,* daß sich das Maß des Glücks an dem Zeiger ablesen lasse, der die Höhe des Bruttosozialprodukts oder des persönlichen Einkommens anzeigt, ist immer noch der Glaube der Mehrheit. »Unsere Konsum- und Marktwirtschaft beruht auf der Idee, daß man Glück kaufen kann, wie man alles kaufen kann. Und wenn man kein Geld bezahlen muß für etwas, dann kann es einen auch nicht glücklich machen. Daß Glück aber etwas ganz anderes ist, was nur aus der eigenen Anstrengung, aus dem Innern kommt und überhaupt kein Geld kostet, daß Glück das ›Billigste‹ ist, was es auf der Welt gibt, das ist den Menschen einer Gesellschaft, die sich für alles bezahlen läßt, noch nicht aufgegangen. Deshalb meinen sie, die Reichsten müßten auch die Glücklichsten sein.«[516]

Die Politisierung und Vermarktung des Glücks war schon immer ein *Irrweg*. Daß wir dies erst heute entdecken, ist zwar nicht schmeichelhaft für das Urteilsvermögen, doch die Entdeckung kommt gerade zu richtigen Zeit.

Jetzt, wo die politischen und wirtschaftlichen Theorien total abgewirtschaftet haben, kann uns gar nichts Heilsameres zustoßen als die *Entzauberung* des angeblich herrlichsten Zeitalters der Menschheit.

Diesen Vorgang haben wir hier in folgenden Schritten vollzogen:
1. Die *ökonomische Bilanz* erwies sich als weit nach oben verfälscht.
2. Die *Negativposten* blieben in der Bilanz weitgehend unberücksichtigt.
3. Eine *ökologische Bilanz* fehlt ganz.
4. Die *psychologische Bilanz* wurde für unnötig erachtet.
5. Nur auf Grund von *Widerständen* kann der Mensch mit der Welt und mit sich selbst zu einem Gleichgewicht und zu einem erfüllten Leben gelangen.
6. Nach alledem kann selbst ein positiver ökonomischer Saldo bei Hinzufügung des psychologischen Saldos zu einem *negativen Ergebnis* führen.
7. *Jede Überentwicklung*, ob materiell oder psychisch, *schlägt schließlich irgendwann ins Negative um.*
8. *Das irdische Gleichgewicht pendelt sich immer wieder ein*, solange der Mensch das Leben nicht vernichtet.
9. Jeder existierende Mensch ist befähigt, sein Dasein mit sich selbst und mit seiner Umwelt *ins Gleichgewicht* zu bringen.

Für die Gesamtbewertung des technischen Zeitalters heißt das:

Die materiellen Grenzen, die in den letzten Jahren mit Erschrecken wahrgenommen wurden, haben eine viel geringere Bedeutung für das menschliche Leben, als bisher angenommen worden ist.

Andererseits schwebt die neue, übernatürliche Drohung der globalen Selbstvernichtung über uns allen. Nur wenn diese gebannt werden kann, bleibt uns die Chance des Weiterlebens.

Solange aber Leben auf diesem Planeten möglich bleibt, wird es so sein, wie es immer war. In der Rückbesinnung erkennen wir, daß dies schon viel ist.

Wir entdecken alte tröstliche Wahrheiten nun zu einer Zeit wieder, zu der wir sie am bittersten benötigen. Damit finden wir die Sinngebung, deren es für das Durchstehen auf dieser Welt bedarf. Die Bedingungen dafür – und damit für Glück – bestehen nur zum kleinsten Teil aus materiellen Verfügbarkeiten, weitaus bedeutender sind verborgene und unerforschliche psychische Kräfte der Seele. Ihre Unsichtbarkeit ist die Ursache ihrer unglaublichen Vernachlässigung. Gertrud Höhler spricht – in ihrem neuesten Buch über »Das Glück« – von den *geheimnisvollen Bedingungen des Glücks,* das »über seine augenblicklichen Anlässe und Gaben hinausreicht. Es hebt uns auf eine andere Stufe unserer Existenz, so als stünden wir auf einer Anhöhe und überschauten die Zufälligkeiten im Bewußtsein überlegener Zusammenhänge, die uns tragen und glücksgewiß machen.«[517] Sogar bei Friedrich Nietzsche heißt es: »Das Wenigste gerade, das Leiseste, Leichteste, einer Eidechse Rascheln, ein Hauch, ein Husch, ein Augenblick – wenig macht die Art des besten Glücks.«[518]

Das Glück ergibt sich aus den Schwingungen im Innenraum des Pendels, aus der vielfältigen Bewegung der verschiedensten Gefühle. Wer in einer statischen Welt ein statisches Glück sucht, befindet sich auf dem Holzweg. Darum ist Glück kein definierbarer stabiler Zustand, sondern das jeweils überraschende Ergebnis eines Daseins, das erlebend und erleidend zwischen Geburt und Tod unterwegs ist. Glück kann »ein mittleres zwischen zuwenig und zuviel« sein, wie der französische Soziologe Emile Durkheim in seiner ersten These sagt. Er hat jedoch mit seiner zweiten These nicht recht, wenn er behauptet, »einmal erreicht, wird es festgehalten, weil es ein gesunder Zustand ist, nicht eine Aufeinanderfolge von Reizen«.[519] Vielmehr hat Erich Fromm recht, wenn er die Prämisse, »daß das Ziel des Lebens Glück, das heißt ein Maximum an Lustempfindungen« sei, ablehnt.[520] Der griechische Philosoph Epikur (341-270 v. Christi Geburt) lehrte schon, daß auf Lust zwangsläufig Unlust und Schmerz folgt, wie zwei Jahrhunderte früher der griechische Dichter Pindar: »Für ein Glück teilen die Unsterblichen den Menschen zwiefaches Leid zu. Das können die Toren nicht mit Anstand ertragen, wohl aber die Edlen, die ihren

Adel nach außen wenden ... Bald hierhin, bald dorthin wehen die hochfliegenden Winde. Nicht auf eine lange Strecke zieht das Glück der Menschen unvermindert einher, wenn es ihnen in wuchtender Fülle nachfolgt.«[521]

Nach allen Darlegungen ist *Glück eben niemals ein Dauerzustand*, sondern das Ergebnis der Schwingungen, die sich unverhofft aus der ständigen Folge von Reizen ergeben. Das Beharren auf der Null-Linie kann niemandes Glück sein, aber auch das Anhalten im »Zuviel des Glücks« würde das Glück unkenntlich machen, denn es kann nur mit seinem Gegenteil zum Bewußtsein gebracht werden. Das Leben bewegt sich zwischen Gegensätzen. »Alle Geburt wird mit dem Tod bezahlt, jedes Glück mit Unglück.«[522]

Im Dreißigjährigen Krieg schrieb Paul Fleming ein Gedicht mit der Überschrift »An sich«. Die entscheidenden Verse lauten:

> ...und acht es für kein Leid,
> Hat sich gleich wider dich Glück, Ort und Zeit verschworen.
>
> Was dich betrübt und labt, halt alles für erkoren,
> Nimm dein Verhängnis an, laß alles unbereut.
> Tu, was getan muß sein und eh man dir's gebeut.
> Was du noch hoffen kannst, das wird noch stets geboren.[523]

Daß auch das Leiden zu den Beständen des glücklichen Daseins gehört, ist dem wissenschaftlich-technischen Denken unbegreiflich; dieses weiß nicht einmal etwas über die Notwendigkeit des *Widerstandes.* Doch »Glücksträume leben von den Widerständen; wenn die Widerstände abgeräumt werden, müssen die Hoffnungen sterben.«[524] Solange die Widrigkeiten noch da sind, bleibt die Aufgabe und somit die Hoffnung auf ihre Bewältigung. »Der Mensch wird nicht glücklich durch Befriedigung seiner Wünsche, sondern durch Hoffnung auf diese Befriedigung. Wenn er sich durch immerwährende Wunschsättigung keine Hoffnungsperioden gönnt, wenn er sich nicht zeitweise enthält und dadurch die Hoffnung nährt, dann wird die Wunscherfüllung schal, zur Routine und abgeschmackt. Ich glaube, unsere Zeit hat viel von der Kunst des Lebens verlernt.«[525] Glück beruht eher auf der Erwartung und der *Hoffnung als auf Erfüllung.* »Es ist ein Gemeinplatz menschlicher Erfahrung, daß selbst wenn unsere höchsten Wünsche in Erfüllung gehen, sie uns selten die erwartete Freude oder Lust bringen ... Tatsache ist, daß der Mensch nie weiß, wann er glücklich ist. Er weiß nur, wann er glücklich *war.*«[526] Damit geht Mishan in die entgegengesetzte Richtung und verlegt das Glück in die Vergangenheit; die *Erinnerung macht glücklich.* Dieser Meinung sind viele Dichter. Wir erfassen beide Möglichkeiten und auch die gegenwärtige Erfüllung, wenn wir feststellen: *Des Menschen Glück besteht in Schwingungen der Seele, unabhängig von Zeit und Raum.*

Es ist eine allgemein verbreitete Ansicht, daß der Mensch die Vergangenheit »verklärt«. Dies wird so gedeutet, daß er sich nur an die angenehmen Erlebnisse erinnere und die unangenehmen vergesse oder verdränge. Ich halte diese Erklärung für falsch. Der Mensch erinnert sich sehr wohl an alles, an die harten Zeiten ebenso wie an die guten! Ja er erinnert sich an die harten Prüfungen gern und mit Stolz, denn schließlich hat er sie durchgestanden – sonst lebte er nicht mehr. Das heißt sogar, daß die Vergangenheit eine um so ausgiebigere Quelle unserer Zufriedenheit und unserer Erhebung ist, *je schwerer unser Leben war.*

Entscheidender dürfte sein, daß wir rückblickend die Gesamtbilanz unseres Lebens ziehen. Da wir hindurchgekommen sind – »wer spricht von Siegen, überstehen ist alles!« – ist die Bilanz positiv. Je größer die Summe aller Erlebnisse ist und je weiter der Abstand, um so günstiger wird die Abwägung ausfallen. Das ist der eigentliche Hintergrund des Satzes von Abraham Maslow: »Je mehr wir das Ganze des Seins verstehen, desto mehr können wir die gleichzeitige Existenz und Wahrnehmung von Ungereimtheiten, von Gegensätzen und Widersprüchen ertragen. Diese scheinen das Ergebnis von ausschnittsweiser Erkenntnis zu sein und verschwinden beim Erkennen des Ganzen.«[527]

Aus der jeweiligen Situation heraus wird das Urteil oft negativ und manchmal verzweifelt ausfallen. Das bezeugen uns die Dichter. Als Goethe dem Schatten seines »Werther« wieder begegnete, schrieb er die Verse:

> Zum Bleiben ich, zum Scheiden du, erkoren
> Gingst du voran – und hast nicht viel verloren.[528]

Als er aber die Summe des Daseins zog, schrieb er: *»Wie es auch sei, das Leben, es ist gut!«* Die Einschränkung ist auch hier unüberhörbar:

wie es auch sei; die Waage neigt sich nur leicht zur Seite der Bejahung.

Nicht nur der Olympier Goethe, ein jeder Erdenbewohner kämpft mit der Welt, hat Erlebnisse, sammelt Erfahrungen – und so entsteht der Schatz seiner Erinnerungen. Das Ringen war stets bedeutsamer als das schließlich Erreichte, wobei sich viele mit kleiner Münze begnügen mußten. Man könnte daraufhin annehmen, daß sie im Groll aus dieser Welt geschieden seien. Doch Bert Brecht sagt uns:

Fast ein jeder hat die Welt geliebt
Wenn man ihm zwei Hände Erde gibt.

So lauten die Schlußverse des Gedichts »Von der Freundlichkeit der Welt«.[529]

Nicht die erreichten Ziele, *die Wege und die Begegnungen* sind das Entscheidende im Leben. Im Verlauf der immerwährenden Bemühungen fällt uns ein Glück hin und wieder als gnädiges Geschenk zu, oft an unerwarteter Stelle, so ganz nebenbei. Die zu Ende gehende Epoche hat sich verleiten lassen, die Glücks*mittel* mit den Zielen gleichzusetzen. Sie hat Berge von Mitteln angehäuft und darüber die Ziele vergessen. Das »letztendliche Ziel« aller unserer Unternehmungen kann kein materielles und kein ökonomisches sein.

Das letztendliche Ziel – in der Auffassung des amerikanischen Ökonomen Hermann Daly gleichzusetzen mit Gott – kann nicht wie ein Gegenstand auf die Erde herniedergeholt werden, denn dann würde es auf den Märkten gehandelt, verfiele der Abnutzung und endete im Abfall. Winston Churchill sah 1932 auch dies voraus: »Komfort, Beschäftigungen, Erleichterungen, Vergnügen werden zuhauf auf unsere Nachkommen eindringen, aber die Herzen werden ihnen weh tun, ihr Leben wird leer sein, wenn sie nicht nach Dingen Ausschau halten, die über das Materielle hinausgehen.«[530] Menschliches Dasein benötigt stets ein Darüber-hinaus. Toynbee nannte es den *Hunger nach Unendlichkeit*.

Wir benötigen über die wahrgenommene Welt hinaus einen »Hintergrund von Unerschöpflichkeit«, wie es Robert Spaemann nennt. Er fragt, »warum sind wir denn traurig, wenn wir erfahren, daß irgendwo in der Welt eine Vogelart ausgerottet wurde, die wir wahrscheinlich ohnehin nie zu Gesicht bekommen hätten? Es ist offenbar so, daß das Glück des Menschen gerade mit dem nicht auf ihn bezogenen Reichtum des Wirklichen zusammenhängt. Die Reduktion der Welt auf das, was wir im Augenblick wahrzunehmen und zu genießen vermögen, würde jeden Genuß zerstören; denn zu diesem gehört ein Hintergrund der ›Unerschöpflichkeit‹. Zu wissen, daß das Wißbare und Sichtbare immer *mehr* ist als das aktual Gewußte und Gesehene, ist eine Bedingung dafür, daß der Mensch in der Welt heimisch sein kann.«[531] Aber nicht nur die räumliche Unerschöpflichkeit gehört zum Sein des Menschen, auch die zeitliche. Der Mensch lebt gefühlsmäßig auf eine *nie endende Zukunft* hin – obgleich ihm sein Verstand sagt, daß er selbst an ihr nicht mehr teilhaben wird. Insofern kann die bange Frage, wie man angesichts der düsteren Zukunft weiter existieren könne, doch eine tiefere Dimension haben: Ist mit meinem Tod alles zu Ende, oder wird »das Leben« weitergehen? Werden künftige Generationen auch noch über uns berichten? Oder ist unser Leben und Trachten bald schmählich vertan, sinn- und kraftlos?

So wie unser Dasein der *unerschöpflichen Hintergründe in Raum und Zeit* gewiß sein will, so öffnet sich die Seele allzeit den kommenden Dingen, auch wenn sie unbegreiflich sind. Stets sind Herausforderungen auf dem Wege, denen wir uns stellen müssen – seien sie nun freudvoll oder leidvoll, gut oder böse. »Das Bedürfnis des Menschen nach Ringen, Konflikt, Tragödie und Verzweiflung liegt jenseits der Überlegungen von Gut und Böse. Es liegt an den eigentlichen Wurzeln der menschlichen biologischen Existenz. Der Mensch ist ein lebendiges Wesen und hat des Verlangen, sich in vielerlei Formen auszudrücken, in denen sich Leben ausdrückt, in Befriedigung wie im Kampf.«[532] Darum liegt des Lebens Ziel nicht irgendwo in der Zukunft vollendet bereit, es ist immer schon da – wir müssen es nur erkennen. Das Gegenwärtige immer erneut auf sich zu nehmen heißt, unser Schicksal bejahen, im Guten wie im Bösen. Sophokles schrieb vor 2400 Jahren über den Menschen: »So über Verhoffen begabt mit der Klugheit erfindender Kunst, geht zum Schlimmen er bald und bald zum Guten hin.«

Die Spannung und den Wechsel auszuhalten bedeutet, ein ökologisches Leben zu führen – im *Haus der Erde*. Der Mensch steht in der gleichen Spannung vielfältiger Kräfte, wie sie sich in der Natur alle Tage zusammenballen, denen sich auch die Pflanzen und Tiere stellen müssen. Die Vorgänge bleiben unberechenbar wie die Turbulenzen des Wetters. Darum sind von den großen Künstlern und Dichtern die Naturvorgänge mit dem Dasein der Menschen verwoben und gleichgesetzt worden. Goethe sprach: »Seele des Menschen, wie gleichst du dem Wasser, Schicksal des Menschen, wie gleichst du dem Wind.«

Wenn wir nach der *Hoffnung* fragen, die wir noch haben dürfen, dann ist es die Hoffnung, daß uns dieses Leben *aufgegeben bleibe*. So wie es immerdar dem Menschen aufgegeben war, sobald er ins Dasein gerufen wurde.

Der Dichter Rainer Maria Rilke greift gegen Ende seines durchlittenen Lebens die Frage nach dem Sinn des Daseins in der Neunten der Duineser Elegien auf – mit zweimaligem »Warum?« – und gibt die Antwort:

> O, nicht, weil Glück ist, ...
> Aber weil Hiersein viel ist ...
> ...
> einmal gewesen zu sein, wenn auch nur einmal:
> irdisch gewesen zu sein, scheint nicht widerrufbar.

Was bleibt uns? Was nehmen wir hinüber »in den andern Bezug«?

> Also die Schmerzen. Also vor allem das Schwersein,
> also der Liebe lange Erfahrung, – also
> lauter Unsägliches....

Und die Elegie endet mit den Versen:

> Erde, du liebe, ich will. O glaub, es bedürfte
> nicht deiner Frühlinge mehr, mich dir zu gewinnen, einer,
> ach, ein einziger ist schon dem Blute zu viel.
> Namenlos bin ich zu dir entschlossen, von weit her.
> Immer warst du im Recht, und dein heiliger Einfall
> ist der vertrauliche Tod.
> Siehe, ich lebe. Woraus? Weder Kindheit noch Zukunft
> werden weniger... Überzähliges Dasein
> entspringt mir im Herzen.[533]

Uns ist bestimmt, das hiesige Schicksal auf uns zu nehmen; wir haben uns dem Druck der Kräfte und Gegenkräfte zu stellen und dem gleichgearteten Spiel in der Welt der Geister und der Seelen. Es bleibt bei Versuch und Irrtum, Sieg und Niederlage, Glück und Leid.

Die ewige Klarheit eines in sich ruhenden Seins ist uns irdischen Geschöpfen versagt. Sie bleibt jenseitig. Unser ist das immer wiederkehrende Werden und Vergehen. Die Widersprüche gehören nicht nur zum Leben, sie *sind das Leben.* Wer sich dem Dasein stellt, nimmt alle Widersprüche auf sich; es sind schließlich die Widersprüche, die auch zum Wesen eines jeden von uns gehören, solange wir leben.

Uns gilt die Weisheit, die Goethe durch Worte Mephistos im »Faust«[534] verkündet:

> Glaub' unser einem, dieses Ganze
> Ist nur für einen Gott gemacht!
> Er findet sich in einem ew'gen Glanze,
> Uns hat er in die Finsternis gebracht,
> Und euch taugt einzig Tag und Nacht.

Der Mensch ist weder im Himmel noch in der Unterwelt beheimatet, ihm ist die irdische Welt zugewiesen. Ist er damit verflucht oder gesegnet? Weder das eine noch das andere; denn »Leben« ist nur zwischen zwei Polen möglich und nur so denkbar. Das bedeutet, im Gewoge der Gegensätze zu stehen und dem ständigen Wechsel ausgesetzt zu sein. Nichts anderes sagt die Verheißung unter dem Regenbogen: »Solange die Erde steht, soll nicht aufhören Saat und Ernte, Frost und Hitze, Sommer und Winter, Tag und Nacht.«[535]

Die Natur der Erde kennt keine Erstarrung, sondern nur die schwankende und zitternde Bewegung der Waagschalen, die immerzu auf- und nieder pendeln. Wie widerstrebend die Elemente auch sind, die Natur schafft den Ausgleich stets erneut, so flüchtig er auch sein mag. Solange der Mensch existiert, befindet auch er sich im irdischen Gleichgewicht. Die Haushaltlehre unseres Daseins ergibt, daß sich die Einzelexistenz wie die Natur in wunderbarer Weise dem auferlegten Schicksal entsprechend immer wieder neu einstellt.

Diese Welt ist so angelegt, daß die »Lösung« ihrer Probleme ihren Tod herbeiführen müßte. Unser Dasein wankt immerzu zwischen dem Chaos auf der einen und der mechanistischen Perfektion auf der anderen Seite dahin, bis es vom Tod ereilt wird. Die Menschen haben, solange sie die Erde bewohnen, sich gegen das Chaos behaupten müssen. Erst in den letzten zwei Jahrhunderten glaubten sie, den Sieg über die Zwänge der Natur errungen zu haben. Da die Erfolge einmalig waren, wurden die letzten Generationen in einen Rausch versetzt. Sie können nun nicht begreifen, daß die größere Gefahr für alles Leben jetzt von der mechanistischen Perfektion her droht.

Das irdische Gleichgewicht ist nichts anderes als die ruhelose Bewegung, die stets Überraschungen birgt und Aufgaben stellt. Die Erfüllung liegt in der ständig erneuten Bewährung. Wer dieses Gesetz alles Irdischen begreift, wird seine Gewißheit aus einer tieferen Seinsschicht beziehen, woraus er das Gleichgewicht seines eigenen Daseins immer erneut gewinnt. Und er wird versuchen, auch das Gleichgewicht auf unserer Erde zu wahren, denn sie ist unsere einzige Heimat in der Zeit und wird es bleiben, *solange wir sie bewahren.*

Nachwort

Wir Menschen erkennen das Wesen eines jeden Dinges am ehesten an seinem Gegensatz. So beginnen wir heute die Gesetze des *irdischen Gleichgewichts* in dem geschichtlichen Augenblick zu begreifen, wo das natürliche Gleichgewicht auf unserem Planeten bereits in einem Ausmaß gefährdet ist, das seine Fähigkeit zur Selbstregulierung übersteigt.

Der Verursacher der Gleichgewichtsstörungen ist der übermächtig gewordene Mensch. Dieser hat sich in den letzten zwei Jahrhunderten mit ebenso bedrohlichen wie wirksamen Machtmitteln ausgerüstet, die ihn unversehens zum unumschränkten Herrscher aller lebenden Wesen wie der toten Materie erhoben haben. Und er hat sich in den vergangenen Jahrhunderten mit entsprechenden Ideologien versehen, die vorgaben, wissenschaftlich begründet zu sein. So sah sich zuerst der Europäer nicht mehr als Teil der Welt, sondern als *Gestalter der Welt*. Die übrigen Völker folgten ihm nach und nach, einige davon in einem Tempo, welches ihre Vorbilder übertraf. In wenigen Generationen haben sie sich von der Natur »emanzipiert«. Unbemerkt blieb, daß es sich nur um eine theoretische, keine faktische Emanzipation handelte. Denn der Mensch blieb weiter von den Elementen und dem naturbedingten Wachstum abhängig; er hat sich nur den Blick dafür verstellt.

Die Ideologien statteten die Menschen mit immer mehr *Rechten* aus, während für die übrigen Kreaturen samt ihrer Umwelt immer weniger übrigblieben. Es handelt sich vor allem um das Recht auf Ausbeutung der Bodenschätze, der Gewässer und der Luft sowie der Pflanzen- und Tierwelt. Dazu das Recht auf jede beliebige Menge Kinder, das Recht auf Ausbildung und freie Berufswahl, das Recht auf Arbeit, das Recht auf freie Wahl des Arbeitsplatzes und des Wohnsitzes. Es ist geradezu symbolisch für die herrschende anthropozentrische Einstellung, wenn in letzter Zeit einige Wissenschaftler noch ein weiteres »Recht« obendrauf setzen wollen: das »Verschmutzungsrecht«. (Ökonomen, die immerhin die Notwendigkeit erkannt haben, den Umweltschutz in ihr Markt-System einzubauen, wollen einen »Handel mit Verschmutzrechten« über Luft und Wasser einführen.) Je mehr Rechte sich der Mensch heute herausnimmt, um so weniger Lebensmöglichkeiten werden für die kommenden Generationen übrigbleiben. Denn bei dieser rücksichtslosen Selbstbedienung wird die Empfindlichkeit aller biologischen Systeme dieses Planeten sträflich mißachtet.

Die zunehmende Absonderung des Menschen von der Natur auf Grund seines qualitativen Vorsprungs zeitigte quantitative Folgen. Er vermehrt sich seitdem in einer explosiven Weise, wie das bisher nur kleine Organismen mit kurzer Lebensdauer vermochten. Selbst die Bakterien und Viren sind nicht mehr in der Lage, die Flut der Menschen aufzuhalten. So ist es auch zu einem quantitativen Mißverhältnis zwischen der menschlichen Gattung und allen anderen existierenden Arten gekommen, das sich gefährlich zuspitzt. Die Vermehrung der Menschen geschieht auf Kosten der übrigen Arten, die er zunächst nicht nötig zu haben glaubte. Viele davon bezeichnete er als »Unkräuter« und als »Ungeziefer«.

Die Ökologie beweist nun, daß so gut wie sämtliche Arten nötig sind, und darunter Hunderttausende, von denen wir im Alltag nichts bemerken. Allen wird der Lebensraum in einem atemberaubenden Tempo entzogen. Wenn der Bericht »Global 2000« schon bis zur Jahrtausendwende mit der Ausrottung von *mindestens* einer halben Million Arten rechnet, dann ist das gleichbedeutend mit der Voraussage des Zusammenbruchs unseres ökologischen Systems bald danach. Im gleichen Zug vermehrt der Mensch einige wenige Arten, die er zu seiner Ernährung gebraucht, künstlich und veranstaltet mit ihnen eine industrielle Massenproduktion. Somit wird nicht nur das empfindliche Gleichgewicht zwischen der Anzahl der Menschen und den übrigen Lebewesen gestört, sondern das unter den anderen gleichfalls. Das Gleichgewicht der Natur beruht aber seit jeher auf dem ausgewogenen Verhältnis von Millionen verschiedener Arten mit ganz unterschiedlichen Fähigkeiten, die sich einander ergänzen und bedingen.

Auch innerhalb der Gattung Mensch ist die Verschiedenheit der Eigenschaften eine Voraussetzung für ihre Überlebensfähigkeit im Ganzen. Das beginnt mit der Verschiedenheit der Geschlechter und der einzelnen Individuen und zeigt sich im großen in der Verschiedenheit der Völker und der Kulturen. Die Natur ist auch im menschlichen Bereich immer auf Differenzierung und Vielfalt bedacht. Der moderne, technisch denkende Mensch ist hingegen der große Vereinheitlicher und Gleichmacher. Er ist bestrebt, die ganze

Welt auf eine Norm zu bringen: die Menschen, die Völker, die Kultur. Das ist letzten Endes die fatale Übertragung des Entropievorgangs auf den Menschen und dessen geistige Welt.

Der »moderne Mensch« hat auch das Gleichgewicht zwischen seinen materiellen und geistigen Daseinsinhalten völlig in Richtung auf die materiellen hin verschoben. Und im materiellen Bereich läuft alle Zielsetzung auf die Herstellung des Überflusses hinaus. Es geht längst nicht mehr um die Abstellung von Mängeln durch soviel Produktion wie nötig, sondern um die fanatische Erhöhung der Produktion, weil – so die neuerliche Begründung – damit »Arbeitsplätze geschaffen« werden. Arbeitsplätze aber – die durch Rationalisierung immerzu energie- und rohstoffintensiver werden – für eine Menschenmasse, die sich alle vierzig Jahre verdoppelt, zu »schaffen«, bedeutet konkret: die natürlichen Vorräte des Erdballs in kürzester Frist in Abfall zu verwandeln. Damit ist der ökonomische Vorgang, wie er gegenwärtig abläuft, ein Prozeß von gigantischer Entropievermehrung.

Das ökologische System unseres Planeten ist so eingerichtet, daß allen Gewinnen auch entsprechende Verluste gegenüberstehen. Ein großer Gewinn deutet auf entsprechend große Verluste – und umgekehrt deutet ein großer Verlust auf entsprechend große Gewinne hin. Die letzten Generationen waren so von ihren großen Gewinnen berauscht, daß sie versäumt haben, nach den Verlusten zu forschen. Die Verluste werden schon darum ignoriert, weil sie zum großen Teil nicht sofort, sondern später auftreten (zeitverschoben) – und weil sie auch nicht immer an der gleichen Stelle, sondern woanders eintreten (raumverschoben). Je länger sie jedoch unbemerkt bleiben, um so größer schwillt im Verborgenen der Schaden an.

Der Gewinn an Arbeitserleichterungen zum Beispiel wird erkauft durch die Abnahme der Energie- und Rohstoffvorräte (dort, wo sie abgebaut werden) und den künftigen Mangel an diesen Stoffen. Genauso werden die höheren Ernten heute (durch Energie und Düngung) mittels ebensolcher Verminderungen und mit der abnehmenden Fruchtbarkeit der Böden in Zukunft erkauft. Die auf hohe Produktion und hohen Konsum zielende Wirtschaft bezahlt ihre eindrucksvollen Steigerungen mit der Abnahme der Vorräte an Energieträgern und Rohstoffen im Boden und außerdem mit der Schädigung von Luft, Wasser und Böden sowie all dessen, was darin und darauf lebt – also nicht zuletzt des Menschen selbst. Um dessen physische Gesundheit aufrechtzuerhalten, müssen steigende medizinische Aufwendungen erbracht werden, ebenfalls auf Grund aufgestauter Wirkungen zeitverschoben oder infolge der weiten Verteilung raumverschoben. Dies wird uns heute vom sterbenden Wald demonstriert.

Auf Grund unzähliger, sich über Raum und Zeit kreuzender und gegenseitig verstärkender Ursachen ist eine genaue Negativbilanz der industriellen Unternehmungen der Menschheit unmöglich. Aber ebensowenig ist eine zuverlässige Positivbilanz möglich. Das gegenwärtige Berechnungsverfahren des Wohlstands ist schierer Selbstbetrug; denn wenn alle finanziellen Aufwendungen unbesehen zum »Bruttosozialprodukt« addiert werden, dann sagt das Ergebnis nichts über das Wohlbefinden der Gesellschaft aus. Wenn jetzt die Ausgaben für den Umweltschutz steigen, dann erhöht sich damit das Bruttosozialprodukt, obwohl eigentlich nur der Schadenszuwachs gebremst wird.

Seit Jahren erlebt nun jeder aufmerksame Beobachter, wie die Forschung täglich weitere Verknüpfungen und Feinheiten im ökologischen System entdeckt, womit die Ahnungslosigkeit des wild agierenden Menschen immer schärfer bloßgestellt wird. Trotz des zunehmenden Wissenspotentials oder gerade deswegen sind wir heute weiter davon entfernt als je, das ökologische System dieses Planeten durchschauen zu können. Wenn eine Chiffre entschlüsselt ist, dann stößt die Wissenschaft auf die nächste. Am eindrucksvollsten zeigte sich das in den letzten Jahren bei der Entschlüsselung des Atoms, die ihren Abschluß noch nicht gefunden hat und wohl auch nie finden wird. Doch ein vielfältigeres Universum tut sich im ökologischen Bereich, wo die Prinzipien des Lebens erforscht werden, vor unseren Augen auf. Es ist verwirrend und undurchdringlich, aber auch zauberhaft. Und dieses Universum steht dem Menschen keineswegs als »seine Umwelt« gegenüber, sondern er ist selbst darin verwoben. Ja, er ist von dem Gesamtsystem weit abhängiger als die sogenannten primitiven Lebewesen. Einmal, weil er als hochorganisiertes Geschöpf sehr empfindlich ist, und zum anderen, weil er das Ausmaß seiner Bedürfnisse so extravagant gesteigert hat, womit auch seine Abhängigkeit von den Ressourcen des Planeten ständig erhöht wurde. Die errichtete Hochleistungsökonomie brachte auch hochgradige Unsicherheit in das Gesamtsystem unserer Erde.

Wir stehen derzeit erst am Beginn des Nachdenkens darüber, wie der Mensch in die Naturprozesse einzuordnen sei, ohne sie zu zerstören. Noch schlimmer: Wir stehen erst am Anfang einer Selbstprüfung darüber, was unserem Erdendasein *wahrlich dient* und welche Ziele sich als *Wahnvorstellungen* erweisen. Sobald für das einzelne Individuum die physischen Existenzbedingungen vorhanden sind – und die sind erstaunlich niedrig –, spielen die geistig-psychischen Daseinsinhalte die weitaus bedeutendere Rolle im Verlauf des Lebens. Darum ist es ein fataler Irrtum des gegenwärtigen Zeitalters, mittels ständiger Anhäufung materieller Güter dem Menschen eine größere Daseinsbefriedigung verschaffen zu wollen. Inzwischen ist das Gegenteil der Fall: Wenn ein gewisses Niveau überschritten ist, schlägt die positive Wirkung in eine negative um. Und das ist eine höchst erfreuliche Erkenntnis bei den vielen schockierenden Erfahrungen dieser Jahre. Denn das heißt, daß die Verluste kleiner sein werden, als das von den Ökonomen und Politikern dargestellt wird – ja, es werden sogar Gewinne damit verbunden sein.

Das ist der weitergehende und besondere Aspekt dieses Buches über das »irdische Gleichgewicht«, daß nicht nur im Haushalt der Natur (Ökologie) ein dynamisches Gleichgewicht herrschen muß, sondern ebenso im Haushalt der Psyche des einzelnen Menschen. Auch in diesem gleichen sich positive und negative Einflüsse in einem dynamischen Prozeß, der alle Erlebnisse umfaßt, immer wieder aus. Das ist die überraschend positive Botschaft in einer Zeit der tatsächlichen und eingebildeten Enttäuschungen! Doch sie muß erst verbreitet und – *verstanden* werden. Da dies nicht schnell genug geschieht, werden wir weiter das tragische Schauspiel miterleben, wie die höchste Gattung, die dieser Planet in Milliarden Jahren hervorgebracht hat, ihren eigenen Untergang inszeniert. Trotz der genialen Leistungen vieler einzelner Menschen ist es der Gattung nicht gelungen, den übergreifenden Bewußtseinsstand zu erreichen, der nun zur Selbststeuerung dieses Planeten nötig wäre.

Nur einige Wenige sind es, die zu begreifen beginnen, mit welch mangelhaftem Bewußtsein der Mensch sich zutraute, diese Erde »menschenwürdig« einzurichten. Denn es stellt sich immer deutlicher heraus: Um einen solchen Anspruch zu erfüllen, müßte der Mensch nicht nur über die Allmacht, sondern auch über die *Allwissenheit* Gottes verfügen. Da er beides nie und nimmer erlangen kann, wird er sich wieder *bescheiden müssen – oder an seinem Anspruch zugrunde gehen.*

Da die Beschränkung menschlicher Macht seitens der Natur nicht mehr wirksam ist, müßte die *Selbstbeschränkung* des Menschen an deren Stelle treten. Ein solcher freiwilliger Verzicht ist zwar hier und da in der Geschichte geübt worden; aber es gehört gerade zu den immer noch herrschenden Wahnvorstellungen der Neuzeit, daß der Verzicht endgültig überwunden, ja daß er sogar schädlich für den unaufhaltsamen »Fortschritt der Menschheit« sei. Der betäubende Siegeszug der Technik hat zu solch humaner Euphorie auf nahezu allen Gebieten geführt, daß wir von einem kollektiven Massenwahn sprechen können. Da die Regierungen von der Masse stärker abhängen denn je, müssen sie sich deren Wahnvorstellungen willfährig zeigen. Dazu kommt, daß sie selbst aus der Masse stammen und sich von deren Einsichtsfähigkeit kaum abheben.

So nähert sich die Aufführung des Menschheitsdramas in sich überstürzenden Ereignissen dem Höhepunkt. Die Nemesis waltet und zu ihr gehört die Blindheit der Akteure, von denen ein jeder nur darauf bedacht bleibt, seine kleine Rolle zu spielen. Sie begreifen nicht, was von jeher gegolten hat und immer gelten wird: Die *Gesetze der Natur werden nicht von Menschen gemacht!*

Wenn die Natur auch im einzelnen versklavt ist, als Ganzes behält sie die Macht, ihr letztes und gefährlichstes Produkt, den Menschen, in seine Schranken zu verweisen; denn sie zieht ihn unausweichlich mit in den Untergang, den er ihr in seinem blinden Eifer bereitet. Darum lautet ihr Ultimatum an uns – heute so wie immer: *anpassen oder zugrunde gehen!*

Anmerkungen

Wenn nichts anderes angegeben, beziehen sich die Seitenzahlen auf das jeweils erste im Literaturverzeichnis aufgeführte Werk des genannten Autors.

1 K. Müller 237
2 Harman 24
3 Scitovsky 12f
4 Illich, Selbstbegrenzung 178
5 Polanyi 11
6 Fromm 19f
7 Harman 50
8 Bei Samuelson II 539f
9 Ortega 58
10 Süddeutsche Zeitung 11.8.1979
11 Röpke 21
12 Peter Graf Kielmansegg, DIE WELT 7.4.1979
13 Görzig 55ff
14 Der Artikel erschien am 23.3.1972 unter dem Titel »Gibt es in zwanzig Jahren kein Erdöl mehr?« in der BUNTEN Illustrierten.
15 Protokoll Deutscher Bundestag 8. Wahlperiode, 31. Sitzung.
16 Protokoll Deutscher Bundestag 8. Wahlperiode, 86. Sitzung
17 Gruhl 276ff
18 Vgl. Süddeutsche Zeitung 4.12.1981: »Seit den Ölpreiserhöhungen hat sich in arabischen Händen Kapital in astronomischer Höhe angesammelt. Es ist in vielen Ländern angelegt worden, darunter auch in der Bundesrepublik.«
19 Stahl und Eisen Jahrgang 95 (1975) Nr. 25
20 Süddeutsche Zeitung 30.4.1981, nach einem Bericht des Rheinisch-Westfälischen Instituts für Wirtschaftsforschung.
21 The Christian Science Monitor 26.10.1981
22 Vgl. Bernard von Plate »Zur Grundsatzdiskussion in der DDR über die Frage des Wirtschaftswachstums«, Deutschland Archiv Heft 1, Januar 1982
23 Samuelson II 565f
24 Economic Report of the President 1971 Seite 92
25 Wirtschaftswoche 3.12.1979
26 Süddeutsche Zeitung 14.2.1977
27 DIE WELT 9.9.1980. Dies ist eine verkürzte Wiedergabe der WELT, im Manuskript lautet die Stelle: »Wenn es uns nicht gelingt, die Kernkraft als Energieträger auszubauen und besonders sie für billige Prozeßwärme einzusetzen (auch über den Thorium Hochtemperaturreaktor und den Schnellen Brüter), stehen wir, weil schon in wenigen Jahren die Energielücke so groß sein wird, daß der Mangel nicht mehr über den Preis und schon gar nicht durch bürokratische Zuteilung gesteuert werden kann, vor dem alternativen Problem: Entweder wird um die Erdölquellen und Rohstofflager mit subversiven Mitteln oder in offener Auseinandersetzung Krieg geführt und der Stärkere holt sich das, was er braucht – oder aber, wir versuchen alle, mit dem Mangel zu leben, und

wir werden miterleben, daß innerstaatliche Ordnungen zerbrechen und in der Revolution der Unzufriedenheit untergehen werden.«

28 Dies schrieb der Züricher Politikwissenschaftler Hermann Lübbe unter dem Titel »Zweifel am System«, Deutsche Zeitung 9.8.1974

29 Anders II 295f

30 Anders II 398

31 Ortega 65f

32 Vgl. Gruhl 278

33 Süddeutsche Zeitung 10.9.1981

34 World Watch Paper Nr. 35 March 1980. Hrsg. Lester R. Brown

35 Kruse-Rodenacker 155

36 Cavanna 46

37 Cavanna 47

38 Vgl. Anders II 297f

39 Marsch 26

40 Marsch 27

41 Jonas 384

42 Vonessen 221

43 Vonessen 29

44 Vonessen 198. Vgl. 32: »Historie ist die urbildliche Form des Versuchs, die Vergangenheit für das eigene Leben nutzbar zu machen.«

45 Vonessen 209

46 Vonessen 203

47 Ortega 33

48 Vonessen 198

49 Vonessen 179

50 Vonessen 180

51 Vgl. Klötzli 16. Vgl. K. Müller 232: »Es ist nicht die Ökonomie, es sind nicht die Zusammenhänge des Wirtschaftens und Verwirtschaftens allein, in denen das Krebsübel sitzt; es sitzt tiefer, nämlich in der Ökologie. Man kann Ökologie in dem umfassenden Sinne von Humanökologie als die Lehre von der lebendigen Verkettung vieler Bereiche bezeichnen: als die Lehre von der Wechselwirkung der Verhältnisse in Natur, Technik, Kultur, Politik, Wirtschaft, Wissenschaft und Religion; erst in diesem Horizont, im Scheitern an den Verkettungen, als ökologische Katastrophe zeigt sich der Krebs.«

52 Fritsch 87

53 Boulding 38f

54 Vgl. Klötzli 180

55 Blin 22

56 Klötzli 279

57 UNO Statistical Papers, No. 15 und 17 »World Energy Supplies«.

58 A. Weber 90

59 Blin 21

60 Boulding 54f

61 Vgl. Gruhl 235-245

62 DIE WELT 3.10.1978

63 Global 2000 Report 51

64 Basler 47

65 Global 2000 84f

66 Global 2000 86f

67 Lohmann 104

68 Rougemont 63

69 Global 2000 85
70 Global 2000 84f
71 Vgl. Cramer 162: »Der Mensch, das aus der Natur herauskatapultierte Tier.«
72 Toynbee 503
73 Die Äußerung Friedrich Oehlkers' in einer Rede (1957) zitiert Klaus Müller in »Die präparierte Zeit« 499
74 Vgl. Blin 33
75 Toynbee 476. Vgl. 486
76 »natur« Heft 1, 1980
77 Gruhl 111f
78 Whitehead 73
79 Whitehead 3
80 Hauptwerk: »The Entropy Law and the Economic Process«. Cambridge 1971
81 In »natur« Heft 1, 1980
82 Leonardo da Vinci 862f
83 Wells 20
84 Wells 10
85 Wells 14
86 Wells 15
87 Wells 29
88 Klages 22
89 Global 2000 90
90 Wells 31
91 Blin 289
92 K. Müller 228f
93 Hayek 256
94 Mishan 41. Vgl. 43: »Man könnte noch zahlreiche Beispiele von Neuerungen anführen, die zunächst einmal wie Beiträge zu einem höheren Lebensstandard aussehen, dann aber eher wie Beiträge zu höheren Lebenskosten anmuten. Ein großer Teil der Anstrengungen und des Erfindergeistes wird also für die Herstellung ausgeklügelter Produkte und spezialisierter Dienstleistungen aufgewendet, um grundlegende biologische und psychische Bedürfnisse zu erfüllen, die in der vorindustriellen Gesellschaft leichter und oft besser befriedigt wurden.«
95 Gruhl 81
96 bild der wissenschaft Februar 1982 Seite 108
97 Daly 94
98 bild der wissenschaft Februar 1981
99 Statistisches Jahrbuch 1981 für die Bundesrepublik Deutschland 638f. Jänicke 78
100 Süddeutsche Zeitung 29.8.1981. Vgl. Jänicke 73
101 Vgl. Jänicke 71: 85 Prozent der Todesursachen sind auf Zivilisationskrankheiten zurückzuführen.
102 Jänicke 75
103 Scitovsky 143. Vgl. 144f.
104 Jänicke 79
105 Jänicke 35. Dort Verweis auf weitere Literatur.
106 Scitovsky 142
107 Mishan 228
108 Goethe an Frau von Stein am 8.6.1787
109 Frankfurter Allgemeine Zeitung 19.3.1980. Vgl. zu diesem Abschnitt Harald Stumpf, »Leben und Überleben«.

110 Frankfurter Allgemeine Zeitung 17.2.1981
111 Süddeutsche Zeitung 18.8.1981
112 Frankfurter Allgemeine Zeitung 7.1.1981
113 Wirtschaftswoche 8.1.1982
114 Süddeutsche Zeitung 21.11.1981
115 Illich, Fortschrittsmythen 127
116 Statistisches Jahrbuch 1981 für die Bundesrepublik Deutschland 330
117 Jänicke 92-95
118 Jänicke 40-42: Zum sozial-industriellen Komplex wurden auch gezählt: Straßenverkehr, Wasserstraßen; Wohnungsbau und Raumordnung; kommunale Gemeinschaftsdienste und Forschung (119)
119 Goldscheid 27f.
120 Scitovsky 139f.
121 Fetscher 47f.
122 Hirsch 17
123 Heimann 46ff.
124 Illich, Selbstbegrenzung 179
125 Illich, Selbstbegrenzung 180
126 Daly 155: »Wir können auf zweierlei Weise irren: Wir können die Hypothese von der allmächtigen Technologie akzeptieren und dann entdecken, daß sie falsch ist, oder wir können sie zurückweisen und später entdecken, daß sie richtig ist. Welchen Irrtum wünschen wir am allermeisten zu vermeiden? Wenn wir die falsche Hypothese befolgen, wird das Ergebnis katastrophal sein. Wenn wir dagegen die richtige Hypothese zurückweisen, werden wir lediglich unbedeutende Befriedigungen verpassen und lernen zu teilen, was sehr wohl gut für uns sein könnte, wenn es auch Schwierigkeiten bereitet«.
127 Vgl. Blin 255
128 Mumford 394
129 Vgl. Mumford 400
130 Mumford 395
131 Jaspers, Rechenschaft 31
132 Jünger 39
133 Anders II 107
134 Anders II 108. Vgl. 279f.
135 Fromm 149f.
136 Vgl. Fromm 143: »Hinter der christlichen Fassade entstand eine neue geheime Religion – die ›industrielle Religion‹ – die in der Charakterstruktur der modernen Gesellschaft wurzelt, aber nicht als Religion anerkannt ist. Die industrielle Religion ist mit echtem Christentum unvereinbar. Sie reduziert die Menschen zu Dienern der Wirtschaft und der Maschinen, die sie mit ihren eigenen Händen gebaut haben«.
137 Jonas 277
138 Anders I 24
139 Mumford 478
140 Anders I 25
141 Anders I 26 und 36
142 Anders II 111
143 Anders II 109
144 Anders II 290
145 Höhler 238
146 Heimann 148
147 Anders I 291

148 Polanyi 63f.
149 Heimann 141
150 Heimann 55
151 Heimann 327f.
152 Vgl. Heimann 316-319
153 Toynbee 499f.
154 Kruse-Rodenacker 161
155 Weltentwicklungsbericht 1981 der Weltbank 148f.
156 Brecht 914
157 Höhler 252
158 Höhler 133
159 Illich, Selbstbegrenzung 30
160 Heimann 314f.
161 Vgl. Heimann 23f. und 47f.
162 Blin 24. Vgl. Kükelhaus 19: »Daß das Lebensgeschehen ja gerade in der Erhaltung der Vielfalt liegt«.
163 Kükelhaus 77
164 Lorenz 94
165 Ein neuester bekannter Verfechter der Stufen vier und fünf ist Rudolf Bahro in seinem Buch »Die Alternative«. »Kulturrevolution« nennt er das. Vgl. 355: »Egalisierung der materiellen und kulturellen Lebensbedingungen«.
166 Vgl. Höhler 79
167 Vonessen 47
168 Höhler 157
169 Höhler 157f.
170 Höhler 162
171 Mishan 194
172 Höhler 160
173 Mishan 194
174 Höhler 164f.
175 Frankfurter Allgemeine Zeitung 1.4.1981
176 Vgl. Mishan 252
177 Max Müller 157
178 Höhler 37. Vgl. Gehlen 40
179 Vgl. Höhler 77f.
180 Lorenz 78
181 Mishan 217
182 Global 2000 88
183 Vgl. Küng 78
184 Vonessen 193f.
185 Vonessen 235
186 Kruse-Rodenacker 172
187 Höhler 56f.
188 Schönauer 94
189 Höhler 239
190 1. Mose 3, 17-19
191 Jonas 343
192 Friedrichs, Günter; Schaff, Adam (Hrsg.): Auf Gedeih und Verderb – Mikroelektronik und Gesellschaft. Europaverlag, Wien 1982
193 Jonas 357
194 Jonas 356f.
195 Scitovsky 196

196 Kant IX 471
197 Mumford 770
198 Vgl. Polanyi 320
199 Scheler 107
200 Vgl. u.a. Sigrid Hunke, DIE WELT 22.11.1980
201 DIE WELT 7.2.1981
202 Vgl. Höhler 93
203 Mishan 249
204 Höhler 214
205 Höhler 178f.
206 Keyserlingk, Laotse 23ff.
207 »Akkumuliert, akkumuliert, das ist Moses und die Propheten«. (MEW 23 Seite 621)
208 Marx, Grundrisse 387
209 Brecht 926f.
210 Jonas 259
211 Dieser Gedanke ist wohl auf den Apostel Paulus zurückzuführen (Römerbrief 8, 19-23)
212 Jonas 9. Zur Kritik dieser Utopie vgl. besonders 313ff.
213 Cobb 157
214 DIE WELT 7.2.1981
215 A. Schmidt 151
216 MEW 19 Seite 14f.
217 Jensen 79
218 Maurer 134
219 MEW 20 Seite 453
220 Marx, Das Kapital. Dietz, Stuttgart 1914. Band I 145f.
221 MEW 19 Seite 14f.
222 MEW 4 Seite 467
223 Brecht 917f.
224 Jonas 275f.
225 Jonas 277
226 Jonas 388
227 Illich, Selbstbegrenzung 59
228 MEW 4 Seite 466
229 ebd.
230 Fetscher 112
231 Heimann 326
232 Heimann 330
233 Vgl. Mumford 775f.
234 Mumford 833
235 Jünger 8
236 Vgl. Klaus Hornung bei Kaltenbrunner 121: »Wenn bestimmte prophezeite Ereignisse und historische Durchbrüche partout nicht eintreten wollen, dann müssen es natürlich Teufel sein, welche die Verwirklichung der Heilserwartung anzuhalten oder gar den Gang der eisernen geschichtlichen Notwendigkeit umzuwenden versuchen. Diese offenbarungsfeindlichen, geschichtswidrigen, verräterischen Gegenkräfte – in der Sprache der Leninisten stets nur ›ein Häuflein abgefeimter Schurken, das denkbar schmutzigste Gesindel... die abscheulichsten Henker aus den Reihen der Arbeiterklasse‹ usf. – rechtfertigen daher schlechthin alle Mittel zu ihrer Bekämpfung und Beseitigung«.
237 Keynes, Politik und Wirtschaft 268f.

238 Goethe XL 388
239 Eckermann 126
240 Goethe, Die Natur XL 385
241 Anders I 280
242 Höhler 268
243 Höhler 94
244 Höhler 268
245 Goethe IV 17
246 Vgl. Anders I 277
247 Bataille 60
248 Mumford 784f.
249 Ortega 56
250 Goethe, Die Natur XL 385
251 Spengler I 153
252 Spengler I 158
253 Schneider 243
254 Otto Betz, »Im Netz des Lichtes und der Finsternis – Gott, die Angst und die Liebe in den großen Volksmärchen«. Süddeutsche Zeitung 10.1.1981
255 Cramer 30
256 Bataille 30
257 Snow 18
258 Wells 11f.
259 Mumford 769f.
260 Vgl. Heimann 99: »Macht ist nicht schlecht in sich selbst, wie Liberale und Rationalisten unentwegt annehmen. Nichts Gutes kann ohne die Macht, es zu vollbringen, getan werden; genauso wie nichts Schlechtes. Macht ist eine Seite oder vielleicht nur ein anderer Name für Leben, Freiheit, Vitalität und ebenso zweideutig zwischen Gut und Böse, wie sie alle sind«.
261 Bei Kaltenbrunner 23
262 Jünger 62
263 Ditfurth 271
264 Cramer 288
265 Mumford 784
266 Mumford 768
267 Bataille 9
268 Kant IV 418
269 Binswanger 31
270 Mumford 718
271 Vgl. Daly, Die Gleichgewichtswirtschaft 22
272 Vgl. Daly 19f.
273 Fromm 17
274 Herbig 94
275 Scitovsky 117f.
276 Vgl. Daly 21
277 Die Belegstelle konnte bei Platon bisher nicht gefunden werden
278 Goethe XI 80
279 Informationsdienst des Instituts der deutschen Wirtschaft Nr. 25, 25.6.1981
280 Blin 282. Vgl. die Dissertation von Wolfram Ziegler, der darstellt, daß jede Region nur ein gewisses Maß an Energie ökologisch verkraften kann.
281 Vgl. Seite 28ff. dieses Buches
282 Mishan 10
283 Röpke 195

284 Hayek 121
285 Hayek 122
286 Goethe XL 386
287 Goethe II 288
288 Kükelhaus 41f.
289 Kükelhaus 42
290 Kükelhaus 76
291 Scitovsky 27
292 Vgl. die Wundt-Kurve bei Scitovsky 37
293 Scitovsky 37
294 Keyserlingk 24
295 Mumford 721
296 Jonas 366f.
297 Keyserlingk 36
298 Burnham 193
299 Anders II 195
300 Bataille 65
301 Ernst v. Weizsäcker, Offene Systeme I, Forschungen und Berichte der Evangelischen Studentengemeinschaft Band 30, Stuttgart 1974
302 Walter Cannon, zitiert bei Mumford 790
303 Mishan 240. Vgl. auch 206
304 Mishan 246
305 Vgl. Fromm 68f.
306 Vgl. Höhler 242
307 Jünger 64
308 Bataille 232f.
309 Vonessen 239
310 Brecht 316f.
311 Enzyklika Redemptor Hominis 33
312 Vgl. Bataille 173
313 Horkheimer 7
314 Blin 284
315 Die Belegstelle konnte bei Burke bisher nicht gefunden werden
316 Vgl. Harald Stumpf
317 Polanyi 320
318 Cramer 168f.
319 Scitovsky 38
320 Scitovsky 58f.
321 Ortega 21f.
322 Dichtung und Wahrheit 13. Buch, Absatz 44
323 Mishan 261
324 Scheler 21
325 Illich, Selbstbegrenzung 111
326 Schumann 204f.
327 Goethe XI 23f.
328 Vgl. Goethe, Die Natur
329 Vgl. Klötzli 61-75
330 Bataille 55-58
331 Whitehead 73
332 Vgl. Goldsmith 93: »Ein Termitenbau ist eindrucksvoller... als ein Wolkenkratzer in Manhattan...«
333 Bataille 59

334 A. Weber 143
335 Vgl. Kaffka 4f.
336 Whitehead 6
337 Jünger 86
338 Eckermann 241f.
339 Ditfurth 301
340 Whitehead 73
341 Whitehead 53
342 Staehelin 46
343 Staehelin 77
344 Vgl. Staehelin 62
345 Staehelin 112
346 Staehelin 155
347 Ortega 23
348 K. Müller 240-253. Vgl. Martin Rock, »Theologie der Natur« bei Birnbacher 75: »In der Einbettung in den Kosmos der letztlich verfügbaren Natur erfährt der Mensch sowohl die Macht als auch die Wohltat Gottes«.
349 K. Müller 241
350 Erklärung der Deutschen Bischofskonferenz Seite 4 und 6
351 Sonnengesang, übersetzt von Leifhelm, Otto Müller, Salzburg
352 Baden 70
353 1. Mose Kap. 1, Vers 26-28 bzw. Kap. 2, Vers 15. Züricher Bibel.
354 Diogenes Laertios VII 85, bei Vonessen 122
355 Höhler 229
356 Vgl. Jaspers 326f.
357 Vgl. Cramer 169: »Die wissenschaftliche Auffassung über das Leben stellt den Menschen so in die Mitte des Daseins, daß er darauf angewiesen zu sein glaubt, auch seinen ›Sinn‹ (das Sein) in sich selbst finden zu müssen. Darin muß er scheitern, denn die wissenschaftliche Durchdringung kann sich immer nur in den Bereichen vollziehen, in denen das Objektivitätspostulat anwendbar ist, Das Individuum, das Subjekt, kann mit den Methoden der Wissenschaft keinen Sinn finden, schon gar nicht für sich selbst als Einzelwesen. Auf der Suche nach Sinngebungen findet es nichts – ›nihil‹«.
358 Vgl. Küng 190
359 WELT am SONNTAG 15.4.1979
360 Bataille 60
361 Goethe, Die Natur XL 387
362 Laotse 86
363 Neue Züricher Zeitung 10.10.1980. Übersetzt von János Riesz.
364 Höhler 246f.
365 Schiller, Über die ästhetische Erziehung des Menschen in einer Reihe von Briefen, 2. Brief
366 Schiller, 27. Brief
367 Heimann 12
368 Blin 43
369 Blin 42
370 Vgl. Blin 57
371 Blin 61
372 Toynbee 482
373 Vgl. Mishan 89: »Wenn wir uns das Leben genialer Männer seit der Renaissance anschauen – etwa Michelangelo, Shakespeare, Rembrandt, Newton, Wren, Beethoven – können wir fragen, ob aus ihrem Leben irgendwelche

Vorfälle bekannt sind, die vermuten lassen, daß ihre ungewöhnliche Begabung frustriert wurde – einfach deshalb, weil das damalige Leben nicht den nötigen Grad an Komplexität aufwies. Glauben wir wirklich, daß Shakespeare schönere Gedichte schriebe, Beethoven schönere Sinfonien komponierte, würden sie heute ins Leben zurückgerufen?«

374 Rüstow 270
375 Zitiert von Heinrich Stammler in »integral« Nr. 5, 1981
376 Mumford 755
377 Vgl. Cramer 375
378 Cramer 278
379 Schweitzer, Kultur 23
380 Daly 14ff.
381 Enzyklika 30f.
382 Ortega 40
383 Mumford 723
384 Kaltenbrunner 41
385 Schulze 182
386 Kükelhaus 21. Vgl. auch 41
387 Zitiert bei Vonessen 139
388 Ortega 72
389 Ortega 73f.
390 Mumford 724
391 Schulze 183f.
392 Mumford 275f.
393 Mishan 129, eigene Übersetzung
394 Lorenz 107
395 Ortega 43
396 Meves bei Zoller 107
397 Süddeutsche Zeitung 22.9.1981
398 Kükelhaus 83
399 Heimann 96
400 Ortega 41
401 Mishan 73
402 Scitovsky 34
403 Mishan 156f.
404 Anders II 309
405 Vonessen 62f.
406 Vonessen 64
407 Mishan 135. Vgl. Anders II 358: »Die Verletzung der Tabus, namentlich die der stärksten, mag zwar für die Happening-Veranstalter eine gewisse Genugtuung mit sich bringen; diese mögen auch glauben, daß sie durch die Zerstörung der am tiefsten eingewurzelten Tabus dem Establishment eine wirkliche Wunde schlagen. Aber oft irren sie. Denn dem Establishment, das durch die Tabubrüche schockiert werden soll, sind diese Ersatzattacken, da sie politisch unschädlich bleiben, oft gar nicht so unwillkommen ... Es nützt nämlich dem Establishment, wenn sich die Oppositionellen in nicht-politischen Aktionen verausgaben«.
408 Höhler 118. Vgl. 140: »Zur Lösung unserer neurotischen Schadensfälle haben wir die Wissenschaft«.
409 Mishan 252
410 Mishan 135
411 Anders I 200

412 Scitovsky 71
413 Scitovsky 68
414 Mishan 164
415 Mishan 239
416 Anders II 102
417 Jonas 364f.
418 Frankfurter Allgemeine Zeitung 20.1.1982
419 Ortega 101
420 Höhler 232
421 Kruse-Rodenacker 162f.
422 Höhler 228f.
423 Frankfurter Allgemeine Zeitung 22.12.1979
424 Cramer 241
425 Jonas 384
426 Harman 166
427 The Observer 11.6.1972
428 Fromm 84
429 Schweitzer 71
430 Vgl. Spaemann bei Birnbacher 199: »Die späteren Generationen müssen die Möglichkeit haben, unsere Spuren wieder zu beseitigen, oder das, was wir ihnen hinterließen, wiederum zu transformieren in das, was ihnen gut scheint. Wir müssen Substanzen hinterlassen, die weiterhin solche Transformationen möglich machen, und dies ohne Spekulation auf ungeahnte technische Fortschritte.... Wir haben nicht das Recht, über die Gefahren hinaus, die der Natur innewohnen – Erdbeben, Vulkanausbrüche, Wirbelstürme – durch unsere Transformation von Materie zusätzliche Gefahrenquellen in unseren Planeten einzubauen«.
431 Lichtenberg 328f.
432 Harman 174
433 Bergson 321
434 Lübbe 66f.
435 Bei Birnbacher 198
436 Deutsche Zeitung 21.12.1979. Vgl. Spaemann bei Birnbacher 205f.
437 Harman 65
438 Brecht 920
439 Mumford 721. Vgl. Hirsch 246
440 Vgl. Laotse 57: »Kein Mangel größer/als Gewinnsucht besitzen«.
441 Bataille 67
442 Vgl. Bataille 49
443 Ortega 73
444 Bataille 68
445 Polanyi 201
446 Polanyi 202
447 Laotse 55
448 Heimann 331
449 Mishan 257f.
450 Mishan 268
451 Heimann 329f.
452 Vonessen 22
453 Cramer 105
454 Daly 44f.
455 Vgl. Seite 101ff. des Buches

456 Zitiert bei Mumford 728
457 Nietzsche VI, 3 351
458 Die Belegstelle konnte bei Kant bisher nicht gefunden werden
459 Laotse 53
460 Rathenau 11
461 Rathenau 41
462 Rathenau, »Von kommenden Dingen« 94. Vgl. auch »Probleme der Friedenswirtschaft« 32f.
463 Mishan 201
464 Kaltenbrunner 77
465 Cramer 266f.
466 Cramer 266
467 Illich, Selbstbegrenzung 40
468 Zitiert bei Polanyi 320
469 Mumford 805
470 Heidegger 28f.
471 Mumford 805
472 Mumford 826
473 Heisenberg, »Die Beziehungen zwischen Wissenschaft und Gesellschaft« in »UNIVERSITAS« Heft 3, 1976
474 Mumford 807
475 Heimann 327
476 Vortrag: »In der Fessel wirtschafts- und sozialpolitischer Heuchelei« in Frankfurter Rundschau 20.5.1980
477 Mumford 832
478 Stumpf 235
479 Vgl. Jaspers 326: »Technik und Politik haben den bisher durch Jahrtausende bestehenden geistigen Zustand fast ausgelöscht. Es gibt nicht mehr die gemeinsame abendländische Welt, keinen gemeinsam geglaubten Gott, kein gültiges Menschenbild, nicht mehr das in allen Gegnerschaften, noch im Kampf auf Leben und Tod eine Solidarität stiftende. Das heute gemeinsame Bewußtsein läßt sich nur durch Negationen charakterisieren: den Zerfall der geschichtlichen Erinnerung, den Mangel eines herrschenden Grundwissens, die Ratlosigkeit in bezug auf die ungewisse Zukunft«.
480 Höhler, Glück 299
481 Süddeutsche Zeitung 11.7.1978
482 Staudinger/Behler 255
483 K. Müller 235
484 Fromm 105f.
485 Zitiert bei Reinhard Schulze 17
486 Goldsmith 13
487 »Changing Emphasis in Social Structure« in »Cultur and Society«. University of Pittsburg Press, Pittsburg 1965. Vgl. Goldsmith 15 und 144
488 Mishan 183
489 Scitovsky 79
490 Goldsmith V
491 Goldsmith 21
492 Goldsmith 37
493 Röpke 95f.
494 Mumford 832
495 Jaspers, Philosophie III 219f.
496 Schneider 242

497 Max Müller 141
498 Toynbee 500
499 Blin 290
500 Leonardo da Vinci 862f.
501 Fromm 194; eigene Übersetzung
502 Süddeutsche Zeitung 12.11.1981
503 Protokoll Deutscher Bundestag, 7. Wahlperiode, 215. Sitzung
504 Blin 289f. Vgl. Robert Spaemann, Neue Züricher Zeitung 5.9.1980: »Erstmals rückt der kollektive Selbstmord der Menschheit in den Bereich des Möglichen, so daß wir sagen können, daß die Existenz der Gattung selbst in die Verfügungsgewalt der Gattung tritt«.
505 Gehlen 142
506 Spengler, Der Mensch und die Technik 88
507 Blin 286
508 Blin 288
509 Blin 290
510 Mumford 795
511 Mumford 825
512 Mumford 830f.
513 Mumford 826
514 Staudinger/Behler 259
515 Höhler 260
516 Fromm, Interview aus »Buch« Heft 1, 1979. Vgl. Höhler, Glück 275
517 Höhler, Glück 297
518 Nietzsche VI, 1 340 (Also sprach Zarathustra)
519 Zitiert bei Heimann 6
520 Fromm 13
521 Pindar 74
522 Horkheimer 27
523 Den Hinweis auf dieses Gedicht verdanke ich einem Artikel von Elisabeth Noelle-Neumann »Weich keinem Glücke nicht« in der Frankfurter Allgemeinen Zeitung vom 27.12.1980
524 Höhler, Glück 251
525 Cramer 267
526 Mishan 129 f.
527 Rilke III 343
528 Maslow, »Toward a Psychology of Being«, zitiert von Harman 154
529 Goethe II 92
530 Brecht 205
531 WELT am SONNTAG 15.4.1979
532 Bei Birnbacher 194
533 Churchman 80
534 Goethe II 46
535 Rilke III 297 ff.
536 Goethe XI 72. Vgl. III 269: »Unsere Zustände schreiben wir bald Gott, bald dem Teufel zu, und fehlen ein- wie das anderemal: in uns selbst liegt das Rätsel, die wir Ausgeburt zweier Welten sind.«
537 1. Mose 8,22

Literaturverzeichnis

Ahlheim, Karl-Heinz (Hrsg.): Wie funktioniert das? – Die Umwelt des Menschen. Bibliographisches Institut, Mannheim 1975

Amery, Carl: Natur als Politik – Die ökologische Chance des Menschen. Rowohlt, Reinbek 1976

–: Das Ende der Vorsehung – Die gnadenlosen Folgen des Christentums. Rowohlt, Reinbek 1972

Anders, Günther: Die Antiquiertheit des Menschen Band I: Über die Seele im Zeitalter der zweiten industriellen Revolution. C.H. Beck, München 1956

–: Die Antiquiertheit des Menschen Band II: Über die Zerstörung des Lebens im Zeitalter der dritten industriellen Revolution. C.H. Beck, München 1980

Ardrey, Robert: Der Gesellschaftsvertrag – Das Naturgesetz von der Ungleichheit der Menschen. Molden Verlag, Wien 1970

Atteslander, Peter: Die Grenzen des Wohlstands – An der Schwelle zum Zuteilungsstaat. Deutsche Verlags-Anstalt, Stuttgart 1981

Baden, Hans Jürgen: Das einfache Leben aus dem Geist des Christentums. Herder, Freiburg 1981

Bahro, Rudolf: Die Alternative – Zur Kritik des real existierenden Sozialismus. Europäische Verlagsanstalt, Köln 1977

Basler, Ernst: Strategie des Fortschritts. Huber, Frauenfeld 1973

Bataille, George: Band I: Das Theoretische Werk – Die Aufhebung der Ökonomie. Rogner & Bernhard, München 1975

Bateson, Gregory: Ökologie des Geistes – Anthropologische, psychologische, biologische und epistemologische Perspektiven. Suhrkamp, Frankfurt am Main 1981

Bergmann, Gerhard: Christentum und Sozialismus – unvereinbar? Häussler-Verlag, Neuhausen-Stuttgart 1979

Bergson, Henri: Materie und Gedächtnis – und andere Schriften. S. Fischer, Frankfurt am Main 1964

Binswanger, Hans Christoph; Geissberger, Werner; Ginsburg, Theo: Wege aus der Wohlstandsfalle – Der NAWU-Report. S. Fischer, Frankfurt am Main 1979

Birch, Charles: Confronting the Future. Penguin Books, Harmondworth, Middle Sex., England 1975

Birnbacher, Dieter (Hrsg.): Ökologie und Ethik. Philipp Reclam jun., Stuttgart 1980

Blin, Maurice: Die veruntreute Erde. Herder Verlag, Freiburg 1977

Bon, Gustave: Psychologie der Massen. Alfred Kröner, Stuttgart 1973

Boulding, Kenneth E., Band 31: Ökonomie als Wissenschaft. Piper & Co. Verlag, München 1976

Braunbek, Werner: Die unheimliche Wachstumsformel. Paul-List-Verlag, München 1973

Brecht, Berthold: Die Gedichte von Berthold Brecht. Suhrkamp, Frankfurt am Main 1981

Brun, Rudolf (Hrsg.): Der grüne Protest. Fischer Taschenbuch Verlag, Frankfurt am Main 1978

Bunzel, Ruth: The Economic Organization of Primitive Peoples. In General Anthropology, hrsg. von Franz Boas 1938

Burke, Edmund: Betrachtungen über die Französische Revolution. Suhrkamp, Frankfurt a.M. 1967

Burnham, James: Das Regime der Manager. Union Deutsche Verlagsgesellschaft, Stuttgart 1949

Cavanna, Henry (Hrsg.): »Schrecken« des Jahres 2000. Klett, Stuttgart 1977
Chargaff, Erwin: Das Feuer des Heraklit – Skizzen aus einem Leben vor der Natur. Klett-Cotta, Stuttgart 1979
Chorafas, Dimitris N.: Die kranke Gesellschaft. Ullstein-Verlag, Berlin 1974
Churchman, C. West: Philosophie des Managements. Rombach, Freiburg 1973
Closets, François de: Vorsicht Fortschritt! – Über die Zukunft der Industriegesellschaft. S. Fischer, Frankfurt am Main 1970
Cloud, Preston: Wovon können wir morgen leben? Carl Hanser, München 1971
Cobb, John B.: Der Preis des Fortschritts. Claudius-Verlag, München 1972
Commoner, Barry: Wachstumswahn und Umweltkrise. C. Bertelsmann Verlag, Gütersloh 1971
Cramer, Friedrich: Fortschritt oder Verzicht. Nymphenburger Verlagshandlung, München 1975
Daly, Herman: Steady State Economics. Freeman & Co., San Francisco 1977
–: (Hrsg.): Economics, Ecology, Ethics. W. H. Freeman and Co., San Francisco 1980
Demoll, Reinhard: Bändigt den Menschen! – Gegen die Natur oder mit ihr? Bruckmann, München 1954
Ditfurth, Hoimar von: Wir sind nicht nur von dieser Welt – Naturwissenschaft, Religion und die Zukunft des Menschen. Hoffmann & Campe Verlag, Hamburg 1981
Dittmar, Friedrich: Umweltschäden regieren uns. Nicolai, Herford 1971
Dubos, René: Der entfesselte Fortschritt – Programm für eine menschliche Welt. Gustav Lübbe Verlag, Bergisch Gladbach 1970
Eckermann, Johann Peter: Gespräche mit Goethe. Brockhaus, Wiesbaden 1959
Engels, Friedrich: Dialektik der Natur. Dietz-Verlag, Berlin 1951
Eppler, Erhard: Ende oder Wende. Kohlhammer, Stuttgart 1975
–: Wege aus der Gefahr. Rowohlt, Reinbek 1981
Fetscher, Iring: Überlebensbedingungen der Menschheit: Zur Dialektik des Fortschritts. R. Piper & Co, München 1980
Fjodorow, E. F.: Die Wechselwirkung zwischen Natur und Gesellschaft. VEB Deutscher Verlag der Wissenschaften, Berlin 1974
Föppl, Christine: Die Vollbeschäftigungsformel – Wirksame Rezepte gegen die Arbeitslosigkeit. Fischer Taschenbuch Verlag, Frankfurt am Main 1978
Forrester, Jay W.: Der teuflische Regelkreis – Das Globalmodell der Menschheitskrise. Hrsg. von Eduard Pestel, Deutsche Verlags-Anstalt, Stuttgart 1972
Freyer, Hans: Gedanken zur Industriegesellschaft. V. Hase und Koehler-Verlag, Mainz 1970
Friedrich, Heinz: Kulturverfall und Umweltkrise – Plädoyers für eine Denkwende. Deutscher Taschenbuch Verlag, München 1979
Friedrichs, Günter; Schaff, Adam (Hrsg.): Auf Gedeih und Verderb. Europaverlag, Wien 1982
Fritsch, Bruno: Wir werden überleben. Olzog Verlag, München 1982
–: Wachstumsbegrenzung als Machtinstrument. Deutsche Verlags-Anstalt, Stuttgart 1974
–: Die vierte Welt. Modelle einer neuen Wirklichkeit. Deutsche Verlags-Anstalt, Stuttgart 1970
Fromm, Erich: Haben oder Sein – Die seelischen Grundlagen einer neuen Gesellschaft. Deutsche Verlags-Anstalt, Stuttgart 1977
Fucks, Wilhelm: Formeln zur Macht. Deutsche Verlags-Anstalt, Stuttgart 1965
Galbraith, John Kenneth: The Affluent Society. Houghton Mifflin Comp., Boston 1958
–: Wirtschaft für Staat und Gesellschaft. Droemer Knaur, München 1974

Garaudy, Roger: Aufruf an die Lebenden. Hermann Luchterhand Verlag GmbH, Darmstadt und Neuwied 1981
Gehlen, Arnold: Moral und Hypermoral – Eine pluralistische Ethik. Athenäum Verlag, Frankfurt am Main 1969
Gehmacher, Ernst: Psychologie und Soziologie der Umweltplanung – Planungsrelevante Grundbegriffe und Theorien der Sozialwissenschaften. Rombach, Freiburg 1973
Giarini, Ori; Loubergé, Henri: The Dimenshing Returns of Technology. Pergamon Press, Oxford 1978
Glaser, Hermann (Hrsg.): Fluchtpunkt Jahrhundertwende. 2 Bände. Ullstein-Sachbuch, Frankfurt, Berlin, Wien 1981
Görzig, Bernd: Die Entwicklung des Wachstumspotentials in den Wirtschaftsbereichen der Bundesrepublik Deutschland. Duncker & Humblot, Berlin 1972
Goethe, Johann Wolfgang: Goethes sämtliche Werke in 40 Bänden. Cotta'scher Verlag, Stuttgart und Tübingen 1840
Goldscheid, Rudolf: Staatssozialismus oder Staatskapitalismus. Anzengruber-Verlag, Wien, Leipzig 1917
Goldsmith, Edward: The Stable Society. Wadebridge Press, Cornwall 1978
Goldsmith, Edward; Allen, Robert: Planspiel zum Überleben – Ein Aktionsprogramm. Deutsche Verlags-Anstalt, Stuttgart 1972
Gorz, André: Ökologie und Politik – Beiträge zur Wachstumskrise. Rowohlt, Reinbek 1977
Gruhl, Herbert: Ein Planet wird geplündert – Die Schreckensbilanz unserer Politik. Fischer Taschenbuch Verlag, Frankfurt am Main 1978
Grzimek, Bernhard: Grzimeks Tierleben. Sonderband »Ökologie«: Unsere Umwelt als Lebensraum. Hrsg. von Joachim Illies und Wolfgang Klausewitz. Kindler-Verlag, Zürich 1973
Guardini, Romano: Das Ende der Neuzeit. Hess Verlag, Basel 1950
Guggenberger, Bernd: Bürgerinitiativen in der Parteiendemokratie. Kohlhammer, Stuttgart 1980
Haber, Heinz: Stirbt unser blauer Planet? Deutsche Verlags-Anstalt, Stuttgart 1973
Harich, Wolfgang: Kommunismus ohne Wachstum? Rowohlt, Reinbeck 1975
Harman, Willis W.: Gangbare Wege in die Zukunft? Darmstädter Blätter, Darmstadt 1978
Hayek, Friedrich A.: Der Weg zur Knechtschaft. Verlag moderne Industrie, München 1971
Heidegger, Martin: Einführung in die Metaphysik. Max Niemeyer, Tübingen 1953
Heimann, Eduard: Soziale Theorie der Wirtschaftssysteme. Mohr, Tübingen 1963
Heraklit: Fragmente. Heimeran Verlag, München 1965
Herbig, Jost: Das Ende der bürgerlichen Vernunft – Wirtschaftliche, technische und gesellschaftliche Zukunft. Carl Hanser Verlag, München 1974
Hillmann, Karl-Heinz: Umweltkrise und Wertwandel. Peter D. Lang, Frankfurt am Main 1981
Hirsch, Fred: Die sozialen Grenzen des Wachstums. Rowohlt, Reinbek 1980
Hoefnagels, Harry: Die neue Solidarität – Ausweg aus der Wachstumskrise. Kösel-Verlag, München 1979
Höhler, Gertrud: Die Anspruchsgesellschaft – Von den zwiespältigen Träumen unserer Zeit. Econ-Verlag, Düsseldorf 1979
–: Das Glück – Analyse einer Sehnsucht. Econ-Verlag, Düsseldorf 1981
Horkheimer, Max; Adorno, Theodor: Dialektik der Aufklärung. S. Fischer, Frankfurt am Main 1969

Huber, Joseph (Hrsg.): Anders arbeiten – anders wirtschaften. Fischer Taschenbuch Verlag, Frankfurt am Main 1979
Huxley, Aldous: Dreißig Jahre danach oder Wiedersehn mit der wackeren neuen Welt. Piper, München 1960
Hyams, Edward: Der Mensch – Ein Parasit der Erde. Eugen Diederichs, Düsseldorf-Köln 1956
Illich, Ivan: Die sogenannte Energiekrise oder Die Lähmung der Gesellschaft. Rowohlt, Reinbek 1974
–: Selbstbegrenzung – Eine politische Kritik der Technik. Rowohlt, Reinbek 1975
–: Entmündigung durch Experten – Zur Kritik der Dienstleistungsberufe. Rowohlt Taschenbuch Verlag, Reinbek
Ionesco, Eugène: Die bedrohte Kultur – Rede zur Eröffnung der Salzburger Festspiele 1972. Kurt Desch-Verlag, München 1972
Jänicke, Martin: Wie das Industriesystem von seinen Mißständen profitiert. Westdeutscher Verlag, Opladen 1979
Jaspers, Karl: Rechenschaft und Ausblick. Piper, München 1958
–: Philosophie (Band I-III). Springer, Berlin 1956
–: Vom Ursprung und Ziel der Geschichte. Piper, München 1963
Jensen, Ole: Unter dem Zwang des Wachstums. Verlag Kaiser, München 1977
Jonas, Hans: Das Prinzip der Verantwortung – Versuch einer Ethik für die technologische Zivilisation. Insel Verlag, Frankfurt am Main 1979
Jouvenel, Bertrand de: Jenseits der Leistungsgesellschaft – Elemente sozialer Vorausschau und Planung. Verlag Rombach, Freiburg 1970
–: Die Kunst der Vorschau. Luchterhand, Neuwied 1967
Jünger, Friedrich Georg: Die Perfektion der Technik. Klostermann, Frankfurt am Main 1946
Jungk, Robert: Der Atomstaat. Kindler, München 1977
Kaltenbrunner, Gerd-Klaus (Hrsg.): Überleben und Ethik. Herderbücherei Initiative, Freiburg 1976
Kaltenbrunner, Gerd-Klaus: Adieu, ihr Städte – Die Sehnsucht nach einer wohnlicheren Welt. Herder, Freiburg 1977
Kant, Immanuel: Gesammelte Schriften. Hrsg. von der Preußischen Adademie der Wissenschaften. Berlin 1902-1941
Kapp, William K.: Volkswirtschaftliche Kosten der Privatwirtschaft. Mohr, Tübingen 1958
Kaufmann, Richard: Todeskontrolle – Der Fortschritt, der den Hunger brachte. Ullstein-Verlag, Berlin 1981
Keßler, Harry: Graf: Tagebücher 1918-1937. Insel-Verlag, Frankfurt am Main 1961
Keynes, John Maynard: Politik und Wirtschaft. Mohr, Tübingen 1956
Keyserlingk, Linde von (Hrsg.): Jenseits des Nennbaren. Sinnsprüche nach dem Tao Te King. Herder, Freiburg 1980
King, Alexander: Der Zustand unseres Planeten. Deutsche Verlags-Anstalt, Stuttgart 1977
Klages, Ludwig: Mensch und Erde – Zehn Abhandlungen. Alfred Kröner, Stuttgart 1956
Klötzli, Frank: Unsere Umwelt und wir – Eine Einführung in die Ökologie. Hallwag Verlag, Bern und Stuttgart 1980
Kohlenberg, Karl F.: Enträtselte Zukunft – 5000 Jahre Irrtum – Verhängnis – Schuld. Langen, Müller München 1972
Krause, Florentin; Bossel, Hartmut; Müller-Reißmann, Karl Friedrich: Energie-Wende – Wachstum und Wohlstand ohne Erdöl und Uran. S. Fischer, Frankfurt am Main 1980

Krippendorf, Jost: Die Landschaftsfresser. Hallwag, Bern 1975
Kruse-Rodenacker, Alfred: Die Stunde der Außenseiter. Econ-Verlag, Düsseldorf 1972
Kükelhaus, Hugo: Organismus und Technik – Gegen die Zerstörung der menschlichen Wahrnehmung. Fischer Taschenbuch Verlag, Frankfurt am Main 1979
Küng, Emil: Wohlstand und Wohlfahrt. Mohr, Tübingen 1972
–: Wege und Irrwege in die Zukunft. Seewald, Stuttgart 1979
Kumm, Jürgen: Wirtschaftswachstum – Umwelt – Lebensqualität. Deutsche Verlags-Anstalt, Stuttgart 1975
Landes, David S.: Der entfesselte Prometheus – Technologischer Wandel und industrielle Entwicklung in Westeuropa von 1750 bis zur Gegenwart. Kiepenheuer & Witsch, Köln 1973
Laotse: Tao te King – Das Buch vom Weltgesetz und seinem Wirken. Otto Wilhelm Barth Verlag, 1979
Leonardo da Vinci: Tagebücher und Aufzeichnungen. Paul List Verlag, Leipzig 1940
Leuenberger, Theodor; Schilling, Rudolf: Die Ohnmacht des Bürgers. S. Fischer, Frankfurt am Main 1977
Lévi-Strauss, Claude: Traurige Tropen. Kiepenheuer & Witsch, Köln 1960
–: Mythos und Bedeutung. Suhrkamp, Frankfurt 1980
Lichtenberg, Georg Christoph: Tag und Dämmerung – Aphorismen, Schriften, Briefe, Tagebücher. Dietrich'sche Verlagsbuchhandlung, Leipzig 1941
Liebmann, Hans: Ein Planet wird unbewohnbar – Ein Sündenregister der Menschheit von der Antike bis zur Gegenwart. Piper, München 1973
Linder, Staffan B.: Das Linder-Axiom oder Warum wir keine Zeit mehr haben. Bertelsmann-Verlag, Gütersloh 1970
Löbsack, Theo: Versuch und Irrtum – Der Mensch: Fehlschlag der Natur. Bertelsmann-Verlag, Gütersloh 1974
Lohmar, Ulrich: Staatsbürokratie – Das hoheitliche Gewerbe. Goldmann, München 1978
Lorenz, Konrad: Die acht Todsünden der zivilisierten Menschheit. Piper, München 1973
Lübbe, Hermann: Zwischen Trend und Tradition – Überfordert uns die Gegenwart? Edition Interfrom, Zürich 1981
Mansholt, Sicco: Die Krise. Rowohlt, Reinbek 1974
Marsch, Wolf-Dieter: Die Folgen der Freiheit. Mohn, Gütersloh 1974
Marx, Karl; Engels, Friedrich: Werke. Dietz Verlag, Berlin 1975ff.
Marx, Karl; Engels, Friedrich: Droht der gemeinsame Untergang? – Marxismus und Ökologie. Buntbuch-Verlag, Hamburg 1980
Marx, Karl: Grundrisse der Kritik der politischen Ökonomie. Berlin 1953
Maslow, Abraham: Psychologie des Seins. Kindler, München, 1973
Maurer, Reinhart: Revolution und ›Kehre‹. Suhrkamp Verlag, Frankfurt am Main 1975.
Meadows, Dennis L. und Donella, H.: Das globale Gleichgewicht. Deutsche Verlags-Anstalt, Stuttgart 1973
Meadows, Dennis: Die Grenzen des Wachstums – Bericht des Club of Rome zur Lage der Menschheit. Deutsche Verlags-Anstalt, Stuttgart 1972
Meyer-Abich, Klaus, M.: Frieden mit der Natur. Herder, Freiburg 1979
Mill, John Stuart: Gesammelte Werke. SCIENTIA Verlag, Aalen 1968
Mishan, E.J.: Die Wachstumsdebatte – Wachstum zwischen Wirtschaft und Ökologie. Klett-Cotta, Stuttgart 1980

Moll, L. H. Walter: Taschenbuch für Umweltschutz; Band I: Chemische und technologische Informationen. Band II: Biologische Informationen. Band III: Ökologische Informationen. Steinkopff, Darmstadt 1980
Mooney, Pat Roy: Staat-Multis und Welthunger. Rowohlt, Reinbek 1981
Müller, A. M. Klaus (Hrsg.): Zukunftsperspektiven. J. F. Steinkopf, Stuttgart 1976
–: Die präparierte Zeit – Der Mensch in der Krise seiner eigenen Zielsetzungen. Radius Verlag, Stuttgart 1972
Müller, Max: Der Kompromiß oder Vom Unsinn und Sinn menschlichen Lebens. Karl Alber, Freiburg 1980
Mumford, Lewis: Mythos der Maschine. Fischer Taschenbuch Verlag, Frankfurt am Main 1978
Neuffer, Martin: Die Erde wächst nicht mit. C. H. Beck, München 1982
Nicholson, Max: Umweltrevolution – Der Mensch als Spielball und als Herr der Erde. Desch, München 1970
Nietzsche, Friedrich: Werke. Kritische Gesamtausgabe. Hrsg. von Giorgio Colli und Mazzino Montinari. Walter de Gruyter, Berlin 1974
Ortega y Gasset, José: Der Aufstieg der Massen. Rowohlt, Hamburg 1956
Peccei, Aurelio: Die Qualität des Menschen – Plädoyer für einen neuen Humanismus. Deutsche Verlags-Anstalt, Stuttgart 1977
Pestalozzi, Hans A.: Nach uns die Zukunft. Zytglogge Verlag, Bern 1979
Pestel, Eduard: Das Deutschlandmodell. Deutsche Verlags-Anstalt, Stuttgart 1978
Pfeiffer, Herbert: Umwelt und Ethik – Kausale Therapie für Mensch und Erde? Landesanstalt für Umweltschutz Baden-Württemberg, Karlsruhe 1980
Pindar: Die Dichtungen und Fragmente. Verdeutscht und erläutert von Ludwig Wolde. Dieterich'sche Verlagsbuchhandlung, Leipzig 1942
Platon: Der Staat. Alfred Kröner Verlag, Stuttgart 1955
Polak, Fred: The Image of the Future. A. W. Sythoff, Leyden; Oceana Publications, New York 1961
Polanyi, Karl: The Great Transformation. Europaverlag, Wien 1977
Pulte, Peter: Bevölkerungslehre. Günther Olzog Verlag, München 1972
Rapoport, Anatol: Konflikt in der vom Menschen gemachten Umwelt. Verlag Darmstädter Blätter, Darmstadt 1974
Rathenau, Walter: Von kommenden Dingen. S. Fischer, Berlin 1917
–: Probleme der Friedenwirtschaft. S. Fischer, Berlin 1918
Rifkin, Jeremy: Entropie. Hoffmann & Campe, Hamburg 1982
Rilke, Rainer Maria: Werke Band I bis VI. Insel Verlag, Leipzig 1927
Röpke, Wilhelm: Jenseits von Angebot und Nachfrage. Eugen Rentsch Verlag, Erlenbach-Zürich 1958
Rougemont, Denis de: Das andere Europa – Bericht der Cadmos-Gruppe an die Europäer. Kösel, München 1980
Rüstow, Alexander: Ortsbestimmung der Gegenwart. Eugen Rentsch Verlag, Erlenbach-Zürich 1950
–: Kritik des technischen Fortschritts: In: ORDO, 4. Band, Jahrbuch für die Ordnung von Wirtschaft und Gesellschaft. Helmut Kupper-Verlag, Düsseldorf 1951
Sänger-Bredt, Irene: Die geopferte Intelligenz. Econ, Düsseldorf 1981
Salin, Edgar: Politische Ökonomie. Mohr, Tübingen 1967
Samuelson, Paul: Volkswirtschaftslehre, Band I und II. Bund-Verlag, Köln 1972
Scheler, Max: Die Stellung des Menschen im Kosmos. Otto Reichl Verlag, Darmstadt 1928
Schloemann, Martin: Wachstumstod und Eschatologie. Calwer Verlag, Stuttgart 1973

Schmidbauer, Wolfgang: Alles oder Nichts – über die Destruktivität von Idealen. Rowohlt, Reinbek 1980
–: Homo consumens – Der Kult des Überflusses. Deutsche Verlags-Anstalt, Stuttgart 1972
Schmidt, Alfred: Der Begriff der Natur in der Lehre von Marx. Europäische Verlagsanstalt, Frankfurt am Main 1971
Schneider, Reinhold: Winter in Wien. Herder, Freiburg 1958
Schönauer, Gerhard: Zurück zum Leben auf dem Lande. Wilhelm Goldmann Verlag, München 1979
Schulze, Reinhard: Die Geburt der Milliardengesellschaft. List Verlag, München 1975
Schumacher, E. F.: Es geht auch anders, Jenseits des Wachstums. Desch-Verlag, München 1974
–: Rat für die Ratlosen – Vom sinnerfüllten Leben. Rowohlt, Reinbek 1977
Schumann, Harry: Die Seele und das Leid. Carl Reißner, Dresden 1919
Schumpeter, Joseph: Theorie in der wirtschaftlichen Entwicklung. Duncker und Humblot, Berlin 1952
–: Kapitalismus, Sozialismus und Demokratie – Mensch und Gesellschaft. Verlag A. Francke, Bern 1946
Schwabe, G. H.: Umwelt heute – Beiträge zur Diagnose. Eugen Rentsch Verlag, Erlenbach-Zürich 1973
Schweitzer, Albert: Kein Sonnenstrahl geht verloren – Worte Albert Schweitzers. Hyperion-Verlag, Freiburg o.J.
–: Kultur und Ethik. C. H. Beck, München 1960
–: Verfall und Wiederaufbau der Kultur. C. H. Beck, München 1923
Scitovsky, Tibor: Psychologie des Wohlstands. Campus-Verlag, Frankfurt am Main 1977
Sening, Christoph: Bedrohte Erholungslandschaft. C. H. Beck, München 1977
Simonis, Udo Ernst (Hrsg.): Ökonomie und Ökologie. C. F. Müller, Karlsruhe 1980
Sioli, Harald: Ökologie und Lebensschutz in internationaler Sicht. Rombach, Freiburg 1973
Smith, A.: Eine Untersuchung über Natur und Ursachen des Volkswohlstandes, 3 Bände. Gustav Fischer, Jena 1908, 1920, 1923
Snow, C.: Die zwei Kulturen. Ernst Klett Verlag, Stuttgart 1967
Spengler, Oswald: Der Mensch und die Technik – Beitrag zu einer Philosophie des Lebens. C. H. Becksche Verlagsbuchhandlung, München 1931
–: Der Untergang des Abendlandes, Band I und II. Deutscher Taschenbuchverlag, München 1972
Staehelin, Balthasar: Urvertrauen und zweite Wirklichkeit. Theologischer Verlag, Zürich 1973
Staub, Hans A.: Alternative Landwirtschaft – Der ökologische Weg aus der Sackgasse. Fischer Taschenbuch Verlag, Frankfurt am Main 1980
Staudinger, Hugo; Behler, Wolfgang (Hrsg.): Chance und Risiko der Gegenwart. Ferdinand Schöningh, Paderborn 1976
Staudinger, Hugo; Schlüter, Johannes (Hrsg.): Wer ist der Mensch? Burg Verlag, Stuttgart 1981
Stoffel, Mathis: »Die Grenzen des Wachstums«-Beurteilung der Kritik. Peter Lang, Bern 1978
Strasser, Johano; Traube, Klaus: Die Zukunft des Fortschritts – Der Sozialismus und die Krise des Industrialismus. Verlag Neue Gesellschaft, Bonn 1981
Stumpf, Harald: Leben und überleben – Einführung in die Zivilisationsökologie. Seewald-Verlag, Stuttgart 1976

Taylor, Gordon Rattray: Die biologische Zeitbombe – Revolution der modernen Biologie. Fischer Taschenbuch Verlag, Frankfurt am Main 1968
–: Das Experiment Glück – Entwürfe zu einer Neuordnung der Gesellschaft. S. Fischer, Frankfurt am Main 1973
–: Das Selbstmordprogramm – Zukunft oder Untergang der Menschheit. Fischer Taschenbuch Verlag, Frankfurt am Main 1970
Teutsch, Gotthard Martin: Soziologie und Ethik der Lebewesen. Herbert Lang, Bern 1975
Thürkauf, Max: Pandorabüchsen der Wissenschaft – Das Geschäft mit dem Energiehunger. Novalis Verlag, Schaffhausen 1973
Toffler, Alvin: Der Zukunftsschock. Scherz-Verlag, München 1970
–: Die Zukunftschance. C. Bertelsmann Verlag, München 1980
Toynbee, Arnold: Studie zur Weltgeschichte. Classen & Goverts, Hamburg 1949
–: Menschheit und Mutter Erde. Claassen Verlag, Düsseldorf 1979
–: Der Gang der Weltgeschichte. Europaverlag, Wien 1958
–: Die Zukunft des Westens. Nymphenburger Verlagshandlung, München 1964
Traube, Klaus: Müssen wir umschalten? Rowohlt, Reinbek 1978
Veblen, Thorstein: Theorie der feinen Leute. Kiepenheuer & Witsch, Köln/Berlin
Vester, Frederic: Das Überlebensprogramm. Kindler-Verlag, München 1972
–: Das kybernetische Zeitalter – Neue Dimensionen des Denkens. S. Fischer, Frankfurt am Main 1974
–: Neuland des Denkens – Vom technokratischen zum kybernetischen Zeitalter. Deutsche Verlags-Anstalt, Stuttgart 1980
Vonessen, Franz: Die Herrschaft des Leviathan. Klett-Cotta, Stuttgart 1978
Wagner, Friedrich: Die Wissenschaft und die gefährdete Welt. C. H. Beck'sche Verlagsbuchhandlung, München 1964
–: Menschenzüchtung – Das Problem der genetischen Manipulierung des Menschen. C.H. Beck, München 1969
Weber, Alfred: Der Dritte oder der Vierte Mensch. Piper, München 1953
Weber, Max: Die protestantische Ethik. Siebenstern Taschenbuch-Verlag, München 1954
Weizsäcker, Carl-Friedrich von: Die Einheit der Natur. Hanser-Verlag, München 1971
Weizsäcker, Ernst von: Humanökologie und Umweltschutz. Klett, Stuttgart 1972; Kösel, München 1972
Wells, Herbert Georg: Der Geist am Ende seiner Möglichkeiten. Verlag Amstutz, Herdeg & Co., Zürich 1946
Whitehead, Alfred North: Die Funktion der Vernunft. Reclam, Stuttgart 1929
–: Prozeß und Realität. Suhrkamp, Frankfurt 1979
Winter, F.G.: Der Wachstumskomplex. Herder, Freiburg 1980
Ziegler, Wolfram: Ansatz zur Analyse der durch technisch-zivilisierte Gesellschaften verursachten Belastung von Ökosystemen. Diss. München 1979, veröffentlicht im Bayrischen Landwirtschaftlichen Jahrbuch, Heft 8, 1979
Zoller, Heinrich (Hrsg.): Die Befreiung vom wissenschaftlichen Glauben. Herder, Freiburg 1974

Sach- und Namensregister

Hoimar v. Ditfurth

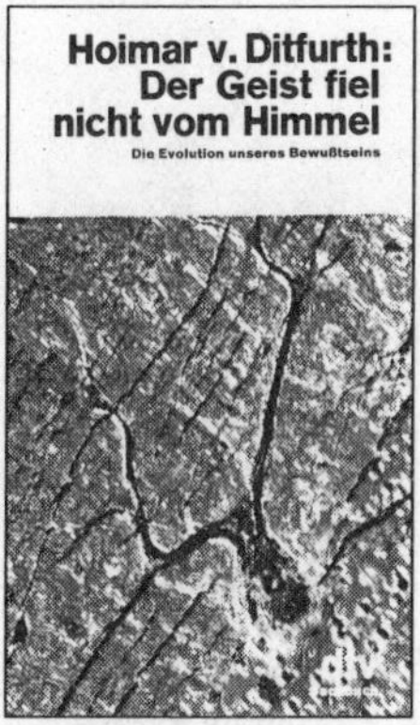

dtv 1587

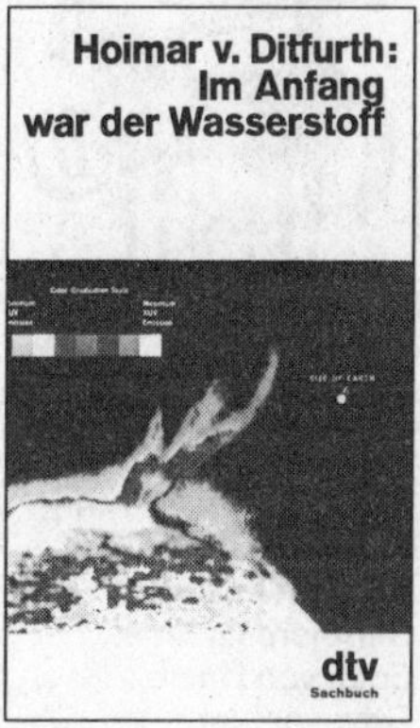

dtv 1657

dtv 10039

dtv 1277

dtv 1742

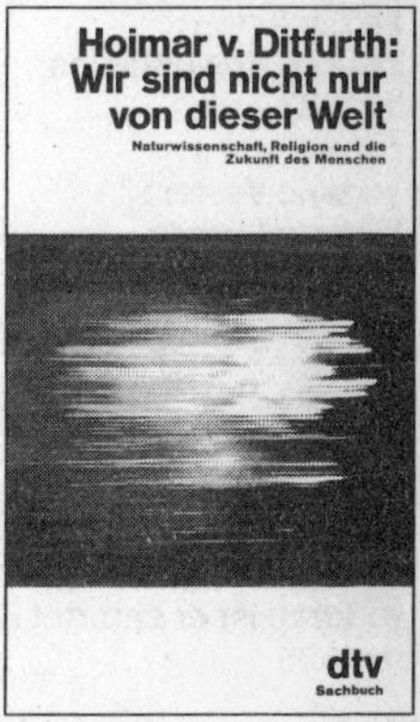

dtv 10290

Mensch und Natur

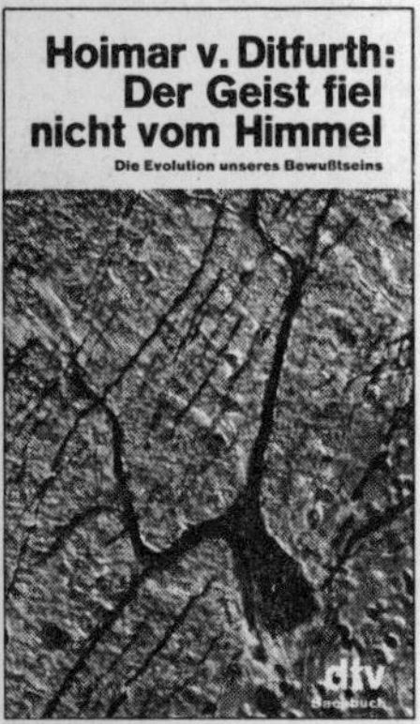

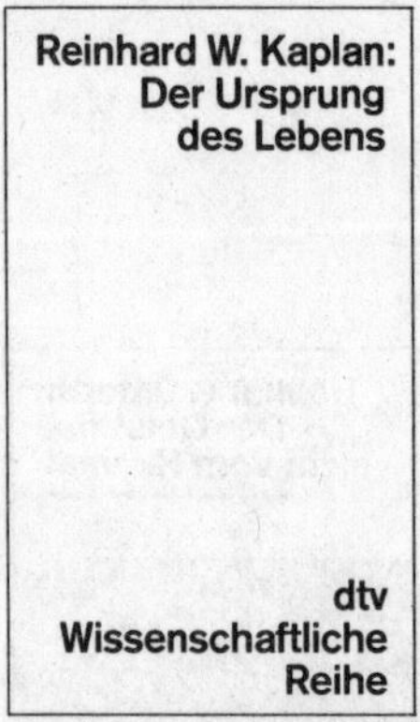

Hoimar v. Ditfurth /
Volker Arzt:
Dimensionen
des Lebens
Reportagen aus der
Naturwissenschaft
dtv 1277
Der Geist fiel
nicht vom Himmel
Die Evolution
unseres Bewußtseins
dtv 1587

Frederic Vester:
Denken, Lernen,
Vergessen
Was geht in unserem
Kopf vor?
dtv 1327
Phänomen Streß
Wo liegt sein Ursprung,
warum ist er
lebenswichtig,
wodurch ist er entartet?
dtv 1396

Mensch und Tier
Beiträge von
Hansjochem Autrum,
S. Dijkgraaf,
Karl von Frisch,
Bernhard Grzimek,
Erich von Holst,
Otto Koehler,
Konrad Lorenz,
N. Tinbergen
dtv 481

Günter Kunz (Hrsg.):
Die ökologische Wende
Industrie und Ökologie
– Feinde für immer?
dtv 10141

Hans Breuer:
entdeckt – erforscht –
entwickelt
Neueste Nachrichten
aus der Wissenschaft
dtv 1658
Band 2
dtv 10024

Reinhard W. Kaplan:
Der Ursprung
des Lebens
Biogenetik,
ein Forschungsgebiet
heutiger
Naturwissenschaft
dtv / Thieme 4106

Adolf Remane /
Volker Storch /
Ulrich Welsch:
Evolution
Tatsachen und
Probleme
der Abstammungslehre
dtv 4234

Frederic Vester

dtv 1327

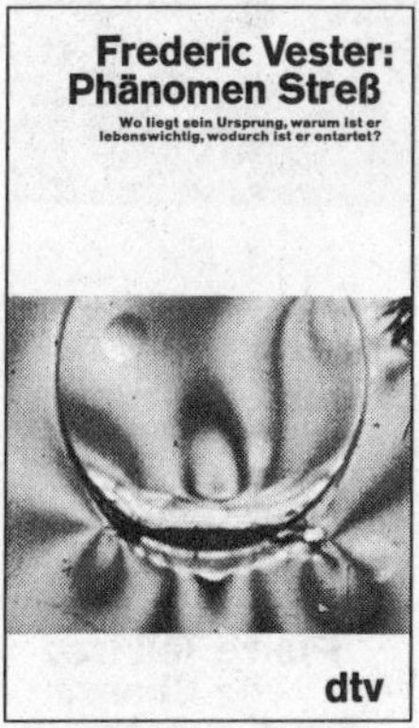

dtv 1396

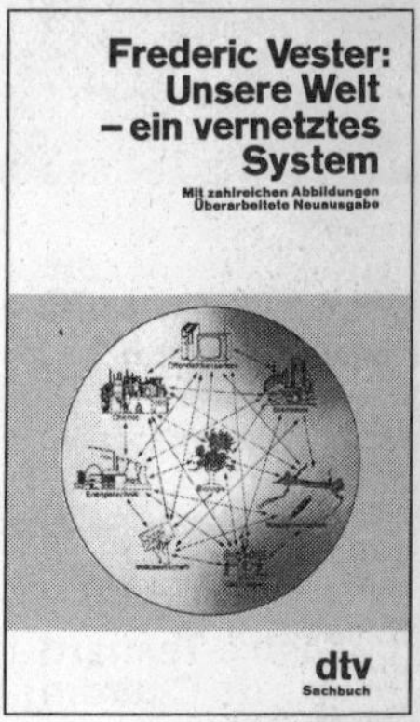

dtv 10118

dtv 10080

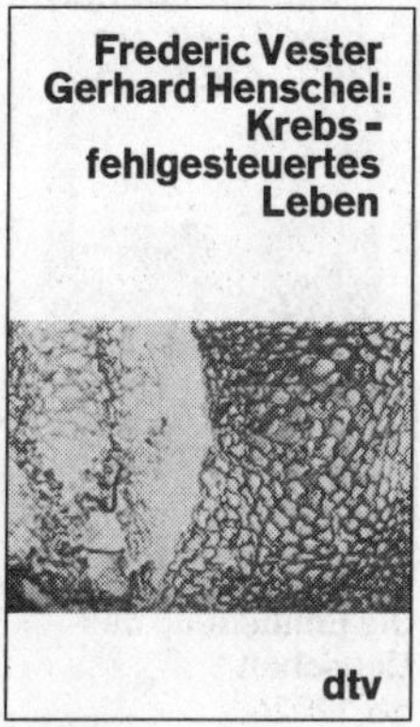

dtv 1283

dtv 10220

Erich Fromm

Haben oder Sein
Die seelischen Grundlagen einer neuen Gesellschaft
dtv 1490

Sigmund Freuds Psychoanalyse – Größe und Grenzen
dtv 1711

Das Christusdogma und andere Essays
dtv 10281

Arbeiter und Angestellte am Vorabend des Dritten Reiches
Eine sozialpsychologische Untersuchung
dtv 4409

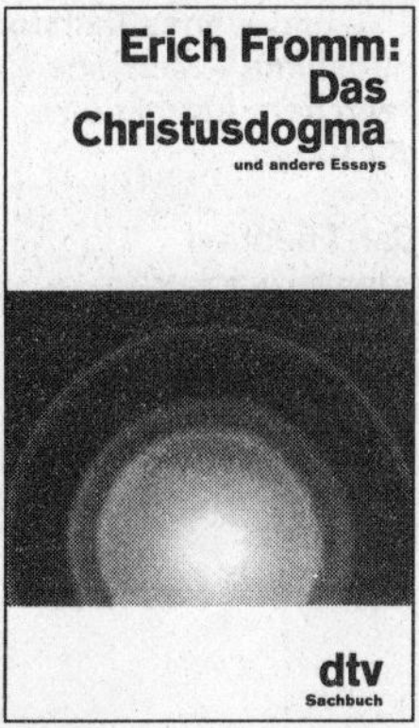

dtv